三代臺灣人

百年追求的現實與理想

謹以本書紀念台灣研究基金會成立三十週年

目次

總序

一大事與盛事

黃煌雄（台灣研究基金會創辦人）

大約四十年前，在我走上從政之路前，大約用了兩年多的時間，撰寫有關臺灣近代歷史約四十萬字，包括全世界第一本蔣渭水傳。

從政之初，我加入黨外行列；從政以來，我內心上最深沉的一項挑戰，便是如何將臺灣近代史和臺灣現代史加以連結，亦即如何將近百年來的三代臺灣人——蔣渭水世代、李登輝世代和黨外世代——的精神追求加以連結，並使其有效暢通；但迄二〇一四年七月，我從監察院卸任前止，一直未能完成這項暢通三代臺灣人歷史的工作。

公職卸任兩年多來，我結合二十多年來所培育出來並蔚然成形的臺灣歷史研究的老幹新枝，包括中央研究院臺灣史研究所、國立政治大學臺灣史研究所與台灣文學研究所、國立臺灣師範大學臺灣史研究所、國立清華大學台灣文學研究所、國立臺北教育大學台灣文化研究所的專家學者，以及大眾教育基金會、賴和文教基金會、霧峰林家相關基金會的臺灣文史耕耘者，經由三次系列研討會，將三代臺灣人的歷史脈絡做了比較有系統的探討。第一次研討會於二〇一五年十一月舉行，探討「一九二〇年代臺灣先覺者的精神遺產」；第二次研討會於二〇一六年九月舉行，探討「臺灣的悲愴年代——從皇民化到二二八」；第三次研討會於二〇一七年四月舉行，探討「爭取民主的年代」；如果將籌備時間包括在內，三次研討會前後歷時也約兩年多。這三次研討會共發表三篇專題演講，十八篇論文，包括發表人、與談人、主持人，參與的學者專家約五十人次，這種規模與格局，實為學界探討百年臺灣這一主題所罕見的。

特別是有關「臺灣悲愴年代」的探討，更代表一個突破。由於現實政治的投影，從皇民化到二二八到白色恐怖，從禁忌到解禁，一直是一個敏感的元素。在籌備過程上，我和吳密察、許雪姬、何義麟三位教授曾認真討論過至少四次以上，有時四個人，有時三個人，每次約二到三小時；確定了研討會主題及議程結構後，台研會又邀請共同主辦單位的謝國興、許佩賢、李福鐘三位所長及陳翠蓮教授討論八個主題的發表人、與談人；基本人選確定後，我又分別和各發表人進行一對一的互動，每次至少兩個小時以上，讓發表人了解本次研討會的整個構想。這樣紮紮實實的坦誠討論與溝通，在研討會正式舉辦前，台研會至少用了三十到四十個小時，才使本次研討會得以順利舉行，也才能為悲愴年代留下比較全面而貼切的歷史畫面。

台研會從一九八八年成立以來，一直扮演「拓荒者」的角色，致力於探索臺灣歷史。一九九一年舉辦「國民國家與臺灣歷史」系列座談，一九九二年舉辦「臺灣族群關係研究營」，一九九三年出版《意識型態與臺灣教科書》及《建立臺灣的國民國家》兩本新書。一九九五年，在馬關條約百年之後，台研會舉辦「百年來的臺灣」研討會；二十年之後，從二〇一五年到二〇一七年，台研會又舉辦三代臺灣人的系列研討會。值得一提的是，如果以「百年來的臺灣」研討會規劃者吳密察為基準來算，則「百年來的臺灣」研討會與會者，如歷史領域的鄭欽仁、李永熾，政治領域的黃昭堂、許世楷，經濟領域的林鐘雄，美術領域的林惺嶽，社會領域的蕭新煌等，幾乎都是吳密察的「老師輩」；而「三代臺灣人」的系列研討會，與會者包括黃富三、陳芳明、許雪姬、吳文星、陳萬益、林瑞明、蔡石山、吳乃德、薛化元、謝國興等，幾乎都是吳密察的「師兄弟」；而臺灣研究的中生代與新生代代表性人物，包括劉士永、吳叡人、蕭阿勤、黃美娥、李福鐘、范燕秋、張素玢、許佩賢、陳佳宏、林瓊華、邱士杰等也都與會。二十年之間，能夠將臺灣研究的兩代師生代表性人物都邀請共同與會，並先後出版《百年來的臺灣》及《三代臺灣人》兩本專書，實是台研會一大幸事，亦為一大盛事。

二〇一六年十一月，國家圖書館舉辦「知識營養．文化力量——蔣渭水先生臨床講義九十五周年紀念論壇」，我受邀主講「從發現蔣渭水到守護蔣渭水」，當場我鄭重表示，這場專題演講代表我守護蔣渭水四十年的告別演講；隨著本書的出版，幾十年來，我努力為三代臺灣人的連結與暢通這一「大哉問」的歷史命題，已提出階段性相對完整的答卷。從「黃金十年」到「悲愴年代」到「民主年代」，從黨外演變而來的民進黨，由抗爭者變成競爭者，由競爭者變成執政者，目前，不僅在中央執政，國會取得多數，地方執政也取得多數，民進黨正處於百年臺灣、三代臺灣人追求民主的高峰時刻。但在這樣前所未有的高峰時刻，臺灣卻仍呈現「苦悶的臺灣」局面，為何如此？因何致此？我不禁想起二〇一五年十一月二五日「一九二〇年代臺灣先覺者的精神遺產」研討會，我在「蔣渭水的歷史遺產」專題演講最後一段的「一個巨大的歷史懸疑」：

臺灣近代民族運動是在打破「臺灣是統治者的臺灣」的隸屬觀念，走向「臺灣是臺灣人的臺灣」的嶄新觀念，吹起歷史的號角，儘管所有先覺者及不同的抗日團體都分別留下寶貴的歷史遺產與豐富的精神能量，但從抗日團體的興起及命運，卻也為當代的我們留下一個巨大的歷史懸疑：臺灣的自主性呢？

這個「巨大的歷史懸疑：臺灣的自主性呢？」今天仍是一個活生生的「歷史懸疑」，困擾著並挑戰著臺灣的現在與未來。

推薦序

臺灣歷史研究的新視野

陳芳明（政治大學台灣文學研究所講座教授）

臺灣歷史研究的風氣展開，可以說相當遲晚，必須要到一九七〇年代最後階段才慢慢興起。凡是對戒嚴時期的學術方向稍有理解者，都相當清楚臺灣歷史是屬於一塊禁區。從一九四五年國民黨統治臺灣之後，島上住民曾經有過的奮鬥與挫折，都未曾進入學校教育的領域。不僅臺灣歷史缺席，臺灣文學也一樣被迫缺席。臺灣全體知識分子，完全都被驅趕去探索遙不可及的中國歷史與中國文學。在兩岸隔絕的時期，臺灣知識分子對於中國歷史文學之熟悉，已經超越一般人想像。而且這些重要的研究者，卻從來沒有踏上中國土地。一方面啟蒙中國知識，一方面遮蔽臺灣真相。這種時空倒錯的粗暴教育，只有在殖民地體制下才有可能存在。

一九七一年，臺北「自立晚報」，出版了一冊葉榮鐘等人所撰寫的《臺灣民族運動史》，這可能是臺灣土地記憶的首度破土。一九七九年，遠景出版社發行了鍾肇政、葉榮鐘編輯的《光復前臺灣文學全集》，總共十二冊。島上年輕一代可以說第一次開了眼界，如果沒有經過七〇年代黨外運動風起雲湧，本土意識恐怕還深深被禁錮在思想牢籠裡。看見歷史，其實就是發現自己的生命本體。這也說明了為甚麼國民黨千方百計要遮蔽島嶼的歷史知識。整個七〇年代，可以說是臺灣本土意識萌芽的重要十年。伴隨著黨外運動的艱困發展，鄉土文學運動也應運而生。那是非常痛苦的十年，卻也是挖掘本土歷史記憶的重要十年。身為臺灣人，見證本土認同崛起之際，不僅充滿了興奮，而且懷抱著無窮的期待。必須要經過二十年之後，在一九九〇年代中期，才慢慢看見臺灣文學與臺灣歷史篤定進駐大學校園。毫無疑問，當年輕世代次第投入臺灣歷史與文學的研究之際，學術的根終於深刻地扎在海島土地上。

在臺灣歷史研究的領域上，早期研究者所處的環境可以說是篳路襤褸。現在回望他們的身影，仍不能不深為感佩。在那荒涼的年代，他們的研究可以說相當寂寞，甚至還招來當權者的狐疑眼光。直到已經非常自由開放的今天，我們必須承認他們所奠下的基礎，正是歷史研究的重要根源。這裡必須要強調的是，身為黨外運動者的黃煌雄，可以說是最早開拓日治時期的前行者。他當年所寫的論文《臺灣先知先覺者：蔣渭水先生》，仍然在二十一世紀的今天釋出無窮暗示。經過這本書，臺灣社會的歷史知識從此就不一樣了。當年捧讀之際，才發現殖民地臺灣的知識啟蒙是如何展開。同樣的，這本書也帶著多少人去發現殖民地抵抗運動的展開。所有的抵抗運動，無非都在強調文化主體性的確立，也在彰顯政治認同的意義。全程走完這本書，似乎也穿越了驚濤駭浪的殖民地歷史。

歷任立法委員、國大代表、監察委員的黃煌雄，是一位既專業又敬業的民主運動者。他不僅盡職地做好任內工作，同時也投入了他最初的歷史研究。在他身上，彷彿也展現了七〇年代以降的民主運動起伏。即使已經退出政壇，他仍然無法忘懷臺灣史研究這塊領域。近三年來，他更積極主辦臺灣史研究討論會，包括「一九二〇年代臺灣先覺者的精神遺產」、「臺灣的悲愴年代——從皇民化到二二八」、「爭取民主的年代」。這些學術論文的成果，現在都收入本書《三代臺灣人：百年追求的現實與理想》。雖然是不同議題的研討會，卻可以發現有一條鮮明的史觀，貫穿前後世代的政治運動。這樣的史觀非常清楚，其實是要告訴我們，臺灣的政治運動從來不曾中斷。這是一種通史（comprehensive history）的格局，在於彰顯時代無論如何轉變，意識形態無論如何歧異，政治運動無論如何分合，其實都在尋找海島歷史的出路。

這本論文集其實是三次研討會的成果，也是當代學術界的研究精華。黃煌雄特地把一九二〇至一九三〇年代的殖民地政治運動定義為「黃金十年」，確實有他的微言大義。畢竟這十年，從左派到右派的政治組織可以說完全齊備。臺灣文化協會（一九二一）、臺灣農民組合（一九二六）、臺灣民眾黨（一九二七）、臺灣共產黨（一九二八）、臺灣地方自治聯盟（一九二九），正是在這黃金十年次第成立。那是相當精彩的年代，從思想光譜來看，從極左到中間偏左，從右派到極右派，在短短十年內先後出現在歷史舞臺上。這段關鍵時期，也是臺灣知識分子積極尋找精神出口的重要階段。在那個年代，海島所擁有的智慧都透過這些組織呈現出來。縱然只有十年的時間，帶給後代的啟發與暗示可以說無窮無盡。

這本論文集，把戰爭時期橫跨到戰後時期的歷史定義為「悲愴年代」，可以說是相當清楚的定義。李登輝世代，可以說穿越了皇民化運動、二二八事件、白色恐怖以及長達三十八年的戒嚴統治。島上住民在那段時期似乎看不到未來的希望，他們也無法預測未來的命運是甚麼。尤其在一黨統治之下，每位知識分子的壓抑與苦悶都不可能找到確切的定義。多少知識分子被迫流亡與逃亡，甚至受到迫害、監禁、處死，也不可能獲得確切答案。李登輝個人的命運，正是那悲愴年代的具體縮影。從強調階級意識的左派知識分子，到強調民主意識覺醒的右派知識分子，所遭受的命運並沒有兩樣。

從一九七〇年代以降，島上住民所懷抱的民主夢想從來沒有放棄過。一九五〇年代的無黨無派意見領袖，可以說是最早的民主萌芽。一九六〇年，《自由中國》發行人雷震所發起的「中國民主黨」運動，最後宣告胎死腹中。這種悲劇命運，卻成為一九七〇年代黨外運動的原型。本書把這段時期命名為「民主年代」，可以說是恰如其分。身為黨外運動者，黃煌雄以他個人的力量，用心良苦地舉辦三次學術研討會，確實有他的理想寄託。在已經完全民主開放的臺灣，尤其在二十一世紀全球化的年代，歷史意識似乎愈來愈淡薄。黃煌雄所彰顯出來的歷史關懷，其實暗藏著相當深沉的憂患意識。從黨外時期奮鬥過來的他，可謂無役不與。但是無論客觀環境如何發生變化，都不可能沖淡他對臺灣歷史的關懷。身為主辦人，黃煌雄對臺灣未來審慎抱持著樂觀態度，對臺灣過去的歷史教訓也未敢或忘。

二〇一七年八月二十九日

推薦序

百年來的臺灣歷史與臺灣人的精神面貌

吳密察（國史館館長）

《三代臺灣人》是彙集了台灣研究基金會舉辦的三次研討會（分別是：二〇一五年十一月的「一九二〇年代臺灣先覺者的精神遺產」、二〇一六年九月的「臺灣的悲愴年代——從皇民化到二二八」、二〇一七年四月的「爭取民主的年代」）之部分文章所編輯而成的論文集。

台灣研究基金會這三次研討會的最初構想，來自基金會創辦人黃煌雄先生。黃先生認為應該將他的世代（爭取民主的世代，當年稱為「黨外人士」）、他的父親輩之世代（如果用個人來比喻，或許可以說是以李登輝、郭雨新等人為代表的世代）、他的祖父輩之世代（黃先生認為，蔣渭水等日本殖民時代的先覺者，可以歸入此世代）這三個世代近一百年來所面對的時代課題及其努力，加以聯繫起來，所以才有舉辦這三次研討會的想法。他希望可以透過這三個研討會上發表的文章，讓大家理解近百來臺灣人的精神面貌和持續的追求。但願，這個論文集可以符合當初所懸的理想，並回應了當初的期待。

一九二〇年代，一般被認為是在日本殖民政府移植進來西洋式的近代教育制度之後，首批受過這種近代式教育的臺灣新世代長成的時代。這批新世代的臺灣青年，一方面透過近代教育認識了各種近代西方的價值觀與制度，一方面卻也認識到臺灣的殖民處境之現實，因此得以在日本近代政治所提供的有限框架內，推動文化啟蒙運動與政治運動。上述的第一次研討會，基本上就是在探討這個時代。黃富三〈林獻堂的內心世界探微：變色龍嗎？〉討論的是當時的穩健派領導者林獻堂的出處行藏。吳密察〈「內地延長主義」與殖民地議會設置請願運動之啟動〉，則是從日本外地統治政策之轉變與朝鮮、臺灣之運動的觀點，來說明議會請願運動的啟動。蔡石山

〈一九二〇年代全球社會主義的興起與臺灣的農民運動〉，則從全球性的社會主義風潮來看當年的農民運動，為我們提供了從全球性的視野理解臺灣的一個案例。吳文星〈平等、自主、普及——一九二〇年代臺灣先賢的教育要求〉，則說明了一九二〇年代臺灣先賢要求改善殖民地處境的一項具體內容。

日本近代史上比較自由、民主的「大正民主」和政黨政治時代，在一九三〇年代結束。接著，日本突入對外擴張與軍人強勢的時期。日本在臺灣殖民地的統制力道也更深入社會末端，到了一九三〇年代後半，臺灣也逐漸被捲入總動員體制，甚至戰爭體制。一九四五年，雖然日本殖民統治結束，但前來接收的國民政府（及以後的中華民國政府），卻得以繼承日本殖民政府的統制體制，臺灣人並沒有因為日本殖民政府的離去而獲得真正的解放，甚至在一九四九年之後必須以一個小小的臺灣來支撐一個轉進到臺灣來的大中華民國。所以，從一九三〇年至一九六〇年的三十年間，可以說是臺灣的「悲愴年代」。面對這樣的困難年代，臺灣人有各種肆應的樣態。

第二次研討會的六篇文章，為我們浮雕了這個世代臺灣人的不同面貌。邱士杰〈「轉向」之後：試論一九三〇—一九四〇年代的臺灣島內左翼史〉，描繪了一九三一年臺共被日本政府逮捕之後一直到一九五〇年前後，臺灣左翼分子的歷史。陳佳宏〈二戰結束前後「半山」權力角色之分析〉，則對於一九四〇年代「半山」所扮演的政治角色作了分析。林瓊華〈戰後臺灣左翼者進入中國前夕的政治理想與失落——以創刊香港的《新臺灣叢刊》為析例〉，以臺灣左翼分子於一九四七—四八年在香港出刊的《新臺灣叢刊》來分析當時的左翼分子之政治思想。劉士永〈一九三〇—一九七〇年代間從社會參與遁入臨床的臺灣醫界菁英〉，則討論了因為政治、社會情況的困難，使得一九三〇—一九七〇年代的臺灣醫界菁英選擇了遁入臨床醫學的領域。許雪姬〈楊雲萍、陳逸松、呂赫若這三個文化人與他們的時代〉，選擇了楊雲萍、陳逸松、呂赫若三位跨越戰爭時代的臺灣代表性文化人，重建了他們在戰爭前後階段的活動。謝國興〈雙元繼承與合軌：從產業經營看一九三〇—一九五〇年代的臺灣經濟〉，梳理了從一九三〇年至一九五〇年間殖民地遺產、本土型企業、大陸移入企業的匯流合軌。

一九七〇年代，因為中華民國在聯合國的席位不保、美國推動與中國關係正常化的政策，使得臺灣在國際上的活動空間大為緊縮，但是在國內卻同時出現革新、民主的胎動。國民黨政權為了補強外交上的挫敗，也為了替世代交替提供一些新氣象，而開放了中央民意代表的增補選。因此啟動了「黨外」的時代。第三次的研討會，主要的討論對象就是一九七〇年代以後的這個時代（也就是黃煌雄先生的世代投入「黨外」運動之時代）。薛化元〈一九五〇年代臺灣的政治改革主張──以《自由中國》為例〉，處理的雖然不是一九七〇年代，但卻是被一九七〇年代之臺灣民主化運動視為先驅的《自由中國》。蕭阿勤〈「去流亡」的文化政治：一九七〇年代臺灣的回歸現實世代、文學、與歷史〉，分析的是一九七〇年代臺灣新世代如何脫離流亡論述，轉而面對臺灣的現實，並重新認識、解讀臺灣之文學與歷史。吳乃德〈美麗島的資產〉，並不是重現一九七〇年代晚期的政治事件，而是指出美麗島事件所呈現的臺灣人之勇氣、堅持與正直等精神性的意義。許維德〈國族主義運動中的民主訴求：以解嚴前美國臺獨運動之相關論述為中心〉，則探討在美國發展的臺灣獨立運動這種國族主義運動中的民主成分。

此次收錄於此論文集的文章，我們都遵照目前國內學術界的通行規範，由基金會組成編輯委員會擔任選編工作，而且每篇文章也各委請二位外部專家學者進行學術審查。這些論文雖然可以廣義地說都是關於臺灣近代史的研究論文，但每位作者之學科背景各有不同，未必見得完全是歷史學者，他們的寫作策略或許企圖綜觀整個時代，或許「小題大做」企圖以小見大，因此立論自然也可能顯得歧異多樣。但相信也唯有如此，才能從各種不同的觀照出發，拼寫出百年來豐富多元的臺灣之歷史發展與臺灣人的精神面貌。

二〇一七年九月六日

先覺者的黃金十年

蔣渭水世代

蔣渭水的歷史遺產

黃煌雄

黃金十年

一九二〇年代的臺灣近代民族運動，本質上，是進步與反動之爭，是順應時代潮流與違背時代潮流之爭。這是臺灣近代先覺者，在世界思潮的影響下，為反抗日本統治階層的優越感和民族差別政策，所進行的包含有文化的、教育的、社會的、經濟的、政治的公義與平等要求的民族運動。

從一九二一年到一九三一年間，在先覺者的推動下，臺灣議會設置請願運動（以下簡稱臺議運動）、臺灣文化協會（以下簡稱文協）、臺灣農民組合（以下簡稱農組）、新文化協會（以下簡稱新文協）、臺灣民眾黨（以下簡稱民眾黨）、臺灣工友總聯盟（以下簡稱工總）、臺灣地方自治聯盟（以下簡稱自聯），甚至連臺灣共產黨（以下簡稱臺共），都先後或同時在臺灣歷史舞臺上出現。在這十年間，臺灣歷史上不僅出現第一個最大的農民團體，第一個最大的工會組織，也出現第一個具有現代意義的政黨；臺灣社會在先覺者經由不同抗日團體所舉辦的文化演講與巡迴演講的啟蒙、深耕、激勵與帶動之下，更經歷一次史無前例的全面洗禮，先覺者共同創造了臺灣歷史上的黃金十年。

在這黃金十年，先覺者從初期的大同團結到一九二七年之後走向分裂，隨著一九三一年蔣渭水大眾葬的進行，也幾乎同時唱出輓歌。先覺者先以熱情與理想，點燃這一黃金十年的火炬；繼以智慧與勤奮，為此一黃金十年尋找出路；終以決心與犧牲，為此一黃金十年鞠躬盡瘁——這三部曲代表臺灣近代真正站在第一線抗日的先覺者的精神面貌，而蔣渭水正是這三部曲的典型代表。

兩個太陽的臺灣

臺灣是日本第一個殖民地。一八九五年，日本依馬關條約入主臺灣，並以武力平定臺灣各地的武裝反抗，旋即在臺灣實行標準的日臺二元教育殖民政策。

從一八九五年到一九一九年間，在教育系統上，總督府在臺灣所設的學校，僅有公學校（日人唸的叫小學校）與國語學校；一八九八年再設臺灣總督府醫學校。公學校的目的只在傳授日語；國語學校又分為師範部、國語部及實業部；師範部的目的，在培養公學校教員；國語部的目的，是對臺灣人授以日語為主的中等普通教育；實業部的目的，是對臺人授以有關農業、電信、鐵路等中等程度的技術教育；醫學校又以養成醫生為主。所以，日本據臺最初二十五年，語文與醫學幾乎構成全部教育的內容。賴和在短篇小說《無聊的回憶》描寫公學校教育時，便這樣說：「日本話之外，別無所謂讀書，學問也都在說話之中。」

一九一九年，總督府頒布「臺灣教育令」，進行教育改革；一九二二年再頒布「新教育令」，撤銷日、臺人不同的教育系統。但在這些新教育令改革下的日、臺人之間的就學人數及所占比例，依一九二七年曾到臺灣實地調查的矢內原忠雄，在《日本帝國主義下的臺灣》一書的統計為：

	初等教育學生數	就學率	中學學校學生數	高等學校學生數	專門學校學生數
日人	二三七一一人	九八・二%	六八五六人	二二〇人	四七七人
臺人	二一〇七二七人	二八・四%	四六四二人	二八人	二五一人

從這些統計數字可看出，臺人在初等教育就學率和日人相差太遠；而在中學程度以上的教育，占人口絕大多數的臺灣人學生數，竟比人口僅占百分之五以下的日本人學生數還少，遑論高等教育以上的入學人數及所佔比例。這樣的歧視政策以及因而衍生在政治、經濟上對居於劣勢者的效應，乃產生思想家賀川豐彥在〈兩個太陽輝

耀的臺灣〉一文所說：「臺灣果然有兩個太陽，一個照臺灣，一個照內地（日本），所以離內地想到臺灣長久居住的人很少，想回內地的較多……臺灣的政治勢力是內地的延長，但是社會勢力不論甚麼都在三百年來居住的漢民族，這個地方，太陽被看做兩個。」這種現象也正是〈我在渭水之丘〉一文所敘述的：「一個在人口上占少數，但在政治、經濟、教育上卻居於統治地位，屬於大和民族的日本人，構成的是『政治勢力的太陽』；另一個在人口上占多數，但在政治、經濟、教育上卻居於被統治地位，屬於漢民族的臺灣人，構成的是『社會勢力的太陽』。兩個太陽照耀下的臺灣，所呈現的是民族歧視和差別待遇。這正是蔣渭水投入臺灣近代民族運動的大背景。」

蔣渭水的四大志業

蔣渭水，一八九一年出生於宜蘭，來自基層，由於父親以相命為業，少時常出入廟會之間，但他天資聰穎，十六歲始入公學校讀書，十九歲考入影響他一生命運的臺灣總督府醫學校。在醫校時期，蔣渭水是個「熱血男兒」，懷有民族情愫，並以實際行動，包括主持暗殺袁世凱計畫、發動國民捐支持中國革命，表達對同為醫生的孫中山所展現的革命精神與主張的認同與支持。

一九二一年，經由林呈祿戰略引導，林獻堂拍板確立的「臺議運動」展開以來，蔣渭水覺得「和我的主義，大有暗中相合」，認為是當時「臺灣人唯一無二的活路」，不但主動與林獻堂「遙為響應」，且重燃他冷卻多年的「政治熱」。從此以後，隨著文化、社會、政治運動的推展，蔣渭水乃由一位醫病的醫生，經由四大志業的推展，變成一位醫國醫民的政治社會運動家。

一、創立文化協會

重燃「政治熱」之後的蔣渭水，在不到一年之內，於一九二一年十月十七日，成立以青年學生為主體（臺灣總督府醫學校為核心），由林獻堂任總理的臺灣文化協會。一九二四年，治警事件第一審公判時，蔣渭水在「五人答辯」（包括林幼春、林呈祿、陳逢源、蔣渭水、蔡培火）中，曾口述創設文協的動機：

我要感謝神明，使我生做臺灣人，因為臺灣人把握世界和平的鎖鑰……以中華民族做日本國民的臺灣人，應具有做日華親善之楔子的使命……而賦予極大使命鎖鑰的臺灣人，因為現實患著最可憐的病症，所以全沒有力量可作為，這病因是知識的營養不良，文化協會是因為要根治臺灣人的病根而設的。

一九二五年，在民報發行五週年的特刊號上，蔣渭水也曾筆撰創立文協的動機：

臺灣人負有做日華親善的使命，日華親善是亞細亞民族聯盟的前提，亞細亞民族聯盟是世界和平的前提，世界和平是人類的最大幸福，又是全人類的最大願望，所以……臺灣人是握著世界和平的第一關門的鍵啦……我們一旦猛省負著這樣重大的使命，就要去遂行這使命才是，……然而臺灣人現時有病了……我診斷臺灣人所患的病，是知識的營養不良症……文化運動是對這病唯一的原因療法，文化協會就是專門講究並施行原因療法的機關。

文協的目的既為「助長臺灣文化之發達」，初期的活動，自以「助長文化發達」有關的文化啟蒙為主要工作。由於蔣渭水為文協主要推動者，又為「專任理事」，成立時本部又設於臺北，初期的活動，大都以蔣渭水為中心的臺北文協首先帶動，且做得最為熱烈；其後於臺南文協，也一度跟進。文協所辦的活動，較重要的有：⑴刊行會報；⑵設置讀報社；⑶舉辦各種講習會；⑷開設夏季學校；⑸推動電影與文化劇；⑹舉行文化演講會。其中影響最大的為文化演講，由於文化演講的次數及對象均較講習會為多，一九二五年到一九二六年間，依總督府統計，文協每年舉辦的文化演講竟有三百一十五次，聽眾達十一萬人次以上。也因此，文協在黃金十年的最大意義，除文化啟蒙之外，便是如《警察沿革誌》所說，文化演講開「本島農民運動與勞工運動的先河」。

二、「做了民報褓母」

在〈五個年中的我〉一文中，蔣渭水自述：

（大正）十三年（一九二四年），有臺灣雜誌社的重役會議，我極力主張停刊和文的臺灣雜誌，用全能力去經營民報，一定是大有後望。大家都一致贊成。後來……大家叫我做民報的褓母，來養育他成人。那時我想，這民報雖然是一個發育不良的小孩似的，那時發行量三千五百冊，若善為保護調養，也能長大成人。故此我一方面決心引受這褓母的職責，一方面也勸生母的劍如君協力同事。不出所料，果然漸漸地發育起來。到今日呢，曾幾何時，僅僅一個年之久，而發行冊數突破一萬……據大正十三年四月警務局的調查，島內三大日刊發行部數如下：臺灣日日新報一八九七〇部；臺南新聞一五〇二六部；臺灣新聞九九六一部。照這看來，我們的民報若照現時的步調直進去，我想免再一個年的經過，就會突破三新聞的部數以上，這豈不是很痛快的事嗎？

文協正式分裂前，先覺者曾共同營造大同團結的歲月，這時的文協、民報、和臺議運動可謂三位一體：文協代表母體，是個園地；民報代表載體，是個喇叭手；臺議運動代表政治訴求。三位一體的推動，使臺灣民氣愈趨高漲，參與聽文化演講的人愈多，參與連署簽名臺議運動的人數也愈多，訂閱民報的人數自也愈多。當公益會召開「有力者大會」批判臺議運動時，代表「臺灣人唯一之言論機關」的民報，在「偽造民意假公行私」的社論，直指這些「自稱為全島有力者大會的怪物」為「民賊」；而先覺者在民氣的支持下，更召開充滿「正義之聲」的「無力者大會」，將「辜氏一派」的「有力者大會」壓制下去，致使公益會在雷聲大雨點小中無疾而終。

三、民眾黨實質領導者

民眾黨時期是蔣渭水最光彩的人生階段，也是蔣渭水逝世後被尊稱為「政治社會運動第一指導者」的關鍵所在。民眾黨與蔣渭水幾乎形影不離，蔣渭水既是民眾黨的主要催生者，也是民眾黨的主要指導者，當民眾黨最後形同「光榮的戰死」，不到半年，蔣渭水即齎志以歿；蔣渭水雖從沒出任民眾黨主席，卻是民眾黨名副其實的領導者。

民眾黨在三年七個月（一九二七年七月十日到一九三一年二月十八日）的奮鬥過程上，創立時，從「民眾的信念已極混亂，左翼分子的惡宣傳亦甚猖獗，我們的活動一時陷入極困難的地步，真有敗新野，棄樊城，奔夏口之嘆」，經由理論與路線的確立，逐步發展成為「對內已獲得四百萬同胞的信賴與支持，對外已獲得日本、中國以及國際間的認識。」一九二八年，民眾黨第二次全島大會通過「對於階級問題的態度」和大會宣言，蔣渭水也先後在此期間發表〈我理想中的民眾黨〉、〈臺灣民眾黨的指導原理與工作〉、〈請大家合力來建設一個堅固有力的黨〉、〈臺灣民眾黨的特質〉、〈臺灣民眾黨行階級運動有矛盾嗎？〉、〈民眾第一主義〉諸文，綜合這些決議、宣言和闡釋，確立了民眾黨的立黨精神，其指導原理為：

（一）全民運動與階級運動是要同時並行的。
（二）擁護農工階級，就是階級運動的實行。
（三）扶助農工團體之發達，就是要造成全民運動的中心力量。
（四）企圖農工商學之聯合，就是要造成全民運動的共同戰線。
（五）本黨要顧慮農工階級之利益，加以合理的階級調節，使之不致妨害全民運動的前途。
（六）整合臺灣各階級民眾，在黨的領導下，實行全民解放運動。

在這項指導原理引導下，民眾黨從一九二八年後漸漸發展成為抗日團體的最主要領導力量；及新文協與農組相繼受到鎮壓，民眾黨又在反對鴉片特許及聲援霧社事件上表現出尖銳而有效的做法，民眾黨愈成為總督府欲拔之而後快的「眼中釘」，致最後遭到總督府的禁止處分，在「悲壯聲中告終」。

四、工友總聯盟的「產婆」

民眾黨成立以後，蔣渭水一面鑑於一九二五年農民運動興起後，先覺者未能全面積極支援，以致受到日本本土勞動農民黨指導的教訓（兩者的關係有如楊逵《送報伕》筆下的「楊君」與「田中、伊藤」的關係）；一面更受到孫中山所領導的中國國民黨改組後一再強調「扶助農工」的影響，乃對正在興起中的工人運動，極力促成組織各種工會，再經由各種工會組織全島性統一工會。

一九二八年二月十九日成立的工友總聯盟，正是蔣渭水這一理念的具體實現。工人運動自一九二七年臺灣鐵公所事件後漸趨熱烈，經由蔣渭水的努力，很快地於一年之內成立工總，工總成立後更於短期內發展成擁有四十多個加盟團體，會員達一萬數千多人的組織。這種新發展不僅使工人運動邁入新的階段，也使工總被列為當時抗日運動的四大團體（農組、新文協、民眾黨、工總）之一。

工總的指導原理，採取「組合主義」——「工人在資本制度範圍內，工人階級的勞動條件改善維持的運動，就是組合主義」。「組合主義」有三大訴求：「勞動條件的改善、勞動工資的提高、勞動時間的縮短」，這些都是「極溫和的要求」，沒有甚麼可驚的地方。這種「組合主義」實內含於民眾黨的階級運動主張之中，因為民眾黨的階級運動，即是「民生主義的階級運動，是勞動組合主義的階級運動」。

工總和民眾黨兩者之間，體現蔣渭水強調的「黨與民眾團體」關係的典型——「黨是人頭，民眾團體是人身」，「黨可比是臂，民眾團體可比是指」。為民眾黨實質領袖的蔣渭水，在工總成立前為其「產婆」，成立後又為其「顧問」；民眾黨幹部之中，有些亦為工總的實際領導者；因為這種深厚關係，一九三一年，當民眾黨被解散，特別是蔣渭水逝世後，工總幾乎同時趨於瓦解。

蔣渭水的歷史遺產

蔣渭水重燃「政治熱」時為三十歲，逝世時僅四十歲，在「十年如一日」的奮鬥旅程上，經由四大志業的輻射與影響，蔣渭水在推動臺灣近代民族運動所扮演的角色，有如孫中山在領導中國近代國民革命運動所扮演的角色一樣，而成為「臺灣的孫中山」。從歷史觀點考察，蔣渭水的歷史遺產，至少包括：

一、臺灣主體性

一九二三年底的治警事件，是黃金十年抗日過程上第一個重大的政治迫害事件。代表日方求刑的三好檢察官在論告中稱：「本案臺灣議會設置期成同盟會員中，最年長者是三十左右，其他均為二十歲前後，剛度過書生生活而已。」這種年齡已比日本統治臺灣的時間為短，也就是說，先覺者自出生以後，即一直生活在日本統治的事實之中；這個客觀現象，加上西來庵事件的慘痛教訓，「所以那時臺灣人的思想都是屬於統治者的，《臺灣青年》一出現，才把（天然）隸屬的思想打破，才出現『臺灣是臺灣人的臺灣』，臺灣的思想界才有些生機。」

「臺灣不是統治者的臺灣」！「臺灣是臺灣人的臺灣」！這有如「從臺灣上空投下的一個炸彈」，使先覺者猛然覺醒；而「兩個太陽輝耀的臺灣」的客觀現象，又襯托出日、臺人鮮明的對照與歧視；因此先覺者乃以「不死之心」，「抖擻精神」，自覺覺人的意識，共同致力「振起同胞元氣，以謀臺灣幸福」。

蔣渭水四大志業——臺灣文化協會、臺灣民報、臺灣民眾黨、臺灣工友總聯盟，都冠以臺灣之名，且關心的對象都是臺灣同胞。在文協階段，蔣渭水以「文化頭」的身分，多次入獄，看到「面色很是蒼白全無生氣」的「鱸鰻」時，便以一種「誰人父母不痛愛子兒」的熱腸，表達「這個社會的缺陷」；而一九二五年元旦，在民報的「晨鐘暮鼓」欄，蔣渭水一開口便說：

> 現在是什麼一天，是大正十四（一九二五年）的元旦！我要把這晨鐘暮鼓挪放到在新高山的極頂，大敲特擂起來，北至富貴角，南至鵝鑾鼻，西至澎湖島，東至紅頭嶼，四向八方的臺灣三百六十萬同胞，都從睡夢中一時就覺醒起來！然後就對我三百六十萬同胞，先喊一聲，刷新精神！才下個動員令，請從這維新的第一個元旦，我們大家……都要提出精神來盡做臺灣人一分子的任務。

民眾黨在建黨過程上，黨名、黨綱均遭修改，「期實現臺灣人全體之政治的、經濟的、社會的解放」的立黨精神，一度被修改成（一）確立民本政治；（二）建設合理的經濟組織；（三）改除不合理的社會制度；最後才得以臺灣民眾黨的名字正式成立。一九二九年，民眾黨在具有代表性的第三次全島大會宣言內，一面嚴正指出「代表政治勢力的太陽」，在政治、經濟、教育各方面都對「代表社會勢力的太陽」的全面性壓榨與歧視；一面更向「我臺灣同胞」嚴肅呼籲：

> 我們考察島內的形勢，知道民眾之趨向已是信賴本黨，我們益感責任之重大……本黨欲以最短時間實現本黨綱領政策，達到解放人類之目的，需要同胞多數參加，是以不得不希望我臺灣同胞，必須切實明白認識今日之臺灣，只有本黨能為民眾利益奮鬥，對本黨須以督責和擁護，使本黨成為代表臺灣民眾利益的大眾政黨，這是本黨唯一的希望。

臺灣近代民族運動在臺灣歷史上最重要的意義之一，便是將臺灣一般「沉迷的民眾」，從「沉迷」於「臺灣是統治者的臺灣」的「夢中」，「叫醒過來」，並發現「臺灣是臺灣人的臺灣」；而蔣渭水世代的先覺者，在黃金十年期間，最感人的，便是為「臺灣人的臺灣」這塊土地及土地上的「全體臺灣人，在政治、經濟、社會上的解放」，發出臺灣人的聲音，提出「臺灣人的要求」，而不斷「前進，互相提攜，為著前進而前進」。臺灣主體性的追求與建立，實為蔣渭水世代不朽的歷史遺產。

二、漢民族情操

《臺灣民族運動史》一書的作者包括蔡培火、林柏壽、陳逢源、吳三連、葉榮鐘，實際執筆者為葉榮鐘。葉榮鐘對於日據時代先覺者的漢民族情操，有著深刻的分析：

我們出生於割臺以後，足未踏祖國的土地，眼未見祖國的山川，大陸上既無血族，亦無姻親。除文學歷史和傳統文化以外，找不出一點聯繫，祖國只是觀念的產物，而沒有經驗的實感。但是我們有一股熱烈強韌的向心力，這股力量大約就是所謂「民族精神」。這股「民族精神」，也正如《臺灣民族運動史》一書所說：「是由日本帝國主義統治的壓制、榨取、與歧視所激發的民族意識與近代民主主義思想中心，而增強對祖國民族的向心力所凝結而成。」

在這種背景下「所凝結而成」的漢民族情操，對先覺者而言，具有兩種特殊意義：

（一）臺灣同胞既為漢民族同胞，自和屬於大和民族的日據當局不同，所以先覺者強調漢民族，是有助於先覺者激發臺灣同胞的團結意識。

（二）和大和民族相比，漢民族是一歷史悠久而文化深厚的民族，認同漢民族，對當時處於被壓迫地位的臺灣同胞而言，不僅可以得到心靈的慰藉，而且也有武裝他們精神的效果。

先覺者從決定推動非武裝抗日運動以來，處處洋溢著這種漢民族情操。從東京臺灣留學生組織的新民會，到林呈祿著名的〈六三法問題的歸著點〉一文，到蔡惠如在《臺灣民報》創刊號上的論述，以及治警事件中的「五人答辯」，都是最好的見證。而在先覺者之中，蔣渭水的漢民族情操表現尤為感人。他的〈臨床講義〉，「患者」是「臺灣」，「姓名」：「臺灣島」，「原籍」：「中華民國福建省臺灣道」，「現住所」：「日本帝國臺灣總督府」，「遺傳」：「明顯地具有黃帝、周公、孔子、孟子等血統」；在治警事件的法庭上，蔣渭水自述是一位：「以中華民族做日本國民的臺灣人」；蔣渭水影響下的臺灣民眾黨，深受孫中山影響下的中國國民黨的影響，民眾黨的主張與運動之中，包括恢復漢文教育、撤廢渡華旅券、派代表參加孫中山的奉安大典，以及反對日本對華出兵等，都含有漢民族情操；蔣渭水逝世後，在大安醫院的蔣渭水靈堂下，書寫著「忠魂充漢室」五個字。

蔣渭水世代所展現的這種漢民族情操，實象徵先覺者「磅礴的正氣」。國民政府一九四五年到臺灣接收時，所以會受到臺灣人民那樣真摯熱烈的歡迎，如果探本溯源，實與先覺者這種「磅礴正氣」的影響有關。

三、不妥協的精神

一九二九年五月，蔡惠如因病逝世，蔣渭水在追悼感言中說：「社會運動家最要緊的素質，是要具有徹底的性質與不妥協的精神，我們同志中具有這性質和精神的人實在很少，唯有蔡惠如同志堪稱是這樣的人。」一九三一年八月蔣渭水也因病逝世，自聯（臺灣地方自治聯盟）的領銜者楊肇嘉在〈悼渭水兄逝世〉文中，也說：「社會運動家最要緊的條件，就是有徹底的性質和不妥協的精神，具有這兩條件的人，實在很少，唯渭水兄不但能合這性質和這精神，且有比這點更加徹底。」

由於蔣渭水具有「比這點更加徹底」的不妥協精神，加上他既能寫又能講，蔣渭水乃成為「我臺人為公事受拘引」的第一人，十年之間，因公事「受檢束拘留十數次」，監獄有如他的「別莊」。平時日據當局總要派兩個便服特務坐鎮文化書局，監視蔣渭水的行動；有一次在鶯歌的演講，辯士只有蔣渭水一人，出動警官卻有二十餘人；民眾黨成立前，總督府的條件是限制蔣渭水參加；當國聯（國際聯盟）因阿片問題來臺時，總督府最忌憚的是蔣渭水和國聯委員會面；及民眾黨被解散，尾隨蔣渭水的警力已增至四名；民眾黨被解散後，日據當局重施故技，暗示說「帶有濃厚民族色彩的蔣渭水除外」，穩健派可另組政黨；及蔣渭水住院，警務局特務一再出入醫院探詢病情；蔣渭水最後的遺囑不得發表；《蔣渭水全集》也遭禁止；在蔣渭水大眾葬儀行列中，出動維持秩序的武裝警察達八十名，且由北署長親自率領；從這些事例均可看出日據當局對蔣渭水開口便如《臺灣大年表》說的「蔣渭水一派」或「蔣渭水等人」。

由於蔣渭水具有「徹底的性質與不妥協的精神」，他不僅成為臺灣近代政治社會運動的「第一指導者」，也成為日據當局徹夜難眠的「第一眼中釘」。當蔣渭水逝世消息傳出後，民眾聞之，「莫不驚慌失措」，有一些人甚至即刻「袖纏黑布，表示哀悼」，而島內外各地有志者更先後為蔣渭水舉辦追悼會，也有為文追念的，八月二十三日葬儀委員會更為蔣渭水舉行一次臺灣空前的大眾葬，送葬者五千餘人。跡象顯示，蔣渭水之死給臺灣民眾帶來的激盪之深以及哀痛之切，在日據時代，實無人能出其右。

日據當局雖視蔣渭水為眼中釘，但一些日本人士對蔣渭水的奮鬥精神，在內心深處仍不無尊敬之意。在高雄的告別式上，一些臨監的日本特務，便在這種心情下，「起立為蔣（渭水）氏致敬」；反動的《經世日報》也讚許蔣渭水為「熱血男兒，渭水之後更無渭水其人」；而日人辦的《新高新報》，更由臺灣人直接執筆，尊稱蔣渭水為「臺灣人之救主」。在日據時代的政治社會運動者之中，由於精神感人，而能同時贏得同胞與壓迫者尊敬的，蔣渭水實為第一人選。

四、理論與實踐相結合

臺灣近代民族運動歷經兩次路線之爭，第一次路線之爭，確立臺議運動的共同奮鬥目標，促成臺灣近代民族運動空前的大同團結；第二次的「左右傾辯」、「民族運動與階級鬥爭」之爭，卻造成文協的公開分裂，以及其後主要的抗日團體內部先後又自行分化。

大致地說，文協分裂之後的抗日運動，已進入新的階段，變成一種能「撼動當局施政」、動搖「日本國策」的「真劍的解放運動」。此一階段的主要抗日團體，包括新文協、農組、民眾黨、工總、臺共，無論就理論、組織與方法，均與舊文協時的抗日團體大不相同，大都強化組織，嚴格紀律，且表現出革命化、尖銳化、大眾化與國際化的特質，而成為臺灣近代民族運動史上戰術最講究、方法最激烈、動員人數最多、爭議事件最多、被檢舉次數最多、入獄人數最多、入獄時間最長的時期。這種歷史背景也解釋出臺灣近代民族運動「真正偉大的領導者」，為甚麼一定要到一九二七年以後才會產生。

在一九二七年以後出現的「真正偉大的領導者」之中，特別值得一提的，便是蔣渭水。由於蔣渭水的稟賦與特質、勤奮與使命感，他所具有的「徹底的性質與不妥協精神」，以及更重要的，在面臨大時代的考驗時，他不迴避，不退怯，不離開戰場，不患「輕率過激」的「小兒病」，也不患「反覆無常」的「老衰病」，在「把持理想」

與「凝視現實」之間，以客觀的態度，科學的方法，置身風暴中心，與時俱進，不斷精進，努力從日本本土與中國大陸兩大方向，針對臺灣的特殊情況，並結合本身累積多年的實踐經驗，為空前激盪的社會運動尋找出路。他所提出「以農工階級為基礎的民族運動」路線，便是在理論與實踐不斷探索下發展出來的。經由民眾黨的實踐與證明，蔣渭水的「抗日模式」和「抗日效應」，如放在二十世紀二〇年代到三〇年代的歷史舞臺上，無論和世界上任何國家的代表性人物相比較，都讓後代子孫不但感到毫無遜色，更會引以為榮。

蔣渭水留下的歷史省思

蔣渭水一生雖留下不少歷史遺產，但從歷史觀點言，他至少也留下有待省思的兩大歷史課題：

一、未完成的心願——「臺灣人解放運動的總機關」

蔣渭水一生最感心痛與遺憾的，就是他未能在有生之年，將主要的抗日團體，整合成為一個強而有力的「臺灣人解放運動的總機關」。

有三個背景或理由，使他更感心痛與遺憾：

（一）蔣渭水是文協的創立者，先覺者在文協時期曾有過大同團結的美好時光和難以忘懷的集體記憶，蔣渭水希望能再創這種成功的故事。

（二）孫中山所領導的中國國民黨，經過改組，已經促成國共兩黨合作，納入「扶助農工」政策，並在中國帶來立竿見影的影響。此對精研「孫中山全集」的蔣渭水而言，實是具有鼓舞性的案例。

（三）蔣渭水是黃金十年的全程參與者和推動者。有些先覺者早期參加了，後來卻「保守妥協」；有些先覺者後期參加了，「卻特意粉飾為左派」；蔣渭水對黃金十年的過程了然於胸，民眾黨成立之際，當他看到農組的運動方針含有「民族膜」，新文協由「階級鬥爭移到民族運動」時，他又燃起全民運動與統一戰線的希望。一九二九年，當新文協與農組內部均自行分化、且相繼受到彈壓而變得「極其沉靜」時，民眾黨更順勢積極「吸收全島鬥爭分子，整理陣營」，以期達到蔣渭水所追求的「黨是臺灣人解放運動的總機關」的目標。後來，民眾黨這項努力失敗了，內部又因自聯的出走而陷於分裂，蔣渭水因而失去一生中最後一次造就抗日統一戰線的機會。以他「富感情」、「重信義」的個性，最後會對具有民眾黨黨員的自聯參與者給予除名處分，以及住院期間，一度拒絕自聯成員的探病，正反映出他心中對失去大局的深切之痛。

不過，就歷史發展而言，一九二四年，孫中山改組國民黨，促成國共合作；一九二五年孫中山病逝；一九二六年國民政府北伐；一九二七年國共分裂；當國共尚未分裂時，蔣渭水都尚未能促成抗日戰線的大同團結，而在國共分裂兩年之後，即使民眾黨形勢大好，蔣渭水又豈有可能整合抗日團體成為一個「臺灣人解放運動的總機關」？

二、臺灣的自主性

一九三〇年，為慶祝《民報》成立十週年紀念而寫的〈臺灣社會運動十年史概要〉一文，在結論中，謝春木指出十年來臺灣政治社會運動不能有特別進展的原因有八點：

（一）臺灣為海中孤島，聯絡不便，加上孤立性，以致在地理上、民族上、歷史上形成若干缺點。
（二）缺少真正偉大的領導者。
（三）運動流入形式主義。
（四）患了大頭病與領袖慾的弊病。
（五）猜疑心過重，眼光淺短。
（六）對於臺灣特殊情況以及適應此情況的戰術研究不足，僅止於抄襲程度。
（七）鬥士少而投機分子多。
（八）解放運動流於商業化。

此文所說的「十年」，是指一九二〇年到一九三〇年；文中所說的八點，雖僅代表個人的觀點，但因作者是以政治社會運動當事人的身分所做的反省，這種評價頗為扼要。

文協的分裂，就表面上看，好像是匆促而偶然的；但從歷史觀點看，卻是「文協發達到了一定階段必然發生的過程」。因此，文協分裂的原因，如果加以歸納，至少包括：（一）日本本土社會主義運動的興起及分裂；（二）中國近代國民革命運動的結合與分裂；（三）臺灣島內運動的深耕與批判；（四）先覺者的背景與性格因素；（五）日據當局的分裂政策；（六）改組的爭議與奪權的方法。文協的分裂象徵臺灣近代民族運動分裂的開始，而非分裂的結束；以後更洶湧澎湃的浪潮，也使主要的抗日團體內部又自行分化。

文協分裂以前，日本本土社會主義運動團體已告分裂，並已發生「左右傾辯」；文協分裂以後，中國近代國民革命運動陣營也告分裂，國民黨內分成左、右派，文協也分成左、右派，臺灣乃如蔣渭水說的：「宛然是個小中國」。當島內陣線及影響島內陣線最主要的兩大外在力量——日本本土社會主義運動團體及中國近代國民革命運動陣營——均告分裂，而受到這兩大外在力量薰陶、影響、甚至指導的臺灣留學生，又先後從這兩大外在力量的發源地——日本本土與中國大陸——回到臺灣，加入不同的抗日團體，並將這兩大外在力量興起與分裂的經驗投影到臺灣，投影到自己所屬的抗日團體，及與其他抗日團體的互動，這種背景使得在抗日運動的發展過程上，臺灣的自主性變成一大歷史課題。

蔣渭水代表「臺灣的自主性」這一努力的象徵。他成立文化書局的目的，便是想從「中國名著」與「日本勞農書籍」的兩大方向，為變化中的臺灣局勢，吸收新知，接受衝擊，再依據臺灣客觀情況，加上本身實踐經驗，來為臺灣的抗日運動尋找出路。蔣渭水一直懷有孫中山晚年的胸懷與心境，期望所有「小兒病」者與「老衰症」者，能集結於同一旗幟之下——「臺灣人解放運動的總機關」，但他這一代表「臺灣自主性」的努力，終其一生，卻始終未能實現。

臺灣近代民族運動是在打破「臺灣是統治者的臺灣」的隸屬觀念，走向「臺灣是臺灣人的臺灣」的嶄新觀念，吹起歷史的號角，儘管所有先覺者及不同的抗日團體都分別留下寶貴的歷史遺產與豐富的精神能量，但從抗日團體的興起及命運，卻也為當代的我們留下一個巨大的歷史懸疑：臺灣的自主性呢？

黃煌雄，臺灣大學政治學研究所碩士，哈佛大學費正清中心訪問學人（二年）；曾任立委，國代，監委；專注臺灣近代史，著有《蔣渭水傳——臺灣的孫中山》、《兩個太陽的臺灣——非武裝抗日史論》。

林獻堂的內心世界探微——變色龍嗎？

黃富三

前言

一八九五年，臺灣經清朝統治兩百一十二年後已漢化，然而清廷因戰敗被割讓予日本。對此臺人誓死反對，曾組織臺灣民主國及義勇軍抗日，但畢竟難以回天，從此淪於五十年的殖民統治之下。林獻堂出身於清代臺灣望族霧峰林家，面對此一大變局，逐漸投入政治社會運動，並成為臺人所信服的共同領袖。

林獻堂之領導政治社會運動，基本上採取溫和抗日路線。初期參加同化會，爭取臺人之平等權；一九二〇年後發動臺灣議會設立請願運動，爭取自決權；一九三〇年代後，轉而爭取地方自治；一九三〇年晚期，日本軍閥勢張，進一步推動皇民化運動，他只能委曲求全，保存本土基本力量等候變局。

由於他堅持不屈服精神，但採取溫和路線，時人對他的評價雖譽多於毀，稱之為反殖民運動的社會領袖，但因不正面對抗當局而被譏為機會主義者甚或御用紳士。到底他內心世界想的甚麼？有無中心思想？其領導之運動對臺灣的功過又如何？實有深入探究之必要。

最能透露林獻堂底蘊的當是他的日記。此批日記經長年解讀、出版後，大大有助於解謎。不過，日記文字過於簡短，而且其行文風格過於婉轉甚至含糊不夠明確，不易捉摸其真正想法。然而，謎題終需解開，筆者已有一書《林獻堂傳》略加分析，[1]本文嘗試再進一步論述其內心世界，並探討其領導風格的特色及其留下的歷史教訓。

一、林獻堂因時而異的政治主張：是變色龍嗎？

初期林獻堂之政治目標相當保守，只爭取臺人與日人之平等地位。其代表性之活動是：結交日本名流與參加臺灣同化會，並推動六三法撤廢運動。

（一）從同化會到六三法撤廢運動

「臺灣同化會」是日本自由民權運動鬥士板垣退助，在他人生的晚年所創立的，目的在於追求日臺一體，臺人與日人享有同等權利與義務。不過，考其根源，此會實乃林獻堂所默默策劃的，而他之所以這麼做，又與梁啟超之勸言有關。梁氏認為在幾十年內，中國自顧不暇，不可能支持臺灣的政治運動，因此應仿效愛爾蘭人的策略，即結交權貴，制衡總督府，爭取臺人權益。[2]

第一個爭取的對象是板垣退助伯爵。他是明治維新功臣之一，在一八七一年曾出任參議兼工部卿，因倡導「征韓論」不成而下野。但一八八一年，他組織自由黨，出任總理，以倡導自由民權著稱；一八九八年，又與改進黨合組憲政黨，成立第一個政黨內閣，由大隈重信任首相，出任內相。他於一九〇〇年引退，但因享有廉正清譽，在政界仍有一定影響力。[3] 一九一三年秋，林獻堂往訪北京後轉赴東京，由櫟社成員王學潛透過板垣退助門人之介紹，而與板垣會面。林獻堂訴說臺人之苦，並邀其訪臺。板垣因一者同情臺人處境，二者他倡導南進論，欲以臺人為「日支親善」之媒介，進軍東亞，因此欣然同意。[4]

一九一四年二月十七日，板垣退助來臺了解民情；秋，林獻堂再赴東京，經板垣之介紹，與日本政界要角大隈重信侯爵會面。此後板垣退助開始籌劃「臺灣同化會」。為此，板垣退助在十一月再度來臺，並於十二月二十日，在「臺北鐵路飯店」（已燬，位於新光三越大樓）正式成立「臺灣同化會」。由於他的聲望與林獻堂的影響力，不少臺日官紳均加入，聲勢頗大。

然而，成立不久即備受總督府與媒體之迫害摧殘。一九一五年一月二十一日，全島被聘為「臺灣同化會」評議員之各廳長在總督府壓迫下，集體總辭。接著，一月二十三日，總督府命令撤銷「同化會」徵收會費之許可；二月二十六日，進一步解散該會。[5]因此「同化會」僅曇花一現，歷時兩個月又七日。

至此，林獻堂之首波政治運動宣告夭折，顯然梁啟超之建議並不全然可行。同年，又爆發殺害日本警察之「余清芳事件」（即西來庵事件），總督府大肆鎮壓，處死大批黨人，整個社會瀰漫肅殺氣氛，林獻堂只能暫時沉潛。

一九一〇年代，臺人為對抗總督府不平等的教育政策，轉至日本留學，蔚為風氣。[6]由於學生人數快速增加，又接觸新思潮，逐漸崛起而扮演為民前鋒的角色。一九一八年八月，林獻堂偕秘書施家本赴日本東京，在其寓所與留學生接觸。[7]同年，他在神保町宴請留學生，商討「對臺灣當如何努力」的政治議題，有獨立、自治、六三法撤廢、武裝革命等派，最後通過施家本所提之「六三法撤廢」案。為此，成立「啟發會」，以林獻堂為會長、林呈祿為幹事，並設立「六三法撤廢期成同盟」。[8]按，日人領臺後，認為殖民地臺灣具有特殊性，因此排除日本法之適用，另發布法律第六三號，賦予總督府以行政、軍事及某種立法權，臺人備受欺壓歧視。

此後林獻堂即為撤廢六三法而奔波。一九一九年四月，他與秘書施家本、幕客莊伊若赴東京，以其寓所「雨聲庵」為活動據點。[9]十月，林獻堂再度赴日，積極展開活動，並晉謁新任臺灣總督田健治郎，期望其改革臺灣政治。[10]一九二〇年，林獻堂又赴日歷訪政要，呼籲撤銷六三法；十一月二十八日，林獻堂領導在日臺灣留學生集會於東京麴町區富士見町基督教會，繼續要求撤銷六三法案。然而，始終未有進展。

（二）臺灣議會請願運動與臺灣文化協會之雙軌運作

爭取臺日平等的運動失敗後，政治運動之主軸轉向強調臺灣之特殊性與自主性。此運動之動力是青年學生，主戰場則先由臺灣轉至日本，再回歸臺灣，其主要政治活動為設置議會請願運動，並成立「臺灣文化協會」，進行大眾啟蒙工作。二者相輔相成，形成犄角之勢，活躍於一九一九至一九二七年間，而林獻堂則扮演臺人共同領袖之要角，可說是他一生中意氣風發的黃金年代。

按，一九一九年第一次大戰後，由於美國威爾遜（Woodrow Wilson, 1856-1924）總統之倡導，民族自決思潮風行。一九二〇年一月，林呈祿敦勸蔡惠如出面組織「新民會」，三月成立，但蔡氏僅答應會長，而另推舉林獻堂出面領導；[11]其綱領為「研究臺灣所有應予革新之事項，以圖文化之發展」，即推動文化啟蒙運動。[12]

一九二〇年十一月二十八日，新民會與臺灣青年會會員二百多人在東京富士見町教會集會，討論六三法撤廢運動問題。會中正反兩派爭議劇烈，以林呈祿為首的反對派，力主自治主義，在臺灣另設特別議會，深獲留學生之贊同；最後在神保町「臺灣青年社」聚會中，林獻堂裁決終止六三法撤廢運動，轉而進行臺灣議會設置請願運動。[13]十二月，林獻堂出任新民會會長，[14]確立其於東京留學生之領導地位，[15]政治訴求之目標是設置獨立的臺灣議會。[16]

約自一九〇一年起，留學日本逐漸成為風潮，主要在東京，據估計，一九〇八年已有六十餘人，一九一五年達三百餘人，一九二二年增至兩千餘人。[17]留學生直接受近代教育之衝擊，而青年人原本言行較激進，又聚居於東京，來往密集，互相激盪，形成一股整合的組織力量，因此成為新運動之主要動力來源。然而，青年學生不免躁進，而政治思想與手段不免有異，需要一位具有調和紛爭的共同領袖，林獻堂無論家世、學識、人格、資歷，乃不二人選。他掌握時勢，擔任艱鉅，出錢出力，全力奉獻，其中臺灣議會設置請願運動是投入最深的工作，從一九二一至一九三四年，共計向帝國議會提出十五次請願。遺憾的是，最後一事無成。

此外，「臺灣文化協會」亦同時出現，與議會設置請願運動齊頭並進。一九二一年七月，林獻堂來臺北，由臺灣醫學專門學校學生蔣渭水偕同學三、四人，連袂晉見，提出組織文化協會之計畫。林氏原本即重視文化教育，且認為臺人之不如日人乃文化程度較低，因此深表贊同。十月十七日，「臺灣文化協會」創立，林獻堂被推為總理。其後文協以蔣渭水、蔡培火兩人為中心，展開有組織之文化啟蒙運動，與議會請願運動相互呼應。

文協成立後，極為活躍，舉辦各式各樣的文化活動，在臺灣社會引起極大的反響。其較重要的有：

1. 刊行會報：一九二一年十一月二十八日出版「會報」第一號。
2. 設置讀報社：供民眾閱覽《臺灣民報》。至一九二四年底止，除臺北、彰化、臺南三所讀報社存留。

3. 舉辦各種講習會，推廣近代知識：例如有計畫開設文化義塾；舉辦學術講座，如臺灣通史講習會、通俗法律講習會、通俗學術講習會、臺南西洋歷史及經濟學講習會，以及籌劃臺北學術講習會計畫。

4. 開辦夏季學校，提高臺人之知識水準：自一九二三年十月十七日，文協決議利用暑假舉辦夏季學校開始，一九二四年至一九二六年連續三次均在霧峰林家舉辦。

5. 舉行文化講演會：是文協推動較具成效的活動，一九二五年是文協舉辦講演會的狂熱時代，在都市地區定期舉辦講演會，在地方上則以組織講演隊，巡迴演講。

6. 推動文化話劇運動，提高文化、政治水平：主要由中國留學生與日本學留生合作創辦，一方面從事藝術表演，一方面以宣傳諷刺為主的「文化劇」表演。

7. 留學生組成美臺團，透過電影影片播放，宣傳外國資訊：藉由巡迴播放具有文化內涵的影片，進行文化教育。[18]

文協最有名的一次活動是舉辦「無力者大會」。原本御用紳士為了向總督府輸誠，壓制臺人之議會設置請願運動，在一九二四年舉辦一個「有力者大會」。為了抗衡，在林獻堂領導下，於七月三日，在臺北、臺中、臺南，同時舉辦「無力者大會」，林獻堂亦登臺演講。由於各地臺人熱烈響應，聲勢浩大，御用仕紳遭到迎頭痛擊，銳氣大挫，至此文協形同無政黨之名的政黨。[19]總督府極為緊張，各種壓制與分化的手段紛紛推出，文協感受日增的壓力。

(三) 臺灣文化協會之分裂

然而，文協內部的問題逐漸浮現，原因是它組成之初即包含各派：

社會主義派：連溫卿、王敏川

民族主義派（祖國派）：蔣渭水

民主自治派（臺灣派）：蔡培火

三派的意識型態與政治目標、手段並不相同，隨著文協之壯大，內部的矛盾逐漸顯現出來，其中左派勢力的勃興是造成分裂的主因。

由於環境的變化，東京、中國大陸及島內的共產主義者在島內積極展開活動。他們與文協左翼幹部連溫卿、王敏川甚至中間偏左的蔣渭水密切合作，共同推動不少活動，並成立左翼組織，如「社會問題研究會」、「臺北青年會」、「臺北青年體育會」、「臺北青年讀書會」、「臺北無產青年」等。[20]文協主角蔣渭水採行中間偏左路線，甚受孫中山先生的容共政策影響，其所創「臺灣工友總聯盟」即以南京總工會之組織為藍本，對無產青年之態度亦採寬容態度。因此，左派勢力快速膨脹，逐漸在文協內部形成一股力量，壓倒溫和的民族主義派，林獻堂的領導地位亦隨之動搖。

另一方面，總督府對臺人之民族運動亦步步進逼，自一九二五年四月實施治安維持法之後，對於共產主義或無政府主義加強取締，總督府保安課並軟硬兼施，挑撥離間，致使文協分裂。[21]

一九二六年十月十七日，文協第六次年會在新竹舉行，理事蔡惠如提議修改章程，檢討行之已久的理事制度，經大會通過，於是林獻堂指名專務理事蔡培火、理事蔣渭水、陳逢源、鄭松筠、連溫卿，及重要委員謝春木、陳旺成等八人為起草委員。[22]

一九二七年一月二日，文協臨時理事會於臺中市舉行，林獻堂親自主持。最大的爭議是組織問題，共有三案。蔡培火案，基本上維持理事制，連溫卿與蔣渭水都主張改為委員制，反對本部案的理事制，換言之，即主張民主集權制，反對中央集權制。然而蔣渭水主張在委員制上設置總理一職以待獻堂，原因是當時的運動非林獻堂領導不可。三案表決結果，連派獲勝，改行委員制。[23]

一九二七年一月三日，文協臨時大會在臺中市公會堂舉行，出席會員一百三十三人，大多數為連溫卿派下的大甲、彰化及臺北的無產青年。大會由林獻堂任議長，議事時照連案修正案通過，選舉中央委員的結果，三十名委員中連溫卿派占十一名，其他亦大部為連派支持者，蔡派只有林獻堂、蔡培火、林幼春、林資彬等數人當選。然而這一舉動引起右派人士的極端反感，蔡培火首先聲明辭去職務，並當場退席，蔣渭水亦不願留在連派旗下而辭職退席。左右兩派正式分裂。

至於林獻堂，為委曲求全計，答應暫列委員，仍望事後可有轉圜。[24]然而，文協左右派分裂已不可免，接著東京留學生亦開始分裂。[25]後新文協幹部有鑒於林獻堂之聲望與財力，力請留於該會或以顧問身分合作，但終不被他接受。一九二七年三月，文化協會本部由臺南遷至臺中，通稱為新文協，由連溫卿、王敏川等左派人士控制領導，正式走上階級革命路線。其活動日益激進，不但農民組合、工會運動興起，臺北師範、臺中一中、臺中商業、臺南師範等各校亦發生學潮。

右派則退出文協，另組「臺灣民眾黨」，繼續支持臺灣議會運動，並積極另行籌組政治結社。一九二七年二月十日、十一日，文協右派舊幹部蔣渭水、林呈祿、林幼春、蔡培火等，在林獻堂家舉行臺灣民報社董監事會，會中蔣渭水提出「臺灣自治會」的具體組織案。但當時恰逢無政府主義團體——「黑色青年聯盟」遭到檢舉，人心惶惶，與會者大多主張緩議。[26]

一九二七年五月三日，蔣渭水、謝春木、蔡培火在林獻堂家，討論結黨事。接著，以蔣渭水「臺灣自治會」為案底，以「期實現臺灣人全體之政治的、經濟的、社會的解放」為綱領，提出籌備會。籌備會於五月八日在臺中舉行，經過修改增補，將會名改為「臺政革新會」，於五月十日以蔡培火為主幹（負責人），向臺北警察署提出結社申請。[27]

不過，林獻堂經文協分裂之衝擊後，態度日趨消極，一九二七年五月出國長期環遊世界，逐漸淡出；組黨工作在蔡培火、蔣渭水等的領導下繼續進行。五月二十九日在臺中召開成立大會，「臺政革新會」改為「臺灣民黨」，但五天後，即六月一日遭禁止。[28]最後，七月十日，終於突破困難，在臺中正式成立「臺灣民眾黨」，選出中央委員二十人，中央常務委員十四人，由蔣渭水派掌握大局。十一月六日，民眾黨在臺北舉行第二次中央委員會，推薦林獻堂、林幼春、蔡式穀、蔡培火四人為顧問。此舉實象徵著臺灣民族運動已經又進入另一階段，即少壯派抬頭，前輩領導者逐漸喪失直接領導權，退居第二線，而林獻堂只是掛名的顧問。他在一九二七年五月出國環遊世界，一九二八年五月方返抵東京；一九二九年一月林獻堂回到臺灣後，也極少參與民眾黨之活動。[29]

蔣渭水是民眾黨靈魂人物，成立後就積極推展活動，首先各地設立支部，接著展開一連串的活動。他領導下的民眾黨之活動相當頻繁，經常舉辦講演會，所提之政見涵蓋範圍亦廣，主要的有：改革地方政治制度；廢除保甲制度；實施義務教育；嚴禁吸食鴉片；保障言論、出版、集會自由，准許臺人日刊報紙等。[30]其中反鴉片吸食新特許運動訴諸國際聯盟，引起軒然大波，迫使總督府進行改革措施，如設立鴉片勒戒所。[31]總督府的壓力日增，加上內部分裂。[32]一九三一年二月十九日，「臺灣民眾黨」召開黨大會時，總督府警務局以其顯然主張階級鬥爭為由，命令解散。[33]至此，臺灣史上第一個政黨遂壽終正寢，前後不過三年八個月。緊接著，一九三一年八月五日，蔣渭水逝世，群龍無首，遂告沒落，所領導的第十三至第十五回議會請願也因此聲勢大衰而落幕，[34]象徵中間偏左派之式微。

（四）臺灣地方自治聯盟：有限自治成果（一九三〇—）

然而，「臺灣民眾黨」內部穩健派與急進派的主張不同又造成分裂，穩健派再脫出另組「臺灣地方自治聯盟」，將政治訴求降低為地方自治。[35]

一九三〇年二月十二日，林獻堂偕林柏壽、羅萬俥、蔡培火、蔡式穀等人在北投餐敘。席中蔡式穀提議：組織團體從事政治改革運動，尤其是地方自治制度之實施，以與臺灣民眾黨相區隔；而為期運動早收成效，自治聯盟之構成分子必須超越黨派，包括中立派、御用紳士、日人之同調者，且須以民主思潮為號召，以實際政治教育民眾。此議穩健低調，獲得與會者之贊同，乃逐步展開行動，並擬進一步另組政黨。經半年的籌劃，八月十七日，「臺灣地方自治聯盟」在臺中市成立，林獻堂任議長與顧問，楊肇嘉等五人為常務理事。隨後在各地設立分部，並巡迴舉辦演講會，鼓吹實施地方自治制度。此一自治運動的實際執行者是楊肇嘉，但林獻堂被奉為領袖，也投入極大的心力，推動現實政治的改善工作，包括教育、工商業、農業等。[36]

由於林獻堂聲望高，總督府對他採取軟硬兼施之策，一九三〇年七月三日，任命他為總督府評議會員。此為臺人之最高榮銜，顯現總督之善意，林獻堂因此進退維谷，但幾經考慮後，仍以臺人之利益為重，在十一月二日辭退，以便推動政治革新工作。[37]

一九三四年九月二日，臺灣議會請願運動終結後，總督府為籠絡臺人，十月宣布將於一九三五年實施地方自治。其內容是：州市議會議員官派與民選各半；街庄仍為諮詢機關；選舉權人限納戶稅五圓以上；一九三五年四月一日公布實施。此制實不理想，因職權受限，且又半數議員仍為官派。但總算臺人可選出半數議員參與地方政治，可稱自治聯盟已經達成部分目的。由於聯盟是基於單一目的而成立的，因此必須決定是否予以解散。五月一日，「臺灣地方自治聯盟」改組委員會開會，有三派主張：一是解散；二是改為一般性結社；三是繼續為完全之地方自治而奮鬥，因意見未能一致，竟無結論。[38]八月二十七日，召開第三次大會於臺中公會堂，議長楊肇嘉，決定繼續推動完全之地方自治。[39]至於林獻堂，他鑑於臺灣文化協會、臺灣民眾黨已被總督府解散，僅餘自治聯盟，故力主改組為政黨；但礙於時局，難以被廣泛認同，不獲支持，顯然他的威望與影響力已大不如前。

一九三五年十一月二十二日，「臺灣地方自治制」實施後，全臺舉行首次地方選舉投票。[40]楊肇嘉、葉榮鐘等人分赴各地演講，聲援所支持之候選人。結果聯盟成員頗有斬獲，其中臺南支部最佳，四人全部當選。[41]奮鬥多年，勉強稱得上成果的僅此而已。不過臺人總算跨出艱難的第一步，初嘗民主選舉的滋味，對戰後之熱衷選舉、追求民主有相當大的影響。

然而，一九三〇年代日本軍閥氣焰日盛，一九三一年九一八事變後，於一九三七年爆發七七事變，於是進入「戰時體制」，僅存的政團「臺灣地方自治聯盟」也於八月間自動解散，皇民化運動興起。一九四一年太平洋戰爭爆發後，總督府更加緊控制，創設皇民奉公會，林獻堂被迫加入，即使心中充滿無奈，但唯有配合而已。[42]他在二月二十八日回函草屯洪元煌時說：

> 「皇民奉公會之組織不日將發表，吾人惟有政府之命是從，盡吾人之所能為者而為之事。此外勿多言，惟讀書而已。」[43]

他同時擔任要員，甚至捐獻與發表支持效忠言論。[44]基本上，由於公私等因素，他是被迫非參加不可的。[45]綜觀之，在日本殖民統治下，林獻堂之路線從尋求臺日同化，轉而追求政治平等、臺灣自治甚至獨立，最後又在軍閥威迫下妥協以求瓦全而保存生機，也就是因應時潮與環境而不斷修正。那麼，林獻堂的內心在想什麼呢？

二、林獻堂的內心世界：有核心價值觀嗎？

由於林獻堂在不同時期有不同的政治主張，不免被批評，如立場不堅定、資產階級思想、御用紳士、投機派等，或諷刺為收租派社會主義者。[46]自一九二七年新文協成立後，臺灣政治運動一步一步左翼化，林獻堂逐漸被排除於主流之外，他也自我流放在外，出國旅遊長達一年，不再積極領導。雖然如此，他自始至終並未配合統治當局，亦不背離臺灣人，到底他內心世界的想法是什麼呢？是否有核心價值觀呢？

（一）漢族中心思想

林獻堂具有強烈的漢族意識，支撐其抗日的主要精神力量是漢族中心思想。舉數例說明。

1. 支持櫟社活動

櫟社成立於一九〇二年，為臺灣改隸後成立最早，規模最大的詩社之一，其首倡者乃霧峰下厝林家之林痴仙和林幼春叔侄。[47]櫟社為一遺民集團，一九二二年《櫟社》第一集刊行時，社長傅錫祺之序文稱：

「滄海栽桑之後，我輩率為世所共棄之人，棄學非棄人不治，故我輩以棄人治棄學」，[48]此充分顯現遺民無奈而又不甘之情，日治初期詩社之勃興正提供一維繫傳統文化與漢族認同之精神舞臺，度過鬱卒時期。其活動主要為以詩會友，互相唱和，既可淬鍊詩文，又可聊解故國之思。林獻堂在一九一〇年始正式參加「櫟社」為社員，其後即提攜協助，出力甚多。[49]一九四二年十二月二十七日，「櫟社」創立四十週年紀念典禮，在霧峰萊園舉行，彰化、鹿港以及南北詩友多人蒞席，盛況空前，警方側目。一九四三年十月十日，櫟社傅錫祺社長苦心編纂《櫟社》第二集，交新民報社排印，警務局藉口該集內容多與時局不合，竟予沒收。[50]原來，當時皇民化運動正積極展開，不願見有喚起漢人民族意識的出版物出現。

2.「祖國事件」

一九三六年二月二十八日至四月十六日，林獻堂偕弟階堂、次公子猶龍參加「臺灣新民報」組織之華南考察團。他在上海接受華僑團體歡迎席上致辭時，有「歸回祖國」之語，在《上海商報》刊出。日本間諜獲悉後，轉報臺灣軍部，五月《臺灣日日新報》揭發其事，對林氏大張撻伐。接著又發生林獻堂被毆的「祖國事件」。六月十七日乃「臺灣始政紀念日」，與楊肇嘉應臺中州知事之邀，赴臺中參加慶祝遊園會，突有一日人趨前遞予名片，上書「愛國政治同盟員：賣間善兵衛」，另一手遞交一勸告文，大意是：為「歸回祖國」失言事，公開道歉；今後不再參加一切政治社會等活動。林一猶豫，賣間善兵衛出拳擊中林的右頰；楊肇嘉見狀，上前將賣間善兵衛抱住，他方脫身。[51]他傍午返家後，與家人同進午餐，餐後向家人告知被日人毆辱之事，家人方發現其右頰微有紅腫之跡。原來在七七事變之前，臺灣軍自荻洲立兵任參謀長以來，不時干預政治，此次即以卑劣手段，嗾使日本流氓賣間善兵衛毆辱林氏。[52]此即「祖國事件」。

3. 皇民化運動下的堅持：反改姓名、堅持漢服

林獻堂有其堅持底限，對皇民化亦有因應之道。一九四〇年二月十一日，總督府實行改姓名制度，他堅決反對，甚至勸人勿輕易更改姓名。[53]一九四〇年十一月十八日，當巡查到處逼人改姓名時，他批評說：

「內地人之姓林者不少，既言欲同化吾輩，何故不能姓林？若改為中村、小村或村田、田原則可，殊令人不解。」[54]他更堅持漢文的保存，對於嚴禁穿臺灣服，也頗不以為然。[55]葉榮鐘等人稱讚他說：

「從林獻堂所遺留之行儀，以及其日常生活的一切，可以說他不說日語，不喝味噌汁，不穿下駄（木屐），過純中國式的生活，從不依靠日人的威光圖謀升官發財。」[56]

可見林獻堂在最艱難的環境中，依然堅持漢人的立場，不肯妥協，不贊同皇民化的同化運動。

（二）因應世界新思潮

林獻堂雖年紀較大、未受新教育，但卻有接受新思潮的極大容受度。他早期受梁啟超的影響，走妥協路線，而推動同化會、六三法撤廢運動；但一九二〇至二一年後，受東京留學生的影響，蛻變為民族自決運動，支持臺灣議會設置運動。他一生中的政治社會運動大多源自留學生與新青年，堪稱是跨世代的領袖。

另外，臺灣本地新青年對他亦有影響，尤其是蔣渭水，他認為臺灣人患了「知識營養不良症」，必須「極量」治療。[57]一九二一年，他受到林獻堂發動的議會設置請願運動的啟發，認為必須同時提升臺灣人的文化水準，因此臺灣新知識青年吳海水、林麗明起草「臺灣文化協會趣旨書」。他獲得林獻堂贊同，於一九二一年十月十七日正式成立「臺灣文化協會」，推動新文化之傳布工作，以喚起民眾、改良社會。[58]

透過文化協會的各種活動，如講習會、夏季學校等，林獻堂接受並傳布世界新思潮，如自由、平等、女權等。[59]因此，他有一股提升社會品質的使命感與道德勇氣對抗殖民當局。

（三）臺灣優先觀

他熱愛本土，有一臺灣優先觀念。

1. 政治上：反同化、反保甲

平等與自治是他向殖民者爭取的重要目標，從早期之同化會、六三法至臺灣議會、臺灣地方自治，均基於此種理念。即使在一九三〇年代軍閥掌政後，他僅調整手段，而不變其理想，在可能範圍內，盡力爭取臺人權益，主要工作有幾項可提。

一九三七年五月十八日，林獻堂赴東京；六月三日，偕楊肇嘉訪前總督伊澤多喜男。六月八日，他和楊肇嘉、吳三連研擬一方案，其要項是：

> 放棄壓迫的同化政策；實施義務教育；開放山地以利開發；廢止出國旅行券制，鼓勵臺人赴南洋發展；……嚴厲取締右派流氓之橫行，避免阻礙日臺人之融合；廢止保甲制度，以減輕人民負擔；廢止吸食鴉片制度，以減少青年之犯罪。[60]

可見他在高壓統治下仍伺機為臺人爭取應享之權利。

2. 經濟上

臺灣糖業基本上控制在日本資本家之手，但農業生產者操於臺人之手，一九二〇年代後，臺米大量出口至日本，對農村經濟助益甚大。但一九三二年後，總督府進行臺灣米穀輸出統制，[61]影響臺人權益。八月五日，林獻堂被選為臺中州民大會委員，代表農民向總督府與日本政府交涉，並率委員赴日活動。[62]九月九日，他晉見首相齋藤實，建議改革臺政四項，第一項即要求解除米穀輸出統制。[63]一九三七年會見伊澤多喜男之建議亦提及：

「不可米穀實施專賣制度，以免斷絕臺人之經濟命脈。」[64]

3. 文化上

一九一三至一五年，結合仕紳，創設臺中第一中學，爭取臺人受中等教育機會。[65]一九二一年，領導創立文協，提升臺灣的文化水準，以與日人抗衡。[66]一九二〇年起，協助創立新聞媒體，從《臺灣青年》雜誌到《臺灣新民報》日刊，突破言論壟斷，表達臺人心聲與願望，爭取臺人權益。[67]

由上可知，林獻堂雖然採取溫和路線，不與當局正面衝突，在不同時期亦有不同主張，但其內心有其原則，可說軟中帶硬，並且始終如一。即使在戰後國民黨威權統治下依然表現同樣的堅韌特質。如一九四九年他離臺赴日後，在威脅利誘下，始終堅持原則，拒絕返臺而於一九五六年客死異鄉。[68]相對地，同時間在日本的廖文毅原本高舉臺獨大旗，反而最後妥協回臺而抑鬱以終。[69]

因此，林獻堂內心有一把尺，堅守臺灣優先之基本原則，投機派、變色龍之說應屬無稽之談。

三、林獻堂留下的歷史教訓

林獻堂一生與日本統治、戰後國民黨統治緊密相關，其成敗得失留給後代何種教訓呢？

（一）溫和路線是否為最佳選擇？

林獻堂對抗殖民者手段一貫是溫和的，自同化會至皇民化之肆應均如此，這是唯一與最佳選擇嗎？一九二七年後，左派等激進團體不斷質疑甚至批判，認為他是「封建地主」，有其階級利益的考量，不能堅持民主立場；[70]甚至直指《年譜》所載過度美化林獻堂，不符史實。[71]附帶一提，左派依據馬克思理論，動輒套用「封建思想」、「封建社會」等詞，很有問題。按，中國從秦開始即建立一個政治權力集中而經濟統制的大帝國，而歐洲的封建制度政治權力是相對的，經濟領域是分割的，二者是完全相反的體制，但中國與臺灣學者習焉不查而一直沿用。

玉碎或瓦全原本是殖民地人之艱難選擇，林獻堂之採取溫和路線從宏觀角度看或許是較佳選擇，原因或可歸納數點。

1. 歷史教訓：在清代，臺灣有「任反不成」之宿命，日本統治後，又有武裝抗日屢次失敗之教訓，多數臺人有失敗宿命觀，難以團結對抗當局之高壓。
2. 割讓地之局限：因臺灣係馬關條約下的割讓地，依法屬於日本領土，無論中國與國際上均無法支援臺人。中國新知識分子，尤其是梁啟超，均表示中國自顧不暇，無力支援。
3. 臺人共識之不足：臺人與戰後其他殖民地不同，一直沒有形成明確的國家認同，無法持續有力地追求高層次的政治目標，也缺乏強而有力的社會資源做後盾。相對地，同為日本殖民地的韓國自始全民即目標單一，二者形成強烈的對比；而與二戰後亞洲殖民地，包括印度、越南、印尼等國之尋求獨立，臺人亦無此共識。

4. 家族利害：林家是大家族，財產多、族人眾，而其政治經費是由族人共捐的，必須考量族人之反應及政治行動之後果。至於階級利益，理論上應是必有的，但所占成分多高？不易評估。

在以上歷史條件限制下，林獻堂採取現實主義，堅持採取臺灣優先觀，保存臺灣社會的潛在生機，應予以肯定。事實上，檢討政治運動之實質成果居然以「臺灣地方自治聯盟」最具體，因總督府於一九三五年首次實施限制型的地方選舉，臺灣人首次可以投票與參選，不少名流當選。[72]此一經驗有助於政治人才之產生與對民主的追求。可見在時空環境的氛圍下，他採取可行的策略，比徒有理想更有成果，這也是後人應記取的教訓。

(二) 林獻堂領袖風範之價值

依據傳統標準，做為領袖，必須：知識要廣博、知人善任，為人要忠誠、度量大、不計仇，做事要勤奮向上、忠於職守、以身作則。綜合看來，林獻堂是日治以來臺人之最佳典範，值得效法。事實上，他亦有馬克思·韋伯（Max Weber）所說的領袖魅力（charisma），深為各派人士所信服，即使總督府亦敬重其人格，不敢過度施壓。這是後人應效法學習的。

(三) 臺人之欠缺遠見與宏觀視野

歷史上，臺灣人都是被統治者，大多有反抗精神，卻欠缺當主人翁的宏觀視野與遠見，往往只知有一，不知有二。此有如下棋，只想到眼前或僅有下一步，無法做周全籌劃。許多政治運動者不瞭解目標與手段之差異，因而不能有計畫地進行階段性目標之活動。清代多少臨時起義事件，即使初期成功，亦終歸失敗，朱一貴、林爽文、戴潮春三大民變即是如此。

一九二〇年代之新青年吸收世界新知，提升臺灣人的文化水準，固然功不可沒。然而，有新知識卻無宏觀政治智慧，其中左派團體是受國際思潮影響的少數人組成的，不僅人數有限，社會基礎亦薄弱，卻企圖以激進手段，一舉達成臺灣獨立或階級革命目標，以至於內部分裂、再分裂而衰微。因此林獻堂被排擠後，因缺乏一有聲望又有財力支援的領袖，總督府一聲令下即銷聲匿跡。

（四）臺人之大頭病與欠缺團隊精神

臺灣歷史上有小圈圈之傳統，如分類械鬥、家族企業、小政團等，文協之分裂與再分裂是活生生的案例。此固然與意識型態之差異有關，但何嘗不是受小圈圈之影響。後藤新平批評愛錢、怕死、大頭病並非純粹是偏見。

結語

如上所述，林獻堂採取溫和抗日路線，領導臺灣政治社會運動。他初期參加同化會，爭取平等權；一九二〇年後發動臺灣議會設立請願運動，爭取自決權；一九三〇年代後，轉而爭取有限的地方自治。時人對他的評價不一，譽者讚其為反殖民運動的社會領袖，但因不正面對抗當局，亦有識之為機會主義者甚或御用紳士。事實上，林獻堂在不同時間有不同主張，但其內心世界有其基本價值，而且始終如一。筆者確認其中心思想為：1. 漢族中心思想；2. 因應世界新思潮；3. 臺灣優先觀。

更重要的是，本文希望能探討林獻堂領導之運動留下甚麼歷史教訓或精神遺產。遠自清代以來，臺灣一直重演一幕幕歷史悲劇，即：「任反不成，任征不平」的失敗經驗。一九二七年後文協之分裂、再分裂，顯示臺人並未逃離此一歷史宿命，為甚麼？筆者認為今人應深刻反思或檢討，茲提出幾點就教各界。

一、領導典範之傳承：領袖人才難得，應建立典範，並服從領導。林獻堂是臺灣史上難得之領袖人物，何以被排擠？以致抗日陣營土崩瓦解。

二、宏觀視野之培養：臺人往往未能掌握小我與大我、短期與長期之區分，一九二〇年代新生代已經掌握某種程度的知識，但仍缺寬闊胸襟與宏觀視野。

三、政治運動方法之改進：理想不可能一蹴可幾，應有目的、手段之區分，如當時左派似乎過於躁進，攪亂大局。

四、團隊精神之建立：可能是分類械鬥之餘緒，臺人傾向組成小圈圈，以致難成大事，文協之分裂即一教訓，亟應培養團隊精神。

黃富三，中央研究院臺灣史所兼任研究員、臺灣大學歷史系教授（一九八二－）、中央研究院臺灣史研究所籌備處主任（一九九三－一九九八）。研究領域為臺灣社會經濟史、臺灣家族史。主要著作有《霧峰林家的興起》、《霧峰林家的中挫》、《林獻堂傳》等。

註釋

1 黃富三，《林獻堂傳》（南投：國史館臺灣文獻館，二〇〇四）。另有單篇論文數篇，亦有論述。

2 Fu-san Huang, Sam Huang & Conor Mulvagh, Lin Hsien-tang's Taiwanese Home Rule Movement as Inspired by the Irish Model, ed. by Fang-long Shih & John Mcneil Scott, *Taiwan and Ireland in Comparative perspective*, in *Taiwan in Comparative Perspective*: Volume 4, 2012 (London: LSE), pp. 68-69. 楊碧川，《臺灣人反抗史》（臺北：稻鄉，一九八八），頁七六－七七。

3 張正昌，《林獻堂與臺灣民族運動》（臺北：群益書店，自刊，一九八一），頁八〇。

4 張正昌，《林獻堂與臺灣民族運動》，頁七九－八〇。

5 楊碧川，《臺灣人反抗史》，頁七六－七七。

6 據內務局學務課長兼國語學校校長隈本繁吉言：臺灣富豪鄉紳難以容忍子女與其下之子女共學，而又不能進日人之小學校，乃送至日本留學，見《隈本繁吉文書》，引自陳文添未刊稿，〈從「隈本繁吉文書」看臺中中學校的設立經過〉，頁三－四。此係日人之說法，真實性待考。

7 林獻堂先生紀念集編纂委員會主編，《林獻堂先生紀念集——卷一年譜》（臺中市：林獻堂先生紀念集編纂委員會，一九六〇；臺北：文海出版社，一九七四，影印版）《卷一年譜》，頁五四。（以下簡稱《卷一年譜》）

8 張正昌，《林獻堂與臺灣民族運動》，頁一〇六—一〇七。

9 《卷一年譜》），頁五五。

10 《卷一年譜》，頁五五。

11 張正昌，《林獻堂與臺灣民族運動》，頁一一〇。《卷一年譜》，頁五六。

12 盛清沂、王詩琅、高樹藩等著，《臺灣史》，頁六八〇—六八一。

13 蔡培火等編著，《臺灣民族運動史》，頁六八—六九。張正昌，《林獻堂與臺灣民族運動》，頁一一一—一一二。

14 《卷一年譜》，頁五七。

15 張正昌，《林獻堂與臺灣民族運動》，頁一一二。

16 周婉窈，《日據時代的臺灣議會設置請願運動》（臺北：自立報系文化出版部，一九八九），頁三九—四五。

17 吉野秀公，《臺灣教育史》（臺北：臺灣日報，一九二七），頁二四七—二四八。

18 葉榮鐘（蔡培火等編著），《臺灣民族運動史》，頁二九五—三一九。

19 黃富三，《林獻堂傳》，頁三九。

20 張正昌，《林獻堂與臺灣民族運動》，頁二〇四。

21 《卷一年譜》，頁八三—八四。

22 張正昌，《林獻堂與臺灣民族運動》，頁二〇五。

22 連溫卿，《臺灣政治運動史》（臺北：稻鄉出版社，一九八八），頁一六一。張正昌，《林獻堂與臺灣民族運動》，頁二〇五—二〇六。

24 林獻堂在其日記稱：蔣渭水來訪，「述溫卿等作事之陰險，欲與分離或脫退，頗表示其決心。余與培火勸其不可，恐惹人恥笑並生誤解而起內訌，則我文協之前途不可收拾矣，六年間辛苦奮鬥之歷史，具付諸東流，實為可惜，不如暫作冷靜，以觀其作為。」（《日記》，一九二七年一月三日，頁一六。）

25 雖說東京留學生間彼此思想歧異由來已久，但多無行動上的對立，故沒有如島內各運動團體快速分裂。然而島內的民族運動分裂後，隨即影響海外留學界。這與民族運動初起時，是由海外領導島內，反向行之，島內成為運動領導中心，回過來領導海外行動。因此，島內分裂也連帶影響海外的分裂。首先在一九二七年三月二十八日，東京臺灣青年會春季例會上成立「社會科學研究部」，附屬於「青年會」。他們與島內的文化協會左翼及農民組合幹部有密切聯繫。同年十月三十日，「青年會」開會討論「社會科學研究部」與「青年會」分離問題，會終決議贊成分離，甚至「青年會」也逐漸為左派分子所占據。至此得不到原本出資贊助者林熊徵、辜顯榮、林獻堂、林階堂等的認同而使團體的經費來源中斷。海內外的臺灣民族運動宣告完全分裂。張正昌，《林獻堂與臺灣民族運動》，頁二〇五—二〇八。

26 張正昌，《林獻堂與臺灣民族運動》，頁二一〇。

27 張正昌，《林獻堂與臺灣民族運動》，頁二一一。

28 張正昌，《林獻堂與臺灣民族運動》，頁二一二。

29 張正昌，《林獻堂與臺灣民族運動》，頁二一二—二一三。

30 葉榮鐘（蔡培火等編著），《臺灣民族運動史》，頁三八〇—三九二。黃煌雄，《臺灣的先知先覺者：蔣渭水先生》（臺北：輝煌，一九七六），頁一〇六—一六四。

31 蔡培火等編著，《臺灣民族運動史》，頁三九九—四一五。黃煌雄，《臺灣的先知先覺者：蔣渭水先生》，頁一四四—一四五。

32 周婉窈，《日據時代的臺灣議會設置請願運動》，頁一一八—一三〇。

33 周婉窈，《日據時代的臺灣議會設置請願運動》，頁一四二—一五八。

34 周婉窈，《日據時代的臺灣議會設置請願運動》，頁一四二—一五八。

35 張正昌，《林獻堂與臺灣民族運動》，頁二〇一。

36 盛清沂、王詩琅、高樹藩等著，《臺灣史》，頁六九一。

37 《卷一年譜》，頁九六。

38 《卷一年譜》，頁一一八。

39 《卷一年譜》，頁一一九。

40 《卷一年譜》，頁一一八。

41 葉榮鐘（蔡培火等編著），《臺灣民族運動史》，頁四八三—四九一。

42 日記，一九四一年二月二十五日。

43 日記，一九四一年二月二十八日。

44 黃富三，《林獻堂傳》，頁五七—六四。

45 許雪姬，〈皇民奉公會的研究——以林獻堂的參與為例〉（《中央研究院近代史研究所集刊》三十一期，一九九九年六月），頁一八六—一八八。

46 戴寶村，〈士紳型政治運動領導者：林獻堂〉，張炎憲、李筱峯、莊永明編，《臺灣近代名人誌》（臺北：自立晚報，一九八七），頁六二—六三。

47 林幼春，〈櫟社二十年題名碑記〉，傅錫祺，《櫟社沿革志略》，頁四三。

48 櫟社之名乃林痴仙所取的，他說：「吾學非世用，是謂棄材，心若死灰，是為朽木。今夫櫟，不材之木也，吾以為幟焉」。傅錫祺，《櫟社沿革志略》，頁三九。

46 林幼春，〈櫟社二十年題名碑記〉，傅錫祺，《櫟社沿革志略》，頁四三。

50 《卷一年譜》，頁一四三。

51 楊肇嘉，《楊肇嘉回憶錄》（臺北：三民書局，一九七〇，三版），頁三一三—三一五。

52 《卷一年譜》，頁一二二—一二三。其後，一個臺灣青年施良村甚為不平，亦追打賣間，使他不敢隨便出門，為林獻堂出了一口氣，參〈巫永福先生訪問紀錄〉，許雪姬編著，《霧峰林家相關人物訪談紀錄》（臺中縣立文化中心，一九九八），頁二四—二五。

53 在日記中記載的數起例證：一九四〇年十一月六日，其侄輩林澄坡、林湯盤對林獻堂訴說警察逼改姓名已刻不容緩時，仍告以絕對不要改。一九四〇年十一月七日，大屯郡警察課長中村和三郎要林獻堂改姓名時，他報以沉默。一九四〇年十一月八日，侄林夔龍因當霧峰庄長被警察逼著改姓名時，林獻堂勸其不可如此輕率。

54 蔡培火等編著，《臺灣民族運動史》，頁一二。

55 友人陳炘對改變臺灣人服飾為日本服的態度，頗為反對。如本間雅晴軍司令要本島人將衣服上的布鈕改為角鈕，認為即可漸次與內地人同樣，陳炘即肅然回答：「皇民係關於精神不是區區在於物質！」不願做更改。《日記》，一九四一年二月二十五日。

56 蔡培火等編著，《臺灣民族運動史》，頁七三。就日語用不用問題，學者許雪姬則認為：「其實不說日語應該是林獻堂日語並不精通，因此少用。」許雪姬，〈皇民奉公會的研究——以林獻堂的參與為例〉，註九六，頁一九〇。

57 蔣渭水，〈臨床講義——對名叫臺灣的思想者的診斷〉，王曉波編，《蔣渭水全集》（臺北：海峽，一九九九），頁三—五。

58 黃煌雄，《臺灣的先知先覺者：蔣渭水先生》（臺北：輝煌出版社，一九七六），頁五一—五六。

59 黃富三，《林獻堂傳》，頁七六—八〇。

60 《卷一年譜》，頁一二六—一二七。

61 《卷一年譜》，頁一〇六。

62 《卷一年譜》，頁一〇二。

63 《卷一年譜》，頁一〇三—一〇四。建議臺政改革四要項為：米穀、地方自治、義務教育與漢文之必修、信託會社法之實施。

64 《卷一年譜》，頁一二六—一二七。

65 黃富三，《林獻堂傳》，頁七二—七四。

66 黃富三，《林獻堂傳》，頁四一－四六。
67 黃富三，《林獻堂傳》，頁七九－八六。
68 黃富三，《林獻堂傳》，頁二二四－二二六。
69 黃富三，〈戰後初期在日臺灣人的政治活動——林獻堂與廖文毅之比較〉，研究報告（二〇〇五年九－十二月）二〇〇六年三月提交。財団法人交流協会日台交流センター——歴史研究者交流事業報告書（東京：財団法人交流協会）。見該協會網站。
70 李獻璋，〈臺灣の社會運動における林獻堂（上）〉，《問題研究》第十九巻五號（一九九〇年二月號），頁八一－八八。
71 李獻璋，〈臺灣の社會運動における林獻堂（上）〉，《問題研究》第十九巻五號（一九九〇年二月號），頁九二－九八。
72 黃富三，《林獻堂傳》，頁五六－五七。

「內地延長主義」與殖民地議會設置請願運動之啟動

吳密察

前言

一九二一年至一九三四年的前後十四年間持續進行的臺灣議會設置請願運動，一直被認為是日本殖民地時代臺灣人所推動的最具代表性的「非武裝抗日運動」。但是將臺灣議會設置請願運動，先驗地定性為「抗日」運動，應該是戰後從脫殖民地主義的後設觀點所做的評價，它在戰前的殖民地情境下應該不是直接以「抗日」的形式展開的。當時的殖民地政府，應該不能容許殖民地出現「抗日」運動，對於「抗日」都當成是「叛亂」性質的事件嚴厲取締，甚至動用軍隊鎮壓。因此殖民地統治下的臺灣人，即使要「抗日」也多迂迴地出諸以合法的形式來進行。如果從比較嚴格的定義來檢視這個臺灣議會設置請願運動，不論其所採取的行動策略、所提出的目標訴求，或者將之與同時代日本帝國之其他殖民地相互比較，臺灣議會設置請願運動這種議會遊說、請願運動，即使可以從中找到殖民地人民的「抵抗」意蘊，卻也可以看到其中具有承認殖民體制而在此前提下與殖民政府「協商」的性質。[1]因此，美國學者葛超智（George Kerr）將日本殖民統治下臺灣人的這類運動說成是「合法革命（licensed revolution）」和「自治運動（home rule movement）」。[2]這種將日本殖民地下臺灣人的努力，定位為殖民地的被統治者向殖民統治者展開的合法政治運動，即被殖民者與殖民者之間所展開的拮抗交手與協商妥協，應該是將這些臺灣人的努力放回其時空脈絡進行討論的起點。

本文便是基於以上的認識，試圖將臺灣議會設置請願運動放在一九二〇年代初期日本帝國的政治、法制環境中來觀察，尤其此運動的請願對象既然是帝國議會，那麼理解當時日本帝國議會的政治生態，便更是必不可漏過的重要環節。當然，既然這關係到日本帝國規模的「外地」整體的統治政策，那麼便也需要將當時也是日本帝國之殖民地的朝鮮納入視野。也就是說，臺灣議會設置請願運動既然是以日本的帝國議會為遊說、請願對象，便必須將它放回到帝國的殖民地統治政策和帝國議會的法制環境、政治脈絡中來考察。

但限於篇幅，本文將只考察原敬內閣時期（一九一八年九月至一九二一年十一月），也就是殖民地發動議會設置請願運動的初期，在臺灣殖民地方面則只展開第一次（一九二一年一月）請願行動，[3]重點放在說明當時議會請願運動之所以得以展開的日本帝國之中央政治背景、法制設計及其與殖民地統治情勢的關係，並兼及此請願運動的論理與性質。

時代背景

一、殖民地自治的潮流

一八九五年日本在馬關條約獲得臺灣並將之當成殖民地來統治、經營，因而搭上了歐美殖民帝國的晚班車。日本領有臺灣之後，雖然取法西洋國家之異民族統治辦法，在統治法制上將臺灣設計成為實質上的異法域之殖民地，[4]但此時西洋國家的殖民地統治卻已經在轉型當中。十九世紀最大的殖民帝國英國，在十九世紀後半葉，雖然其國勢如日中天，甚至被譽為「日不落帝國」，但卻也同時在不斷調整其廣域帝國的制度性架構，甚至有人（例如，以後影響列寧之帝國主義論，也對矢內原忠雄具有重要影響的John A. Hobson）便質疑維持如此龐大的海外領土是否真是明智之舉，而主張「小英國主義」。英國政府在十九世紀後半葉以後，也陸續讓幾個重要殖民地，如紐西蘭（一八五二）、加拿大（一八六七）、澳大利亞（一九〇一）、南非殖民地（一九一〇）、愛爾蘭（一九二二）成立自治政府。也就是說，大英帝國陸續地將其殖民地（colony）轉換成自治領（dominion）。一九一〇年代的第一次世界大戰，則更造成奧匈帝國、鄂圖曼土耳其帝國解體，原帝國內的各民族陸續獨立成為民族國家。因此，日本領有臺灣的同時，也正是傳統的殖民帝國正在重新編組、轉型的時代。

大英帝國的殖民地陸續成為自治領、第一次世界大戰後的民族獨立風潮，當然對於明治維新之後積極取法西洋的日本有所影響。例如，取範於英國之Economist《經濟學人》雜誌的《東洋經濟新報（周刊）》（一八九五年創刊），一九一〇年代在植松考昭、三浦銕太郎、石橋湛山的主導下，也開始批評日本政府的臺灣、朝鮮殖民地統治政策，甚至提倡「小日本主義」，主張應該放棄殖民地。[5]

《東洋經濟新報》這種輿論界之殖民地放棄論，固然是一九一〇年代相對激進的主張。但大正年間，原本也就有比較開放的時代氣氛，故被稱為「大正民主時代」。即使在學院裡的殖民學的領域裡，學者們也大都認為日本政府之殖民地統治政策已經落伍於時代潮流，而多有批判者。例如，當時在學院中講授殖民學的山本美越乃（京都大學）、永井柳太郎（早稻田大學）、泉哲（明治大學）等人，都認為新時代之殖民地統治應該採取自治主義。[6]而且，這些殖民學者後來都也成為臺灣人展開自治運動時候的支持者。當然，這些相對「開明」的殖民學者當中與臺灣人之運動關係最深的，還應該有一九二三年從歐洲留學回國的東京大學新銳教授矢內原忠雄。[7]

二、「大正民主」與政黨內閣的出現

大正時代（一九一二—一九二六）被認為是日本近代史上相對自由、「民主」的時代。從政治史來說，大正時代以護憲運動拉開序幕，以通過普通選舉法開花結果。

所謂護憲運動，是指隨著政黨成長起來的青壯政治家，反對明治維新元勳、貴族長期壟斷政治的傳統「藩閥政治」，而倡議回歸理想的政黨政治（當時稱為「憲政之常道」）之運動。

一九一三年，護憲運動以群眾運動為後援，逼使桂太郎內閣下臺（「大正政變」）。繼任的山本權兵衛內閣，雖然仍是出身薩摩藩閥，但也不得不羅致部分政黨（立憲政友會）人士入閣，顯示政黨力量在實質上的抬頭。但山本內閣存續不足一年，便在一九一四年因收賄事件而下臺，改由已經長久被藩閥疏遠的大隈重信組閣。大隈首相以早稻田校友及立憲同志會為後援，在一九一五年總選舉中大勝，更使藩閥內閣進一步走入歷史。後來，大隈內閣卻因閣員賄賂事件被迫必須改組，而漸失國民之支持。一九一六年，具軍人身分的朝鮮總督寺內正毅繼任總理組閣，原來支持大隈重信之政團改而聯合創立憲政會，對寺內內閣提出不信任案，寺內首相只得解散議會進行總選舉，結果政友會獲得勝利。一九一八年八月爆發「米騷動」並迅速波及全國，寺內內閣引咎辭職，國會最大政黨政友會總裁原敬受命組閣。

原敬既非明治維新的元勛（甚至他還是出身自明治維新之際的「朝（廷）敵（人）」東北地方的盛岡藩），也不是軍人，而是一個從報人、基層官僚、政黨人逐步「出世」的內閣總理，因此被稱為「平民首相」，受到民眾的期待。原敬奉命組閣後，也趁勢安排多數政友會的黨員進入內閣，使其內閣成為名實相副的政黨內閣。此後，由國會中的多數黨組閣的「憲政之常道」終於成為慣例（但後來有短暫的例外，因此還有所謂的「第二次護憲運動」）。從此一直到一九三二年（有謂一九三四年），慣例由政黨透過選舉掌握國會多數進而組閣，因此被稱為日本近代史上的政黨政治時期。[8]

「內地延長主義」與「文化政治」

一、原敬的「內地延長主義」

一九一九年三月，朝鮮爆發了「獨立萬歲運動」。這是朝鮮之基督教、天道教、佛教的三十三位領導人，趁著將於三月三日舉辦大韓帝國高宗皇帝（李太王）喪禮的時機，公開在首爾的公園宣讀「獨立宣言」。三十三位領導人雖被逮捕，但隨即引出廣大的學生、市民上街遊行高喊「獨立萬歲」，這種街頭運動並立刻擴展到朝鮮半島各地。據統計，從三月到五月間，共出現一千五百四十二次街頭示威，參加人數高達兩百零五萬人。

朝鮮全民族爆發如此大規模的政治抗議事件，當然對於日本統治者衝擊甚大。日本內地也立刻出現檢討事件原因的輿論，尤其是吉野作造、石橋湛山等自由派人士更將批評的矛頭指向總督府向來的惡政，主張應該改善朝鮮人的待遇，廢除武官總督制。政府方面則必須儘早彌平動亂恢復治安，同時也必須檢討動亂的原因，並收拾善後。[9]

發生如此重大的抗日運動，朝鮮總督府的高層當然必須引咎請辭，而且檢討朝鮮的統治政策和績效。這給了原敬總理在朝鮮總督府的人事安排和朝鮮統治事務的更張上有了發揮的機會。

首先來談朝鮮總督府的人事。朝鮮殖民地的初期人事，可以說是明治維新元勛，也是軍部元老之山縣有朋系統的禁臠。日本政府決定併合韓國之後，便將統監曾禰荒助（原來在首任統監伊藤博文之下擔任副統監，伊藤博文遇刺之後升任，一九〇九年六月十四日－一九一〇年五月二十九日在任）改由陸軍大臣寺內正毅兼任，並任命山縣有朋的養嗣子山縣伊三郎為副統監。一九一〇年十月日韓併合後，設置朝鮮總督府，寺內正毅（一九一〇年五月三十日－九月三十日以陸軍大臣身分兼任。一九一一年八月三十日－一九一六年十月十五日專任）、長谷川好道（一九一六年十月十六日－一九一九年八月十二日在任）先後擔任朝鮮總督，山縣伊三郎則一直擔任政務總監，可說是實質上的副總督。因此朝鮮統治的初期，朝鮮總督府的高層人事，完全被山縣有朋系統的軍人、官僚所獨占。[10]如今爆發三一獨立運動，長谷川好道總督因而引咎辭職，必須選任新的朝鮮總督。

關於「外地」之總督，原敬總理向來就傾向由文官來擔任。[11]三一運動之後，原敬有意趁此機會改派文官擔任朝鮮總督，原朝鮮總督府之政務總監山縣伊三郎也有意爭取更上層樓擔任朝鮮總督，但這個人事安排還是需要尊重山縣有朋等軍部重量級人物的意見。結果經過一番折衝，最後決定由原敬之鄉親（與後藤新平同樣是原南部藩水澤出身）之海軍預備役的齋藤實大將（時任海軍大臣）出任。[12]政治地位有如副總督的政務總監，則由原敬在內務大臣時代就已經熟識的山縣系官僚水野鍊太郎就任。原敬總理這次的朝鮮總督府高層人事安排不但兼顧了軍部、陸軍的意見，同時也落實了自己的意志。於是，朝鮮總督府就在原敬總理所任命的齋藤實、水野鍊太郎之時代，引入了大量原敬系統的內務、警察官僚，讓朝鮮殖民地統治的主力不再清一色是陸軍的人馬，政黨的意志終於也打進了殖民地。[13]

齋藤實確定為即將繼任的朝鮮總督之後，便不斷與原敬總理商量三一運動後的朝鮮統治之具體施政將如何更張。八月八日，原敬總理向齋藤實提示了他所構想的「外地」統治原則，此即為有名的「朝鮮統治私見」。這可以說是原敬總理關於外地統治的最高綱領，不但決定了往後朝鮮的統治原則和施政重點，當然也對日本的臺灣統治有重大影響，因此雖然篇幅較長，但值得加以引述。這份原敬的「朝鮮統治私見」分成總論與分論兩部分，其中的總論可以說是統治原則，分論則具體地列出應該興革的項目。其中的總論部分為：

朝鮮，最初以獨立國交際之，以後以保護國統治之，最後於明治四十三年（一九一〇）八月併合歸我版圖。保護國時代，姑暫不論。併合後，對朝鮮之制度，大體模仿臺灣。而其所模仿之臺灣制度，（明治）二十七八年日清戰役之結果始成為我領土，因當時無統治新領土之經驗，乃參酌歐美諸國對殖民地諸制度而決定者。當時余曾參畫臺灣事務局，大致了解其事。由於上述緣由，討論朝鮮制度之得失時，必須追溯地論究其模仿的臺灣制度。然臺灣制度，就如上述，是因無統治新領土之經驗而不得已參酌歐美諸國之殖民地制度者，不能視之為我帝國對新領土之根本制度，不妨說是試驗中的制度。因此對臺灣也好，對朝鮮也好，以現行制度為永久不變者，乃自始便是誤解。臺灣歸我新領土以來已二十幾年，雖尚有需大刷新者，不能與朝鮮一概而論，因此暫擱不論。但對於朝鮮，依照併合後約十年之經驗，卻可斷言現行制度是根本性的錯誤。那是因為其模仿的歐美諸國之殖民地，與我帝國之朝鮮，其性質完全不同。歐美諸國之殖民地，其人種異、宗教異、歷史異，不獨言語、風俗異。有如此根本性差異，因此不得不師法特殊之制度。然觀我帝國與新領土朝鮮之關係，雖言語、風俗有多少差異，但溯其根本殆屬同一系統，人種固無異同，歷史如溯其上古殆可謂同一。統治此關係如此密切的領土，卻模仿歐美之統治距離本國遙遠而且各種全然特殊之領土的制度，當然是錯誤而不能得見成績。此次之騷擾，如以如此見地觀之，便不足怪矣。故余之所見，相信朝鮮也應實施與內地完全相同之制度。即行政上、司法上、軍事上及經濟、財政各點，教育、指導各點，也都應該相同。確信將之同一才能得到相同之結果。觀察現在朝鮮人之狀態，似喜歡同化於內地人，但卻不能不說有不得同化之根本性質。故統治朝鮮之原則，制定根本政策必須根據與統治內地人民完全相同之主義、方針。必須只在文明之程度、生活之狀態等，不能遽為同一者，始暫定以漸進之方針。

然世間有為不許朝鮮自治之論者，如我府縣制、町村制之自治，固然無妨。即使雖希望達其自治之域，而施行歐美諸國新領土之自治的論調，其主義根本上雖是錯誤，但依上述論旨也應該諒解。

又有因朝鮮動輒企圖獨立，而抱著疑懼心樹立對鮮政策者。此正使彼等經常產生反抗我而興獨立之念，甚是愚策。任何國家都一樣，失去獨立的人民懷念獨立的舊時代這種事，即使經過數個世紀也難以完全消滅。但是只要目前在其統治下得到幸福、安寧，向上發展，則即使彼等有懷念舊時之念，但大體應該未有為此即企圖叛逆者。固然一二不逞之徒煽動國民，雖或有多少附和雷同者，但不但不會有為此而紊亂大局之懸念，即使朝鮮發生抗爭、叛亂，以我兵力、富力加以鎮壓，相信也是容易之事。

因此，應該去除彼等企圖獨立之疑懼心，而且排除向來模仿外國制度之誤謬。結果，以同化朝鮮於內地的方針，刷新諸般制度，乃是今日最適切的處置，於是也才可達到併合之目的。[14]

分論指出「朝鮮統治之終局目的，在於使成為與內地同樣，唯現在之狀態不能採內地相同之統治法而已。但舉出之如下幾項，則是達到此終局目的之途徑，在情況容許之下應是必須儘速施行之要點」。原敬所具體臚列出的應該儘速施行之要點，共有以下數端：[15]

（一）更改成讓即使是文官也可以擔任總督之制度。
（二）採取朝鮮盡量施行內地之法律、命令的方針。
（三）朝鮮之各種制度，應改成與內地相同之制度。
（四）應儘速創立類似內地町村制的地方制度。
（五）應該更改遭國內外批評之憲兵制度為警察制度。
（六）從根本上改革教育方針使與內地相同。
（七）應該承認內韓雜居、通婚。
（八）登用朝鮮人為官吏。

（九）日本人之土地開發，朝鮮人多有怨言，應使內地人、朝鮮人均霑其惠。
（十）改革文官、教師、法官之制服，比照內地不佩刀。
（十一）對於朝鮮之名家、舊家，開授爵之恩典。
（十二）刑法盡量使用內地刑法，廢除笞刑。
（十三）應該加強與基督教會之意見疏通。
（十四）應該注意基督教關於宗教與教育之區別，勿造成誤解。
（十五）特別會計可以暫時保留。

齋藤總督、水野鍊太郎履任之後，幾乎就照著原敬總理所開列的上述項目逐一地付諸執行了。其實，如果細究內容，原敬交付給齋藤總督、水野政務統監在朝鮮執行的項目，也幾乎與田健治郎總督不久之後將在臺灣所執行的改革項目完全相同（田健治郎總督在臺灣的制度改革，詳後）。

二、朝鮮的「文化政治」[16]

齋藤實總督、水野鍊太郎政務總監，就這樣帶著原敬首相所交付的任務履新了。齋藤總督的任期相當長（一九一九年八月—一九二七年四月、一九二九年八月—一九三一年六月），只在中途插入了宇垣一成暫時代理（一九二七年四月—十二月）、山梨半造（一九二七年十二月—一九二九年八月）總共大約二年之外，可謂整個一九二〇年代都是齋藤實執政時期。齋藤實總督任期內所進行的制度改革與施政，相較於以前較為柔轉，因此稱為「文化政治」；相較之下，之前硬直的施政則被稱為「武斷政治」。齋藤實總督在任期間，也正好就是日本近代史上的政黨政治時期，政黨政治也影響了殖民地統治，而首次有效地將政黨政治的影響力伸進原本由軍部壟斷之殖民地的關鍵人物，可以說就是原敬。

原敬之參與日本政府之殖民地統治問題，可以追溯到日本領有臺灣的一八九五年。日本政府在一八九五年領有臺灣之後，為了調查、制定臺灣新領土的統治制度，也作為臺灣總督府在中央政府的對應窗口，當時的伊藤總理大臣召集內閣相關部會、軍部代表組成了臺灣事務局。原敬當時為外務省通商局長，就以外務省代表之身分參與臺灣事務局。[17]臺灣事務局決定了兩項影響臺灣統治政策深遠的重大制度：（一）臺灣總督由武官擔任，也就是採行總督武官制；（二）制定將臺灣設計成與內地實質上成為異法域的「六三法」。對於這兩項關係臺灣統治的重要制度性設計，原敬在臺灣事務局內部的討論立案過程中都持反對意見。也就是說，原敬主張新領土臺灣的長官（總督）應該由文官擔任；新領土臺灣即使不能立刻施行與內地相同的制度，也應該採取「內地延長主義」，將內地的制度延伸地適用於新領土。[18]

對於從一八九五年以來即主張外地總督應該由文官擔任、外地統治應該與內地採用相同制度的原敬來說，自己如今既然已經當上內閣總理，而且又必須面對朝鮮三一運動後的統治政策調整，此時正好是他可以趁機實現其一貫主張的大好機會。

關於殖民地文官總督制，就如上述，原敬即使必須面對軍部元老山縣有朋、陸軍的反對，但他還是有所斬獲。首先，他在稍做了妥協的情況下（即，仍然任命軍人），卻得以任命非陸軍系統之海軍而且是預備役的齋藤實大將為新任朝鮮總督。其次，他修改「朝鮮總督府官制」、「臺灣總督府官制」，讓其中所規定的總督任命條件及兵權委任條項，分別做了修改。修改前後之主要條文的對照如下：[19]

舊官制	新官制
「朝鮮總督府官制」（明治四十三年勅令第三五四號）	「朝鮮總督府官制」（大正八年勅令第三八六號）
第二條總督，親任，以陸海軍大將充之。	第二條總督，親任。
第三條總督，直隸於天皇，於委任範圍內統率陸海軍及掌朝鮮防備之事。	第三條總督統理諸般政務，經內閣總理大臣為上奏及接受裁可。
總督統轄諸般政務，經內閣總理大臣為上奏及接受裁可。	第三條之二總督為保持安寧秩序，認為必要時，得請求在朝鮮之陸海軍的司令官使用兵力。

舊官制

「臺灣總督府官制」（大正八年六月勅令第三一一號）[20]

第二條總督，親任，以陸海軍大將或中將充之。

第三條總督，於委任範圍內，統率陸海軍，承內閣總理大臣之監督，統理諸般政務。

第四條總督，關於軍政及陸海軍軍人軍屬之人事，承陸軍大臣或海軍大臣；關於防禦作戰及動員計畫，承海軍軍令部；陸軍軍隊教育，承教育總監之區處。

第六條總督掌其管轄區域內之防備。

第七條總督為了保持其管轄區域內之安寧秩序認為必須，得使用兵力。

前項場合，應立刻向內閣總理大臣、陸軍大臣、海軍大臣、參謀總長及海軍軍令部長報告之。

第九條總督於認為必要地域內，得令其地之守備隊長或駐在武官兼掌民政事務。

第十四條總督府置總督官房

總督官房置副官二人及秘書官二人，掌機密相關事務。

副官以陸海軍佐尉官之內各一人充之。

秘書官，奏任。

第十五條總督府置民政部、陸軍部、海軍幕僚。

陸軍部條令及海軍幕僚條令，別定之。

新官制

「臺灣總督府官制」（大正八年八月勅令第三九三號）

第二條總督，親任。

第三條總督承內閣總理大臣之監督，統理諸般政務。

第三條之二總督為了保持安寧秩序，認為必要時，得請求其管轄區域內陸海軍之司令官使用兵力。

第四條總督是陸軍武官時，得兼臺灣軍司令官。

第六條刪除。

第七條刪除。

第九條刪除。

第十四條刪除。

第十五條刪除。

也就是說，不論是朝鮮或者臺灣，新的總督府官制不再規定總督由「陸海軍大將或中將」擔任，這為文官擔任總督提供了法制上的可能性。但是，由於朝鮮半島在日本帝國向亞洲大陸擴張上的地緣性之軍事重要性，一直到一九四五年戰敗為止朝鮮總督還都是由陸軍系統的武官出任，終日本殖民地統治結束之前，實際上朝鮮殖民地還是沒有出現文官總督。[21]不過，臺灣殖民地則在一九一九年就出現一個可以讓文官總督登場的機會了（後述）。另外，原敬也在新的朝鮮總督府官制公布之同時，安排天皇發布了一份「關於朝鮮總督府官制改革之詔書」（通稱「一視同仁」詔書），以天皇的名義宣示朝鮮統治的基本精神乃是「一視同仁」。[22]這為以後日本之朝鮮統治、臺灣統治，提供了基本論述原則。

三、田總督之臺灣版「文化政治」改革

日本之獲得臺灣殖民地是因為甲午戰爭的結果，而且日本領臺初期有賴軍隊鎮壓臺灣本地人的反抗，因此一八九五年臺灣事務局委員川上操六等陸軍代表堅持採取武官總督制，[23]而且長期以來擔任臺灣總督的都是山縣有朋派系的將領。臺灣統治初期的總督，除了第一任樺山資紀是薩摩出身的海軍大將之外，[24]接下來依序是山縣有朋直系的陸軍中將桂太郎、陸軍中將乃木希典、兒玉源太郎、陸軍大將佐久間佐馬太，都是長州出身的軍人。接下來的安東貞美、明石元二郎，雖不是山縣有朋的直系，但卻也是山縣之後繼者寺內正毅的人馬。[25]

原敬雖然如上述，在一九一九年八月趁著三一運動之後為了收拾朝鮮民心的機會，修改朝鮮及臺灣的總督府官制，在法制上打開了文官擔任總督的可能性，往政、軍分離的方向推進了一大步。但臺灣並不像朝鮮正好有機會可以即時更換總督，當時擔任臺灣總督的仍然是具有軍人身分的明石元二郎。[26]因此，原敬在修改「臺灣總督府官制」使臺灣總督不再硬性規定必須由軍人擔任時，仍然不得不在其中放入了「總督是陸軍武官時」（第四條）的保留性文字，並且實際上由明石元二郎以武官臺灣總督兼任臺灣軍司令官。此時，原敬總理應該也還沒有預期到，再過不久之後他就可以有一個在臺灣實現其文官總督夙望的機會吧。

一九一九年十月二十四日，明石元二郎總督病逝於任上（十月二十六日發喪），這給了原敬總理大臣一個絕佳的機會，可以在臺灣實現他所主張的文官總督制及「內地延長主義」，並接著在臺灣展開「文化政治」。

首先，為了向內外宣示日本對於外地臺灣的「一視同仁」，日本政府安排了一次可以大大地用來宣示臺灣統

治政策改變的政治劇「臺灣總督府府喪」，明石總督也刻意地決定葬於臺灣（臺北市三板橋日本人墓地），政治性地表現臺灣之「內地化」。[17]其次，日本政府任命了一八九五年也曾經是臺灣事務局委員的遞信官僚田健治郎為臺灣總督，成為第一任文官總督。[28]

田總督於一九一九年十一月十一日抵臺履任，翌日（十二日）便召集總督府內高級官僚宣示統治方針的大綱：

> 臺灣乃帝國領土之一部分，當然是從屬於帝國憲法統治的版圖。與英法諸國唯以本國為政治之策源地，又只以經濟之利源地的殖民地，不可等同視之。因此其統治之方針，均應以此大精神為出發點，而為諸般之設施經營。必須使本島民眾成為純然帝國臣民忠誠於我朝廷，教導善化涵養對國家之義務觀。[29]

這個宣示已經表明了臺灣統治的「內地延長主義」原則，但還未舉出具體的施政內容。接著，田總督隨即順著西部鐵路巡視沿線的南北各廳，然後於十一月二十二日召集各廳長詳述具體的興革項目。[30]十二月五日，田總督又指示下村宏民政長官就：（一）廢除笞刑的準備；（二）增加鐵路車輛；（三）各級學校的共學；（四）創設醫、農、文科大學的準備；（五）制定戶籍令及臺灣人家族歸化入籍的調查；（六）確立地方制度的準備；（七）設定商業會議所等項目，進行調查、擬具草案。一九二〇年三月，田總督趁著返回東京出席帝國議會之便，與原敬首相確定了包括以下的施政改革項目：（一）為了確立臺灣地方制度的基礎，即將發布縣廳郡市的官制；（二）為了確立地方公共團體的基礎，將都施行市街庄的自治制；（三）將民政與警察分離，分擔教育、土木、衛生等工作；（四）制定承認內地人與臺灣人相互婚嫁的戶籍令；（五）制定適當的臺灣職員之大禮服、代用服及簡易職服。還與中央政府的法制局、拓殖局會商，希望盡速會同審查地方制度法案。[31]

田總督於一九一九年十一月蒞臺履任之初，便宣示將在臺灣設立大學。但甫於一九一九年二月才好不容易公布的臺灣學校教育體系之基本法令「臺灣教育令」所設計的學校體系，卻只到專門學校階段而沒有大學，而且這個「臺灣教育令」之基本精神是採日、臺分流，正好與「內地延長主義」的精神相反。因此，田總督也便必須全面翻新臺灣學校教育的基本精神、制度設計，而制定符合「內地延長主義」原則的新「臺灣教育令」，這就是大正十一年勅令第二〇號的新「臺灣教育令」（或稱「第二次臺灣教育令」），而於一九二二年四月設立臺北高等學校，為以後設立大學做出了制度與實質的基礎。[32]

一九二〇年七月發布改訂的「地方官官制」（大正九年勅令第二一八號），提高地方官的地位，擴大其權限，並廢除原來主要由警察官兼掌的支廳，改設郡市，由一般文官擔任普通行政。於是將臺灣西部的十廳改成五州，以州為公共團體，州下設郡為行政官廳，但賦予郡之長官（郡守）警察權，普通行政事務由普通行政官吏掌理，警察專管警察之本務。州、市、街庄都設協議會，以官選協議員應地方官之諮詢。也就是說，順應著「外地」統治改採「內地延長主義」原則，不但臺灣總督府人事出現了明顯的變化，臺灣原有的諸多制度與法制也隨之陸續進行了更革。[33]

接著，便是面對向來將臺灣設計成特殊統治的「三一法」。如所周知地，「三一法」乃是承襲一八九六年將臺灣設計成異法域的「六三法」而來，它的效期將在一九二一年底屆滿。因此，為了落實「內地延長主義」原則，便必須翻轉這種將臺灣特殊化而且規範臺灣法令體系的法律。於是，原敬內閣向即將在一九二〇年底開議的第四十四回帝國議會提出以在臺灣施行內地之法律為原則的新版「應施行於臺灣之法令的法律案」（即為通過後的「法三號」）。並且根據「法三號」的規定，將於一九二二年將日本內地的民法、商法，除了不適於原樣施行的特例（親屬、繼承相關條文）之外，都施行於臺灣。

一八九六年的「六三法」規定為了審議總督發布的律令，設有臺灣總督府評議會，但此評議會的委員由總督的僚屬所組成，因此評議會無異是總督所主持的小型行政會議。但根據「法三號」於一九二一年六月重新組織的臺灣總督府評議會，雖然仍由總督擔任會長，一部分評議員也是總督府內的高等官，但又加入了由總督任命的「居住於臺灣的學識經驗者」，以應總督之諮詢（大正十年勅令第二四一號）。

這些制度與法制的更革，在一九二二年達到了階段性的完成，也就是說在法制上面已經將臺灣設計成是「內地的延長」，因此一九二三年日本政府安排了當時的天皇職務代行者（東宮太子攝政）來臺「行啟（皇太子的國內地方視察）」。[34]

殖民地的議會設置請願運動

一、朝鮮的議會請願運動

一九一九年韓國三一獨立運動之後，基於原敬提出的「內地延長主義」所推動開來的諸多外地統治政策，使朝鮮出現了議會請願運動。

關於朝鮮議會請願的研究，在戰後並不多見，其原因是它被視為是日本殖民者所鼓勵，用以分化朝鮮之獨立呼聲的親日運動。戰後首次利用龐大的「齋藤實文書」研究齋藤實總督時代之「文化政治」的先驅者，是韓國的留日學者姜東鎮。他的著作《日本の朝鮮支配政策史研究——一九二〇年代を中心として…》指出，為了安撫朝鮮人心，即使在總督府內部也有人主張應該適度給予朝鮮人參政權（改革地方制度，釋出更多的權力給朝鮮人官吏，也可以視為給予朝鮮人參政權的一種形式），甚至也有人主張可以鼓勵朝鮮人推動「議會開設運動」以吸納民心。[35]

朝鮮的議會請願運動以閔元植所領導的「國民協會」為中心，自一九二〇年起持續性地於每年日本帝國議會開議之際，向日本帝國議會提出請願。此運動的目的是在向日本要求參政權。因此，從表面上來看，與臺灣議會設置請願運動極為類似。以下就來比較深入地看這個朝鮮的議會請願運動。

朝鮮之議會請願運動的領導人是閔元植。閔元植，一八八六年生於一個下級貴族家庭，年少時期曾輾轉於中國、朝鮮各地，一八九八年以後赴日生活過八年，據說曾進出伊藤博文、井上馨等日本政要顯貴家門，似與政界要人有一些關係，一九〇六年返回朝鮮後曾任大韓帝國之官吏，但不久就辭官辦報，也曾創立實業團體。一九一〇年三月，組織了政治結社政友會，政治態度與當時的李完用內閣之親日路線相近。一九一〇年八月「日韓併合」之後，閔元植被任用為地方官僚，先後擔任京畿道陽智郡守、利川郡守、高陽郡守。擔任郡守的閔元植之施政重視普及教育、土地改良與開發、農作物品種改良，曾經赴日本內地觀摩地方改良運動與報德社運動。一九一九年三一運動之後，閔元植積極在報刊上發表文章，這些文章認為三一運動是基督教徒、天道教徒誤解民族自決的盲動，但卻也承認朝鮮人對於日本的統治素有不滿，因此主張改善統治政策，強調應該賦予朝鮮人參政權。閔元植這種論調與當時日本國內民本主義者等開明人士的言論相去不遠，或許也不無受到彼等的影響。尤其在一九一九年八月日本政府公布新「朝鮮總督府官制」的同時，天皇也發布「一視同仁」的詔書，原敬總理基於「內地延長主義」的新政策一一推出之際，閔元植的論調自然地有往要求與內地人同樣享有參政權的方向進展之空間。

一九一九年八月，閔元植組織了協成俱樂部，主張「大日本帝國應該是日鮮民族共同的國家」，而且「朝鮮民族既然是大日本帝國的國民，因此無妨以合理且合法的手段來從事民權的主張」。一九二〇年一月，協成俱樂部進一步發展成為國民協會，協會趣旨與綱領標舉獎勵產業、普及教育、調和勞資、善導思想，「喚起立憲國民之自覺，同時涵養自治觀念，以行使參政權與促進地方制度改革」。36

一九二〇年二月，閔元植領導國民協會向第四十二回帝國議會提出請願（署名者一百零六人），要求日本政府賦予朝鮮人參政權。請願書的主要內容為：

……朝鮮人雖入日本之民籍，雖是國民但不能有與內地人相同之地位。換言之，即使併合成為日鮮一家，但並無法喚起朝鮮人是一個家族成員的自覺，恰似有如寄食他家之感。結果使得缺乏國家觀念，日本只是日本民族的日本，朝鮮是日本民族的朝鮮，朝鮮只是亡國之遺民，接受日本之統治。……因此，痛感救治民心之根本方策，乃在於喚起朝鮮人都具有日本國民之自覺。

朝鮮統治之大本，在於朝鮮人之同化。總督府亦體領一視同仁之聖旨，致力於實現撤廢內鮮人之差別、改善朝鮮人官吏之待遇、擴大其任用範圍、許可言論之自由、設置諮詢機關漸開民意暢達之途，並有意逐漸施行地方自治制度。而且關於政治之集會結社，近來亦有解禁之方針。但此皆只不過是「對朝鮮人之德政」，朝鮮人可謂只是沐浴綏撫之恩澤，關於日本帝國之政治，全不給予朝鮮在住之人民。……下民等因思日本憲法之下參政權乃國民最重要之權利，而且關係朝鮮利害之問題均由內地選出之議員決定。朝鮮人不能有國民之自覺的一大障礙在此。因此認為賦予朝鮮人參政權，乃是喚起朝鮮人之國民自覺的唯一方法，同時也是救治民心的根本對策。確信措此之外，無可他求。[37]

閔元植之議會請願所要求的參政權，是希望日本將「眾議院議員選舉法」實行於朝鮮，讓朝鮮人可以選出議員加入帝國議會。閔元植的議會請願運動雖然是在向日本政府要求朝鮮人的參政權，但較諸當時朝鮮的獨立運動來說，相對穩健溫和，他的訴求不但與日本的開明派輿論趨勢大致相同，而且其論理也與當時執政的原敬總理主張之「內地延長主義」相同，日本政府也應該樂得吸納這種溫和的參政權要求運動之能量來緩和獨立運動的勢頭。因此，這樣的運動受到政友會議員的歡迎，所以每次向帝國議會請願時的介紹議員（牧山耕藏、齋藤珪次、大岡育造等）多是與當時日本政府意見一致的重要政友會議員。[38]相較之下，臺灣議會設置請願運動的介紹議員，則都是當時帝國議會內立場上最左派的開明人士（後述）。

閔元植一九二〇年二月的這次請願，在眾議院的請願委員會中受到「溫暖」對待，[39]經過議員與政府代表一番詢答之後，委員會決定將此案「參考送付（交付參考）」，因此可以說是無疾而終（實際上，此次議會不久之後也就解散了）。以下是委員會中的議員與政府代表之間詢答的主要內容：[40]

岡田榮（介紹議員）：

本案乃本人介紹，……其結論就是必須給予朝鮮人參政權。其根據為何呢？總之，就在於一視同仁。此一視同仁在何處呢？顯然它就來自日韓併合的御詔勅。因此從吾等介紹者來看，雖然未有應該於何時給予〔參政權〕的定見，但從朝鮮人並非劣等者，從與內地同樣一視同仁的立場來說，一定要請政府在適當的時機給予參政權。……去年以來，朝鮮人之人心處於非常浮動的狀態。因此希望政府也應該充分地調查其方針，儘早給予參政權。

大塚常三郎（政府委員。朝鮮總督府參事官）：

朝鮮統治之方針既然在於一視同仁，因此必將會以何等之形式（順應其發達情況之形式），給予參政權。但今日尚非施行眾議院議員選舉法之時機。今日在此無法明白表示時機及給予參政權的方式。

近藤慶一（委員會召集人）

請問政府委員，大體上憲法既然及於朝鮮，那麼是否只要定下給予參政權的大方針就好？

大塚常三郎：

如今憲法也是施行於朝鮮的，唯是否施行眾議院議員選舉法，尚未決定。另外，從政府的統治方針來說，是一視同仁，即將朝鮮與九州以相同的意義來統治，而非將之視為殖民地來處理，因此如朝鮮人之民度發達至與內地人相同，此眾議院議員選舉法，或將會施行。

近藤慶一：

此等問題是大有關係朝鮮民心之問題。對於朝鮮之大方針，應讓朝鮮人了解，這對歸服民心相當必要。此等事情是相當重要的事。

大塚常三郎：

吾人也相當同感。希望往施行這樣的法律之方針上發展，但其時機或方式等，在此尚未能明言。敬請諒解。

從委員會的詢答內容來看，帝國議會與政府代表是相互搭配地唱了一齣雙簧。表面上接受了閔元植等朝鮮人的請願（其實委員會做成的交付參考之決議對政府也不具任何約束力），但實質上則沒有給予任何實質的承諾。以後，一九二〇年七月，閔元植再度領銜國民協會（署名人數六四四）向第四十三回帝國議會；一九二一年二月向第四十四回帝國議會提出請願（署名人數三二二六）。後者，還完成了眾議院的所有程序，被「採擇」了。但是此次會議後，閔元植卻在東京遭朝鮮留學生梁槿煥刺殺身亡。至於被帝國議會採擇的朝鮮人參政權要求之內容（在朝鮮施行「眾議院議員選舉法」），卻遲遲沒有進展。於是，自從第四十五回帝國議會開始，繼任的國民協會會長金明濬領銜改以向帝國議會提出「建白」的形式，要求儘速在朝鮮施行「眾議院議員選舉法」。[41] 一九三三年起，則由日本內地選出的朝鮮裔眾議員（即，在日朝鮮人）朴春琴為介紹議員，再度每逢帝國議會開議時提出請願書。日本政府依然以「時期尚早」回應。[42]

二、臺灣議會設置請願運動[43]

閔元植的國民協會向日本的帝國議會提出兩次請願之後，臺灣人也於一九二一年一月，以同樣向帝國議會請願的方式向帝國議會提出設置議會的請願。但臺灣人希望的是設置由臺灣住民（包括「本島人」與在臺日本人）所選出之議員所組成之臺灣議會，而不是由臺灣人選出議員參加帝國議會。從此以後，臺灣人的帝國議會請願一直持續到一九三四年為止，即每年到了帝國議會開議之際就進行連署請願，十四年間共向日本帝國議會提出十五次請願，而被認為是日本殖民時代臺灣最具有代表性的「抗日」運動。

向來討論臺灣人之所以進行帝國議會請願運動，似乎輕忽了日本進入了政黨政治時期的這個重要的政治因素，也不夠重視當時的政府（原敬內閣）所進行的外地統治政策改變所帶來的法制架構變更。例如，臺灣人的運動從要求撤廢六三法轉而要求設置臺灣議會，而且以向帝國議會請願的方式進行，就需要從日本的政治環境和法制框架來理解。

一九一九年三月的朝鮮三一運動，引發日本政府將其朝鮮統治改採內地延長主義、實施「文化政治」的同時，也鼓舞了同樣處於殖民地狀況的臺灣人。一九一九年起，臺灣人關於自己的政治處境問題，出現了較為積極的一些動向。一九一九年秋天以後陸續成立了「聲應會」、「啟發會」，最後於一九二〇年初成立「新民會」，更在一九二〇年七月發刊《臺灣青年》雜誌。與這個朝鮮人、臺灣人之新動向並行展開的，則是前述「內地延長主義」、「文化政治」與首任臺灣文官總督田健治郎的到任（一九一九年十月）。

臺灣人文化啟蒙、政治運動團體之早期組織，是在一九一九年秋天於東京成立的「聲應會」、「啟發會」。關於「聲應會」、「啟發會」的實際情況，並不十分清楚，或許也無緊密組織及積極作為。[44]對於此時在東京之臺灣留學生的動向，《警察沿革誌》的分析是：「以東京臺灣留學生為中心的東京臺灣人，伴隨智識階級之時潮風氣之變遷，必然地引起與其民族、風俗習慣相同之在京支那人學生及智識階級的接近，又引起與之境遇相同的朝鮮人之協同。」[45]也就是說，東京的臺灣留學生已經與中國在東京的知識人（尤其是基督徒）、朝鮮的民族自覺運動，乃至獨立運動有所聯繫。《警察沿革誌》對於這種臺灣人與朝鮮人之間的聯繫，有很具體的理解：

> 當時朝鮮人的民族自覺運動、乃至民族獨立運動，及以之為目的的啟蒙文化運動，較之臺灣人之運動遠為前進，即如東京留學生已經組織了數個團體，刊行機關紙，從事思想的宣傳普及，臺灣人漸與之接近。這從蔡培火、林呈祿與《亞細亞公論》主幹柳壽泉交往親密，頻繁投稿《亞細亞公論》，可以證明。特別是蔡培火被聘為該公論社之理事，又經常在朝鮮人鄭泰玉主宰之《青年朝鮮》發表意見。[46]

一九二〇年初，在蔡惠如號召之下，東京的臺灣留學生組成「新民會」，以「專門考究臺灣所有應該革新之事項，圖文化之向上」為綱領，並邀請林獻堂擔任會長，蔡惠如自己擔任副會長。一九二〇年三月初，新民會主要會員聚會決議三項行動方針：（一）為了增進臺灣人之幸福，進行臺灣統治之改革運動，（二）為了廣為宣傳吾人之主張、啟發島民、獲得同志，發刊機關雜誌，（三）與中國同志之接觸交流。[47]關於第一點「進行臺灣統治之改革運動」，就是以後展開的六三法撤廢運動及臺灣議會設置請願運動第一點；第二點，則是由蔡惠如、辜顯榮、林熊徵、顏雲年等人捐款成立臺灣青年雜誌社，編輯發行臺灣人的民族啟蒙運動機關誌《臺灣青年》；第三點，則以蔡惠如為首，由彭華英、林呈祿等赴中國聯繫容共時期的中國國民黨左右派。其後，新民會雖然還是島內外民族主義啟蒙運動及合法政治活動之指導團體，但改而隱身背後，而以學生會們為中心另外結成「東京臺灣青年會」，揭舉「涵養愛鄉之心情，發揮自覺精神，促進臺灣文化之開發」為綱領，一切表面的活動都轉移到此青年會。[48]

一九一九年十一月，首任文官總督田健治郎來臺履任之初，就積極地向臺灣民心示好。臺灣人也曾趁此機會向新總督提出意見、東京的臺灣學生也拜訪田總督談起將要編輯發行雜誌的計畫（後來《臺灣青年》於一九二〇年七月創刊時，田總督在雜誌創刊號上題字「金聲玉振」）。[49]

一九二〇年十一月二十八日，東京留學生兩百餘人在東京麴町富士見町教會聚會，討論臺灣問題。據說當天會場上蔡培火在講臺上豎立了一面寫著「撤廢法律第六十三號」的旗子，又有人高喊「給我們自治權」，似乎彼此有不同主張，不能達成一致的共識。[50]對此，蔡培火在事後（一九六五年）的一場演講上曾回顧說：「東京臺灣留學生間的思想潮流，主張完全自治的人比較多，本人一向在政治實際問題上，以實事求是為圭臬，能減少公眾的犧牲一分而增加其利益，本人自己雖蒙受如何壓力亦所不計。因此不主張臺灣完全自治，而主張自治主義中最重要的民選議會之設置，是即臺灣議會之設置」。[51]蔡培火所說主張採激進之自治主義的應該是蔡惠如和林呈祿等人，兩人因為年歲較長當年是此派主張的領袖；蔡培火自謂當時他主張相對比較溫和的設置臺灣議會行動路線，「幸得蔡式穀、鄭松筠等幾位的協力支持，乃能稍稍立足」。[52]

一九二〇年十一月二十九日，植村正久陪蔡培火拜訪田總督。當天的會面，田健治郎日記曾有所記載：[53]

> 午前，植村正久伴蔡培火來訪。蔡關〔於〕《臺灣青年》危激論文有所辨〔辯〕疏，次蔡〔培火〕述臺灣現在三派思潮，則：
>
> 一、回復漢民族之建國，則獨立之思想。

二、廢撤人種民族之區別，立均等之基礎、人道主義，則在帝國治下，獲得同等之地步之思想。

三、追隨主義，則服從強權之思想是也。

第一獨立思想，臺灣無其實力，不足顧。第三卑屈主義，亦識者之所不甘。我等之所期亦在於第二，所希者政府速廢六三問題，臺灣別設立法機關，許其自治，是最善之統治法也云云。

予〔田健治郎〕對之曰：

第一、第三之不足採，素同感也，到第二，同其主義，殊其方途。予所採統治之方針，在善導臺灣人民達於與內地同等之域，今回臺灣地方自治制之開始，其目的不外之。若臺灣全島自治之企，斷斷乎不許容之，若誤而有觸此禁者，可取嚴重禁遏之處置，切勿招誤解云云。

據說東京留學生兩派之間的爭議，是一九二〇年底林獻堂來到東京後於臺灣青年雜誌社聽取兩派意見，才做出裁決：「照理想當然要主張完全自治，但是政治改革需要實力，不能徒托理想，依我同胞目前之實力，只好要求設置臺灣議會為共同目標而奮鬥」。[54]關於林獻堂之調和東京臺灣留學生之間的路線差異，田健治郎在日記中也為我們留下了一段線索：「（十二月二十九日）三村三平來語林獻堂、林榮治對在京留學生不穩舉動矯正盡力之事情」。[55]看來是林獻堂說服了相對激進之主張採取自治主義路線的一派，將運動路線往「內地延長主義」之邏輯方向調整。經過如此整合兩者之後，於是出現了「臺灣議會設置請願運動」。

其實，從實際的政治情勢來看，一九二〇年底已經沒有必要再推動「六三法撤廢運動」了。所謂「六三法」就是一八九六年四月開始生效的「明治二十九年法律第六十三號」，也就是規定臺灣法令之產生方式的「關於施行於臺灣之法令的法律」。根據這個六三法，施行於臺灣的法令有二種：（一）總督所發布之具有法律效力的律令；（二）經過天皇以勅令之形式發布的內地法律。[56]六三法雖然是日本帝國議會所制定的法律，但這個法律卻將律令（具有法律效力）的發布權委託給性質上屬於行政官的臺灣總督，因此在帝國議會審議過程中就引發是否違憲的爭議，尤其當總督發布之律令遭到反對的時候，就會也連帶地質疑六三法，因為它是授權總督得以發布律令的法律源頭。因此，自從一八九六年以來即有人主張撤廢六三法，甚至一直是中央政界關於臺灣統治的重大法制與政治問題。[57]

一九一〇年代末期臺灣人集結起來反對總督府施政之初，當然也自然將矛頭指向這個總督專政之源的六三法，而展開「六三法撤廢運動」。根據蔡培火事後的說明，臺灣人對於撤廢六三法的初步意見，來自在臺日本人律師伊藤政重和在臺日本人久我懋正。這兩人「時常向臺灣人有識有志之士鼓勵，為剝奪臺灣總督之專權，使臺灣民眾能得更自由之生活，應由臺灣人發動公意向中央政府機關要求撤廢法律第六十三號」。[58]

如今日本政府既然已經在法制上改採「內地延長主義」，當然必將在「三一法（即延續六三法精神的新版『關於施行於臺灣之法令的法律』）」終止效期之後，另外訂定符合內地延長主義精神的「關於施行於臺灣之法令的法律」，以便大量將日本內地之法令施用於臺灣，甚或直接將臺灣納入日本內地相同的法域。

一九二〇年十一月，日本政府向帝國議會提出將要取代「三一法」而內容上傾向「內地延長主義」的新版「關於施行於臺灣之法令的法律案」（即後來通過公布的「法三號」），因此一九二〇年底實際上已經不需要再推動「六三法撤廢運動」，因為「六三法」的內容已經確定不再存在。但是，原來「六三法」之立法精神的臺灣特殊性，卻正好是可以成為用來抵抗「內地延長主義」的論述資源。這種巧妙地結合臺灣特殊性和「內地延長主義」的，就是林呈祿所執筆的幾篇重要文獻：「六三問題的歸著點」（一九二〇年十二月）、[59]「臺灣議會設置請願書」（一九二一年一月）。[60]

《警察沿革誌》對於臺灣人之運動由六三法撤廢運動轉而改採臺灣議會設置請願運動的分析是：[61]

> 明治大學畢業，留在東京繼續研究的林呈祿，以六三法撤廢運動是否認臺灣的特殊性，肯定所謂內地延長主義，而提倡中止六三法撤廢運動及設置強調臺灣之特殊性的臺灣特別議會。林呈祿之前述論旨深深影響新民會員，於是六三法即轉而置換為臺灣議會設置請願運動。

也就是說，日本警察將六三法撤廢運動與臺灣議會設置請願運動，說成分別基於臺灣特殊性與內地延長主義兩種完全相反的原則上所展開的運動。但是，不論是細緻地檢視當時的政治時程，或仔細地分析臺灣人展開的論述，就會知道這其實是誤解。因為一九二〇年十一月，日本中央政府的原敬內閣已經向帝國議會提出新的「關於施行於臺灣之法令的法律案」（通過之後即為「法三號」）。雖然這個法律案仍然要賦予總督律令發布權，但整體的法案之基本精神已經是「內地延長主義」，而以將日本內地的法律延伸地施行於臺灣為原則，臺灣總督發布的律令只是作為特例的補充。因此，這個新法案已經不再是原來的六三法（及其延續之「三一法」）的繼續，所以從實質上來說六三法已經將要走入歷史（至於新法案仍舊賦予總督律令制定權，則正好與臺灣人強調的臺灣特殊性，在邏輯上一致。關於此點，詳後之討論），因此臺灣人已經沒有需要發動撤廢六三法運動。而且，臺灣議會設置請願運動，也不是完全否定內地延長主義（討論詳後）。但是如果吾人仔細地檢視《警察沿革誌》也注意到的林呈祿〈六三法問題的歸著點〉一文，就會明白林呈祿所展開的論述，並不只是如此。林呈祿在此文中指出六三法的問題只是日本政府方面關於臺灣特殊法律應由帝國議會制定或是由總督制定的爭議：

> 綜合以上之所述，則主張六三法律之廢止，即主張撤廢特別委任立法之理由。主在主張憲法違反、憲政變例，宜防權力之濫用、法令之濫發等危險之點。反是，主張六三法之繼續，即主張特別委任立法之必要理由，則在乎新領土之統治上須與總督以臨機應變之處分權，在特殊事情之地方不可不認特別立法之制度焉。一言以蔽之，則主張理論上固當撤廢，而實際上當繼續者也。……所謂六三問題者，畢竟不過日本帝國對於有特殊事情之臺灣應施行之法律，其當在帝國議會制定耶，或當委任行政機關之總督而使之制定耶之爭論而已。至於新領土之臺灣，其當施行真正之立憲法治制度及當如何擁護、伸張臺灣住民之權利與義務之問題，則尚未涉及焉。[62]

但是，如果在立憲法治國家，便必須有立法、司法、行政三權之機關，使之各別分立，且令人民得參與之，「此乃立憲之要件、憲政之要諦者也」。尤其，晚近英國等西洋國家亦均在殖民地設有立法參事會，即由殖民地住民公選民意代表：

臺灣之特別立法，當達到無論其為居住臺灣之內地人與本島人，均以由在該地有利害關係之住民所公選之代表者，以組織特別代議機關而為之問題也。原來當施行於特別地方之法令，需參酌在該地方有利害關係之住民之意思。即所謂使民意為政治化者，乃政治之要諦、殖民統治之安全辦也。[63]

林呈祿所執筆的「臺灣議會設置請願書」所展開的論述，是一方面高舉內地延長主義之精神，強調必須與日本內地一樣，在臺灣實行立憲政治，「大日本帝國乃立憲法治國，今臺灣為帝國統治之一部分，故在臺灣統治上倘有需要設立特別制度，其範圍亦須根據立憲政治之原則，此乃當然之理」，而且「今臺灣雖呈庶政興舉、地方秩序井然之外觀，但其內容則官權獨高、民意未暢。尤其歐洲大戰後，道義思想勃興，促進寰球人類甚大覺醒；國際聯盟成立，予列強之外交、內治以根本的革新」，進而具體地主張「對於臺灣之統治，務要參酌其特殊事情，借鏡世界思潮，洞察民心趨向，速予種族均等之待遇，俾得實踐憲政之常道。是即設置由臺灣民選之議員所組織之臺灣議會」，要求「以法律規定設置由臺灣住民公選議員以組織之臺灣議會，附與在臺灣應施行之特別法律及臺灣預算之協贊權」。[64]

林獻堂等人於一九二〇年底至一九二一年初，決定展開臺灣議會設置請願運動後，便一方面在東京展開請願書的簽署，一方面於一九二一年一月十七日拜訪當時在東京的田總督表示善意。[65]向帝國議會提出請願的前一日（一九二一年一月二十九日），林獻堂又再度拜訪田總督說明即將提出議會請願。田健治郎的日記，對於這次林獻堂的來訪之記載是：「林獻堂伴一通譯，來談關臺灣立法議會設置請願提出之件，辨〔辯〕其本意在順應統治方針，乞予諒解。予則詳述予赴任以來統治實現之精神，痛論其謬妄，忠告靜思熟慮，勿誤初步。約一時半間而別」，[66]雖然林獻堂有意事前取得田總督之諒解，但田總督明白地表示堅決不贊成臺灣人這個帝國議會請願之舉。隔日（一九二一年一月三十日），林獻堂領銜向第四十四回帝國議會遞出設置臺灣議會的請願書。[67]此次請願由於籌備時間倉促，一七八位簽署者大多是在東京的臺灣留學生。

一月三十一日，田總督隨即召集林獻堂、蔡惠如、林呈祿、蔡培火等議會請願重要成員，宣示政府對於議會

請願的正式立場：[68]

（一）臺灣總督委任立法以本年末日失其效力。予赴任以來，深鑑臺灣之實情，欲為適當之解決。昨冬有所獻替，今也改正法案在下院之審議中，其第一條以勅令施行法律，其目的在勉〔力維〕持法律之統一，以促進內臺差別之撤廢。第二條委任特種立法之權於總督，其目的在保存臺灣特種之慣習，以保護臺灣人民之福利。而所以不存其效力之期限者，以達臺灣同化之大目的，不可豫限定歲月之故也。予切望臺人發奮努力，可及的[69]於少歲月達本法全廢之地境也云云。

（二）今回欲新設置總督府評議會，總督自為會長，舉官吏、內地人、本島人中有識者為評議會員。於法律、律令、其他重要案件中，總督之認必要者，諮詢之於評議會，以徵民意之所在。是總督施政運用上之補助機關，而斷非臺灣自治的發端之立法機關，此區別斷不可混同。若臺灣立法議會設立之論，以背戾帝國統治之大方針，所予之嚴乎[70]而拒斥也云云。

田健治郎一方面縷述新立法（法三號）的改革內容、新設由官民所組成諮詢性質的總督府評議會，一方面則斷然拒絕設立臺灣議會，嚴肅地斥責這是「背戾帝國統治之大方針」。顯然，總督府看出了臺灣議會設置請願雖然用了「內地延長主義」的包裝，但其實內容是企圖自治（或此運動極可能將自治納入射程）。因此，雖然二月九日林獻堂曾經再度拜訪田總督，試圖為議會請願做辯護，但還是被田總督正面地駁斥了一番。[71]此時日本政府（不論是中央的原敬內閣，還是臺灣總督府），就如本文一直不斷強調的，對於外地統治正在進行空前的根本性之法制變革，因此臺灣人這個與此根本性之法制變革（內地延長主義）不同調的臺灣議會設置請願運動，當然不會被接受。尤其這個第四十四回帝國議會中最重要的臺灣問題，就是在於審議確立「內地延長主義」原則的新版「關於施行於臺灣之法令的法律案」（法三號）。臺灣議會設置請願書提出之際的一九二一年二月，正是帝國議會積極審議新版「關於施行於臺灣之法令的法律案」（法三號）的時候。[72]日本中央政府或臺灣總督府的政府代表，此時正在推動「內地延長主義」的新版「關於施行於臺灣之法令的法律案」立法之同時，當然絕不可能接受具有「自治主義」傾向的臺灣議會請願。因此臺灣議會設置請願，就有如是「在最不適當的時機出來搗亂的小鬼」（即使對於臺灣人來說，這是不論在政治空間的容許度，或是建立新法制的可能性，都是應該有所動作的時機），因此這個請願案即使向帝國議會提出去了，但當然很簡單地就被完全的擱置了。[73]

第一回議會請願雖然在倉促之間展開，但這卻是臺灣人首次正式公開的政治訴求活動，因此臺灣人社會群情亢奮。二月二十一日、二十八日，眾議院、貴族院相繼否決請願之後，東京的臺灣學生顯得相當激憤。原本每年總督府都例行性地在春季招待留學生，但當林獻堂向學生報告請願遭到挫折之後，學生竟然發動抵制出席總督府招待會的集體行動，使得蔡培火還特地拜訪田總督解釋請求諒解。[74]

一九二一年四月二十日，林獻堂議會請願運動後從東京回到臺灣，在島內的蔣渭水更是發動大批人馬在基隆、臺北給以英雄式的歡迎。這種亢奮的社會情緒，使得蔣渭水等臺灣島內的青年也開始奔走，終於在半年後（十月十七日）成立了臺灣文化協會，並群推林獻堂為總理。臺灣議會設置請願運動雖然沒有被帝國議會「採擇」，但卻引爆了一九二〇年代臺灣之政治、社會運動。

結語

明治維新之後，日本打破原有的封建體制改而建立近代集權國家後，陸續建立從地方到中央的國民參政制度。但是這些近代國家的各種制度並非無條件均質地施行於日本全國。例如，一八七八年在地方制度上施行「三新法」時，除了其中的郡區町村編成法之外，其他並不施行於北海道；一八八八年施行市町村制時，也將沖繩縣及一部分島嶼排除在外。一八八九年與帝國憲法同時公布的眾議院議員選舉法（明治二十二年法律第三十七號），也將北海道、沖繩縣、小笠原群島排除在外。[75]也就是說，即使日本國內各地在施行帝國憲法之後可以選舉代表進入帝國議會（眾議院），[76]但卻也有像北海道、沖繩縣、小笠原群島這種地區，還是無法選舉議員。這種參政權的不均質狀態，使得這些地區也被稱為日本的「內國殖民地」，而在以後陸續發起要求參政權的請願運動。例如，明治二十年代（一八九〇年代）北海道出現北海道議會開設運動，而終於在一八九九年實施自治制度、一九〇一年成立北海道議會、一九〇二年才選舉帝國議會眾議院議員。[77]沖繩則要到一九一五年才施行眾議院議員選舉法，得以選舉眾議院議員。至於小笠原群島，更要等到一九四〇年才施行地方制度（村制）。

一八九五年日本領有臺灣之後，雖然在名義上臺灣這個新領土也適用帝國憲法，但卻以臺灣具有特殊人文、社會情況為理由，將臺灣設計成為實際上與日本內地不同的法域，臺灣總督也得在經過一定手續之後發布臺灣特殊法律（律令），臺灣住民（包括在臺日本人）也未享有帝國憲法所規定的參政權。臺灣新領土被設計成為與本國內地不同的法域，不但事關臺灣統治原則，賦予臺灣總督有權發布律令的規定也被認為有違憲之嫌，因此帝國議會及法學界對此一直存在著爭議，而且在臺日本人也在一八九九年起就有人展開反對總督獨裁、撤廢六三法的運動。[78]

如上所述，臺灣人之所以在一九二一年起發起議會請願運動，其中很重要的背景一方面是日本中央政界的政治、法制環境，尤其是以原敬內閣之成立所代表的政黨政治之時代背景，一方面是朝鮮三一獨立運動所代表的來自殖民地之反撲及原敬內閣相應於此而順勢推出的「內地延長主義」。一九二〇年代初期，似乎也逐漸出現同為日本殖民地之朝鮮、臺灣的在京青年之連帶。[79]尤其，閔元植在一九二〇年二月向第四十二回帝國議會提出的要求參政權之請願運動，也應該給了臺灣在京留學生很大的啟發。

但是，臺灣人在一九二一年一月向第四十四回帝國議會提出的議會請願運動，與朝鮮人所推動的議會請願運動，不論在運動展開的當時，或是在戰後的後殖民地時期，各自的民族（朝鮮人、臺灣人）對之都有不同的評價。造成這種評價不同的理由有各種原因和解讀的可能性。

首先，在朝鮮民族的整體「抗日」戰線當中，議會請願運動有極為鮮明的對照項，即當年採行各種不同策略的獨立運動。因此，議會請願運動這種溫和的參政權要求運動，相較之下當然不可能受到肯定的評價。其次，朝鮮的議會請願運動，其實是朝鮮總督府當年用來解消來勢兇猛之獨立運動而政策性地引導出來的，[80]它應該也可以說是朝鮮總督府「文化政治」的一環。因此，怪不得朝鮮人會認為它應該被視為是「親日」運動，而不是「抗日」運動。另外，一九二〇年代前期朝鮮的議會請願運動爭取的是在朝鮮實施眾議院議員選舉法，也就是要求讓朝鮮可以選出眾議院議員進入中央的帝國議會。這種要求帝國層次之參政權的論理，與日本帝國在外地採取內地延長主義的政策正相合致，但卻沒有同時也相對地從外地的立場提出自己的特殊性主張。相對地，臺灣議會設置請願運動的戰略，就是利用了日本政府所提倡的內地延長主義，順著日本政府的邏輯要求與內地一樣地（「內地延長地」）實行立憲政治，卻又同時延續向來日本政府所主張的臺灣特殊性邏輯，反向地向日本政府要求設置審查臺灣預算與臺灣法律的臺灣議會。如此的臺灣議會，就成為可以監督臺灣總督府之行政的民意機關，而不會只是被吸納進入日本帝國的體制當中，甚至成為日本帝國政治背書的「花瓶」。[81]

臺灣議會設置請願運動雖然也一樣是向帝國議會提出請願，但請願的目的是在設置「臺灣議會」，其效果是在打造一個「臺灣規模（Taiwan size）」的政治共同體。設置「臺灣議會」是走向臺灣自治的初級階段，尤其是臺灣人在要求設置「臺灣議會」的同時，還高唱「臺灣不但是日本的臺灣，臺灣也必須是臺灣人的臺灣」，更使得臺灣自治的意圖更加明顯。因此，不論是日本中央政府或是臺灣總督府，都認為雖然臺灣議會設置請願運動的宣傳家多在臺灣自治問題上採取曖昧立場，但卻都認為臺灣議會設置請願運動具有往臺灣自治發展的可能性。所以都主張不接受這種請願要求，甚至認為如果臺灣人的這個運動之情勢不可抵擋時，應該讓臺灣選舉帝國議會議員來疏導臺灣人的政治要求，也就是將臺灣議會設置請願運動，引導向朝鮮人之議會設置請願運動的方向。所以說，臺灣人與朝鮮人都一樣向帝國議會提出了請願，形式上雖然類似，但其性質卻有極大的不同。

吳密察，東京大學大學院人文科學研究科東洋史專攻博士課程修了退學。曾任臺灣大學歷史系教授、國立臺灣歷史博物館館長、成功大學臺文系教授。現任臺灣大學歷史系兼任教授、國史館館長。研究領域為臺灣近代史、日本近代史、臺灣史料論。主要著作：《臺灣近代史研究》等。

註釋

1 一九八〇年代作者留學日本期間，來自韓國的留學生同學就曾質疑：為何臺灣留學生，總是將臺灣議會設置請願運動當成殖民地時代臺灣人的抗日運動來解釋？韓國留學生甚至表示：韓國的殖民地時代史的敘述，總是將日本殖民地時代的議會設置請願運動當成「親日」運動來看待。

2 George H. Kerr, *Formosa: licensed revolution and the home rule movement, 1895-1945*, Honolulu: University Press of Hawaii, 1974.

3 原敬總理大臣在一九一八年九月上任，一九二一年十一月遭暗殺後由加藤高明繼任總理，任期三年三個月。搭配原敬總理在臺灣執行「內地延長主義」各種施政的臺灣總督田健治郎於一九一九年十月就任，一九二三年九月卸任。臺灣議會請願運動於一九二一年一月提出第一次請願。

4 關於日本領有臺灣之後取法西洋國家之異民族統治制度，將臺灣新領地設計成與本國實質上為異法域的殖民地，可以參考吳密察〈外國顧問W. Kirkwood的臺灣殖民地統治政策構想〉，收入國立臺灣大學歷史學系編《日據時期臺灣史國際學術研討會論文集》（臺北：國立臺灣大學歷史學系，一九九三）、吳密察〈明治國家體制與臺灣——六三法之政治的展開〉，《臺大歷史學報》第三十七期（二〇〇六）。

5 《東洋經濟新報》被認為是大正時期之「急進的自由主義」。關於《東洋經濟新報》的古典研究，可以參閱井上清、渡部澈編《大正期の急進的自由主義——《東洋經濟新報》を中心として⋯》（東京：東洋經濟新報社，一九七二）。關於該周刊的殖民地論，則可以參考收入該書的井口和起〈植民政策論——一九一〇年代朝鮮政策論を中心として⋯〉一文。井口和起此文，後來又收入氏著《日本帝國主義の形成と東アジア》（東京：名著刊行會，二〇〇〇）。針對一九一〇年代石橋湛山的研究，較晚近則有姜克實《石橋湛山の思想史的研究》（東京：早稻田大學出版部，一九九二）。

6 山本美越乃《植民地問題私見》（京都：弘文堂，一九二一年初版、一九二二年再版）；泉哲《植民地統治論》（東京：有斐閣，一九二一年初版、一九二四增訂再版）。關於這些學者的殖民地統治論，已有相當研究。可以參閱淺田喬二〈山本美越乃の植民論——矢內原忠雄の植民論と對比に⋯（上）、（下）〉，《駒澤大學經濟學論集》第十八卷第一、二、三號（一九八六）、浅田喬二〈泉哲の植民論（上）、（下）〉，《駒沢大学経済学論集》第十九卷第一、二、三號（一九八七）、淺田喬二〈矢內原忠雄の植民論（上）、（中）、（下）〉，《駒澤大學經濟學論集》第二十卷第一、二、三號（一九八八）、淺田喬二《日本植民地研究史論》（東京：未來社，一九九〇）。另外，若林正丈《臺灣抗日運動史研究》（東京：研文出版，一九八三年初版、二〇〇一年增補版），也介紹了當年這些殖民學者的主張，作為論述臺灣抗日運動的背景。

7 關於矢內原忠雄與日本近代殖民地統治及殖民地人民之連帶，已有甚多研究成果，不遑一一列舉，最近的研究則有若林正丈〈矢內原忠雄と植民地臺灣人⋯植民地自治運動の言說同盟とその戰後〉，《東京大学大学院総合文化研究科地域文化研究専攻紀要》第十四號（二〇〇九）。

8 透過以上的簡單介紹可知，日本目前幾乎已成為制度的國會多數黨組閣，是相當晚近才形成的「慣例」。明治憲法成立之後的初期，內閣是由推動明治維新之薩摩、長州等「雄藩」所主導，因此被稱為「藩閥」，後來則加上類似西園寺公望這種華族元老，成為實際上主導內閣的勢力。因此一九一八年既非出身薩摩、長州，又非元老的政黨人原敬之組閣，被當成日本政治進入新時代的重要里程碑。

9 三一運動爆發之後，吉野作造所主導的黎明會隨即邀請朝鮮人金雨英等人在該會之演講會上進行報告，他自己也在該會的演講會上發表演講，認為不應該將重點放在糾彈朝鮮人的暴動，而應該借此反省日本的朝鮮統治。以後更發表一連串的文章要求改善朝鮮統治的人事與施政。關於吉野作造於三一運動之後的朝鮮言論主張，最簡便的參考史料是松尾尊允編《吉野作造中國・朝鮮論》（東京：平凡社，一九七〇）；另有松尾尊允〈吉野作造と朝鮮〉，《人文學報》第二十五號（一九六一）。

10 大江志乃夫〈山縣系と植民地武斷統治〉，收入《岩波講座近代日本と植民地 4 統合と支配の論理》（東京：岩波書店，一九九三）。

11 原敬關於「外地」之總督應該由文官來擔任的主張，可以上溯到一八九五年他以外務省通商局長身分擔任臺灣事務局委員時。前田蓮山《原敬傳》（東京：高山書院，一九四三），頁三六二。

12 關於三一運動後新朝鮮總督的人事如何決定的過程，《原敬日記》提供了不少資訊。春山明哲根據這些來自《原敬日記》的資訊，重建了當時原敬總理在這項人事安排過程中的靈活政治手腕。參閱春山明哲〈近代日本の植民地統治と原敬〉，收入春山明哲、若林正丈編著《日本殖民地主義の政治的展開 一八九五—一九三四》（東京：アジア政経学会，一九八〇）。後來此論文也收入春山明哲《近代日本と臺灣——霧社事件、殖民地統治政策の研究》（東京：藤原書房，二〇〇八）。以下關於本文之引用，均根據後者。

13 當然，水野鍊太郎大量引入原敬之人馬的結果，也造成與原來長期在寺內正毅、長谷川好道總督時期所培養出來的朝鮮在地成長之官僚的矛盾。關於此問題，最近有非常細緻的研究成果：李炯植《朝鮮總督府官僚の統治構想》（東京：吉川弘文館，二〇一三）。

14 〈齋藤實文書〉，頁一〇四—一一九。另見於財團法人齋藤子爵紀念會編《子爵齋藤實傳》第二卷（東京：該會，一九四一），頁四二二—四二六。此文書原為日文，此次引用時由本文作者翻譯成中文。

15 〈齋藤實文書〉，頁一〇四—一一九。前揭，《子爵齋藤實傳》第二卷，頁四五一—四五九。

16 關於齋藤總督、水野政務總監所進行的「文化政治」改革之資料，可謂汗牛充棟。比較全面的介紹可以參閱：朝鮮總督府編《朝鮮に於ける新制度》（一九二一），收入：友邦協會編《齋藤總督の文化統治》（東京：友邦協會，一九七〇）；前揭，《子爵齋藤實傳》第八篇、第九篇。比較簡要的介紹，則可以參閱：糟谷憲一〈朝鮮總督府の文化政治〉，收入《岩波講座 近代日本と植民地2帝國統治の構造》（東京：岩波書店，一九九二）。限於篇幅，本文將不一一對齋藤總督時期的施政作介紹，只擇要幾項並將之與臺灣一併說明。

17 前田蓮山《原敬傳》（東京：高山書院，一九四三），頁三五九—三六〇。

18 關於一八九五—一八九六年間臺灣事務局的臺灣統治制度規劃及原敬的意見，可以參考吳密察〈明治國家體制與臺灣——六三法之政治的展開〉，《臺大歷史學報》第三十七期（二〇〇六）。

19 小森德治《明石元二郎 下卷》（臺北：臺灣日日新報社，一九二八），頁一二一〇—一二一九。

20 此次臺灣總督府官制的改正之內容是總督府內部的部局分合。

21 一九一九年朝鮮總督府官制修訂過程中，樞密院的審議費了不少時日，讓原敬首相相當不滿。樞密院原來只是備天皇諮詢的機關，但是天皇卻在明治三十三年（一九〇〇）對當時的山縣有朋首相下達了「御沙汰書」，規定幾項以後必須送交樞密院審議的勅令案，其中包括「關於教育制度之基礎的勅令」、「關於臺灣總督府官制之勅令」。根據此「御沙汰書」的規定，從此以後樞密院便成為可能置喙殖民地問題的機關。關於樞密院的研究，相對較少，目前可參閱：由井正臣編《樞密院の研究》（東京：吉川弘文館，二〇〇三），其中收錄岡本真希子〈樞密院と植民地問題——朝鮮、臺灣支配體制との關係から—〉一文，可以參考。

22 《官報》第二一一三號（大正八年八月二十日）。

23 德富猪一郎《陸軍大將川上操六》（東京：第一公論社，一九四二）。

24 薩摩系統的海軍大將樺山資紀之所以出任第一任臺灣總督，除了他是明治初年就積極主張征伐臺灣，在明治初年「征臺之役」前後就有豐富的臺灣經驗之外，還因為海軍是甲午戰爭之後積極主張於和平條約中要求割取臺灣的緣故。

25 初期殖民地總督的人事多由山縣有朋系統之陸軍壟斷的情形，可參閱大江志乃夫〈山縣系と植民地武斷統治〉，收入《岩波講座 近代日本と植民地 4統合と支配の論理》（東京：岩波書店，一九九三年）。

26 雖然一九一八年原敬內閣已經趁著軍制改革之際，在臺灣實施政、軍分離，以臺灣總督府為臺灣統治的最高行政長官之外，另外設置臺灣軍司令為駐在臺灣之臺灣軍的最高指揮官。但因為當時的總督為軍人明石元二郎，因此由臺灣總督兼任臺灣軍司令。

27 三板橋日本人墓地，在今臺北市南京東路、林森北路交叉處，戰後一段時期多有違章建築，目前改成公園。關於明石元二郎總督之下葬臺灣，可以參閱：專賣局檔案〈明石總督薨去并葬儀一件〉（典藏號 00100210015）、小森德治《明石元二郎 下卷》（臺北：臺灣日日新報社，一九二八），頁一二三五—一二五四。

28 田健治郎在一八九五年以遞信省代表之身分參加臺灣事務局。田健治郎於一九一九年接續明石元二郎出任臺灣總督，也需要得到軍部元老山縣有朋之點頭同意。關於其間周旋之具體細節，可以參閱《原敬日記》、《田健治郎日記》、《田健治郎傳》等。

29 〈田總督蒞任の訓示〉，收入臺灣總督府編《詔勅、令旨、諭告、訓達類纂》（臺北：臺灣總督府，一九四一），頁一二九三—一二九四。

30 〈大正八年十一月廳長に對する田總督訓示〉，收入臺灣總督府編《詔勅、令旨、諭告、訓達類纂》（臺北：臺灣總督府，一九四一），頁二九四—三〇八。

31 關於田總督的這些改革構想，均見諸於《原敬日記》、《田健治郎日記》、《田健治郎傳》，不一一引註。

32 田健治郎在臺灣殖民地教育方面的改革（推動日臺「共學制」、研議第二次「臺灣教育令」、提倡設立臺灣大學），可參閱吳密察〈植民地に大學ができた!?〉，收入酒井哲哉、松田利彥編《帝國日本と植民地大學》（東京：ゆまに書房，二〇一四）。

33 關於田健治郎總督履任之後的統治體制與法制更革，可以參考《田健治郎傳》第十六—二十章、井出季和太《臺灣治績志》（臺北：臺灣日日新報，一九三七），第八章（頁六二五—七〇六）。另外，關於田健治郎蒞任及其臺灣統治更革之意義，則可以參考春山明哲〈近代日本の植民地統治と原敬〉，收入：春山明哲、若林正丈《日本植民地主義の政治的展開一八九五—一九三四：その統治體制と臺灣の民族運動》（東京都：アジア政経学会，一九八〇），以後又收入：春山明哲《近代日本と臺灣——霧社事件、植民地統治政策の研究》（東京：藤原書店，二〇〇八）。

34 關於一九二三年東宮太子之臺灣「行啟」的脈絡性意義，若林正丈有很深入的解析。參閱若林正丈〈一九二三年東宮臺灣行啟の「狀況的脈絡」——天皇制の儀式戰略と日本殖民地主義その1〉，《教養學科紀要》（東京大學教養學部），第十六號（一九八四）、若林正丈〈一九二三年の東宮臺灣行啟——天皇制の儀式と日本殖民主義〉，收入平野健一郎編《國際關係論のフロンティア 第二卷》（東京：東京大學出版會，一九八四）、若林正丈〈一九二三年東宮臺灣行啟と「內地延長主義」〉，收入《岩波講座 近代日本と植民地 第二卷 帝國統治の構造》（東京：岩波書店，一九九二）。後者又收入若林正丈《臺灣抗日運動史研究 增補版》（東京：研文出版，二〇〇一）。

35 姜東鎮《日本の朝鮮支配政策史研究——一九二〇年代を中心として—》（東京：東京大學出版會，一九七八），頁三二三。

36 以上關於國民協會與閔元植的介紹，參閱：李炳烈編纂《國民協會運動史》（京城：國民協會本部，一九三一）、松田利彥〈植民地期朝鮮における參政權要求運動團體「國民協會」について〉，收入：淺野豐美、松田利彥《植民地帝國日本の法的構造》（東京：信山社，二〇〇四）。

37 李炳烈編纂《國民協會運動史》（京城：國民協會本部，一九三一），頁一〇—一三。請願書原文為日文，此處之引述，由本文作者中譯。

38 松田利彥〈植民地期朝鮮における參政權要求運動團體「國民協會」について〉，收入：淺野豐美、松田利彥編《植民地帝國日本の法的構造》（東京：信山社，二〇〇四）。

39 這裡所謂的「溫暖」，是相對於臺灣議會設置請願大多以「不採擇」被拒而言的。

40 《第四十二回帝國議會眾議院請願委員第一分科會議錄（速記）第四回》（大正九年二月二十三日），頁一三—一四。

41 李炳烈編纂《國民協會運動史》（京城：國民協會本部，一九三一），頁一九—三九。

42 李炳烈編纂《國民協會運動史》（京城：國民協會本部，一九三一），頁一三。

43 關於臺灣議會設置請願運動的展開，除了各種研究都根據的《總督府警察沿革誌》之外，已經有甚多研究，舉其重要者就有蔡培火等（實際執筆者為葉榮鐘）《臺灣民族運動史》（臺北：自立晚報叢書編輯委員會，一九七一年）第四章；許世楷《日本統治下の臺灣》（東京：東京大學出版會，一九七二）第二部第二章第一、二節；若林正丈〈大正デモクラシーと臺灣議會設置請願運動〉，收入：春山明哲、若林正丈《日本植民地主義の政治的展開，一八九五—一九三四：その統治體制と臺灣の民族運動》（東京：アジア政經學會，一九八〇），以後又收入：若林正丈《臺灣抗日運動史增補版》；周婉窈《日據時代臺灣議會設置請願運動》（臺北：自立報系文化出版部，一九八九）及〈臺灣議會設置請願運動について〉，收入《岩波講座 東アジア近現代通史 第五冊 新秩序の摸索》（東京：岩波書店，二〇一一）、〈臺灣議會設置請願運動再探討〉，《臺灣史料研究》第三十七期（二〇一一）等，因此本文不再細述詳情，只就與本文討論主旨相關者，稍作記述。

44 根據《警察沿革誌》記載，「聲應會」是由中華青年會的幹部馬伯援、吳有容、劉木琳和臺灣人林呈祿、蔡培火、彭華英、蔡惠如所成立的親睦團體。關於聲應會的成立時間，蔡培火的回憶性說明是在一九一九年秋天，但《警察沿革誌》卻記載為一九一九年末。從結社時間都未能確認一事可以窺知該結社之實際活動應該不是很積極。至於「啟發會」，一般則經常將之視為是往「青年會」過渡的一個暫時性組織而一筆帶過。

45 《警察沿革誌》，頁二四。

46 《警察沿革誌》，頁二五。

47 《警察沿革誌》，頁二五—二七、頁三一一。此事也另見於蔡培火〈日據時期臺灣民族運動〉，收入張漢裕主編《蔡培火全集二政治關係——日本時代（上）》（臺北市：吳三連臺灣史料基金會，二〇〇〇），頁二〇一。但蔡培火於第三點，作「加強與中國、朝鮮等同志之接觸交流」。

48 《警察沿革誌》，頁二七—二八。

49 只就目前已經出版的《臺灣總督田健治郎日記》就可以窺知其中一端。例如，田總督到任不久之後的一九一九年十二月十八日就曾經與林獻堂晤面，而且在此之前林獻堂也已經向他提出過〈臺灣統治之意見書〉。

50 臺灣總督府警務局編《臺灣總督府警察沿革誌Ⅲ 臺灣社會運動史》（臺北：臺灣總督府警務局，一九三九），頁三一一—三一二。

51 前揭，蔡培火〈日據時期臺灣民族運動〉，頁二〇四。

52 前揭，蔡培火〈日據時期臺灣民族運動〉，頁二〇四。

53 前揭，《臺灣總督田健治郎日記（上）》，頁五四八—五四九。

54 前揭，蔡培火〈日據時期臺灣民族運動〉，頁二〇四。

55 前揭，《臺灣總督田健治郎日記（上）》，頁五八四。

56 但是這並不表示施行於臺灣的法令只有律令和勅令兩種，因為還有像六三法、臺灣銀行法這種限定其施行地域為臺灣的法律。

57 關於六三法的性質及其對臺灣統治的政治性意義，可參閱吳密察〈明治國家體制與臺灣——六三法之政治的展開〉，《臺大歷史學報》第三十七期（二〇〇六）。

58 蔡培火〈日據時期臺灣民族運動〉（此係蔡氏於一九六五年六月十八日應臺灣省文獻委員會之邀所做演講之記錄）。此處從張漢裕主編《蔡培火全集二政治關係——日本時代（上）》（臺北：吳三連臺灣史料基金會，二〇〇〇）引述，頁二〇三。

59 林呈祿〈六三問題の歸著點〉，《臺灣青年》第一卷第五號（一九二〇年十二月）。林呈祿另以筆名林慈舟發表本文之中文版：林慈舟〈六三問題之命運〉，《臺灣青年》第一卷第五號（一九二〇月十二月）。

60 此向帝國議會提出之請願書當然以日文寫成，但《臺灣青年》第二卷第二期（一九二一年二月）的「漢文之部」特別刊載了它的漢文版（頁二〇—二五）。此處的引用，根據漢文版。

61 《警察沿革誌》，頁三二二。

62 林呈祿〈六三問題の歸著點〉，《臺灣青年》第一卷第五號（一九二〇年十二月）。林呈祿另以筆名林慈舟發表本文之中文版：林慈舟〈六三問題之命運〉，《臺灣青年》第一卷第五號（一九二〇年十二月）。本文所引用者為中文版，但標點經過本文作者，即引用者作了適度的修改。

63 同上註。

64 向帝國議會提出之請願書當然以日文寫成，但《臺灣青年》第二卷第二期（一九二一年二月）的「漢文之部」特別刊載了它的漢文版（頁二〇—二五）。此處的引用，根據漢文版。

65 田健治郎在一九二二年一月十七日的日記上記載：「林獻堂伴蔡培火為通譯，來存問。又請臺灣林姓大宗祠門楹聯文揮毫之事」。

前揭，《臺灣總督田健治郎日記（中）》，頁一八。

66 前揭，《臺灣總督田健治郎日記（中）》，頁三四。

67 時日前後，閔元植的國民協會也於二月初提出他們的第三次議會請願。

68 前揭，《臺灣總督田健治郎日記（中）》，頁三八—三九。

69 田健治郎總督的日記雖以漢文寫成，但多夾有日文，這裡的「可及的」之中文意思應該是「盡可能地」。

70 「所予之嚴乎」之中文意思應該是「因此，我嚴肅地」。

71 前揭，《臺灣總督田健治郎日記（中）》，頁四八。

72 關於第四十四回帝國議會審議「關於施行於臺灣之法令的法律案」（法三號）之過程，可以參考帝國議會的速紀錄。最為簡便的資料集，可參考〔外務省〕條約局法規課編《臺灣ニ施行スヘキ法令ニ關スル法律（六三法、三一法及び法三號）の議事錄（《外地法制誌》第三部附屬）》（東京：外務省條約局，一九六六。東京：文生書院復刻本，一九九〇），頁三九九—五四七。

73 例如，一九二一年二月二十一日眾議院之請願委員會對於臺灣議會設置請願案的審議，極為簡略，不但介紹委員田川大吉郎沒有發言，即使進入審議之後也只有一位委員（岡田伊太郎）發言：「關於在臺灣設置議會，在前幾天的六三法〔審議〕中已經談及，因此不採擇」，就決定了。參閱《第四十四回帝國議會眾議院請願委員第一分科會議錄（速記）第三回》，頁一。但是卻也出現有趣的現象，例如，西洋媒體的駐日記者，對於臺灣人以公然的正式行動對日本之臺灣統治表示意見便顯得有興趣。田健治郎的日記就提到英國倫敦*Times*的記者就曾經特地就臺灣議會設置請願來採訪他。田健治郎面對這位西洋記者的採訪，關於臺灣人之所以提出此請願的解釋，避開了臺灣人的自治要求，而強調：「此回之請願，全係在京學生感染內地民主思想（Democracy）之所致」。前揭，《臺灣總督田健治郎日記（中）》，頁四九。

74 前揭，《臺灣總督田健治郎日記（中）》，頁一〇五、一〇八。

75 該法第一一一條規定：北海道沖縄県及小笠原島ニ於テハ将来一般ノ地方制度ヲ準行スルノ時ニ至ルマテ此ノ法律ヲ施行セス。

76 當然，此時的國會議員選舉並非普通選舉，必須是「高額納税者（繳納直接国税十五円以上者）」才有選舉、被選舉資格。

77 關於北海道議會設置請願運動的研究，可以參閱船津功《北海道議會開設運動の研究》（札幌：北海道大學圖書刊行會，一九九二）、鹽出浩之〈明治立憲制の形成と「殖民地」北海道〉，《史學雜誌》第一一一編第三號（二〇〇二）。

78 在臺日本人在明治年間所展開的六三法撤廢運動，與臺灣人在大正年間所展開的六三法撤廢運動，雖然都在反對總督獨裁、總督的律令發布權，但其終極目的卻完全不同。關於日本治臺初期在臺日本人的六三法撤廢運動，可以參閱吳密察〈明治三五年日本中央政界的「臺灣問題」〉，《東海大學歷史學報》第九期（一九八八），以後收入吳密察《臺灣近代史研究》（臺北：稻鄉出版社，一九九一）。

79 關於此時在東京的朝鮮人、臺灣人之交流，最近有一連串的研究成果。參照：紀旭峰〈雑誌《亞細亞公論》にみる大正期東アジア知識人の連攜——在京臺灣人と朝鮮人青年の交流を中心に—〉，《アジア文化研究（韓文）》第十七號（韓國暻園大學校アジア文化研究所，二〇〇九）、〈大正期在京臺灣人留學生と東アジア——雑誌《亞細亞公論》を手がかりとして—〉，韓國東北亞歷史財團編《東アジア知識人交流と歴史記憶（韓文）》（首爾：韓國東北亞歷史財團，二〇〇九）、〈大正期在京臺灣人留學生と東アジア——朝鮮人と中國人とのかかわりを中心に—〉，《アジア太平洋討究》第五號（二〇一〇）；小野容照〈植民地朝鮮、臺灣民族運動の相互連帶に關する——試論—その起源と初期變容過程を中心に—〉，《史林》第九十四巻第二號（二〇一一）。

80 關於朝鮮之帝國議會請願運動相當程度反映朝鮮總督府及相關日本人之主張的研究，可以參考前揭姜東鎮《日本の朝鮮支配政策史研究——一九二〇年代を中心として—》及松田利彥〈植民地期朝鮮における參政權要求運動團體「國民協會」について〉，特別是頁三八〇—三八二。

81 其實，一部分在臺日本人也有要求參政權的動向。但是他們所要求的參政權，多傾向於在臺灣選出帝國議會議員，而不是設置臺灣議會。

一九二〇年代全球社會主義的興起與臺灣的農民運動

蔡石山

導言

臺灣農民運動絕非是一件孤立、單打獨鬥的運動，它的淵源始自日本二十年代的社會背景與政治思想，它的結構大都模仿日本的農民組合，它的運作跟從第三共產國際 Comintern 路線，跟中國的革命團體、法國、莫斯科、德國的農民組織都有聯絡，而且還介入朝鮮全羅南道「荷衣面」的農民抗爭運動。臺灣知識分子（如簡吉、蔡孝乾、李應章）受到日本左翼領導者（如麻生久、山川均、佐野學、布施辰治）的啟發，在臺灣掀起一波又一波的農民抗爭暴力運動。另外在俄共第三國際領導下，臺共分子（如謝雪紅、林木順、楊克培等）跟日共、中共掛勾合作，也滲透到臺灣的農民組合。簡言之，二〇年代與三〇年代臺灣的左翼農民運動脫離不了全球大環境的影響。

產業革命衍生的社會階級對立以及各種社會主義學派的出籠，導致十九世紀末到二十世紀初歐美一連串的政治風暴，它的暴風圈甚至遠達中國、日本以及臺灣。左翼人士一般同情被資本家壓榨的勞工和被地主剝削的農民；他們反對軍國主義，反對權力過度集中的官僚制度，也同時厭惡藐視中產階級 Bourgeoisie 文化價值。社會主義運動具重大歷史意義的包括激進分子暗殺法國總統（一八九三）、西班牙總理（一八九七）、奧國皇帝（一八九九）、義大利國王（一九〇〇）、美國總統（一九〇一）以及一九一七年十月革命共產黨推翻統治俄羅斯三百年的沙皇政權。歐美的社會主義思想不久也催生了中國共產黨（一九二一）和日本共產黨（一九二二）。

日本左翼思想對臺灣的影響

隨著俄國革命的推波助瀾，朝鮮一九一九年三月一日獨立運動的激勵，加上世界性經濟危機、勞資對立矛盾的尖銳化，日本社會主義思潮逐漸高漲，而一九二二年七月十五日，日本共產黨的成立，就是這種意識的具體呈現。在關東大地震（一九二三年九月一日）之前，日本思想界的發展是極進步的，那時期社會科學思想研究相當普遍，各地高等學校大都設有「社會科學思想研究會」。共產思想在日本頗多被接受，因它是新穎、神秘、嚴密統制、有組織，有一種狂信的傾向，合乎日本人的胃口。二十年代的日本大學生，雖然缺乏單一的思想，也不具有明朗清晰的意識型態，不過他們經常會說，他們已經找出了社會問題的癥結所在。曾經擔任日本勞動農民黨總同盟政治部長的麻生久，認為那時代的學生的確洞悉時代的趨勢。東京大學出身的麻生久於一九二六年夏天到臺灣，替「二林蔗糖事件」被捕的臺灣農民運動領袖李應章等三十一人第二審辯護，並到中南部做巡迴演講，宣導社會主義，喚起臺灣農民的覺醒與團結。有些學生自認為是革命先驅者，於是想將他們讀過的書跟工、農、貧民的生活連結在一起，替工、農、貧爭取自由、正義、人權、社會與經濟福利。二十年代日本的另外一個關懷弱勢族群的團體叫做「水平社」，創立於一九二二年三月三日；「水平社」主張人類無差別，旨在解放被日本大眾歧視的「部落民」。一九二七年春末（三月十七日到四月二日）到臺灣，當二林農民事件被告上訴審判首席律師的布施辰治就是「水平社」的活動家。明治大學出身的布施辰治藉訪臺機會，做了三十次全島巡迴演講——從基隆、汐止到鳳山、潮州，總共二十一個地方——宣導馬克思主義，民族解放，和階級鬥爭的重要性。[1]

東京臺灣留學生至一九一五年總數有三百餘名，一九二二年更劇增為二千四百餘名。旅居東京臺灣留學生的民族覺醒，及其走向實踐行動的傾向，是在林獻堂、蔡惠如等人組織領導下具體化；一九一九年底以「啟發會」的名義，完成了團體組織，不久，改稱為「新民會」。一九二〇年十二月，林獻堂、蔡惠如召集東京「新民會」成員二十多位，聚集在神田區神保町《臺灣青年》雜誌社樓上，決定推動「臺灣議會設置請願」運動。而後更以旅居日本的臺灣留學生另行成立「東京臺灣青年會」，至此「臺灣青年會」逐漸成為各項民族意識啟蒙運動的推動主體及組織。[2]

隨著日本共產主義運動的發展，學生的社會科學研究熱潮的高漲，臺灣留學生之間也漸次見有左傾人物出現，諸如蘇新（東京外語學校，一九〇七—一九八一）、陳來旺（成城學院）、林添進（日本大學）、何火炎（早稻田大學）。而楊雲萍踏上東京留學之路不久，即活躍於「臺灣青年會」，進而參與該會的次級研究團體「社會科學研究部」。這一個具有左傾思想色彩的研究部，隨後自「臺灣青年會」獨立出來，變為有實踐組織的「東京臺灣社會科學研究會」。[3]早稻田大學教授佐野學對二〇年代的青年學子灌輸不少左傾思想，也同時對旅居東京的臺灣青年從事宣傳工作。擔任日共的中央書記時，佐野學負責國際事務，一九二五年曾經訪問臺灣。當時日共的組織特別設立一個「臺灣民族支部」，而且吸收臺灣人陳來旺、林添進與林兌加入日共。佐野學在入獄（一九三二）之前，一直跟臺灣共產主義運動者保持聯繫，商討建立臺共民族支部事宜。[4]受山川均影響的連溫卿響應世界語 Esperanto 運動，希望人工的世界語能夠超越民族信仰，並促使人類和平。他是第一個提出保護臺灣語文的人，並將民族問題與語言放在一起討論。一九二三年七月連溫卿與蔣渭水等人籌組社會問題研究會與臺北青年會；之後在小學老師山口小靜的介紹下，與日本社會主義者山川均通信並受其影響，而被人稱為臺灣的山川主義者。此外，山川均著的〈弱小民族的悲哀〉一文，一九二六年由張我軍譯為漢文並刊登在《臺灣民報》第一〇五—一一五號。

臺灣知識分子、青年學子可能讀到的日本書應該還包括幸德秋水與堺利彥共同翻譯的馬克思《共產宣言》（一九〇四年出版），鈴木文治所創「友愛會」發行的半月刊《友愛新報》，片山潛批判資本主義的煽動性文章，俄國無政府主義者 Peter Kropotkin 克魯泡特金的日文譯本《麵包の征服》（一九〇九年出版），渡邊政之輔的《左翼労働組合の組織と政策》以及安部磯雄等創辦的「社會主義研究會」發表的言論。渡邊政之輔在一九二八年十月，企圖將第三共產國際的資金與指令交給臺共時，被日本警察捕殺於臺灣的基隆。[5]平均有一萬位日本中學或大學生訂閱社會黨的《平民新聞》，這些左翼作家、政論家，都是以兇悍、酷烈的攻擊方式，扎戳日本帝國最容易受傷的要害。這一大堆持久、執拗的哀訴，銳利刺骨的反對聲音，就是二十年代日本的知識環境。對於那些能讀日文的臺灣年輕人來說，他（她）們模糊的政治思想還僅僅是一個輪廓概略而已，一直要等到日本人進一步的指點，才會將暴動的情緒，轉變成抗爭的行動！

臺灣的農業社會

一九二〇年臺灣人口約有三百六十五萬，其中農業人口總數是二百三十八萬，占全臺灣總人口的百分之五十九・六，十年後（一九三〇年），臺灣人口增至四百四十六萬，農業人口僅稍微增加到二百五十三萬之譜，占總人口的百分之五十五・一九。在此同時，在臺灣居住的日本人有十六萬四千兩百六十六人（一九二〇年），占臺灣人口比率百分之四・四九；到了一九三〇年全島的日本人增加到二十二萬八千兩百六十一人，占臺灣人口比率的百分之四・九七。跟日本國內的農業類似，臺灣的農業人口身分懸殊，他們的經濟收入與社會地位高低不平。以一九二二年為例，自耕農佔百分之三十・三，半自耕農占百分之二十八・九，而佃農則占了百分之四十・八；自耕農的平均耕地面積有一大半是在一甲（等於〇・九七公頃或二・四英畝）。此外，農業人口還包括近似無產階級的貧農和農業雇工 share croppers and agricultural laborers。依臺灣總督府公告資料，一九三〇年臺灣各州廳耕地面積、人口區分如下：

行政州廳	水田（甲）	旱田（甲）	人口數
臺北	54,982.93	34,826.57	896,380
新竹	78,858.95	60,860.63	513,067
臺中	94,481.14	64,309.42	990,571
臺南	90,656.51	168,677.75	1,115,287
高雄	63,074.93	62,235.58	601,547
臺東	4,724.65	9,425.33	46,182

行政州廳	水田（甲）	旱田（甲）	人口數
花蓮港	7,164.23	12,458.10	72,555
澎湖	0	7,758.97	60,124
流動人口		128,412	
合計	393,943.34	420,552.35	4,464,125

等到一九三五年時，這種土地分配不均的情形並沒改善，自耕農占全數農業人口的百分之三十一・四，半耕農百分之三十・五，而佃農的比率依然居高不下占百分之三十八・一。[6]

根據一九二五年日本官方調查資料，臺灣耕地面積八十萬甲，其中蔗園十三萬甲，農民總數的百分之四十八是蔗農。一九二五年之後，殖民政府又陸續將四千多甲的既耕地或可耕地放領給日籍在臺退職官員。此外，一九〇四年總督府公告廢除大租戶權力，公然假法律之名奪取臺灣人傳統的土地使用權。到了一九二六年時，已經有超過五百家日本公司在臺灣購買土地，並設立資本額超過三十萬日圓的工業[7]。在三〇年代，比率不到百分之五的居臺日本人竟擁有全臺灣百分之三十的可耕地，日本人的退休官員搖身一變，成為臺灣佃農的大地主！這種以非法掩護合法的掠奪行為，當然引起臺灣農民的憤怒，所以往往在日本人承領土地時，受到被掠奪者的反抗，尤其以臺中州大甲郡大肚庄（鄉）、以及臺南州虎尾郡崙背庄的抗爭最為劇烈。

一九二二年臺灣一石米的生產費用估計是四十五圓五十一錢，而當時的米價一石是三十四圓七十九錢，結果是生產一石米要損失十圓七十二錢，[8]這表示臺灣農民將自家的勞動報酬，進貢到吃白米的日本國，甚至，地主逼著窮佃農賣女兒交地租或付高利貸利息也時有所聞，臺灣人的生命真不值錢！反之，日本的資產階級控制百分之八十的農業資金，退籍人員也愈來愈富有。他們以及少數的臺灣封建大地主以及少許御用富豪，極力模仿東京銀座紳士淑女的衣飾和生活品味……，這是二〇年、三〇年代臺灣鄉村社會的寫照！

臺灣農民運動的興起

日據時代的臺灣總督府，在農業推廣方面，完全抄襲日本國內的政策，那就是在政府的主導監督下，由官員（包括警察）監督，致力於農產品質量的提高，特別是蓬萊米的種植與外銷。先是在一九〇八年總督府頒布了「臺灣農業組合章程實施細則」，鼓勵農民以集體的力量推廣農業新品種、新技術，善用肥料以及改善灌溉與銷售農產品。一九〇〇年九月臺北縣的三峽成立了臺灣第一個農業組合，一九〇一年新竹縣和尚洲成立了第二個組合，一九〇三年以後逐次擴展，推廣到全島，到了一九二六年時，臺灣總共有三十一個農業組合，而且一直增加到一九四一年的五十五個團體組織。除此之外，政府還補助上百的各類單項農業互助聯合團體，諸如米作、甘蔗耕作、茶葉、柑橘、蔬菜、畜牛、養豬等等。[9]

農業組合從頭到尾都是總督府設計要管控監督臺灣農村人口的工具，可是二〇年代所成立的**臺灣農民**組合則是因為日本農民組合本部、勞動農民黨的拉攏與援助，加上臺灣民眾的民族自覺，為了維護自身的權益，爭取公道、合理、公平，最後由地方農民自己主動組成的團體。由於「東京臺灣社會科學研究會」的穿針引線，使得「日本勞動農民黨」也跟「臺灣文化協會」建立了關係。一九二四年八月，從東京回臺灣的文化協會幹部黃呈聰（也是《臺灣民報》的發行兼印刷人）鼓吹臺中州彰化郡線西庄（鄉）成立「甘蔗耕作組合」，接著召開地方保正會議，倡議要增進蔗農利益，提高農民地位。一九二七年二月十七日到二十日，簡吉（一九〇三—一九五一）與趙港（約一九〇〇—一九四〇）連袂到大阪出席日本農民運動組合第六次總會，會見花田重郎，（當時是日本九州農民組合連合會會長）；二月二十五日又到東京代表臺灣農民組合向日本中央政府訴願。鳳山人簡吉在一九二二年三月畢業於臺南師範學校講習科，歷任高雄州鳳山公學校訓導，一九二五年十月頃開始投身農民運動，同年十一月十五日與黃石順等人共組鳳山農民組合，簡吉被推為其委員長。其後由趙港於臺中州大肚庄組織大甲農民組合、由林籠於臺南州竹崎庄組織竹崎農民組合、又由黃信國、姜林錦綿於同州曾文郡組織曾文農民組合。一九二六年六月二十八日簡吉及黃石順於鳳山發起合併上述組合之運動，組織臺灣農民組合，整合從前個別性及地方性的農民組合，完成全島性統一；主張：（一）交易合理化；（二）促進臺灣自治的訓練；（三）發展農村教育及農村文化。臺灣農民組合基礎漸固之後，由南部擴充到北部。一九二七年夏天，以新竹黃又安為首的農民運動者，先在新竹、中壢組織農民組合，進而發展到桃園大溪、湖口，甚至連竹東也見到此組織的設立。簡吉當時擔任其組織中央常任委員等職位，操控大權，從此以來專心致志農民運動。日本農民組合第六回大會（一九二七年二月二十日）議事錄有下列的記載：[10]

花田君緊急動議：我們想請教遠道而來的臺灣農民組合同志關於彼地的情況。

簡吉君：（臺灣）我等如何被壓榨不用多說。甚至日本政府給予我們的登記權最後也遭到資本家侵害。在臺灣條件最惡劣的是甘蔗，他們支付給我們三千萬圓款項，卻以四億八千萬以上的價錢販售。各位看如此可惡至極的壓榨。像香蕉也被課予種種的賦稅。還有，以作為優惠退職官吏之用為名義，奪取我們的土地。如果要我等離開那些土地，我們寧願死在那塊土地上。

從日本回來四個月以後，簡吉兩次寫信給花田重郎，其重點如下：[11]

花田吾兄：許久未見，我想您應是和往常一樣為農民組合奮鬥吧。我們回臺後馬上就組織宣傳隊，在北、中、南部各地征討，受到大家的歡迎，那些傢伙完全沒有耍手段的空間。然而，那幫人的鎮壓，不用多說，是赤裸裸的毫不留情的。一九二七年六月十七日。

目前，十三個支部的組合員超過一萬三千人以上。可是這次的佃租爭議，因為人手不足，我們感到很窘困。我們沒有律師，因此每次只要有爭議就感到非常辛苦。二十五日的中常委會決議中，我們提出請勞農黨派遣一名律師的要求，我想他們應該會來支援。還有，祈求您能寄送貴組合的聲明書以及其他各種能作為我們解放運動參考的文件。

依據下列的信件（一九二七年六月三十日）我們可以確定的揣測，日本的農民總部遣派古屋貞雄赴臺灣，企圖將臺灣的農民組合併組為日本農民組合的一個支部[12]：「本日古屋貞雄出差前往「臺灣農民組合」。其渡臺後，將向總部報告與對方磋商下列事項：（一）擬定關於臺灣農民組合與本組合（按：即日本農民組合）聯絡組織之具體方案（似有變成日本農民組合支部之意見）；（二）關於〔臺灣農民組合〕希日本農民組合派遣代表人至臺灣的時間與條件（似有旅費由對方負擔之意向）；（三）此乃古屋氏第二度因農民組合之事渡臺，且本組合中央委員會全權委託古屋氏計畫召開日、朝、臺聯合會。」明治大學出身的古屋貞雄等於是臺灣農民運動的智囊軍師brain trust，一九二七年五月四日第一次到臺灣，不遺餘力地把日本勞動農民黨的思想指導原則，組織宣傳技術以及鬥爭的經驗傳授給臺灣農民運動的領導人，而且以律師的身分（以豐原的律師事務所作為基本根據地）隨時營救被捕捉的活躍人物。

臺灣農民組合鬥爭的大部分對象是占有廣大甘蔗田的日本財閥，但它也不放過日本人的「臺灣走狗」、臺灣資產階級和大地主，譬如一九二七年十一月，彰化二林幾百位農民半夜三更包圍辜顯榮在鹿港的豪宅。在籌備全島農民組合的期間，臺灣農民運動領導人參考日本農組的規章、組織性訓練、戰鬥報告、指令、情報等，另外先向日本農組訂做一面金屬牌。簡吉還寫了下列的短信給日本農民組合總部（當時設在大阪市）：「為了臺灣的佃租爭議之事，我們希望統一同盟派一名、農民組合派一名代表解決此事。關於這件事，我想統一運動同盟那邊已經通知總本部了。請總本部針對此事做出決定，並儘速將決定通知統一同盟或聯絡我們。」[13]

一九二七年十二月四日到五日，臺灣農民組合在臺中召開第一次代表大會，出席大會的有兩百五十位代表，旁聽大眾超過兩千名（總督府警務局稱有代表一百五十五名，旁聽者六百餘名，來賓五十名）。開會期間，大會不僅掛了二十四面飄香的紅旗，而且喊出：「反對虐殺的土地政策」、「反對臺灣總督獨裁政治」、「工人、農民團結起來」、「打倒帝國主義」等口號。第一天在臺中公園整齊入場，由大會司儀侯朝宗（後來投誠國民黨的劉啟光）主持，介紹日本農民組合常任委員（後來被選為委員長）山上武雄，日本勞動農民黨律師古屋貞雄；文化協會總部代表王敏川，支部代表連溫卿（臺北），蔡孝乾（彰化），洪石柱（臺南、高雄）等先後祝詞。此外大會還編列預算，總收入壹千五百五拾參圓六拾五錢（1,553.65）；總支出貳千貳百參拾貳圓五拾七錢（2,232.57）；差引不足額一時借入金六百七拾八圓九拾貳錢（678.92）。由於臺中州警務部的干涉取締，農組代表立即與山上氏、古屋氏向警務部長抗議。第二天的大會會場改在臺中市初音町樂舞臺舉行，繼續演說，而且選出各種委員會委員，通過宣言、綱領以及其他十六項議案。[14]

臺灣的農民組合因受到日本農民組合本部與日本勞動農民黨的鼓勵與支援，農民組合開始左傾複雜化。如果用馬克思的唯物辯證法來詮釋，臺灣的農民組合不僅產生了量變也產生了質變，參加人數從一九二四年的幾百人、一九二六年的幾千人，一直增加到一九二七年的兩萬四千餘人（當年日本的佃農組合人數為三十六萬五千三百三十一人）。農民組合支部從一九二四年八月首創的彰化郡線西庄，增至一九二六年六個組合支部，一直到一九二九年的二十六個支部。[15]而抗爭的性質，已經從經濟訴求變成政治的抗爭，從主佃分際的租金價格問題，轉變為社會的階級鬥爭。在抗爭時期，不僅出現一批有理想、有勇氣的臺灣領導人物，而且還有日本左翼律師的介入，甚至受到遠至俄羅斯第三國際的關切跟指導。一九二六年到一九三一年間是臺灣農民集體抗爭的全盛時期，在農民組合領導下，臺灣佃農的爭議在一九二七年間高達三百四十四件。

國際互動與農民組合的左轉和侷限

等到一九二八年時，臺灣農民組合已經跟日共、臺共掛勾，踏上無產階級的路途。一九一七年十月革命之後，為了訓練中堅幹部使其在理論和實務能符合革命運動的需求，蘇維埃政府在一九二一年將原先是莫斯科第一省立高中，改為KOMMUNISTI~ESKIJ UNIWERSITET TRUDQIHSQ WOSTOKA IMENI STALINA，直譯是「史達林命名的東方勞動者共產主義大學」；簡稱KUTV（東方大學一九二一－一九三八）。一九二五年十一月七日，為了一方面紀念十月革命八週年紀念，也同時緬懷國民黨創建人孫中山的逝世，所以第三共產國際決定將中國研究學系從東方大學獨立分開出來，另外命名為莫斯科中山大學（The University for the Toilers of China in Memory of Sun Yat-sen）。中山大學第一任校長Karl Radek是波蘭出身的猶太人，一九二七年被開除黨籍，監禁十年之後死於牢獄。中山大學的第二任校長是經濟學博士，也是遠東歷史專家 Pavel Mif，中國學生稱他米夫博士。中山大學是國共合作的產物，一九三〇年國共關係破裂之後，中山大學隨即關門大吉。[16]

除了在中國訓練國民黨與中共的黨政軍人員之外，第三國際還選派中國留學生到莫斯科中山大學讀書。當時大約有一百位中國學生，日本學生在東方大學不過十數人。這些中國學生大部分是鮑羅廷親自從國民黨與中共的黨員中甄選出來，以公費送到莫斯科，學習馬克思理論、列寧主義、俄文、動員群眾、心戰宣傳等革命知識、伎倆。授課的老師大都是蘇共與第三共產國際的知名人士，包括托洛斯基、史達林、張國燾、向忠發等。一九二七年中山大學在校生達到八百人。[17]

因為日本「水平社」運動的影響所致，一九二三年十一月少許中國、朝鮮與臺灣左翼青年在上海成立「平社」，計畫每個月出版兩期的《平平》雜誌。日本共產黨的中央委員佐野學，還特地寫了一篇題名〈經過上海〉的文章發表於《平平》。[18]「平社」的一位臺灣人成員是蔡孝乾，後來成為臺灣共產黨的中央委員，除了跟簡吉領導的農民運動有工作關係之外，還曾經想吸收年輕時候的李登輝。彰化人許乃昌在一九二二年進入上海大學社會系，認識陳獨秀，一九二四年被安排去莫斯科東方共產主義勞動大學。一九二五年三月起，《臺灣民報》北京特派員謝廉清也在莫斯科學習。根據日本警察的資料，謝廉清和許乃昌在蘇俄接受短期訓練之後，於一九二五年七月返回北京，從第三共產國際代表領取三萬圓，依指示從事發展共黨活動。他們的活動包括在上海組織「赤星會」，成立「上海臺灣學生聯合會」（一九二五年年底），以及到東京參與組織「東京臺灣青年會」的「社會科學部」（一九二七年），藉以聯合在日本留學的臺灣左翼學生。[19]在此同時，中共上海大學教授安存真、宣中宣介紹林木順（一九〇二—一九三四？），謝雪紅（一九〇一—一九七〇），陳其昌（一九〇四—一九九九？）等臺灣人加入共產主義青年團，安排他（她）們去莫斯科學習。[20]

一九二七年十月十七日，謝雪紅偕林木順離開莫斯科，帶著第三共產國際日籍代表片山潛的指令，回到亞洲組織臺灣共產黨，而且在海參崴會見日本共產黨領導人渡邊政之輔、鍋山貞親，面授機宜。一般學者相信，佐野學與渡邊政之輔協助臺灣左翼人士草擬臺灣共產黨的「組織綱領」和「政治綱領」。[21]一九二八年四月十五日，臺灣共產黨在上海法國租界一家照相館的二樓正式成立，九位臺灣人與會，中共代表彭榮及朝鮮共黨代表呂運亨列席指導。會議除了選出臺共的中央委員會成員之外，還通過一個決議，要以（臺灣）文化協會、農民組合為中心，將積極分子糾合於文化協會，經一定時期將文化協會改組為「大眾黨」。[22]臺灣農民組合，是當時島內最大、也是組織最健全的民族運動團體，謝雪紅重建日共臺灣民族支部的第一個目標，就是要取得農民組合的領導權，她極力爭取農民組合中的重要幹部入黨，包括楊克培和楊春松。楊克培，畢業於日本明治大學，一九二七年五月擔任在漢口舉行的「泛太平洋弱小民族會議」日本代表的翻譯員，同年八月，返回臺灣後加入農民組合，並擔任中央委員。楊春松則為臺灣農民組合的中央常任委員。一九二八－一九二九年之際，臺灣共產黨就已經實質地滲透到臺灣的農民組合。

為了要檢討過去和確立未來的奮鬥進攻方針，臺灣農民組合會員（組合員三萬名，繳費的有二萬名，一人當繳三十錢，當年的農組會費是六千元），不畏日本政府的重重疊疊暴壓，定於一九二八年十二月三十－三十一日在臺中市初音町樂舞臺召開第二次全島大會。大會的口號公開喊叫「臺灣被壓迫民眾團結起來」、「擁護工農祖國蘇維埃」、「全世界無產階級解放團結」。這次大會有一百二十名代表，推舉才二十五歲的簡吉為書記長，趙港、陳德興、張行等人為中央委員，而且通過臺灣農民組合婦女部組織綱領、救濟部組織綱領以及青年部組織綱領。一般相信，這三套綱領是由林木順擬稿，但由當時二十七歲的謝雪紅所提出。很明顯的，臺灣的農民組合已經跟第三共產國際亦步亦趨。

自從一九〇五年起義失敗之後，俄共最基本響亮的口號是：民主共和，工人每天工作不超過八小時，以及土地歸佃農所有。列寧（Vladimir I. Lenin）對農民的看法、評估，出現在他的幾百件大小著作。一九〇五年他說：「我們對農民的態度必須存有疑心。我們的（無產階級）組織要跟他們的組織分開，隨時要準備鬥爭，怕的是農民存有反動或反對無產階級的力量。」[23]可是從一九二五年以後真正掌控第三國際的史達林（Joseph Stalin），對農民卻有不同的看法，他說：「反帝國主義的革命陣營必須……雖然不一定完全需要，採取一種態度，那就是組織工、農政黨，把工人和農民約束於單一的政綱主義。」[24]

第三國際的這種指導原則，傳到日本勞動農民組合，再傳到臺灣農民耳朵，難怪有很多人欣然跟著他們的口號行動。一九一八年俄共建立了人類歷史上第一個共產主義政權，加上列寧揭櫫的世界革命，於是在二十年代期間赤潮漲滿了各國，吸引了百萬的革命志士。首先是一九二三年德國共產黨的起義失敗，接著是歐美工業化繼續發展，無產階級無法推翻民主政治體制；再來是一九二七年中國國民黨的「剿共」，日本政府一九二八到一九三一年間有計畫地清除左翼分子，以及匈牙利一九三七年共產暴動的被壓制。臺灣的左翼領導者同樣地被捉、遭到監刑禁錮、被逐流亡。等到二十年代義大利法西斯墨索里尼、中國蔣介石，三十年代德國納粹希特勒以及西班牙佛郎哥、日本的軍國主義者掌權之後，共產黨分子有的自首投降，有的落荒而逃，有的被監禁、槍決，而在臺灣的左翼運動也敲起了喪鐘。

二十年代的臺灣農民運動、農民爭議，幾乎在每一個階段、每一個高潮都跟日本的農民組合本部、勞動農民黨、甚至臺灣共產黨環節相扣，息息相連。歷經數年滄桑的臺灣農民組合，期間也掀起幾次波瀾，但終究無法鼓動風潮，造成時勢，以致最後無聲無息的自我消失。其中失敗的理由，除了國際大環境不利於全球左翼運動，日本的社會運動已經發生左右鬥爭的裂痕之外，主要是因為日本政府有效地清除掃蕩日本國內的左翼活動分子，進而切斷臺灣農民運動的外援與資助。除此之外，總督府不斷沿用警察「治安維持法」與「出版規則」第十七條，緝捕臺灣農組幹部入獄。無法從日本吸取奶水的臺灣農民組合，轉而與在上海成立的臺共合作。受到臺共滲透之後的臺灣農民組合，極力鬥爭打倒民眾黨，導致蔣渭水、蔡培火主張的「民族運動」跟簡吉、楊春松主張的「階級鬥爭」水火不相容，臺灣的左右菁英互相毀謗，找機會中傷對方，加速臺灣政治運動的對立。甚至連走溫和社會主義的連溫卿、以及主張無政府主義的楊貴（逵）一夥也無法容納共事，結果不但造成農組內部領導的分裂，而且嚇倒了原本同情農組的臺灣老百姓，以致組合的會員愈來愈少；從一九二八年的三萬名，驟減到一九三一年以後的幾千人，以致農組的經費縮水拮据，無法執行必要的公開與地下活動，不久就風消雲散、自動瓦解。

一九三一年三月十日第三國際東方局「致臺灣共產主義者書」提到包括下述的六項黨綱：（一）帝國主義統治的顛覆、日本帝國主義企業的沒收，臺灣政治、經濟的完全獨立；（二）一切的土地無條件的加以沒收，歸還給鄉村的貧民、中農使用；（三）勢必消滅榨取階級及一切的封建殘餘；（四）顛覆帝國主義土著地主、資本家的政權，建立農工蘇維埃；（五）取消帝國主義一切的賦稅，一切的苛稅；（六）實行八小時的勞動制、社會保險，極力改良工人階級的生活。[25]為了呼應第三國際的要求，臺共這時提出了下述的口號：（一）打倒總督府專制政治，打倒日本帝國主義；（二）臺灣民族主義萬歲；（三）建立臺灣共和國；（四）廢除壓制農工惡法；（五）土地歸還農民。[26]一九三一年十二月，當日本有效的控制了滿州以後，臺灣總督府下令掃蕩臺灣共產黨並大舉檢肅臺共外圍團體分子，結果四十五人被捕遭起訴，簡吉在尚未定讞前一直被拘留，經過預審、複審的程序，最後於一九三四年六月三十日，在臺北地方法院由宮原增次首席法官宣判禁錮刑期十年，他的同志陳崑崙被判五年徒刑。一九二四年到一九三四年的十年間，正當是簡吉為臺灣農民奮鬥爭取利益的過程中，臺灣的農工階級抗爭的次數如下表：

臺灣工業和農業糾紛：事件數（參與的工人或農民數目）[27]

時間	勞資糾紛		租賃糾紛		租賃糾紛涉及農民組合成員	
	件數	人數	件數	人數	件數	人數
1924	14	415	5	229	…	…
1925	18	539	4	256	1	20
1926	26	1280	15	823	6	505
1927	69	3312	431	2127	344	1469
1928	107	5445	134	3149	80	2745
1929	49	1900	26	701	5	65

時間	勞資糾紛		租賃糾紛		租賃糾紛涉及農民組合成員	
	件數	人數	件數	人數	件數	人數
1930	59	15706	11	1245	...	...
1931	52	2256	18	1533	...	...
1932	29	2002	29	527	...	...
1933	22	1571	40	706	...	...
1934	18	1294	46	373	...	...

結語：臺灣農民運動的歷史意義

從歷史的長期觀點來看，二〇年代跟三〇年代的臺灣農民運動並沒有白白的浪費犧牲。一九五一年簡吉被國民黨政府槍決時，他和他的同志所主張的三七五減租已經在臺灣實現了。接著是農復會的設立，大大地改善臺灣農民的生活，終於促進了八小時的勞動制以及耕者有其田政策的實施，從此有效的杜絕地主剝削欺凌佃農、工人的弊病紛爭。[28]

蔡石山，美國奧勒岡大學歷史學博士；曾任教臺灣大學、加州大學洛杉磯分校、柏克萊分校、阿肯色大學，與交通大學講座教授。著有四本中文、七本英文專書，包括《滄桑十年：簡吉與臺灣農民運動，1924-1934》，*The Peasant Movement and Land Reform in Taiwan, 1924-1951*等。

註釋

1 參見布施柑治，《布施辰治外傳——自幸德事件至松川事件》，第三節〈臺灣二百二十五個小時的奮鬥〉，東京：未來社刊，n.d.。

2 蔡培火，葉榮鐘等編撰，《臺灣近代民族運動史》，臺北：自立晚報叢書，一九七一，頁一〇八。

3 陳芳明，《殖民地臺灣：左翼政治運動史論》，臺北：麥田出版社，一九九八，頁二四八—二九九。

4 據郭杰、白安娜著，《臺灣共產主義運動與共產國際（一九二四—一九三二）研究》，俄羅斯國立社會政治史檔案，（簡稱「俄檔」），許雪姬、鍾淑敏主編，李隨安、陳進盛譯，臺北：中研院臺史所，二〇一〇，全宗四九五／目錄一二八／案卷九，頁三十一；也參見山邊健太郎編，《現代史資料二十二，臺灣（二）》，東京：みすず書房，一九七一，頁八十三—一二三五。

5 同前引書，頁三八；引自恆川信之，《日本共產黨渡邊政之輔》，東京：三一書房，一九七一，頁三五〇—三六一。

6 臺灣省行政長官公署統計室，《臺灣省五十年統計提要》，臺北：臺灣省行政長官公署統計室，一九四六年，頁五一四。

7 參見蔡培火等著，《臺灣民族運動史》，臺北：自立晚報叢書，一九七一年，頁四九五—五〇一。

8 《臺灣民報》，一九二七年四月二十四日，一五四號。

9 參見《臺灣民報》，一九二七年二月六日，一四三號；一九二七年四月二十四日，一五四號；一九二八年三月五日，一九九號。

10 《土地和自由》第六十二號，昭和二年（一九二七）三月十五日。

11 日本法政大學收藏，《日本農民組合本部資料、國際部文件日本農民組合本部資料》，以後簡稱《日農總本部 國際部資料》，頁二三—二四、一一〇—一一一。

12 青木恵一郎解題，《日本農民運動史料集成》第一卷，東京：三一書房，一九七六年，頁二九五。

13 《日農總本部 國際部資料》，頁九一。

14 日本法政大學收藏，《臺灣農民組合本部存留檔案》，一九二七年十二月二十八日，頁三四—三九。

15 有關臺灣農民組合的會員人數，臺灣總督府的資料跟臺灣農民組合發表的數目資料有相當大的落差；請參見楊碧川，《日據時代臺灣人反抗史》，臺北：稻鄉出版社，一九八八年，頁一五七。

16 參閱David S. G. Goodman, *Deng Xiaoping and the Chinese Revolution: A Political Biography*, London: Rutledge, 1994.

17 參見Yueh Sheng（盛岳）, Sun Yat-sen University in Moscow and the Chinese Revolution: A Personal Account, *Center for East Asian Studies*, University of Kansas，一九七一；風間丈吉《モスコー共産大学の思ひ出》（莫斯科共產大學的回憶），東京：三元社，一九四九。

18 臺灣總督府警務局編，《臺灣總督府警察沿革誌》第三冊，《臺灣社會運動史（一九一三—一九三六）》，臺北：南天書局，一九三九，第一章：文化運動，頁七七—七八：以後稱《警察沿革誌》。

19 同前引書，第三冊，第三章，共產主義運動，頁五八四。

20 楊子烈，《往事如烟：張國燾夫人回憶錄》（香港：自聯出版社，一九七〇），頁一五五—一五六；有關謝雪紅的生平，詳見，謝雪紅口述，楊克煌筆錄，《我的半生記》，臺北：楊翠華自行出書，一九九七。

21 《警察沿革誌》，第三冊，第三章，「共產主義運動」，頁五九〇—五九一。

22 同前引書，第三冊，第三章：「共產主義運動」，頁五九二—五九四。臺共成立的詳細過程，參見Frank S. T. Hsiao and Lawrence R. Sullivan, "A Political History of the Taiwanese Communist Party, 1928-1931," *The Journal of Asian Studies*, February 1983, vol. XLII, no 2. pp. 269-289；郭杰、白安娜著，《臺灣共產主義運動與共產國際（1924-1932）研究》，俄羅斯國立社會政治史檔案，（簡稱「俄檔」），許雪姬、鍾淑敏主編，李隨安、陳進盛譯（臺北：中研院臺史所，二〇一〇），全宗四九五／目錄一二八／案卷九，頁四六—五三。

23 譯自*Works of Lenin*（《列寧全集》，總共二十卷），Moscow: V. I. Lenin Institute, 1929, vol. 6 , p.113.

24 譯自Joseph Stalin, *Problems of Leninism*（列寧主義的問題），Moscow Foreign Languages Press, 1947, p. 265.

25 《警察沿革誌》，第三冊，第三章，「共產主義運動」，頁六九八。

26 同前引書，頁六一一。

27 《現代史資料》，東京：みすず書房，一九七一，V01.21，頁四二四—五、五〇五。

28 詳見Shih-shan H. Tsai, *The Peasant Movement and Land Reform in Taiwan, 1924-1951*, Portland, Maine: Mervin/Asia via University of Hawaii Press, 2015; 中文翻譯版，《臺灣的農民運動與土地改革，一九二四—一九五一》，臺北：聯經出版社，二〇一七。

平等、自主、普及
——一九二〇年代臺灣先賢的教育要求

吳文星

前言

日本領有臺灣之初，臺灣總督府本乎漸進主義原則，採順應現實需要而隨機應變的「無方針主義」政策，因此，迄至一九一九年臺灣教育令公布之前，乃是所謂臺灣教育的試驗時期，總督府並未確立臺灣教育之根本政策。儘管如此，在國家主義教育思潮和現代化意識之驅使下，總督府當局自始即以教育作為同化和開化臺人之手段，旋即參照日本國內的小學校教育，設立以日語教學為重心的初等教育設施——國語傳習所及六年制公學校，制定規則以管理傳統書房，使之成為公學校的輔助機關；中等以上教育設施極不完備且欠缺制度，僅先後設立修業三至四年的國語學校（案：「國語」即日語之意，因係機關名稱，故襲用原名），以培養初等教育師資及公私業務人才；修業五年的醫學校，以造就醫事人才；修業半年至二年的農事試驗場農事講習生及糖業講習所，以及修業三年的工業講習所等，作為職業教育機關，以培育初級技術人員。此外，一九一五年，因臺人的請願及捐資，而設立四年制的公立臺中中學校。

對於原住民，另設蕃人公學校，修業年限僅四年，較一般公學校短少兩年，課程、教科書等亦異於一般公學校。對於來臺日人子弟，總督府則據日本的小學校令及中學校令，別設小學校、中學校等，施以與日本國內相同之教育，俾便其回國接受高等教育；職業教育則設有工、商業學校各一所，另於醫學校附設醫學專門部，作為日人子弟高等教育機關。要之，一九一九年之前總督府並未制定一固定的教育制度，而是因應需要發展，逐漸形成臺灣人、原住民及日本人等三個系統的差別待遇教育。臺人子弟所接受的初、中等教育全然異於日本國內，僅限於臺灣總督府為統治及開發殖民地臺灣所需的日語教育和初級職業教育。

第一次世界大戰後，日本為因應民族自決之時代思潮、日本帝國主義之昂揚及民主運動之盛行，以及臺人民族自覺所造成的新威脅等內外危機，不得不「改革」臺灣統治方針，以強化對殖民地的控制。因此，一九一八年六月明石元二郎（一八六四—一九一九）就任臺灣總督後，明揭同化主義施政方針；翌（一九一九）年一月，總督府根據差別原則，以敕令公布「臺灣教育令」，確立臺灣人的教育制度。當時提供給三百五十萬臺人的教育機關，除收容四分之一學齡兒童的公學校之外，中等以上教育機關僅有四年制（男子）高等普通學校一所、三年制女子高等普通學校兩所、五年制師範學校兩所、三年制工業、商業及農林學校各一所、六年制（預科三年、本科三年）農林及商業專門學校各一所、八年制（預科四年、本科四年）醫學專門學校一所。然而，為了不足二十萬之在臺日人，則比照日本國內制度，設置五年制（得另設修業一年之補習科）中學校兩所、四年制高等女學校三所、五年制（預科二年、本科三年）工業及商業學校各一所、三年制高等商業學校依所，以及師範學校、醫學專門學校兼收日籍學生。顯然的，非僅嚴格的隔離政策依舊，臺人的教育機會仍頗受限制，修業年限及程度均低於日本國內的同級學校，亦即是臺人不能享有平等的教育權。

一九一九年十月首任文官總督田健治郎（一八五五—一九三〇）上任後，即以「內地延長主義」政策的執行者自居，強調將以普及教育、提高臺灣文化為當務之急，致力於增設公學校、開放臺日人共學，以及修訂「臺灣教育令」。一九二二年二月，公布新「臺灣教育令」，標榜取消臺、日人的差別待遇及隔離教育，明訂中等以上教育機關（師範學校除外）開放共學。此後，臺灣中等以上教育機關比照日本國內制度設立，於是除了在各地相繼增設中學校、高等女學校、職業學校及職業補習學校等之外，另創立七年制高等學校（大學預備教育機關）一所，原各職業專門學校改制為三年制高等農林、商業及工業學校，以及四年制醫學專門學校，專收中學畢業生，並於一九二八年設立臺北帝國大學。表面上，從此臺人可以接受與日人程度相同的中等以上教育，惟實際上，差別待遇的本質不變，共學的結果只是為迅速成長的在臺日人子弟提供更多的教育機會，臺人子弟並未能享受公平的教育機會；在各種設限下，臺人子弟考上較高教育機關仍十分困難，因而出現一反常現象，亦即臺人子弟前往日本國內升學反而較在臺容易。

上述臺灣總督府特殊考量的教育政策和制度無法滿足臺灣人的教育需求，自不待言。職是之故，一九二〇年代，臺灣人有識之士對於殖民教育之批判和改革建議，可說不遺餘力。臺灣教育史研究者吳宏明曾分析一九二四－一九三二年《臺灣民報》、《臺灣新民報》之文字，指出當時臺灣人主要的教育要求有三，分別是將漢文列為公學校必修科及以臺語作為教學用語、公學校的升學準備教育宜徹底，以及抗議公學校教師體罰學生等。[1]另有研究則指出，主要在於強調初等教育的普及性、中等教育入學的公平性、人格教育、漢文教育、實用教育，以及教師之品格和教學等。[2]兩者所據資料雖然相同，但論斷似乎未盡一致。之所以如此，顯然的，在於兩者各有所偏重，前者只針對臺灣人的初等教育，後者則綜論初、中等教育。

上述研究固然指出臺灣人對改革殖民教育的一些主張，事實上，仍未充分且明確地究明當時臺灣先賢的教育要求。有鑑於此，本文擬綜合利用一九二〇－一九三二年間扮演臺灣人喉舌的《臺灣青年》、《臺灣》、《臺灣民報》、《臺灣新民報》等關於臺灣教育之議論文章（詳見文末附表），以及一九二一－一九二二年《臺灣總督府評議會會議録》臺灣人對於義務教育之意見，析論一九二〇年代臺灣社會菁英對殖民當局的主要教育要求，論述其主張之經緯和內涵，以釐清當時臺灣先賢的教育理念、看法及特色。

要求建立平等自主的教育制度

一九一九年總督府發布「臺灣教育令」時，對差別的教育制度，總務長官下村宏（一八七五－一九五七）辯稱臺灣教育是因應臺灣的特殊情況而設，不可視為殖民教育，而應視為同一國中不同民族的教育，有別於法國在越南、英國在馬來半島、美國在菲律賓之教育。詭稱臺灣人因語言、風俗、習慣仍異於日本人，故要求自初等教育起即與日本人共學、接受與日本人相同的教育是不合理的。同化政策是臺灣統治的根本，惟同化的意義非僅急於滿足於外形的改造，必須先以數年時間熟諳日語，改變風俗習慣，努力體會日本的國民精神，以求精神的同化。果能如此，未來必可實現共學。學校的範圍也將更加擴大，程度將更加提高。[3]

然而，當時臺灣人新知識分子則深不以為然，透過《臺灣青年》雜誌熱烈地表達要求教育改革之意見，希望喚起輿論以影響總督府當局（詳見文末附表）。主張順乎自然合理的同化教育，要求尊重民族特質、平等的受教育機會、廢除差別待遇和隔離政策、開放臺日人共學等。例如王金海（一八九五－一九六六）[4]在〈臺灣教育に關する私見〉一文中表示謀求中日親善乃是臺灣獨特的使命，因此，臺灣教育的首要重點宜將地方特殊情況置於第一位，以機會均等的教育致力於新文化建設，實施與日本國內相同的義務教育，公學校特設漢文科，中學教授華語和漢文，以及現代法律和政治教育。[5]

黃呈聰（一八八六－一九六三）[6]在〈臺灣教育改造論〉一文中，抨擊臺灣總督府實施的差別教育、注入式教育無法培育出適合實際生活的人，且甚為膚淺而不徹底，與日本國內的學制相矛盾。表示：「凡對新領土之統治方針皆要增進住民幸福，為最神聖之使命，乃各國共通之原則。」「教育者不獨關地方人民之幸福，且有貢獻於世界人類，故現世之教育須要世界的也。」（按：引自原文）主張臺灣教育之改造當由根本政策的修改開始，呼籲總督府「當立順應時代教育方針，造接觸世界文明之機會」，將世界文化引進臺灣，建立與日本國內制度和程度相同的教育，公學校加設漢文科，增設中等以上教育設施，獎勵設立私立學校等。[7]王敏川（一八八九－一九四二）[8]在〈臺灣教育問題管見〉一文中，強調「教育之目的，在乎造就自治之發達，並養成道德上自由所往而無不可之人格」。批判總督府長期的差別教育，呼籲總督府以無差別之心，以世界人道之主義制定教育方針，初等教育立即實施義務教育，中等高等專門教育與日本國內相同，並徹底實施臺、日人共學，獎勵女子教育、私立教育及社會教育。義務教育學科之程度宜與日人小學校相同，漢文宜定為主要科目，使用臺語教學，四年級以上才漸多採日語教學，中學則宜加設華語一科，並以臺語或華語發音教漢文。[9]

蔡培火（一八八九－一九八三）[10]在〈臺灣教育に関する根本主張〉一文中，指出教育的真義在於創造和啟發，不可無視於被教育者個性的特質，宜以尊重被教育者個性特質為基礎，導之使其更進於高尚理想之境界，乃是教育的重大使命。臺灣人異於日本人，不宜採「同化主義之教育方針」，而須「鑑其特質而立方針以教化之，庶可得有最大之效果也」。建議總督府將主力用於普通教育、實施六年制義務教育，以及尊重臺灣人教師等。[11]

要之，一九二二年新「臺灣教育令」頒布前，在日本留學的臺灣人有識之士主要在於要求總督府革新教育制度及內容，初等教育實施與日本國內相同的六年制義務教育，中等以上教育機關應與日本學制保持連結關係，普設與日本人程度相同的男、女中學，專科學校比照日本國內升格或設立大學；同時，強調臺灣教育的自主性，主張初等教育保留漢文科，使用臺語教學，中等教育特設華語科，以臺語或華語發音教漢文。質言之，當時臺灣人有識之士無不希望總督府尊重臺灣社會民情與文化特質，誠意改革，使臺灣人得以躋身於與日本人同一文化水準。

力促儘速實施具臺灣特色的義務教育

一九一九年十月田健次郎總督上任後，強調將以普及教育、提高臺灣文化為當務之急，義務教育的實施成為臺灣朝野議論的熱門話題。一九二一年六月十一日臺灣總督府評議會舉行第一回會議時，關於在臺灣實施義務教育之時間和方法成為第一回會議四大諮詢案之一。針對義務教育問題，提出意見者主要為臺灣人評議員，日本人只有赤石定藏一人，發言的評議員顏雲年（一八七四—一九二三）、林熊徵（一八八八—一九四六）、李延禧（一八八三—一九五九）、黃欣（一八八五—一九四七）、林獻堂（一八八一—一九五六）等人一致贊成實施義務教育。黃欣、顏雲年均認為此次各諮詢案中以義務教育一案最為重大，黃氏表示不僅他個人極力贊成，相信臺灣民眾也悉數贊成義務教育，蓋就日本國內的制度觀之，一八七二年頒布教育令，雖未完全實施義務教育，但一八八〇年代起已漸次落實，一九二一年臺灣才打算實施義務教育，顯然已落後於時代；顏雲年則表示其赴日時臺灣留日學生紛紛向其反映臺灣迄今未實施義務教育，頗為奇怪，他個人極力贊成實施義務教育，尤其贊成優先實施四年制義務教育。[12]

雖然總督府當局與臺灣人評議員對實施義務教育態度相同，不過彼此之想法和目的有別。總督府當局之所以打算實施義務教育，主要在於配合內地延長主義政策。臺灣人評議員之所以贊成實施義務教育，顯然基於對當時世界先進國家普遍實施義務教育之認識，認為義務教育是現代社會之必要措施；亦即是基於對現代文明之認識和臺灣社會之需求而贊成實施義務教育，明顯的有別於總督府當局為了貫徹「同化政策」而打算實施義務教育。顏雲年除了在議會提出意見外，另在《臺灣日日新報》亦發表其意見書，表示雖然實施義務教育需忍痛負擔一億圓教育費而不得不慎重考慮，但時至今日順從大勢所趨及鑑於世態之進步，縱然負擔沉重，也不得不順應時勢贊成實施義務教育。[13]由上，顏氏贊成義務教育之原因，不言可喻。

至於如何實施，歸納各評議員之意見，其一，建議取消差別待遇，顏雲年主張應修訂教育令，統一規定小學校與公學校入學年齡均為六歲，且將小、公學校合併，無所區別地實施教育。[14]田總督答覆表示，小、公學校合併一事，可能有所困難，蓋由於接受普通教育之兒童其慣用的語言不同，臺灣人兒童悉數不懂「國語」，無法一起施教，若其入學前能習得相當程度之「國語」，則可與小學校之兒童「共學」。[15]顏雲年接著又表示，其認為將小、公學校合併實施共學並不麻煩，唯一麻煩的是「國語」之問題，建議一至三年級以臺灣人教師負責教學，四至五年級時學生已相當熟諳國語，共學並無障礙；並建議明訂罰則，對未遵照義務教育規定入學者給予相當之處罰。[16]林獻堂亦支持顏雲年之意見，認為若當局覺得小、公學校直接合併有所困難，至少公學校以上應採共學主義，以促進臺、日人感情之融合。[17]黃欣表示，若實施義務教育，則臺灣的中等教育宜與日本國內具有相同的學力，俾便升學日本國內上級學校；同時，實施義務教育後學生數將增加四倍，上級學校宜隨之增加。[18]

其二，關於經費負擔，李延禧、黃欣都關心實施義務教育後臺灣人的負擔，李延禧主張臺灣人與日本人的負擔不宜有所不同。[19]林熊徵則提醒對各州、市、街、庄入學情形及每年所需經費宜充分慎重地研究。[20]林獻堂反對因預算不足之關係而實施將同一年級學生分為上、下午上課的二部制教學，認為恐將影響教學之效果，建議應節省其他經費以支援教育費用。[21]其三，建議要有完善的師資培育計畫。黃欣認為實施義務教育後，女生將顯著增加，因此，有必要培育女教員；同時，目前「補助教員」制度是公學校畢業生僅接受八個月的講習即擔任教職，其教學成效令人懷疑。[22]林獻堂呼應黃氏之意見，認為義務教育最重要的就是教員，而公學校中僅受過六個月講習的「補助教員」實無法勝任教育兒童之重責，故應有完善的師資培育計畫。[23]其四，關於修業年限，顏雲年明白支持四年制，而黃欣則希望當局明白表示優先選擇的修業年限。[24]內務局長答覆表示教育當局的想法是採六年制，不過，必須視地方財政負擔有無困難、尊重民意而決定，有可能採六年制，也有可能採三年制。[25]

由上顯示，臺灣人評議員無不站在臺灣人的立場，趁機要求總督府當局根本改革向來臺灣教育之不當作法和缺失，提出取消差別待遇，開放臺、日人共學，妥善規劃財源和經費開支，培養足夠的適任師資等建議。事實上，上述臺灣人評議員基於普及現代文明、提高臺灣文化而贊成義務教育之看法，可說相當程度反映臺灣人接受義務教育的態度，例如傳統漢學出身的埤頭庄（今彰化縣埤頭鄉）協議會員吳廷發（一八八七—）[26]投書《臺灣日日新報》，以「本島文化未開，應急施行，雖慮負擔苦痛，然關教育，亦當勉強維持」為由，贊成實施義務教育。[27]公學校出身的草屯庄（今南投縣草屯鎮）協議會員洪元煌（一八八三—一九五八）[28]亦投書建議儘速實施義務教育，指出臺灣一般文化程度略低於日本國內，「欲其文化向上、福利增進者，捨義務教育之外別無良策。」並強調「觀諸世界先進之國，亦無不因施行義務教育之德果，以致文化臻於極度，能使科學甚然發達，得有今日之強盛者，真令人不可設想。」[29]

當時，倡導社會運動的臺灣人新知識分子對義務教育之態度和看法亦與臺灣人評議員大同小異。一九二一年初，鄭松筠（一八九一—一九六八）[30]在《臺灣青年》撰〈臺灣と義務教育〉一文，質疑臺灣總督田健治郎在貴族院表示十年後臺灣才可能實施義務教育制度之發言，表示現代社會之競爭在於文化之競爭，優勝劣敗，普及初等教育實為臺灣當務之急，而普及教育必須施行義務教育，實施義務教育是攸關臺灣人死活之迫切問題，為達成教育之普及，乃呼籲臺灣人在學者加倍努力，極力鼓勵親友之子弟入學，尤其是前往日本留學，並建議當局早日實施義務教育。[31]當總督府評議會開會討論義務教育問題時，鄭松筠另發表「關於義務教育之管見」一文，指出歐美先進國家無不實施義務教育，普魯士因實施義務教育而於普法戰爭大敗法軍，中華民國成立以來亦推動義務教育，臺灣文化程度不如日本國內，並非臺灣人先天能力不足，也非財力不足，更非向學心、耐苦心遜於日本人，而是欠缺義務教育制度所致。臺灣人擁有先天發達之能力、資力、勤勞耐苦之力等素質，若實施義務教育，則臺灣文化發達將指日可待。目前臺灣文化之現況已優於一八八〇年代前後日本國內之文化程度，可說今日在臺灣實施義務教育已太遲了，臺灣實施義務教育有如燃眉之急，萬一評議會不贊成實施義務教育，則「臺灣社會之滅亡近矣」！因此，呼籲總督府評議員極力贊成，使義務教育制度付諸實施。[32]

黃呈聰指出世界是一永久進化的過程，精神的改造在於普及每個人的知識，知識的增進端賴教育之力，使人具備在實際生活能發揮作用的知識；批評向來臺灣的教育制度甚為膚淺、欠完善、與日本國內之學制不一致，無法培育適合現代實際生活的人；肯定田健治郎總督能體察臺灣教育落後於時勢，以內地延長主義政策，推動改造計畫，提倡義務教育，俾使臺灣文化程度與日本國內接近，誠然是一好現象；認為當前總督府當局最需要考慮的在於確立順應時代的教育方針，創造接觸世界文明的機會，向臺灣介紹世界文化，誘導臺灣人的生活文化；進而呼籲當局和民間有識之士宜採慎重的態度從事研究和規劃，增加教育經費，廢除差別待遇，中等教育以上學校實施共學，公學校保留漢文科目等。[33]

王金海撰「臺灣教育に関する私見」一文，表示臺灣教育的首要目標宜將地方特別情況置於第一位，本乎教育機會均等主義，在臺灣建立與日本國內相同的學制，立即實施義務教育，學科特設漢文科。[34]蔡培火亦指出當代世界強國無不重視國民教育，紛紛制定法令規定國民有就學的義務，日本國內自明治初年即頒布學制，逐步強化義務教育之實施；臺灣自文官總督上任後，標榜文化政策，而向總督府評議會提出實施義務教育諮詢案，實令人欣慰。[35]王敏川亦與蔡培火看法相同，強調二十世紀歐美先進國家之國民大多擁有豐富的政治知識及服務社會之精神，應歸功於義務教育之力，總督府當局提倡義務教育「洵屬可喜之現象」，呼籲「吾臺人不欲齒於文明人之列則已，而思欲齒於文明人之列，則不可不盡力建議速施義務教育」。[36]

由上明白顯示，當時臺灣社會領導階層無論是總督府評議員、街庄協議會員等民意機關之代表，或者是倡導社會運動的新知識分子，主張臺灣應實施義務教育之理由可說頗為一致，均是著眼於透過義務教育以提升臺灣文化，使臺灣社會躋身現代文明社會之列。

至於義務教育如何實施，上述臺灣人總督府評議員之看法亦與州、市、街庄臺灣人協議會員，甚至新知識分子之看法頗為一致，例如傳統舊學出身的臺北州協議會員黃純青（一八七五—一九五六）[37]建議，修業年限為男子六年、女子四年，暫時設二部教學以節省經費，校舍以樸實為本，各郡設師範學校以培育教員，以砂糖消費稅及酒製造稅為財源。[38]吳廷發贊成實施六年制義務教育。[39]一九〇二年國語學校師範部畢業的公學校教諭王名受建議開發臺灣之森林礦產以籌財源，增設師範學校以應師資之需求，以及講究方法促進學童就學等。[40]基隆傳統舊學出身的臺北州協議會員許梓桑（一八七四—一九四五）[41]贊成在鄉村實施三年制、在市街實施四年制義務教育。[42]國語學校國語部出身的臺中州協議會員李崇禮（一八七四—一九五一）[43]則建議宜考慮臺灣人之負擔問題、宜充實學校設備，以及至少在各地增設三個師範學校以培養初等教育師資等。[44]草屯庄協議會員洪元煌建議廢除差別待遇，採臺、日人共學制度，教授小學校之課程，暫時採四年制義務教育，待經濟許可時再延長為六年。[45]甚至有人建議以砂糖消費稅、專賣收益、開徵蓄妾稅等以籌措所需財源。[46]

鄭松筠建議取消差別待遇，將小、公學校合併，實施臺、日人共學，校舍建築宜樸實以節省經費，修業年限宜採六年制等。[47]王金海建議學制宜與日本國內一致，但臺灣的義務教育宜保留漢文教育及灌輸法政知識等。[48]蔡培火建議臺灣教育宜立足於臺灣的特質，總督府當局宜放棄同化教育方針，教學用語宜採臺語，初等教育宜規定漢文為必修科，盡可能實施六年制義務教育，學齡為滿七歲起，實施男女共學為原則等。[49]王敏川建議修業年限為六年，比照小學校調整公學校課程，漢文列為必修科目，修訂教科書及培育教師，可兼用臺語教學，以及以專賣收入、國庫補助、節省理蕃事業費、勸業費等籌措教育經費。[50]對實施義務教育經費之籌措、修業年限、科目、教科書、師資等均提出看法。

然而，面對臺灣人相當一致的要求和建議，總督府當局仍以財政困難、學齡兒童入學率不高且城鄉差距懸殊等為由，決定暫緩實施義務教育。一九二五年九月《臺灣民報》刊載〈對於普及初等教育的建議〉中，嚴詞批評總督府決定暫緩的理由只是推拖的藉口，呼籲臺灣人「宜速奮起鞭撻其施行」，各「市街庄長協議會員同要盡力」，一面督促當局增加班級以收容多數學童入學；同時，「仿歐美各國的民眾設私立學校，……以補救初等教育的不備」[51]。翌（一九二六）年三月，該報復以〈宜速實行義務教育〉之社論，批判總督府當局欠缺誠意，長期維持差別待遇的教育政策和制度，藉口財政困難而不立即實施義務教育；強調文明國家都強制其國民接受義務教育，以增進國民生活智能和就業的能力；呼籲臺灣民眾應該一致努力促請當局儘速改革。[52]一九二九年四月，該報社論指出實施義務教育已是臺灣人有識之士一致的主張，在臺日人也未有反對者，只是當局始終以財政困難和臺灣人向學心仍不普及作為拖延之藉口，呼籲全臺各市街庄開源節流協助籌措義務教育經費。[53]一九三一年，總督府國語學校師範部乙科畢業、留學東京商科大學的陳崑樹論述臺灣統治問題時，仍明白地要求總督府應實施義務教育，將漢文列為必修科目，兼用日語、臺語教學，漢文則優先以臺語教學。[54]

要之，一九二〇年代臺灣社會有識之士之所以鍥而不捨地一再促請總督府儘速實施義務教育，乃是基於當時世界先進國家普遍實施義務教育之認識，認為義務教育是現代社會必要的措施，義務教育有助於普及現代文化，使臺灣躋身現代文明社會之列，亦即是將義務教育視為現代人不可或缺的教育，將日本的教育制度作為追求現代文明和文化的設施，於是，一再要求總督府儘速實施義務教育，並乘機要求總督府尊重臺灣的固有語文和需求，兼採臺語教學，以及特設漢文學科。

維護臺灣社會必要的漢文教育

一九二二年二月新「臺灣教育令」頒布後，公學校的漢文科改為選修科目，許多公學校紛紛擅自廢除漢文教學，臺灣社會上反對之聲旋即此起彼落。一九二四年十二月，鑑於漢文非但未受到應有的重視，且面臨被禁廢的危機，《臺灣民報》社論呼籲「獎勵漢文的普及」，以：（一）臺人有維持東亞和平之使命，扮演中日親善之媒介，需藉漢文以聯絡彼此之感情；（二）臺人未來向南洋發展，漢文實為必備；（三）漢文為臺人日常生活不可或缺之工具。強調漢文的重要性，從而建議總督府採獎勵漢文政策，規定漢文為學校的必修科，准許民間設立漢文書房和講習會，隨時促其改善，並方便民眾購讀漢文的書籍和報章雜誌。[55]

同一時期，臺灣社會掀起以恢復公學校漢文教學及推廣民間漢文教育為目標的漢文復興運動。數年間，常可見各地學生家長推派代表或發動連署，向公學校及郡、州當局陳情恢復漢文科。[56]另一方面，各地有識之士起而提倡漢文平民教育，設立漢文書房或夜學會，藉以補公學校漢文教育之不足，並教育失學民眾以應社會之需求。[57]尤有進者，另有人倡設漢學研究會或詩文研究會，舉行漢學演講會，藉以興廢繼絕，維護漢學命脈於不墜。[58]

臺人輿論對於上述復興漢文運動，聲援及鼓吹不遺餘力。《臺灣民報》著論批評向來純用日語教學的公學校教育，徒具形式，難收實效；要求除「國語」科外，其餘科目宜盡可能用臺語教學，俾收事半功倍之效，尤宜恢復漢文為必修科，以符民意。[59]至於農村公學校，更宜以臺語作為教學用語。[60]更有甚者，該報以同化主義已非世界潮流，呼籲總督府宜本諸自治主義根本改革教育方針，各級學校重視漢文科，公學校除「國語」科外，宜用臺語教學。[61]一九二六年，「臺灣文化協會」設置漢文委員會，一方面研議普及漢文的方法，在各地設委員，開辦講演會、研究會等，以啟迪民智，編輯淺易的漢文教科書，供識字教學之用，並徹底改革書房。另一方面，要求總督府收回成命，仍設漢文為公學校必修科目，重新編纂適應世界大勢的教材，並以有漢文素養者擔任教學，重視人格和教學法，俾收實效。[62]

一九二七年之際，總督府鑑於各地請願恢復漢文運動不斷，遂不得不重編漢文教科書，並恢復運動較激烈地區公學校的漢文科。[63]惟實際上對於書房則一面利用以日語、算術為主的「改良書房」，作為推廣日語設施之一；一面查禁純教漢文的書房，例如一九二七年九月臺南市當局下令關閉市內二十餘所漢文私塾。[64]旋另有黃梨在彰化花壇主持的漢文書房亦遭警察命令解散。[65]當局關閉書房每以其導致公學校就學人數減少，以及因其專教漢學而破壞了臺、日人的融和親善等為由。為此，《臺灣民報》著論駁斥，強調漢學為今日東洋道德之根源，非但不宜壓制，反而應加以振興和普及。[66]

正如《臺灣民報》社論所強調的，漢文復興運動之不絕如縷，在於漢文「是臺灣人傳統的固有的文字，……所以在現社會的勢力與其利用的範圍是很廣大，迄今漢文的必要還是在臺灣的社會生活中不可缺的重要要素。」不僅不容易藉禁廢漢文教育以撲滅之，反而引起臺灣人的不滿與失望。[67]資料顯示，一九二〇年代末年以迄三〇年代初年，各地臺灣人仍一再要求加強公學校漢文教學，[68]並且不斷倡設漢文書房、研究會及講習會等。[69]然而，隨著推廣日語運動日漸強化，日人指稱漢文復興運動阻礙了「內地延長主義」，且違背了「國民教育」之方針。[70]各地方當局紛紛將禁絕漢文教育當作重要問題之一，[71]藉口漢文教學阻礙日語的進步，以及將利用漢文科時間多練習日語等，每不顧民意，強制廢除公學校漢文科，[72]而且各公學校亦紛紛禁止說臺語或用臺語教學。[73]

對於書房等民間漢文教育機關則加強管理和取締，從嚴核准其申請，或規定申請者須通過日語、算術考試始准許設立，[74]或迫令其加授日語、修身、公民等科目；[75]地方教育當局與警察配合，對「未經許可及不良書房」嚴加取締，以罰款、中止教學、解散或關閉等方式處分。[76]儘管如此，臺灣人輿論仍不時強調漢文為日本向中國及南洋「發展」的重要工具，以及漢文在社會上的實用性，呼籲總督府不可全然禁廢漢文。[77]

要求公平合理的教育機會

一九二二年二月新「臺灣教育令」頒布後，總督府雖標榜取消臺、日人的差別待遇，中等以上教育實施「共學制度」，實際上，並未真正落實公平合理的共學。例如中學校、臺北高等學校的招生狀況，一九二四年度全臺九所中學校考生計有日人一一三五人、臺人二九二三人，錄取者日人四九二人、臺人四二七人，錄取率分別為百分之四十三·四、百分之十四·六；臺北高校考生為日人一六八人、臺人五十二人，錄取者日人三十七人、臺人四人，錄取率分別為百分之二十二、百分之七·七。[78]一九二九年度全臺十所中學校考生計有日人一三五五人、臺人二八〇四人，錄取者日人六〇八人、臺人四四二人，錄取率分別為百分之四十四·九、百分之十五·八；臺北高等學校尋常科考生有日人一四八人、臺人七十二人，錄取者日人三十六人、臺人四人，錄取率分別為百分之二十四·三、百分之五·六，高等科考生有日人三二〇人、臺人一三六人，錄取者日人一一六人、臺人三十一人，錄取率分別為百分之三十六·一、百分之二十二·七。[79]由上清楚顯示，中學校錄取人數日人略多於臺人，臺、日人的錄取率始終相差甚大；臺北高等學校則不僅錄取人數臺、日人十分懸殊，臺人錄取率往往僅是個位數字，臺人可說長期存在激烈的入學競爭，必須極其優秀者才有希望入學。臺人直接在臺灣接受中等、高等教育可說十分不易。正因為如此，一九二八－一九四五年臺北高等學校畢業生臺人僅五九一人、日人二〇三五人；一九二四－一九四二年高等農林學校畢業生臺人僅九十九人、日人七一六人；一九二一－一九四二年高等商業學校畢業生臺人僅四二五人、日人一六〇七人；一九三三－一九四二年高等工業學校畢業生臺人一六二人、日人六一〇人；一九二八－一九四三年臺北帝國大學畢業生計有臺人一六一人、日人六七七人。[80]顯然的，臺灣的高等教育畢業生中，臺、日人數比例頗為懸殊，臺人為數甚少。

針對此一不公的制度，臺灣人輿論揭發和批判不遺餘力。一九二四年十月《臺灣民報》指出新教育令實施以來雖在各地設立幾所中等學校、高等學校，但實際入學情況則是日本人遠多於臺灣人，「似乎反縮小臺灣人就學的路徑了」，呼籲「共學的機會須公平，不可偏於一方」。[81]翌（一九二五）年五月，該報比較共學前後臺、日人中等以上學校入學人數和錄取率之變化，指出一九二四年度設有高等女學校十一所、中學校九所、職業學校四所、師範學校三所、高等學校一所，然而，臺灣人升學競爭並未緩和，職業學校、師範學校及高等學校的錄取率均低於百分之十，顯然當局欠缺實施共學的誠意。[82]

由於升學考試競爭十分激烈，小、公學校盛行補習，尤其是公學校高年級，一九二七年初，總督府文教局發布命令禁止小、公學校之補習教育。事實上，禁令難以貫徹，《臺灣民報》評論指出，實施「共學」以來中學校入學考試的出題，常出自小學校教科書，對公學校兒童不但程度過深且負擔過重，加以又未學過，唯有透過補習教育準備，所以公學校兒童反而需要補習教育。當局若要禁止補習教育以緩和升學競爭，必須增設中等、高等專門學校，擴大中等學校的收容力，並給予臺灣人公平的機會，廢除考試入學制度，才能根本解決問題。唯有在「機會均等的教育制度下」，臺灣人才支持當局禁止補習教育。[83]迨至一九二九年初，該報仍重申當局宜准許公學校學生補習，中等學校考試出題宜「限於公、小（學校）雙方共通的材料」，以及教師閱卷宜公正，錄取時應依臺、日人考生數之比例分別錄取；至於理想之道乃是廢除中等學校入學考試制度，以及增設學校使有志升學者全數入學。[84]

總督府當局既然標榜「共學」，中等以上學校之招生尤其是高等學校及專門學校開放日本國內學生報考，因而減少臺灣人的升學機會。一九二五年五月，《臺灣民報》有臺灣人投書指控臺灣的高等學校、高等商業、高等農林三校之經費均係臺灣人所納稅金，竟然開放給日本國內學生報考，以致造成大多數臺灣人中學畢業生在臺升學無門，「徒存共學之名而無共學之實」。[85]一九二六年八月當總督府當局籌設臺南高等商業學校時，《臺灣民報》社論表示每年臺灣人中學畢業生數百人只有少數人能考上臺北醫專、高等農林及臺北高商，其餘有志於升學者遂不得不遠赴日本國內升學，呼籲總督府有必要改變此一「教育榨取政策」，設立「臺灣人本位的臺南高等商業學校」。[86]十月，該報社論繼續抨擊總督府號稱實施「共學」，實則始終固守民族差別政策，使得臺灣人無法享有公平的升學機會。[87]一九二七年九月，該報社論聲言「打破榨取的教育政策」，指控總督府「將臺灣人所負擔的租稅，建設維持學校，然而，受教育恩惠的學生不但是以在臺的日本學生為主，甚至每年由日本內地移入的學生，此豈非明瞭的教育的榨取？」認為在這樣的教育榨取政策下，在臺灣多設一所高等專門學校，有如多一個青果會社的經濟榨取機關一樣，除了讓臺灣人多負擔租稅之外，並無實質的利益。要求當局宜「絕對禁止由日本內地移入學生，純粹以本島出身學生為本位，又且對島內日臺兩方面的學生，要以志願者（考生）數按分比例而制定其入學才是」。[88]

一九二八年初，當臺北帝國大學即將正式開學時，鑑於文政、理農學部學生五十五人中，日本人多達四十九人、臺灣人僅六人。於是，《臺灣民報》乃撰文批評總督府的「共學制」全然是「以日本人做本位」，無怪乎，儘管全臺人口臺灣人兩百六十餘萬人、日本人十八餘萬人，但臺灣中學校學生數中，日本人高占半數以上；而臺北及臺南高等商業、高等農林、醫學專門、臺北高等學校等五校學生中，日本人更高占三分之二以上；臺北帝大的設立可說「全然是為給日本學生」，徒然加重臺灣人的負擔罷了！[89]

一九三一年，陳崑樹談論臺灣教育問題時亦具體建議，中學校臺、日學生的錄取比例應為七比三，入學考試國語科試題宜針對小學、公學校畢業生分別出題，以示公平；而高等學校、專門學校、大學的入學考試則宜公正辦理。[90]

當然，臺灣教育機會不均等並不僅限於中等以上教育的入學不公，初等教育亦然。一九二九年六月，《臺灣民報》社論指出，臺灣中等以上的各種學校臺、日人入學機會不均等「已經是世人周知的事實」，初等教育更是長期存在小、公學校設施、師資及經費不均等之問題，據一九二六年的教育統計，小學校數容納日人學齡兒童百分之九十八・二、不合格教師僅佔百分之八，而公學校則僅容納臺人學齡兒童百分之二十八・九、不合格教師高占百分之二十九，小學校的經費約為公學校的兩倍。於是，呼籲臺灣人應該覺醒，掀起輿論，以促使總督府當局確立機會均等的教育方針。[91]總之，臺人所要求的乃是完全均等的教育機會。

結論

一九二九年，前往美國留學的林茂生（一八八七—一九四七）[92]以「日本統治下臺灣的學校教育」（Public Education in Formosa Under the Japanese Administration）一文獲得哥倫比亞大學博士，其本乎民主主義的教育理念，指出臺灣總督府以同化政策強力推動臺灣的教育，企圖透過教育的文化同化以改變臺灣人，顯然違反注重個人發展、教育即成長、尊重個性、重視學習者本來的能力之近代教育原理。最後，語重心長地認為臺灣與日本有著相同的文化根源，總督府宜採相互尊重為基礎的教育，使臺灣人進步而接近日本人的理想，透過相互尊重，方可期塑造達成大體同化的自然感情。而且，唯有以教育機會均等的政策作為前提，方可期發揮充分的建設性教育成果。易言之，林氏強調總督府宜捨棄極端的同化政策，尊重彼此的文化，以教育提高彼此之尊敬，公共教育更加平等，擴大高等教育，臺灣的教育方可期收到實效。[93]

檢視一九二〇年代臺灣先賢要求建立平等自主的教育制度、力促盡速實施具臺灣特色的義務教育、維護臺灣社會必要的漢文教育、要求公平合理的教育機會等之議論，顯示他們與林茂生相同均明白站在臺灣社會的立場，思考如何在殖民統治下，讓臺灣人得以接受符合世界潮流、適合臺灣人需要，以及尊重政治現實的教育。其理念和見識明顯的突破殖民政府的限制而與世界接軌，充分運用大眾傳播工具表達意見，以輿論對總督府產生壓力，並發揮啟迪民智之效果。正因為如此，儘管總督府有既定的教育政策，然而，面對臺灣人輿論的要求，迫使總督府不得不稍做讓步，以滿足臺灣人的部分要求，例如公學校課程中保留漢文為選修科目，中、高等教育開放共學等即是。

吳文星，臺灣師範大學文學博士，現為臺灣師範大學歷史系名譽教授。歷任臺灣師範大學歷史系主任、文學院長，美國哈佛、史丹佛大學及日本東京、京都等大學訪問研究員、臺灣歷史史料研究會長、臺灣教育史研究會長。著有《日據時期臺灣師範教育之研究》、《日治時期臺灣的社會領導階層》等專書。

附表：一九二〇—一九三二年《臺灣青年》《臺灣》《臺灣民報》關於臺灣教育之文章

作者	文題	期號	出版時	備註
泉哲	臺灣島民に告ぐ	創刊	1920.7	臺青
木下友三郎	臺灣人並內地人に對する希望	創刊	1920.7	
後藤朝太郎	臺灣文化の為に	1:2	1920.8	
陳英	女子教育之必要	1:2	1920.8	
黃臥松	臺灣大學建設議	1:3	1920.9	
王敏川	女子教育論	1:3	1920.9	
安部磯雄	臺灣の教育問題に就て	1:4	1920.10	
吳三連	同胞教育者に送る	1:4	1920.10	
記者	體罰と臺灣の學校教育	1:5	1920.12	
蔡鐵生	臺灣青年之大責任	1:5	1920.12	
黃朝琴	歡迎臺北師範學校諸君旅行東京演詞	1:5	1920.12	
平沼淑郎	臺灣人と施政方針	2:1	1921.1	
記者	妄言は慎むべし	2:1	1921.1	

作者	文題	期號	出版時	備註
王金海	婦人教育の理想	2:1	1921.1	
莊狷夫	社會教育之必要	2:1	1921.1	
何禮棟	臺灣中學設立論	2:2	1921.2	
劉碧洲	同胞の教育家諸賢に望む	2:2	1921.2	
記者	臺北醫專豫科の昇格運動	2:2	1921.2	
鄭松筠	臺灣と義務教育	2:3	1921.4	
黃呈聰	臺灣教育改造論	3:1	1921.7	
蔡培火	二箇年振りの歸臺	3:1	1921.7	
鄭松筠	關于義務教育之管見	3:1	1921.7	
黃呈聰	臺灣教育改造論（續前）	3:2	1921.8	
王金海	臺灣教育に關する私見	3:2	1921.8	
田川大吉郎	下達せる教育	3:3	1921.9	
蔡培火	臺灣教育に關する根本主張	3:3	1921.9	
王敏川	臺灣教育問題管見	3:4	1921.10	
錦村生	臺灣教育の實情	3:5	1921.11	
王敏川	臺灣教育問題管見（續前）	3:5	1921.11	
王敏川	書房教育革新論	4:1	1922.1	
鄭雪嶺	留學生待遇の改善を望む	4:2	1922.2	
林呈祿	臺灣教育問題に就て	3:1	1922.4	臺灣

作者	文題	期號	出版時	備註
周桃源	臺灣教育界の實狀	3：2	1922.5	
黃朝琴	男女共學與結婚問題	3：9	1922.12	
太白生	教育界の怪事	4：1	1923.1	
醒民	提倡要求機會均等	4：2	1923.2	
渭水	希望島人教員的猛省	2：1	1924.1	臺民
黃宏鑄	對於教育界的不滿意	2：2	1924.2	
（雜錄）	促內地人教育的猛省	2：2	1924.2	
（評論）	論大學的學風	2：3	1924.2	
醒民	提倡農民的教育醒	2：7	1924.4	
	教育家的胸懷不可這樣狹小	2：10	1924.6	
（社說）渭水	反對建設臺灣大學	2：18	1924.9	
（評論）	共學制果有徹底麼	2：19	1924.10	
（社說）錫舟	希望女子教育的普及	2：20	1924.10	
錫舟	獎勵漢文的普及	2：25	1924.12	
劍如	關於臺北師範休校事件的一考察	2：26	1924.12	
劍如	關於北師事件處分上的諸考察	3：1	1925.1	
前非	對於師範學校這回的罷課我要說的幾句話	3：1	1925.1	
（社說）	駁南報關於師範問題之暴論	3：13	1925.5	
（雜錄）	共學之內容	3：13	1925.5	

作者	文題	期號	出版時	備註
若愚	希望矯正共學制之缺點	3:15	1925.5	
（主張與批評）	教育界的醜聞何多	3:17	1925.6	
（論評）	論收回砂糖消費稅宜充為義務教育費	61	1925.7	
（社說）	學校經費的一部分跑到哪裡去	62	1925.7	
蔡清潭	告同胞急起提倡平民教育	62	1925.7	
南江	教育臺灣先學男女的提倡	67	1925.8	
施至善	臺灣之教育論	67	1925.8	
燦輝	敬告教育界諸彥	67	1925.8	
（論評）	學生運動的可否與臺南新報的妬語	68	1925.8	
（論評）	政治教育的提倡	70	1925.9	
（論評）	對於普及初等教育的建議	71	1925.9	
（論評）	農村公學校教育的效果如何	78	1925.11	
（社說）	排斥愚民政策要求人格教育	80	1925.11	
（社說）	臺灣教育界的當面問題	81	1925.11	
（社說）	農村教育的改造問題	81	1925.11	
（社說）	教育界的一大問題	83	1925.12	
（論評）	教師組合設立的必要	84	1925.12	
虞淵	檄日本留學生創設言論機關	88	1926.1	
（論評）	殖民地開放與教育方針	89	1926.1	

作者	文題	期號	出版時	備註
(論評)	殖民地教育的錯誤	90	1926.1	
(論評)	教師對政治上的責任	97	1926.3	
(論評)	宜速實行義務教育	98	1926.3	
(論評)	關於高校入學試驗	98	1926.3	
(論評)	不合理的教員整理請願巡查蹂躪人權	100	1926.4	
(論評)	宜急設平民教育	103	1926.5	
(論評)	臺灣的婦女教育	110	1926.6	
新巷一青年	新巷的教育	113	1926.7	
(社說)	打破教育榨取政策	116	1926.8	
(論評)	對學校教育的監督	118	1926.8	
(論評)	多設夏季學校的必要	119	1926.8	
(論評)	宜振興農村教育	119	1926.8	
(論評)	漢文教育	121	1926.9	
(社說)	無產農民學校問題	123	1926.9	
(社說)	臺灣文教的二元政策	126	1926.10	
(社說)	文教局的使命	129	1926.10	
(評論)	教育方針的根本改善	130	1926.11	
(評論)	商工學生的同盟罷課	131	1926.11	
(社說)	教師與社會	132	1926.11	

作者	文題	期號	出版時	備註
（社說）	中學校長會議的影響	133	1926.11	
（評論）	倡設勞働學校	133	1926.11	
（社說）	政治教育的普及	134	1926.12	
（評論）	中學校長會議的結果	135	1926.12	
（論評）	教育運動與民眾	139	1927.1	
（評論）	公學校的兩樣教育	143	1927.2	
（評論）	入學試驗制度與準備教育廢止	146	1927.2	
（雜錄）	現代教育之缺陷	146	1927.2	
（評論）	鄉村小學校廢合論	149	1927.3	
（論壇SM生）	植民地教育制度論	151	1927.4	
（評論）	準備教育廢後的試驗成績如何	154	1927.4	
（雜錄）	新學生會的宣言	156	1927.5	
（社說）	提倡創辦私立中學	165	1927.7	
（評論）	罷學與興學校當局者的責任	165	1927.7	
（雜錄）	官僚化せる教育家	169	1927.8	
（評論）	留學青年奮起	172	1927.9	
	公學校就學率の低下	172	1927.9	
（評論）	入學試驗之撤廢及教育機會之均等	174	1927.9	
（評論）	打破榨取的教育政策	175	1927.9	

作者	文題	期號	出版時	備註
（專論）	實業教育之普及與農村教育問題	178	1927.10	
（評論）	殖民政策與實業教育是否帝國主義的先驅	179	1927.10	
（專論）	奬學設施の缺乏と貧困秀才の救濟	181	1927.11	
（雜錄）	書房之復興與漢學之倫理的價值	184	1927.11	
（專論）	兩端的教育政策——內臺融合之弊害	187	1927.12	
	教育界の一年と將來の刷新改革	190	1928.1	
（評論）	日本人本位的教育臺灣人難免失望	195	1928.2	
（評論）	留學生諸君的去就	202	1928.4	
（評論）	七年間の共學生活を回顧して	202	1928.4	
（評論）	初等教育的入學難	204	1928.4	
（社說）	臺南市民雖可希望高工 高工將設在臺南嗎	232	1928.10	
（評論）	臺中師範問題的真相	235	1928.11	
（評論）	學校入學問題 均等公平的要求	249	1929.2	
（社說）	濫費的臺灣大學×××	252	1929.3	
（評論）	義務教育即施要從市街地起	255	1929.4	
（評論）	須要奬勵私學救濟教育飢荒	158	1929.4	
（評論）	提倡奬勵體育	262	1929.5	
（社說）	臺灣教育的機會不均等	265	1929.6	
（評論）	初等教育素質問題	285	1929.11	

作者	文題	期號	出版時	備註
（評論）	臺灣青年求學苦	290	1929.12	
（評論）	就公學的就學難	304	1930.3	
（評論）	日就頹廢的教育界要刷新	307	1930.4	臺新
（評論）	教員的待遇遠遠不及巡查	308	1930.4	
（社說）	教育與自治是同等重要	319	1930.6	
李瑞雲	臺灣的教育問題	322	1930.7	
（評論）	教育普及運動與自治並進決不可遲延	327	1930.8	
（評論）	商校罷留解決	331	1930.9	
（評論）	教育的價值	353	1931.2	
（社說）	日漸喪失的教育的機會如何補救挽回	356	1931.3	
（評論）	無視民意——教育和道路問題	358	1931.4	
（評論）	漢文科輕視政策	358	1931.4	
（評論）	臺灣人中等教育之危機	360	1931.4	
（評論）	不良教育の處置問題	374	1931.7	
	私立中學の認可問題	375	1931.8	
一記者	高校生思想的趨向	387	1931.10	
（評論）	初等教育豈可限制	407	1932.3	

註釋

1 吳宏明，〈日本統治下臺灣における臺灣人父兄の教育要求〉，《日本統治下臺灣の教育認識》（橫濱：春風社，二〇一六），頁二四八—二六六。

2 鍾育姍，〈《臺灣民報》有關教育言論之研究（一九二〇—一九三二）〉（中壢：國立中央大學歷史研究所碩士論文），頁一一—一八〇。

3 詳閱下村宏：〈臺灣教育令に就いて〉，《臺灣時報》，大正八年九月號，頁一—八。

4 王金海，今彰化市人，一九一七年畢業於總督府國語學校師範部乙科，一九二四年畢業於早稻田大學商學部，進入該校大學院研究信託業一年，任職安田銀行、大東信託株式會社，著有《金錢信託》、《有價證　信託論》、《信託業法論》等書。戰後，協助林獻堂接收改組彰化銀行，歷任彰化銀行總經理、常務董事。詳閱興南新聞社，《臺灣人士鑑》，（臺北：該社，一九四三），頁六十六；王振勳，《臺中市志》「人物志」，（臺中：臺中市政府，二〇〇八），頁八五。

5 詳閱王金海，〈臺灣教育に關する私見〉，《臺灣青年》三卷二號，一九二一年八月，頁二九—四九。

6 黃呈聰，今彰化線西人，一九〇七年畢業於總督府國語學校實業部，一九二三年畢業於早稻田大學政治經濟科，歷任區長、庄長、臺灣雜誌社取締役、臺灣民報主任、線西信用組合長、臺中州協議會員、臺灣新民報社社會部長、益豐商事株式會社社長、昭和信託株式會社社長等職；戰後，歷任私立淡江英專董事、淡江文理學院名譽董事等。興南新聞社，《臺灣人士鑑》，（臺北：該社，一九四三），頁一五六；莊永明，《臺灣百人傳》（臺北：時報文化，二〇〇〇），頁九一。

7 詳閱黃呈聰，〈臺灣教育改造論〉，《臺灣青年》三卷二、三號，一九二一年八月、九月，漢文之部，頁一—七、一〇—一四。

8 王敏川，今彰化市人，一九〇九年畢業於總督府國語學校師範部乙科，一九二三年畢業於早稻田大學政治經濟科，歷任公學校教師、《臺灣青年》編輯、臺灣文化協會主幹、《大眾時報》編輯部主任、臺灣民眾黨主幹、社會運動家等。臺灣新民報社，《臺灣人士鑑》，（臺北：該社，一九三四），頁一五。

9 詳閱王敏川，〈臺灣教育問題管見〉，《臺灣青年》三卷四、五號，一九二一年十月、十一月，漢文之部，頁二七—三三、二九—三八。

10 蔡培火，今雲林北港人，一九一〇年畢業於總督府國語學校師範部乙科，一九二〇年畢業於東京高等師範理科，歷任公學校教師、《臺灣青年》及《臺灣民報》編輯兼發行人、臺灣文化協會專務理事、臺灣議會期成同盟會理事、臺灣新民報社取締役等職；戰後，歷任立法委員、行政院政務委員、中華民國紅十字會副會長、私立淡水工商專科學校董事長等職。著有《十項管見》（一九二五）、《日本國國民に與ふ：殖民地問題解決の基調》（一九二八）、《東亞の子かく思ふ》（一九三七）等書。參閱興南新聞社，《臺灣人士鑑》（臺北：該社，一九四三），頁一六九；許雪姬，《臺灣歷史辭典》（臺北：遠流出版公司，二〇〇四），頁一二三二—一二三三。

11 詳閱蔡培火，〈臺灣教育に関する根本主張〉，《臺灣青年》三卷三號，一九二一年九月，頁五一—五五。
12 臺灣總督府評議會，《第壹回臺灣總督府評議會會議録》（臺北：該會，一九二三），頁九九。
13 顏雲年，〈諮問案に対する意見書〉，《臺灣日日新報》第七五六七號，一九二一年六月二十八日，三版。
14 臺灣總督府評議會，《第壹回臺灣總督府評議會會議録》，頁一〇〇—一〇一。
15 同上書，頁一〇一—一〇二。
16 同上書，頁一〇三—一〇四。
17 同上書，頁一一四。
18 同上書，頁九〇、一四四。
19 同上書，頁一〇六—一〇九。
20 同上書，頁一〇八。
21 同上書，頁一一四—一一五。
22 同上書，頁一一〇—一一二。
23 同上書，頁一一三—一一四。
24 同上書，頁九九—一〇〇、一四六。
25 同上書，頁一一六—一一七。
26 吳廷發，今彰化埤頭人，幼習漢學，歷任埤頭庄協議會員、埤頭信用組合常務理事、北斗水利組合評議員等職。興南新聞社，《臺灣人士鑑》（臺北：該社，一九四三），頁一四〇。
27 吳廷發，〈對評議會諮問案意見〉，《臺灣日日新報》第七五七七號，一九二一年七月八日，五版。
28 洪元煌，今南投草屯人，一九〇二年畢業於草鞋墩公學校，歷任保甲聯合會長、草鞋墩信用組合理事、草鞋墩庄協議員、臺灣文化協會理事、民眾黨常務委員及社會部主任、臺灣民報社監查役、臺灣新民報社相談役、臺灣地方自治聯盟理事、臺中州會議員等職；戰後，擔任第二屆草屯鎮長。興南新聞社，《臺灣人士鑑》（臺北：該社，一九四三），頁一一四。
29 洪元煌，〈對於諮詢案之管見（上）〉，《臺灣日日新報》第七六四一號，一九二一年九月十日，六版。
30 鄭松筠，今臺中豐原人，一九一二年畢業於總督府國語學校師範部乙科，一九一九年畢業於明治大學法科，歷任公學校教師、律師、臺灣民報社監查役、臺灣地方自治聯盟理事等職。興南新聞社，《臺灣人士鑑》（臺北：該社，一九四三），頁二七五。
31 詳閱鄭松筠，〈臺灣と義務教育〉，《臺灣青年》二卷三號，一九二一年四月，頁三〇—三三。
32 詳閱雪嶺（鄭松筠），〈關於義務教育之管見〉，《臺灣青年》三卷一號，一九二一年七月，頁二九—三一。

33 詳閱黃呈聰，〈臺灣教育改造論〉，《臺灣青年》三卷一、二號，一九二一年七、八月，頁二一—三〇、一五—二九。

34 詳閱王金海，〈臺灣教育に関する私見〉，《臺灣青年》三卷二號，一九二一年八月，頁二九—三五。

35 詳閱蔡培火，〈臺灣教育に関する根本主張〉，《臺灣青年》三卷三號，一九二一年九月，頁五一—五五。

36 詳閱王敏川，〈臺灣教育問題管見〉，《臺灣青年》三卷四號，一九二一年十月，頁二七—二九。

37 黃純青，臺北樹林鎮人，漢學出身，歷任樹林區長、樹林信用組合長、樹林製酒公司社長、樹林紅酒株式會社社長、臺北州協議會員、總督府評議員；戰後，歷任臺灣省農會理事長、省參議員、臺灣省通志館主任委員等職。許雪姬，《臺灣歷史辭典》（臺北：遠流出版公司，二〇〇四），頁九二九。

38 黃純青，〈義務教育案管見〉，《臺灣日日新報》第七五七二號，一九二一年七月三日，五版。

39 吳廷發，〈對評議會諮問案意見〉，《臺灣日日新報》第七五七七號，一九二一年七月八日，五版。

40 王名受，〈對義務教育施行之管見〉，《臺灣日日新報》第七五七七號，一九二一年七月八日，六版。

41 許梓桑，今基隆市人，庠生，歷任基隆區長、基隆街助役、基隆總商會會長、勸業無盡會社取締役、基隆劇場會社取締役、臺灣水產會社監查役、州協議會員等職。許雪姬，《臺灣歷史辭典》（臺北：遠流出版公司，二〇〇四），頁八〇八。

42 許梓桑，〈對民法施行之管見〉，《臺灣日日新報》第七五七八號，一九二一年七月九日，五版。

43 李崇禮，今彰化市人，一九〇〇年畢業於總督府國語學校國語部，歷任臺南地方法院及彰化廳通譯、北斗製糖公司支配人、彰化銀行監查役、彰化振興株式會社社長、彰化街長、臺中州協議會員、總督府評議會員等職；戰後，擔任省參議會議員。新高新報社，《臺灣紳士名鑑》，（臺北：該社，一九三七），頁六〇。

44 李崇禮，〈總督府評議會一二の管見〉，《臺灣日日新報》第七五九九號，一九二一年七月三十日，三版。

45 洪元煌，〈對於諮詢案之管見（上）〉，《臺灣日日新報》第七六四一號，一九二一年九月十日，六版。

46 寶樹後人，〈義務教育之管見〉，《臺灣日日新報》第七五七八號，一九二一年七月九日，五版。

47 詳閱雪嶺（鄭松筠），「關於義務教育之管見」，《臺灣青年》三卷一號，一九二一年七月，頁三二—三三。

48 詳閱王金海，〈臺灣教育に関する私見〉，《臺灣青年》三卷二號，一九二一年八月，頁三七—四二。

49 詳閱蔡培火，〈臺灣教育に関する根本主張〉，《臺灣青年》三卷三號，一九二一年九月，頁四一—六〇。

50 詳閱王敏川，〈臺灣教育問題管見〉，《臺灣青年》三卷四號，一九二一年十月，頁二七—三三。

51 〈論評：對於普及初等教育的建議〉，《臺灣民報》七十一號，一九二五年九月二十日，頁三。

52 〈論評：宜速實行義務教育〉，《臺灣民報》九十八號，一九二六年三月二十八日，頁二。

53 〈論評：義務教育即施要從市街地起〉，《臺灣民報》二五五號，一九二九年四月七日，頁二。

54 陳崑樹，《臺灣統治問題》（臺北：寶文堂書店，一九三一），頁一〇八。

55 〈社說：獎勵漢文的普及〉，《臺灣民報》第二卷第二十五號，一九二四年十二月一日，頁一。

56 〈漢文復設之陳情〉，《臺灣民報》第三卷第六號，一九二五年二月二十一日，頁五。〈桃園公學校之父兄會決定再設漢文科〉，《臺灣民報》第七十四號，一九二五年十月十一日，頁五。〈南投公學校生徒父兄連署陳情復授漢文〉，《臺灣日日新報》第八八九一號，一九二五年二月十一日，四版。〈臺中公學校生徒父兄要求復課漢文〉，《臺灣日日新報》第八九三七號，一九二五年三月二十九日，四版。〈麻豆請願公學加課漢文〉，《臺灣日日新報》第九七二三號，一九二七年五月二十四日，四版。

57 〈南投實修會〉，《臺灣民報》第二卷第十一號，一九二四年六月二十一日，頁三。蔡清潭，〈告同胞急起提倡平民教育〉，《臺灣民報》第六十二號，一九二五年七月二十六日，頁一三。南江，〈教育臺灣失學男女的提倡〉，《臺灣民報》第六十七號，一九二五年八月二十六日，頁二六—三〇。〈樹林將設漢文夜學會〉，《臺灣民報》第七十九號，一九二五年十一月十五日，頁九。〈農村教育的改造問題〉，《臺灣民報》第八十一號，一九二五年十一月二十九日，頁二—三。〈南投街張管溪一族捐貲開設漢文書房，免費教育貧民子弟〉，《臺灣日日新報》第八九三四號，一九二五年三月二十九日，四版。〈同助會籌設漢學〉，《臺灣日日新報》第九三〇九號，一九二五年四月五日，四版。〈集集夜學會〉，《臺灣民報》第一四七號，一九二七年三月六日，頁九。

58 〈時事短評：女子興漢學的先聲〉，《臺灣民報》第十四號，一九二三年十二月二十一日，頁六。涙子，〈我讀民報時事短評欄的「女子興漢學的先聲」的一段後〉，《臺灣民報》第二卷第二號，一九二四年二月十一日，頁一二。吳瑣雲，〈女子漢學研究會徵求會員書〉，《臺灣民報》第二卷第五號，一九二四年三月二十一日，頁九。〈漢文研究會之活躍〉，《臺灣民報》第九十二號，一九二六年二月十四日，頁五。〈板橋大觀書社將設詩文研究會及義塾〉，《臺灣日日新報》第八八九二號，一九二五年二月十二日，四版。〈屏東高樹庄長溫慕春設漢文夜學研究會〉，《臺灣日日新報》第八七六五號，一九二四年十月八日，四版。〈豐原張喬蔭聘鹿港王叔潛為漢文講師，糾合同志十餘人從學古詩文〉，《臺灣日日新報》第九四九六號，一九二六年十月九日，四版。

59 〈評論：王敏川「公學校教育改善論」〉，《臺灣民報》第二卷第二十二號，一九二四年十一月一日，頁五—六。

60 〈論評：農村公學校教育的效果如何？〉，《臺灣民報》第七十八號，一九二五年十一月八日，頁三。

61 〈論評：教育方針的根本改革〉，《臺灣民報》一三〇號，一九二六年十一月七日，頁二。

62 〈論評：漢文教育〉，《臺灣民報》第一二一號，一九二六年九月五日，頁三。

63 〈論評：公學校的漢文教授和舊式的臺灣書房〉，《臺灣民報》第一四七號，一九二七年三月六日，頁三。

64 〈臺南私塾被禁，輿論囂然〉，《臺灣日日新報》第九八五八號，一九二七年十月六日，四版。《臺灣日日新報》第九八六四號，一九二七年十月十二日，四版，報導二十二名塾師連署請願書，託總督府評議員黃欣代為陳情，結果臺南市尹答應准許各私塾易名學術研究會繼續開設，其後，每年須申請核准一次。

65 〈書房被解散，擬向當局歎願〉，《臺灣日日新報》第九八七四號，一九二七年十月二十二日，四版。

66 〈論評：書房の復興と漢學の倫理的價值〉，《臺灣民報》第一八四號，一九二七年十一月二十七日，頁一〇。

67 〈社說：漢文復興運動——實生活的必要使然的〉，《臺灣民報》第二三三號，一九二八年十一月四日，頁二。

68 〈嘉義各公學校父兄會及同窗會要求復教漢學〉，《臺灣民報》第二三二號，一九二八年十月二十八日年十月二十八日，頁四。〈桃園公學校開兒童保護者會，與會家長決議要求學校准許日臺語並用及以漢文為必修科〉，《臺灣民報》第二五四號，一九二九年三月三十一日，頁六。〈豐原公學校父兄會建議延長漢文教學時間〉，《臺灣民報》第三一四號，一九三〇年五月二十四日，頁六。〈臺北州協議會員要求保留漢文科〉，《臺灣日日新報》第一一三九七號，一九三一年十二月二十三日，四版。

69 〈連雅堂設漢文研究會於臺北市太平町〉，《臺灣民報》第二三八號，一九二八年十二月九日，頁四。〈竹南漢文講習會〉，《臺灣民報》第二一〇號，一九二八年五月二十七日，頁三。〈嘉義漢文講習會活躍〉，《臺灣民報》第二七三號，一九二九年八月十一日，頁七。〈鶯歌林炳非設漢文研究會〉，《臺灣民報》第三一七號，一九三〇年六月十四日。〈新竹新社青年會倡組漢學研究會〉，《臺灣日日新報》第一〇三五三號，一九二九年二月十四日，四版。〈潮州籌設漢文私塾〉，《臺灣日日新報》第一〇四八二號，一九二九年六月二十四日，四版。〈新竹六家庄開設漢學研究所〉，《臺灣日日新報》第一一二〇四號，一九三一年六月二十二日，八版。

70 〈漢文科輕視政策〉，《臺灣新民報》第三五八號，一九三一年四月四日，頁一三。

71 〈臺北州各郡市視學事務磋商會將廢止小、公學校漢文科問題作為討論要項之一〉，《臺灣日日新報》第一一三七二號，一九三一年十二月八日，四版。

72 〈新竹州勢調查會又一產物——廢止公學校漢文科〉，《臺灣新民報》第三六一號，一九三一年四月二十五日，頁二。〈臺南州朴子公學校廢除漢文，父兄開會表示反對〉，《臺灣新民報》第三六九號，一九三一年六月二十日，頁四。

73 〈極端的國語中心主義，僅說一句臺灣話，被命停學一週間——臺中一中的怪事〉，《臺灣民報》第二九三號，一九二九年十二月二十九日，頁三。〈臺灣語使用問題〉，《臺灣民報》第三二八號，一九三〇年八月三十日，頁一二。〈淡水中學校禁用臺語教學〉，《臺灣日日新報》第一二二二四、一二二二五號，一九三四年四月六日、二十七日。

74 〈嘉義郡當局禁止漢文書房〉，《臺灣民報》第二三三號，一九二八年十月二十八日，頁四。

75 〈竹南漢文講習會警察過於干涉〉，《臺灣民報》第二一〇號，一九二八年五月二十七日，頁二。〈臺南市漢文學術講習會年年從嚴核准〉，《臺灣日日新報》第一一一二六號，一九三一年四月五日，四版。〈竹山郡當局禁止管內諸漢學書房授徒〉，《臺灣日日新報》第一一一八七號，一九三一年六月五日，四版。

76 〈工人研究漢文〉，《臺灣民報》第二五四號，一九二九年三月三十一日，頁七。〈漢文研究會が警察に禁止された〉，《臺灣民報》第三一七號，一九三〇年六月十四日，頁一〇，〈嘉義郡當局對未經許可書房教師游金罰款十五圓〉，《臺灣日日新報》第一〇三七四號，一九二九年三月七日，二版。〈無許可漢學，員林郡命解散〉，《臺灣日日新報》第一一二四八號，一九三一年八月五日，八版。〈東石郡當局命義竹庄漢文書房解散〉，《臺灣日日新報》第一一三五〇號，一九三一年十一月十六日，四版。

77 〈漢文科輕視政策〉，《臺灣新民報》第三五八號，一九三一年四月四日，十三版。〈時評〉，《臺灣日日新報》第一一一四〇號，一九三一年四月十九日，八版。〈時評：高雄州教化座談會，有民間一、二內臺人唱廢漢文及書房者，誠知漢文之精粹與華滿之關係，斷不至此，更可研究可矣〉，《臺灣日日新報》第一二一八七號，一九三四年三月九日，八版。魏潤庵，〈東遊紀略（七）——漢學重興氣運〉，《臺灣日日新報》第一二六三八號，一九三五年六月七日，四版。

78 臺灣總督府內務局文教課，《臺灣總督府學事第二十三年報》（臺北：該課，一九二六），頁一八七、二〇三。

79 臺灣總督府文教局，《臺灣總督府學事第二十八年報》（臺北：該局，一九三二），頁二五二—二五三、二六四—二六五。

80 參閱拙著《日治時期臺灣的社會領導階層》（臺北：五南圖書公司，二〇〇八），頁九九—一〇三。

81 〈論評：共學制果有徹底麼？〉，《臺灣民報》二卷十九號，一九二四年十月一日，頁三。

82 〈追風：共學之內容〉，《臺灣民報》三卷十三號，一九二五年五月一日，頁一〇—一二。

83 〈論評：入學試驗制度與準備教育廢止問題〉，《臺灣民報》一四六號，一九二七年二月二十七日，頁二—三。

84 〈社說：學校入學問題　均等公平的要求〉，《臺灣民報》二四九號，一九二九年二月二十四日，頁二。

85 〈若愚：希望矯正共學制之缺點〉，《臺灣民報》三卷十五號，一九二五年五月二十一日，頁一〇—一一。

86 〈社說：打破教育榨取政策〉，《臺灣民報》一一六號，一九二六年八月一日，頁一。

87 〈社說：臺灣文教的二元政策〉，《臺灣民報》一二六號，一九二六年十月十日，頁一。

88 〈社說：打破榨取的教育政策〉，《臺灣民報》一七五號，一九二七年九月二十五日，頁二。

89 〈評論：日本人本位的教育臺灣人難免失望〉，《臺灣民報》一九五號，一九二八年二月十二日，頁二。

90 陳崑樹，《臺灣統治問題》，頁一〇九。

91 〈社說：臺灣教育的機會不均等〉，《臺灣民報》二六五號，一九二九年六月十六日，頁二。

92 林茂生，今屏東東港人，一九一六年畢業於東京帝國大學哲學科，一九二九年獲美國哥倫比亞大學博士，歷任長榮中學教務主任、臺南高等商業學校教授、臺南高等工業學校教授兼英德語科主任等職；戰後，受聘為臺灣大學教授，一度代理文學院長。許雪姬，《臺灣歷史辭典》（臺北：遠流出版公司，二〇〇四），頁四八一。

93 林茂生著，古谷昇、陳燕南譯，《日本統治下の臺灣の學校教育》（東京：拓殖大學，二〇〇四），頁一五六—一五八、一八一—一八三。

臺灣的悲愴年代

李登輝世代

導論：臺灣的悲愴年代——從皇民化到二二八

黃煌雄

引言：歷史繪卷

三十多年前，我無意中走上從政之路。隨著從政時間的拉長以及體驗的加深，作為黨外運動的一個工作者，我內心一直在問：臺灣近代史和臺灣現代史是否能夠有效連結？

如果將一八九〇年代出生，以蔣渭水為代表的一代稱為祖父輩的第一代；則一九二〇年代出生，以李登輝為代表的一代可稱為父執輩的第二代；而一九五〇年代出生的戰後黨外世代，便可稱為第三代。第一代創造了黃金十年；第二代經歷了悲愴年代；第三代則在歷史長期的冬眠狀態中，逐步從歷史的冬天甦醒，走向歷史的春天。

悲愴年代將臺灣近代史和臺灣現代史阻隔了，造成歷史的不連續，這就好像有些傷口的氣血堵住了，以致血液無法正常流通一樣，因此，必須打通阻絕歷史連結的任督二脈，打通悲愴年代所造成的歷史隔絕，三代百年臺灣歷史才能夠有效連結，並得以順暢發展。

從歷史長河的角度言，悲愴年代的歷史沉澱時間並不算很長，加上悲愴年代在現實政治所具有的敏感性和爭議性，放眼現狀，似乎很難有一家之言，可以「獨尊儒術，罷黜百家」。我曾是第一代歷史的記錄者之一；本身長期是第三代的黨外工作者之一；在問政過程上，曾不斷為臺灣史能走上學術殿堂而努力，也曾在國會殿堂上，為臺灣近代民族運動作見證（總質詢稿文長十萬字，附件多達二十一件），由於與臺灣歷史有這種不解之緣的背景，我一直在探索，也不斷拷問自己：要如何面對這樣的局面？

英國劍橋學派的「脈絡主義」（contextualism）[1]，其主旨在強調將單一歷史事件置於整體「脈絡」思考。從皇民化到二二八的悲愴年代，文學的呈現有如一面鏡子，一部攝影機，一張畫面。海明威小說的最大特色之一，便是代表著攝影機。如果能夠經由寫實的文學作品，來呈現此脈絡中的歷史場域、歷史畫面、歷史互動……應該會更像是一面鏡子，有助於對悲愴年代「剪不斷，理還亂」歷史的思考與梳理。

兩年來，我與不少臺灣研究領域學有專精的老幹新枝，有著深入的互動與交流，今天的研討會結構，代表這一共同努力的呈現。我也在這種結構邏輯下，生平第一次，結合歷史與文學，提出現階段我對悲愴年代的見解。我深深希望：經由大家的共同努力，能夠使悲愴年代的歷史繪卷，呈現出更清晰、更全面、更完整的面貌；更能夠為百年臺灣歷史鋪展出有如〈清明上河圖〉般的不朽繪卷。

悲愴年代

大致地說，一九二〇年代的臺灣近代民族運動，從一九二一年到一九三一年間，在「先覺者」的推動下，臺灣議會設置請願運動、臺灣文化協會、臺灣農民組合、新文化協會、臺灣民眾黨、臺灣工友總聯盟、臺灣地方自治聯盟以及臺灣共產黨，都先後或同時在臺灣歷史舞臺上登場。十年間，臺灣歷史上不僅出現第一個最大的農民團體、第一個最大的工會組織，也出現第一個具有現代意義的政黨；「先覺者」經由這些抗日團體所舉辦的巡迴文化演講與大眾演講的啟發與深耕、以及所帶動的請願抗議的激勵與衝擊，臺灣社會經歷一次史無前例的洗禮，「先覺者」共同創造了臺灣歷史上的黃金十年。

隨著蔣渭水大眾葬（一九三一年八月二十三日）譜出臺灣近代民族運動的輓歌；隨著日本右翼法西斯勢力崛起，一九三一年，九一八事變爆發；一九三七年，盧溝橋事件爆發，中日走向全面戰爭。其後，隨著中日戰爭時間的拉長以及戰爭範圍的擴大，臺灣的地位愈形重要，對臺灣的加強控制也愈成為必要。盧溝橋事變前約一年，第十七任臺灣總督小林躋造宣稱：皇民化、工業化、南進基地化為其「治臺三原則」。

一九四五年八月十五日，日本天皇的「玉音放送」，宣告日本無條件投降；同年十月二十五日，陳儀以臺灣行政長官的身分在臺北公會堂（今中山堂）接受臺灣總督安藤利吉簽署的投降命令受領證，陳儀宣稱：「從今天起，臺灣及澎湖列島，已正式重入中國版圖，所有一切土地、人民、政事皆已置於中華民國國民政府主權之下。」

這項激動臺灣人心的歷史時刻，在不到一年半的時間，就因臺灣行政長官公署的接收變成劫收，導致民心逆轉，人心思變，更在一九四七年二月爆發臺灣歷史上最悲慟的二二八。

一九四九年底中華民國中央政府轉進臺灣；一九五〇年三月，蔣介石重行視事，再回任中華民國總統；但二二八之後的清鄉，以及緊隨其後的白色恐怖仍續進行，所以，從皇民化到二二八到白色恐怖整肅的高峰階段，較寬鬆的算法，大約從一九三〇年代中期到一九五〇年代中期，二十年間；更嚴謹的算法，就如同比蔣渭水（一八九一年出生）世代小十六歲，又比王育德、邱永漢（均為一九二四年出生）世代大十七歲，且均畢業於日本東京帝大（李登輝、彭明敏均出生於一九二三年，李登輝讀京都帝大，彭明敏讀東京帝大，但兩人均因戰爭關係，於戰後在臺灣大學補完學分後畢業）的陳逸松（一九〇七年出生）在其回憶錄中所說：「從日據末期的軍國主義戰爭風暴到光復後的二二八風暴，這一九五〇年代的白色風暴算是第三波。一九四〇年代的十年中，在時代的巨變中，有三波政治風暴席捲臺灣，每一波都有許多臺灣的進步菁英蒙難」。這巨變的十年，實為臺灣近代史上最悲愴的年代。

皇民化

一九三六年九月，日本政府任命海軍出身的大將小林躋造為臺灣總督，小林躋造上任後即大力推動皇民化運動。同樣東京大學畢業、比王育德小八歲的黃昭堂，在《臺灣總督府》一書這樣寫道：「當日本在與臺灣人同一種族的中華民國作戰時，它對臺灣人的動向有很大的危機情緒。為了使臺灣人能幫助日本對抗中華民國，所以日本對臺灣乃實行小林總督所說的『謀求皇國精神的徹底化，振興普通教育，糾正言語風俗，培養忠良帝國臣民之素質』。」

皇民化比日本早期在臺灣推動的同化政策更為強烈，為了使皇民化運動得以迅速推行，依《陳逸松回憶錄》及《臺灣總督府》所述，一九三七年報紙漢文版被廢止，限制臺語使用，推行「國語」（日本語）常用運動；進而廣及於日常生活上，禁止傳統的服飾、戲劇和音樂；信仰上，要求撤廢偶像、寺廟，強制參拜神社；廢止舊曆儀式；其目的即是「不論在精神上、形式上都與內地人絲毫沒有兩樣之後，始能稱為完全之日本化」。而皇民化運動實施的極致，就是改姓名，包括國語家庭。

一、〈故鄉的戰事——改姓名〉

被葉石濤評為「獨樹一幟的天才型作家」的呂赫若，光復後，不再用日文寫作，開始用中文寫作。在一九四六年二月，刊載於《政經報》的〈故鄉的戰事——改姓名〉短篇小說內，描述日本統治後期，隨著戰局不利，火車多被軍隊占用，可供乘客搭的火車就很少了，因此上下車之間，乘客不免爭先恐後。有一次，看見月臺上「一列差不多十數人的放課的小學生，靠著月臺的最邊端，仍整齊地排列著等候」，當火車到站，旅客下車之際，「這些小學生並沒有起爭競，依舊規規矩矩排列等著」，忽然有一個排在後面「身材矮小的小學生」，拚命往前衝，進入車廂「悠悠占了空闊的坐席」，這時排隊依序進來的小學生齊聲喊罵起來：「後藤……你這混蛋……改姓名的」……後藤含笑回答說：「改姓名也可以」……「怎麼罵你改姓名！」「因為是假偽的，改姓名是假偽的」……「可不是嗎？排在後面的人就擅意走進先搭車，亂了排列順序這不是假偽？這不是改姓名？」這些小學生是拿「改姓名」這個名詞來做「假偽代名詞」，認為「改姓名」是假偽的。世人說，「小孩子是純真的，日本人聲聲句句總說臺灣人改姓名是一視同仁」，但如果「連自家的小孩子都騙不著，怎樣能夠騙得有五千年歷史文化的黃帝子孫呢？」

二、〈月光光——光復以前〉

一九四六年十月，呂赫若在〈月光光——光復以前〉短篇小說內，敘述在美機轟炸日緊下，莊玉秋八口家眷拚命找房子租，在郊外，碰到一個「房東是臺灣人」，卻驕傲地說：「租你是可以，要有資格才行，家眷日常生活都說日本話，是純然的日本式的生活樣式，沒有這樣的資格就不行」。莊玉秋一家並非是「確確實實的國語家庭」，他的母親和三個最幼小孩都不會說日本話，整天被關在房間內，母親不免抱怨：「房東家啊，你不是日本人，你是明明白白的臺灣人，為甚麼不准人家說臺灣話呢？」並向莊玉秋訴說：「我們是要在這永住的，像現在這樣，一也不可說臺灣話，二也不可說臺灣話，我們是臺灣人，臺灣人若老不可說臺灣話，要怎樣過日子呢！……你若要繼續這樣的委屈就是同迫死我們祖孫一樣的呀！」面對母親的淚水，莊玉秋自思「何苦因為僅僅的住宿問題，就把從來很快樂的家人做一隻無罪的羔羊，替社會來贖罪呢？」……他把胸中的悲憤向房東發洩出來，並「恨那真害死人的皇民化運動」，……他乃和孩子們一起唱出「月光光」（臺語歌），他們驚動了房東、鄰居，但莊玉秋卻「覺得痛快地把他的心頭包住了……他想，你們不成臺灣人呀！臺灣人來裝作日本人，來欺凌臺灣人，真的是人嗎？」

三、〈煮蛋〉

與皇民化運動同時進行的，包括戰時動員體制，其中，開始徵用臺灣人充當軍夫，珍珠港事變後，也實施小規模、試行式的臺灣人志願兵制度。隨著戰局吃緊，戰時體制與皇民化都深深影響臺灣人民的日常生活，一九〇〇年出生的吳濁流與一九〇九年出生的張文環，到了皇民化階段，分別是四十多歲與三十多歲，他們都是歷史場域的見證者和體驗者，他們的小說也深刻留下他們的見證與體驗。張文環在〈滾地郎〉（即〈爬在地上的人〉）小說中，以陳久旺和陳啟敏串起的故事，真實而貼切的敘述皇民化、改姓名以及戰時體制對人民日常生活的衝擊，而最後的結局是，一輩子與土地結緣、只「祈求神明給我們平安而已」的陳啟敏，聽到林貴樹戰死的電報，「在女婿靈前暈倒斷了氣」，他的太太王秀英則一直唸著：「神啊！我們沒有理由被推進地獄、我們沒有理由被推進地獄」。

吳濁流在其代表性的三本小說：《亞細亞的孤兒》、《無花果》、《臺灣連翹》，對皇民化及戰時體制都有深刻的著墨，而他在後兩本書均提到的〈煮蛋〉一文，更是戰時經濟體制最生動的反映。由臺北帝大農學部教授中村三八夫所寫的〈煮蛋〉一文，介紹由於實施統制經濟，蛋都「供出」到軍部去，絕大多數國民少有蛋的配額，孩子們沒有看到過，因而不知蛋為何物。有一天，母雞咯咯叫在找雞時，是要生蛋了，母親便向孩子說，母雞要生蛋了，生下來後煮蛋給你吃吧，孩子卻一直在問：煮蛋是甚麼？母親便比手畫腳了老半天想讓孩子明白煮蛋是甚麼。這篇諷刺性的上乘之作，也道盡戰時體制下人民生活必需品的短缺，正如張文環在〈從山上望見的街燈〉（或稱為〈地平線的燈〉）所說，「時局已進入悲壯態勢」。

四、〈雨夜花〉

邱永漢是走過悲愴年代的臺灣人，他的首篇小說〈濁水溪〉，從歷史角度言，是一幅悲愴年代的歷史性繪卷，是一部反映悲愴年代歷史場域的代表之作。在〈濁水溪〉裡，邱永漢以第一人稱述及「我」、「臺灣」、「時代」發展的故事，並從皇民化開始談起。

小時候，「我」讀日本人的小學校，五十人中，臺灣人只三人，有一個學期被選為班長，但因為是臺灣人關係，級任導師把「我」降為副班長。中學到臺北讀臺北一中，也是日本人占多數，感受到歧視待遇（軍訓成績單的分數總是五十九分，經打聽後，才知道臺灣同學一律五十九分）。在鄉下，殖民地差別待遇太普通了：「日本人警察可領六成加給津貼，同時生活費幾乎是全免。米店免費供給食米，而且巡視市場一圈回來，豬肉、蔬菜都白白奉送。」

考上臺北高等學校時，總督府在臺灣推行皇民化運動，穿和服，改姓名，「短短期間內，製造了不大懂得日語的滑稽日本人」。「在高等學校聽歷史課的臺灣人，幾乎都受過這種洗禮，那是要踏上『反抗者』之路的起點」。

隨著時局緊張，南進基地的臺灣成為日本「不移動的航空母艦」，逐漸將全島「要塞化」。為歡送美國人老師回國，同學們齊唱「雨夜花」——那甜美而哀怨的旋律，老早就受到臺灣民眾的喜愛，當臺灣人被日本當局徵用為「軍夫」後，有位日本人將此曲配上日文歌詞，改為「榮譽軍夫」歌；但當局愈推動，原來的歌詞「雨夜花」愈風靡全島，當局連忙禁唱此歌，「懷著被迫向同一祖先的大陸同胞對抗的臺灣人的悲哀唱這首歌時，我們每位同學都感到心痛欲裂」。

「我」大學讀東京帝大經濟學部，經學長劉德明推薦上德村教授的課，德村教授力主日華親善，日華攜手合作，才可能有大東亞共榮圈，但「我」問道：「如果照目前的情況繼續下去，中國大陸將變成第二個臺灣」，如此「和平建國」將不可行，而「抗戰建國」更具有吸引力。德明父親是位醫師、基督徒，留學京都大學醫科，母親則為日本人，不免有人納悶，德明則自信回應說：「……難道今天有人懷疑鄭成功是漢人的象徵？」「我生下來就是臺灣人，嘗到了民族的痛苦，恐怕今後仍必須繼續嘗受這份痛苦，我只有臺灣人的意識，這樣就夠了。」

二二八

一、歷史時刻

「身上流的是漢民族血液，身分卻是日本國民」的陳逸松，是日治後期皇民化與戰時體制的見證者，也是一九四五年十月二十五日在臺北市公會堂舉行日本受降儀式的見證者，當時也是座上賓的他，在回憶錄中表示「那場面是我一生難忘的一刻」，也是「做歷史主人」的一刻，「臺灣人過去五十年，上至父母祖先，下至兄弟姊妹朋友，都受過日本人糟蹋過，當陳儀宣布『從今天起，臺灣及澎湖列島國，已正式重入中國版圖』時，大家都沉浸在做歷史主人的興奮中」；「公會堂上如雷的掌聲，為日本殖民統治畫下了休止符，歷經五十年的煎熬，臺灣人從苦難中譜出了『光復』的樂章」。

從皇民化到二二八，都是歷史現場見證者的吳濁流，當公會堂的歷史時刻進行時，他以記者的身分，記錄了現場的狀況：「歷史性的受降典禮開始，高喊萬歲的聲音搖撼了整個公會堂，掌聲如雷鳴。這樣，臺灣就完全歸附祖國，從五十年的殖民生活解放出來。」「我作夢也沒有想到會有這麼一天。我私自下個願望：從今而後，一定要建設成比日據時代還要美好的臺灣，成為一個三民主義的模範省。這不僅是我一個人的理想，也是全臺灣民眾，六百萬島民的熱望」。在《無花果》一書，吳濁流同時寫道：「至於那五十年間的皇民運動，只僅一天就被吹走了」。

在日本寫下《臺灣・苦悶的歷史》一書的王育德，面對光復之際臺灣民眾的真情，他寫道：「一般民眾沉醉於單純的歡欣中，臺灣人當初歡天喜地，情況熱烈的程度，使日本人慨歎皇民化運動只是一場夢幻……這種複雜的深層心理，試加反省，大概是下面這種心理：第一是單純的喜悅，不論是勝是敗，戰爭已經結束。第二層的喜悅是五十年來的統治者被打倒，隸屬關係宣告解除。第三層的喜悅是中國打敗日本，把自己解放出來。第四層的喜悅是今後大概能在中國的統治圈子內行使平等的政治權利。」

二、〈壁〉

一九四六年春天，大約國民政府接管臺灣半年之後，劇作家簡國賢所創作的戲劇〈壁〉，在臺北中山堂公演，這是一齣社會劇，因劇情簡單，且富對照性，演出時又用臺語，博得大眾空前的歡迎。

劇情是以「一片壁」做境界，劃分為兩個環境。一為大商賈陳金利的房子，囤積米和麵粉，堆積如山，房屋布置精緻奢華，古玩擺設玲瓏耀眼；一為勞動者許乞食房子，只有一張沒有蚊帳的舊睡床，和一張靈桌，情景淒涼、黯淡。

陳金利向許乞食催搬出住房，以供囤積之用，僧侶也來湊一腳，幫忙催許乞食搬出，許大罵和尚為「隔壁所飼的惡狗」，是「偽善者、狗奴才」，結果和尚竟想出「交由流氓去辦就夠了」的方法，最後許乞食以僅有的八十元，還去藥錢二十五元，剩下的要孩子阿仁去「買三碗白飯」，「還有豬肉」，「再來一個油炸豆腐」，三個人一起吃，許乞食並拿一包藥摻進三碗飯裡，三人吃完最後的晚餐，走完人生。

許乞食在逝世前感嘆地說：「壁呀！壁！在這一層壁的那邊堆積著和房子一樣高的米，盡其奢侈豪華，像是一處極樂的世界。這一層壁的這一邊，是一個遇不到白飯的餓鬼，非切斷自己生命不可的地獄。只有這一層壁的遮隔，情形是這樣不同。壁是這麼厚，又這麼高……想打破這層壁，可惜我的拳頭太小，我的手太細。壁呀！壁，為甚麼這層壁不能打破呢？」最後許乞食以頭撞壁，血流倒斃。

〈壁〉所反映的，是距離二二八不到一年的臺灣社會的真實寫照。

三、〈冬夜〉

呂赫若的〈冬夜〉是一篇以日治後期戰爭體制、光復後政府接收的失序，預感將有一場時代風暴為背景的小說。主角為苦命的楊彩鳳，「母親生性好賭，時常賭得深更時分才回來」，父親和弟弟則靠「賣香菸」、「賣油炙粿」、「零零碎碎的東西」過活，作為長女，彩鳳撐起了家計。十八歲時，彩鳳和林木火結婚，但「僅生活五個月」，林木火就被迫當了志願兵，派到菲律賓前線去，從此一去不回，「彩鳳因而失掉了一切力量」。但為了「一家五口的生活費」，她走進酒館，並認識了第二任丈夫郭欽明，郭欽明來自大陸，號稱大財主，「繳付三萬圓來做聘金」，彩鳳將自己的「一切明明白白地告訴他」，郭欽明用「憐憫的眼光注在她的臉上」，同情地說：

妳這麼可憐！妳的丈夫是被日本帝國主義殺死的，而妳也是受過了日本帝國主義的摧殘。可是妳放心，我並不是日本帝國主義，不會害妳，相反地，要救被日本帝國主義摧殘的人，這是我的任務。我愛著被日本帝國主義蹂躪過的臺胞，救了臺胞，我是為臺灣服務的。

半年後，彩鳳被傳染了性病，郭欽明卻說彩鳳之病，是「在結婚後，秘密回到酒館去賣淫所致，因此，他立刻主張離婚，要求還三萬圓的聘金」。由於時局紛亂，經濟蕭條，彩鳳在病癒後只能以賣淫維生，並和本名叫王永春的狗春來往，在一次「交易」時，可能是盜匪的狗春，在警察人員的追捕槍聲中，「每個人都帶著驚惶的面貌和跳動的心」，「一齊爭著往外面跑」，彩鳳「禁不住了恐怖心來，她怕被拘，就拚命地跑出去」。

「喂！危險！不准出來。」

她只聽見了怒聲在後面這樣喊著。她一直跑著黑暗的夜路走，倒了又起來，起來又倒下去。不久槍聲稀少了。迎面吹來的冬夜的冷氣刺進她的骨裡，但她不覺得。

〈冬夜〉發表後的第二十二天，二二八爆發。

四、悲慟三月

（一）歷史場域的見證之一

曾在「二二八事件處理委員會」（以下簡稱「處委會」）扮演一定角色，也是二二八歷史場域見證者之一的陳逸松，在其回憶中這樣敘述「慘痛的三月」：「二月二十七日晚，我和黃啟瑞、陳逢源在我事務所樓上聊天……我們三人本來想去賞月，就順步走向圓環那邊，到了圓環，看到公賣局的車被推倒，被放火燒……我們三人從旁邊走過，實在沒有想到事情會鬧那麼大，像乾柴烈火，二十七日當晚，消息就傳到了臺中嘉義以南，紛傳：『國軍亂打人，打死臺灣人』，瞬時引爆了民怨，群情激憤，各地方市議會……都自動集合商討處理對策。」「二十八日全市陷入混亂，大批民眾沿街敲鑼打鼓，眾口同聲『打阿山』，衝進派出所，搗毀並放火燒掉公賣局臺北分局，並包圍行政長官公署，學生也罷課加入行列，是晚，警備總部宣布戒嚴。次日（三月一日），混亂之勢比昨天更為白熱化，群眾從四面八方洶湧而來，商家和各機關緊閉門窗，人員紛紛走避，全市陷入恐怖氣氛中。」「三月一日，包括省參議員、參政員、國大代表和民眾代表都自動集結到中山堂開會，成立『緝煙血案調查委員會』，經協商派代表向陳儀提出五項要求：立即解除戒嚴、釋放被拘民眾、下令不准開槍、官民共組處理委員會，以平息眾怒，陳儀全部答應。」「三月二日，情勢變本加厲，各方代表在中山堂開會，決定將『緝煙血案調查委員會』改組為『二二八事件處理委員會』。三日，擴大改組後的處委會，在中山堂召開第一次會議，政府代表增為七人，處委會決議，派王添灯等委員會見陳儀，在報紙刊登〈急告本市同胞書〉，呼籲：本事件徹底交涉中，請暫為鎮靜，幸勿打人毀物……」「三月四日，事態急速擴大，處委會除了處理二二八事件問題外，還擴大處理社會政治問題……如此處委會已擴大為全省性組織，處理範圍也擴大到社會和政治領域，此時，政府代表已不再出席會議。」「從三月一日到七日的幾天，臺北市中山堂彷佛上演一幕空前未有的悲喜劇。……我和李萬居兩人被推舉起草《處委會組織章程》……三月六日，會議由王添灯擔任主席，由我宣讀昨天通過的組織章程，選出了常務委員十七名……會中王添灯提出臨時動議，他特別擬好二二八事件處理大綱，說明事件始末及處理方針（三十二條要求），動議獲全體委員會贊成通過。」「三月七日，處委會通過王添灯草擬的《三十二條處理大綱》，但是在全場的混亂中，又增列了『十條要求』……由處委會派代表王添灯等面交陳儀，陳儀看後，斷然拒絕。至此，情勢急轉，大家紛傳蔣介石已派兵即將抵達基隆，處委會成員紛紛走避，運作戛然而止。」「三月七日，開完處委會後，王添灯要回家，順路送我到我的法律事務所，下車時，我回頭看了王添灯，他面孔毫無生氣，死白得像死人的臉孔，我心中一震，一種很不吉祥的預感湧上，是不是將有大難降臨……王添灯的臉色預告了甚麼？……十天來的憤怒、反抗、動亂，所要表達的政治要求終於全部集中寫在一張紙上了，事情也到了一個頂點，一個分水嶺。」隨著蔣介石派兵登陸基隆，「臺北市槍聲大作，兵來了。」

（二）歷史場域的見證之二

作為臺灣悲愴年代最主要見證者與記錄者的吳濁流，在《無花果》一書，對「外省人與本省人的摩擦」，有著深入的心靈探索與分析，他說：「各機關接收以後，日本人所留下的位置由外省人所替代，而下面的本省人仍然居於原來的位置，因此，對工作環境詳細的本省人居於下位，而不諳工作的外省人卻悉數居於上位，就蘊育了很大的矛盾。」吳濁流所服務的報社也發生這種現象，「臺灣人在異族的鐵蹄下喘息了五十年，好不容易回到祖國的懷抱，和大陸同胞團圓，共敘天倫之樂的生活之際，不但沒有安慰，反而擊來一記鐵鎚，於是動搖了人心，不由得令人想到好像恐怖政策的前奏似的。」

吳濁流在另一篇小說《波茨坦科長》，創造性指出「在這個世紀裡，最偉大的事物也許要算是波茨坦宣言了……因了它，著實產生了好些東西，曰：波茨坦將軍；曰：波茨坦政治家，還有波茨坦博士、波茨坦暴發戶、波茨坦社長等等，而我們的波茨坦科長也正是其中之一。」在吳濁流所經歷的接收場域，當接收變成劫收，於是形形色色、各式各樣、大小不一的「波茨坦科長」，便會在各種領域，以各種身分出現。當「波茨坦科長」范漢智的太太「要把掉了的圖章放進皮包的時候，看見皮包裡全是圖章。怎麼會有這麼多圖章！」她不由一怔，問她的丈夫，范漢智由嘴裡哼出「唔！唔！」的聲音：「那個嗎？那是做官的人的法寶。沒有那個，妳就不能坐汽車呀！」

在「二二八事件及其前後」一章，吳濁流憂心忡忡寫道：「在一九四七年一月到二月間，社會已經相當複雜了。當時稱外省人叫『阿山』，從大陸回來的本省人叫『半山』，阿山和蕃薯仔（本省人）對立，在外省人中也有得意和失意者的對立，半山也有失意和得意的對立，最嚴重的是政府與（國民）黨對立而言論不一致。……這種對立而引起的責備、攻擊，直接間接動搖了本省人的心。」「因此，使本省青年的心理產生失望，加上失業者非常多，而從海外回來的青年幾乎完全失業。尤其戰爭中，在海南島或廣東的本省人，在戰爭結束之際，受到當地民眾或外省憲警的欺負，比對付日本人還要厲害，並且經過了非常困難才回到臺灣，但回來一看，從事接收的外省官員的知識水準和他們幾乎不能相比。有些外省人當中，知識水準低又持有優越感，本省青年自然湧起不服的情感。」「此外，本省知識階級在光復之際，都以為會比日據時代有發展，但是大多數人都失望了。……好不容易期待光復的結果，卻落得與殖民地無異的日子，不由得感到心灰意冷。」加上「三百年間殖民地被榨取」的歷史背景，都「患上政治渴望症」、「把政治家當做非常偉大，並且不管張三李四，都急著想當個政治家。」「光復後，在知識者都不約而同想走進政治的窄門，這個現象正和燒開水時，把茶壺蓋開個小洞，水蒸氣自然會從這個洞跑出去，但水一沸騰，蒸氣就無法同時排出而蓋子就自然往上掀開是同樣的道理。」

「所以這個事件（二二八）既無計畫，也無統一，既沒有縱的命令，也沒有橫的聯絡，完全是因為過於憤怒產生的一種自發的、也是突然的事件罷了。……總之，給外省人拿槍是一件頗危險的事，而由他們取而代之的想法，非常單純而一點野心也沒有。這種天真爛漫的行動，道出了臺灣人稚氣的一面，而另一面卻是從政治上的無知而來。」另外，「臺灣人沒有遭過戒嚴的經驗，雖然已實施戒嚴了，但卻以所謂瞎子不畏蛇的心情，在三月一日早上，像往常一樣走過長官公署面前，到城裡去。」「（八日）深夜突然起了槍聲，這兒那兒都有很激烈的槍聲，偶爾還夾雜著大砲聲，由遠而近……」「警備司令部從九日上午六時起再實施戒嚴，……當國軍在基隆登陸時，處委會就自然解除了，……整天都有激烈的槍聲，整個市內完全變成戰場。」「三月八日，閩臺監察楊亮功奉中央之命，為處理二二八事件而到臺灣來；」……三月十七日，以特使身分專程來臺的國防部長白崇禧將軍，針對二二八事件，在廣播中發表處理方針，「秩序因而恢復了」。「二二八事件對臺灣來說確實是個大風暴。」

（三）二二八研究報告

二〇〇三年，由財團法人二二八事件紀念基金會（以下簡稱二二八基金會）主辦的「二二八事件新史料學術研究會」，二二八口述歷史主要推動者與工作者之一、時任國史館館長張炎憲，在專題演講中指出，自一九九一年民間二二八研究小組成立以來豐碩的研究成果，讓「二二八學」呼之欲出，「這些成果顛覆了國民黨視二二八事件為『叛亂』、『暴動』、『叛亂分子』、『暴動分子』、『共產黨指使』等說法，也反駁中共將二二八事件視為『新民主主義革命』等說法的荒謬性。」「二二八的歷史解釋權也從中國、國民黨、統治者手中，回歸臺灣、臺灣人民的手中。」

二〇〇七年，由二二八基金會出版的《二二八事件責任歸屬研究報告》，小組召集人為張炎憲，執筆成員包括黃秀政、陳儀深、陳翠蓮、李筱峰、何義麟、陳志龍、黃茂榮等教授，其中第二章論及事件發生的背景，包括：

——行政長官公署體制的特殊化

——政治壟斷與接收弊端

——經濟統制與民生疾苦

——社會動盪與文化隔閡

此一「研究報告」有關二二八的死亡人數，則「根據一九九二年二月行政院研究二二八事件小組公布的《「二二八事件」研究報告》，統計全臺和澎湖地區在鎮壓與整肅前後的死亡人數，以人口學的推計，約在一萬八千人至二萬八千人之間。」

二二八發生時，在臺北美國駐華領事館任職副領事的柯喬治（George Kerr），在《被出賣的臺灣》（*Formosa Betrayed*））一書這樣寫道：「臺灣的流亡領袖控訴在三月裡有一萬人以上被屠殺，我必須假定不會少於五千，……假如我們加上自一九四七年三月以來被逮捕及處死的數千人，這數目可能達及經常由臺灣作者所說的二萬人。」

五、〈創傷〉

文學上的二二八有如「無語的春天」，充滿著悲涼、淒厲、甚至肅殺。由夢周所執筆的〈創傷〉短篇小說，發表時間是一九四七年四月，二二八事件一個月之後，應為最貼近二二八時間的作品之一。〈創傷〉敘述國柱和新婚妻子，「抱著滿腔對光明的憧憬，懷著一顆對美麗之島嚮往的心」，從上海坐船來臺灣度蜜月，「臺灣給他的第一印象是新鮮的、明快的」；想不到卻在旅遊途上碰到二二八，而變成「一場惡夢」。

來臺約一個禮拜左右，他們來到草山，遊玩時，已聽到「臺北民眾攻毀公賣局的消息」，帶著「一種莫名的不安和焦躁」，他們想回去旅社，但在車廂裡，「四周好像都閃動著仇視的眼光」，當「圓山的輪廓漸漸明朗起來，遠處近處都蕩漾著喧雜的喊聲，還有鑼鼓聲，異國的歌聲，甚至夾有一兩聲槍聲，這些聲音匯集成恐怖的主流……」車子在行行走走又受阻擾的過程上，〈創傷〉也描述了二二八進行的場域實景……「預料中的時間到了，他只好硬了頭皮替她下了車。惶恐地向前走去，連方向也辨不清」……他看到現場受傷的血景，他們夫妻也被攻擊，在昏迷中醒來時，才知道為一對貧苦父子所救（一個拉車，一個擺地攤），並找醫生幫忙治療，「要走的那一天，父子兩人帶著捨不得的神情送他倆到碼頭去，眼眶裡隱約含著眼淚，送他們錢不肯受，固執地扔還他‧他被這偉大的人類愛感動得流下淚來，一生中再也忘不掉的事」。

六、〈濁水溪〉

〈濁水溪〉之所以能成為一幅悲愴年代的歷史繪卷的代表之作，是因為邱永漢在這部小說裡不僅談到皇民化，也談到二二八。

日本戰敗後，「我」決然要回臺灣。「新的世界在等我，有生以來第一回能夠叫做祖國的國家，在海那一邊向我招手。船尚未啟航，我的心就已離開了日本」……但到了臺灣以後，「首先聽到的是對來接收的國民黨官員的醜聞，和對沒有威信的軍隊憎恨的聲音……民眾以為可以看到打敗日本的精銳軍隊，結果羞愧而散」；「臺灣貧民在路邊賣的香菸都是上海貨，違反公賣局法，走私這些東西的人，全都是中國官僚和商人……工廠停工、失業者增加，乞丐和小偷橫行……這種情形太過於嚴重，即使戰敗國的日本都不是這樣。」返臺與父親第一次見面時，父親說：「……日本人簡直壞透了，要是有人敢說些不滿的話，馬上就認為間諜嫌疑而帶走……假使這場戰爭他們不打敗，那真是連神都不長眼睛」，「陳儀固然是壞傢伙，但中國是我們的祖國，要說祖國的壞話還太早……要論功過，等將來再評斷也不遲」。

臺灣民間傳說有關濁水溪的故事：「戰爭結束前不久，濁水溪的水變得很透明，都可以看到溪底。這是很少見的事，大家都在傳說不曉得會發生甚麼事？果然不錯，日本戰敗了。……我們還是小丫頭的時候，也發生過這種事，那是五十年前的老故事了，當時是日本人來臺灣。……那溪水一見變清就會有事，可是真的哩，不過，今天是濁的」。

「由於日本戰敗而容易實現的夢想，現在卻被推擠到遙遠的另一方」「既然外省人不容許我們，那就靠我們本身的力量來建設臺灣吧，我認為最好的辦法是創辦學校……日本的慶應和早稻田大學也是從小規模開始辦起，然後才變成今天的龐大規模，所以，我們也應該仿明治維新時期的日本」「一直視中國是祖國的我們，……曾經視外省人為解放者而予以熱烈歡迎的臺灣民眾，僅僅半年之內就認為他們是侵略者……民眾不稱陳儀為長官而稱為豬官，又說『狗去豬來』；「五十年來，日本在政策上煞費苦心要切離臺灣人和大陸的關係，其結果變成我們只能以憧憬的對象來思考中國社會。戰後眼睛看到這個社會時，所有臺灣人都發現自己的想像過於天真而驚慌不知所措，但已太遲了。陳超平和德明希望以創辦大學作為城堡，對抗封建性的軍閥，但在我看來，不過是大風前柔弱的草花罷了」。「我」碰到在美國領事館服務的羅威特，羅氏說：「八年前，我來此，看到臺灣總督府官員那麼多而訝異，比國務院還多哩。但現在比那時候更多，效率又低，真的很糟糕」。

一位蘇法官為維持公平的判決，遭軍方威脅，「一度連夜路都不能走」，他憤慨地說，「早知道是這種社會，不如留在日本，歸化為戰敗國的國民」；「在這個社會，人格、學歷、技術等都屬於無用的東西……一切都是錢、錢、錢」；「統治戰後臺灣的是軍閥的權力，若要與這權力對抗，除了鑽這權力的漏洞而成長以外，別無他法。」「面對有秩序的社會仍抱著類似鄉愁的懷念……昔日的我是我的情人，我愛慕其容貌，恰如初戀人永難忘懷一樣，我懷念那已不知消失何處的昔日的我」。

戰爭結束後第三年，一九四七年二月二十八日，「臺灣民眾從前雖處於殖民地，但一度呼吸過二十世紀的空氣，對於國民黨封建性的榨取實在無法忍受」，終於爆發了群眾遊行示威事件，「這完全是預期之外的暴動，但占領臺北市的消息一旦傳出後，短短的二、三天之間，好像經過事先的準備一般，全島各角落都回歸臺灣人的手」；「對於這種騷動，臺灣人有力者和領導人物都只愕然觀望而已」。

德明對於二二八處理委員會痛批「簡直不成體統，這些委員都沒有受過政治訓練，甚至連政治策略的『政』字都不懂……一定會遭遇沉痛的打擊」；他認為必須「先生擒陳儀再慢慢談判……」「這種委員會以後不再參加了，我預備和我的同志從頭做起……」果不然，陳儀一面談判，一面要求援兵，到達的援兵與接受日軍投降典禮派來的赤足士兵不同，配有美國新式裝備的精銳部隊在基隆一登陸，「以破竹之勢進軍臺北，二二八處理委員會的委員們立刻被冠上共產黨的帽子，來不及逃避的人和相信沒有罪而自動出面的人被當場槍決……」「我」目睹慘狀，搭夜車南下，「看見打開車門進來的憲兵，往往會產生錯覺，以為我現在坐在東京開往長崎的逃亡車中，不禁全身顫慄」。邱在書中說，二二八「被槍殺的，據說超過五千人以上」，包括德明的父親、蘇法官等人，張炎則以金錢贖回老命。

經過二二八之後，翠玉（張炎女兒）說：「這種地方不能住，我愈來愈覺得討厭」，「我」則說「我也有同感，日本時代反而好」，張炎則說：「既是這麼腐敗的社會，乾脆變成共產黨更好」；「我」感於「德明八成已被丟入淡水河」，而變成一個「我無國家，也沒有民族，我是永遠流浪的猶太人」；及聞知德明未死，「我」力陳：「這裡不是像你這種人可以生存的地方」，「要活下去，要活下去！要在沒有民族沒有國家的地方活下去。走吧，到能夠活得像人的世界去生活吧」。

本書結局，德明拒絕和「我」同行逃亡，「我」又拒絕翠玉同行，「我」下決心離開家鄉，望著濁水溪，「今後它仍永遠繼續流下去，而當無法相信的奇蹟發生，這條溪流的溪底清澈可見的日子來臨時，這塊土地將再度流出許多的血」。

悲愴後遺症

一、歷史斷裂

從一九二〇年新民會成立，一九二一年第一次提出臺灣議會設置請願運動以來，十年間，代表大同團結的臺灣文化協會不斷啟蒙深耕，每年巡迴演講達三百多次以上；代表「臺灣人唯一喉舌」的臺灣民報，不斷「吹響激勵民眾的進行曲」；因二林事件而迅速興起的農民運動，在臺灣農民組合的組織與帶動下，掀起請願與抗議的高潮；臺灣的工人運動由於受到農民運動的影響，以及一九二七年臺灣鐵工所事件的衝激，也吹起「臺灣勞工進軍的喇叭」，及臺灣工友總聯盟成立，工人運動也邁入統一的新階段；此期間青年運動勃興，學生罷課時有所聞，婦女也發出解放的怒吼，當抗日運動發展成為一種社會大眾運動，蔣渭水排除困難所成立的臺灣民眾黨，又致力成為「臺灣人解放運動的總機關」，當此歷史走向形勢大好之時，由於蔣渭水的逝世，以及日本軍國主義力量的興起和九一八事件的爆發，整個持續高漲的抗日運動，卻有如蔣渭水「大眾葬」葬儀剛要出發的天氣一樣，「天候忽變，暗雲迷空」。

從一九三〇年代中，到一九四〇年代末、一九五〇年代中，在大約二十年之間，臺灣社會經歷兩次空前的變局：一次是在日本統治下，為配合日本帝國主義總體作戰的需求，臺灣總督府在臺灣所推動的皇民化運動；另一次則是在臺灣光復後，負責接收臺灣事宜的臺灣行政長官公署，由於統治失當，民心盡失，不到兩年，在臺灣所激起的二二八事件。

對當時正值青年邁向新生代或中生代、且正要在歷史舞臺上扮演角色的那個世代臺灣人而言，這兩大變局的影響是全面的，深遠的。由於這兩大變局，自蔣渭水世代所開展的臺灣近代民族運動的洪流，幾乎面臨「斷裂」，走到「歷史終結」。那個世代的代表性人物，在那淒苦而悲涼的歲月，不少人犧牲了，他們為歷史掩蓋；不少人為時局所困，噤聲了或雌伏著；不少人迫於無奈，鬱鬱而終；也有不少人奔向中國或日本，為臺灣尋找出路；當然也有人為了權位與名利，不惜扭曲人性，成為政治小民；但也有一些人在文化、醫療、教育、企業等領域內，默默堅持，展現出世代生命的韌性與微光……。從皇民化的前山有如爬坡，到二二八的後山有如攀壁，整個世代的命運，正如臺灣俗語所說：「前山未是崎，後山崎像壁」。這兩大變局刻劃出臺灣的悲愴年代。

陳芳明在《臺灣新文學史》一書指出：「皇民化運動……為臺灣人的心靈製造了無以言喻的傷痕……使文化傷害更加深化。」而臺灣在光復之後所面臨的處遇，陳芳明說：「這是一個歷史過渡期，也是一個社會轉型期，更是一個文化衝突期。」「戰後初期的文學活動有兩個重大議題考驗著臺灣作家，一是語言使用的問題，一是文化認同的問題。」但經過二二八「鮮血的洗刷之後，臺灣都陷入寫作停頓的狀態」。「驚惶、畏懼、消極、不安的情緒瀰漫整個社會，對於作家而言，這種感受尤為深切。所有文學刊物都被查禁，日語使用全面禁絕，日據文學傳統至此宣告中斷。」「面對殘酷的政治現實，所有日據作家都停止文學創作」，「臺灣文學史的雙重斷裂，亦即抗日文學與五四文學的傳承，在二二八事件後便發生了。」

二、人才斷層

二二八立竿見影而又深遠的影響，不僅是歷史斷裂了，人才更斷層了。

依《二二八事件責任歸屬研究報告》，提供一份「二二八事件臺灣菁英蒙難一覽表」：

序號	姓名	職銜	受難日期
1	王石定	高雄市參議員	1947.03.06
2	黃　賜	高雄市參議員	1947.03.06
3	葉秋木	屏東市參議會副議長、三青團屏東分團主任	1947.03.08
4	宋斐如	臺灣省教育處副處長	1947.03.09
5	李仁貴	臺北市參議員	1947.03.09
6	施江南	四方醫院院長	1947.03.09
7	徐春卿	臺北市參議員	1947.03.09
8	陳　屋	臺北市參議員	1947.03.09
9	黃朝生	醫生、臺北市參議員	1947.03.09
10	李瑞漢	臺北市律師公會會長	1947.03.10
11	李瑞峰	律師	1947.03.10
12	林茂生	臺灣大學教授	1947.03.10
13	林連宗	制憲國大代表、省參議員	1947.03.10
14	蕭朝金	岡山教會牧師	1947.03.10
15	王添灯	臺灣省參議員	1947.03.11
16	陳　炘	大公企業公司董事長	1947.03.11
17	阮朝日	臺灣新生報總經理	1947.03.12

序號	姓名	職銜	受難日期
18	吳鴻麒	高等法院推事	1947.03.12
19	吳金錬	臺灣新生報日文版總編輯	1947.03.12
20	陳復志	三青團嘉義分團主任	1947.03.12
21	陳澄波	畫家、嘉義市參議	1947.03.12
22	湯德章	律師	1947.03.12
23	張榮宗	朴子副鎮長、三青團朴子區隊長	1947.03.12
24	潘木枝	醫師、嘉義市參議員	1947.03.12
25	盧鈵欽	醫師、嘉義市參議員、三青團嘉義分團書記	1947.03.12
26	王育霖	前新竹地檢處檢察官、建中教員	1947.03.14
27	林旭屏	省專賣局菸草課課長	1947.03.15
28	郭章垣	省立宜蘭醫院院長	1947.03.17
29	許錫謙	三青團花蓮分團股長	1947.03.20
30	張七郎	制憲國大代表、花蓮縣參議會議長	1947.04.04
31	楊元丁	基隆市參議會副議長	1947.04.08
32	黃媽典	臺南縣商會理事長、縣參議員	1947.04.22

這些菁英，都是二二八事件早期的犧牲者，包括政治界有制憲國大代表、臺灣省參議員，臺北市、屏東市、高雄市、嘉義市、基隆市等參議員；司法界有律師、推事、檢察官；醫界有院長、醫生；教育界有大學教授、省教育處副處長、建中教員；企業界有公司董事長、商會理事長；報界有總編輯、總經理；也有畫家、牧師及三青

團分團主任等，都是各行各業素孚眾望者；而在一九四七年四月二十二日之後，仍有不少菁英相繼犧牲，他們也都是各行各業的代表性人物。這些菁英可說是一個世代人才的代表，他們有些也是蔣渭水世代的同行者，有些更延續蔣渭水世代的精神，但他們都在「悲慟三月」犧牲了。這個犧牲不僅代表一個世代人才的凋落，更導致人才的斷層，為甚麼在悲愴年代之後，臺灣歷史會陷入冬眠、或瀕臨失聲的階段與過程，都與整個世代的人才斷層有關。

三、兩個太陽

我在《兩個太陽的臺灣——非武裝抗日史論》一書，曾引述當時有思想家之稱的賀川豐彥，在〈兩個太陽輝耀的臺灣〉一文，這樣寫著：

生蕃有這種神話……

太古，臺灣島上，有兩個太陽照下，熱得不得了，真是令人抵擋不住，住民之中，有個勇敢的漢子，說非射落一個不能安居，即到欲射太陽的地方。這個好漢，自知欲射到太陽，一代萬不能達到目的，遂即揹負他的孩子，一同動身。

他揹孩子上射太陽的長途，每日不厭辛苦……可惜這個漢子，到了中途，不堪山川跋涉的艱難，一命歸陰。他的孩子幸喜遵守父親的遺言，繼續前進，果然射落一個太陽，太陽受射之後，忽然縮小，變成一個涼快的月娘。……

臺灣的政治勢力是內地的延長，但是社會勢力不論甚麼都在三百年來居住的漢民族，這個地方，太陽亦可看做兩個。

兩個太陽自然過熱……到臺灣的內地人，十分之一是官吏，除官吏與其家族，到底有多少內地人在這裡呢？除製糖會社及做茶米的而外，不可不說很少，未滿二十萬人，果能幹出甚麼事呢？……

日本統治下這「兩個太陽的臺灣」：一個在人口上占少數，但在政治、經濟、教育上卻居於統治地位，屬於大和民族的日本人，構成的是政治勢力的「太陽」；另一個在人口上占多數，但在政治、經濟、教育上卻居於被統治地位、屬於漢民族的臺灣人，構成的是社會勢力的「太陽」。這兩個太陽，不僅同時在臺灣輝耀，也同時在臺灣對立，所呈現的是民族歧視和差別待遇。這也正是蔣渭水世代投入臺灣近代民族運動的時代背景和動力所在。

二二八之後的臺灣，也呈現出「兩個太陽」的現象：一個是在人口上占少數，但在政治、經濟、教育上卻居於統治地位的外省人，構成的是政治勢力的太陽；另一個是在人口上占多數，但在政治、經濟、教育上卻居於被統治地位的臺灣人，構成的是社會勢力的太陽。這兩個太陽，不僅同時在臺灣輝耀，也同時在臺灣對立，所呈現的也是一種歧視和差別待遇。這也正是黨外世代投入戰後民主運動大洪流的時代背景和動力所在。

簡單來講，兩個太陽，在總督府時代，指的是日本人與臺灣人的對立；在國民黨時代，指的是外省人與臺灣人的對立。隨著臺灣民主化的發展，逐步將外省人與臺灣人的對立，界定為外省人與本省人的衝突，其後更將這種「省籍衝突」又界定為「族群衝突」。

這是一個漫長的調適過程。一個大的歷史事件的影響，其療傷止痛的過程，往往需要一代以上的時間。二二八之後「兩個太陽」的後遺症，即使四十年之後，到一九八七年戒嚴解除時仍然揮之不去；甚至到一九九六年，臺灣第一次總統直接民選，李登輝仍以「臺灣人的悲哀」（指的是二二八之後「臺灣人的悲哀」，但不是指從皇民化到二二八悲愴年代的「臺灣人的悲哀」）作為總統選舉的主要訴求，因為這是觸及臺灣人歷史傷口最敏感、又最有效的動員元素。

四、政治禁忌

二二八發生之初，臺灣省警備司令部曾發布兩次戒嚴令，第一次是一九四七年二月二十八日臺北市臨時戒嚴，但陳儀隨即發表公報，臺北區自三月一日午後十二時起解除戒嚴；第二次是一九四七年三月九日起臺北市戒嚴，三月十七日又公報臺北市戒嚴命令通用全省各地，直到五月十六日魏道明就任臺灣省主席宣布解嚴。

但二二八之後，進入白色恐怖階段；一九四九年五月十九日，臺灣省警備司令部又布告：自五月二十日零時起，宣告全省戒嚴，此為第三次戒嚴，一直適用到一九八七年七月十四日才宣告解嚴。在長達將近四十年的戒嚴期間，二二八一直成為臺灣社會、臺灣人民最神秘、最敏感的政治禁忌。

二二八的逮捕、審判、下獄、槍決……「名士們一個個被抓去，沒有一個人可以安心過日子」，吳濁流在《臺灣連翹》這樣描述：「整個社會都落入恐怖狀態裡。從被捕者家裡搜取的名片、照片，做為檢舉的根據，大抓特抓。……到朋友家去閒坐，也成了一件可怕的事，萬一這朋友家有人被捕，訪客也可能遭連累。本島人都被逼進這樣的處境當中，人人求明哲保身，非熟識的人不敢往來。」二二八發生時，擔任國民黨臺灣省黨部主任委員的李翼中，在〈帽簷述事〉這樣寫著：「國軍二十一師陸續抵基隆，分向各縣市進發，陳儀明令解散二二八事件處理委員會，又廣播宣布戒嚴意旨。於是警察大隊、別動隊於各地嚴密搜索參與事變之徒，即名流碩望、青年學生亦不能倖免，繫獄或逃匿者不勝算。中等以上學生，以曾參與維持治安，皆畏罪逃竄遍山谷，家人問生死、覓屍首，奔走駭汗、啜泣閭巷。陳儀又大舉清鄉，更不免株連誣告或涉嫌而遭鞫訊，被其禍者前後無慮數萬人，臺人均躡氣吞聲，惟恐禍之將至。」這就是為甚麼有些作家在二二八之後，要大量燒毀個人的相片與文稿，自我封筆，長期亡命，張文環曾餘悸猶存地表示：「臺灣人背負著陰影生存下來，而且活得像個笑話，然後默默死去。」這種「人人心中有個小警總」的恐怖政治氛圍所造成的政治恐懼感，從北到南，從西到東，籠罩在每一個臺灣人的家庭，每一個家庭見證過或聽聞過二二八的世代，都會以身教告誡自己的子女，「囡仔人有耳無嘴，政治的代誌毋通插」。這種濃濃的政治恐懼感，即使在黨外民主運動的呼喚與推動下，至少也要經歷一個世代以上的時間，才得以慢慢地稀釋，並逐步從政治禁忌的禁錮中解放出來。

在投入公共事務以前，我曾以兩年多的時間，每天工作十二到十四小時，為臺灣近代民族運動寫了約四十萬字，包括全世界第一本《蔣渭水傳》，因而與蔣渭水世代不少「先覺者」有著難忘的互動。加入黨外運動後不久，美麗島事件爆發，這些經歷過大風大浪的「先覺者」，碰到我的第一句話，大都是這樣說：「如果發生在二二八，這些人大概都槍斃了。」二二八發生在一九四七年，美麗島發生在一九七九年，三十多年之後，這些參與黃金十年的創造，又歷經二二八大難不死的「先覺者」，第一個直覺反應竟然這麼坦率，可充分感受到二二八對「先覺者」世代的巨大投影。

不僅如此，在一九七〇年代後期黨外運動過程上，有如《講沒完的政見》一書所呈現的，在那些每一場都是萬人以上的演講場合上，幾乎所有黨外人士都痛批國民黨的「鴨霸」，批判的聲音愈大，掌聲就愈多，從南到北，幾乎場場爆滿，人潮洶湧，臺灣民眾沉醉在批判國民黨的怒濤之中。二二八以後，他們好久沒有聽過這類聲音，他們都變成知名黨外省議員郭國基所說「臺灣人六臟欠一臟——膽臟」的一代，他們噤聲了幾十年，現在，看到這些黨外人士在幾萬群眾的面前，竟敢說出多年來他們想說而不敢說的話，敢批判多年來他們想批判而不敢批判的事情，他們壓抑太久了，沉默太久了，他們內心解放了，他們用掌聲、趕場聽演講來表達他們對黨外人士的敬意，並以實際的行動，包括捐錢、買書、買雜誌，表達他們對黨外人士的支持。黨外運動在一九七〇年代後期以後，所以能成為臺灣民主運動史上不可缺少、也不可代替的最主要反對力量，歸根結柢，實與二二八對繼起的整個世代所造成的巨大投影有著密不可分的關係。

一九八七年二月十五日，我二度擔任立委期間，以「全面釋放戒嚴體制下的受難者——兼論對二二八的六項主張」為題，向行政院提出書面質詢，這六項主張是：

一、發表正式聲明
二、撫慰受難家屬
三、追念臺灣先賢
四、興建紀念館
五、公布史實資料
六、全面釋放政治犯

這六項主張，很可能是立法院有史以來第一位立法委員針對嚴肅性的二二八事件，所提出的嚴正要求；距二二八事件發生之時，已有四十年之久。

同年，鄭南榕、陳永興、李勝雄等發起二二八和平日促進會，以演講、遊行、紀念的方式，打破暗夜的哭泣，逐步形成一股巨大的社會力量，破除人民心中的恐懼，並打開民眾久被壓抑的心扉，二二八公義和平運動也提出五項要求：

一、公開史料與真相
二、平反冤屈與名譽回復
三、賠償
四、國定假日
五、紀念碑和紀念館的興建

李登輝在與司馬遼太郎對話時，曾表示：「從前，我們七十歲的這一代，夜裡都難以安安穩穩地睡覺，我不願讓後代子孫遭受此種境遇」；作為總統，李登輝「但願能夠使她（臺灣）成為一個可以讓人夜裡安心睡覺的國家。」由於李登輝有這種心願，加上在野及社會各界的共同努力，一九九一年行政院成立二二八研究小組，撰寫二二八事件調查報告；一九九五年，二二八紀念碑落成時，李登輝以總統的身分，首度公開向二二八受難者及其家屬道歉；同年，立法院通過二二八補償條例，行政院成立二二八事件紀念基金會；一九九六年，二二八成為國定假日；一九九七年，臺北市二二八紀念館開館；二〇一一年，二二八國家紀念館開館。

繼李登輝之後擔任總統的陳水扁與馬英九，在對待二二八的態度上，基本上都與李登輝所確立的方向，保持同向而行；經過三位總統，二十多年以上的堅持與努力，大致而言，臺灣已然逐步走出二二八的政治禁忌與歷史幽谷。

五、祖國夢醒

《臺灣民族運動史》一書是在國民黨戒嚴統治下，最早突破臺灣近代民族運動研究的開山之作，其實際執筆者為葉榮鐘。葉榮鐘對於他們那個世代的漢民族情操，有著深刻的分析：「我們出生於割臺以後，足未踏祖國的土地，眼未見祖國的山川，大陸上既無血統，亦無姻親。除文學歷史和傳統文化以外，找不出一點聯繫，祖國只是觀念的產物，而沒有經驗的實感。但是我們有一股熱烈強韌的向心力，這股力量大約就是所謂『民族精神』。」由於這股民族精神的力量，「先覺者」推動抗日運動的兩大「欲求」之一，便是對「祖國眷戀的心情」。

這種對祖國眷戀的心情與漢民族情操，臺灣人民在歡迎國軍到來以及行政長官公署在公會堂完成接收前後，表現得最淋漓盡致。陳逸松在回憶錄中寫道：「……臺北街道青天白日滿地紅的國旗迎風飄揚……顯現出臺灣人對祖國的嚮往，正如一個長年被遺棄的孤兒，如今要重回母親的懷抱……沒有任何懷疑，只有一味的純真，滿腔的激情，迫不及待企盼著祖國接收大員的早日到臨……」臺灣人民以「迎接王師」的心情等候國軍登陸；而當陳儀一行到達時，「整個松山機場擠滿了歡迎的人潮……從松山機場經總督府到他的『臨時官邸』，沿途人山人海，夾道歡迎……『這樣歡迎的行列，要比何總司令（應欽）抵達南京的情形，更為熱烈』。」

吳濁流在《無花果》這樣寫著：「全市（臺北市）像沸騰似的，為了祝賀而把長久匿跡的花燈、花籃、繡彩拿出來裝飾，大放鞭炮，全市已化為歡呼的漩渦了。」「島民似一日千秋，又像孤兒迎接溫暖母親般的心情，等待祖國軍隊的來臨……」「六百萬島民從戰爭期間的飢餓狀態解放出來，陶醉在勝利和光復的喜悅之中，同時，以一日千秋的心情等待國軍的光臨。」在〈路迢迢〉裡，吳濁流也描述中山堂廣場前激動民眾的心情：「啊！祖國，終於回到祖國了，可以自由了，自由，憧憬了多久的東西啊。從殖民地的桎梏解放出來，就好比是籠子裡的鳥被放出來，飛到碧空裡一般。一時萬感交集，禁不住嗚咽起來。」「為了慶祝光復，整個臺北市在一夜之間被塗成中國色彩，整個臺北市彷彿要沸騰起來了，五十年間的皇民化運動，只不過一天就給一筆勾消了……六百萬島民誰曾預料到這一天吧？」

但光復後不久，這種齋戒沐浴以迎王師的心情，漸漸改變了。吳濁流在《波茨坦科長》這樣寫道：「光復當初的感情漸漸從世間消褪了。照理對祖國的憧憬，對外省人的親愛應該是日漸加深，可是事實卻正好向相反的方向，不滿的聲息日見囂張，到處都充滿對立的感情。」「她想起這種種的事覺得其中隱藏著時代的憂鬱」，「祖國！唉，那是較自己父母還更親的話，她想出了是那個感情凝結起來成為對丈夫的憧憬。」「光復當時那樣熱狂地歡迎的人們，半年不到的時間，那種熱烈的感情不但消失了，反而在他們眼中滿溢著不平不滿的反感，而且對她也帶著一種侮蔑的眼光。」「將過去對日人的感情移向了唐山似的。」隨著接收愈加失當，吳濁流在「臺灣連翹」感嘆地寫下：「把臺灣建設成比日本時代更好的理想，原來只是一場可憐的夢而已。」

吳濁流筆下的祖國，在〈路迢迢〉中有著重大的思維轉變，他寫道：

……藤田來臺已四十餘年，是少年時隨雙親過來的，期間連一次也沒回過故鄉，所以回去了，難免成為「浦島太郎」，再沒有一個熟人。思源曾為他左思右想。藤田本人還好，至於君子，故鄉只是一種觀念而已，並且她也沒回去過，回到日本，連東西南北恐怕都分辨不出來。如今就要被遣回到那樣的地方，說來實在是不合情理的。易言之，她是個沒有故鄉的流浪人。然而其實她並不是沒有故鄉的。臺灣才應該是她的故鄉，可是她卻懵然不知。過去她一定也憧憬過故鄉的，可是到頭來那只是一場美夢，醒來就成了幻境了。

……

最後他的思想竟脫離了現實，想起臺灣人和日本人的事。君子無疑自以為是個日本人的吧？可憾的是她將來回去日本，一定會有置身異國的感覺。這還不算，很可能會被土生土長的同胞目為異端，受到猶如對外國人那樣的白眼。實則她早已臺灣化了，只是她不自覺，一心以為自己就是日本人，所以處境難免更尷尬。她不能察覺這其間的微妙矛盾，痛苦也必來得更深重。就是思源自己，情形也很相像。回到了那樣憧憬的祖國的懷抱，可是總覺得心裡頭有個甚麼疙瘩。

這是因為思源也被臺灣化了的故。據老一輩的人們說，故鄉是在叫唐山的地方，而自從祖父那一代起誰也沒有回去過，情形到底怎樣，沒有人知道。縱使現在回去，也只能有置身外國的感覺吧。

邱永漢則在〈濁水溪〉這樣分析「祖國夢醒」的心境變化：

一直視中國是祖國的我們，……曾經視外省人為解放者而予以熱烈歡迎的臺灣民眾，僅僅半年之內就認為他們是侵略者……五十年來，日本在政策上煞費苦心要切離臺灣人和大陸的關係，其結果變成我們只能以憧憬的對象來思考中國社會。戰後眼睛看到這個社會時，所有臺灣人都發現自己的想像過於天真而驚慌不知所措，但已太遲了。

出生醫生世家，從小在日本人的小學校就讀，一九六四年發表〈臺灣人民自救宣言〉、一九九六年成為民進黨總統候選人的彭明敏於日本投降後，在《自由的滋味》回憶錄表示：「一個時代結束了。再來的將是甚麼呢？在日本的臺灣人將如何呢？臺灣的命運又將如何呢？」他回到臺灣後，所「聽到的大都令人洩氣……中國人接收以後，一切都癱瘓了……這真是一幅黯淡的景象。」「他們（陳儀等）以征服者的姿態出現，把臺灣人都當做被征服的人民」；「在日本嚴厲統治半世紀後，臺灣人學得了法治的價值」，但「我們的新主人完全不懂這些標準，臺灣人常受到輕侮看待」。歷經二二八協商血的教訓，彭明敏的父親彭清靠雖被釋放回來，但「從此，他再也不參與中國的政治，或理會中國的公共事務。他嘗到的是一個被出賣的理想主義者的悲痛……他甚至揚言為身上的華人血統感到可恥，希望子孫與外國人通婚，直到後代再也不能宣稱自己是華人。」

「沒有一發槍聲，更沒有權謀術數……由於蔣經國死亡，也根據憲法的規定，副總統的他，升格為總統」，司馬遼太郎在《臺灣紀行》一書中說，李登輝的故事，「只能說是奇蹟」。李登輝在《臺灣的主張》一書，曾明白表示「二二八事件對我的思維及理念，產生很大的影響……許多本省籍知識分子，被扣上共產黨員的帽子，而慘遭殺害的白色恐怖事件，事實上，當時我也是被鎮壓的對象之一。」因為這種背景，「到二十二歲為止，也是日本人」的李登輝，對日本人司馬遼太郎說：「當我想到眾多的臺灣人被犧牲的二二八事件時，『出埃及記』就是個結論。」

六、統獨根源

王育德在《臺灣・苦悶的歷史》一書提到，「在（二二八）整個過程中，臺灣人十足體會到中國人的狡猾、卑鄙和殘忍……在千鈞一髮之際，使臺灣人不至於對中國人完全失去信賴的是中共。」二二八當時，曾在臺中組織二七部隊，和國民政府軍隊作戰的謝雪紅，在戰況陷於不利後，她解散部隊，和一些同志逃到香港，並成立臺灣問題研究會，發行《新臺灣叢刊》（一九四七年九月），一九四七年十一月，成立臺灣民主自治同盟。

另一方面，出身雲林望族的廖文毅、廖文奎兄弟等人，於一九四六年九月，發行《前鋒》雜誌，強烈批判陳儀，後出走上海；二二八發生後，廖氏兄弟等於一九四七年六月，在上海成立臺灣再解放聯盟。為擴大力量，廖文毅等移居香港，一九四八年二月二十八日與部分舊臺共成員結合，並以原上海的臺灣再解放聯盟為基礎，組成香港臺灣再解放聯盟，由廖文毅擔任主席。一九四八年九月一日，香港臺灣再解放聯盟以七百萬臺灣人的名義，向聯合國提出請願書，建議臺灣暫由聯合國託管，再由人民投票決定臺灣的前途是隸屬於中國或獨立自主。

謝雪紅和廖文毅在香港有過短暫的合作，但由於廖文毅臺灣託管論及隱然獨立的主張，和謝雪紅臺灣民主自治同盟主張的「設立聯合政府，建設獨立、和平、民主、富強與康樂的新中國」無法相容，兩方經過深談後，正式分道揚鑣。其後，隨著國共內戰的發展，三大戰役之後，中共取得決定性的勝利；一九四九年春天，謝雪紅應中共的邀請北上，以臺灣民主自治同盟主席的身分，參加中共號召的政治協商會議，從而走上中共社會主義建國行列。

廖文毅則於一九五〇年二月，東渡日本，並於同年五月，聯合當時已經倡導獨立的吳振南等少數臺灣人，改組成立臺灣民主獨立黨，廖文毅獲選為主席。一九五五年九月，海外臺獨首先成立臺灣臨時國民議會，推舉廖文毅為名譽議長，吳振南為議長；一九五六年，廖文毅等人在東京建立臺灣共和國臨時政府，選出廖文毅為臨時大統領。其後，由於「臨時政府」主要成員的「戰前性」，已經出現如同許世楷（東大畢業，臺獨運動領導人之一）所說的「遺物化」現象；為「彌補『臨時政府』不足之處」，一九六〇年，王育德結合留日學生，成立臺灣青年社，發行《臺灣青年》雜誌，從事「研究並發表謀求獨立的理論」；這些共同的累積，加上後來史明所著《臺灣人四百年史》一書及其論述，都對海外臺獨運動以後的發展，具有一定程度的引導作用。

二二八事件後，部分臺灣有志者，對於國民政府舊的「祖國」，徹底失望，並決然告別。其中有些人面對中共建國，投奔到新的「祖國」——社會主義中國；有些人則選擇到日本，從事臺灣獨立運動。謝雪紅和廖文毅是最初這兩種不同選項最具代表性人物。「投奔社會主義祖國」與「從事臺灣獨立運動」，乃成為二二八之後，部分臺灣有志者以香港為轉運站，所發展出來的兩大走向。這是二二八給臺灣帶來的重大後遺症，也是當今臺灣統獨之爭的歷史根源。

因《香港》一書而獲得日本文壇大獎「直木賞」的邱永漢，在二二八之後，也離開臺灣前往香港，並參加過「臺灣再解放聯盟」，他藉由小說《香港》，宣示那個世代的青年的渴望與追求：

我們是愛自由
而拋離故鄉的。
我們是追求自由
而來到這裡的。
然而，我們所得到的自由
是滅亡的自由、
餓死的自由、
自殺的自由、都是屬於
沒有資格

做為人類的自由。

結語：「臺灣連翹」

上個世紀，從一九八〇年代末到一九九〇年代初，隨著柏林圍牆倒下，東歐共黨政權相繼垮臺，作為社會主義祖國的蘇聯又宣告解體，二次戰後的兩極對立世界宣告瓦解，面對這種自一七八九年法國大革命以來前所未有的大變局，一位日裔美國人，時任美國史丹佛大學教授的福山指出：以市場經濟為標誌的資本主義和西方模式的民主政治，已取得最後的勝利，歷史的進程已走向終結。[2]福山這一史詩式的宣言，給歡欣鼓舞的西方，特別是美國，又添上濃濃一筆。

臺灣歷史從二十世紀一九二〇年代的黃金十年，走到一九三〇年代中期至一九五〇年代中期的悲愴年代，可說是從歷史的高潮走到歷史的低潮。在這個悲愴年代，臺灣人經歷過噤聲的歲月，「活得像個笑話，然後默默死去」，也變成一個「我無國家，也沒有民族，我是永遠流浪的猶太人」，「要活下去，要活下去，要在沒有民族沒有國家的地方活下去……到能夠活得像人的世界去生活吧。」這樣的悲愴年代，似乎反射出臺灣已走到另一方向「歷史的終結」。

親歷一九四〇年代三大風暴——戰爭風暴、二二八風暴、白色恐怖風暴，並冒著生命危險寫下《亞細亞的孤兒》、《無花果》、《臺灣連翹》三本歷史證言的吳濁流，在《亞細亞的孤兒》的日文版自序這樣寫著：

《亞細亞的孤兒》這篇小說是第二次世界大戰中，即一九四三年起稿，一九四五年脫稿的，它是用臺灣在日本統治下的一部分史實來做背景。那時不論任何人都不敢用這樣的史實背景來寫小說，而把它照事實沒有忌憚地描寫出來的。

原來胡太明的一生，是這種被弄歪曲的歷史的犧牲者。他追求精神上的寄託，遠離故鄉，遊學日本，飄泊於大陸。但，畢竟都沒有找到他安息的樂園，因此，他一生悶悶不樂，感到沒有光明的憂鬱，不時憧憬理想，但卻反被理想踢了一腳，更又遭遇到戰爭殘酷現實的打擊，他脆弱的心靈破碎了。

> 「唉，胡太明終於發瘋了！
> 果是個有心人，又怎能不發瘋呢？」

如果結局是「胡太明終於發瘋了」，當然代表走到另一方向「歷史的終結」；但在《亞細亞的孤兒》一書，吳濁流卻以高度象徵的寫法，將「無花果」與「臺灣連翹」並放在一起，這樣寫著：

> 某日，太明正佇立在庭前遐想，突然發現無花果已經結了果實，那些疎疎落落的豐碩的果實，隱蔽在大葉的背後，不留神便不容易發現。他摘了一個剖開來看看，那熟得通紅的果實，果肉已長得非常豐滿。他一面凝視著果實，一面心裡發生無限的感慨。他認為一切生物都有兩種生活方式：例如佛桑花雖然美麗，但花謝以後卻不結果；又如無花果雖無悅目的花果，卻能在人們不知不覺間，悄悄地結起果實。這對於現時的太明，不啻是一種意味深長的啟示，他對無花果的生活方式，不禁感慨系之。
>
> 他一面賞玩著無花果，一面漫步踱到籬邊，那兒的「臺灣連翹」修剪得非常整齊，初生的嫩葉築成一道青蔥的花牆，他向樹根邊看看，粗壯的樹枝正穿過籬笆的縫隙，舒暢地伸展在外面。他不禁用驚奇的目光，呆呆地望著那樹枝，心想：那些向上或向旁邊伸展的樹枝都已經被剪去，唯獨這一支能避免被剪的厄運，而依照她自己的意志發展她的生命。他觸景生情，不覺深為感動。
>
> 「連草木也知道應該不違背自己的個性去求生存！」他這樣想著，對於大自然的奧秘，頓感耳目為之一新，但返顧自己，卻連「臺灣連翹」都不如。

在這裡，吳濁流以「無花果」默默結果的精神和「臺灣連翹」所展現的堅韌生命，來表達不屈的生存意志，「是的，我應該堅強起來，像『臺灣連翹』一樣……。」

由於「臺灣連翹」所展現的堅韌生命力，悲愴年代的臺灣歷史從表面上看，似乎已走到終結，而實質上則表現為冬眠。歷經約一個世代的冬眠，臺灣歷史漸漸從冬眠中甦醒過來，並在大地上默默蠕動，生根發芽，迎來春天的氣息，展現春天的生命。第三代在臺灣歷史上所共同開創的民主年代，甚至已越過第一代的黃金歲月，走向巔峰。此時，臺灣實應記取邱永漢在《濁水溪》一書最後所寫下的：「今後它（濁水溪）仍永遠繼續流下去，而當無法相信的奇蹟發生，這條溪流的溪底清澈可見的日子來臨時，這塊土地將再度流出許多的血」。

當臺灣歷史走向民主年代的新高峰，當「這條溪流的溪底清澈可見的日子來臨時」，我深深希望，更願這樣努力，這塊土地將能夠像「臺灣連翹」一樣，「依照自己的意志發展她的生命」，而不必再流出許多的血。

後記

本文的寫作靈感，受到「臺灣的悲愴年代——從皇民化到二二八」籌備會議討論的啟發。吳密察、許雪姬、何義麟三位教授和我是主要的討論者，我們幾經互動，決定了研討會的結構和議程安排，我則負責專題演講。

將歷史與文學連結在一起寫作，是我的第一次嘗試，也是一大考驗，我經歷了痛苦的寫作過程。本文初稿寫成後，一些朋友曾事先撥冗閱讀，並悉心指正，使本文獲益不少，其中特別要向何義麟教授、吳密察教授、李福鐘教授、薛化元教授、石計生教授、江東亮教授、曹純鏗先生、徐惠楨先生深致謝忱。有關臺語的表記方法，謝謝呂美親老師的協助。台研會兩位年輕研究助理吳政諭博士生和陳怡蓉碩士生，在本文完稿前也助益不少，包括提供有意義的意見和不憚煩的修改，謹一併致謝。

本文於九月十日晚及十一日，分成（一）、（二）、（三）、（四）部分，刊載於中時電子報。

註釋

1 此處提到的劍橋學派（Cambridge school），指的是在一九六〇到一九七〇年代間由時任劍橋大學政治科學教授的史金納（Quentin Skinner）及其同僚唐恩（John Dunn），與歷史學者波考克（J. G. A. Pocock），藉由重新思考如何詮釋「文本」（texts）與作者或言說者身處的時代背景、歷史脈絡，所受到的意識形態的影響及與政治實踐之間的關係，逐漸成形研究思想史的方法論學派。史金納等人關注的焦點是意圖將文本、語言、概念重置於特定的歷史脈絡中。這樣的歷史脈絡所呈現的不是一個社會科學式的中立、客觀的世界；而是具有特定的時代需求、社會氛圍、意識型態甚至政治實踐的企圖，而影響作者或言說者使用這些語言與概念的世界，以及探究在「脈絡」中人們創造語言與概念的能動性。而本文之所以使用從「皇民化」到「二二八」作為連貫的論述框架，其目的即是將這兩件發生於不同階段的歷史事件，意圖將其置於整體歷史「脈絡」思考而非將二者割裂砍斷，如此才有助於捕捉到更全面的歷史圖像。

2 如同結語處所說的：「悲愴年代的臺灣歷史從表面上看，似乎已走到終結，而實質上則表現為冬眠。」因而擷取福山的「歷史終結」的概念形容悲愴年代表面上看似終結的歷史進程狀態。但也正如福山完整的書名《歷史之終結與最後一人》揭示的，除了對於人類歷史進程走向終結的預示外，「最後一人」的隱喻卻指出在看似邁向終點的歷史進程，仍潛藏著人類不完美性的本質。歷史雖然是線性的進程，但卻隱含文明與野蠻交錯的循環，貌似終點的歷史階段亦將孕育往前邁進的歷史契機。這是福山藉由「最後一人」的隱喻所提出的看法。而本文也使用這樣的隱喻，用來描述悲愴年代後的臺灣所展現出的歷史契機。

引用書目

James Tully, ed., *Meaning and context: Quentin Skinner and his critics*. Cambridge [England]: Polity Press, 1988.

Francis Fukuyama著，李永熾譯，《歷史之終結與最後一人》（*The End of History and the Last Man*），臺北：時報文化，一九九三。

George Kerr著，陳榮成譯，《被出賣的臺灣》（*Formosa Betrayed*），臺北：前衛，一九九一。

王育德著，黃國彥譯，《臺灣．苦悶的歷史》，臺北：前衛，一九九九。

中央研究院近代史研究所編，《二二八事件資料選輯（二）》，臺北：中研院近史所，一九九二。

史明著，《臺灣人四百年史》，臺北：草根文化，一九九八。

司馬遼太郎著，李金松譯，《臺灣紀行》，臺北：臺灣東販，二〇一一。

呂秀蓮編，《講沒完的政見》，臺北：拓荒者出版社，一九七九。

呂赫若著，林至潔譯，《呂赫若小說全集（下）》，臺北：印刻，二〇〇六。

呂赫若著，張恒豪編，《呂赫若集》，臺北：前衛，一九九四。

李旺台編，《二二八事件新史料學術論文集》，臺北：二二八基金會，二〇〇三。

李登輝著，《臺灣的主張》，臺北：遠流，一九九九。

吳濁流著，《亞細亞的孤兒》，臺北：草根，一九九五。

吳濁流著，《無花果》，臺北：草根，一九九五。
吳濁流著，《臺灣連翹》，臺北：草根，一九九五。
吳濁流著，《波茨坦科長》，臺北：聯經，二〇一五。
吳濁流著，彭瑞金編，《吳濁流集》，臺北：前衛，一九九五。
林雙不編，《二二八臺灣小說選》，臺北：自立晚報，一九八九。
邱永漢著，朱佩蘭譯，《濁水溪：邱永漢短篇小說選》，臺北：永漢，一九七九。
邱永漢著，朱佩蘭譯，《香港》，臺北：允晨文化，一九九六。
許俊雅編，《無語的春天：二二八小說選》，臺北：玉山社，二〇〇三。
張炎憲、黃秀政等著，《二二八事件責任歸屬研究報告》，臺北：財團法人二二八事件紀念基金會，二〇〇六）。
張文環著，陳萬益編，《張文環全集》，臺中：臺中縣文化中心，二〇〇二。
陳芳明著，《臺灣新文學史》，臺北：聯經，二〇一一。
陳佳宏著，《臺灣獨立運動史》，臺北：玉山社，二〇〇六。
陳逸松口述，吳君瑩記錄，林忠勝撰述，《陳逸松回憶錄（日據時代篇）：太陽旗下風滿台》，臺北：前衛，一九九四。
彭明敏著，《自由的滋味：彭明敏回憶錄》，臺北：玉山社，二〇〇九。
曾健民著，《陳逸松回憶錄（戰後篇）：放瞻兩岸波濤路》，臺北：聯經，二〇一五。
黃昭堂著，黃英哲譯，《臺灣總督府》，臺北：前衛，二〇一三。
黃煌雄《兩個太陽的臺灣——非武裝抗日史論》，臺北：時報文化，二〇〇六。
黃煌雄《蔣渭水傳：臺灣的孫中山》，臺北：時報文化，二〇一五。
蔡培火、葉榮鐘等著，《臺灣民族運動史》，臺北：自立晚報，一九七一。
藍博洲、橫地剛、曾健民編，《文學二二八》，臺北：問津堂，二〇〇四。

「轉向」之後

——試論一九三〇—四〇年代的臺灣島內左翼史

邱士杰

引言：一張合影

因為偶然的機會，筆者去年（二〇一五年）再次拜訪了北京宛平的中國人民抗日戰爭紀念館。雖然這是我第二次拜訪盧溝橋畔的抗戰館，卻是第一次參觀去年才建設好的別館——臺灣館。在介紹日據時期臺灣共產黨（一九二八—一九三一）抗日事蹟的陳列中，「圖二」這張照片吸引了很多訪客駐足、凝視。（圖一）

這張照片是臺灣共產黨員在抗戰後期的一九四三年六月的合影，地點則是當時臺北的著名餐館「蓬萊閣」。雖然當時還有黨員蘇新（一九〇七—一九八一）在獄中服刑，但相片中的臺共黨員幾乎都已刑滿出獄。只是因為總督府當局的故意安排，這些多已星散各地的黨人才得以再次相會，並留下空前絕後的合影。

這張合影無疑是許多臺共黨人一生中最為寧靜的時間點。合影中的每個人在經歷了一九二〇年代的抗日運動和社會運動之後，因為一九三一年針對臺灣共產黨員的「大檢舉」而將他們的抵抗場域從社會移入黑牢；隨後又伴隨著許多黨員的獄死和出獄，又從獄中的小牢轉入日本統治者監控下的社會的大牢。一九四三年的合影瞬間，看起來是平靜的，然而一九四五年的臺灣光復卻又改變了合影中的每一位黨人的人生道路。

站在抗日最前列的臺共雖是臺灣左翼運動最著名且最主要的部分，卻不等於臺灣左翼運動本身。有些左翼分子屬「非（共產）黨人士」，有些左翼分子則能免於臺共那樣的牢獄之災。但這些左翼分子都共同度過了一九三〇至一九四〇年代二十年間各種發生在臺灣島內的關鍵歷史時刻。這些時刻包含了：左翼分子是否選擇「轉向」（思想上的變節）、左翼分子如何在「輿論一律」的戰時環境中生活、左翼分子如何看待一九四五年的臺灣回歸祖國，以及左翼分子中的共產黨員如何在戰後重建自己與黨組織之間的關係。因此，本文將以包含臺共黨人在內的臺灣左翼分子作為主要的研究線索，探討當時的臺灣左翼分子如何作為臺灣人中的「一種類型」而在臺灣島內度過他們的一九三〇至一九四〇年代。

一九三〇年代的左翼分子「轉向」問題——以一九三四年臺共黨員公審為中心

一九二〇年代臺灣島內最重要的文化啟蒙組織「臺灣文化協會」是臺灣非武裝抗日運動最重要的團體，而左翼領袖連溫卿（一八九四—一九五七）在一九二七年一月率領「無產青年」奪取了「文協」領導權的事件，則是島內左翼勢力走上政治舞臺的標誌。文協自此左轉。又由於連溫卿與農民組合的楊逵（一九〇五—一九八五，著名抗日文學家）密切合作，因此連楊二人成為了當時島內左翼的代表性人物。一九二八年四月臺灣

圖一：前排由左至右：臺北州官、張道福、臺北州官、林添進、莊春火、臺北州官（課長）、臺北州官、×××、謝雪紅、盧新發。後排由左至右：潘欽信、林朝培、×××、陳昆侖、林媽喜、廖瑞發、莊守、林日高、楊克煌、林兌、王萬得、廖九芎、×××、林朝宗。框內高甘露。（參見《臺灣史料研究》第二期以及楊克煌《我的回憶》）

共產黨秘密成立之後，新文協從左邊迎來了新的競爭者。這一競爭伴隨著臺共在一九二九—一九三〇年間將連楊二人驅逐出文協等組織而達到高潮。至此，臺共實現了自身對文協和農組的直接指導。[1]

儘管臺共盡可能地統合了能統合的島內社運力量，卻旋即面臨崩潰的命運。臺共的徹底瓦解始於一九三一年三月二十四日黨員趙港的被捕。[2]總督府當局順藤摸瓜大量逮捕臺共黨員。雖然臺共方面在這種逆境之中先後出現劉纘周和蘇新各自短暫的黨再建運動，也出現過以赤色救援會為主體的濟難運動。但在雙方力量對比懸殊的條件下，臺共黨員還是遭到了大量逮捕。此外，從臺灣逃往上海等地、作為中共黨員而投身革命的翁澤生和楊春松也在不久之後各自遭到逮捕，並遣送回臺。[3]

被捕的臺共成員在一九三三年七月底預審終結，於是當局開始向社會公布臺共檢舉事件的部分內情。一九三四年三月二十六日開始公審臺共被捕黨員。扣除掉預審階段的犧牲黨員（如劉纘周、陳結、謝祈年）之後，公審階段只剩四十六名成員面臨審判。[4]

雖然臺共只是臺灣左翼運動的一個部分，卻是主要部分。當吸收了農組、文協等骨幹分子的臺共組織分崩離析、黨員近乎逮捕殆盡，整個左翼運動的活潑度也就連帶下降。臺灣左翼運動和抗日運動伴隨著臺共的崩潰而進入了第一個黑暗期。

一九三三年六月七日是日本、臺灣，以及朝鮮社會主義運動的關鍵時間點。就在這天，擔任日本共產黨中央委員會委員長的佐野學（一八九二—一九五三）與擔任黨中央委員的鍋山貞親（一九〇一—一九七九）在獄中共同發表「轉向」聲明。[5]這一聲明讓日共遭受了比黨員被捕或組織破壞還更嚴重的打擊。馬克思主義與共產黨對青年的影響力不但大為下降，獄中的黨員也紛紛宣布「轉向」。用官方的話來說，他們的「轉向」聲明起到比修改「治安維持法」還要更好的效果。[6]

「轉向」到底是什麼樣的現象呢？

「轉向」一語始於山川均（一八八〇—一九五八）在一九二〇年代初期提出的「方向轉換」。山川雖然參與了一九二二年日本共產黨的建黨，卻旋因認為共產黨尚不適合於當時日本的運動現實，便帶頭解散了日共。對此，他順帶提出了「方向轉換」的政治訴求，要求日本的左派必須主動介入現實政治（言下之意是先不要搞共產黨的非合法秘密活動）、並且通過工會等組織來擴大日本工人的統一戰線。後來，由於一九二四年自歐洲回國的福本和夫（一八九四－一九八三）批判山川並要求對「方向轉換」進行再一次的「方向轉換」，要求把先鋒隊及其主體意識、理論意識擺到先於統一戰線的位置，「方向轉換」遂因山川和福本而成為日本社會運動的流行用語，並在隨後的日子挪用在政治變節的場合。[7]

佐野與鍋山的「轉向」聲明有兩個特點：首先，他們運用馬克思列寧主義的語言反對共產國際，主張在天皇制的國體之下建設一個包含了日本各殖民地在內的「一國社會主義」（換句話說：取消先前的殖民地獨立綱領）；其次，正如鶴見所言，佐野是以日共委員長身分發表轉向聲明的。他發表轉向聲明的時候仍然認為自己是黨的領導者，因此其轉向聲明所產生的效果並不只限於他本人，而是波及整個黨，特別是引發了獄中共產黨員與被捕同情者的極大震撼。聲明發表後的一個月內，百分之三十與日共有關的未決犯（尚未判決的犯人）以及百分之三十四的已決犯都宣布轉向。三年之內更有高達百分之七十四的已決犯宣布轉向（剩下百分之二十六則是堅決的「非轉向」已決犯）。[8]

佐野等人以幹部身分發表轉向聲明一事被鶴見等人視為近代日本思想史的一大問題。鶴見認為，佐野等人當時的思想狀況延續了一九二〇年代前後日本知識菁英的思考邏輯：

> 此一共同聲明特徵，在伴隨著共同聲明發表而來的混亂與憤怒中，並沒有引起注意，但是它卻能表現出「東大新人會」所隱含的邏輯，也完全契合十八歲少年心性的框架。因為他們覺得自己正如剛通過最困難的入學考試而當上人民的領導者那樣，並且是用民主又公平的方法被選拔出來的。他們有一種信念，只要是依據這個方法所選出來的領導者，即使在心中政治上的意見有所轉變，仍然能繼續擔任領導者。從結果來說，追隨者表現出來的反應，也顯示他們接受領導者所默認的前提。[9]

佐野和鍋山發表轉向聲明之後，臺共的檢舉事件也隨之在一九三三年公開，並於一九三四年展開公審。如果說日共的狀況是獄中幹部轉向並影響了多數獄中黨員轉向，臺共的狀況則有些不同。

依據檢察當局向御用媒體《臺灣日日新報》所透露的消息：公審開始之前有四名擔任黨內幹部的成員「頑強地拒絕思想轉向」，另有三名似乎轉向，剩下的三十九名則全部轉向。據說在這四十六名被告中，還有一名「將謝氏阿女一派的機會主義者除名並另外樹立新黨的某位關鍵被告」決定轉向並正在起草一篇轉向聲明書。雖然可以把臺共基層黨員的轉向視為日共獄中基層黨員轉向風潮的一部分，但最值得注意的現象是幹部與基層黨員之間的不合拍：前者有少部分人「頑強地拒絕思想轉向」，後者卻大量轉向，顯然臺共幹部的政治決斷並未如佐野和鍋山一樣影響自己的黨員。[10]

臺共被捕黨員詹以昌曾感歎「法庭鬥爭」——也就是受審黨員在法庭上陳述自己的意見並與審判者辯論、甚至借機向旁聽者宣傳主義——在公審之際流產。[11]從《臺灣日日新報》以及相關史料所透露的訊息來看，法庭上只剩蘇新、謝雪紅，以及潘欽信等三人「頑強地拒絕思想轉向」，大概就反映了「法庭鬥爭」流產的實況。

法庭上的潘欽信與謝雪紅屬不配合受審的典型，但兩人的方式完全相反。潘欽信在法庭上緘默不語，謝雪紅則是大鬧法庭。兩者都因拒絕「轉向」而在一審遭判最重的十五年刑期。但由於兩人先後聲明「轉向」（先謝雪紅、後潘欽信），因此都減刑為十三年。[12]

據楊克煌回憶，謝雪紅在獄中曾經寫下了兩封內容大致雷同的信，一封給負責辯護的古屋貞雄律師，[13]另一封則寫給臺共全體被告。信的主要內容是：「整個臺共黨的組織已被破壞了，臺共也不存在了，因此我拒絕作為一個領導人被審訊。」雖然給古屋的信順利發出，給臺共黨員的信卻退回謝雪紅手中。謝雪紅承認她在獄中寫給古屋和黨員的兩封信反映了當時的她「有過一時的思想動搖」，但她又認為，「這和投降的人的行為本質上是不同的。」[14]如謝雪紅寫於一九五一年的自傳所言：

> 我更以為是一種「策略轉向」。考慮到臺共已破壞到一網打盡的程度，好比一艘船，我是船長，船已沉沒，

我堅持撐船也撐不起來。我一個人，現在做對了或做錯了，作用都是不大的，何不按鍋山、佐野學的辦法去做呢？[15]

謝雪紅的自我評價是可信的。只要把謝雪紅的行為和佐野、鍋山等人「轉向」之際的舉止相比，便能發現臺共內部的轉向狀況恰好與日共相反。佐野等獄中的日共領導幹部多是菁英知識分子，而且他們自認這樣的菁英身分以及黨的幹部身分即便在被捕之後仍能影響黨員的選擇。但臺共公審之際的狀況卻是只剩下身居幹部職位的謝雪紅、潘欽信、蘇新等人拒絕轉向。這些領導人不但都不是佐野那樣的菁英知識分子，敏感如謝雪紅者，甚至還意識到自己已經失去了領導人的資格。

蘇新則以配合受審的態度消極抵抗。先來看看《臺灣日日新報》對蘇新的形容：

被告蘇新，在諸臺共被告之中，最貫徹其主義。故是日特別旁聽席，多屬州警察關係者。[16]蘇新為臺共之巨魁，事實上為指導者、支配者，立在潛行運動第一線。豫審決定書，彼所現之犯罪事實中尤屬最大者。[17]

蘇新自言，他被捕之後曾因審問者針對馬克思主義的故意挑釁——美其名「思想善導」——而使他的精神一度處於極度亢奮的狀態，結果導致嚴重的精神衰弱。這種精神狀態不但加深對於自身前途的絕望感，甚至讓他一度想自殺。[18]據報載，公審之際的蘇新以著異常小聲的聲音應答，[19]但因始終不表態「轉向」，甚至強調自身無論如何仍然信奉共產主義，所以延長審判日程。[20]由於態度可能是堅定的，因此當蘇新態度忽然放軟（態度變得柔和）之時，這種微妙的變化就被寫進報紙裡頭了。[21]

依據蘇新自己的回憶：

承認馬克思主義的錯誤和聲明今後不再活動的就算「轉向」。敵人在判決以前，需要判斷每一個人對這兩個問題的明確態度。……

我對這兩個問題的答覆是很簡單的：

第一：我現在還是相信馬克思主義的真理，因為自己還沒有看到比馬克思主義更正確的理論〔按：與《臺灣日日新報》的報導一致〕；第二：將來不想再作任何實際活動，所以沒有甚麼運動方針。這樣，我的第二個答覆就成為我的「轉向的聲明」。這對敵人說來是一個很大的收穫。

答覆這個問題時我的思想情況是充滿著矛盾的。一方面是堅持馬克思主義的真理，另方面是對自己的前途悲觀失望，沒有勇氣向敵人鬥爭到底。[22]

雖然蘇新認為自己關於第二點的說明被當局視作「轉向」，但《臺灣日日新報》所登載的卻是蘇新對於第一點的說明，而且並未報導蘇新最終是否「轉向」。這點與其他「轉向」黨員所「獲得」的大肆報導和宣傳很不一樣。[23]

蘇新這種模模糊糊的「轉向」類型並非個案。詹以昌也屬這類被草率認定為「轉向」的黨員。他自認從未寫過轉向書，也沒有向審判者許諾轉向，但他承認自己在法庭上「不鬥爭、不反抗、『默認』敵人強加的『犯罪事實』、接受他的長期的『判刑』」。[24]如果這樣就算「轉向」的話，顯然日本的審判者非常低估臺共被捕成員的思想水平（所以只要符合低標就判定為「轉向」），也可能是當時臺共被捕成員所展現出來的思想狀況不如預期，以致審判者敢於用草率且便宜的標準來評估他們。此間無疑存在著殖民者對被殖民者的蔑視。[25]

「轉向」首先取決於受審黨員的內心決斷，當然，無論如何決定都是艱難的。此間，個人的艱難也可能正反映著時代的艱難。但「轉向」的艱難不只在於自己的內心，而在於自己的內心如何被審判者的內心所判斷，因此「轉向」其實是主客觀因素複雜交織的一種行動，難以一言蔽之。試以臺共東京特別支部的領導人、曾經參與過臺共建黨大會的陳來旺為例。在臺共中央進行公審的一九三四年，東京特支的黨員也正在東京審理中。由於日本本土的檢察系統往往將日共的轉向派和非轉向派分開審判——轉向派較可能被減刑——因此東京特支的臺共黨員也分開審理。當時已有特支成員林兌轉向，但陳來旺拒絕。雖然陳來旺抵抗了相當一段時間，卻仍在佐野學和鍋山貞親宣布轉向之後發表了轉向聲明。陳來旺稱：

〔自願〕脫離共產國際並願為佐野、鍋山等人所主張的一國社會主義之建設而鬥爭……但是，我們的目標仍是依據馬克思列寧主義建設共產主義的社會。[26]

陳來旺的「轉向」聲明基本上複製了佐野與鍋山的「轉向」邏輯：一方面願向當局屈服，另一方面又要用馬克思主義的理論來為自己的思想變化辯護。然而日本的檢察當局並不信任陳來旺的「轉向」，他們認為陳來旺不過是「インチキ轉向」（欺騙性轉向）。基於這樣的理由，陳來旺的求刑量度不變（懲役六年）。[27]最後，東京特支唯一獄死的黨員就是陳來旺。[28]

日本審判者看待陳來旺及其「轉向」的態度也適用於臺共四十六名被起訴黨員。只要翻開一九三四年的《臺灣日日新報》，就能看到伴隨著臺共公審的開幕而陸續登載的、為數不少的臺共黨員「轉向」聲明。但這些聲明的真實性卻值得懷疑。所謂的真實性問題不在於當局是否偽造，也不在於新聞媒體是否加油添醋，關鍵在於如何看待做為唯一的減刑機會的「轉向」和多數黨員選擇了這條道路的原因。如果願意「火中取栗」，則「策略轉向」可能是一條儘早重新投入社會運動的「曲線」之路，據說當時確實有被捕黨員這樣提議。[29]但「火中取栗」之所以為「火中取栗」，就在於這是一條傷害自身信仰以及人民對組織之信任的道路。風險極高。

歷史上並不是不存在「偽裝轉向」的例子。以日共領導人神山茂夫（一九〇五—一九七四）為例，神山曾在臺灣求學，也曾在臺灣工作，更曾認識連溫卿等一九二〇年代的臺灣左翼分子。雖然神山也在被捕之後發表過「轉向」聲明，但因他出獄後確實重新投身運動，因此被組織和群眾視為「偽裝轉向」甚至「非轉向」的典型人物。[30]但「偽裝轉向」若未能獲得社會的認同乃至黨組織內部的普遍承認，其實很容易造成偽裝轉向者日後主客觀上難以排除的歷史包袱。但臺共成員的處境更為艱難。在他們失去了有效的上級黨組織指導並授權的條件下，所謂的「偽裝轉向」首先都只能依賴個人的心證或難友之間的集體心證，沒有任何權威性的上級加以背書。因此即便轉向者的內心想的是「偽裝轉向」，實際上也只能作為一般的轉向發生而已了。

在臺灣共產黨的案例中，「轉向」聲明很難做為黨員「真心」轉向與否的證據。這點連負責起訴的檢察官中村八十一（一八九八－？）都了然於心。公審初期（一九三四年五月底到六月初），他曾就已經誓言「轉向」的臺共黨員深表疑慮。因為他並不真的相信這些黨員都已「轉向」：

> 被告等，至於今日，除潘欽信外，其餘皆誓轉向。為國家、為被告人等，誠屬可喜。然關其轉向，亦不無疑問。〔案：潘欽信直到同年年底才宣布轉向〕[31]據說，內地的事件〔日本共產黨事件〕的處理方式就是一審的時候毫不饒恕地定罪，直到二審才酌量參考是否真的轉向，……[32]

此外，就算真的「轉向」，他也認為這些人必須為散播共產主義思想而負責：

> 真轉向之人，亦自轉向之今日，亙過去數年間撒布最惡質之赤色細菌於全島。誤前途於多數子女。被告人等之責任，殊如黨之指導者，或黨員獲得者之責任，斷不能許。[33]

雖然當局也認為「轉向」聲明的不可靠，但考察「轉向」的主要線索其實是「轉向者」的後續表現。特別是他們在公審之後的服刑表現，以及出獄之後的行動。以蘇新來說，他因拒絕接受獄中的感化（「教誨」）並藉口研究臺灣話的語法而被目為冥頑不靈。這就導致他的判刑雖然少於潘欽信與謝雪紅，卻成了臺共坐牢最久、出獄也最晚的黨員。至於公審期間抵抗「轉向」最久的潘欽信反而是在一九三八年發表「轉向者的手記」：《時代的更生》（時代の更生），但具體內容不明。[34]

坐牢時間較長（一九四一年出獄）的簡吉曾有獄中日記保留至今。這對於如何看待當局所謂的臺共黨員普遍「轉向」問題可說是非常珍貴的見證：

〔一九三六年歲末〕……自從往日我放棄教職而參加農民運動（儘管那時之前我未曾違背過父母之言），不管父母如何的悲歎，不管妻子如何哭泣，不管弟妹及其他家人如何寂寞，不管會如何連累，從不聽他們的言語及意見，糟蹋了日夜不息灌注於我的愛情——呼喚，如今仍不能使他們放心。……基於過去的運動向民眾所負的責任，特別是在此非常時中的非常時，卻無法將自己現在的心境讓民眾，尤其是農民大眾（以往臺灣農民組合的人們）徹底瞭解，這是我應該留意的第一要務！……當自己流淚傷悲時，在其背後就有親人與佛陀同在一起傷悲，南無阿彌陀佛！[35]

〔一九三七年四月十七日〕在日本國內，對於尚未轉向的人，當其子女或父母罹患重病時，可獲得三、五天的假釋。思想犯的轉向手記，時可見到其記載。因由如此訴諸感情的處分，使得更能堅定其轉向，那是難得的事情。想起父母的事，不覺愧疚，同時也會切實思考：難道沒有更光明的路可走嗎？[36]

簡吉所說的「難道沒有更光明的路可走嗎？」反映了他的複雜心境。如果他已經「轉向」了，對於獄中的他顯然不會再有更「光明的路可走」下去。但也正是因為他仍未「轉向」，因此不得不被逼著思考「轉向」是否也是一條可能的出路。——這是無比兩難的瞬間。

出獄後的臺共黨員

臺共被捕成員有相當部分只判了二到四年的刑期，因此這些人在一九三四年的公審之後比較快地回到了社會生活。陸陸續續出獄的臺共黨員大致有兩種出路，一是留在臺灣過著和一般人無異的生活，二是離開臺灣。

離開臺灣的代表性黨員是林殿烈、楊春松、詹以昌，以及楊克培。

林殿烈在一九三六年出獄，並為逃避日本的徵兵而在一九三九年逃往廣州，後又避居香港，直到一九四六年才又短暫返回臺灣，最終因為參與二二八而再次前往大陸。[37]楊春松則在一九三八年出獄，同年舉家搬往日本。赴日之後的楊春松再次走上革命道路，一方面秘密恢復了與日本共產黨的組織關係，另一方面則做為當地華僑領袖而開展工作，並在一九四五年之後縱橫在日本、朝鮮，以及中國大陸之間。楊春松不但見過金日成，還曾在中共與日共之間進行了關鍵的斡旋工作。[38]詹以昌出獄於一九四〇年，翌年舉家移居北平，並在一九四五年臺灣光復前夕重新接上組織關係，加入中共地下黨。此外，楊克培也在出獄之後移居北平。[39]留在臺灣的黨員占大多數。他們在出獄之後三三兩兩地彼此聯繫。以楊克煌為例，他出獄之後即和已出獄的臺共黨員吳錦清、林兌、林梁材、楊春松、楊克培等人聯繫。[40]等到一九三九年謝雪紅因病出獄之後，舊臺共的聯繫面恢復得更大，但沒有黨員繼續從事秘密的組織工作。以楊克煌、謝雪紅，以及最晚出獄的蘇新來說，他們出獄之後幾乎都做一些小生意過活。楊、謝分別開設小商店，蘇新則從事過兔仔養殖之類的工作。由於連參與過農組活動的非黨成員（如李天生[41]）都曾因為自身的左翼履歷而在太平洋戰爭期間遭到嚴密監控，因此不難想像出獄後的舊臺共的黨員是在怎樣的監控下過著自己的生活。以簡吉為例，出獄後的他定期有特高警察到訪，他也必須定期回監獄向教誨師報到。而只要簡吉一出門，便有警察尾行，並在簡吉越入另一管區之後由該管區的警察繼續尾行。[42]在敵人的眼皮子底下，這些曾經坐過牢的舊臺共稍有不慎便會「二進宮」。[43]因此，只能努力在「謹慎」中度過戰時臺灣的每一天。無論是蘇新還是楊克煌，他們所留下的回憶錄都顯示出，出獄後留在島內的舊臺共更傾向於低調度日以避免當局隨時可以發動的鎮壓。反而是離開臺灣的一些黨員分別在日本或中國大陸重新找到了「黨」。這部分的舊臺共顯然是待機思想更為顯白的一群。

就在日本敗象漸露的一九四三年六月，總督府當局忽然邀請臺共出獄黨員去臺北召開座談會。楊克煌與謝雪紅等黨員認為，「他們知道像過去光利用漢奸分子是不夠了，於是妄想拉攏一些在群眾中有點威信的過去反日分子，[44]作為垂死掙扎的工具。召開這個會就是為這個意圖先試探摸底的。」[45]為了拒絕合作，這些黨員決定北上探個究竟。王萬得則回憶：

> 我們是坐在一個馬蹄形的座談會場上，這樣按座位順序開始說了……謝雪紅說，她在臺中開化妝品的店鋪，守法納稅。她還說，這就是愛國了嗎？還有甚麼愛國的表示？我想她這樣回答是好的……參加會議的人，沒有一個表示要為日本人做事的，所以，會沒開多久就結束了。會後，讓我們在臺北北區大酒店「蓬萊閣」聚餐，並在酒店前照相。[46]

本文開頭所提到的臺共成員大合影，就是此時留下的歷史瞬間。

蘇新是最後出獄的臺共成員，他和舊臺共成員的聯繫可能也不如謝雪紅那樣恢復得多。[47]在此之前，判得比他重的謝雪紅和潘欽信都已出獄。由於蘇新在一九四〇年因日本的「建國二千六百年祭」而被減刑兩年，因此蘇新忽然感到活著出獄的可能性大增：

> 從這個時候起，我的思想開始變化。從前對於自己的前途悲觀失望，認為會死在監獄裡，但到這個時候還沒有死，而且又不長了。因此就想，「大概不會死了，年紀又這麼大了，人生五十年，即使能活到五十歲，也不過只有十多年，出獄後應早一點結婚，計畫自己的生活。共產主義毫無疑問是會成功的，但不知道是幾百年以後的事情。臺灣的解放運動毫無疑問也有人再繼續下去，但已經不是自己的時代了。目前戰爭又這麼激烈，菲律賓、新加坡已經陷落，美國與日本在南太平洋展開大戰，如果出去稍不小心，有馬上再被抓進來監獄的可能和危險，這樣子，我的一生就完了。」
>
> 因此，到出獄那天為止，始終都是想自己出獄以後如何生活的問題。一九四三年九月二十三日滿期出獄。我十七歲去日本，二十三歲回到臺灣，但沒有回過家。二十五歲被捕，三十七歲出獄，足足二十年，才頭一次回到

自己的家裡。回家一看，祖母和母親已經死了，四個叔父也死了兩個，他們家裡生活很窮。我回憶了二十年來的事情，像從一場長夢醒過來一樣。[48]

出獄後的蘇新先後在臺灣礦泉公司、佳里油脂公司、北門郡養兔組合，以及生鮮食品統制組合工作。後兩份工作尤其值得一提。首先，由於他在養兔過程中積累了一些心得，讓養兔成為當地不錯的副業與民眾的肉類補充品，因此他乾脆撰寫了一本總結養兔經驗的小書。[49]其次，由於當時的臺灣經濟已經連蔬菜和魚類都要納入統制才能保證公平的配給，因此蘇新被小商販們公推出來擔任統制組合的專務理事。他對自己受到支持的解釋是「二十年來不在家鄉，與家鄉的任何人沒有利害關係，一般人認為我不會反對哪些人，支持哪些人」。[50]——蘇新的解釋可能是事實，但也可能是包含了謙虛在內的解釋。實際上，出獄之後的蘇新確實在鄉里之間頗有名望，算是楊克煌所說的「在群眾中有點威信的過去反日分子」。林書揚（一九二六—二〇一二，臺南麻豆人）回憶：

> 太平洋戰爭中的某一年，筆者還是一個中學生，有一天和幾個朋友一起到市內一家書店去閒逛。無意之間看到一本書，書名是《家兔飼養法》（原著日文），著者的名字是蘇新。我壓低聲音招呼同伴們。等他們圍上來，我指那本書，還特地示意蘇新兩個字。他們先把書拿在手上翻了幾下，卻默不作聲。
>
> 大家之所以不出聲，是因為那位作者的名字有點不尋常。幾個臺灣孩子在一家日本人開的書店裡不願意念出聲來。
>
> 當時在軍國主義統治下的臺灣，大多數中學生可能沒有聽說過蘇新的名字。但筆者是認識的。那一天在一起的同學們也認識。
>
> 以年僅十七、八歲的中學生，筆者和幾位同學，經常背著學校偷偷地涉獵著早年本地反日運動的一些遺留物——例如當年農民運動的學習教材的片斷；臺共工作人員編造的《新三字經》等。因此我們約略知道蘇新其

人，是臺灣共產黨的主要領導人之一：念過臺南師範、東京外語，入獄多年；是有數的殖民地反抗運動的鬥士等。……

他的優秀的素質——包括一位運動指導者應具備的人格條件，不久便在艱苦的工作實踐中凸顯出來。普遍受到工作同志的肯定和器重。更難得的是，他的道德人格對周圍群眾的生活教育、潛移默化的作用。關於這一點，留傳在北門一帶的不少軼事，頗能證明當年蘇新在鄉里一般群眾之間享有很高的德望。

按北門一帶土質貧瘠，終年吹著海風，農作條件遠不如鄰郡的曾文。民風也一向比較驃悍。即使在警察權威至上的日治時代，日人警察大都把赴任北門視為一件苦差事。而在那民風桀傲的北門，凡市井巷間發生了任何性質的紛擾，如鄰居吵架、乩童跳神、聚眾賭博、酗酒鬧事等等，蘇新聽到消息便趕赴現場。他有時聲色俱厲大聲斥喝，有時苦口婆心諄諄開導。他的熱心和誠懇，每每使那些倔強的北門人口服心折。他們大都能領會出這一位在反對官府的爭議事件中經常不畏權勢勇敢帶頭的留日青年，他的一片愛鄉土愛同胞的赤忱是如何的純，如何的深。於是乎蘇新的人格威望很快便在鄉里一帶豎立起來了。竟而成了一句當地俚語：「北門人不怕警察怕新仔（蘇新小名）」。「新仔來了」這一句話比「警察來了」更管用。吵架的不吵了。跳神的、賭博的，一聽新仔來了，個個趕緊收拾溜走。一位深愛同胞，深以故鄉的落後為苦為恥的殖民地鬥士，在他的艱苦的運動經歷中，能建立起如此的人格上的威望，實在是太難得。我們不能不說，這不僅是蘇新個人的成就。進一步看，無疑是當年臺灣殖民地解放運動中極為可貴的一個範例。[51]

蘇新在出獄後建立起的地方威望，反映了舊臺共人員把自己融入群眾的能力。

非「黨」左翼分子的狀態

就在臺共因為一九三一年的大檢舉而相繼入獄的時候，當然也有很多左翼分子免於牢獄之災。但因史料並不如臺共那樣集中，因此敘述難度較大。以下試以臺共所排斥的「非（共產）黨左翼」——楊逵和連溫卿——為例，作一簡介。

總的來說，一九三〇年代的楊逵雖然因為臺共的排擠而退出社會運動，他卻仍然通過思想領域的活動而堅守自己的左翼理想和色彩。比方楊逵曾在臺共遭到大檢舉的一九三一年以「工農文庫刊行會」的名義，從日譯本轉譯了蘇聯經濟學家拉皮達斯（I. Lapidus）與奧斯特洛維佳諾夫（Ostrovitianov）合著的《馬克司主義經濟學》（*Политическая экономия в связи с теорией советского хозяйства: Учебное пособие*，《蘇聯經濟理論相關聯的政治經濟學：教科書》）。這是蘇聯在一九五〇年代推出《政治經濟學教科書》之前最通行的教材，也是當時中日兩國左翼學者不斷在一九三〇年代重譯的政治經濟學普及著作。楊逵充滿「臺灣話文」風味的漢譯本，可說是這部著作在東亞的翻譯歷程中的一個特殊見證。[52]不過，楊逵最主要的活動還是擺在文學創作以及《臺灣文藝》和《臺灣新文學》等雜誌的組織活動。一九三二—一九三五年間，他所創作的小說〈送報夫〉（新聞配達夫）更因在日獲得文學獎以及胡風的漢譯而成為當時臺灣左翼文學創作的代表作。[53]

雖然一九三七年開始的中日戰爭以及島內的皇民化運動大幅度擠壓了楊逵的活動空間，但他仍然藉由自己在臺中「首陽農園」的自耕自食——他自比伯夷叔齊——來抵抗當局的高壓政治。雖然他在一九四四年卸下了「首陽農園」的招牌，他的抵抗心情卻未曾消滅。他的〈解除「首陽」記〉有段充滿諷刺的自述如下：

> 我在某高級特務家喝酒，一面聽著他安慰我、勸我改過自新，一面喝得酩酊大醉，就那樣睡著了。想起來自己真沒出息，給人家添了很大的麻煩；同時，想到那溫馨的情誼，便感動得哽咽起來。
>
> 為了我的新生，有學者送書給我，有的雜誌編輯放下《昭和國民史》就走了；有官方的人借我《讀書人》雜誌，甚至還畫上紅線。[54]

不斷被規勸「改過自新」的楊逵反映出左翼分子所遭遇的另一種「轉向」壓力，同時也反映出楊逵這類「非（共產）黨左翼」仍能保留著某種自傷傷人的空間。雖然戰爭結束前夕的楊逵確實被組織到「皇民奉公」的翼贊體制之中，但由於他畢竟不是臺共分子那樣危險的左派，所以反而擁有一定的空間來堅持自己的抵抗。楊逵在一九四三－一九四五年間參與排練的話劇《怒吼吧！中國》（吼えろ支那）就是這種抵抗的典型。

《怒吼吧！中國》本是蘇聯劇作家特列季亞科夫（Tretyakov，一八九二－一九三九）在描寫一九二四年四川萬縣慘案的劇作。創作於一九二六年的這部話劇早在抗戰爆發之前便曾登上中國舞臺。但因萬縣慘案乃是中國民眾與美英帝國主義之間的衝突，因此這齣譴責美英的「反帝」話劇竟意外地在日本反英反美的太平洋戰爭期間獲得重新排練的機會。此即南京（此時為汪偽「中華民國政府」首都）劇藝社的周雨人的一九四三年公演。雖然一齣只能反對英美帝國主義而不能反對日本帝國主義的「反帝」話劇終究只能是被閹割的「反帝」宣傳，但對當時某些苦惱於日本對外侵略的知識分子來說，反英反美卻仍然是一種宣洩的管道。比方竹內好（一九〇八－一九七七）就曾因為日本偷襲珍珠港而一度獲得了日本將帶領東方民族抵抗西方、「超克（西方的）近代」的幻想，並因此暫時排解了自己對於日本侵略中國等地的苦悶。或許是基於同樣的想法，竹內好竟然根據《怒吼吧！中國》的漢譯劇本而轉譯為日譯本。有意思的是，楊逵在臺灣排練的劇本正依據竹內好的日譯本並參照周雨人的結構安排而改編而成。雖然目前已有許多研究指出這部楊逵版的〈怒吼吧！中國〉充滿許多「皇民」色彩的臺詞，但關鍵並不在於這部話劇是如何被「合法地」挪用為侵略戰爭的翼贊作品，而在於楊逵如何利用這部話劇的「閹割版反帝」而偷渡出「真正的反帝」本身。楊逵的〈《怒吼吧！中國》後記〉有段「抽象談論」的文字正能反映他此時的真實想法：

> 大川周明氏吶喊著說，決定戰爭的勝敗終究在於道義。
>
> 道義和敵愾心是二合一的，道義不伸張，就無法振奮同仇敵愾的精神。同仇敵愾心必須與道義互為表裡，才能顛簸不破。如果唱高調，往往被當成耳邊風。眼見不人道的現實，竟還能坦然坐視的，恐怕絕無僅有吧。[55]

當時的日本當局是否成功地讓殖民地人民——至少楊逵——達到「同仇敵愾心與道義互為表裡」的「顛簸不

破」境界呢？對於殖民地人民——至少楊逵——而言，自身所親見的「不人道的現實」又是些甚麼呢？楊逵在其抽象談論且帶有疑問的文字中，為自己對日本的具體抵抗找到了空間，同時也對自己的同胞發出了不該「坦然坐視」的警號。

楊逵的老戰友連溫卿則以不同方式度過他退出社會運動後的日子。連溫卿在一九三〇年二度前往日本拜訪社會運動友人。由於當時的他已經被逐出文協，因此他把這次旅行定位為「告別了旅行之人」的最後巡禮。[56]此後，他除了從事自己的工作、就是繼續從事無政府主義色彩較濃的世界語運動。其中政治性最濃的行動就是他所主導的臺灣世界語學會在一九三三年六月成立的「德意志反文化抗議同盟」，同盟的宗旨是為了抗議當時剛上臺的納粹政權。抗議文如下：

> 我們據可信賴之諸國的新聞雜誌知悉著，自納粹黨獲得政權以來，全國恰如陷入黑闇之中，遭受納粹的恐怖威脅固不待言。許多科學者、著作家、藝術家乃至若干言語學者，僅以猶太人或以政治上左翼為理由，其著書或原稿橫被焚毀，或遭迫害，或被逮捕，或被殺害。但是我們想著，這樣行動絕不能持續其政權，不能安定國內之資本主義的危機。那行動只不過是意味著粉碎自由出版與意見發表，使德國的文化荒廢，使社會的文化退步的，因此我們送給嚴重的抗議。(原文世界語，連溫卿漢譯)

世界語學會將抗議文寄送到德國駐東京大使館，要求轉交德國當局。而這份抗議聲明的簽名者多為臺北的文化團體和工會幹部。[57]

進入一九四〇年代之後，連溫卿開始以日語發表一些關於臺灣文化、慣習和民俗方面的研究。除了一九四五至一九四九年間曾經中斷過一陣子之外，他在一九五七年過世之前公開發表的研究成果幾乎都集中在這方面的主題。[58]

雖然連溫卿基本上在一九二九年後退出社會運動，卻仍與無政府主義者有所往來。代表性的人物就是日本著名的無政府主義者山鹿泰治（一八九二—一九七〇）。山鹿一家在一九三九年後移居臺灣。但由於盟軍開始空襲臺灣，[59]山鹿便在連溫卿介紹下疏散到員林的張厚家中。連溫卿對張厚一家是這樣引介山鹿的：「山鹿雖然是日本人，卻絕不是日本臭狗。」雖然連溫卿從事社會運動之時經常被當成山川（均）派或社會民主主義者，但他退出社會運動後的交友圈卻基本上是無政府主義者和世界語運動者。因此他也成為山鹿移居臺灣的理由之一。[60]

雖然無政府主義運動幾乎在一九二〇年代的臺灣便已消失殆盡，但作為個人的無政府主義者卻仍然在總督府當局的監視之下。經常被視為臺灣無政府主義運動先驅的范本梁（一八九七—一九四四）就是這樣的典型。他在一九二六年返臺之後首次入獄，判刑五年；一九三七年七七事變爆發之後二度被捕，判刑十五年，一九四四年病死獄中。范本梁的無政府主義之路是激烈的、代價極大的，但付出代價的不只他自己，而還包括他的家人。范本梁的太太是日本人，但他卻在婚後愛上了臺灣最初的女醫師蔡阿信（一八九九—一九九〇）。雖然范本梁的追求無果，但他的妻女卻就此形同棄置。他的日本太太隨他移居臺灣之後，曾因范本梁的革命行動而遭連累（比方在派出所前罰跪示眾）。為此，范本梁第二次入獄之時乾脆離婚以保全妻女。但當戰後開始遣返日本人之時，被離婚的范太太卻又忽然被當成一般的日僑而曾面臨被遣返的命運，於是又吃了一頓苦頭。[61]

范本梁的好友張深切（一九〇四—一九六五）曾慷慨激昂地對范本梁的夫人說：

> 我們相信臺灣的革命史應該重新再寫的，我們不承認非革命家或反動分子所寫的歷史，我們不容允歷史當作小說，可以任意創作；唯有事實的記錄，才是真正的歷史，不正確的歷史都會被推翻的！

雖然張深切說的都是義理之言，但對實際因為革命而受牽連的親族而言的「臺灣的革命史」恐怕也是旁人難以理解的存在。此間存在著兩難。敏感如張深切者也立即意識到這樣的難局。因此：

> 說了以後，我覺得過於興奮，恐怕會傷她的心，所以就和她匆匆告辭了。[62]

臺灣光復帶來的契機

臺灣光復之後，山鹿泰治在高雄開設了名為「臺灣自由社」的語言補習班，提供北京話、英語，以及世界語的教授課程。由於當時的臺灣青年對於北京話有強烈的學習欲望，而且學習的速度也相當快，搞得山鹿為了教學而頭痛不已。加上青年們都很貧困，交不出足額的學費，因此山鹿的補習班不到半年便撐不下去，並決定舉家返回日本。一九四六年四月返日之際，山鹿把多年來搜集的世界語文獻都交給了「同志連溫卿」。[63]

雖然連溫卿在一九二九年被逐出文協之後便退出社會運動，但在日本投降、臺灣復歸祖國之際，連溫卿卻一度被推到重新復甦的臺灣社會運動的前頭。他曾被推選為「臺灣革命先烈遺族救援委員會」的負責人。該會的核心其實是當時才從中國大陸返臺的軍統人員劉啟光（一九〇五－一九六八）。他就是曾經也是臺灣左派的侯朝宗。該會成立之後，彙集了過去曾經合作或曾對立的臺灣左翼戰線的許多成員。比方：楊逵、王萬得、潘欽信、鄭明祿、簡吉、陳昆侖、謝雪紅。而「臺灣革命先烈遺族救援委員會」最出名的活動就是在一九四六年的六月十七日舉辦臺灣光復之後首次的忠烈祠紀念活動。[64]

楊逵對於這場忠烈祠紀念活動似乎相當激動。他的激動可以回溯到他在一九三七年未能寫完的一篇文章。一九三七年七月底——也就是七七事變爆發後不久——楊逵閱讀了蕭軍（一九〇七－一九八八）的小說《第三代》，然後以「一種難以言喻的愉快」的心情寫下一篇書評：

> 作品中描寫被欺壓的人民不斷加入「馬賊」的故事。所謂的「馬賊」，並不是我們常常聽到的可怕的強盜，而是相對於壓迫者而成長起來的一股對抗勢力。日本也有『勝者為王，敗者為寇』的說法，依這句話的涵義，我們天天被灌輸的「土匪」、「共匪」、甚麼甚麼「匪」，其實是……。[65]

楊逵的筆刪節號後停住了。直到一九四六年舉辦的忠烈祠紀念活動之際，他才在《臺灣新生報》將刪節號後埋藏九年的心底話說了出來：

> 這個「土匪」到底是甚麼呢？
>
> 其實，就是血染的五十年間臺灣革命史中我們的革命先烈和志士。他們都是對逃得快的清朝文武百官的絕望，只有用自己的力量和現有的武器，保衛自己山河的悲壯的人民自衛軍。
>
> 在日本也有「勝者為王，敗者為寇」的諺語，在臺灣，日本統治者為了殺戮、侮辱被稱為「土匪」或「匪賊」的革命志士，還特別制定了「匪徒刑罰令」。然而，這種事也並不是日本軍閥的專利，滿清政府稱太平天國的革命為長毛賊之亂，也把孫文國父稱為賊等等，這與現在的軍閥把人民的革命力量稱為甚麼「匪」或甚麼「賊」的作法都一樣，是甚麼人都知道的。……就這樣地，大大小小無數的武力抗爭在臺灣島的這個小天地中，毫不畏懼地反復發生。這是由統治者稱為土匪，而我們尊稱為先烈志士的人們，五十年間前仆後繼地延續至今的志業。」[66]

為了迎接臺灣光復之後全新的形勢，許多資深的左翼分子紛紛展開了組織活動。除了前面提到的「臺灣革命先烈遺族救援委員會」之外，當時還曾陸續出現一些組織。比方「臺灣省政治建設協會」就曾在名稱還叫「臺灣民眾協會」的階段吸收了許多新文協與農組的老左派參與，而王萬得是其中比較積極的代表。[67]又比方楊逵與李喬松也曾組織起所謂的「解放委員會」，但最後無疾而終。[68]此外，三民主義青年團也是許多左派曾經積極參與的組織。——不過，最重要的恐怕還是謝雪紅等舊臺共所組織的「臺灣人民協會」、「臺灣農民協會」、「臺灣學生聯盟」，以及「臺灣總工會籌備處」。雖然這些團體也因陳儀當局而被迫解散或沒有下文，卻充分反映了舊臺共成員的活動力未因牢獄之災而有所稍減。

此外，比臺共還要更早組建左翼組織的許乃昌（一九〇七－一九七五，臺灣最早去蘇聯留學的學生和最早的臺籍中共黨員）也在脫離社會運動多年之後重新回到了社會運動舞臺，他和蘇新、陳逸松等人一同參與了「臺灣文化協進會」和機關刊物《臺灣文化》的活動，也曾參與《民報》的編輯工作。

值得一提的是，蕭來福因為獲得了《警察沿革誌》的《臺灣社會運動史》而開始撰寫一九二〇年代臺灣社會運動史的回顧文章。（蕭來福是從劉啟光那裡取得的，而劉又是在古屋貞雄返日之際獲贈的。）蕭來福可說是臺灣人運用這一機密史料集的第一人。[69]

舊臺共的「轉向」經驗並未成為他們重新接觸群眾之時的包袱。一方面，多數黨員早在臺灣光復之前便出獄並重新建立起群眾基礎；另一方面，臺灣從甲午戰爭到抗戰勝利之間所經歷的歷史經驗遠遠比舊臺共的「轉向」問題要複雜得多。因此，儘管積累著複雜歷史經驗的臺灣人民未必有能力也未必有機會處理左翼分子的歷史經驗，卻已經足以包容、吸納，甚至遺忘左翼分子的「轉向」履歷。以臺灣光復後關於〈懲治漢奸條例〉是否適用於臺灣的問題為例，一九四六年提出的〈司法院院解字第三〇七八號解釋文〉曾注意到臺灣人民「在抗戰期內基於其為敵國人民之地位」而「被迫應徵、隨敵作戰，或供職各地敵偽組織」，因此主張相關審判「應受國際法上之處置。自不適用懲治漢奸條例之規定。」由於當時的司法院注意到了臺灣的複雜歷史背景，所以試圖為剛剛復歸的臺灣人民（實際上是某部分的臺灣人民）從「漢奸」問題上解套。既然「漢奸」乃至更需檢討的「皇民化」問題可以消極處理或不處理，舊臺共的「轉向」履歷自然也不是當時的臺灣人感到有必要（如日本知識界那樣）去處理的精神史問題。[70]

雖然老左派們先後活躍了起來，但因深感新的歷史環境仍不允許左派以公開合法的方式展開活動，因此謝雪紅等人在一九四六年一月自發組織了秘密的地下黨，即「中國共產黨臺灣省委員會籌備會」。當時參與的成員有謝雪紅、楊克煌、楊來傳、廖瑞發、林梁材、謝富、王天強等。這一組織在當時並不是中共的正式組織，卻有成為中共之一部分的打算。此時由於中共正式的臺灣地下黨——中國共產黨臺灣省工作委員會——已經進入臺灣，因此謝雪紅等人的組織也在隨後的一九四六年六月十七日正式併入中共黨組織。促成這一工作的主要人物是當時負責臺灣省工委武裝工作的張志忠（一九一〇—一九五四）。[71]

省工委的主要領導人有四人，其中只有最高領導人蔡孝乾與張志忠是臺灣本地人，而且蔡孝乾還是當年臺共的中央委員之一。因此，省工委的入臺以及謝雪紅等舊臺共的入黨代表了一九二〇年代與一九四〇年代兩個世代的左翼運動的接合。

舊臺共重新介入社會運動的方式不妨同日共作一比較。臺共成員幾乎在戰爭結束前便已先後出獄。雖然他們不搞運動，卻也重新在社會中建立起自己的人脈或群眾基礎。但戰後日共的重建卻在很大程度上以日共獄中的「非轉向」幹部為核心，而這些幹部都是因為美國占領軍的釋放才出獄的，因此他們並未經歷過戰爭結束之前的戰時社會生活。「非轉向」所象徵的道德高度是日共「非轉向」幹部重新建立群眾基礎最重要的資源。但從目前可見的舊臺共回憶錄來看，舊臺共主要是以日常生活的種種踐行來重新融入社會。「轉向」或「非轉向」都並未成為舊臺共的負債或資產。

一九四七年的二二八事件為當時還沒在臺灣站穩腳跟的臺灣省工委創造了發展契機，許多舊臺共也積極參與其中：謝雪紅與楊克煌等人領導了臺中地區的「二七部隊」（即臺灣民主聯軍），張志忠與簡吉則領導了嘉南地區的「嘉南縱隊」（即臺灣自治聯軍），此外，還有廖瑞發、蘇新、潘欽信、蕭友山、林日高等人在省工委的直接或間接領導之下介入了二二八事件處理委員會。[72]而目前無法判定是否也加入地下黨的楊逵，也積極配合了左派在二二八事件中的工作。[73]

一九四九年是大轉折的一年。一月，楊逵因發表反內戰的〈和平宣言〉而被當局盯上。就在楊逵發表〈和平宣言〉的同時，久未撰寫論文的連溫卿竟開始在《公論報》的「臺灣風土」欄目連載他關於臺灣資本原始積累的研究，此即〈日本帝國主義下臺灣土地被收奪的過程〉一文。「原始積累」乃是馬克思描述資本主義經濟如何從前資本主義脫胎而出的關鍵概念，核心是「暴力」如何在社會變革進程中所起到的作用，而最具體的現象就是收奪土地（圈地運動）。連溫卿此文以圈地運動的角度描述了日本官方和資本如何通過土地收奪來促進資本主義的發展。連溫卿的連載在一九四九年十月結束，此時恰好是中華人民共和國成立之際。一方面是全中國的社會變革走到了最關鍵的轉換時刻，另一方面則是連溫卿回顧了日本官方和資本的「暴力」曾經如何改變臺灣社會，但中國革命所帶來的巨變未能在一九四九年十月之際一併改變臺灣。改變臺灣的毋寧是反對這一巨變的力量——也就是隨之而來的「五〇年代白色恐怖」。

「五〇年代白色恐怖」的鎮壓對象是臺灣島內的中共地下黨及其同路人、同情者，以及嫌疑者。一九四九年四月發生在臺大與師大的「四六事件」為臺灣島內針對左派而來的白色恐怖揭開序幕，而楊逵也因早前發表〈和平宣言〉而被捕，直到一九六一年才出獄。許多在日本殖民統治時期並未遭受到舊臺共那種大檢舉和審判的左派，也在「五〇年代白色恐怖」之際被捕入獄。比方周合源（新文協中央委員）、陳其昌（臺灣民眾黨秘書長）、洪水流（農組成員，坐牢三十三年）、許月裡。

直接針對中共地下黨的鎮壓則以省工委四名主要領導人——蔡孝乾、洪幼樵、陳澤民、張志忠——的先後被捕而達到高潮。[74]無疑，舊臺共成員只是省工委的一個部分。許多在「五〇年代白色恐怖」被捕甚至獄死的地下黨員都是在戰後五年間湧現的青年。然而許多舊臺共卻因為省工委以及二二八而重新站上臺灣的政治舞臺，並因此走到新的歷史拐點：（一）謝雪紅、楊克煌、蘇新、王萬得、林梁材、林式鎔、林殿烈、蕭來福、潘欽信在二二八後旋即離開臺灣。他們先是前往香港，後再前往中國大陸。（二）簡吉（負責山地工作[75]）、廖瑞發（負責臺北市委）、張朝基、陳朝陽、陳義農、詹木枝等人繼續潛伏在臺灣，並悉數在「五〇年代白色恐怖」中被捕槍斃。（三）蔡孝乾作為省工委最高領導人雖曾成功逃亡過一次，卻在二次被捕之後「轉向」並供出組織系統。[76]實際上，除了張志忠堅持到刑場上的最後一刻之外，其餘三位省委領導人都宣布「轉向」[77]

與上述重新參與在地下黨運動的舊臺共相比，林日高與陳昆侖則屬積極參與戰後臺灣地方政治的代表。他們與省工委之間未必有直接的聯繫。但在「五〇年代白色恐怖」的風暴中，兩人都未能倖免。前者被捕槍斃，後者則再次入獄。

結語

做為一九二〇年代「非（共產）黨左派」的代表，連溫卿並未遭受到「五〇年代白色恐怖」的鎮壓。直到他在一九五七年十一月過世之前，他的生活重心都擺到了回憶錄寫作以及臺灣民俗的研究。連溫卿過世之後，移居臺灣的無政府主義者毛一波（一九〇一—一九九六）在《臺灣風物》發表了一篇特別的紀念文章：

初到臺北，偶爾在自己的報館中看到一份日文刊物，上面有山鹿泰治的旅臺隨筆；那是片斷的記載，其中就說到了連溫卿先生。……

對於時代思潮，不管是傳統的、或舶來的，其經過個人自己的接受吸收，融會貫通，也可以構成自己思想的體系。連先生個人的力學如何，我不知道。但詳讀他的著作，我覺得他所受時代思潮的影響很深。這是二十世紀開始以來中日文化的運命。試問，有幾個學者或思想家能夠逃出這個圈套而另闢天地？就哲學說，新康德派盛極一時，曾幾何時，而唯物論竟風靡天下。……另一面，在社會科學上，馬克思派的歷史社會分析法，……至少對於所謂資本主義的分析，雖是在賢者之中，亦當不免應用那一種解剖刀了。

在臺灣文獻中，如東嘉生之流不必說了。連基督教徒（現任東京大學校長）矢內原忠雄的大作（如其《日本帝國主義下的臺灣》一書）。其理論、其方法也是如此（現在臺灣銀行的出書，有許多立論又何嘗不如此？）所以對連溫卿先生的著作，我們不必苛求；因為他治學的方法也是不會脫出這個時代的制約。

話雖是這樣說，連先生是反對「玄學的辯證唯物論」和「所謂階級獨裁制」。因此，連先生畢竟有其自己的思想體系來作為他行動的指針。……[78]

儘管連溫卿研究經濟的論文讓無政府主義者毛一波感受到了異樣的「唯物論」味道，他卻仍然能從連的身上感受到一股令他不得不撰文悼念的無政府主義氣質。「連先生畢竟有其自己的思想體系來作為他行動的指針」這段話，就暗示著他從連溫卿思想中感受到的無政府主義成分。

雖然毛一波基於無政府主義者的共感而寫下他的悼詞，卻讓連溫卿在死後遭受到一場奇異的審判。一九六〇年十二月十四日，省議員陳愷（一九一三—二〇〇二）在省議會對省文獻會提出以下嚴厲抨擊：

該會曾編有《臺灣經濟志綜說篇》一書，內容完全強調「唯物論」。[79]最顯著的是四十八年該會編纂「風物志」〔臺灣風物〕中刊載「追思」一文，對匪諜連溫卿大加歌頌。又《臺灣文獻》第十卷第三期發表「內地旅台文人及其作品」，以《臺灣文獻》公開掩護，介紹左傾作者郁達夫等。……[80]（圖二）

目前無法得知陳愷為甚麼拿連溫卿和毛一波的追悼文開刀。但陳愷在連溫卿死後將之加封為「匪諜」一事，對於努力想把連溫卿寫成無政府主義者的毛一波而言，恐怕難以預期吧。然而那個時代的荒謬就在這裡。如果說一九五四年張志忠的槍決與一九五五年林日高的槍決象徵性地為臺灣省工委與舊臺共在臺灣的活動拉下帷幕，連溫卿死後在一九六〇年所受到的荒謬審判，或許也可視為日據時期的「非黨左派」在「五〇年代白色恐怖」所畫下的句點。

雖然一九三〇—一九四〇年代也是極端考驗「非黨左派」個人信念的二十年，但信念的檢驗者除了稍帶抽象的「人民」之外，主要還是自己。相較之下，舊臺共面臨的處境很不相同。一九四五年之後，黨組織以臺灣省工委的名義出現在舊臺共面前。雖然一些舊臺共並未把面對黨組織作為自己必須去完成的任務，但對更多並未放棄政治熱情的舊臺共而言，若想作為黨組織的一部分重新參加革命，就必須面對許多個人的歷史問題。除了黨內的分派鬥爭問題之外，最重要的就是一九三〇年代臺共大檢舉之後出現的「轉向」問題。

「忠誠總是表現為對過去的回歸，如『記起他們』、『再說他們』，但每一次『記

發表伏法匪諜作品
省文獻會爲匪張目
陳愷昨在議會猛烈抨擊

【本報訊】省議員陳愷昨日大事抨擊省文獻會的人事組織之糟糕，他指出：文獻會人事複雜，甚至有人寫文章替共匪宣傳，抄出騙取稿費。陳議員並列舉二項事實證明：

㈠「臺灣經濟志綜說篇」一書，內容筆調皆屬唯物理論。四十八年該會某編纂主編之風物誌登載「追思」一文，係伏法匪諜連溫卿作品，顯然有爲匪張目之嫌。㈡臺灣文獻第十卷第三期發表「內地旅台文人及其作品」，以臺灣文獻爲公開掩護，介紹左傾作家郁達夫等。

陳議員又指出：「臺灣遙寄」一書第廿一頁把民族英雄鄭成功列爲海賊等，內容荒謬，應該糾正。

陳愷並提醒民政廳主管應注意嚴加輔導。

圖二：
〈發表伏法匪諜作品省文獻會為匪張目・陳愷昨在議會猛烈抨擊〉，《臺灣民聲日報》，1960年12月15日，第2版

起』和『再說』必定包含了新的內容，正如鍾浩東、張志忠在不同階段、面對不同形勢而做出不同的政治抉擇一樣。忠誠不是盲目的信任，而是價值判斷的根源。」[81]——「忠誠」與「對過去的回歸」之間的關係是複雜的。當人們（也許是左翼分子自己，也許是普通民眾）為了「忠誠」而努力回歸「過去」之際，也有人通過「對過去的回歸」來檢驗自己或他人的「忠誠」。從一九三〇—一九四〇年代走來的臺灣左翼分子（尤其是舊臺共）幾乎都以各自的餘生面對「忠誠」與「對過去的回歸」之間的複雜互動，並在這種互動中不斷付出各種代價。一定程度上，付出代價的他們有點像魯迅筆下的革命同路人葉遂甯和梭波里：

> 凡有革命以前的幻想或理想的革命詩人，很可有碰死在自己所謳歌希望的現實上的運命；而現實的革命倘不粉碎了這類詩人的幻想或理想，則這革命也還是布告上的空談。但葉遂寧和梭波里是未可厚非的，他們先後給自己唱了輓歌，他們有真實。他們以自己的沉沒，證明著革命的前行。他們到底並不是旁觀者。（魯迅，《在鐘樓上——夜記之二》，《三閑集》）

如果他們終究和同路人的命運有所區別，那就在於：幾乎在革命尚未成功的地方與時刻，經歷過一九三〇—一九四〇年代的臺灣左翼分子便已經「以自己的沉沒」將自己同「旁觀者」區別開來，然而「旁觀者」往往不能從沉沒者的實踐中看見「革命的前行」。

現在和將來的我們又將以怎樣的方式「記起他們」和「再說他們」呢？

邱士杰，臺灣大學歷史學系博士，同系所學、碩士。目前的研究方向是二十世紀臺灣社會主義運動史以及中國政治經濟學史。著有《一九二四年以前臺灣社會主義的萌芽》一書。

註釋

1 然臺共直接支配了文協與農組，但臺共並未完全掌控左翼的話語權。關鍵原因之一是來自臺共右邊的臺灣民眾黨也出現了左傾的狀況。民眾黨的左傾與「大眾黨」運動有關。「大眾黨」運動始於是在日共秘密指導之下的合法左派政黨：勞動農民黨（一九二六—一九二八）。勞農黨的特色是追求被壓迫大眾的「共同戰線」（即統一戰線）。但由於共産國際對於這種「兩黨論」——共産黨為隱蔽的地下黨，並以某種統一戰線政黨為公開的組織——提出了嚴正批判，因此日共便在勞動農民黨遭到解散之後不再重新組建任何的「共同戰線黨」或「大眾黨」。然而「大眾黨」的思想卻被包含山川均（一八八〇—一九五八）在內的其他日本左翼分子接了過去，於是就在勞動農民黨解散之後出現了「大眾黨」的組織運動。連溫卿主持文協時期和臺共建黨初期都曾提出過「大眾黨」的思想，對於連而言，他的目標是以文協為基礎建設出一個公開合法的「大眾黨」；對於臺共而言，則是希望建設出一個基於「兩黨論」的「大眾黨」。但由於連溫卿被逐出文協，加上日共本身也放棄了「兩黨論」，因此臺灣也出現了「大眾黨」思想被其他人接過去的狀況，而這個狀況就表現在民眾黨身上。無論如何，民眾黨並不想成為共産黨，卻出現了模仿日本本土的「大眾黨」運動的現象。因此民眾黨便在臺共的右邊成為了一個略帶左翼色彩的臺灣版「大眾黨」。本研究雖不擬將民眾黨當成臺灣左翼的一部分而納入研究範圍，但民眾黨在其末期所曾出現的左傾現象卻是必先交代的歷史問題。關於以上歷史問題請參見：邱士傑，〈一九二〇年代臺灣社會運動中的「大眾黨」問題〉，收入若林正丈、松永正義與薛化元編，《跨域青年學者臺灣史研究續集》（臺北：稻鄉出版社，二〇〇九）。

2 臺灣總督府警務局編，《臺灣社會運動史》，第三卷「共産主義運動」（臺北：創造出版社，一九八九），頁一九二。

3 一九三二年三月四日，翁澤生在上海被捕；一九三三年九月七日，楊春松亦被捕於上海。參見：「JACAR（アジア歴史資料センター）Ref.B04013185800、日本共産黨関係雜件／臺灣共産黨関係（I-4-5-2-3_11）（外務省外交史料館）」

4 被捕後獄死（含保釋後過世者）的臺共黨員名單如下：劉纘周、陳結、謝祈年、吳拱照、洪朝宗、張茂良、翁澤生、陳神助、王細松、陳來旺。參見：謝雪紅口述、楊克煌筆錄、楊翠華編，《我的半生記》（臺北：楊翠華，二〇〇四），頁二四八；楊克煌著、楊翠華整理，《我的回憶》（臺北：楊翠華，二〇〇五），頁一三五—一三七；黃榮洛，〈斯文有禮豪情客——抗日烈士吳拱照〉，《渡台悲歌：臺灣的開拓與抗爭史話》（臺北：台原出版社，一九八九）；〈革命先烈留芳萬年〉，《人民導報》，一九四六年六月三日，第二版；蔡前（蔡孝乾），《日本帝國主義的殖民地——臺灣》（出版地不詳：新華書店，一九四二），頁四二；《臺灣日日新報》，一九三三年七月二十五日，第八版。

5 野與鍋山的轉向聲明收錄於：司法省刑事局思想部，司法省刑事局譯，《思想研究資料》，第三十六輯「緊迫せる内外の情勢と日本民族及び其勞働者階級：戰爭及び内部改革の接近を前にしてコミンターン及び日本共産黨を自己批判する」（東京：司法省刑事局，一九三三）。對於臺灣當時的左翼分子來說，佐野和鍋山可能是會讓他們感到親近的人物。一九二三年上半年，東京的《臺

灣》雜誌曾有前後三期發表了佐野學關於殖民地解放的論文。分別是〈關於將來的殖民政策〉、〈幫助臺灣議會的設置！〉，以及〈弱小民族解放論——社會主義和民族運動〉。除此之外，佐野也還曾在臺灣最早的左翼刊物《平平旬刊》上發表文章〈過上海〉。鍋山貞親則曾在臺共建黨之前親自前往上海指導，但因接到返日協助選舉的命令，最終未能參與臺共建黨會議。參見：佐野學，〈將來の殖民政策について〉，《臺灣》第四年第一號（一九二三，東京）；佐野學，〈臺灣議會の設置を助けよ〉，《臺灣》第四年第三號（一九二三，東京）；佐野學，〈弱小民族解放論——社會主義和民族運動〉，《臺灣》第四年第六號（一九二三，東京）；佐野學，〈過上海〉，《平平旬刊》（上海），一九二四年；謝雪紅口述、楊克煌筆錄、楊翠華編，《我的半生記》，頁二四九—二六〇。

6 高畠通敏，〈一国社会主義者——佐野学・鍋山貞親〉，收入思想の科学研究会編，《共同研究：転向》，上（東京：平凡社，一九六〇），頁一六四。

7 藤田省三，〈昭和八年を中心とする転向の状況〉，《共同研究：転向》，上，頁三三—六五。

8 鶴見俊輔著、邱振瑞譯，《戰爭時期日本精神史》（臺北：行人出版社，二〇〇八），頁二四—二五。

9 鶴見俊輔著、邱振瑞譯，《戰爭時期日本精神史》，頁二五。

10 由於基層黨員轉向人數較多，因此當局認為臺共公審的過程中可能會出現（拒絕轉向的）黨幹部和（轉向的）基層黨員之間的「理論鬥爭」（福本和夫術語）。但根據目前可見的臺共成員回憶錄，當局所預估的「理論鬥爭」沒有發生。

11 《詹以昌回憶錄》（手稿）。

12 〈臺共公判審問潘欽信〉，《臺灣日日新報》，一九三四年四月三日，第四版；〈臺灣共產黨公判潘欽信不應審理，古屋辯護士勸不聽命退廷〉，《臺灣日日新報》，一九三四年四月三日，第八版；〈潘欽信緘默不言再審理照實自供，心境依然不肯轉向〉，《臺灣日日新報》，一九三四年五月十日，第八版；〈共產黨求刑廿五朝在臺北法廷謝氏阿女潘欽信最重〉，《臺灣日日新報》，一九三四年五月二十六日，第四版；〈謝氏阿女の陳述で嚴粛な訟廷に笑聲・古屋辯護士の辯論臺共續行公判〉，《臺灣日日新報夕刊》，一九三四年五月二十七日，第二版；〈臺灣共產黨事件覆審最後判決謝氏阿女潘欽信，各懲役十三年〉，《臺灣日日新報》，一九三四年十二月一日，第四版。

13 臺共內部對於古屋律師的評價似乎比較兩極。楊克煌與詹以昌採取批評的角度，認為古屋不過是一個社會民主主義的律師，不能像布施辰治（一八八〇—一九五三）那樣在法庭上協助共產黨員進行獄中鬥爭。但楊春松對於古屋卻有不錯的評價。分別參見：楊克煌著、楊翠華整理，《我的回憶》，頁一五〇；楊國光，《一個臺灣人的軌跡》（臺北：人間出版社，二〇〇一），頁七三—八〇。

14 謝雪紅口述、楊克煌筆錄、楊翠華編，《我的半生記》，頁一四九。

15 胡治安，《統戰秘辛：我所認識的民主人士》（香港：天地圖書有限公司，二〇一〇），頁一九〇。

16 〈臺共公判・蘇新答辯〉，《臺灣日日新報》，一九三四年四月六日，第八版。

17〈前後二日間審理臺共領袖蘇新〉，《臺灣日日新報》，一九三四年四月八日，第八版；〈二日間に亙って巨頭蘇新の審理・臺共事件分離公判〉，《臺灣日日新報》，一九三四年四月八日，第二版。

18蘇新，《未歸的臺共鬥魂：蘇新自傳與文集》（臺北：時報文化出版企業股份有限公司，一九九三），頁五三—五四。

19〈臺共公判・蘇新答辯〉，《臺灣日日新報》，一九三四年四月六日，第八版；〈うつむき勝ちに小聲で答辯蘇新の分離公判〉，《臺灣日日新報》，一九三四年四月六日，第二版。

20〈蘇新は轉向せず補足的審理〉，《臺灣日日新報》，一九三四年四月八日，第七版。

21〈前後二日間審理臺共領袖蘇新〉，《臺灣日日新報》，一九三四年四月八日，第八版。

22蘇新，《未歸的臺共鬥魂：蘇新自傳與文集》，頁五四—五五。

23參見以下的「轉向」報導：〈幹部四名を除き他は殆んど轉向臺共第一回公判を前に〉，《臺灣日日新報》，一九三四年三月二十四日，第七版；〈妻の純愛により檢擧前既に轉向林日高の單獨審理始まる臺共公判第二日〉，《臺灣日日新報》，一九三四年三月二十八日，第二版；〈共黨王幹林日高因思想急速轉換法廷爲之先行審問〉，《臺灣日日新報》，一九三四年三月二十八日，第四版；〈けふ公判の王萬得は轉向．聲明書を裁判長に提出〉，《臺灣日日新報》，一九三四年四月十二日，第七版；〈臺共公判蕭來福答辯完全無信念〉，《臺灣日日新報》，一九三四年四月十二日，第八版；〈臺共公判王萬得轉換提出聲明書〉，《臺灣日日新報》，一九三四年四月十三日，第四版；〈臺共陳德興誓與共黨斷絕關係〉，《臺灣日日新報》，一九三四年四月二十六日，第八版；〈之も轉向楊克煌の公判〉，《臺灣日日新報》，一九三四年四月二十七日，第二版；〈臺共公判莊守轉向を誓ふ〉，《臺灣日日新報》，一九三四年四月二十九日，第二版；〈臺共公判被告莊守誓欲斷絕關係〉，《臺灣日日新報》，一九三四年四月二十九日，第十二版；〈前非を悔い轉向を誓ふ・臺共、簡氏娥の公判〉，《臺灣日日新報》，一九三四年五月三日，第二版；〈臺共公判簡氏娥悔過誓欲轉向〉，《臺灣日日新報》，一九三四年五月三日，第八版；〈本刊・臺共控訴・第二回公判・皆立誓轉向〉，《臺灣日日新報》，一九三四年十一月十四日，第四版〈本刊・潘欽信亦自白，白誓轉向・謝阿女立誓轉向〉，《臺灣日日新報》，一九三四年十一月十一日，第四版；〈轉向陳夫婦に情味ある判決・妻の玉蘭は出所出來る〉，《臺灣日日新報》，一九三五年五月一日，第七版；〈本刊・臺灣共產黨陡立役者，獄窓に《時代の更生》・潘欽信が轉向手記を提出〉，《臺灣日日新報》，一九三八年二月八日，第七版

24《詹以昌回憶錄》（手稿）。

25殖民者的蔑視還能從審判者把受審黨員當成無知小孩而知其一二。據詹以昌回憶：「大家進入法庭，系身的繩子和手銬都被解開，唯獨謝雪紅一人進來時大喊起來：『補繩！補繩！』因常未被解去以示抗議。這時裁判長宮原，以他固有的中性聲帶發出似哄小孩的柔軟聲音叫：『阿女，静かにしろ』（雪紅！安靜下吧！）」參見：《詹以昌回憶錄》（手稿）。謝雪紅的抗議行動還可參見《臺灣日日新報》當時的報導：〈謝氏阿女、女だてらの戰術も見事破れて平穩に審理被告四十五名ずらり臺共公判開く物々しこの日

の警戒〉，《臺灣日日新報夕刊》，一九三四年三月二十七日，第二版。

26 〈東京二日發・陳來旺には前審通り求刑・非轉向派の審理〉，《臺灣日日新報》，一九三四年五月三日，第七版。

27 〈陳來旺に懲役六年非轉向派に判決言渡〉，《臺灣日日新報》，一九三四年五月十五日，第二版；〈十四日東京電・非轉向派陳來旺判決〉，《臺灣日日新報》，一九三四年五月十五日，第八版。

28 謝雪紅口述、楊克煌筆錄、楊翠華編，《我的半生記》，頁二四八。

29 《詹以昌回憶錄》（手稿）。

30 しまねきよし，〈偽装転向について——神山茂夫〉，收入思想の科学研究会編，《共同研究：転向》，下卷（東京：平凡社，一九六二），頁三三二—三四六。

31 〈臺共求刑中村檢察官論告要旨〉，《臺灣日日新報》，一九三四年五月二十六日，第八版。

32 〈臺共の判決言渡早くて七月初め轉向者に對しても假借なく斷罪せん〉，《臺灣日日新報》，一九三四年六月七日，第二版。

33 〈臺共求刑中村檢察官論告要旨〉，《臺灣日日新報》，一九三四年五月二十六日，第八版。

34 〈本刊・臺灣共產黨陸立役者，獄窓に《時代の更生》・潘欽信が轉向手記を提出〉，第七版。

35 楊渡，《簡吉：臺灣農民運動史詩》（臺北：南方家園出版社，二〇〇九），頁二一九—二二一。

36 楊渡，《簡吉：臺灣農民運動史詩》，頁二二七—二二八。

37 林友彥，〈林田烈的革命一生〉，收入上海市臺灣同胞聯誼會編，《滬上臺灣人》，一（上海：上海市臺灣同胞聯誼會，二〇〇八），頁一三〇。

38 楊國光，《一個臺灣人的軌跡》。

39 楊克煌著、楊翠華整理，《我的回憶》，頁一八四。

40 楊克煌著、楊翠華整理，《我的回憶》，頁一八四。

41 楊渡，《簡吉：臺灣農民運動史詩》，頁一三九—一四〇。

42 楊渡，《簡吉：臺灣農民運動史詩》，頁二三四—二三五。謝雪紅與楊克煌等人遭監視的狀況則可參見：楊克煌著、楊翠華整理，《我的回憶》，頁一九一。

43 並可參見蘇新關於戰時日本當局禁止集會、監視（前）革命分子，以及發布「預防監禁法」等高壓措施的回憶。見：蘇新，《未歸的臺共鬥魂：蘇新自傳與文集》，頁五八。

44 簡吉出獄之後被任命為皇民奉公會的書記就是當局利用左派抗日分子為統治招牌的一個例子。

45 楊克煌著、楊翠華整理，《我的回憶》，頁二〇〇—二〇二。

46 〈王萬得回憶錄〉，轉引自徐康與吳藝煤，《臺灣共產黨抗日史實》（臺北：華品文創，二〇一五），頁三二八。此書為臺灣民主自治同盟所編，引用了包含〈王萬得回憶錄〉在內的許多臺盟內部材料，值得參考。楊克煌回憶錄對王萬得在會上的表現反而抱以負面評價。參見楊克煌著、楊翠華整理，《我的回憶》，頁二〇〇—二〇二。

47 蘇新，《未歸的臺共鬥魂：蘇新自傳與文集》，頁五八。

48 蘇新，《未歸的臺共鬥魂：蘇新自傳與文集》，頁五七。

49 即：蘇新，《戰時下に於ける養兎の理論と実際》（臺北：臺灣藝術社，一九四四）。

50 蘇新，《未歸的臺共鬥魂：蘇新自傳與文集》，頁五七—五八。

51 林書揚，《林書揚文集：回首海天相接處》，第一卷「歷史與人物」（臺北：人間出版社，二〇一〇），頁七七—八〇。

52 這部教科書的特點是試圖「把蘇聯的經濟法則加進政治經濟學中去研究」，但因蘇聯在一九二九年大規模農業集體化之後進入空前的經濟變革時期，這就導致這部教科書為了緊跟形勢而處於不斷改版和改寫的過程之中。該書在一九二七年發行初版之後（一萬五千冊），旋即在一九二八年發行二版（一萬五千冊）和三版（五萬冊），並在一九二九年發行四版和五版。為了即時反映一九二九年後蘇聯經濟和路線的變化，一九三一年發行的第六版對內容進行了大調整，之後在一九三二年發行的第七版和第八版也持續調整內容。在東亞，拉—奧二氏教科書最早的譯本是留蘇學生陸一遠的一九二九年漢譯本，但只翻譯了上半部。下半部在一九三〇年由周維渥所漢譯（北平東方書店版），並在一九三一年出現兩冊的合本（仍署名周維渥）。日譯本的出現略晚，分別由入江武一和荻野茂在一九三〇年推出自己的全本日譯本。總的來說，上述譯本的內容大致相同，而且可以肯定這些譯本所根據的底本必然是俄文第六版之前的版本。然而目前很難確定這些譯本所具體根據的底本版次。一方面是因為缺乏可資比對的俄文原版書，另一方面則是這些譯本之間的差異並不足以支持任何關於版本先後的推論（以上關於這部教科書的背景說明均引自筆者目前正在撰寫的博士論文。）

53 關於一九三〇年代楊逵的歷程，可著重參見：黃惠禎，《左翼批判精神的鍛接：四〇年代楊逵文學與思想的歷史研究》（臺北：秀威資訊科技股份有限公司，二〇〇九）。

54 楊逵，〈解除「首陽」記〉，收入彭小妍編，《楊逵全集》，詩文卷下（臺北：國立文化資產保存研究中心籌備處，一九九八），頁一五〇。

55 楊逵，〈《怒吼吧！中國》後記〉，收錄於邱坤良，《人民難道沒錯嗎？：《怒吼吧！中國！》：特列季亞科夫與梅耶荷德》（臺北：印刻出版，二〇一三），頁七四七。

56 他的日本之行有日記傳世。見：連溫卿，〈連溫卿日記——一九三〇年の三十三日間〉，《史苑》第三十九卷第一號（一九七八）；連溫卿，〈連溫卿日記——一九三〇年的三十三天——備忘錄（林勞歸〔林書揚〕譯）〉，《臺灣風物》第三十六卷第一期（一九八六）。並請參見戴國輝的介紹：戴國煇，〈連溫卿の二つの日記，附錄於連溫卿日記——一九三〇年の三十三日間〉，《史苑》第三十九卷第一號（一九七八）。

57 史可乘〔連溫卿〕，〈人類之家・臺灣ESP學會〉，《臺北文物》第三卷第一期（一九五四），頁九二—九三。

58 連溫卿，《臺灣政治運動史》（臺北：稻鄉出版社，一九八八），可參考本書所附連溫卿著作目錄。

59 盟軍開始空襲臺灣之後，左翼分子也作為普通民眾的一部分而開始躲避來自各地的爆擊。楊克煌寫於七十年代的回憶錄對美軍當時的空襲有頗為詳細地記載，反映了他對此事的深刻印象。參見：楊克煌著、楊翠華整理，《我的回憶》，頁二〇三—二一〇。

60 向井孝，《山鹿泰治・人とその生涯》（東京：青蛾房，一九七四），頁一五七—一五八。

61 張深切，《我與我的思想》（臺北：文經出版社有限公司，一九九八），頁二六〇—二六二。

62 張深切，《我與我的思想》，頁二六二。

63 向井孝，《山鹿泰治・人とその生涯》，頁一五八—一五九。

64 救援委員會的相關史料集中收錄於陳映真編，《人間思想與創作叢刊》，二〇〇七夏季號「學習楊逵精神」（臺北：人間出版社，二〇〇七）。相關史實的辨析還可參見黃惠禎，《左翼批判精神的鍛接：四〇年代楊逵文學與思想的歷史研究》，頁二三五—二五六。

65 楊逵，〈《第三代》及其他〉（曾健民譯），收錄於陳映真編，《人間思想與創作叢刊》，二〇〇七夏季號「學習楊逵精神」。

66 楊逵，〈六月十七日前後——紀念忠烈祠典禮〉（曾健民譯），收錄于陳映真編，《人間思想與創作叢刊》，二〇〇七夏季號「學習楊逵精神」。

67 蔣渭川，〈臺灣省政治建設協會略記〉云：「如有中傷臺灣省政治建設協會是共產黨，這也是冤天下之大枉。協會的幹部皆是忠實的國民黨員，內中雖有王萬得氏在日人時代因共產黨事件入獄，然已於在獄中完全根本轉向才得出獄，而自出獄後至光復以來，其所行為言動已無赤色思想，才有選其做協會的理事，本人也願以立誓。不過，協會設立的動機目的，為要養成國民黨員，受黨領導下之團體，因成立後之環境立場不能以全力專心為黨服務，僅有局部的協力而已，這是對黨不住的。渭川在三月五日已對長官及徐處長聲明，今後願將全力為黨服務，實踐與長官之誓約，完成防共之任務，這可證明絕無共產思想。」

68 黃惠禎，《左翼批判精神的鍛接：四〇年代楊逵文學與思想的歷史研究》，頁二三五—二三七。

69 楊克煌著、楊翠華整理，《我的回憶》，頁二三六；蕭友山，《臺灣解放運動の回顧》（臺北：三民書局，一九四六）。

70 〈司法院解字第三〇七八號解釋文〉注意到臺灣人民在一九四五年的變局之中屬於被動的角色，而非主動的一方。假使一九四五年的臺灣光復是島內臺灣人民主動投諸大量努力之後取得的成果，說不定也能像當時的內地的漢奸審判那樣建立起適應於臺灣實際的正義標準，然後用這種標準對過去的殖民歷史展開清理與批判。竹內好對於日本人民未能按毛澤東的預測而親手終結侵略戰爭的遺憾，亦能適用於臺灣的場合。竹內說：「法西斯主義抖擻淫威，使我們耗盡了力量，而在朝鮮和中國，法西斯主義的淫威卻強化了抵抗的力量。因此，說是法西斯主義使人喪失了骨氣，這並不等於我們就可以解除掉道德上的責任。（一九四五年）八・一五的時候，假如（日本）有過樹立人民政府的宣言，即使是微弱的聲音，哪怕運動失敗了，我們也會減輕幾分今天的屈辱感，……作為抗日戰爭一定勝利的一個理由，雖然是個次要的理由，毛澤東曾經期待日本人民的抵抗會使戰爭以失敗而告終。毛澤東的戰爭理論是正確的，可是在這一點上，他犯了過高估計的錯誤，而未能洞察日本法西斯統治的實際狀態。毛澤東是外國人，他估計錯了也是沒有辦法的事，可是，戰爭末期住在延安的野阪參三也曾持有樂觀的看法。甘薩爾・斯坦因的《紅色中國的挑戰》（很遺憾這本書還沒有譯成日文）中對此有所記載。這種樂觀論與波茨坦革命的挫折有關，這是不能否定的，而使八・一五以屈辱的事件而告終恐怕也和這個樂觀論並非無緣。」

參見：竹內好，〈屈辱的事件〉，收錄於竹內好著，李冬木、趙京華、孫歌譯，《近代的超克》（北京：生活・讀書・新知三聯書店，二〇〇五），頁二二六。

71 關於臺灣省工委入臺的細節，可參見蔡孝乾〈詢問筆錄〉（一九五〇年八月二十九日）；關於謝雪紅等人要求入黨的細節，可參見楊克煌著、楊翠華整理，《我的回憶》，頁二四一—二五三。

72 蘇新，《未歸的臺共鬥魂：蘇新自傳與文集》，頁一九四—一九五。

73 藍博洲，〈楊逵與中共臺灣地下黨的關係初探〉，《批判與再造》第十二期（二〇〇五）。

74 〈全省匪黨組織瓦解．蔡孝乾陳澤民等告黨徒，希望大家立刻自首〉，《中央日報》（臺北），一九五〇年五月十四日，第四版。

75 一九二〇年代的臺共曾先後提出「一九二七年綱領」與「一九三一年綱領」，前一綱領並不重視原住民的工作，後一綱領則伴隨著霧社事件的爆發而強調在原住民中開展工作的必要性。戰後最早進入原住民部落調查的老臺共是王萬得，但真正落實原住民組織工作的卻是加入中共地下黨的簡吉。

76 值得一提的是，蔡孝乾逃亡期間曾經提供協助的黨員周永富堅持認為蔡孝乾並未「轉向」叛變。可參見：周永富，《自傳》手稿（一九九五年二月版）。

77 參見：藍博洲，《臺共黨人的悲歌》（臺北：臺灣人民出版社，二〇一二）。

78 毛一波，〈哀悼連溫卿先生〉，《臺灣風物》第七卷第六期（一九五七），頁一—二。

79 即臺灣省文獻委員會編，《臺灣省通志稿》第四卷「經濟志・綜說篇」（臺北：臺灣省文獻委員會）

80 臺灣省議會秘書處編，《臺灣省議會公報》第四卷第八期（南投：臺灣省議會秘書處，一九六〇），頁三七〇。對於此事的相關報導還可參見：〈臺省文獻會近期將改組。省府派員調查弊端〉，《聯合報》，一九六〇年十二月十五日，第二版；〈發表伏法匪諜作品省文獻會為匪攻目・陳愷昨在議會猛烈抨擊〉，《臺灣民聲日報》，一九六〇年十二月十五日，第二版。《臺灣民聲日報》將陳愷的質詢改寫如下，報導內容最為離奇：「四十八年該會某編纂主編之風物志登載『追思』一文，系伏法匪諜連溫卿作品，顯然有為匪張目之嫌。」連溫卿在世之時既未被當成「匪諜」、亦未「伏法」，該文也不是他寫的。

81 汪暉，〈兩岸歷史中的失蹤者——《臺共黨人的悲歌》與臺灣的歷史記憶〉，「人文與社會」網，http://wen.org.cn/modules/article/view.article.php/4141，擷取於二〇一六年八月一日。

二戰結束前後「半山」權力角色之分析

陳佳宏

前言

近代以來，臺灣常在周遭強權爭衡中被操縱歸向，使得「認同主體性」難以建立，生長於此地的人們也習於依附權力，尋求本身自認為的救贖之道。一九三七年日中全面性衝突爆發，隨之與第二次世界大戰合流，被殖民的臺灣夾處於日本、中國兩個傳統強權之間，處境有其難處。一九二〇年代以來曾熾烈的臺灣社會運動在逐步進入戰時體制後，島內已無太多發展空間；對日本殖民帝國不滿且懷有政治企圖心的臺灣人，往海外追逐權力似乎是條可以選擇的方向，特別是前往中國——這個長期與日本處於激烈對抗的「祖國」原鄉；臺灣人的「祖國夢」隨著踏上「烏托邦式」的故土而得以化為現實。這群前往中國發展，投入國民黨政府陣營的臺籍政治工作者，在日本戰敗後，隨著中國代表盟軍接收臺灣而紛紛返航，擔任政府官員或其他要職，在戰後統治體制內占有一席之地者，便被稱之為「半山」。[1]

早期有關「半山」或「祖國派臺灣人」[2]之研究，多是從「中國近代史」、「抗（日）戰史」的詮釋角度為出發，例如呂芳上、[3]陳三井[4]的論作，尤其側重在半山協助國民黨政府策劃「收復臺灣」，強調臺灣人與中國之歷史聯結；林德政的新著，[5]大抵承此「中國革命」的視野、基調論述，但增添了不少新的材料。研究課題旁及半山，則有李筱峰[6]及鄭梓[7]等人的早年論著，前者討論半山在戰後初期之權力運作與二二八事件時的處境，後者分析半山在中國時期與國民黨政府之合作關係外，也提到內部鬥爭問題。學界一般以家博（J. B. Jacobs）的論作[8]為鎖定半山為焦點的研究發軔，其時空範疇大致斷限在二二八事件之前，未對半山在二戰結束前後之整體發展多所著墨；陳明通的研究，[9]運用政治學門的理論架構，將包括半山在內的臺灣派系作整體的權力結構分析，而陳翠蓮的二二八研究專著，[10]觀察到半山在該事件前後與國民黨政府各派系間的權力轉圜，孫萬國的研究，[11]則更專注分析半山在二二八事件中的角色與事後取得優勢地位的因果。此外，何義麟、[12]王政文[13]的研究，分別以謝南光、李友邦為個案，呈現半山之認同糾葛與階級意識、政治意向的變遷。

上述研究者對半山的研究與定義，基本上構築成為接觸半山課題的初步概念或刻板印象。事實上，用「半」去命名人，字面意義上即有「不完全」或「非完整」的意思，顯然是一種歧視性的語詞。戰後初期「半山」一詞在民間言談中，即帶有貶損的意味，[14]因其與國民黨政府利益上的緊密連結與權力關係，甚至有「新御用紳士」之稱；[15]連官方對半山也頗有微詞，情治系統就曾以「播弄於政府與臺胞間之政治魔術為臺胞所覺察」去定位半山角色。[16]縱使個別半山人士實現了衣錦還鄉的理想，但這些人難脫臺灣社會的鄙視。[17]近年來，順著「轉型正義」對二二八事件的歷史究責，[18]半山負面的歷史評價更是根深柢固，已成普遍印象，遑論這類的惡評遍及半山全體人物，對鮮有「劣跡」的部分半山人士而言，實欠公允。如果歷史評價是某種程度的歷史「審判」，那理當符合法律上的「比例原則」；法諺有云：「不以大砲轟小鳥」，半山之歷史定位足堪如此沉重的批判嗎？

半山人士之前身——「祖國派臺灣人」雖不願屈服在日本殖民權力壓迫下，但趨赴中國發展，依然只能依附在國民黨政府這另一個的權力系統中，在複雜多變的時代，在中日爭雄的動盪，半山權力角色是否可能具關鍵地位？縱使是二戰結束後日本殖民權力崩解，半山在臺灣新權力秩序的建構過程裡，到底能有多少權力主導性？在爭權奪利之戰後臺灣紛亂世局裡，包括半山在內的各方勢力競逐之，然而，裁奪、分配最終利益者，究竟是「誰家天下」？況且，沿襲日本在臺殖民統治權力機制的中國政府，儼然新殖民主，使臺灣淪入再殖民的境遇，半山權力角色又該如何定位？觀察戰後中國殖民臺灣的權力結構，此際的半山與本地臺灣人菁英容或權力位階有異，但其權力困境並無二致。

殖民即「權力」的宰制。殖民無所不在，大至強權國對弱勢國在土地、人口、市場之帝國主義式的掠奪，小至本國境內不同階級壓榨的內國殖民，無一不與權力的宰制息息相關。本文希由此分析討論「半山」在二戰結束前後，臺灣脫離日本殖民，旋即落入中國再殖民境地中，其所扮演的權力角色與位階。固然本文以半山為「論述主體」，但在殖民主的權力主導下，半山實難掌握最終的「權力主體性」，故而以「權力輔助」及「權力中介」界定其「權力地位」的附庸性質，形成本文的主要論述結構。當然，半山畢竟人數眾多且具多種樣貌，每個人的行止又不可能一致，因此，本文的選樣和討論有其侷限，實無法囊括所有曾經被以「半山」命名者，[19]只能標記臺灣史上曾有這樣被賦予一些權力角色的群體——半山，有些享受榮華富貴而遭鄙視，有些從事在野抗爭，有些則是流放海外，甚至死於非命，凡此皆是因為臺灣從沒有脫離強權殖民而不斷吟唱著歷史悲歌。

在中時期「收復臺灣」之權力輔助

二戰結束前在中國活動時期的臺灣人，有些主張臺灣在脫離日本統治後，應該復歸中國，一般被稱之為「祖國派」，戰後回臺乃成為「半山」的核心；因此，用「祖國派臺灣人」為名，敘述半山在中國的發展歷程，較符合歷史的主客觀情境，但本文為求行文主要名詞的一致性，以與文題相符，故兼以「半山」此一專有名詞統稱他們在中國的身分。

相對於同時期島內臺灣人菁英之身分認同游移於日、中之間，背離日本而至中國發展的半山，既然立定「歸宗認祖」，似乎在認同主體性上定向中國應無所罣礙，惟中國方面所給予的回應卻未必是熱情的認同回饋，反而猜忌、懷疑這些臺灣人別有所圖，一些被認為是日本間諜、奸細，重慶國民黨當局甚至以「經費」為引，行使兩面手法，[20]造成本非鐵板一塊之半山團體間的互相攻訐。[21]對於此臺灣人長期被輕忽、歧視的現象，乃招致宋斐如之不滿：「遂致嚮往祖國之士，雖有悍然冒犯日本法規毅然歸國者，常抱滿腔熱血而來，掃興垂頭以去，大都遭遇白眼與歧視……若仍誤認臺人皆為日諜，請問臺人的力量將由何出？」[22]此憤懣多來自「我本將心向明月」之慨，若中國不重視臺灣人「心向祖國」之志，那臺灣「歸國」的路程將如何遙遠和無奈。

此刻在中國所成立的臺灣人團體，例如由李友邦主導之「臺灣獨立革命黨」，固以「臺獨」為黨名，但觀其一九三六年九月修正之黨章宗旨：「團結臺灣民族，驅除日本帝國主義在臺灣一切勢力；在國家關係上，脫離其統治，而返歸祖國，以共同建立三民主義之新國家。」[23]可瞭解其臺獨僅為「階段性臺獨」或「假性臺獨」，臺獨為脫離日本帝國的過程及手段，其最終目的則在返歸中國。[24]一九三八年同一系統之「臺灣義勇隊」接續成立，更明揭以「保衛祖國，收復臺灣」為其鬥爭的目標，[25]將「收復臺灣」奉為團體圭臬，無不是以捍衛中國利益為依歸。

然而，「收復臺灣」是否可以付諸行動而實現，並非操於實力微弱的半山，端賴國民黨政府的決策方向。為確認此目標，當一九四〇年初，兩大（「臺灣民族革命總同盟」、「臺灣獨立革命黨」）在中臺灣人團體統合為「臺灣革命團體聯合會」時，六月初即向國民黨中央探詢中國對臺灣未來地位的根本政策，提問：「**中央希望臺灣完全復歸祖國？抑由日本脫離後，保持獨立形態，受祖國保護？**」，[26]於六月二十日得到黨中央：「**當然復歸祖國**」的回覆。[27]

由上可見，直到一九四〇年，臺獨仍然為某些半山的選項之一，只不過依附在中國羽翼下，臺獨與否的權力，並非這些半山可以決定，端賴國民黨政府的「上意」裁奪。朱家驊以黨部主管身分對臺灣前途拍板定案，似乎未請示國民黨更高層級的裁奪即可，顯示「收復臺灣、復歸祖國」儼然已成為國民黨政府此際的政策共識，而部分半山即使有臺獨意圖，也在無決策權力下戛然而止。雖然之後有些諸如「建立臺灣的民主獨立政權」[28]或以紀念〈臺灣民主國的成立及其意義〉為名，訴求「為臺灣的獨立解放，進行革命的鬥爭」[29]之「類臺獨」言論，但在「脫離日本殖民統治」的時代大旗下，臺灣未來與中國的「合分」、「統獨」並不是主要議題，[30]易言之，臺獨與中國革命是可以兼容並蓄，正如李友邦所主倡之「臺灣要獨立又要歸返祖國」。[31]事實上，直到一九四一年一月國民黨政府大員陳誠尚出席「臺灣獨立革命黨」的活動，會中申明：「**祖國抗戰必勝的條件，十足保證了臺灣獨立革命的成功。**」[32]足見國民黨政府對「臺獨」辭彙並不敏感。[33]

一九四一年二月九日，半山各派系為主導之團體（「臺灣獨立革命黨」、「臺灣民族革命總同盟」、「臺灣青年革命黨」、「臺灣國民革命黨」、「臺灣革命黨」等）共同成立「臺灣革命同盟會」，[34]在臺灣前途上，再次統合確認：「**願吾臺灣內外五百餘萬民眾敵愾同仇，一致執戈奮起，歸依祖國，服從領袖之領導**」；[35]其後，一九四二年三月二十二日修訂之會章總則，定位該會係「在中國國民黨領導下」，[36]在權力位階上從屬於國民黨，[37]名義上成為其「附隨組織」；四月十日以謝南光、宋斐如、李友邦署名陳請中央：「必須於此時準備收復，不但表示我國完整領土之決心，亦可集中臺灣革命之意志，整齊反日運動之步伐。」[38]

只是，直到一九四二年六月八日國民黨才正式承認此一新團體，並按月提供資助和指導。[39]六月十七日，主要幹部謝南光，將「收復臺灣」與「保衛祖國」並列為臺灣革命運動的當下目標，[40]也統一團體口徑為：「臺灣的政制就是中國整個政制的一部分，沒有別的新的政制，今年三月臺灣革命同盟會在重慶召開了臨時代表大會，決議了臺灣建省運動」；[41]稍早，五月時李友邦也同樣在倡議臺灣「歸返祖國，恢復行省」之輿論情勢。[42]

有學者觀察中國國民革命以來，中國輿論對臺灣的關心雖然沒有非常強烈，但具有一定程度，其關心是一種反帝國主義的民族主義，也就是站在呼籲必須恢復遭帝國主義所奪之國權——達成中國民族真正獨立的立場，其內容對臺灣係抱持收復失地主義式（irredentist）的傾向。[43]但據一九四〇年代之前中國各個領導人包括蔣介石、毛澤東、戴季陶、周恩來，以及前述陳誠對臺灣地位的看法，固然未必完全支持臺獨，但將臺灣與朝鮮並列看待則是一致；支持臺灣為「民族國家的解放運動」也有其政治空間。[44]然而，此刻國民黨政府高層最能接觸到的臺灣「民意」，基本上「偏聽」半山諸人。易言之，即便半山在國民黨政府內部不被看重，權力微弱，無力對臺灣前途作任何決定，但當世局變遷，國民黨政府高層思索新的臺灣方案而需要傾聽臺灣「民意」時，或許半山的意見就會發揮臨門一腳的作用。

一九四一年十二月七日太平洋戰爭爆發，已開展全新的戰略世局，如前所述，半山以「收復臺灣」為訴求主軸，要求國民黨政府以「恢復行省」或「建省」作具體行動之回應，一九四二年四月十日臺灣革命同盟會籲請：「事機之迫促，未容緘默，故特瀝陳管見，懇請俯念下情准予成立臺灣省政府，以勵人心，而副民望，使六百萬臺胞得以信奉三民主義，五十年失地得以歸依祖國」；[45]一九四三年六月二十九日提出另一方案：「請祖國政府正式決定將臺灣編入淪陷區，建立臺灣省政府籌備處及軍管區，準備收復工作及收復後之復員工作」。一九四三年九月二日再次催促：「勝利匪遙應速以籌備臺灣省政府，以統治臺灣之施政方針。……今勝利之期已近，為他日施政方針改善苛政計，應速籌備臺灣省政府應以慰臺胞喁喁之望也」。[46]

倘若國民黨高層欲循歷來將臺灣與朝鮮地位並列考量的政策軌跡，順勢分別支持臺、朝（韓）獨立實符合這套思維脈絡，然而，面對以臺灣民意代言人自居的半山如此鍥而不捨地請求國民黨政府前來「收復」臺灣並早謀省政規劃，也會對是否放手臺灣產生不同想法；就算高層早已謀策領有臺灣，[47]半山的積極鼓吹「收復臺灣」，亦堅定其「光復臺灣」的政治意志。領有臺灣的權力，無疑操之在國民黨政府，但半山則積極地擔當了其願為中國延伸權力於臺灣的輔助推手。

中國是否能領有臺灣的變數，在戰局的演變與國際強權的意向。一九四三年起同盟國逐步展開反攻，中國的國際形勢也漸漸轉佳，不過，四月卻有美國媒體放出「臺灣國際共管」風向球。[48]中國對此議的政治態度固然重要，但從一九四一年八月〈大西洋憲章〉發布以來，[49]「人民自決權」再度被高舉，因此，「臺灣民意」之走向理應成為具正當性的國際號召。唯一有機會「被代表」臺灣人政治意向的半山團體，接續已被確立之配合中國「收復臺灣」的基調，借一九四三年四月十七日「馬關條約簽字之國恥紀念日」舉行大會，發表宣言反對國際共管，[50]聲明：「臺灣土地原為中國領土，且係鄭成功篳路藍縷所開闢者，臺灣人民百分之九十三為中國人，若以土地人民論，臺灣之歸還中國，應無疑義」[51]半山權力或許微薄，但對國民黨政府而言，此際有股「臺灣民意」向國際的適時發聲，並強烈表達希望臺灣歸於中國，必可提升中國取臺的國際聲勢。國民黨政府「養兵千日」，終能在此關鍵時刻得到半山——「臺灣民意」之奧援。

一九四三年十月下旬開羅會議召開在即，對於「收復臺灣」議題，半山團體更向國民黨政府獻議：「至於臺灣之收復，或決定於和會，或決定於武力，其方式未能預定……惟國際關係之運用亦復不可忽略，故對國際方面，吾人又應以統一步伐，以堅定不移之立場，盡一切力量與方法，努力說服聯合國政府，使其承認中國收復臺灣為最合理最高尚之世界政策，實屬必要。」[52]到了十一月下旬開羅會議期間，半山團體甚至召開第三屆代表大會，通過決議：「請以大會名義向英、美、蘇各國領袖致敬，並要求其承認臺灣歸還中國」[53]可見列強在討論臺灣地位時，無論對中國內部及對外部國際力量，竟無人鼓吹真正以「臺灣主體性」為出發點的訴求，偶能聽到的臺灣人呼聲，大概就被半山「收復臺灣」、「復歸中國」的政治老調所淹沒。〈開羅宣言〉所述之臺灣歸還中華民國，不僅是戰後中國領有臺灣之國際依據的開始，也算是半山多年輔助國民黨政府「收復臺灣」的開花結果。

姑且不論〈開羅宣言〉的國際法效力，日後中華民國實際領有臺灣是否成局猶在未定之天，因此，有半山即擔心盟軍登陸臺灣之後的變數。一九四四年七月下旬的一場半山聚集的座談會，謝掙強就提出因應措施：「假使盟軍登陸以後……我們似應派人至臺灣深入宣傳主義，以防將來世界採取民主方式投票決定歸屬」[54]半山警告臺灣民心可能有異，「宣傳主義」這等制式教條之成效如何不可測，但防止國際力量讓臺灣「公投自決」，是確保「收復臺灣」的萬全之策。

半山否定臺灣人的「自決權力」，來保障國民黨政府對臺灣的「收復權力」，既缺乏臺灣主體性，更背離許多半山長年所標榜的「民族解放」理念，試問沒有自決權力的民族，又如何奢談「解放」？當然，半山依舊可自稱站在臺灣人立場，只不過這樣的立場是依附在中國認同主體性之下，臺灣人的權力是隨時可以被犧牲和放棄。

半山輔助中國內部「收復臺灣」的準備工作方面，承襲從一九四〇年代以來即力推的臺灣設省主張及相關機構之設立，包括由半山共同發起籌備組織「臺灣協會」，聲稱可解決「收復臺灣」之當前各種問題，設計戰後之復原計畫，打破國際對臺灣之「錯誤認識」；[55]具體措施在建議國民黨政府指定訓練機關設專班訓練「政工幹部」及「軍事幹部」，以擔任建省建軍的工作。[56]開羅會議之後，半山更有依據向國民黨政府催促加強連結臺灣，國民黨政府雖未必照單全收半山的規劃、建議，仍然於一九四四年四月十七日在中央設計局轄下成立「臺灣調查委員會」，似乎正面積極回應了半山長期以來的政治期待。陳儀被指派為該會主任委員，在蔣介石「多多羅致臺灣人士」的指示下，半山得到分享權力的機會；六月十六日先聘李友邦、李萬居、謝南光為專門委員，之後陸續晉用臺籍人士；九月改組委員擴增為十一名，增聘黃朝琴、游彌堅、丘念台、謝南光、李友邦等五名。[57]

但是半山各有所屬單位的職務，未能經常與會，且權力基礎並非如同原先設定的「委員制」，基本上還是陳儀及其班底親信在主導臺灣調查委員會，並非半山可以染指。半山的作用，在初期頂多具備對臺灣事務的諮詢功能，所以乃有不少的資訊提供與獻策，例如柯台山之〈臺灣善後問題〉、謝南光之〈應該準備怎樣收復臺灣〉，以及黃朝琴之〈臺灣收回後之設計〉等，這些計畫書長達數萬字。只是，半山觀點基本上是站在統治者的立場來考慮，討論如何繼承或修正總督府高效率的統治機構與制度，以建立戰後統治機制，[58]即「中國取臺之利」，而非「臺灣歸中之益」為出發點來討論分析，自然只能成為國民黨政府「收復臺灣」的權力輔助者，而非臺灣人的權力捍衛者。

一九四四年七月二十一日臺灣調查委員會舉行座談，傾聽半山意見——僅有的臺灣「民意」窗口。會中黃朝琴、謝南光皆主張「臺灣特別省制」，提高省長的權力，暗示可承襲臺灣總督府制度；[59]此對臺灣「特殊性」的規劃，按照日後陳儀所主掌的行政長官公署制度，至少此議被其採納；半山對權力運用的獻策，應當增強不少陳儀擴張權力的政治自信，不過，對臺灣人是否有害？是否再次淪入另一次的殖民宰制？端看半山曾如何批判日本殖民統治臺灣即可預知其弊端。

在如何「收復臺灣」的方式手段，國民黨政府始終沒有排除使用武力；而為了因應中日全面性戰爭爆發的情勢，一九三八年李友邦系統的「臺灣獨立革命黨」，建立首支在中臺灣人的武裝力量——「臺灣義勇隊」；[61]一九四二年春在國民黨軍方支持建軍援助下，計畫日後進一步組成「臺灣光復軍」，連同英美海軍與中國陸空軍武力，進攻臺灣本島。[62]半山作為在中國的臺灣人代表，若參與對臺的軍事行動，則作為敵對方的本地臺灣人將被視為「日本國民」或「臺灣同胞」，想必要經過相當複雜的思索。

如同為武裝登陸臺灣預先作操演，在國民黨政府軍方的指揮下，半山在二戰末期針對日軍在中國的占領區發動數波武裝攻擊，包括一九四二年六月中旬至七月初，「臺灣革命行動隊」由謝南光、呂伯雄等人與陸軍預備第九師及軍統局合作，三次襲擊廈門，[63]隔年同一時間，又進攻虎頭山敵海軍司令部，據稱迫使全區實行戒嚴，廈門、鼓浪嶼與漳州海岸之交通完全停航。[64]可是基本上，半山的武力尚為薄弱，不論是對廈門或是日後的臺灣，都無法獨立行動，曾自我檢討「臺灣革命」只得依賴「宣傳及祖國之武力收復或外交勝利」[65]以決定其命運。

為了減少武裝登陸臺灣所可能的損失，在前述臺灣調查委員會座談中（一九四四年七月二十一日），謝南光認為國民黨政府應設法讓島內臺灣人充分明瞭中國對臺未來將實行的政策，必可激起更大的「歸宗運動」：「臺胞的奮起可以減輕祖國將來登陸的負擔，他們可以擔任內應，摧毀敵人」；[66]柯台山則建議應在福建或廣東訓練至少一千名的對臺「政工人員」：「在收復前秘密派往臺灣，從事秘密組織、宣傳、破壞等，預先控制全臺輿論，在收復之日使能一致擁護祖國」。[67]這類從內部滲透，接應登臺的計畫，與隔年五月謝東閔在國民黨六全大會的提案所見略同：「將來作戰需要內應嚮導，以期減少犧牲與破壞，本黨應注意訓練臺閩特殊人才，並使國內願意參加軍事之臺胞，須知其所應負擔之任務，俾能有所效力。如訓練得宜，能及時工作，應可策動島內外武裝之臺民反正，減免無謂之犧牲，其有助於收復臺灣必大」。[67]幾乎是統合、歸納前述謝、柯兩人的謀策。

半山這些「不謀而合」的攻略，都是在為「收復臺灣」之武裝行動作準備，對於可能的「犧牲」，他們也只能提出上述「裡應外合」之策來「減輕」、「減少」犧牲，而不論付出多少代價，謝東閔甚至認為：「由於國際託治制的提出，我們更覺得中國應準備武力收復臺灣」；[68]這種思維似乎在藉武力造成既成事實，使國際沒有插手介入臺灣事務的機會，以便完成半山所心念之「收復臺灣」的終極目標，即使讓家園臺灣淪為戰場亦在所不惜。

天祐臺灣的是，國民黨政府毫無獨自武裝登陸臺灣的軍事力量，否則如謝東閔之流的半山慫恿成局的話，「兵者，不祥之器」，必將造成臺灣島上的殘酷殺戮。然而，美軍卻有登陸臺灣的實力與可能性，[69]因此在前述同一場臺灣調查委員會座談中（一九四四年七月二十一日），柯台山便提出與美軍合作的建議：「訓練大批登陸臺灣工作隊伍，參加美軍登陸臺灣，並與美國軍事機關商定妥善辦法，共同進行」。[70]丘念台則有具體行動，於一九四五年二月協助閩贛粵邊區香翰屏總司令挑選臺籍工作人員，準備配合美軍有意登陸臺灣的計畫。[71]後來因美軍登陸琉球成功，臺灣登陸作戰的必要性大減，所以將這些已招募而尚未集訓的臺籍人員解散。[72]不過，丘念台在七月，猶判斷美軍仍會登陸臺灣而向國民黨獻計，規劃如何在無輪艦可通臺的情況下入臺「發動革命」、「發動群眾暴動」等軍務工作。[73]

琉球——沖繩之慘烈戰役，從一九四五年四月開起，持續了將近三個月。期間適逢中國國民黨召開第六次全國代表大會，謝東閔因應時局提案：「今臨國軍配合盟軍大舉反攻之際，淪陷區臺灣人約計有二十五萬以上，雖或良莠不齊，宜加甄別，妥為處置，以保養良而免傷及無辜，致損國軍令譽。但縱惡不懲，亦不足以振法紀而戒來茲，此種分別，事頗複雜，擬請中央准許臺灣黨部、臺灣革命同盟會、臺灣義勇隊及臺灣工作團等聯合派員隨軍出發，隨時協助調查分別良莠及處理善後，以期妥善。」[74]

如同提案所述，在廣大的日軍占領區生息著這麼多的海外臺灣人，半山以出身臺籍的條件，自認可以協助國民黨政府「分別良莠」，等於在當局授權下手握「審查」臺灣人忠貞與否的權柄，此是否為戰後對臺灣人施以「漢奸」牢籠的先兆？所謂「物傷其類」，半山理應對臺籍同胞多懷一些同情，而非如謝東閔所言：「縱惡不懲，亦不足以振法紀而戒來茲」那般的嚴酷。

二次大戰的突然結束，不只讓臺灣避開一場可怕的登陸防衛作戰之傷亡，也使半山們的眾多的作戰規劃成空。照理來講，這些半山對局勢研判的錯誤，應足以讓其失去國民黨政府的信賴而不再被倚重；然而，因日本殖民帝國驟然崩解所開啟的東亞新秩序，「收復臺灣」可望成真，「接收臺灣」隨即登場，國民黨政府欲圖在這場「戰利品大獵」中搶得臺灣先機，則又非得回頭來「請」半山擔任「接收臺灣」之登臺先鋒。

戰後初期「接收臺灣」之權力中介

一九四五年九月間，「臺灣省行政長官公署」與「臺灣省警備總司令部」在重慶籌組成立，會同設立「臺灣前進指揮所」為「接收臺灣」前哨站；前進指揮所由葛敬恩主任率領，於十月五日凌晨由重慶乘美軍三架飛機出發，下午抵達臺北；[75]首先步下飛機者並非帶領者葛敬恩，而是具軍事背景的半山人士王民寧，留下戰後中臺初次正式接觸的歷史性鏡頭（半山前行引導中國統治者接收臺灣）。[76]接收的當下，國民黨政府面對的是一個從未曾組織經營且無草根基礎的政治社會，面對此一陌生的環境，必須仰賴臺籍政治菁英，將其置於國家權力機制的最前端，利用他們來作為統治機關與臺灣社會間的橋樑。[77]

十月八日已抵臺的半山人士——黃朝琴、張邦傑、李萬居、蘇紹文等人即與本地臺灣人菁英——林獻堂等人會晤，[78]開啟戰後臺籍兩方權力的競合關係；席間，黃朝琴「邀」林獻堂於雙十節在臺北公會堂發表祝辭。[79]此戰後臺灣首次舉辦的雙十節慶祝大會由半山主導，而本地臺人受邀，其間原本的「主客」關係，如以地域人情而論，林獻堂等人自然是「地主」，擔任慶典「主席團員」，[80]但若是包括慶典在內之後續「接收臺灣」事宜，則半山無疑擁有更多的權力轉圜。此「座位、席次、順序」上的分配藝術，流露濃厚的權力象徵，「主客易位」的權力交接態勢已見端倪；「日本人總督」的權力位置變換為「中國人長官」，而林獻堂等本地臺灣人菁英的權位與日治時期差異不大；惟某些過去擔任日人與臺人間權力中介的「御用紳士」之權力次席，因日人遠颺而被取消，取代者置換為被時人目為「新御用紳士」的半山。簡言之，日本殖民統治在戰後迅速轉換為中國殖民統治，權力中介也汰換為一群具有在中國侍從國民黨政府[81]經驗的半山。

「接收臺灣」之人員的素質，攸關國民黨政府所代表的中國統治者給臺灣人的第一印象，不可謂不重要，所以，早在一年多前——一九四四年七月二十一日臺灣調查委員會座談時，許顯耀即提醒：「**如派到臺灣的軍隊、警察應提高水準，方能給臺灣人以好的印象。我國軍警的服裝和日本的比較一下，必使臺灣人發生不好的印象**」。[82]同時與會的連震東也希望「**散兵游勇不讓帶到臺灣去**」。[83]只是，半山諸人不希望見到的事情還是發生；[84]源於戰後國共兩黨爭奪戰利品，初期將焦點鎖定已覆滅的滿洲國領土，因此，國民黨政府懲於東北共軍的壯大，遂臨時將開往臺灣接收的青年軍調往東北，至於派赴臺灣的部隊，倉促間決定以福建沿海裝備及訓練較差的隊伍遞補。[85]半山雖已事先對當局善盡提醒之責，奈何戰後情勢之風雲難測而未竟全功。

然而，對比中國各地接收的亂局，臺灣一般接收情形順利，[86]被認為是在半山的居間穿梭協調下，充分發揮「人地相宜」的原則，所以初期接收過程雖因臺灣情況特殊而發生種種困難，但都能一一克服。[87]接收部隊的窘態，畢竟是門面問題，或許稍嫌膚淺，並非「接收臺灣」能否良善的癥結。一九四五年七月十九日丘念台上呈國民黨中央的〈復臺大計管見〉提到：「**但用忠智之士，以悅服民心，則他國無可藉口；倘用貪戾之輩，以傷民心害民治，則內亂黨禍，獨立共管，即將踵至，此最應警惕者！**」[88]此番用人之道，並不難理解，惟丘念台將接收人員的良窳跟國際勢力介入、「獨立共管」等臺灣歸屬問題掛勾，的確有其政治敏感度，也顯示戰後初期臺灣地位仍有變數，此關乎國民黨政府之用人可否「悅服民心」，而半山是否能居間中介，忠實傳遞上下情，讓從未有接觸經驗的國民黨政府與臺灣人獲致權力和諧，更是半山的當下挑戰。

〈復臺大計管見〉中，丘念台總結之用人建議為：「以臺治臺，國人主之」[89]與戰後國民黨政府在臺長期的統馭之道頗為契合（甚至跨越到兩蔣時期）。觀其全文意旨，「國人」係指中國統治者無誤；權力係上承南京中央國民黨政府權力核心，授予臺灣之「國人——陳儀當局」地方權柄；陳儀當局再下放權力，優先給予親信——外省菁英，或是曾參與臺灣調查委員會、臺灣革命同盟會、國民黨直屬臺灣黨部之活動的半山，諸如黃朝琴、李萬居、宋斐如、連震東、游彌堅、謝東閔等人，才有望進入長官公署的權力中心。[90]因此，「以『臺』治臺」之享有權力的「臺」人，仍有身分、歷練、人際關係的限定；本地臺灣人菁英，首先便可能因「血統不純正」而遭排除，半山便可輕易寡占權力結構中的「臺」人角色。

這樣的權力結構運作下，半山大部分因其中國經驗，而能上承南京中央經臺灣地方之權力源頭，且因臺籍出身之利，而可成為「國人」——國民黨政府接觸臺灣人菁英和一般民眾的溝通渠道，自然位居權力中介的角色。在陳儀初履臺政「主之」，對臺情及本地臺灣人和菁英皆不熟稔時，必然仰仗有共事經歷的「臺人——半山」，此既符合「多用臺人」——讓「臺人」分享權力的政治正確，[91]也可遏制本地臺灣人菁英要求釋放權力的壓力。半山之「臺人身分」、「臺人代表」之政治樣板，在戰後持續被搬演；與中國時期最大的不同點，在於成為國民黨政府壓制臺灣人菁英的「臺」人，徒使「以臺治臺」、「臺人治臺」的美意，有時變形為「以臺制臺」、「臺人制臺」。此承自國民黨政府所授予的權力，半山在「治臺」與「制臺」之間權力中介角色的拿捏，著實不易。

在「治臺」上，即便有權力上的主從關係，許多半山依然是統治集團的一員，同樣要概括承受「接收臺灣」的成敗責任。半山在戰爭最後階段於中國的一份喉舌刊物《臺灣民聲報》創刊詞提到：「擬籲請祖國人士正視臺灣民眾所追求的理想和目標。開羅會議後，臺灣問題確已引起國人的普遍而熱烈的討論和注意，但是大多只偏重於豐富物產的研究和調查，往往忽略臺灣人民的特徵和心理」。[92]有別於大部分半山在規劃、思索中國接收臺灣事宜時，總是以中國立場或中國利益為考量，這次「創刊詞」言論點出「盲點」，即「接收臺灣」不應該只著重資源的攫取，卻忽略人心的安頓及臺灣人的利益；這算是極少見以臺灣本位為出發點之半山「治臺」的思考方式。

最為接收時期臺灣人所詬病的「行政長官公署制度」，其組織大綱揭露時，同樣引起半山的反彈；一九四五年八月三十一日連震東在「接收臺灣」前夕提出建言：「治理的方法，在過渡時機也不必和祖國全部一樣，但是絕對不可以後治理方法的不一樣，而使臺灣人發生統治殖民地姿態的出現，或是總督制度復活的錯覺，不幸臺灣省長官公署組織大綱第二條……這條規定和……臺灣人所最痛心疾首的法律第六十三號第一條……互相比較起來很容易發生上述的錯覺。我們希望這僅是一種錯覺，而不是由同一立法精神而出發的」。[93]連震東沒有最終決定權，頂多只能傳遞輿情，「馨香禱祝」陳儀標舉的政治理想（務使臺灣人民，由奴隸的殖民地位，變為獨立的自由人民地位）能隨他的「治臺」而實現。[94]於是，待國民黨政府拍板執行後，半山依然蜷伏在其之權力下，一同繼續以殖民體制「治臺」，且因為半山的臺籍政治樣板身分之參贊，反倒令殖民者可以堂而皇之地向被殖民者——臺灣人解釋其非殖民權力體制。

對於臺灣被中國政府接收數月以來的情況，一九四五年十二月十五日〈美國陸軍特別調查報告〉提出調查官個人的結論：「對中國來說，福爾摩沙的真正宣傳價值，它既是軍事基地、殖民地，也是潛在的經濟資產」。[95]甚至早在陳儀政府尚未正式接收臺灣前，同一份十月二十二日的美軍報告也提到臺灣的大多數黃金已被運往中國[96]：「中國陸軍的官員已經取得島上大多數的黃金，包括金飾品在內，而且已經搬運一些回中國，可能是到廣東」。[97]這種接收前後對臺灣資源的掠奪行為與目無法紀，正坐實美方所評價的「殖民臺灣」，更預示「治臺」前景堪憂。

「接收臺灣」數月後，情況未見好轉。半山「治臺」的標竿人物——臺北市長黃朝琴對這段時間的評價：「本省光復數月以還，政府與人民間的互信迄未建立，接管時因人事調配不當，生產機構停滯，物資缺乏，人民就業機會減少，同時流亡海外的臺胞及被日軍征調的臺籍軍人，均陸續返臺，因之失業人數遽增，糧荒嚴重，物價高漲，人民生活極為艱苦，因而竊盜風熾，治安不良，於是民間嘖有煩言，原有感謝光復的心情，反而對政府不滿了」。[98]

黃朝琴認為「人事調配不當」是「治臺」情勢惡化的原因之一，因此包括其本人之被陳儀任命或是黃本身之用人皆有責任，乃決定辭去臺北市一職，轉換跑道競選臺灣省參議員，其理在於黃朝琴自認：「我身受祖國多年的培植，對國情相當瞭解，本愛國愛鄉的出發點，應有向臺胞解說的義務，同時對於臺胞的願望，亦有轉達政府的必要，此種溝通政府與人民之間的橋樑工作，唯有省參議會可以勝任。」[99]

「治臺」成效不彰，黃朝琴成為國民黨政府的「幫兇」，然而，在「制臺」方面，也就是壓制本地臺灣人爭取權力的成效上倒是不差。在陳儀的支持下，黃朝琴直取省參議會議長之職，令原本議長呼聲頗高的林獻堂在各方壓力下黯然退場。[100]一九四六年五月第一屆省參議會正式成立，正副議長由黃朝琴、李萬居出任，秘書長則由中央簡派連震東擔任；半山壟斷臺灣地方最高民意機關之正副龍頭及幕僚長，形式上「議會領導層」權力之失衡，本地臺灣人的反彈心理可想而知。果然不久後，黃朝琴即因逼退林獻堂的流言，以及無法駕馭議會和民眾等窘境，面臨下臺的危機。[101]如此的協調溝通能力，實讓人不敢恭維，侈談黃朝琴原本自許之「溝通政府與人民之間的橋樑工作」。

一九四六年初本地臺灣人菁英接續日治「臺灣民眾黨」餘緒，計畫組成「臺灣民眾協會」，但遭陳儀政府猜忌而以「整訓人民團體」為由而延宕，該團體人馬另於一九四六年四月初組織「臺灣省政治建設協會」，雖有張邦傑、呂伯雄等半山人士參與，但皆非主導者。[102]一九四六年十月下旬，原在中「臺灣革命同盟會」系統、以丘念台、游彌堅、劉啟光、林忠等半山為主導成立「臺灣省憲政協進會」；[103]陳儀政府照例支持半山團體以「制臺」，抗衡本地臺灣人菁英為主的團體，使得「臺灣省憲政協進會」雖最晚成立卻最具政治實力，聲勢遂後來居上。[104]

「臺灣省憲政協進會」亦納入不少本地臺灣人菁英，未必是「排外」的半山團體。實際上，陳儀以高位權力者，企圖利用半山「以臺制臺」，但半山還是可站在權力中介的位置，分向兩方連結，謀得本身最大的權力利基點，縱然半山基本上靠向陳儀當局——國民黨政府多些，但與本地臺灣人菁英也會有共享權力的合作空間，例如一九四六年六月十六日，「臺灣文化協進會」在臺北成立，在國民黨省黨部主委李翼中列席下，游彌堅主持會議，選林獻堂、游彌堅、林茂生、林紫貴、楊雲萍、黃啟瑞、林呈祿等為理事，李萬居、劉明朝、黃純青、謝娥等為監事；[105]該協會宣傳強調日治時期「臺灣文化協會」之精神，隱然有繼承之志，[106]也象徵半山與本地臺灣人菁英依舊擁有共同的歷史記憶與可資合作的基礎。

撇開爭權奪利面向，戰後攸關萬千生命與無數家庭悲歡之「滯留海外臺灣人[107]救援」問題，處理起來吃力且不討好，也不太會得到甚麼個人利益。指標性本地臺灣人菁英林獻堂倒是願意主持這項公益事務，出面與剛抵臺的陳儀、葛敬恩等官員交涉海外臺灣人返臺事宜，而且這項救援工作一直持續默默進行，亦數度呈文各有關單位協助。[108]其中，黃朝琴尚具外交部特派員職位，因此林獻堂乃託其協助臺灣人捐助救濟東京僑民事項；[109]廣東臺灣人遭難的訊息則從丘念台之信件得知，有賴臺灣方面援助之。[110]廈門訊息是張邦傑、呂伯雄、[111]林忠等人所提供，後者另外還提供汕頭、香港的臺灣人處於困境的消息。[112]可見半山以長年的海外經驗或地利之便，在初期能就近提供援助與回傳訊息，擔當救援海外臺灣人的中介橋樑，並結合本地臺灣人菁英之穿梭交涉；雙方不論出身或派系背景而密切合作，共譜臺灣人團結的篇章。

在戰後接替日本殖民統治臺灣的國民黨殖民統治體系，其上下權力結構中必定有個權力中介的位置，半山因其歷史機緣而占得這個權力中介的角色（也可以換個說法：居於這個權力中介角色者就是半山），其所謂幸與不幸？實難遽予斷言，以領受的個人私利程度而言，許多半山都是深受權力者眷顧的幸運兒，但其同時承擔的歷史罵名，無待史家研究就深植臺灣人心。尤其在二二八事件發生及之後臺灣政情的快速變遷，半山處在當權者與民眾間權力地位的曖昧性，即體現其歷史宿命，註定要承受難以澄清的歷史非難。

對其權力地位之批判

如上節所述，在國民黨的權力結構中，無論在戰前籌劃「收復臺灣」或戰後執行「接收臺灣」，都必然在「殖民者」與「被殖民者」中空出個居間的權力中介角色，「填補這個權力縫隙」＝「半山」，方能形成整個權力結構的平衡。以權力地位而言，中介者可以扮演雙重角色，藉由殖民者的權力授予，中介者可以成為「殖民協力者」或「準殖民者」之「強者」地位；當然中介者也可以搖身一變為代表「被殖民者」，取得「被壓迫者」身分，而具有「弱者」的道德正當性。以其扮演的歷史角色來看，中介者往往是殖民者的「政治樣板」，或是被殖民者的「菁英」。固然中介者擁有前述的優勢與權力彈性，但當權力結構失去平衡時，中介者可能會面臨權力上下層的擠壓而落入「兩面不討好」的窘境；半山在二二八事件時的權力角色，或許可以這樣來觀察。

然而，二戰結束前後的歷史情境下，又是甚麼樣的主客觀因素令其成為半山一員，而獲致如此的權力地位？頗值得深究與批判，以下提出幾個「半山獲致權力地位」的觀察點：

（一）具備「中國認同主體性」

「中國認同主體性」係以「中國」為最終、最核心的政治認同依歸；凡人皆有多重多元認同，但在中國認同主體性之下，都僅為核心主中國認同之下的「次認同」。例如，任誰都不可能聲稱既具備「臺灣認同主體性」，又具備「中國認同主體性」，因為兩個政治認同主體必然分出主從，區分出誰「主」誰「從」。[113]

半山在中國的發展一般被稱為「祖國派臺灣人」，究其實，應正名為「臺裔中國人」。正因為半山係以「中國」為最終、最核心的政治認同依歸，因此其對臺灣的種種「收復」、「接收」之籌劃與工作，莫不以是否符合中國利益為思考點；如果實現臺灣利益的同時也符合中國利益，那倒無什扞格，美其名為「祖國可以讓利」，倘若相違背或有損中國核心利益，兩者權衡下，那必須犧牲臺灣利益；易言之，臺灣的存在是為了中國利益而生，簡言之，這就是中對臺的「殖民」。

當有學者因撰寫有關謝南光之研究論文時，因為謝的家屬反應對其冠以「半山」充滿歷史負評而有異議，學者遂接收意見而轉換其歷史定位與評價，[114]改之推崇謝為「臺灣殖民解放運動的先鋒」：「他成為『臺灣革命同盟會』」的領導人，積極向國民政府鼓吹收復臺灣。最後，臺灣如其所願，達成脫離日本殖民統治的目標。因此，我們將謝南光稱之為『臺灣殖民解放運動的先鋒』應無不妥」。[115]

從事後的演變看來似有點不妥。臺灣並無因脫離日本殖民統治而去殖民，反倒遭新的中國政府之再殖民。謝南光之「臺灣脫離殖民」，並非以臺灣為主體籌劃，而是主倡以中國新殖民主的身分來「收復」臺灣。既是「收復」，不過是期待回歸到一八九五年之前的臺灣，雖因時空變異，中國殖民主前來「收復」舊產——臺灣，哪稱得上是「殖民解放」，謝又何以擔當「先鋒」？究其歷史事實，包括謝在內的許多半山們，只是在擔綱新殖民主再殖民臺灣的開路先鋒罷了。

前進中國的許多半山如同謝南光，想把在臺灣無法實現的所有夢想，寄託予封建與殖民雙重束縛、荊棘叢生的祖國。他們原指向中臺住民藉由革命的聯合與持續，共同締造一個符應多民族、全階級利益的新共同體，[116]或是李萬居對「文化中國」孺慕下產生之既具理性又具批判精神之域；[117]然而，這終究頂多是理想罷了。最後謝南光投奔共產中國，李萬居與國民黨分道揚鑣，適足以證明他們所曾經輔助的祖國之「收復臺灣」，無法實現臺灣去殖民的夢想。

一九四一年二月半山團體所集結而成的「臺灣革命同盟會」，如其團體名稱提倡「臺灣革命」，聲稱：「臺灣一日不能獲得民族自由解放，則臺灣革命將無止期，臺灣革命倘無終止之日，則東亞已無和平可言，遑論世界和平，本會深望世界有識之士，為使實現世界和平，必須一致主張戰後臺灣應即歸還中國，而本會領導臺灣革命方針，素以歸宗祖國為中心」。[118]可知半山所謂「臺灣革命」之目標，均非為了臺灣自身之解放而努力，此仍依附在中國認同主體之下，美其名曰解放或革命，不過是將自身主導權再次拱手讓與他人（由日本換成中國）來決斷，仍無法獲致臺灣人真正的權力主體性。其中所謂的「民族解放」，並非「臺灣民族」之解放，而是臺灣的「中國民族」解放，亦即臺灣是中國民族運動的一個地理空間而已；要言之，此臺灣革命係中國認同主體性下臺灣區域的中國民族解放運動。一九四二年六月八日「臺灣革命同盟會」在得到國民黨政府的正式承認後，進一步把過去的主張（「獨立」、建立「臺灣共和國」、建設社會主義的新臺灣）剔除，統一口徑為：「中華民國只有一個黨一個主義，一個政府，一個領袖，不容有第二個國家，第二個主義」。[119]

如本文第二節的討論，因為半山力促中國「收復臺灣」奏效，因此半山更堅定以「歸回祖國」做為臺灣民族運動的中心目標，將臺灣人的民族運動轉變為整個中華民國的民族運動。[120]在中、臺兩方拉鋸下，半山選擇了中國為認同主體，臺灣人的民族運動正式失去主體性，半山乃全面蜷伏在中國認同主體性之下來從事種種所謂革命、解放，以中國利益為依歸的工作；「收復臺灣」、「接收臺灣」亦在半山這般中國本位的思維下執行，便可預判臺灣遭到犧牲的可能性有多大。

（二）擁有「臺灣身分」

承前，擁有「臺灣身分」與具備「中國認同主體性」，兩者皆為必要且互為表裡，缺一就無法構成半山獲致權力地位的條件。

首先，半山在臺灣有一段生長的經歷，而後又在海外有過中國經驗，尤其投身在國民黨政府陣營中，對於中國政治文化有所涉獵。這種經驗，應是長期處於日本殖民統治下，資訊受限的本地臺灣人菁英所望塵莫及。[121]然而，本地臺灣人菁英卻批評半山大多是早年就到中國，對臺灣還停留在「工業日本，農業臺灣」的時代，不知道臺灣已經工業化、近代化；[122]且據一九四三年半山對自我社群的調查，亦認為半山：「有因離開臺灣已久，其言論及行動往往脫離實際，不能配合島內事實之迫切需要者」。[123]

囿於時空差距，半山對臺灣資訊的脫節並不令人意外，不過，這並不妨礙半山在中國為國民黨政府規劃「收復臺灣」，或戰後執行「接收臺灣」。因為只要「臺灣血統」正確，可資中國統治者搬演樣板戲的角色，或是思想「純正中國」，就能確保其堅守中國利益，概言之，對中國認同主體與對國民黨政府的忠誠與否，才是參贊權位的入門之階。在這非以專業而以「忠誠」為原則的迷思下，國民黨政府或許「寧願」相信半山真的瞭解臺灣，才會大量採用半山參與規劃的「復臺、治臺」政策。待復臺成真，在與臺灣實況脫節下之種種規劃或獻議，其信度、效度可想而知；而半山這些錯誤的認知，嚴重誤導國民黨政府的對臺政策，使得接收時窒礙難行，[124]後續問題叢生，但半山仗持其臺籍樣板身分與跟國民黨政府的中國經驗，依然可進占其權力位置。

正在其權位的半山，理應扮演國民黨政府與臺灣社會之間的橋樑角色。如何替雙方因長期隔閡可能發生的衝突，提出預警，或促成溝通，這是他們最能扮演的角色，也是他們最應該發揮的功能。[125]然而，戰後初期有些半山不但未盡橋樑之責，反而成為官民之間的障礙，他們指怪本地臺灣人被奴化，主張須經再教育再訓練來改造；

他們攻訐本地臺灣人菁英為日治殘留的「御用紳士」，以便攫取領導地位；又以臺灣人大眾為靠山，向國民黨政府誇示自己的實力。[126]半山等於一面以中國人大義壓制本地「被奴化」的臺灣人，再道貌岸然地標榜自身為中國本質的臺灣人，才是正統的臺灣人模範，可資代表臺灣人，得以邀功當權者，

二二八事件發生時，對半山的臺灣人身分形成挑戰。過往國民黨政府與臺灣人之間之權力關係維持恐怖平衡時，半山居間權力縫隙而可左右逢源，如今變亂猝起，權力處於失衡狀態，半山反而極易成為官民對峙中的箭靶，遭受雙方猜忌。

事件初期，陳儀當局顯然失去武力憑藉而落居權力下風，為求緩解，一九四七年三月一日黃朝琴乃代表當局到中山堂與「二二八事件處理委員會」溝通，[127]但因被視為替官方喉舌而不受歡迎，另兩位李萬居、連震東兩人亦趕來，卻被飆罵走狗而難堪離去。[128]待疑慮稍微化解，三月六日李萬居等半山人士仍然擔當二二八事件處理委員會常務委員，並參與討論、通過了〈二二八事件處理委員會告全國同胞書〉，然而，在討論〈二二八事件處理大綱〉時，半山的聲音已顯微弱，難以控制大局，終於真正的「不發生絲毫作用」了。[129]

半山以其對國民黨人和臺灣兩者的特有認識，原可提供一座理想「橋樑」，協助國民黨政府在戰後臺灣的復原和施政，但是在二二八事件之後，即無任何橋樑可以跨越此道深淵。[130]或許在於半山的「臺灣軀殼」，難被驚懼中的當局所完全信任，而半山裝載著的「中國靈魂」，又如何能得到事變下憤怒的本地臺灣人之諒解？[131]

（三）二二八事件之發生

半山在二二八事件發生時，並非主要的權力角色，以權力結構分析，主因在於該事件起因於上下兩端——國民黨政府與臺灣人（包括菁英）之間權力的強烈碰撞。此權力結構的失衡，居間權力中介的半山著實兩難。在權力系譜上，半山應當靠向國民黨政府多些，可被劃歸為與陳儀等外省菁英為主的「統治集團」，與以本地臺灣人為主的「民間社會」形成對抗關係，但在族裔代表性上，半山又難免不被歸類為臺灣人方，且「處委會」的組成中有具民代身分的半山人士（國大代表：李萬居、連震東、黃國書等；臺灣省參議員：黃朝琴）參與，在社會壓

力下，基本上事件初期站在民間——臺灣人的立場，[132]即使掌握官方軍事力量的半山——新竹防衛司令蘇紹文，對民眾的態度尚稱「溫和」，[133]讓新竹比之全臺各地較為平靜，死傷情況亦較輕。[134]包括一些事件時在海外的半山，以「臺灣省政治建設協會」上海分會的張邦傑為例，一九四七年三月五日即聯合旅滬臺灣六團體聯名對外發表〈為臺灣「二・二八」慘案告全國同胞書〉，聲援島內臺灣人：「要求中央尊重台省民意，千萬不可派兵彈壓」，幾天內即激起中國華北各省臺灣同鄉會的迴響。[135]

可是，島內多數半山這臺灣人立場難以持續。原是惑於事件初期臺灣人表面上的局部成功，待一九四七年三月八日國民黨政府中央軍隊登臺武力鎮壓後，有些半山於是迅速歸隊，展現中國認同主體性之官方立場。三月十六日黃朝琴為事件本質提出說明：「民眾要求不外求政治改革，登用省人，別無他意。殆後被奸徒煽動，並從中操縱，他們提出無理要求，絕對不能代表全臺六百萬民眾絕大多數的意見，希望中央與地方當局寬大處理」。[136]六月二十日黃以議長身分為受難同僚表達哀悼。[137]事件告一段落後，黃更急著澄清：「二二八事件為兄弟間一時的誤會，誤會一經消除，兄弟間即親愛如故，不足影響手足關係，似不可能造成臺灣與祖國間關係的變化」。[138]長期為國民黨政府獻策的丘念台，一九四七年四月九日對事件提出〈建議書：治標四策〉：「慎武力以安民、肅官紀以服民、懲殘虐以集民、赦脅從以安民」。[139]丘另外再呈遞〈意見書〉：「安臺根本，以「攻心」為上，用武力鎮壓無益。蓋臺民並非無自治能力，亦非懵然安享之民。又安臺以施憲為要，為適應過渡，應重人才訓練與儲備」。[140]提出之後的「憲政」能施行於臺灣，既安民，又強化國民黨統治臺灣的正當性、合法合憲性。

以黃、丘兩人為代表，半山除了少數幾位如宋斐如、陳復志等人遇難外，基本上，事件當下指標性半山倒也多倖免於難，因此很難不引發半山是否為「構陷者」、「出賣者」的質疑；這也是影響半山歷史評價最關鍵的一頁篇章。其中，以吳濁流、蔣渭川[141]等人的回憶論著對半山最為不利，尤其吳濁流的控訴，直接且露骨，點名道姓半山擬具二二八逮捕的「黑名單」：「劉啟光、林頂立、游彌堅、連震東、黃朝琴等人。……背叛了本省人的這些半山們，雖有種種的派別，不過在打倒本省知識階級，以求自己的飛黃騰達，卻是一致的」。[142]

然而，半山之於陳儀，在臺灣事務上雖有地緣優勢，但亦為上（當局）下（半山）間的「主僕關係」。當局對於二二八事件之血腥鎮壓以及事變後期之大舉清鄉，半山僅為被動承接權力者，即使有心阻止甚麼，亦無力足以回天。換言之，半山有何權力跟能耐去主導事後的整肅清算？就算是人性自保本能或攀誣他人的舉措，此等行徑也非僅止於半山而已；有些本地臺灣人菁英為求自保，同樣只能依附權力、成為協力者或執行特務的策反工作以自清得赦。[143]若說，半山實際擔當「構陷者」或「出賣者」角色，前述吳濁流之論據，主要來自一九七三年與「P氏」（筆者按：應為曾擔任吳國楨省府之建設廳長——彭德）的晤談；[144]此對半山諸人的指控固然言之鑿鑿，可是在缺乏直接證據下，多是吳、彭二人言談中的揣測罷了。[145]或許林頂立（化名：張秉承）為目前最有直接證據指稱其「誘殺」本地臺灣人菁英，[146]因其為軍統局臺灣站站長，本身自可依職權擬定名單送交上級，形成「構陷」，[147]但作此行動關鍵在於其特務身分，[148]而非因為半山使然。

二二八事件的發生與波折，使國民黨政府對臺灣政治權力作了不小的妥協與改變，主要為人事上錄用臺人[149]與經濟上開放民營等兩項，結果從中得利者，又以半山居多。陳儀雖認為長官制度優點甚多，但為滿足臺灣人的期待，他也贊同依照憲法規定，予臺灣以法定之自治權，並將長官公署改組為省政府，俾容納更多有能力的臺灣人。[150]一九四七年五月十五日，魏道明抵達臺灣。五月十六日，臺灣省政府成立。五月十七日，魏道明主持第一次臺灣省政府會議，省政府委員吸納了多名臺灣籍菁英。[151]魏道明大抵承襲借重半山以行「臺人制臺」，乃至為妝點門面而行的「臺人治臺」的策略。半山大多具有與黨國要員的政治人脈關係，憑藉其二二八的忠貞履歷（track record），[152]畢竟是當局必要引用臺人時，擇優考慮的樣板對象。

二二八事件告一段落後，半山不僅繼續全盤掌控省參議會和後續的省議會，且無論在國民黨中央、國民大會、立院、監院或省府地方，半山皆占得臺人人數相對有限的顯要職缺，至於國民黨政府釋出利權的四大企業，半山亦取得半數（臺紙、農林），金融界之省屬行庫（一銀、華銀等）亦然由半山掌握。[153]相對於本地臺灣人菁英在二二八事件的受創慘重，半山反倒在此之後於政經各領域飛黃騰達，無怪乎被研究者認定為二二八的實際受惠者。

不管怎樣，半身權力地位之源，仍在殖民主——國民黨政府之恩給，且是次要再次要的權力。因為殖民主非要有這等殖民擺飾、政治樣板，也就是說一定要有人去擔當這樣的權力角色，而半山恰好「躬逢其盛」，站在人性之常，亦不足為怪。畢竟，真能抗拒權力誘惑而孤高特立者，又有幾人能？

結論

倘若不先入為主以「半山」此一歧視性字眼，加諸本文所討論的對象，那是否這群曾經為了臺灣前途奔走的一群海外臺灣人，有其值得稱許的歷史地位？如果沒有的話，思考者想必是立基於「臺灣認同主體性」而對半山的「中國人履歷」不以為然。但是，所有人的認同都應當是自由開放，且不容他人置喙，半山基於個人歷史情結與價值觀，甚至是權力利益，選擇成為「祖國派臺灣人」，為中國「收復臺灣」付出心力，在日本殖民統治臺灣當下，似乎是天經地義，站在歷史正確的一方；任誰也無法預知日後中國「接收臺灣」的悲劇，以及當今臺灣認同主體性高漲的趨向。

如同本文提到的謝南光，曾經迷惑在從民族革命到社會主義革命，對於漢人認同與國際主義無牴觸的重層性認同與主張，臺灣人該如何去殖民的課題；這條被研究者比喻為「荊棘之道」[154]之認同探求與回歸的旅程，不僅困惑著謝，也讓歷來無數臺灣人在思考與周遭強權的認同糾葛中，如何確立自我認同主體性的救贖之道。

這條布滿荊棘的認同救贖之道，使半山們在「臺灣□中國」認同主體間猶疑不定（可見圖一的上方圓形：「主體游移」），隨著與國民黨政府的權力契合與權力仰賴，一九四〇年代間，逐漸由「中國認同主體性」勝出；相對地，國民黨政府也仰仗半山之權力輔助，將其視為「臺灣人代表」，以及國際宣傳「收復臺灣」時，臺人呼聲的正當性來源，不免使半山一再地成為「政治樣板」（可見圖一的下方圓形：「政治樣板」）。半山即使可能因遠離臺灣過久而與臺灣現勢脫節，但仍是國民黨最為倚重的臺灣資訊來源，半山在提供「正確」消息之餘，也不忘對國民黨政府提出「警語」，以隨時能因應時勢的變遷（可見圖一的左方圓形：「資訊提供」）。

另一方面，半山所提供的臺灣資訊，適足以引導國民黨政府「收復臺灣」的決策方向，雖然其中牽涉到半山個人私利，但整體是基於符合中國本位上的利益，也就是「中國取臺之利」（可見圖一的右方圓形：「決策引

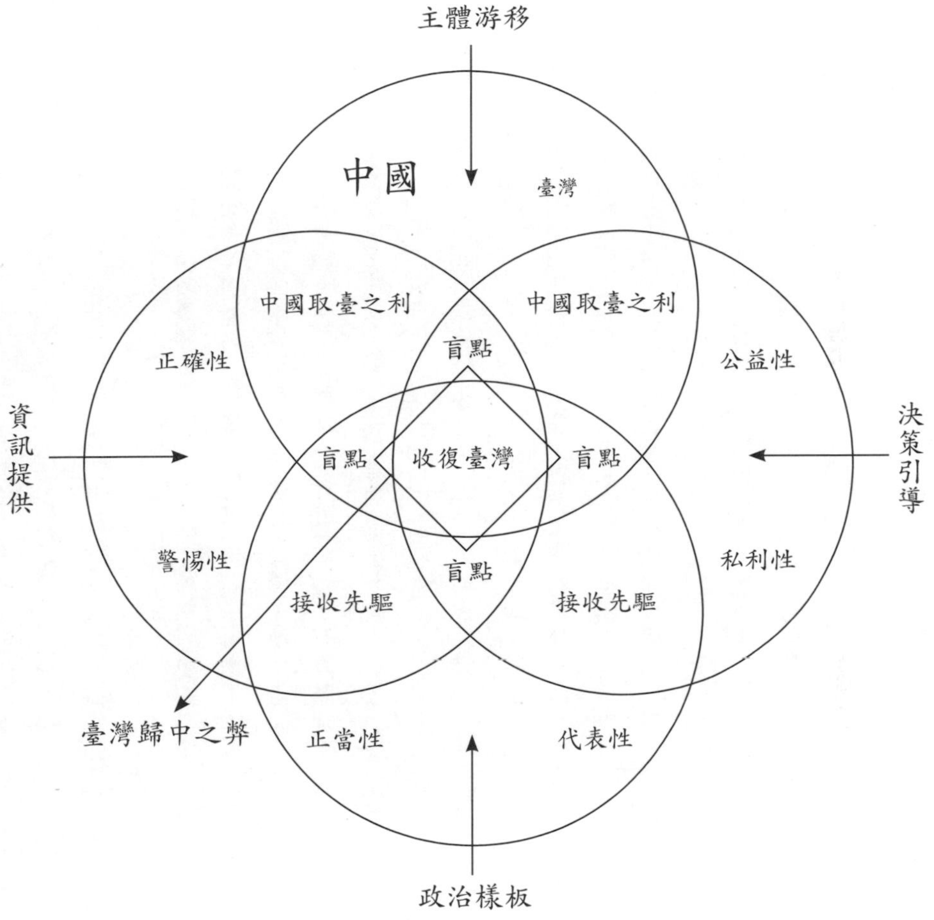

圖一：半山在中國時期之權力輔助

導」）。然而，總結半山的權力輔助，其最大「盲點」竟是鮮有臺灣本位的立場，亦即罕見提出臺灣回歸中國後所可能發生的弊端——「臺灣歸中之弊」（四個圓形交集之盲點）。這對以海外臺灣人代表自居的半山而言，實是有負其臺灣出身。此「半山在中國時期之權力輔助」，可圖解如圖一所示（四個圓形之共同交集為「收復臺灣」）：

二戰結束後，半山擔當「接收臺灣」的重任，在國民黨政府扭曲「臺人治臺」為「臺人制臺」或「以臺制臺」下，半山占得比本地臺灣人菁英更為有利的權力位階。然而，無論半山能如何呼風喚雨，其權力基礎終究還是國民黨政府所恩給，難脫被操縱下的棋子角色，若偶有主導性，那也是某些歷史情境下的特例。以權力結構而論，主要權力來源，為南京中央之授與，由臺灣地方陳儀當局領受而得以分配至下一層的外省菁英，半山則為居間的權力中介者，而本地臺灣人菁英與廣大的臺灣普羅大眾在權力分配上就更等而下之。如同另一種印度「種姓制度」，[155]或蒙元的「四等人制」，[156]即使各階級間有層屬族群分野交錯下之權力位階的相互爭奪，終究是「茶壺內的權力小風暴」，惟權力主導依舊掌控在「壺外」殖民主（英皇、蒙帝、國民黨政府）的冷眼恩給。半山在此權力結構之位階可圖解如圖二所示：

自二二八事件後，半山曾經一度悉數掌握了臺灣本地的黨務、行政、經濟、文化與民間結社的大權。其聲勢之浩大，已臻於當局疑忌的地步。[157]然則這一疑忌，恰恰反證半山成為二二八事件的最大受惠者這一事實。[158]在戰後臺灣政治經濟發展場域上，半山的權勢經歷一九五〇年代臺海危機、白色恐怖時期，一九六〇年代外省菁英引領之第一波民主化運動——「自由中國」組黨事件，直到一九七〇年代蔣經國本土化政策後，拔擢更多本地臺灣人菁英參贊權力機制，半山的權力寡占自然遭到稀釋；加上半山本為因應戰後初期政治需求的命運共同體，實為短暫的利益組合，因此，當外部政治環境改變，半山這個鬆散的政治結合及其功能作用在臺灣政治舞臺上就漸次消失，[159]除了少數半山後代（例如連震東[160]家族、謝東閔家族）猶然活躍於政界外，多數半山已淡出其中，其勢力幾乎難以延續。[161]一九七〇年代中期民主化運動及臺灣主體性運動，「黨外」新力量一棒接一棒，同時新一代海外臺灣人團體也紛紛在日本、美國等地發出臺灣人獨立自決的聲音，一九九〇年代前後逐步回歸臺灣且與島

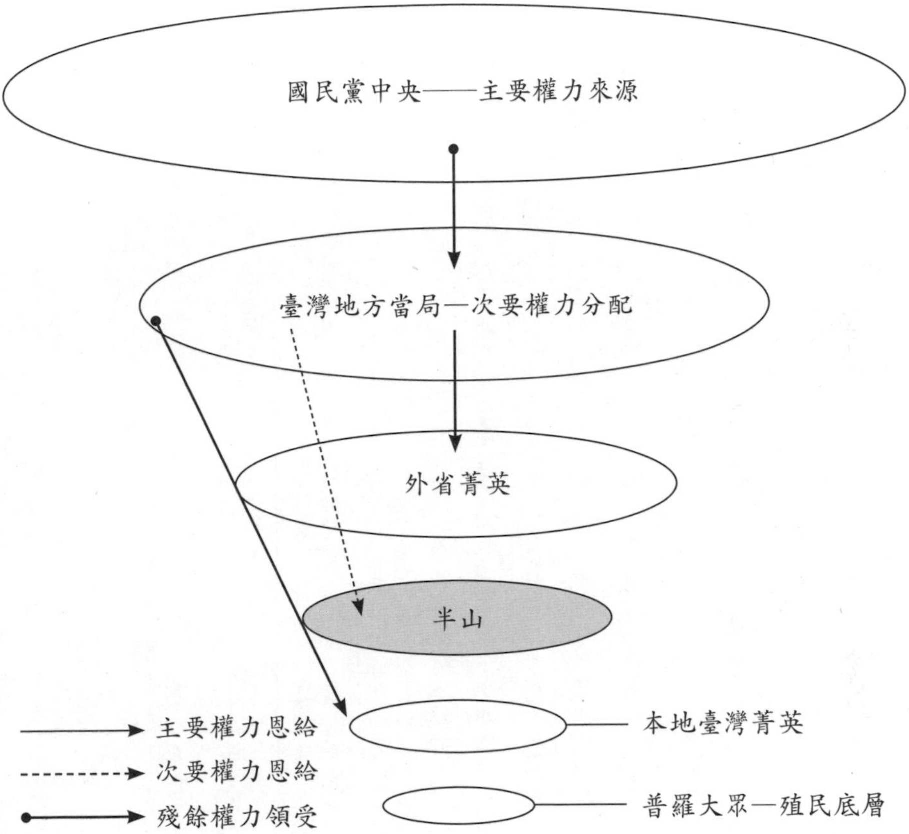

圖二：戰後初期臺灣再殖民化之權力結構（半山之權力位階）

內民主運動匯聚合流，[162]而半山軌跡似乎早被遺忘。觀察二二八事件後包括半山在內之所有在臺的「被殖民者」，其權力流動趨勢可表示如下：

二二八事件後在臺「被殖民者」之權力流動：

活躍年代	戰後至1970年代	~	1960年代後	1990年代前後
被殖民者	半山 （事件後續依附權力的半山）	倖存者 （大多數臺灣人）	島內民主運動者	流亡海外者
權力流動	殖民協力者 ↓威權共犯結構	熱中參與 ↓長期沉默	外省菁英引領 ↓本地菁英繼起	失根之啟蒙先驅 ↓主體性運動之匯入島內

一九四三年九月謝南光有言：「現在祖國已經決定要收復臺灣，我們也以『歸回祖國』做為臺灣民族運動的中心目標，臺灣人的民族運動轉變為整個中華民國的民族運動」。[163]謝南光此半山先驅可能沒有想到，「中華民國」在臺灣歷經數十年的演變後，已經內化成為臺灣主體性的一部分，也就是半山曾心嚮往的祖國——「中華民國」已被臺灣所吸納，一九四九年與中華民國同時來到臺灣的中國人亦已落地生根為臺灣的一分子；祖國將不在遠方，而會在臺灣這個「幸福」的地方，如同「青鳥」的童話結局般。[164]因為也沒有臺灣人應再被稱之為「半山」。

陳佳宏，臺灣師範大學臺灣史研究所副教授，曾任中研院臺灣史研究所博士後、輔仁大學歷史學系兼任副教授。主要研究及教學領域為：戰後臺灣政治發展、臺灣國際關係、海外臺灣人運動、族群與認同議題、歷史與電影等。

註釋

1 此「半山」定義係綜合各個研究者之說，依發表順序包括：李筱峰《臺灣戰後初期的民意代表》（臺北：自立晚報，一九八六），頁一四八—一五二；J.B.Jacobs 撰，陳俐甫、夏榮和譯，〈臺灣人與中國國民黨一九三七—一九四五：臺灣「半山人」的起源〉，收入陳俐甫、夏榮和、林偉盛譯著，《臺灣・中國・二二八》（臺北：稻鄉出版社，一九九二），頁五；陳芳明，〈朝向臺灣史研究的階段：序陳俐甫《臺灣・中國・二二八》〉，收入陳俐甫、夏榮和、林偉盛譯著，《臺灣・中國・二二八》，序，頁七；陳明通，《派系政治與臺灣政治變遷》（臺北：月旦出版社，一九九五），頁四三—四四；陳翠蓮，《派系鬥爭與權謀政治——二二八悲劇的另一面相》（臺北：時報文化出版公司，一九九五），頁二三五；何義麟，《跨越國境線——近代臺灣去殖民化之歷程》（臺北：稻鄉出版社，二〇〇六），頁五七；林德政，《在中國革命的道路上：歷史巨變下的臺灣人》（臺北：五南圖書出版公司，二〇一四），頁六二。

2 若林正丈以「臺灣解放構想座標軸」分析臺灣抗日民族主義的各式潮流為三種型態：「祖國派」、「待機派」、「臺灣革命派」，其中「祖國派臺灣人」的主張即為：與其直接跟日本戰鬥，不如到中國大陸去為祖國效力，使祖國強盛，臺灣人解放才有希望；若林正丈著，臺灣史日文史料典籍研讀會譯，《臺灣抗日運動史研究》（臺北：播種者出版公司，二〇〇七），頁一七二—一七六。

3 呂芳上，〈臺灣革命同盟會與臺灣光復運動〉，收入中華民國史料研究中心編，《中國現代史專題研究報告》（臺北：中華民國史料研究中心，一九七三），頁二七三—二九二。

4 陳三井，《臺灣近代史事與人物》（臺北：商務印書，一九八八）。

5 林德政，《在中國革命的道路上：歷史巨變下的臺灣人》。

6 李筱峰，《臺灣戰後初期的民意代表》。

7 鄭梓，〈國民政府對於「收復臺灣」之設計〉，《東海大學歷史學報》第九期（臺中：東海大學歷史學系，一九八八）。

8 J.B.Jacobs 撰，陳俐甫、夏榮和譯，〈臺灣人與中國國民黨一九三七—一九四五：臺灣「半山人」的起源〉，收入陳俐甫、夏榮和、林偉盛譯著，《臺灣・中國・二二八》，頁三—五二。

9 陳明通，《派系政治與臺灣政治變遷》。

10 陳翠蓮，《派系鬥爭與權謀政治——二二八悲劇的另一面相》。

11 孫萬國，〈半山與二二八初探〉，收入張炎憲、陳美蓉、楊雅慧編，《二二八事件研究論文集》（臺北：吳三連臺灣史料基金會，一九九八），頁二四五—二七二。

12 何義麟，《跨越國境線——近代臺灣去殖民化之歷程》（臺北：稻鄉出版社，二〇〇六）。

13 王政文，《臺灣義勇隊——臺灣抗日團體在大陸的活動（一九三七—一九四五）》（臺北：臺灣古籍出版公司，二〇〇七）。

14 李筱峰，《臺灣戰後初期的民意代表》，頁一四八。

15 江慕雲，《為臺灣說話》（上海：三五記者聯誼會，一九四八），頁一七八。

16 司法行政調查局，〈臺灣地方派系調查專報〉（未刊本，一九五二），頁五。

17 何義麟，《跨越國境線——近代臺灣去殖民化之歷程》，頁五七。

18 張炎憲等執筆，《二二八事件責任歸屬研究報告》（臺北：二二八事件紀念基金會，二〇〇六），頁三三八—三八四；由李筱峰撰寫，專節探究半山對二二八事件的責任歸屬。

19 依據目前對「半山」的定義，其中一個指標係是否歸屬於國民黨系；但近來有研究者提出，對於那些不屬於重慶政府而具備中國經驗的海外臺籍人士，在戰後臺灣與當局及半山都有重要連結；因此，包括在汪精衛政府、華北、滿州國等地的「準半山」研究，亦應齊備，方能更完整描繪戰後至二二八事件前後的臺灣情狀；〈二二八檢舉共犯如何究責？許雪姬：「準半山」研究尚未開始〉，《民報》，二〇一七年三月四日，電子版（http://www.peoplenews.tw/news/a93be2a9-6b00-409a-b4e1-c9eed9f521fd）

20 林德政，《在中國革命的道路上：歷史巨變下的臺灣人》，頁六三、四一〇。

21 何義麟，《跨越國境線——近代臺灣去殖民化之歷程》，頁五五。

22 宋斐如，〈如何收復臺灣失地——血濃於水臺灣必須收復〉，收入張瑞成編，《抗戰時期收復臺灣之重要言論》（臺北：中國國民黨黨史會，一九九〇），頁九一。

23 〈臺灣獨立革命黨黨章〉，收入魏永竹主編，《抗戰與臺灣光復史料輯要》（南投：臺灣省文獻委員會，一九九五），頁一七六。

24 此階段性的獨立策略，頗類似二〇一四年三月克里米亞先脫離烏克蘭而獨立，幾天後再併入俄羅斯的假性獨立模式。

25 李友邦，〈臺胞未忘祖國〉，收入張瑞成編，《抗戰時期收復臺灣之重要言論》，頁一七。

26 〈康澤致朱家驊轉達臺灣革命團體聯合會對臺灣革命之請示與擬答之意見函〉，張瑞成編，《臺籍志士在祖國的復臺努力》（臺北：中國國民黨黨史會，一九九〇），頁三〇七。

27 〈朱家驊批覆康澤補充數點擬答臺灣革命團體之意見函〉，張瑞成編，《臺籍志士在祖國的復臺努力》，頁三〇八—三〇九。

28 謝南光，《謝南光著作選》（臺北：海峽學術出版社，一九九九），頁五五四。

29 謝南光，《謝南光著作選》，頁五五五—五五八。

30 王政文，《臺灣義勇隊——臺灣抗日團體在大陸的活動（1937-1945）》，頁一七六。」

31 李友邦，〈臺灣要獨立也要歸返中國〉，收入《臺灣先鋒》第一期（一九四〇年四月十五日；臺北：世界翻譯社，一九九一年復刻版），頁七—八。

32 陳誠，〈臺灣革命與中國革命〉，收入張瑞成編，《臺籍志士在祖國的復臺努力》，頁三三。

33 觀察中國高層此時對「臺獨」發言之前後脈絡，似乎是「復（回）歸中國」的同義詞，對照戰後臺灣白色恐怖時期臺獨也與「匪諜」等量齊觀有異曲同工之妙。只不過臺獨連結「共匪」有相當大構陷的成分，但臺獨在跟回歸中國或與中國合併畫上等號卻在一九四〇年代前被視為理所當然；此為非常奇特的歷史發展過程。另外，戰後臺獨也常被反對者視為是日美帝國主義的產物。總此，更明證臺灣長期不被承認應該具備主體性，連追求政治主體性的「臺獨」都不被以主體性的政治運動視之。

34 該會主要幹部為：謝南光（執委兼常委）、李友邦（執委兼常委、臺灣獨立革命黨主席）、宋斐如（執委兼常委）、柯台山（執委）；〈臺灣革命同盟會幹部名冊〉，收入魏永竹主編，《抗戰與臺灣光復史料輯要》，頁一九六。

35 〈臺灣革命同盟會成立宣言〉，收入魏永竹主編，《抗戰與臺灣光復史料輯要》，頁一八六。

36 〈臺灣革命同盟會會章〉，收入魏永竹主編，《抗戰與臺灣光復史料輯要》，頁一八七。

37 一九四〇年六月二十日在其前身「臺灣革命團體聯合會」成立時，國民黨部就指示該會媒介人劉啟光：「設法使臺灣革命團體事實上與中國國民黨發生統屬關係，以利革命事業之展開」；〈劉啟光致朱家驊請定期約見以詳陳革命同志之願望函〉，張瑞成編，《臺籍志士在祖國的復臺努力》，頁三〇九。

38 〈臺灣革命同盟會為設立臺灣省政府以利臺灣光復革命工作呈文〉，收入魏永竹主編，《抗戰與臺灣光復史料輯要》，頁二〇八。

39 呂芳上，〈臺灣革命同盟會與臺灣光復運動〉，收入中華民國史料研究中心編，《中國現代史專題研究報告》，頁二七三—二九二。

40 謝南光，〈收復臺灣與保衛祖國〉，收入張瑞成編，《抗戰時期收復臺灣之重要言論》，頁四六。

41 謝南光，〈收復臺灣與保衛祖國〉，收入張瑞成編，《抗戰時期收復臺灣之重要言論》，頁四七。

42 李友邦，〈臺灣復省在同盟國戰略上的意義〉，收入張瑞成編，《抗戰時期收復臺灣之重要言論》，頁四〇。

43 若林正丈著，臺灣史日文史料典籍研讀會譯，《臺灣抗日運動史研究》，頁三〇一。

44 陳佳宏，《臺灣獨立運動史》（臺北：玉山社出版公司，二〇〇六），頁五六—五九。

45 〈臺灣革命同盟會為設立臺灣省政府以利臺灣光復革命工作呈文〉，收入魏永竹主編，《抗戰與臺灣光復史料輯要》，頁二〇八。

46 〈臺灣革命同盟會擬送中央執行委員會秘書處轉呈蔣總裁臺灣黨政意見六項函〉，收入魏永竹主編，《抗戰與臺灣光復史料輯要》，頁二二〇。

47 一九四二年十一月三日外交部長宋子文召開國際記者會，正式宣示將收回的中國領土已經包括臺灣；〈外交部長宋子文在重慶國際宣傳處記者招待會答問〉，收入張瑞成編，《抗戰時期收復臺灣之重要言論》，頁三—四。

48 〈臺灣革命同盟會工作報告書〉，收入魏永竹主編，《抗戰與臺灣光復史料輯要》，頁二一七。

49 大西洋憲章原文第三條："Third, they respect the right of all peoples to choose the form of government under which they will live; and they wish to see sovereign rights and self government restored to those who have been forcibly deprived of them." 此自決權之行使主體為「人民（all peoples）」，跳脫

種族(race)、族群（ethnic group）等易與血統文化糾纏的窠臼。Henry Steele Commager, *Documents of American History. Vol.* II (New York: Appleton-Century-Crofts, 1963), p.451.

50 〈臺灣革命同盟會工作報告書〉，收入魏永竹主編，《抗戰與臺灣光復史料輯要》，頁二一七。

51 〈臺灣革命同盟會為馬關條約四十八週年紀念宣言〉，收入魏永竹主編，《抗戰與臺灣光復史料輯要》，頁二〇九。

52 〈臺灣革命同盟會擬定臺灣收復運動改進辦法要綱〉，收入魏永竹主編，《抗戰與臺灣光復史料輯要》，頁二二六。

53 〈臺灣革命同盟會第三屆代表大會報告書〉，張瑞成編，《臺籍志士在祖國的復臺努力》，頁一九〇。

54 〈中央設計局臺灣調查委員會座談會記錄〉，收入魏永竹主編，《抗戰與臺灣光復史料輯要》，頁三〇五。

55 〈臺灣革命同盟會工作報告書〉，收入魏永竹主編，《抗戰與臺灣光復史料輯要》，頁二一六。

56 〈臺灣革命同盟會工作報告書〉，收入魏永竹主編，《抗戰與臺灣光復史料輯要》，頁二一九。

57 〈中央設計局臺灣調查委員會一年來工作大事記〉，收入張瑞成編，《光復臺灣之籌劃與受降接收》（臺北：中國國民黨黨史會，一九九〇），頁四四—四八。

58 近藤正己，《総力戦と臺灣：日本植民地崩壊の研究》（東京：刀水書房，一九九六），頁五六七—五七九。

59 〈中央設計局臺灣調查委員會座談會記錄〉，收入魏永竹主編，《抗戰與臺灣光復史料輯要》，頁三〇二。

60 李筱峰，〈半山中的孤臣孽子——李友邦〉，收入張炎憲、李筱峰、莊永明編，《臺灣近代名人誌（五）》（臺北：自立晚報社，一九九〇），頁二七八—二八九。

61 近藤正己，《総力戦と臺灣：日本植民地崩壊の研究》，頁四八〇—四八一。

62 〈臺灣革命同盟會工作報告書〉，收入魏永竹主編，《抗戰與臺灣光復史料輯要》，頁二一六、二一八。

63 〈臺灣革命同盟會行動隊在廈襲擊敵偽消息〉，收入魏永竹主編，《抗戰與臺灣光復史料輯要》，頁二一一、〈臺灣革命同盟會工作報告書〉，收入魏永竹主編，《抗戰與臺灣光復史料輯要》，頁二一七。

64 〈臺灣革命同盟會工作報告書〉，收入魏永竹主編，《抗戰與臺灣光復史料輯要》，頁二一九。

65 〈中央設計局臺灣調查委員會座談會記錄〉，收入魏永竹主編，《抗戰與臺灣光復史料輯要》，頁三〇三—三〇四。

66 〈中央設計局臺灣調查委員會座談會記錄〉，收入魏永竹主編，《抗戰與臺灣光復史料輯要》，頁三〇七。

67 〈中國國民黨六全大會代表謝東閔等提「擬請有關臺灣事業之軍政機關儘量錄用臺灣人案」〉，收入魏永竹主編，《抗戰與臺灣光復史料輯要》，頁三六四—三六五。

68 謝東閔，〈國際託治與臺灣〉，收入魏永竹主編，《抗戰與臺灣光復史料輯要》，頁四〇一。

69 Douglas MacArthur, *Reminiscences* (New York: McGraw-Hill, 1964), p.197-198.

70 〈中央設計局臺灣調查委員會座談會記錄〉，收入魏永竹主編，《抗戰與臺灣光復史料輯要》，頁三〇七。

71 李雲漢，《國民革命與臺灣光復的歷史淵源》（臺北：幼獅文化事業公司，一九七一），頁一二二。

72 丘念台，《我的奮鬥史》（臺北：中華日報社，一九八一），頁二九四—二九五。

73 〈臺灣黨部執委邱念臺擬呈中央執行委員會秘書長吳鐵城「復臺大計管見」、「臺灣黨務改進意見」函〉，收入魏永竹主編，《抗戰與臺灣光復史料輯要》，頁三七三。

74 〈中國國民黨六全大會代表謝東閔等提「擬請有關臺灣事業之軍政機關儘量錄用臺灣人案」〉，收入魏永竹主編，《抗戰與臺灣光復史料輯要》，頁三六四。

75 黃朝琴，《朝琴回憶錄：臺灣政界耆宿黃朝琴》（臺北：龍文出版社，二〇〇一），頁一三四。

76 據稱因甫抵松山機場的葛敬恩看見前來迎接的日臺人士之大陣仗而怯懦，才推出王民寧為先行；高玉樹，《高玉樹回憶錄》（臺北：前衛出版社，二〇〇七），頁一〇六。

77 陳明通，《派系政治與臺灣政治變遷》，頁五四。

78 當日出席的本地臺灣人尚有林茂生、辜振甫、許丙、羅萬俥、陳炘、杜聰明等人；許雪姬編註，《灌園先生日記（十七）一九四五年》（臺北：中央研究院臺灣史研究所、近代史研究所，二〇一〇），頁三二五。

79 許雪姬編註，《灌園先生日記（十七）一九四五年》，頁三二五。

80 杜聰明，《回憶錄（下）》（臺北：龍文出版社，一九八九），頁一七九。

81 本節係以「國政一體」的原則，分析國民黨政府之權力運作結構，因此指涉之「國民黨政府」包含南京中央與臺灣陳儀地方政府，有時統稱「中國統治者」。雖然不同的權力運作層級在處理戰後臺灣事務的權力位階有其上下與利害糾葛，但對臺灣人展現權力的強勢本質則是一脈相承。

82 〈中央設計局臺灣調查委員會座談會記錄〉，收入魏永竹主編，《抗戰與臺灣光復史料輯要》，頁三〇五。

83 〈中央設計局臺灣調查委員會座談會記錄〉，收入魏永竹主編，《抗戰與臺灣光復史料輯要》，頁三〇六。

84 這類戰後臺灣人首次的中國印象——對國民黨政府軍隊的失望與嘲弄，大量散見於各時期的回憶錄、口述歷史傳記中。在此不一一列舉。

85 謝東閔口述，黃玉峰整理修訂，《謝東閔先生全集》第二輯（臺北：國史館，二〇〇五），頁一二七。

86 曾任山東省主席，並一度主持「東北委員會」，戰後前往東北考察接收事宜的沈鴻烈有云：「各地之接收工作，以臺灣之接收較有秩序條理，東北之接收情形，最為混亂。」；陳三井，〈臺灣光復的序曲：復臺準備與接收〉，收入魏永竹主編，《抗戰與臺灣光復史料輯要》，頁九八—九九。

87 陳三井，〈臺灣光復的序曲：復臺準備與接收〉，收入魏永竹主編，《抗戰與臺灣光復史料輯要》，頁九八。

88 〈臺灣黨部執委邱念台擬呈中央執行委員會秘書長吳鐵城「復臺大計管見」、「臺灣黨務改進意見」函〉，收入魏永竹主編，《抗戰與臺灣光復史料輯要》，頁三七一。

89 〈臺灣黨部執委邱念台擬呈中央執行委員會秘書長吳鐵城「復臺大計管見」、「臺灣黨務改進意見」函〉，收入魏永竹主編，《抗戰與臺灣光復史料輯要》，頁三八三。

90 褚靜濤，《二二八事件實錄（上卷）》（臺北：海峽學術出版社，二〇〇七），頁一四〇。

91 並非所有的「國人」皆視「以臺治臺」為然，例如國民黨中央執行委員會秘書處的汪公紀，一九四四年四月上秘書長吳鐵城時指稱：「徒以臺人治臺為原則，驅令彼毫無黨務及行政經驗之浪人付以重任，竊以為戰後之臺人必失望，而恐今日謳歌祖國者將謳歌日本矣」；汪公紀，〈處理東方各民族之原則(上吳秘書長簽呈)〉，國立臺灣圖書館典藏，分類號：673.24/3182，檔號：171799。

92 〈創刊詞〉，《臺灣民聲報》創刊號，一九四五年四月十六日。

93 連震東，〈臺灣人的政治理想和對做官的觀念〉，收入魏永竹主編，《抗戰與臺灣光復史料輯要》，頁四一一。

94 連震東，〈臺灣人的政治理想和對做官的觀念〉，收入魏永竹主編，《抗戰與臺灣光復史料輯要》，頁四一二。

95 Nancy Hsu Fleming 著，蔡丁貴譯，《狗去豬來：二二八前夕美國情報檔案》（臺北：前衛出版社，二〇〇九），頁一二三。

96 此「戰後初期臺灣黃金被搬運往中國」的觀察，顛覆一般「一九四九年後中國黃金被國民黨政府搬運來臺灣」的傳統說法。兩種觀察與說法皆有待更細緻的研究討論。

97 Nancy Hsu Fleming 著，蔡丁貴譯，《狗去豬來：二二八前夕美國情報檔案》，頁八七。

98 黃朝琴，《朝琴回憶錄：臺灣政界耆宿黃朝琴》，頁一五四。

99 黃朝琴，《朝琴回憶錄：臺灣政界耆宿黃朝琴》，頁一五四。

100 丘念台，〈追懷獻堂先生〉，林獻堂先生紀念及編纂委員會，《林獻堂先生紀念集：年譜．追思錄》（臺北：海峽學術出版社，二〇〇五），頁三二；李翼中，〈帽簷述事〉，收入中央研究院近代史研究所編，《二二八事件選輯（二）》（臺北：中央研究院近代史研究所，一九九二），頁四〇四。

101 許雪姬編註，《灌園先生日記（十八）一九四六年》（臺北：中央研究院臺灣史研究所、近代史研究所，二〇一〇），頁一七一；黃朝琴，《朝琴回憶錄：臺灣政界耆宿黃朝琴》，頁一六四—一七〇。

102 何義麟，〈臺灣省政治建設協會與二二八事件〉，收入張炎憲、陳美蓉、楊雅慧編，《二二八事件研究論文集》，頁一七〇—一七四。

103 李翼中，〈帽簷述事〉，收入中央研究院近代史研究所編，《二二八事件選輯（二）》，頁四〇〇—四〇一。

104 何義麟，〈臺灣省政治建設協會與二二八事件〉，收入張炎憲、陳美蓉、楊雅慧編，《二二八事件研究論文集》，頁一八五。

105 〈文化協進會成立〉，《東臺日報》，一九四六年六月十八日，版二。
106 李翼中，〈帽簷述事〉，收入中央研究院近代史研究所編，《二二八事件選輯（二）》，頁四〇〇。
107 據日軍聯絡部安藤部長查報，前被日軍所徵集往南洋及日本本土服役之本地臺灣人共計六萬六二七一名；〈何應欽成蔣委員長請電麥克阿瑟將軍送臺民回臺電〉，收入魏永竹主編，《抗戰與臺灣光復史料輯要》，頁四七五。
108 葉榮鐘，《臺灣人物群像》，（臺北：時報文化出版公司，一九九五），頁四〇。
109 許雪姬編註，《灌園先生日記（十七）一九四五年》，頁三六〇。
110 許雪姬編註，《灌園先生日記（十七）一九四五年》，頁四二二。
111 許雪姬編註，《灌園先生日記（十七）一九四五年》，頁四三〇。
112 許雪姬編註，《灌園先生日記（十七）一九四五年》，頁四三六。
113 現代人們可以接受更多元多重的跨界認同（例如：文化、族裔、宗教、階級、世代，乃至性別等等），惟在政治認同上，因為牽涉現代國家與國家公民間權力義務的契約關係，忠誠與否，攸關政治群體的公共利益，擔任公務要職者，尤其被要求應對單一國家認同效忠。以個人而言，擁有多重國籍者所在多有，相對也需承擔多國各種不同的權利義務關係，只不過，當面臨列國利害衝突時，總要面對該如何選邊站的苦惱。
114 何義麟，《跨越國境線——近代臺灣去殖民化之歷程》，頁十五之註解說明。
115 何義麟，《跨越國境線——近代臺灣去殖民化之歷程》，頁九。
116 柳書琴，《荊棘之道：旅日青年的文學活動與文化抗爭》（臺北：聯經出版事業公司，二〇〇九），頁一七一—一七二。
117 李南雄，〈臺灣版序〉，收入楊錦麟，《李萬居評傳》（臺北：人間出版社，一九九三），序頁三。
118 〈臺灣革命同盟會為馬關條約四十八週年紀念宣言〉，收入魏永竹主編，《抗戰與臺灣光復史料輯要》，頁二一〇。
119 謝南光，〈收復臺灣與保衛祖國〉，收入張瑞成編，《抗戰時期收復臺灣之重要言論》，頁四七。
120 謝南光，〈臺灣的民族運動〉，收入臺灣革命同盟會編，《臺灣問題言論集（一）》（重慶：國際問題研究所，一九四三），頁一六九。
121 張炎憲等執筆，《二二八事件責任歸屬研究報告》，頁三四〇—三四一。
122 林衡道口述，林秋敏整理，《林衡道先生訪談錄》（臺北：國史館，一九九六），頁二六八。
123 〈附錄（二）臺灣黨部書記長兼代主委林忠覆致中央執行委員會秘書處函〉，收入魏永竹主編，《抗戰與臺灣光復史料輯要》，頁二三一。
124 林衡道口述，林秋敏整理，《林衡道先生訪談錄》，頁二六八。
125 張炎憲等執筆，《二二八事件責任歸屬研究報告》，頁三四〇—三四一。

126 吳濁流，《臺灣連翹》（臺北：前衛出版社，一九八九），頁一九三—一九四。

127 黃朝琴，《朝琴回憶錄：臺灣政界耆宿黃朝琴》，頁二七三。

128 黃朝琴，《朝琴回憶錄：臺灣政界耆宿黃朝琴》，頁二七四。

129 楊錦麟，《李萬居評傳》，頁一八二。

130 J. B. Jacobs 撰，陳俐甫、夏榮和譯，〈臺灣人與中國國民黨一九三七—一九四五：臺灣「半山人」的起源〉，收入陳俐甫、夏榮和、林偉盛譯著，《臺灣・中國・二二八》，頁三〇。

131 據研究者分析，李萬居在二二八事件發生後的半山身分，使其面臨「事處兩難，左右挨打，吃力不討好」的尷尬境地，對具備某些政治理想的李萬居造成莫大的震撼與打擊，也是他日後政治性格裂變，走上「半山異端」之途的重大轉捩點；楊錦麟，《李萬居評傳》，頁一六九—一九一。

132 陳儀深，〈再探二二八事件處理委員會——關於其政治立場與角色功能的評估〉，收入張炎憲、陳美蓉、楊雅慧編，《二二八事件研究論文集》，頁一五七。

133 〈新竹市政府發電致臺灣省行政長官呈報三月二日事件經過函〉，收入張炎憲、許明薰、楊雅慧、陳鳳華，《新竹風城二二八》（新竹：新竹市政府，二〇〇二），頁二四六。

134 張炎憲，〈後記〉，《新竹風城二二八》，頁二八三。

135 〈為臺灣二・二八大慘案敬告全國同胞書〉，收入許毓良校註，《臺灣二・二八大慘案：華北輿論集》（臺北：前衛出版社，二〇一六），頁七二—七六。

136 黃朝琴，《朝琴回憶錄：臺灣政界耆宿黃朝琴》，頁二七六。

137 黃朝琴，《朝琴回憶錄：臺灣政界耆宿黃朝琴》，頁二七六。

138 黃朝琴，《朝琴回憶錄：臺灣政界耆宿黃朝琴》，頁二七六。

139 陳興唐主編，《南京第二歷史檔案館藏臺灣「二・二八事件」檔案史料》下卷（臺北：人間出版社，一九九二），頁八〇一—八〇九。

140 陳興唐主編，《南京第二歷史檔案館藏臺灣「二・二八事件」檔案史料》下卷，頁八〇一—八〇九。

141 陳芳明編《蔣渭川和他的時代》（臺北：前衛出版社，一九九六），頁二〇七—三一六。

142 吳濁流，《臺灣連翹》，頁一九三。

143 〈黃仁里呈報林振藩有關臺南市參議員侯全成保釋原因（民國三十六年五月九日）〉、〈余志光致電柯復興報告臺南市參議員侯全成在事件中之活動（民國三十六年三月二十五日）〉、〈陳海永斗六策反工作報告（民國三十六年四月十四日）〉，收入許雪姬主編，《保密局臺灣站二二八史料彙編（二）》（臺北：中央研究院臺灣史研究所，二〇一六），頁九八—九九、一〇一、一三一。

144 吳濁流，《臺灣連翹》，頁一九二—一九七。

145 筆者認為，歷史評價未必要完全遵循羅馬法「無罪推定」之原則，然而，要在半山身上安上如此重大、嚴厲的歷史罪責，除非能有「一刀斃命」的直接證據可資佐證，否則，歷史研究者實宜慎重。

146 〈張秉承致電南京言普誠告知已調查各地顯貴包庇叛徒情形（民國三十六年四月二十九日）〉，收入許雪姬主編，《保密局臺灣站二二八史料彙編（一）》（臺北：中央研究院臺灣史研究所，二〇一五），頁七一—七二。

147 王呈祥，《美國駐臺北副領事葛超智與「二二八事件」》（臺北：海峽學術出版社，二〇〇九），頁二七五。

148 林頂立在中國時期之特務生涯，即被懷疑同時為中國與日本做事的「雙線特務」、「雙面間諜」；林德政，《在中國革命的道路上：歷史巨變下的臺灣人》，頁四二五—四二八。

149 〈長官公署將改稱省政府各廳處長儘量任用本省人士〉，《臺灣新生報》，一九四七年三月七日，號外。

150 〈陳儀呈蔣主席三月六日函〉，《大溪檔案——臺灣二二八事件》，收入中央研究院近代史研究所編，《二二八事件選輯（二）》（臺北：中央研究院近代史研究所，一九九二），頁七八。

151 〈魏道明呈蔣主席五月十六日電〉，《大溪檔案——臺灣二二八事件》，收入中央研究院近代史研究所編，《二二八事件選輯（二）》，頁三三八。

152 孫萬國，〈半山與二二八初探〉，收入張炎憲、陳美蓉、楊雅慧編，《二二八事件研究論文集》，頁二五三。

153 孫萬國，〈半山與二二八初探〉，收入張炎憲、陳美蓉、楊雅慧編，《二二八事件研究論文集》，頁二五三—二五五。

154 柳書琴，《荊棘之道：旅日青年的文學活動與文化抗爭》，頁一七〇—一七二。

155 第一階層為「婆羅門」—僧侶，第二為「剎帝利」—貴族，第三是「吠舍」—平民，第四為「首陀羅」—奴僕；在此之下，還有賤民階級；尚會鵬，《種姓與印度教社會》（北京：北京大學出版社，二〇〇一）。

156 蒙元帝國以統治階級和被征服者的先後，將人民分為「蒙古人」、「色目人」、「漢人」、「南人」四等以區分權力關係；惟有研究者認為，利用特權的只是少數貴族階級，各族人民一樣會遭受統治者壓迫剝削，包括蒙古人、色目人也不例外；白翠琴，〈略論元朝法律文化特色〉，《法理學法史學》（一九九八年六月號），頁五六—六七。

157 司法行政調查局，〈臺灣地方派系調查專報〉，頁五。

158 孫萬國，〈半山與二二八初探〉，收入張炎憲、陳美蓉、楊雅慧編，《二二八事件研究論文集》，頁二五五—二五六。

159 楊錦麟，《李萬居評傳》，頁一五〇。

160 一九四八年五二〇總統就職日，連震東曾向來訪的林獻堂透露將欲辭退公職，改途專心經營實業，避免淪落至其父連橫晚年經濟困頓之境；許雪姬編註，《灌園先生日記（二十）一九四八年》（臺北：中央研究院臺灣史研究所、近代史研究所，二〇一一），頁一九七。觀察連震東家族之後續發展，不僅實業經營有所大成，亦從未在臺灣政界消失，反而連綿其政商關係至今，同時掌握權力與財富，可謂僅有的半山異數。

161 陳明通，《派系政治與臺灣政治變遷》，頁一三四—一三六。

162 陳佳宏，《臺灣獨立運動史》，頁三六一—三八〇。

163 謝南光，〈臺灣的民族運動〉，收入臺灣革命同盟會編，《臺灣問題言論集（一）》，頁一六九。

164 一九一一年諾貝爾文學獎得主梅特林克（Maurice Materlinck）的作品《青鳥》中，青鳥就是「幸福」的象徵；透過兩個伐木工人的孩子尋找青鳥的過程，體現人類尋找幸福所經歷的苦難；故事的結尾才發現，其實幸福並不那麼難找，青鳥（幸福）就在我們身邊。：Maurice Maeterlinck著，張臺青譯，《青鳥》（臺北：人本自然出版公司，二〇〇〇）。

引用書目

〈二二八檢舉共犯如何究責？許雪姬：「準半山」研究尚未開始〉，二〇一七年三月四日，電子版，《民報》。

〈文化協進會成立〉，一九四六年六月十八日，版二，《東臺日報》專論。

〈創刊詞〉，一九四五年四月十六日，《臺灣民聲報》創刊號。

〈長官公署將改稱省政府 各廳處長儘量任用本省人士〉，一九四七年三月七日，號外，《臺灣新生報》專論。

J.B. Jacobs（撰），陳俐甫、夏榮和（譯），一九九二，〈臺灣人與中國國民黨一九三七—一九四五：臺灣「半山人」的起源〉，收入陳俐甫、夏榮和、林偉盛譯著，《臺灣．中國．二二八》，臺北：稻鄉出版社。

Maurice Maeterlinck（著），張臺青（譯），二〇〇〇，《青鳥》，臺北：人本自然出版公司。

Nancy Hsu Fleming（著），蔡丁貴（譯），二〇〇九，《狗去豬來：二二八前夕美國情報檔案》，臺北：前衛出版社。

王政文，二〇〇七，《臺灣義勇隊——臺灣抗日團體在大陸的活動（一九三七—一九四五）》，臺北：臺灣古籍出版公司。

王呈祥，二〇〇九，《美國駐臺北副領事葛超智與「二二八事件」》，臺北：海峽學術出版社。

中央研究院近代史研究所（編），一九九二，《二二八事件選輯（二）》，臺北：中央研究院近代史研究所。

丘念台，一九八一，《我的奮鬥史》，臺北：中華日報社。

司法行政調查局，一九五二，〈臺灣地方派系調查專報〉，未刊本。

白翠琴，一九九八，〈略論元朝法律文化特色〉，《法理學法史學》（一九九八年六月號）。

江慕雲，一九四八，《為臺灣說話》，上海：三五記者聯誼會。

汪公紀，〈處理東方各民族之原則（上吳秘書長簽呈）〉，國立臺灣圖書館典藏，分類號：673.24/3182，檔號：171799。

呂芳上，一九七三，〈臺灣革命同盟會與臺灣光復運動〉，收入中華民國史料研究中心編，《中國現代史專題研究報告》，臺北：中華民國史料研究中心。

李友邦，一九四〇，〈臺灣要獨立也要歸返中國〉，《臺灣先鋒》第一期，臺北：世界翻譯社，一九九一年復刻版。

李雲漢，一九七一，《國民革命與臺灣光復的歷史淵源》，臺北：幼獅文化事業公司。

李筱峰，一九八六，《臺灣戰後初期的民意代表》，臺北：自立晚報。

——，一九九〇〈半山中的孤臣孽子——李友邦〉，收入張炎憲、李筱峰、莊永明編，《臺灣近代名人誌（五）》，臺北：自立晚報社。

李南雄，一九九三，〈臺灣版序〉，收入楊錦麟，《李萬居評傳》，臺北：人間出版社，序頁。

吳濁流，一九八九，《臺灣連翹》，臺北：前衛出版社。

何義麟，一九九八，〈臺灣省政治建設協會與二二八事件〉，收入張炎憲、陳美蓉、楊雅慧編，《二二八事件研究論文集》，臺北：吳三連臺灣史料基金會。

——，二〇〇六《跨越國境線——近代臺灣去殖民化之歷程》，臺北：稻鄉出版社。

杜聰明，一九八九，《回憶錄（下）》，臺北：龍文出版社。

林德政，二〇一四，《在中國革命的道路上：歷史巨變下的臺灣人》，臺北：五南圖書出版公司。

林衡道（口述），林秋敏（整理），一九九六，《林衡道先生訪談錄》，臺北：國史館。

林獻堂先生紀念及編纂委員會，二〇〇五，《林獻堂先生紀念集：年譜．追思錄》，臺北：海峽學術出版社。

柳書琴，二〇〇九，《荊棘之道：旅日青年的文學活動與文化抗爭》，臺北：聯經出版事業公司。

尚會鵬，二〇〇一，《種姓與印度教社會》，北京：北京大學出版社。

近藤正己，一九九六，《総力戦と臺灣：日本植民地崩壊の研究》，東京：刀水書房。

若林正丈（著），臺灣史日文史料典籍研讀會（譯），二〇〇七，《臺灣抗日運動史研究》，臺北：播種者出版公司。

張炎憲、許明薰、楊雅慧、陳鳳華，二〇〇二，《新竹風城二二八》，新竹：新竹市政府。

張炎憲（等執筆），二〇〇六，《二二八事件責任歸屬研究報告》，臺北：二二八事件紀念基金會。

張瑞成（編），一九九〇，《抗戰時期收復臺灣之重要言論》，臺北：中國國民黨黨史會。

——，一九九〇，《光復臺灣之籌劃與受降接收》，臺北：中國國民黨黨史會。

——，一九九〇，《臺籍志士在祖國的復臺努力》，臺北：中國國民黨黨史會。

孫萬國，一九九八，〈半山與二二八初探〉，收入張炎憲、陳美蓉、楊雅慧編，《二二八事件研究論文集》，臺北：吳三連臺灣史料基金會。
高玉樹，二〇〇七，《高玉樹回憶錄》，臺北：前衛出版社。
許雪姬（編註），二〇一〇，《灌園先生日記（十七）一九四五年》，臺北：中央研究院臺灣史研究所、近代史研究所。
——，二〇一〇，《灌園先生日記（十八）一九四六年》，臺北：中央研究院臺灣史研究所、近代史研究所。
——，二〇一一，《灌園先生日記（二十）一九四八年》，臺北：中央研究院臺灣史研究所、近代史研究所。
許雪姬（主編），二〇一五，《保密局臺灣站二二八史料彙編（一）》，臺北：中央研究院臺灣史研究所。
——，二〇一六，《保密局臺灣站二二八史料彙編（二）》，臺北：中央研究院臺灣史研究所。
許毓良（校註），二〇一六，《臺灣二‧二八大慘案：華北輿論集》，臺北：前衛出版社。
陳三井，一九八八，《臺灣近代史事與人物》，臺北：商務印書館。
陳佳宏，二〇〇六，《臺灣獨立運動史》，臺北：玉山社出版公司。
陳明通，一九九五，《派系政治與臺灣政治變遷》，臺北：月旦出版社。
陳芳明，一九九二，〈朝向臺灣史研究的階段：序陳俐甫《臺灣‧中國‧二二八》〉，收入陳俐甫、夏榮和、林偉盛譯著，《臺灣‧中國‧二二八》，臺北：稻鄉出版社。
陳芳明（編），一九九六，《蔣渭川和他的時代》，臺北：前衛出版社。
陳儀深，一九九八，〈再探二二八事件處理委員會——關於其政治立場與角色功能的評估〉，收入張炎憲、陳美蓉、楊雅慧編，《二二八事件研究論文集》，臺北：吳三連臺灣史料基金會。
陳興唐（主編），一九九二，《南京第二歷史檔案館藏臺灣「二‧二八事件」檔案史料》下卷，臺北：人間出版社。
陳翠蓮，一九九五，《派系鬥爭與權謀政治——二二八悲劇的另一面相》，臺北：時報文化出版公司。
褚靜濤，二〇〇七，《二二八事件實錄（上卷）》，臺北：海峽學術出版社。
黃朝琴，二〇〇一，《朝琴回憶錄：臺灣政界耆宿黃朝琴》，臺北：龍文出版社。
葉榮鐘，一九九五，《臺灣人物群像》，臺北：時報文化出版公司。
楊錦麟，一九九三，《李萬居評傳》，臺北：人間出版社。
臺灣革命同盟會（編），一九四三，《臺灣問題言論集（一）》，重慶：國際問題研究所。
鄭梓，一九八八，〈國民政府對於「收復臺灣」之設計〉，《東海大學歷史學報》第九期，臺中：東海大學歷史學系。
魏永竹（主編），一九九五，《抗戰與臺灣光復史料輯要》，南投：臺灣省文獻委員會。
謝南光，一九九九，《謝南光著作選》，臺北：海峽學術出版社。

謝東閔（口述），黃玉峰（整理修訂），二〇〇五，《謝東閔先生全集》第二輯，臺北：國史館。

Commager, Henry Steele,1963, *Documents of American History. Vol. II,* New York: Appleton-Century-Crofts.

MacArthur, Douglas,1964, *Reminiscences,* New York: McGraw-Hill.

戰後臺灣左翼者進入中國前夕的政治理想與失落——以創刊香港的《新臺灣叢刊》為析例*

林瓊華

但我是個流離者。
用你的眼睛封起我。
帶我到你要去的地方——
讓我當你要當的人。
還給我臉孔的血色，
身體的溫暖，
眼與心的光芒，
麵包的鹽味和節奏的風趣，
土壤的滋味……大地之母。
用你的眼睛遮擋我。
把我當作傾倒莊園的一件遺物帶著。
把我當作悲劇裡的詩句帶著；
把我當作玩具，當作房屋的一塊磚頭帶著，
好使我們的後代記得回歸。[1]

——巴勒斯坦民族詩人達爾維什（Mahmoud Darwish，1941-2008）

前言：《新臺灣叢刊》於二二八事件七十週年前夕的返鄉

一九四七年九月三日，創刊於香港的《新臺灣叢刊》第一輯《新臺灣》的同篇名文章，署名陳新唐的作者在文末寫下這段結語：

> 從來臺灣人民在黑暗的環境中所憧憬過的新臺灣，不過是一種幻想，可是現在我們展開眼光遍察世界的演變，注視國內人民力量的發展，獨裁的反人民的政權的（倒）[2]臺是迫在眼前的事實，這決不是一種過于樂觀的觀察，而是歷史進化必然的會達到的途徑，我們應該有絕大的信念，最後的勝利一定是我們的，只有我們覺悟起來，團結起來，勝利已擺在我們的面前，俟著我們去接受，那末我們久年所憧憬著的就會實現，然後再依靠我們更加努力來建設，臺灣必然的再增加光輝與榮幸，到那時讓我們大眾來讚美這個榮光的新臺灣，讓我們大家在一年來向那數萬的英勇先烈，說個熱忱的感謝，並快活地報告他們，新臺灣已實現了！[3]

這是一段出自二二八事件抗暴的生死劫難中倖存的臺灣左翼者，歷經島史上首度漢人以軍事武裝方式屠殺漢人及原住民數月後，依然在悲憤中對歷史的演進抱持熱烈的想望，對長久憧憬而不可得的新臺灣的實現樂觀以待，對那最後的勝利必然到來深信不疑的惕勵之言。

這種對眼前殘破家園的未來，依舊懷著鼓舞振作的批判熱情基調，可說貫穿著這份創於香港一九四七年九月，持續至一九四八年五月的《新臺灣叢刊》六輯期刊和專書之間。

然而作者陳新唐文中所指的「獨裁的反人民的政權」，正是臺灣二〇一六年一月十六日大選後，總統與立委選舉皆失利，在臺灣終於下臺的中國國民黨。他所熱烈期待，樂觀想望的「歷史進化必然會達到的途徑」，「迫在眼前的事實」，直到六十九年後才發生。然而這樣的發生，是否真正符合當年他們理想期待的「新臺灣」？對左翼者而言，這樣的樂觀當然不唯出於這些作者群的主觀意志上的宣傳，而是具有對臺灣當時客觀的社會性質及政經條件上的分析和判斷。

從史料角度而言，這份由謝雪紅、楊克煌、蘇新、古瑞雲等人創辦的《新臺灣叢刊》，在背景上也標記了歷史上臺灣的流亡者曾與香港關係最密切的一段時間。左翼的謝雪紅等人曾在這裡創建「臺灣民主自治同盟」，主張臺灣應實行高度自治，並與中共未來組成聯合政府；廖文毅和黃紀男則在這裡成立「臺灣再解放聯盟」，提出過臺灣託管論和臺灣獨立的主張。

從今日香港與中國關係的境況，回顧臺灣二二八事件之後，流亡的臺灣左翼者在香港近兩年間的政治思維、和中共彼時的合作狀況，以及預期未來將建立的關係，更檢驗著當年的革命者／爾後的當權者，其昔日的初衷理想，於今安在？當年臺灣左翼者的世界觀如何？能提供給下個臺灣世代什麼樣的歷史省思？這都是《新臺灣叢刊》於二二八事件七十週年前夕在臺重現時可供深思的問題。

歷經長期與左翼思維方式疏離的臺灣，在各式左翼思想乃至統一派言論皆能自由開放地從網路上搜尋而致的今天，卻依然不容易接觸到如《新臺灣叢刊》這樣充滿奮進力道和歷史氛圍緊迫的左翼史料。這五份期刊與一冊專書，當時不定期出版，分別是：第一輯《新臺灣》（一九四七年九月二十五日）、第二輯《勝利割臺灣》（一九四七年十一月一日）、第三輯《明天的臺灣》（一九四七年十二月一日）、第四輯《自治與正統》（一九四八年一月一日）、第五輯《臺灣二月革命》（專書）（一九四八年二月二十八日）、第六輯《臺灣人民的出路》（一九四八年五月一日）。這六輯叢刊，前四輯由「新臺灣出版社」出版，後兩輯則由香港「新民主出版社」經銷。[4]

這份叢刊，不僅清楚顯示了二戰前後匯聚的臺灣左翼者對二二八事件的政治分析，也闡明他們何以將臺灣的未來，寄於和中共所組成的聯合政府的期待，並解析臺灣的「臺灣特殊性」與中國融合時表現出在「自治與正統」上的可能困境和顧慮。質言之，《新臺灣叢刊》無疑地是了解戰後初期臺灣左翼史的一份不可忽視的史料。

但研究者在臺灣社會內部長期以來未能尋獲。除了最早由署名林木順[5]所著的《臺灣二月革命》這冊專書，也即叢刊的第五輯，於一九九〇年二月曾由臺灣前衛出版社重新出版外，同年九月由人間出版社為古瑞雲先生出版的《臺中的風雷——跟謝雪紅在一起的日子裡》一書裡曾提及流亡香港時關於這份叢刊的出版動機和過程，[6]

蘇新於一九九三年在其自傳和文集《未歸的臺共鬥魂》中也略提及過這份叢刊的創辦。[7]但最初正式引為研究資料的，是陳芳明教授於一九九一年出刊的《謝雪紅評傳》。[8]其後又於一九九八年，秦賢次先生與吳三連臺灣史料基金會合作的「臺灣舊雜誌覆刻系列四」[9]第二冊的〈《新臺灣》導言〉一文裡，介紹這份叢刊的編輯者，以及期刊和專書的名稱、出版時間，但也闕漏了重要的第四輯《自治與正統》）。[10]

筆者負笈法國期間以謝雪紅作為博士論文的研究主題，曾於二〇〇一年五月間至北京、上海從事資料蒐集和口述歷史訪談計畫。承蒙北京「臺灣民主自治同盟」（簡稱「臺盟」）的吳藝煤先生協助，提供了《新臺灣叢刊》五份期刊的影本，不勝感謝。[11]目前針對這份史料有較集中性介紹的，是吳藝煤寫於二〇一三年的〈不能忘卻的《新臺灣叢刊》〉[12]。該文篇幅不長，簡單整理記載了叢刊的發行經過，但對其內容並未進行相關深入分析，且在引用史料方式上，因未

新台灣！

陳新唐

新台灣！豐衣足食，政治民主，人民自由，而且光輝燦爛美麗可愛的新台灣！這是我們台灣人民五十多年來時常憧憬着的，亦是我們的父祖兄姊屢次起來流血拚命要爭取的。回想過去的台灣一律都是悲哀的，悽慘的，不幸的，黑暗的。腐敗無能的滿清政府，因甲午戰役一敗塗地，即把二百多萬的人民和台灣的島嶼，儘給日寇當作賠償品，那個時候四萬萬中國人民應遭遇的苦難，給台灣二百多萬的台胞担負去了，好像把一個小弟弟賣掉，來渡過了一次艱苦的年關一樣。一八九五年四月十七日所簽訂的馬關條約，確定了台灣人民的悲哀的運命，即須要做日寇的奴隸，過着悽慘的生活。但是，這種不幸台灣人民是絕對不願意接受的，而且堅決要反抗的。因此，那時候的台灣人民即團結起來，組織一個在遠東最初的民主國家。當時新發佈的獨立宣言中有記載着：「台民忠義，不肯俯首事仇，屢次懇求代奏免割，統領亦奏多次、而中國要昭大信，未允換約。全島士民，不勝悲憤，當此無天可籲，無主可依，台民公議，自立爲民主國。以事關軍國，必須有人主持，於四月二十二日，士民公集本衙門，遞呈請余暫統政事，經余再三推讓，復於四月二十七日，相率環籲。五月初二日，公同刊刻印信，文曰台灣民主國統領印。國旗用藍色黃虎，捧送進來。竊見衆志已堅，羣情拂難。不得已爲保民起見，俯如所請，允暫視事。即日議定改台灣民主之國（年號永清）。國中一切大事，應即先立議院，公舉議員，評定律則章程，務歸簡易，……」我們由這篇堂皇的獨立宣言可以了解當時台灣人民的苦忱，可以明白台灣人民的民族精神，同時可以知道當時爲什麼須要

《新臺灣叢刊》第一輯《新臺灣》，陳新唐撰寫的〈新臺灣〉一文。

具專業性而小有瑕疵，殊為可惜，[13]但也彌足珍貴地使這份歷經滄桑的叢刊樣貌再度重見天日。

本論文嘗試以這份《新臺灣叢刊》中較罕見的五份期刊裡的部分篇章為主體，並以二二八事件的左翼脈絡做為切入的背景，闡釋解析臺灣左翼者在進入中國前夕（一九四七－一九四八）所留下的政治思辨；也期能為這群曾提著頭顱，奔走於勞苦大眾之間，在殖民政權的更迭中出生復入死，終至被迫永別島鄉的流離者，留下臺灣戰後左翼史的些許身影蹤跡。

《新臺灣叢刊》與二二八事件的歷史脈絡

戰後初期，臺灣左翼者再次出現於國民黨於臺灣布建的中華民國歷史舞臺。這股左翼力量，一方面承襲於日治時期舊臺共的傳統，譬如蘇新、謝雪紅、楊克煌等人皆是於一九三一年的臺灣共產黨事件被捕入獄後，倖存出獄的老臺共黨員；另方面青年世代也透過謝雪紅及地下黨接棒上來，如古瑞雲、何集淮、蔡伯壎等，都是二二八事件中的左翼青年。接收臺灣的國民黨，[14]當時猶未結束與中共的內戰，來臺接收的第一位行政公署長官兼臺灣省警備總部總司令陳儀所代表的中華民國政府，在「臺灣作為中國一省」的時代（一九四五－一九四九），享有行政權與軍政大權，過去由日本「內地人」所統攬的政府職務，如今皆換作來自中國大陸的「外省人」，歧視依然。這種依循過去日本殖民統治體制的做法，令臺灣人普遍有「總督府」復活的感受，[15]遑論甚至有部分地方官員，仍以舊傳統中華帝國思維，認為地方官應迴避本籍，故臺灣本地人不應干涉治理臺灣事務。[16]

在短短未及兩年內，國共內戰仍熾。國民黨在其統治區內實行三徵政策：徵兵、徵糧和徵稅，在臺灣也一樣緊迫進行。[17]政治上，臺灣人從日本殖民統治中無法獲得的自主和尊嚴，在戰後轉而對祖國的憧憬不僅破滅，甚而覺國民黨政府在襲用日本法制上，比日本更橫暴，且其獨裁、無能與貪污，更使年輕人在感情上從失望、厭惡至反感；[18]經濟上，自日本接收的臺灣土地、產業、金融等皆為國民黨所壟斷，社會階級分化嚴重，日治時期的中產階級逐漸下沉，失業人口增加，種種倒行逆施的作為使臺灣社會遭受史無前例的嚴重打擊。[19]

戰前因臺共大逮捕而四散沉寂但僥倖存活出獄的舊臺共成員，面對臺灣局勢嚴酷若此，在原來各自暫時安頓

由北京臺盟收藏，臺海出版社於2012年出版，2014年放大字體再版的《新臺灣叢刊》封面，以及內頁拍攝的各輯封面。

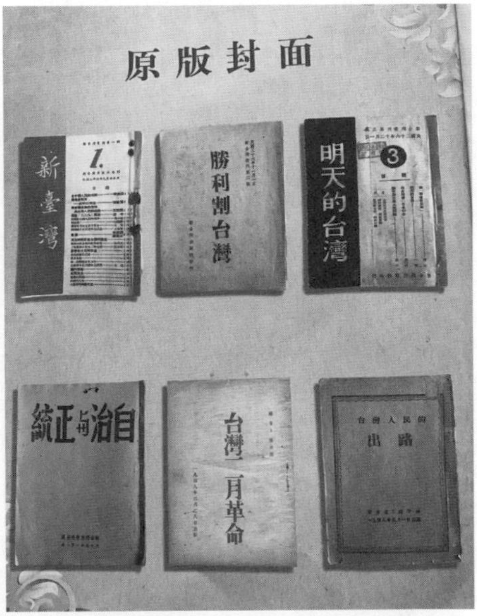

本刊將分三期重新打字復現的《新臺灣叢刊》五輯的影本封面。（圖片提供：林瓊華）

的人生脈絡中，再度被時代所召喚。

謝雪紅出獄後於一九三九年和楊克煌在臺中合營「三美堂商店」，[20]兩年後又成立拖鞋加工廠，收容幾個失業的親友。[21]但隨著二戰結束，陳儀代表國民政府來臺接收臺灣，謝、楊兩人便提高警覺，決定離開避難的頭汴坑山間，再次投入公共事務。蘇新在戰後的新聞界頗活躍，和陳逸松在臺北組織「臺灣政治經濟研究會」，發行《政經報》，並擔任主編，後又轉至《人民導報》任總編輯。[22]也參與《自由報》、《臺灣評論》、《臺灣文化》的策畫、成立與編輯工作。[23]謝雪紅、楊克煌則和過去有抗日運動背景的老左派及各地進步人士，在臺中市創辦了「臺灣人民協會」，於一九四五年十月十日發行《人民公報》[24]。之後，透過人民協會幹部的協助，繼續在臺中市成立了以日治時代「農民組合」的幹部為中心的「農民協會」。[25]

這個階段，過去的老臺共們雖彼此未恢復聯繫，但在各自領域依然活力十足。簡吉在高雄地區繼續從事農民組織；林日高當選第一屆省參議員。雖然尚未和中共地下黨聯繫，但曾評估決定在與中共聯繫上之後，建立一個「前衛黨」的可行性。[26]

可以說，這個階段，日治時代曾遭到重大犧牲的社會主義倖存者們，此刻承續過去抗日的左翼思想路線乃至舊組織脈絡，譬如上述的「農民協會」，不到一個月間，臺灣各地農民便自動成立了農協支部，會員達萬人以上。[27]另謝雪紅、楊克煌也在臺中市積極籌備中的「臺灣總工會籌備會」，集結了過去日治時期的工會會員和進步工人，準備迎接「光復」的新時代。[28]然而，國民黨政府很快地發出「人民團體組織臨時辦法」，禁止臺灣當時如雨後春筍般的各地團體組織公開活動。

由於公開活動遭到限制，一九四六年一月十五日，謝雪紅、楊克煌、楊來傳、廖瑞發、林良材、謝富及王天強等這些日治時期的老左派成員，在臺中原人民協會會址，秘密成立「中國共產黨臺灣省委員會籌備會」，其任務在希望為中共在臺灣打下基礎，並決定不成立領導機構，由謝雪紅作為對中共方面及各成員的聯繫，有必要時，可加入國民黨做掩護。[29]

事實上，早在一九四五年的十二月下旬，出身嘉義新港的中共黨員張志忠，[30]即已至臺中和謝雪紅接觸過。[31]

這段期間，由於對來訪者的政治身分上不夠清楚，謝雪紅態度謹慎。直到隔年元月，也急著尋找中共代表的謝、楊，確定了張志忠的身分，張也知道前述籌備會的組織，從此各項政治活動和工作，謝、楊都會與張志忠討論，並聽取其意見，[32]之後籌備會組織和成員均加入「中國共產黨臺灣省工作委員會」。一九四七年二月初，張志忠介紹廣東揭楊縣人林英杰給謝雪紅，囑咐日後與林保持聯繫工作。[33]

二二八事件爆發之後，根據蘇新的回憶，全臺最早響應臺北暴動的是當時臺北縣的板橋鎮，群眾襲擊縣政府轄下供應局倉庫，搬走所有的軍用物資。[34]中部地區則在公民組織上相當有紀律，包括臺中市、彰化市和臺中縣各地的參議員，於三月一日上午集結於臺中市，召開聯席會議。除支持臺北市民的鬥爭行動外，臺中市民們也主張即刻組織市民的戰鬥隊伍。[35]此時，地下黨成員林英杰在楊逵家中合作了傳單，[36]時任《和平日報》嘉義分布的主任鍾逸人將傳單給了楊克煌，宣傳隔日（三月二日）上午九時，於臺中戲院召開市民大會。

這期間，謝雪紅和楊克煌透過地下黨員謝富尋找林英杰，希望得到黨的進一步指示，卻反覆未果。在這緊要時局下，對林英杰的毫無音訊，楊克煌難以理解，謝雪紅也只能無奈地叮嚀楊克煌，既得不到黨的任何指示，也只能謹慎地隨機應變了。[37]這也顯示，二二八事件中，中共在臺地下黨的組織尚未具嚴謹實力。

在三月二日的這個市民大會上，楊克煌在謝富和楊逵的催促下，上臺宣布開會，報告臺北事變的發端和陳儀政府屠殺人民的經過，並說明市民大會的意義和任務。[38]之後全體市民推舉謝雪紅為大會主席，討論臺中的鬥爭方針。現場民眾提議示威遊行，發表宣言等議案，「會場甚為緊張，不愧稱為一個革命的市民大會」。[39]會後遊行，包圍警察局，解除警員武裝，封閉該局所有武器。群眾並衝入臺中市「三青團」分團處，撕毀在牆上的一幅蔣介石大圖像，呈現了當時臺灣人民對國民黨政府普遍性的憎惡情緒。這股由下而上，民間自發自主呈現的公民精神，已足使臺中人在二二八的歷史場景中留下鮮明的形象。

三月三日上午，謝雪紅和楊克煌決定成立「中部地區治安委員會作戰本部」，簡稱「作戰本部」。[40]中部的群眾自動組織隊伍，至「作戰本部」登記，這些隊伍從二十多人到四、五十人不等，但都有武器，是以過去日治時代的臺籍日本兵成員為組織基礎，彼此相識。[41]這些富有作戰經驗的中部隊伍，在二二八事件中成為武裝反抗的力量，甚至也提供其他包括嘉義山區原住民等自發性武裝起義地區的武器，[42]並在臺中市危急時得到各地武裝民兵的助戰。[43]

從楊克煌回憶這段武裝鬥爭時期的記載，可知當時中共地下黨並未提供協助。[44]謝雪紅所主張的武裝路線，地下黨並不同意，且透過李喬松、謝富、林兌在三月四日下午，輪番不斷來說服，認為應該結束武裝鬥爭，進入政治鬥爭的階段。最後李喬松焦急地告訴謝雪紅，此乃蔡孝乾的命令，盼老同志勿犯錯誤。楊克煌在廿四年後回憶當時情景，談到蔡孝乾，仍不無情緒地說，當時蔡本人明明已在臺中，卻完全不與他們聯繫，整個過程也未提供任何協助；而第一次聯繫，就是要求他們將武裝領導權交出給處理委員會。[45]謝雪紅只能無奈服從這個命令。

但三月五日，鍾逸人至作戰本部，告知要擴大原來的獨立治安隊為「二七部隊」，地址設在原日軍「八部隊」營舍，願繼續接受謝的領導。隔日，「二七部隊」正式成立，鍾逸人被推舉為隊長，[46]黃勝卿任參謀，嘉義隊員也在黃文輝[47]的領導下加入。地下黨謝富也介紹了黨員何集淮、蔡伯壎參加了「二七部隊」。[48]一直到三月八日晚間，蔡孝乾才第一次在大華酒家和謝雪紅見面，蔡對謝說，地下黨將成立一個全臺的武裝機構，要謝也準備參加，而局勢一旦有變化時，要二七部隊退守埔里山區。[49]

也是在三月八日，國民黨軍隊廿一師已抵基隆，一登岸便展開大屠殺。

三月十一日，處委會委員們與謝雪紅舉行最後一次的會議，莊垂勝[50]、黃朝清[51]、張煥圭[52]、葉榮鐘[53]、黃棟[54]、巫永昌[55]、林糊[56]等人主張再推選黃克立為市長，謝雪紅認為：「民變的目的之一，為爭取市長民選，現在由幾個人要叫舊市長出來，市民一定反對，請你們去徵求市民意見才對。」[57]這裡須補充的是，林獻堂在之前的處委會中，曾提議尋一有才幹者為市長，將警察權、消防隊和自衛隊指揮權交付之，讓其維持治安。眾委員皆贊成，林即勸莊垂勝出任市長，但莊猶豫未決。故林獻堂隔天將選舉市長的想法告訴各委員，得到眾人支持。隨後於三月十一日即請黃克立出面維持治安，十三日通知各界選舉市長，黃又回任。林獻堂雖對黃克立之前行事不甚滿意，但在時局險惡下，迫於不得已。[58]

三月十二日，歷經數晝夜的大屠殺，臺灣陷入煉獄。這天，臺中市內傳聞國民黨援軍將開到，市街上盡是市民遷徙奔逃的恐怖景象。林獻堂、黃朝清、林清標等仕紳赴車站迎接國民黨軍隊。二七部隊決議兵分三路，一部分布置於營舍周圍，提防特務奸細入侵，並準備國民黨軍隊開到時加以攻擊；另一部分隊員則於下午三時開始撤出，將所有物資、糧食、彈藥和醫療用品等秘密運至埔里；另一隊學生則至草屯軍倉庫將軍需品搬至埔里國民學校。一夜間卡車往返於草屯公路，沿途民眾鼓勵武裝健兒們的奮鬥。[59]

國民黨二十一師開至臺中之後，占領並師設謝雪紅等左翼人士進出頻仍的大華酒家。

三月十四日，二七部隊得知國民黨軍隊已侵入龜子頭地區，前往攔截擊退，使之退回草屯地區。隔日，埔里地方及原住民弟兄來支援，十六日凌晨主動出擊包圍駐紮日月潭的敵軍，投擲手榴彈，擊傷三十多人，迫使敵軍潰走至水里坑一帶。十六日上午，二七部隊的警備隊長黃金島率領三十多名弟兄，駐守烏牛欄溪，兩軍交戰。但因國民黨軍隊畢竟有人眾優勢，隨即因得援兵趕至，二七部隊在埔里遭到圍攻，激戰至黃昏，在以寡擊眾的劣勢下，依然使敵軍死傷一百多人。最後因腹背受敵，彈藥用罄，決定化整為零解散。但這二二八事件中的最後的烏牛欄一役，已在臺灣人民反抗史上永遠地創下鼓舞後人的里程碑。[60]

另方面，地下黨謝富對謝雪紅和楊克煌傳達了黨的指令：黨員立即隱蔽，停止一切活動，以保持組織的力量。[61]謝、楊自此離開了作戰中的二七部隊，拋下正和國民黨軍決一死戰的青年民兵。當然他們也未曾料到，服從共產黨的指令，是所謂「那怕錯誤的也得服從」[61]——但十年後，在同一個黨所掀起的反右運動中，謝雪紅將被指為「二二八逃兵」。[63]

《新臺灣叢刊》的創刊背景：臺灣左翼力量在香港（一九四七—一九四九）

再度接到張志忠的指示離臺指令後，謝雪紅、楊克煌和古瑞雲三人透過在左營擔任海軍上尉，後也投入地下黨的蔡懋堂的協助，於四月下旬[64]搭乘巡邏艇經澎湖抵廈門。古瑞雲對祖國的「慘勝慘景」印象深刻；救濟總署分發薄粥給大排長龍的貧民、乞討的兒童成群結隊。[65]一週後，他們再度透過張志忠的指示，抵達上海，與中共中央上海局取得聯繫後，被派赴在「香港工作組」下獨立成立對臺工作的小組，謝雪紅任組長。其任務是利用香港在當時較自由的環境下，配合臺灣省工委會進行宣傳工作。[66]行前，時任延安中共中央社會部副部長，在香港主持情報工作的潘漢年特地和謝雪紅見面，指示至香港後，須力爭與廖文毅的合作。[67]

綜觀日治時代日本共產黨臺灣支部（簡稱臺灣共產黨）創立前後以來，不論是謝雪紅個人於一九二五年進入上海大學，或之後赴莫斯科東方大學受訓，乃至返回上海創建臺共，或回臺灣再度重組臺共，這些過程，從共產國際的脈絡觀察檢視，既有日共作為殖民母國的當然支持，但也充滿早期中共幾乎無所不在的影響。故二戰結束後，國共戰爭方興未艾，臺灣起自日治時代的傳統左翼力量雖在一九三一年臺共事件後，被日本殖民統治者瓦解而沉寂，但這些並未在爐中完全失溫的餘燼，待時代的風火又起，便一一重燃戰鬥力。而臺灣戰後的這股老左翼力量，在二二八事件前後，和投入中共地下黨的臺灣左翼者重新連繫，更與當時青春正盛，難忍國民黨政府凌虐鄉土行徑的正義青年和各行業領域的青壯輩人士結合，成了臺灣戰後最為國民黨政府忌憚仇恨的革命力量。失去江山的國民黨退據臺灣後，也花了保命般的最大力氣來剷滅肅清這股紅色力量。

臺灣左翼歷史上，曾有近兩年（一九四七年六月至一九四九年三月）[68]的時光，和香港產生最密切的關係。在這段不算長的時間裡，卻有三件值得後人探索臺灣左翼史時，不容忽視的重要工作在香港完成：

（一）一九四七年八月組織「新臺灣出版社」，九月發行《新臺灣叢刊》。

（二）一九四七年十一月十二日，創建「臺灣民主自治同盟」。

（三）一九四八年七、八月間，召開包括檢討臺灣舊臺共時期及當時地下黨組織工作的「香港會議」。

從一九四七年六月，謝雪紅、楊克煌與古瑞雲抵達香港開始，便透過當時中共中央上海局香港工作組負責人的萬景光，[69]展開對臺宣傳工作。七月底，蘇新自上海抵港後，和楊克煌一番深談，過去舊臺共時期的前嫌盡釋，再度展開密切的革命同志關係。

首先是各自在香港秘密尋找志同道合的同志，展開組織網絡。透過萬景光介紹了據說原籍臺灣，後隨父母遷至福建廈門的華人僑領莊希泉，[70]再透過莊和早期曾是臺灣民眾黨黨員的石霜湖醫生[71]連繫，接著又認識施萬青[72]、劉雪漁[73]、李自修[74]、林田烈[75]等人。在謝雪紅的建議下，這些人共同成立了「臺灣問題研究會」，並在第一次集會後，在莊希泉的提議下，由楊克煌執筆起草，以謝雪紅的名義發表〈告臺灣同胞書〉，先刊登在新加坡的《南僑日報》，後又轉刊香港《華商報》。其目的在昭告公眾，二二八的倖存者依舊為實現臺灣的民主和自治而奮鬥，鼓勵臺灣人民不要放棄。

這段時間，廖文毅也在上海。他參加了「臺灣問題研究會」的第二次集會，大家有志一同地認為當前最重要的是宣傳工作。也就是在這次會議上，眾人決定創辦《新臺灣叢刊》。廖慷慨地捐出五千港幣，石霜湖也捐了數百港元，莊希泉從《南僑日報》發行人陳嘉庚處轉捐兩千港幣作為出版費。幾天後並找到「香港西營盤正街五號三樓」，作為「新臺灣出版社」的社址。

這份在香港出版的不定期叢刊，擬想中的讀者是臺灣島內的同胞，所以在發行管道上的困難是必須克服的。或利用走私商人的偷渡，或利用郵件公開寄送皆有之。而刊物形式除了小冊子外，也製作過報紙型的一大張，不裝訂，方便捲成報紙形式在郵局投遞。[76]第一期出刊後，除少部分由蘇新和楊克煌寄送給熟人與美國、東南亞的華文報社外，大部分皆由古瑞雲寄給臺灣島內的，從廣告欄上抄來的臺灣各企業、商社、機關等，不寫收件人姓名，或託人返臺時夾藏運回。但即使如此，島內收到這份刊物者，不時依然有人受到國民黨特務的干擾。儘管如此，據古瑞雲回憶，甚至也有講古的說書先生將故事說得有聲有色，聽眾滿座，但未及多時，便被當局勒令停業了。[77]在臺灣如此肅殺的氣氛中，值得再次提醒的是，《新臺灣叢刊》的所有稿件都經過當時中共駐香港小組，負責文宣統戰工作的夏衍過目。[78]可以說，國共鬥爭的戰場，從二二八事件以來，便透過臺灣左翼者繼續延燒到島嶼。

一九四七年九月二十五日，第一期的《新臺灣》發行。十一月一日，批判託管論的第二輯《勝利割臺灣》刊出。隔年年初，主張託管論和臺灣獨立理念的黃紀男也從上海來到香港，與廖文毅會合，對廖的政治思想產生不小的影響。一九四八年二月二十八日，他們共同組成的「臺灣再解放聯盟」，公開宣傳臺灣託管主張。這使得謝雪紅、蘇新等人與廖正式分道揚鑣。蘇新說，在香港這段時間的工作，費最大力量的便是反對廖、黃等人從事的「託管運動」。[79]

二二八事件後，這個曾匯聚於香港的，臺灣倖存且最富戰鬥性的進步力量，終於因意識形態的歧異而未能合作。中共原希望透過謝雪紅等人，能爭取支持的廖文毅，甚至變成臺灣左翼路線上的次要敵人。《新臺灣叢刊》在之後陸續出刊的各輯中，不斷有文章力抨託管論與美國帝國主義的瓜葛，在香港這段時間和廖文毅的交集過從，或許也是原因之一。

關於臺灣自治／正統的思辨與「聯合政府」

以謝雪紅為代表的舊臺共，即使在日治時期曾與「改革同盟」派的蘇新有過政治路線之爭而不合，但從前者主張的一九二八年臺共綱領，到後者一派主張的一九三一年臺共綱領，在民族獨立論、建立臺灣民主共和國，由無產階級領導的臺灣民族獨立建國方向上，並無爭議。[80]到了戰後初期，臺灣左翼者不再高舉臺獨論，甚至大力批判這股由託管論轉而為獨立論一派，如前所述，美國介入國共戰爭所影響的臺灣現實局勢，是其中關鍵。二二八事件之前，乃至之後，臺灣社會多數仍普遍接受「臺灣人是中國人」、「臺灣省是中華民國一省」的思維，且從右派到左派人士，皆支持「臺灣自治」是實現臺灣民主的重要政治途徑。[81]

據古瑞雲的回憶，謝雪紅早在一九四五年十月國共談判後不久，便因和李喬松的一次爭執裡提過關於臺灣自治與政治人才的想法。她說：「臺灣唯一的出路是實行自治，而且要高度自治，上自省長，下至區長、鄉長都要普選，要臺灣人自己治理臺灣……」、「甚麼叫政治人才，了解老百姓的疾苦，能解除老百姓的疾苦，能為老百姓辦好事的就是人才！」[82]在之後的回憶錄手稿，古瑞雲再次補充談到：「謝所解釋的民主自治內涵是——設自治憲法，省長縣市長、鄉鎮長民選（即以臺治臺）。因為中國的傳統是中央集權，地方隸屬中央。」[83]

「託管」、「自治」、「獨立」是各自不同的政治理念與主張。臺灣左翼者在進入中國前夕，其共同的主張正是「臺灣自治」，且是設「自治憲法」，從地方鄉長到中央的省長，都應由人民直接普選產生，即所謂的「臺人治臺」。與「託管」、「獨立」最大不同之處，「自治」是臺灣作為中國一省的去實現民主政治，當其他中國各省皆未能有效實行自治前，臺灣的特殊性恐又顯露出來。所以，與中共成立「聯合政府」，便是左翼者們當時深切冀望的政治途徑。

一斐（楊克煌）在寫於一九四七年十一月一日的〈明天的臺灣〉一文裡，為臺灣社會分析著前景，首先是依現實狀況觀察，國民黨的潰敗是必然的了，但接下來的臺灣由誰掌政呢？陳儀政府壓制臺灣的言論自由，對共產黨尤為忌諱，他認為人民這些疑慮有澄清的需要：

……另一個問題就是蔣介石為首的反動集團必會崩壞，那末，反動派垮臺了後，誰來呢？是否國去共來，蔣去毛來呢？國民黨反動派倒了後，是否一變成為共產黨的天下呢？因從來獨裁者一貫禁止人民的言論，出版的自由，對於共產黨即盡量侮衊，誹謗共產黨曰「奸匪」「奸區」「匪軍」，說是「殺人放火」「公妻共子」「搶劫掠奪」等，事實這些萬惡的罪孽都是反動派正在進行著的；而一般人由於不能了解和不肯研究共產黨真實是個甚麼東西，因致一說到共產黨會勝利，有些人們就立刻害怕起來。[84]

但是當前全中國人民——當然包括臺灣人民的出路，很明顯的只有一條。就是只有消滅反動集團與封建殘餘勢力，掃除一切帝國主義的侵略，然後建立一個獨立，和平，民主的新中國。而決不是那個黨派要來代替這個黨派，或是誰要來代誰的問題，而是必須立個包括共產黨，民主同盟等各民主黨派及愛國民主人士的，代表全人民利益的，真正民主的聯合政府。而臺灣必須在這個聯合政府之下，實現完全以臺人治臺的民主自治，這是臺灣人民的最正確的目標，而且是唯一的生路。[85]

楊克煌這篇寫於近七十年前，對臺灣的明天充滿願景的文章時，「臺灣民主自治同盟」即將在他們暫時落腳的香港成立。和謝雪紅、蘇新一樣，他們對共產黨最後將實現共產主義的理想懷抱希望，而將來是要先達成社會主義階段的，目前（一九四七）則還在「為著民主革命而奮鬥」。他樂觀地寫道，獨裁政治結束後，馬上要實行民主改革，所以經濟上不但不反對資本主義，而且要發展私人資本。「在政治上不但不再來一套一黨專政，而且要盡量包括各階層各黨派，建立民主的聯合政府。」[86]

近近的將來中國必會實現照顧各階層人民利益的聯合政府，而不是國去共來，蔣去毛來的問題，於是大家可以明白，明天的政治必然的是人民自身的，民主的，而且是人民願意與必須參加的政治。[87]

在叢刊第四輯的〈自治與正統〉一文，是誕生於「臺灣問題研究會」的聚會裡，先由謝雪紅開頭提出民主自治理念，成員們研究後彼此討論，最後由梟紹（李自修）匯集眾人想法，負責執筆。這篇文章是叢刊裡對中國之於正統觀念與臺灣自治的辯證之間，最精彩的一篇，且如其他篇章一樣，經過夏衍的審核。[88]

梟紹在文章首段便先肯定臺灣人在二二八事件中的「七日自治」，使民眾對臺灣地方自治有了初步的信心。因為這七日真自治的經驗，不僅揭穿日本殖民時代有關「地方自治」的煙幕和虛偽，也從「『光復德政』的黑暗中推出一個欣欣光榮的局面」。也因為有了這次真自治的實踐經驗，從此知道這才是能使人民離苦的道路。[89] 梟紹說，一提及臺灣自治問題，很容易引起國內人士的誤會，官僚們一貫以加誣的手段摧殘臺灣民眾的自立性格，強指臺灣人有脫離祖國的意圖。而誣告不成時，又一百八十度轉彎，稱臺灣人民是日本化了。反覆之間，說來道去，都是臺民不好，而官僚為所欲為都是對的。「陳儀的心腹夏濤聲在上海公開污衊臺灣人民說：臺人奴化，兼具叛骨云云。叛骨可以造反，而奴化必做順民。於是乎，臺人兼而有之，豈不奇怪？」[90]

梟紹和其他「臺灣問題研究會」成員們，正是陳儀政府眼中最具「叛骨」的一群臺灣人了。他們在一九四八年開春對臺灣具體實行自治的沙盤推演想像，從臺灣自里長到總統皆已直接民選的今日看來，不僅格外辛酸，也更可感受到臺灣前人們曾如何掙扎奮力地嘗試在暗黑的政治境遇中，開鑿出第一線透光的縫隙：

地方自治要是真正地實行了。那麼省長民選是必然的。且民選的結果，省長必然是地方的候選人，毫無疑慮。就臺灣而言，臺灣民眾當然是要選出臺灣人的省長來。由是，以臺治臺，而由於以臺治臺，外省人士在臺灣的優越地位就要被取銷了。是故，臺灣的真自治帶著某種程度的獨立性和排外性。這兩種性質，第一要被半世襲的外省官僚咒罵，第二要受官親僚戚咒罵，第三要受「以不平等對待臺人」的一般外省人咒罵。這是免不了的。

這是自私者對公理的怨恨，無法啟導吧了。可是，話可以說回來，假如臺灣不能夠實行真自治，（省長不能民選，仍由中央特派，）而依舊行「官式」的假自治，那麼所謂獨立性及排外性就沒有了。在這樣的時候，吃苦的人就不是上述的三種人物，而是臺灣民眾呢。在這樣的時候，臺灣民眾對於外來官僚的軌外行為是無能控制的。一句話，真自治的好處在乎臺灣民眾，而官式的假自治的好處則被假裝民主的統治階層亨有了。[91]

上述這段關於臺灣人如何能自己來管理臺灣的反覆思辨，反映在後來國民黨長踞臺灣，吃苦的確實是臺灣民眾了。譬如於戒嚴期間推行的省籍不公的公務員考選制度，便正是在官式假自治下所發生的。[92]

官僚及其夥伴要貫徹其假自治的意圖，而民眾要求真自治，根本就要打倒官僚及其制度。所以也就怪不得官僚們要大事（肆）咆哮，說臺灣人民要獨立，說臺灣人民是排外的。這咆哮影響到了無知的同胞及對於自治一知半解的無經驗人士，造成了一種「先入為主」的「牢不可破」的歪曲風評。這是很不幸的。這對於臺灣真自治運動的推行，自然發生著多少的阻撓作用。[93]

臯紹等左翼者，對臺灣實行真自治運動的認知，並不複雜，即是「要求真真正正的自治」而已：省長自選、鄉鎮市長自選。但沒有自治經驗的外省人對臺灣人選出臺灣人來管理臺灣，則會認為具獨立性和排外性，甚至評為「不與中國同」的自治，如此一個實在的自治終要被曲解為「獨立的危險運動」。但這必然的曲解，臯紹等人很清楚，在眼前的混亂中是無法予以矯正的，唯有「在事實的發展」中方能獲得矯正。他們勾勒出中國各省和臺灣一樣，皆能實行自治的景象：透過直接普選，「各人選出各省的省長，人人政治地皆平等，既不欺人，亦不被人欺負，到了那樣的時候，人人在本省奉公守法，人人到外省亦須奉公守法：福建人到廣東省，須如此，廣東人到北方各省，亦須如此，北方各省人到南方各省來，亦復如此這般——在這樣的時候，真自治隨帶著的獨立性和排外性就自然而然地漸次不明顯了……」[94]

梟紹不厭其煩地重申又重申的，正是希望能克服臺灣自治伴隨的兩大問題，這應也正是當年左翼臺灣人心中最大的罣礙吧：「真自治附帶了獨立性及排外性，是於理不可避免的。其唯一緩和或消褪的方法，則在乎每個地方都來實行真自治，每個自治地方都來參加中央政府，把各地方間的互惠關係建立起來。假如不是這樣去實踐，則謂兩個特性是永遠不能了解的，永遠不能取消的了。」[95]

接著，作者提出這篇文章的另一個重點：隱藏於中國人腦袋裡幾千年的「正統」觀念——「這是脫胎於封建意識的觀念，是時時刻刻阻撓著中國政治改革的毒素。」[96]臺灣左翼者們很清楚地剖析，正統觀念對政治革命的負面影響有多大多廣，暫且不表，單以它對臺灣自治造成的危害，便須十分警惕了。為甚麼呢？梟紹一針見血地寫道：

> 蓋正統觀念對於臺灣的起碼的態度就是：中國治臺灣。換句話，臺灣必受中國統治。「光復」以來，官僚政府即本著這種觀念去統治臺灣。官僚們用統治各省的同一觀念（自然地亦用假民主的妙論及假自治的官法等等）去統治臺灣，詎不到五百日，就碰到二二八自治運動的反擊了。[97]
>
> 官僚主義原本就是正統觀念的一個主要部分，沒有這正統觀念，官僚集團是（不）能成立的。但官僚認為「中國治臺灣」是為要鞏固他們本身的集團利益的。而中國一般的人們認為「中國治臺灣」亦是為著各自的方便的。除却一些自私自利的慾望，就應該沒有人主張「中國治臺灣」了。[98]

近七十年後讀梟紹及臺灣左翼者們共同討論產生的這篇〈自治與正統〉，其展現的深省層次及仍富現實感的進步觀點，對後人依舊有所啟發。

梟紹等人認為，所謂「中國治臺灣」的正統觀念，是以「臺灣人奴化」為藉口，再藉此污衊臺灣民眾，稱須再教育。而臺民過去受過的「科學教育」和「公眾教育」都被認為是來自日本教育，與中國不合，也因此官僚們更認為「臺灣該受中國統治」。而當外省軍民來臺後，違法事例益增，人民要求懲治貪官污吏時，官僚便以「臺灣沒有政治人才」來推諉；也正因臺灣被其認知沒有政治人才，所以中國必須統治臺灣。這樣的看法又符合正統觀念，所以應當請祖國官僚來統治，如此更深強化了中國治臺灣的正統觀念了。[99]

然而，面對中國官僚這樣根深柢固的偏狹執念，臯紹認為，沒有別的捷徑，「臺灣民眾應該再接再厲去繼續二二八的實踐，用於實踐來打退正統觀念，由於實踐去求取地方自治。」[100]

> 當前國民黨政權正在沒落中。可是，臺灣真自治還是要靠臺灣民眾自己去繼續二二八的實踐而取得的。因為中國的正統觀念不會因國民黨政權的崩潰而立刻消滅的。即使國民黨政權倒了，假定所謂聯合政府成立了，那個時候「中國治臺灣」的正統觀念還是仍舊要驅使新中央政府派遣新的省主席去主持臺灣的——那個時候，在臺灣僅僅仍將是迎新送舊而已罷了!?[101]

懷著如此覺悟的臺灣左翼者們，在即將成為一個新中國人的前夕，為自己前半生曾為日本人、中華民國人而與不同的統治者拚鬥的歲月，留下這道依舊發人深省的歷史註腳。

然而，步入新中國後，他們曾以最大的代價極力堅持與深深企盼能真正實踐的臺灣自治，能與在中共合創的「聯合政府」裡實踐嗎？

歷史與現實都已給出回答。

結語

一九四七年五月十九日，近午，古瑞雲至鳳山楊克煌二妹家，通知船已找到，將要啟程了。楊克煌準備了一個小包袱，內有父親穿過的一件毛料衣、妹婿的一本英漢辭典、二妹相簿裡一張全家攝於一九二九年的照片、幾包針。他向母親、妹婿、妹妹、弟弟告別，即將和古瑞雲離開了。

> 臨走前，母親站在外面問我：「什麼時候才能回來？」我一時答不出來，其實也沒辦法答，我當時怎能回答這個問題呢？二十四年後的今天，我仍然無法回答——我甚麼時候能回去？我只回頭看母親一眼。我怎麼那麼笨

的呢？我就不能給母親講兩、三句話安慰她嗎？不過當時我以為三、五年就能回來的，沒有料到今天還不知何時能回去啊！

鳳山！是父親死別的地方，又是我和母親生離的地方。[102]

流離者的旅程已然起始。

這個世界，任一時代，只要有壓迫，便有尋求自由的流離心靈。只是二戰前後，臺灣左翼者自日本殖民統治時代竭力鬥爭地倖存下來，未及喘息，便再度投身武裝行動，與以祖國之姿欺民到底的中華民國決一生死；爾後冀望與中共成立的民主聯合政府，那個託付臺灣自治之夢的紅色祖國，終也一場雲煙。

一九四九年三月，謝雪紅、楊克煌和蘇新等人，離開香港，抵達北京。古瑞雲於一九四八年十月初，奉命護送中共幹部王亦清[103]夫婦及何其芳的妻子牟決鳴[104]北上取道韓國後進入解放區。之後再入華北軍政大學的臺灣隊。[105]

一九四九年十月一日，社會主義新中國正式建國了，但臺灣的局勢也在迅速變化中。才剛創立於一九四七年十一月十二日的「臺灣民主自治同盟」的綱領草案，刊登在叢刊第三輯《明天的臺灣》（出版於一九四七年十二月一日）。一切記憶猶新。

為了回顧當年臺灣左翼者們如何費盡心血，遭受磨難，在永遠背離故鄉的代價中，如何具體描繪他們心中理想的臺灣為一條條的文字，我們有必要重新仔細深切地閱讀這份藍圖：

臺灣民主自治同盟綱領草案：[106]

一、設立民主聯合政府，建設獨立、和平、民主、富強與康樂的新中國。

二、保障人民身體、行動、居住、遷徙、思想、信仰、言論、出版、通訊、集會、結社之基本自由。

三、省為地方自治最高單位，省與中央政府權限之劃分，採取均權主義，省得自制定省憲及選舉省長。
四、實行臺灣省徹底的地方自治，省長、縣長、市長、區長、鎮長、鄉長、一律由人民直接選舉。
五、省設省議會，縣設縣議會，市設市議會為代表人民行使政權之機關。
六、實行普選制度，人民之選舉權不受財產、教育、信抑（仰）、性別、種族之限制，廢除選舉人之公民宣誓登記及候選人之檢覈制度。
七、司法絕對獨立不受行政軍事之干涉。撤銷政治警察，經濟警察，秘密警察，及一切特務組織。
八、中國之領土及領海不許任何外國軍隊之駐紮。
九、反對帝國主義侵略，確立獨立自主之外交。
十、保障人民之生存權，勞働權及營業權。
十一、發展民族工商權，廢除一切經濟統制。
十二、實行八小時勞働制，制定保護工人應有團體交涉，及罷工，怠工之權利。
十三、「耕者有其田」為土地改革之基本原則。
十四、廢除一切苛捐什稅，實行所得統一累進稅。
十五、高山族人民一律平等，並得組織自治單位。
十六、保障學術研究之絕對自由。實行免費之公民教育。
十七、保障婦女在經濟上、政治上、法律上、社會上之絕對平等。
十八、設立疾病、衰老、殘廢、失業、孤兒、貧民之救濟機關。

這是近七十年前的臺灣左翼者面對不知歸期的故鄉，在進入中國前夕所刻劃的，「明天的臺灣」。置身當年前人寄望的「明天的臺灣」裡的我們，也正可檢視「今天的臺灣」，有多少已然完成，有多少已然超越乃至揚棄，有多少也依舊仍在「明天的臺灣」裡。即使時局變遷，臺灣早已歷經總統直選數回，甚至也產生了老左翼們當年無以想像的臺灣女性元首；承蔭數代前人多少犧牲奮鬥的我們，目睹臺灣今日已比自治走得更遠了。

事實上，在韓戰尚未爆發，美國第七艦隊還未進駐臺灣海峽（一九五〇年六月二十七日）前，中國人民解放軍已占領全中國。一九五〇年五月十七日，中共已由華東野戰軍（三野）決定九兵團、十兵團攻打臺灣，由三野副司令粟裕率領五十萬軍。於此前後時期，中共華東局也內定，取下臺灣後，將由粟裕擔任臺灣省省主席，蔡孝乾和謝雪紅任副主席。這個派任外省人擔任臺灣首長的決定，完全不符合民主、自治的主張，謝雪紅堅決反對，甚至對華東局第一書記饒漱石拍桌怒罵。[107]

也大約在同一時間，老臺共出身的王天強，在中共華東局上海工委副書記王錫珍、華東局臺灣工作委員會副書記張登（沙文漢）、饒漱石的支持下，於臺盟理事會上提出反對自治。理由是「自治是蔣匪統治下的口號，我黨（中共）解放後不應再主張自治」。[108]

乃至「臺灣民主自治同盟」的綱領與名號，因「自治」隱含臺人治臺的想法（包括「省為地方自治最高單位」、「實行臺灣省徹底的地方自治」、「省與中央的權限採均權主義」等），都曾被修改。文革後期的一九七七年，統戰部也曾在臺盟的會議上提議更改「臺灣民主自治同盟」名稱，去掉「民主自治」，改換成「臺灣愛國同盟」[109]。這種種對臺灣人的民主政治理念提出修剪、淡化甚或取消的主張，都不出一九四八年臯紹（李自修）等人已在〈自治與正統〉一文中反覆設想的，有關臺灣自治／中國正統觀念與臺灣實踐真自治後的所謂「獨立性」、「排他性」的政治思辨格局。

但對包括這些老資格的臺灣革命者在內的所有在中國的臺灣人，最艱難的時刻是在文革時期。每個臺灣人出身的自都有「臺灣關係」，而臺灣被視為「海外」，所以都有「海外關係」；有「海外關係」者便有國際特務的嫌疑，須一個個被審查，[110]審查多久便如坐牢般隔離多久。臺灣人半世紀以上無法自主的國族歷史身分，此時成了紅色祖國非難質疑的源頭；每個人頭上都有「日本漢奸」、「美蔣間諜」的帽子。許多假案、錯案、冤案產生，乃至不少人被迫害致死。[111]蘇新不僅對文革之稱為「社會主義」不以為然，[112]他也並不諱言，進入中國以來的三十年，是人生中最黯淡的日子。[113]較蘇新年輕的，當年二二八事件中的武裝青年古瑞雲，則在文革中被隔離年餘，反反覆覆回答日本時代的作為，是否改了日本名？是否和日本人做過生意？是否當了日本兵殺了中國人？是否為國民黨特務，乃至國際特務？古瑞雲寫道：「在一年多的囚禁中我幾乎天天寫這些材料，加起近百萬字。我愈寫愈糊塗，愈搞不清自己屬於哪一國民。」[114]

非左翼政治運動者出身的臺灣淡水人楊威理，一九四六年從日本東北帝國醫學大學的在學生身分離開日本，抵達北京，投入祖國建設的工作。廿四歲加入共產黨，他也是臺盟的成員。他說，大約自一九五二年（整風運動）開始，中共開始將臺灣自治視為臺灣獨立的變種，出手打壓。到了一九五七年（反右運動），謝雪紅被打為右派，並稱她不斷煽動臺灣獨立運動，被貼上「人民之敵」、「叛徒」等標籤，長久以來的政治生命隨即斷送了。[115]

中共將文革時被視為是謝雪紅派的獨立派分子楊威理，下放養豬。他說：「住在大陸的臺灣人，總是被看成可疑人物。他們來自臺灣，那裡是共產黨不共戴天的敵人國民黨統治的地方。來自那裡的人們是不可信賴的。多數臺灣人又跟侵略過中國的日本有著千絲萬縷的聯繫。因此，『臺灣人可使，卻不可重用』，這就是結論。」[116]

臺灣左翼者歷經三重國族政治體制，為社會底層最勞苦的人的尊嚴奮鬥，希望能實踐一個更合理、更公義的臺灣人政治理想，一生輾轉，犧牲重大，在歷史中留下最蒼涼的身影。即使現實與時代的回應是殘酷的，甚至到終了，不符中共主流政治的臺灣流離者，在中國和臺灣皆成異鄉人。然而左翼者在臺灣歷史道途的血淚烙痕之深，是不可忽視的；缺少左翼區塊的臺灣史，更是缺憾的。他們以走過的崎嶇坎坷，向今天的臺灣示現了國族政治現實的絕路與價值的方向——那也是臺灣正處於新自由主義的全球化浪潮中，嘗試向自己的歷史求索時，猶能在暗夜中看見的，彼方曾經閃亮並值得我們致敬的微光。

林瓊華，法國巴黎狄德羅（第七）大學博士，現任臺北藝術大學通識教育中心兼任助理教授，主要著作〈從遺忘到再現：謝雪紅在臺灣與中國的影響與遺緒〉（《臺灣史學雜誌》第十五期，二〇一三年十二月）。〈戰後紅色祖

國的「台灣民族」變奏曲──以古瑞雲的回憶錄手稿（1947-1976）為析例〉（收入《殖民・再殖民・獨立自主》論文集，二〇一六年十月）。

＊本論文初稿於二〇一六年九月十日宣讀於《臺灣的悲愴年代──從皇民化到二二八》研討會，後經刪修改寫，以《重看二二八事件後流亡香港的臺灣左翼者的政治理想──關於《新臺灣叢刊》的創刊歷史與返鄉》為題，作為《新臺灣叢刊》史料在臺復刊專輯之導論，發表於二〇一六年十二月號之《臺灣史料研究》第四十八期。作者特別感謝黃煌雄先生與何義麟教授於初稿撰寫過程中的鼓勵與相關建議。

註釋

1 引自愛德華・薩依德，《薩依德的流亡者之書──最後一片天空消失之後的巴勒斯坦》，譯者梁永安，（臺北：立緒出版社，二〇一〇），頁二三二。

2 原文為空格，括號內的「倒」字為筆者斟酌文意脈絡所加。

3 陳新唐，〈新臺灣〉，收錄於《新臺灣》，《新臺灣叢刊》第一輯（香港：新臺灣出版社，一九四七），頁二五。

4 參吳藝煤，〈不能忘卻的《新臺灣叢刊》〉，《臺聲》月刊第八期，二〇一三年八月，頁七八。參考網址：http://tailian.taiwan.cn/n1080/n1110/n1489/1367320.html。

5 楊克煌和蘇新共同以林木順為筆名所編寫。

6 見古瑞雲，《臺中的風雷》，頁一八二、一八六─一八八。

7 蘇新，《未歸的臺共鬥魂》，頁八八。在本書的文集部分也蒐錄了蘇新曾以「吳榮」和「邱田平」為筆名發表在《新臺灣叢刊》的文章。

8 見陳芳明，《謝雪紅評傳》（前衛版，一九九一），頁三七四─三七五；（麥田版，二〇〇九），頁二八一─二八四。當年（一九九八年前後）筆者自法返臺蒐集史料時，曾在訪談陳芳明教授時詢問過這份史料，陳教授告知這些相關資料皆存放美國家中，未在臺灣。

9 這個系列的覆刻雜誌分別是：《新知識》（一九四六年八月）、《新臺灣》（一九四六年二月）、《前鋒》（一九四五年十月）、《政經報》

（一九四五年十月）、《臺灣評論》（一九四六年七月）共五冊。可參考相關網頁：http://twcenter.org.tw/a02/a02_09/a02_09_05.htm。

10 見秦賢次，〈《新臺灣》導言〉，《新臺灣》覆刻版（臺北：傳文文化，一九九八），頁五。

11 目前這份《新臺灣叢刊》史料，承戴寶村教授與何義麟教授協助，已由吳三連臺灣史料基金會以重新打字排版方式複製，將分三期連續刊登在《臺灣史料研究》。第一期將刊於今年（二〇一六）十二月出版之該刊。

12 吳藝煤，〈不能忘卻的《新臺灣叢刊》〉，《臺聲》月刊第八期，二〇一三年八月，頁七六。可參考網址：http://tailian.taiwan.cn/n1080/n1110/n1489/1367320.html。

13 該文在引用蘇新於自傳《未歸的臺共鬥魂》敘述有關創設「新臺灣出版社」時的一整段文字（頁七四）時，未使用刪節號地逕自刪去其中這段：「……我們的稿件都經過夏衍同志的審查才發表，因此在稿件這方面沒有出過甚麼毛病。但在發行工作這方面有了相當多的困難和缺點。……」可參上註吳藝煤原文。其實節錄引用史料中的哪一段文字，本是作者的權利，但在使用引號節出整段原文下，未使用刪節號地如實呈顯節錄方式，就犯了擅改史料的錯誤，不可不慎。

14 關於國民黨接收臺灣的法理問題的相關歷史文件可參考薛化元，〈從歷史文獻看臺灣國際的地位問題〉，「臺灣國際地位研討會」論文，二〇〇九年十一月，頁八九—一〇〇。另參同作者之《臺灣地位關係文書》（臺北：日創社，二〇〇七）。

15 參王泰升，〈自由民主憲政在臺灣的實現：一個偶然的巧合〉，《臺灣史研究》第十一卷第一期，二〇〇四，頁一九〇。

16 進一步說明請參考王泰升，〈臺灣戰後初期的政權轉替與法律體系的承接（1945-1949）〉，收於《臺灣法的斷裂與連續》（臺北：元照，二〇〇二），頁五七。

17 趙吉，〈當前臺灣土地問題〉，《勝利割臺灣》（香港：新臺灣出版社，一九四七），頁二二；勞文，〈團結起來反三征〉，《自治與正統》（香港：新臺灣出版社，一九四八），頁三三—三五。

18 有為，〈臺灣學生在民變中的活動〉，《新臺灣》（香港：新臺灣出版社，一九四七），頁五〇。

19 趙吉，〈中國民族統一戰線與臺灣自治運動〉，《自治與正統》（香港：新臺灣出版社，一九四八），頁八。

20 楊克煌，《我的回憶》，頁一八七。

21 楊克煌，《我的回憶》，頁一九四。

22 蘇新，《未歸的臺共鬥魂》，頁六三。

23 葉芸芸，〈二二八前後的蘇新〉，收於《餘生猶懷一寸心》（臺北：時報文化，二〇〇六），頁一〇二。

24 楊克煌，《我的回憶》，頁二二五。

25 楊克煌，《我的回憶》，頁一一六。

26 蘇新，《憤怒的臺灣》，頁一一四。

27 蘇新，《憤怒的臺灣》，頁一一四。然因過去日治時期曾投入農運，在中國改名「劉啟光」的侯朝宗，方自中國返臺，已成為國民黨積極分子。對農協的左傾色彩亦有警覺，恐為日後中共的助力，便以官位利誘農協幹部，一方面瓦解組織力量，另方面威嚇農民此乃共產黨組織，應趁早改為「農會」，以免日後遭政府干涉而有不測。農協組織因此受阻停頓，隨即亦被國民黨當局命令解散。參蘇新，《憤怒的臺灣》，頁一一六—一一七。

28 蘇新，《憤怒的臺灣》，頁一一八。

29 楊克煌，《我的回憶》，頁二三八。

30 關於張志忠生平，可參藍博洲，《臺共黨人的悲歌》（臺北：印刻，二〇一二）。

31 楊克煌，《我的回憶》，頁二四一。

32 楊克煌，《我的回憶》，頁二四一。

33 楊克煌，《我的回憶》，頁二七六。

34 蘇新，《憤怒的臺灣》，頁一二六。

35 蘇新，《憤怒的臺灣》，頁一二八。

36 楊克煌，《我的回憶》，頁二七九。

37 楊克煌，《我的回憶》，頁二七九—二八〇。

38 楊克煌，《我的回憶》，頁二八二—二八四。

39 蘇新，《憤怒的臺灣》，頁一二八；楊克煌，《我的回憶》，頁二八四。

40 楊克煌，《我的回憶》，頁二九五。

41 楊克煌，《我的回憶》，頁二九五。

42 楊克煌，《我的回憶》，頁二九八。

43 蘇新，《憤怒的臺灣》，頁一三〇。

44 楊克煌，《我的回憶》，頁二七九。

45 楊克煌，《我的回憶》，頁三〇一。

46 據古瑞雲回憶，謝雪紅對鍾逸人擔任二七部隊隊長表示贊成，因鍾為三青團幹部，和上層人物多有交往，但另方面她對鍾的觀點、立場並不放心，並認為鍾有大頭病，故要古好好掌握二七部隊。見古瑞雲，《臺中的風雷》，頁一二九。

47 中共黨員，張志忠的親信。參古瑞雲，《臺中的風雷》，頁五六。

48 楊克煌，《我的回憶》，頁三〇七。

49 楊克煌，《我的回憶》，頁三二〇。

50 日治時其於臺中創辦中央書局，戰後為行政長官公署派任為首任國立臺中圖書館館長。

51 臺中市參議員。

52 臺中縣參議員。亦為霧峰林家林烈堂的女婿。

53 臺灣作家、記者，亦長期為林獻堂的秘書。

54 時任臺中市議員。

55 日本名古屋醫科大學醫學博士，返臺後於臺中開業任醫師。臺中市議會議員。戰後，為隨蔣介石來臺的陳果夫治療肺疾。二二八期間被誣告入獄，陳果夫寫信予蔣介石期查明事實，後被釋放，從此不再過問政事。

56 臺中縣參議員。

57 林木順，《臺灣二月革命》，頁七五。

58 歐素瑛，〈二二八事件期間縣市首長的角色與肆應〉，《臺灣史研究》第二十一卷第四期（臺北：中研院臺灣史研究所），二〇一四年十二月，頁八〇－八一。

59 林木順，《臺灣二月革命》，頁七五。

60 關於烏牛欄之役，可參黃金島，《二二八戰是黃金島的一生》，第二部〈為臺灣鄉土而戰〉，頁一〇九－一六八。

61 古瑞雲，《臺中的風雷》，頁七四－七五。

62 古瑞雲引謝雪紅語。《臺中的風雷》，頁一一六。

63 古瑞雲，《臺中的風雷》，頁七十五。關於謝雪紅被指為「二二八逃兵」的歷史問題，可參拙作〈背叛與沉冤的辯證：關於謝雪紅離開「二七部隊」的歷史問題〉，發表於二〇一六年十二月十一日《重現二七部隊學術研討會》，由「臺中新文化協會」與臺中教育大學臺灣語文學系主辦，假臺中教育大學求真樓演講廳舉行。

64 謝雪紅在《我的半生記》中回憶離臺這天是五月二十一日，二十二日抵廈門，見頁三〇九。但古瑞雲清楚記得後來抵達上海的日期正是五一勞動節，因為楊克煌當時還特地提起這個日期；加上謝雪紅在自傳中記錯事件日期不只一處，故此處應以古瑞雲記憶的較為可信。見古瑞雲，《臺中的風雷》，頁一六八。

65 古瑞雲，《臺中的風雷》，頁一六五－一六六。

66 古瑞雲，《臺中的風雷》，頁一七四。

67 古瑞雲，《臺中的風雷》，頁一七四－一七五。

68 據古瑞雲回憶，他與謝雪紅、楊克煌是一九四七年六月抵港，蘇新於七月底達。參古瑞雲，《臺中的風雷》，頁一七八。而蘇新則回憶他們一行人是在一九四九年三月結束香港工作後，回到北京。參蘇新，《未歸的臺共鬥魂》，頁七四。

69 萬景光當時為中共中央華東局對臺工作委員會駐香港負責人。一九四七年透過任廣東商會會長的岳父馮少山的人脈關係，在香港開設「榮記行」做為掩護地下工作的聯絡處。

70 莊希泉（一八八一—一九八八），曾於海外加入中國同盟會，一九二五年入中國國民黨，一九四七年加入中國民主同盟。一九八二年，以九十五高齡加入中國共產黨。

71 又名石煥長。日治時期畢業於東京醫學專門學校，亦為臺灣民眾黨黨員。當時在香港開設整形科診所，在上海也有診所，兩地來回。

72 在參加瑞金加入中共，父親施至善是日治時期「臺灣議會期成同盟會」的會員。他在國民黨第四次圍剿以瑞金為首都的蘇區時逃至香港，與謝雪紅等人結識合作。參古瑞雲，《臺中的風雷》，頁一八〇。

73 劉雪漁曾投入中共廣東游擊隊的東江縱隊，逃出後赴香港，和臺灣左翼人士合作共組臺灣問題研究會。

74 蘇新的好友，但進一步身分不詳。筆名「梟紹」，為《新臺灣叢刊》第四輯《自治與正統》同篇名文章的執筆作者。

75 林田烈（一九〇六—一九八八），原名林殿烈，臺灣臺北縣三重埔人，日治時期臺共黨員。一九四七年十一月為躲避特務追捕，從臺灣帶全家抵香港，在臺灣同鄉陳金石開設的茶莊土產店「大春行」任職，並得陳金石支持，將商行當作地下黨活動的聯絡據點。參青友，〈我的父親林田烈〉，網頁專刊《老照片》，二〇一二年二月九日。http://www.lzp1996.com/zztg/20120209/649.html。

76 古瑞雲，《臺中的風雷》，頁一八七。

77 古瑞雲，《臺中的風雷》，頁一八七。

78 蘇新，《憤怒的臺灣》，頁七四。

79 蘇新，《憤怒的臺灣》，頁七六。

80 參林瓊華（二〇一〇），頁一六六。

81 學者何義麟在討論戰後左翼刊物《政經報》與《臺灣評論》時，提到左翼者蔣時欽在《政經報》發表有關臺灣自治的文章及該報編輯後記裡，也與謝雪紅的自治理念相符，認為縣市長、省長民選，是臺灣實現民主政治的方法，此也是左翼人最重要的政治主張。見何義麟，〈《政經報》與《臺灣評論》解題—從兩份刊物看戰後臺灣左翼勢力之言論活動〉，收錄於《臺灣評論》覆刻本（臺北：傳文文化），頁五—一八。

82 古瑞雲（一九九〇），頁二八。

83 古瑞雲先生回憶錄手稿（未刊稿），一：四七。

84 一斐，〈明天的臺灣〉，收錄於叢刊第三輯《明天的臺灣》，頁一六。

85 一斐，〈明天的臺灣〉，頁一六。引文底線為作者所加。

86 一斐，〈明天的臺灣〉，頁一六。引文底線為作者所加。

87 一斐，〈明天的臺灣〉，頁一六。

88 臯紹，〈自治與正統〉，收錄於叢刊第四輯《自治與正統》，頁十。古瑞雲先生在回憶錄手稿中曾特別提出此文來說明，日後中共並未同意臺灣實行自治的背景。相關研究，可參拙作：林瓊華，〈戰後紅色祖國的臺灣民族變奏曲——以古瑞雲先生回憶錄手稿（一九四七－一九七六）為析例〉第二節〈戰後香港時期：關於自治與正統的思辨〉，收錄於《殖民・再殖民・獨立自主－臺灣歷史學會創立二十週年研討會論文集》（臺北：臺灣歷史學會，二〇一六）。

89 臯紹，〈自治與正統〉，頁一九－二〇。

90 臯紹（一九四八），頁二〇。引文底線為作者所加。

91 臯紹（一九四八），頁二〇。引文底線為作者所加。

92 可參駱明慶，〈高普考分省區定額錄取與特種考試的省籍篩選效果〉，收於《經濟論文叢刊》（臺北：臺大經濟系，二〇〇三），頁八十七－一〇六。近時的相關研究，也可參考許雪姬，〈另一類臺灣人才的選拔——一九五二－一九六八年臺灣省的高等考試〉，收於《臺灣史研究》（臺北：中研院臺史所，二〇一五），頁一一三－一五二。

93 臯紹（一九四八），頁二一。

94 臯紹（一九四八），頁二一。

95 臯紹（一九四八），頁二一。

96 臯紹（一九四八），頁二一。

97 臯紹（一九四八），頁二二。引文底線為作者所加。

98 臯紹（一九四八），頁二二。

99 臯紹（一九四八），頁二二－二三。

100 臯紹（一九四八），頁二三。

101 臯紹（一九四八），頁二三。

102 楊克煌，《我的回憶》，頁三四三。這段話，楊克煌寫於一九七一年五月三十日。他在日期後寫了一個數字「206天」。那是謝雪紅逝世後第二百零六天。

103 王亦清（一九〇八－一九五三），江蘇省寶山人。一九二六年投入中國革命後加入中共，一九四九年後曾為全國總工會組織部副部長。

104 此處古瑞雲先生誤寫為「作家何其芳的妻子『梅某』（畢業於魯迅藝術學院）」。牟決鳴曾入魯迅藝術學院學習，為中國現代散文家、詩人、文藝理論家。
105 古瑞雲先生回憶錄手稿（未刊稿），第一部分。
106 原文刊於叢刊第三輯《明天的臺灣》，頁三六。
107 古瑞雲先生回憶錄手稿（未刊稿），第一部分。
108 古瑞雲先生回憶錄手稿（未刊稿），第一部分。
109 古瑞雲先生回憶錄手稿（未刊稿），第一部分。筆者於二〇〇一年五月三十一日於北京王宅訪問王碧光先生時，王先生也曾提起這段經過。他當時對這份提議更改臺盟名稱的同意書拒絕簽名。
110 古瑞雲先生回憶錄手稿（未刊稿），第一部分。
111 蘇新，《未歸的臺共鬥魂》，頁二九八。
112 參葉芸芸，〈遠道不可思──追懷蘇新〉，《餘生猶懷一寸心》，頁一六八。
113 參李黎，〈記蘇新〉，收錄於《未歸的臺共鬥魂》，頁三五〇。
114 見古瑞雲先生在未刊行的回憶錄手稿裡曾記載，文革期間，臺灣工人陳朝寶曾和他說，「我們臺灣人是東方的猶太人」，「猶太人沒有祖國，臺灣人也沒有祖國，不是嗎？日本人把我們當奴隸，國民黨殘殺我們，共產黨也容不得我們，我們祖國在哪裡呀！」參林瓊華，〈戰後紅色祖國的臺灣民族變奏曲──以古瑞雲先生回憶錄手稿（一九四七─一九七六為析例〉（二〇一六）。
115 參楊威理，《與豬對話的日日夜夜》（東京：岩波書店，一九九四年）。
116 參楊威理（一九九四），頁一二一─一二三。

引用書目

史料：

王碧光先生口述歷史訪談，二〇〇一年五月三十一日，北京王宅。
古瑞雲，《古瑞雲回憶錄手稿》，未刊稿，一九九五。
古瑞雲，《臺中的風雷──跟謝雪紅在一起的日子裡》，臺北：人間出版社，一九九〇。
《新臺灣叢刊》（六輯）：
第一輯《新臺灣》，香港：新臺灣出版社，一九四七。

第二輯《勝利割臺灣》，香港：新臺灣出版社，一九四七。
第三輯《明天的臺灣》，香港：新臺灣出版社，一九四七。
第四輯《自治與正統》，香港：新臺灣出版社，一九四八。
第五輯《臺灣二月革命》，臺北：前衛出版社，一九九〇。
第六輯《臺灣人民的出路》，香港：新民主出版社，一九四八。
黃金島，《二二八戰士黃金島的一生》，臺北：前衛出版社，二〇〇四。
楊克煌，《我的回憶》，臺北：楊翠華自費出版，二〇〇五。
楊克煌，《臺灣人民民族解放鬥爭小史》，臺北：海峽學術，一九九九。
謝雪紅口述，楊克煌筆錄，《我的半生記》，臺北：楊翠華自費出版，一九九七。
謝雪紅口述，楊克煌筆錄，《我的半生記》，臺北：楊翠華自費出版，二〇〇四。
蘇新，《未歸的臺共鬥魂：蘇新自傳與文集》，臺北：時報文化，一九九三。
蘇新，《憤怒的臺灣》，臺北：時報出版公司，一九九三。

專書：

王泰升，《臺灣法的斷裂與連續》，臺北：元照出版社，二〇〇二。
陳芳明，《謝雪紅評傳》，臺北：前衛出版社，一九九一。
葉芸芸，《餘生猶懷一寸心》，臺北：時報文化，二〇〇六。
劉智鵬，《香港達德學院——中國知識分子的追求與命運》，香港：中華書局，二〇一一。
薛化元，《臺灣地位關係文書》，臺北：日創社，二〇〇七。
楊威理，《與豬對話的日日夜夜》，東京：岩波書店，一九九四年。
愛德華・薩依德，《薩依德的流亡者之書——最後一片天空消失之後的巴勒斯坦》，譯者梁永安，臺北：立緒出版社，二〇一〇。
藍博洲，《臺共黨人的悲歌》，臺北：印刻，二〇一二。

期刊論文：

王泰升，〈自由民主憲政在臺灣的實現：一個偶然的巧合〉，《臺灣史研究》第十一卷第一期，臺北：中研院臺灣史研究所籌備處，頁一六七—二二四，二〇〇四。

何義麟，〈《政經報》與《臺灣評論》解題─從兩份刊物看戰後臺灣左翼勢力之言論活動〉，收錄於《臺灣評論》覆刻本，臺北：傳文文化，頁五─一八。

吳藝煤，〈不能忘卻的《新臺灣叢刊》〉，《臺聲》月刊第八期，二〇一三年八月。參考網址：http://tailian.taiwan.cn/n1080/n1110/n1489/1367320.html

青友，〈我的父親林田烈〉，網頁專刊《老照片》，二〇一二年二月九日。參考網址：http://www.lzp1996.com/zztg/20120209/649.html。

林瓊華，〈流亡、自治與民主：試論陳芳明著作《謝雪紅評傳》之貢獻及其爭議〉，收於《臺灣風物》第六十九卷第二期，二〇一〇年六月三十日，頁一六四─一七三。

林瓊華，〈戰後紅色祖國的臺灣民族變奏曲——以古瑞雲先生回憶錄手稿（一九四七─一九七六為析例〉，收於《殖民・再殖民・獨立自主——臺灣歷史學會創立二十週年研討會論文集》，臺北：臺灣歷史學會，二〇一六。（預計九月底出版）。

秦賢次，〈《新臺灣》導言〉，《新臺灣》覆刻版，臺北：傳文文化，一九九八，頁五─九。

許雪姬，〈另一類臺灣人才的選拔——一九五二─一九六八年臺灣省的高等考試〉，收於《臺灣史研究》，臺北：中研院臺史所，二〇一五，頁一一三─一五二。

潘建，〈臺商也是改革開放的參加者〉，《人民網》，二〇〇二年三月六日。http://www.people.com.cn/GB/shizheng/7501/7512/20020306/681102.html

駱明慶，〈高普考分省區定額錄取與特種考試的省籍篩選效果〉，收於《經濟論文叢刊》，臺北：臺大經濟系，二〇〇三，頁八七─一〇六。

薛化元，〈從歷史文獻看臺灣國際的地位問題〉，「臺灣國際地位研討會」論文，臺灣法治暨政策研究基金會、臺灣國際法學會、臺灣歷史學會、國立臺北大學城仲模教授學術講座、民主基金會聯合主辦，二〇〇九年十一月，頁八九─一〇〇。

歐素瑛，〈二二八事件期間縣市首長的角色與肆應〉，《臺灣史研究》第二十一卷第四期（臺北：中研院臺灣史研究所），二〇一四年十二月，頁五七─一〇三。

蘇瑤崇，〈葛超智（George H. Kerr）、託管論與二二八事件之關係〉，收錄於《國史館學刊》第四輯（臺北：國史館，二〇〇四），頁一三五─一八八。

蘇萬興，〈坐言集之達德書院〉，參考網頁：http://www.somanhing.com/gotowalk/dist/tunmun/tattakcollage.pdf

一九三〇—一九七〇年代間從社會參與遁入臨床的臺灣醫界菁英

劉士永

當代對於科學醫學（Scientific medicine）的兩個基本分類：基礎醫學（Basic medical science）與臨床醫學（Clinical medical science），指涉的是醫學之上下游知識關係。其中，基礎醫學作為研究人類生命和疾病現象本質及規律的自然科學，當然是以治療為目的之臨床醫學的理論根源；相對地，臨床醫學則是應用基礎醫學，對病患的健康問題加以診斷、治療的實踐，兩者本無對峙且為連續之知識關係。然而，由於醫者無法置身於時代氛圍與制度之外，其職業生涯的選擇往往有不得不然的妥協，不免糾結在基礎醫學研究者或臨床醫師的角色間。日治時代以來，臺灣醫師的社會階層均屬中上，其原因據現今多數之研究，大體不出入學錄取率極低與收入頗豐之兩端。或許就是因為臺灣醫師普遍地位崇高且經濟優渥，以致其對於社會、文化，乃至於政治的參與也成為臺灣醫師的歷史特徵。然若更細細玩味其中曲折，卻又不難察覺臺籍醫師的社會參與不僅受惠於前述學界已知的條件，也或許和他們選擇臨床開業醫師的生涯有關。只是這般的職業生涯選擇或有出於個人意願者，也有囿於時代氛圍的不得不然之舉。

日治時期乃至於戰後初期的臺籍醫界菁英，遭逢殖民統治的「皇民化」政策與戰後二二八事件以來的恐怖風潮，不免也成為臺籍醫界菁英規劃生涯時的影響因素之一。嚴格來說，臺籍醫師多走入臨床執業的原因，並不能完全歸責於戰前的皇民化運動，但卻仍與二二八之後的政治氛圍有關。事實上，日本在臺開啟殖民醫學教育伊始，即不以培養基礎醫學科學家為目標，而是力求補充臺灣現代醫事人力不足，並期待他們可以進而成為「文明開化」之代言人。據此，以接觸病患為本職的臨床醫學，當然是殖民時期開展臺灣醫學教育之理由，從而形成了臺籍醫師多為臨床醫者的普遍印象。日治時期以來臺灣醫界菁英以臨床為基調，蟄伏於社會網絡之中；在殖民社會中造就了他們領導臺灣社會的特殊地位，也在戰後的幽微歲月裡得以噤聲避禍。本文擬就臺籍醫界菁英面對皇民化政策與二二八事件以來的歷史經驗，試論臺籍醫界菁英為何以臨床執業為主的現象，除了過去學界已多方闡述之社會經濟因素外，殖民醫學訓練強調臨床醫學之本質，與本地醫師對政治大環境的無奈，也可能是促使臺籍醫師在一九六〇年代以前，少有人選擇基礎醫學，多數遁入臨床診治的原因之一。惟在申論個人觀點之前，筆者需指明日治時期臺大醫學院畢業生與戰後因二二八事件與白色恐怖下的地方社會領袖當屬不同的社會菁英，儘管都是身著白袍的醫師，卻在社會與政治的角色上，因著時代的轉變而展現了不同的專業樣貌與行為模式。

日治時期醫學教育的臨床醫學特徵與皇民化衝擊

一八九七年，山口秀高於臺北病院創設「土人醫師養成所」，招收國語傳習所、略通日語的臺人學生，由臺北病院派醫師四名、藥劑師二名擔任教師，試辦醫學教育二年。[1]兩年後，臺灣總督府再公布「臺灣總督府醫學校規則」，明訂：「臺灣總督府醫學校為教授本島人醫學之醫師養成所」，並規定「修業年限本科四年、豫科一年」，[2]為臺灣殖民醫學教育之濫觴。時任校長之臺北醫院院長山口秀高，在開學典禮上自陳其興學理想：

> 日本人來臺之後，做了各種事業，其中最吸引臺灣人眼光的，且最能讓其感服的，就是醫術。正像我們日本也是經由醫學接觸到世界文明一般，如能善為利用醫學、醫術，則數十年之後，必能獲致驚人的結果。[3]

儘管辦學之初入學資格門檻很低，只須公學校初等科學歷，並熟悉日語者皆可推薦入學，[4]甚且全額公費並加津貼，[5]初期招生情況仍不甚理想。直到一九〇三年後，因意欲入學人數激增，遂有公學校畢業者方能報考入學的規定，[6]一九〇五年後，醫學校更逐年增加自費生員額。足見醫師一職已為臺灣社會所接受，不復當年三教九流之鄙視。吳文星曾就醫學生的家庭背景進行分析，一九〇〇至一九一〇年學生家長職業統計表中，務農（很多是地主）占百分之二十八，從商（有些是藥材商）占百分之三十．九，教育百分之三，傳教士百分之二．二，大體而言，皆是家道屬於中、上階層家庭者較多，而此情況越至後期越是明顯。[7]由此可見，學醫與行醫在臺灣既是維繫家道，也是提升家族社經地位的良途。然而，醫者在臺灣社會中地位之上升，並不意味著臺籍醫師在殖民醫療體制裡都有同樣平等的對待。

一、殖民醫學教育以培養臨床醫師為目標

就戰前日本國內的情況來說，大學醫學部當然是科學研究之重心；但在一九三八年以前，臺灣既無帝大醫學部之設立，臺籍人士亦難於醫專中求得研究或教學之職位。[8]明治維新後的新制帝大醫學教育體系，與其源始之德國大學醫學教育特重基礎醫學有所不同，[9]戰前日本的醫學教育被規劃成一個三層金字塔型的結構。其中，帝國大學醫學部之設立，是為了完成日本醫療體系西化而設立的。帝大醫學部畢業生是當時鳳毛麟角的菁英，而且被要求嫻熟德文，以便於吸收來自德國的高階知識。[10]就他們的學歷背景與社會地位來說，當然是屬於整個教育金字塔的頂端，也是最接近基礎醫學的一群醫學科學家。第二層則由「醫學專門學校」[11]構成。這些醫專的設立目標，是快速地培養專業人才，並期待他們能儘快投入臨床工作當中。醫專學生並不強調德文的教育訓練，而偏向於日語的使用，以利未來看診上的實際需求，這也意味著他們需要倚賴大學菁英分子為之篩選、轉譯先進的醫學知識。[12]戰前日制大學和「專科」的畢業生都可以直接執業，不需要接受進一步的考試。但在大學醫學部與醫學專門學校（部）分工角色不同的前提下，當一九二八年臺北帝國大學成立之際，文部省即以臺灣有醫專教育已經足夠為由，未將醫學部的設置列入規劃，亦拒絕醫專師生與臺灣仕紳要求單獨升格醫科大學的主張，[13]隱約顯示當時殖民教育以實用為主的本質。一九三五年由於醫專升格呼聲日高，日本國內醫專也陸續升格醫科大學，文部省並未同意以臺北醫學專門學校直接升格改制醫科大學，反倒延聘東京帝大醫學部教授三田定則，另外擔任臺北帝大學部長籌設醫學部。一九三六年臺北帝大醫學部成立，原臺北醫專改名為臺北帝國大學附屬醫學專門部，併入帝大醫學部，延續醫專培育臨床醫師的主要功能。當一九三六年成立臺北帝大醫學部時，除了杜聰明與橫川

定兩人外，醫學部教授完全由東大引入，並強烈拒絕醫專教授轉任，以及醫專生要求補修學分遞補進入醫學部的希望。[14]為了抗議不公平的晉升與不合併醫專部之決定，臺北帝大醫學專門部的日本教師在一九三七年集體辭職，其行動亦受到醫專部臺灣學生的大力支持，[15]但依然未能撼動日本殖民醫學教育體制的基本架構。這場殖民醫學教育機關內的對峙，再次顯示了日本在臺殖民醫學教育，以醫專教授臨床醫學為基調（一八九七－一九四五）、醫學部負擔基礎醫學為輔助（一九三六－一九四五）的特徵。

既然臺灣殖民醫學教育以臨床醫學為目標，其畢業生成為臨床醫師自是可預期的生涯規劃。又如不能在校園謀得基礎醫學之研究職位，退而求其次在重要的官立醫院中任職，或得兼顧基礎與臨床兩端，亦不失為一可進可守的位子。如李騰嶽即謂：「本校（按：總督府醫學校）是本省的最高學府，而其畢業生無論是在公官立醫院就職，或從事自己開業，均受社會人士的尊重與成功。」[16]但事實上，臺籍醫師在日治時期官立醫院內任職，仍然飽受排擠與不平等對待。賴和在自傳式的小說〈阿四〉文中，即描述自己滿懷熱情初入府立醫院就職，卻受到日籍醫師與護士不公平的對待，以致美好的憧憬破滅。[17]再以地方醫院如宜蘭醫院為例，其不平等的情況依然如故。按宜蘭醫院編制，官職高低依序為院長、醫長或醫官、藥局長、醫官補、調劑師、書記，[18]以及臨時性的雇員、囑託員。由於宜蘭醫院隸屬總督府，相較於日籍醫師，臺籍醫師的官職、俸給皆不及前者。凡進入宜蘭醫院服務的臺籍醫師，大多以雇員或囑託員聘任，而非醫院正式編制內醫師；[19]相對地，薪俸也只能以雇員職計算，遠不及日籍同僚的二分之一，僅約每月二十至二十六圓而已。[20]相比之下，早在一九〇八年之際，一個開業醫師每月收入少則二、三百日圓，多則有達五百日圓左右者。[21]是故，不論就主觀或客觀條件分析，臺籍醫師選擇開業似乎是必然之途。所以一般言之，臺籍醫師在宜蘭府立醫院任職一段時日之後，往往選擇自行開業發展，其比率高達九成以上。[22]類似的情況放諸臺灣全島，大概也相去不遠。儘管失去投身基礎醫學生涯的機會，臨床行醫尤其是自行開業，卻為臺籍醫師們開啟了接觸臺灣社會的大門。蔣渭水、賴和、吳新榮等人的社會運動與文學創作，都是在這般臨床醫療的基調下逐步開展而來的。

走向臨床的臺籍醫師，尤其是開業醫師們不僅在第一線診治患者，學界也普遍認為他們是啟蒙臺灣社會的要角。其中，蔣渭水的〈臨床講義——關於名為臺灣的病人〉，最足以呈現這樣的日治時期臺灣醫界特質。[23]然而就時間分期而言，過去學界津津樂道，並引醫師為臺灣現代化或新文化旗手的年代，事實上要略早於皇民化運動大規模展開的一九三六年以後。當蔣渭水一九三一年八月病逝之際，心繫一手促成之臺灣政治社會運動或將面臨崩解，再三叮囑：「臺灣社會運動既進入第三期，無產階級勝利迫在眉睫，凡我青年同志務須極力奮鬥，舊同志亦應加倍團結，積極的援助青年同志，切望為同胞解放而努力。」[24]然而，隨著戰爭動員的到來，殖民政府加強鎮壓臺灣共產黨與新文協的活動，而一九三六年開始的一連串政治事件，如林獻堂的「祖國事件」、臺灣地方自治聯盟解散，以及一九三七年《臺灣新民報》漢文版被迫停刊；[25]時序至此，以蔣渭水為代表的臺籍醫界菁英，在二〇年代風起雲湧的臺灣民族意識建構，已然遭到殖民統治與皇民化的政策逼迫而走入陰暗的角落。

二、皇民化政策下的臺籍醫師

相較於今人較為理解二二八事件與之後的肅殺氣氛，臺灣學界對皇民化運動的時間與影響層面尚未見絕對之定論。扼要地說，「皇民化」或指一九三〇年代臺灣總督府與地方政府為配合時代環境與戰爭局勢的演變，各自推動的社會運動，以使臺灣社會沐浴「皇化（日本化）」。而皇民化運動一般來說可細分成兩個階段：一九三六—一九四〇年的「國民精神總動員」時期，以及一九四一—一九四五年的「皇民奉公運動」時期。前者的重點在於「確立對時局的認識，強化國民意識」。通過各種思想宣傳與精神動員，致力於消弭臺灣人的祖國觀念，灌輸大日本臣民思想。第二階段則在徹底落實日本皇民思想，強調挺身實踐，驅使臺灣人為日本帝國盡忠，成立各種奉公會團體，將運動推向社會的最基層。[26]換言之，多數的臺籍醫界菁英在一九三〇年代末期以前，雖不易於參與基礎醫學研究而在專業上頭角崢嶸，卻還能憑藉著臨床行醫累積的地位或財富，為臺灣社會及被壓迫的群眾發聲。就這一角度來看，不能不說是失之東隅、收之桑榆，這也可能是日人以臨床醫學為主軸，發展在臺醫學教育之初所始料未及的。

駱明正（Ming-Cheng M. Lo）的專書*Doctors within Borders: Profession, Ethnicity, and Modernity in Colonial Taiwan*[27]也注意到這

個時間上的落差，以及臺籍醫界菁英在皇民化運動前後的表現區別。駱明正認為日治時期臺籍醫師的社會活動具有夾縫（in-betweenness）[28]的特質；一方面臺籍醫師因日人刻意培植其成為殖民地「文明開化」代言人，而享有較高的社經地位以及專業自主權（professional autonomy），但另一方也因為種族上的歧視，令他們成為反抗殖民的臺人領袖。如此的特質使他們在一九二〇年代時投身於新文化或社會改造運動，而還能比較不受到政治的直接壓迫。然而到一九三一—一九三六年後，殖民政府逐漸以各種方式禁止或限制民族與新文化運動，臺籍醫師們被迫在政治主張上噤聲不語，轉而投注心力於其專業的醫療角色與功能上；這一轉變恰恰符合殖民政府在臺培育現代醫療專業的本意。在此階段，作為殖民代理人（imperial agents）的臺籍醫師，儘管有時必須屈從於殖民統治的現實，但仍能享有該角色賦與的社會地位崇高及收入上的優渥。[29]就此而言，臺籍醫者在一九二〇年代雖以臨床為主流，甚且不易在官立醫院裡任職，但其因殖民醫學教育特徵及差別待遇體制，反倒促成開業後較高的社經地位，也確保了他們推展社會運動的條件。但若藉由駱明正的分析觀點，雖說皇民化運動的高峰期（一九三七—一九四五）後，臺籍醫療專業人士僅能在同化政策的壓力下，扮演單純之醫學現代化推手（medical modernists）的角色，其社會、政治或民族主義的反抗形象亦銷聲匿跡。但，皇民化時期的臺灣醫界菁英仍得以現代醫療執行者的形象避開政治上的壓迫，維繫與臺灣社會的緊密連結。[30]就此而言，以臨床醫學訓練為特徵的臺灣殖民醫學教育，恰恰給予了一群臺籍菁英最符合殖民者目的之身分掩護，得以在管制日益嚴峻的皇民化浪潮中，隱藏新生的臺灣社會意識甚且是民族主義上的自覺，以待戰爭結束、和平再臨的時刻。

日治時期的臺籍醫師雖多以臨床為主流，但綜觀他們在一九二〇年代時的社會參與，更像是以臨床開業為入世的手段。舉例來看。一九二〇年，莊媽江、楊金虎等四十一名臺北醫專第一屆的畢業生，不意外地幾乎都選擇成為臨床醫師，也順理成章地參與了二〇年代風起雲湧的新文化與社會運動。[31]一九三六年後，莊媽江等人一如其他地方的臺籍醫師，面臨了強大的政治壓力而被迫放棄或隱藏政治主張。以高雄地區為例，一九三六年以前，莊媽江、楊金虎等人仍能活躍於南部的仕紳界，也能透過私人網絡維繫文化啟蒙與社會改革的理想；但他們所組織的臺灣人醫師公會，卻在皇民化的第一期，根據戰時體制而「奉命」與當地日本人醫師公會合併。[32]不久之後，政治的壓力與社會的沉悶，更讓莊媽江決定搬離高雄鹽埕而避走鳳山開業。即便如此，日本警察仍在一九四一年闖入其診所，以言論不當等理由將之逮捕監禁。[33]在戰爭氣氛濃厚的四〇年代，皇民化運動第二期正如火如荼地推展，臺籍醫師有像是莊媽江等為理想入監者，當然也有明哲保身的範例，如林曙光就曾指謫楊金虎在太平洋戰爭時期背棄理想，不僅任職皇民奉公會生活部部長並改名南風宗信，因此甚被郭國基譏諷為御用紳士。[34]然而，若從比較寬容的角度來看，莊媽江避走鳳山，仍不能免去逮捕下獄的厄運，楊金虎的屈從雖不盡光彩，也許還有點時代捉弄下力求避禍的無奈。[35]當然，部分政治意識覺醒的臺灣醫界菁英也開始把反日的戰場轉向大陸。一九四四年六月，以醫學部學生蔡忠恕、郭琇琮，臺北二中的陳炳基及臺北高商的雷燦南等為主的北部地區青年學生，因為反日的思想學習與組織，遭受到日警的大檢舉。當時在帝大醫學部的許強雖然沒有遭到株連，但因參與秘密反日組織卻也受到監視，其中相關的對象即包括了醫學生邱仕榮和蕭道應等。在這群熱血的帝大醫學生中，不少人面對殖民政府的監控與不自由，每當談論起中日戰爭的局勢，即有人認為中日戰爭關係著中華民族生死存亡之戰，散發出與其在臺灣這樣活下去，不如回大陸參加抗戰的氣概。[36]然而，日治時期懷抱著這般理想與熱情的人，戰後卻往往是失望或受害最深的人。

相較於臨床醫師可以在服務中得到滿足，並建立與臺灣社會的直接關係，那些孜孜矻矻於基礎醫學的臺籍菁英們，顯然就直接處於殖民體制不平等的壓力中，時時均須孤寂地與殖民者周旋。日本現代醫學師承德國醫學，強調科學醫學之發展，並以大學醫學部為培育醫學科學家之搖籃。謝博生曾謂：「日治時期的醫學教育模式沿襲德國，採取講座制度，講座的名稱、種類、數目經帝國大學評鑑會通過而以敕令訂定之講授科目限於該講座的必修科目，教授被要求『專攻一科』，在侷限的專攻領域之內從事研究（與教學），好處是容易將研究水準提高，壞處是輕忽臨床實務。」[37]但此一情況，當指帝大系統的醫學部而言。儘管杜聰明亦說：「在日治時代大學教授是一流醫師，衛生行政者是屬第二流，開業醫師是屬三流」。[38]若慮及日治時期能在殖民地接受完整醫學教育，繼之行醫的醫師比例上仍屬少數，人數上雖說不如以臨床為職志者，都也僅能代表某些殖民社會裡菁英的選擇，不見得反映多數有著不同殖民經驗的醫師的想法。只是就現實的發展來說，從日治時期臺灣醫學教育的長期趨勢來看，培植臨床醫師的主軸從一八九七年之醫學校乃至一九四五年的臺北帝大醫專部仍屬賡續不絕。直到一九三六年臺北帝大醫學部成立後，才勉強算是出現了日本戰前體制下的基礎醫學單位。只是一九三六年啟動的皇民化政策，更無助於改變臺籍菁英在基礎醫學領域中的弱勢地位。如一九三八年四月進入臺北帝大醫學部的宋瑞樓，日後雖以基礎醫學聞名，入學之初依舊認知：「日治時期，臺灣人雖屬日籍，卻是殖民地人。在政治界，很少被任用為高級官員；在大學裡也不任用我們，因此沒有幾個人可以留在學校長期研究。」[39]雖說自一九四〇年臺北帝大醫學部第一屆畢業生以來至一九四五年止，出現過不少重要的醫界人物，其中頗多更是當代臺灣基礎醫學的領航者，但他們多半都成名於戰後的歲月中。

臺北帝國大學在一九四五年後改名國立臺灣大學，因此從一九四〇年第一屆畢業生算起，前後共有八屆。這些畢業的年輕醫師們，受限於一九四五年以前殖民體制的限制，無法在校園裡盡情揮灑他們對基礎醫學研究的實力與熱情，但卻在戰後的醫學科學領域中嶄露頭角。在這些人當中，有以蛇毒藥理研究成名的李鎮源、號稱臺灣人甚至是亞洲最有希望獲得諾貝爾獎，卻死於白色恐怖的許強[40]、第五任臺大醫院院長邱仕榮（以上第一屆）；第六任臺大醫院院長彭明聰、肝炎研究專家宋瑞樓、有臺灣「小兒科發展舵手」美譽的陳烱霖[41]（以上第二屆）；爾後更有楊思標、杜詩綿、陳萬裕（以上第四屆）；陳五福（第五屆）；郭宗波（第六屆）；歐陽兆和（第七屆）；楊兆雄、梁鑛琪（以上第八屆）等。他們的赫赫英名除佐證臺北帝大醫學部在臺灣醫療史上的重要地位外，其中畢生專職於基礎醫學研究者，如李鎮源、彭明聰、宋瑞樓、歐陽兆和等人，更證明日治時期訓練的臺籍醫師中，也有優秀的基礎醫學研究者，只是在殖民體制下無法取得應有的發展空間。

又如果以帝大醫學部作為戰前日本基礎醫學重鎮的角度來看，根據臺灣大學編《原帝國大學醫學博士學位受領者名簿》，從一九四二到一九四五[42]年間共計有八十九人獲得醫學博士稱號。其中出身醫專者如羅福嶽、徐傍興等，以及醫學部畢業生如李鎮源、方錫玉等皆獲醫博稱號。[43]細考他們申請學位之博士論文，仍多須符合基礎醫學的研究標準，而非以臨床技藝貢獻得到稱號。足見不論出身為何，當時頒發醫學博士仍以基礎醫學上的貢獻為判斷基準。然而若就這八十九人戰後的職業生涯來看，雖然有李鎮源這等堅持基礎醫學研究的人物，但多數仍是像方錫玉、王毓麟等選擇了臨床執業；箇中原因則戰前、戰後容有不同。就戰前而言，大抵上殖民體制仍是一大障礙。一九四三年入學帝大醫學部，後來卻成為戰後國立臺灣大學醫科第一屆畢業生的前衛生署署長施純仁，就認為：「受限於當時特殊的時代背景，除了從醫之外，臺灣人在其他行業很難有發揮的機會」[44]；又遭逢皇民化政策的壓力，光是為了分得必要的糧食與避開無謂的干擾，施純仁在高等學校二年時，就像許多臺灣同學一般，遵從皇民化運動的要求改日本名為德山仁一；這個名子沿用到他入學帝大直至一九四五年末。[45]或許也是因為類似的理由，即便盛名如杜聰明者，在皇民化運動的高峰期，仍須勉為其難地出任皇民奉公會的生活部部長，而為他招來一些批評。[46]藉由這些蛛絲馬跡，可以看出臺籍基礎醫學研究者的委屈求全，以及日治時期醫學研究內確實存在著殖民的不平等壓力。

基礎醫學研究體制內的壓力，恐怕更比不上醫科生對現實狀況的徬徨無助。施純仁初入帝大醫學部的一九四三年，日本帝國的敗象已略顯端倪，但醫學部的教學尚且如常。然而一九四五年的戰爭結束，卻不是黎明再現而是噩夢的延續、失望的擴大。隨著太平洋戰爭戰火波及到臺灣，島內民生物資缺乏更顯嚴峻。當一九四五年日本宣布投降之際，即便是菁英如醫科生者，亦不知道該何去何從。不要說是日本臺北帝國大學體制一夕間變成中華民國的國立臺灣大學，原有的研究講座制度該如何繼續；甚至是打算投入開業的醫科生，面對政治氣氛持續的低壓與社會經濟的殘破，也不知道該如何是好。施純仁回憶畢業前夕的心情時，這麼表示：

> 一九四七年六月，我們才在二二八事件之後充滿壓迫感的沉悶時代氣氛中畢業。當時的我們多數人是很徬徨的，為了最基本的生活而煩惱，對未來充滿不確定性，這就是我們當時初為醫者時所面臨的時代與考驗；……[47]

二二八、白恐，與被迫遁入臨床的臺籍醫師

一九四五年八月十五日日本無條件投降，臺灣在十月二十五日簽字移交南京國民政府。戰爭結束與「回歸祖國」的喜悅，很快地就被接收人員的貪污腐敗所澆熄，臺灣社會上充斥著「狗去豬來」的憤怒情緒。國民黨統治

下的高等教育，雖然沒有從制度上歧視臺籍菁英或是壟斷基礎醫學研究，[48]但是外省來臺主掌醫政的高官，卻一開始就低估了日治時期醫學教育的水準，從而貶抑了這群臺籍醫界菁英。戰後初期大陸來臺醫界人士對臺灣醫學教育與醫療制度的微詞，多半歸責於日本殖民統治所導致的畸形發展。一九四七年時任臺灣省行政長官公署衛生局局長之藥學家經利彬，即認為日人「對於從事醫藥工作之臺胞，多施以普通訓練，而少有精深的培植，以之充任各醫療機關之助手，或下級幹部⋯⋯。」又云：「本省各醫院受以往日人時代不良習慣之影響，如病人家屬任其在院留宿即由病人家屬在院備辦火（按：伙字之誤）食，本省醫事人才，雖尚充實，唯對於護士人才，則甚為低劣⋯⋯」[49]經氏這番說法或受中國抗日經歷之影響，但也反映出戰後初期大陸來臺人士對於日德舊制的不理解。而一九四七年的二二八事件以及國民黨政府流亡臺灣後，多年濫捕、濫殺的白色恐怖，又再次讓臺籍醫師們心寒，回頭退守臨床本職做為明哲保身與貢獻社會的手段。

一、二二八與白恐風潮下的臺籍臨床醫師

或許是因為個性使然，也可能是陰影尚未去除，戰後經歷過二二八與白恐的梁鑛琪，除了簡單地提到二二八當時有想拿手榴彈一拼的氣憤外，並未對這場臺灣史上翻天覆地的變局有太多著墨。[50]但相對地，儘管施純仁同屆同學未有二二八的遭難者，但高兩班的郭琇琮、許強（臺大醫院內科）、胡鑫麟（臺大醫院眼科）等人，[51]卻都因二二八事件或之後的白恐而下獄或處死。也許因為如此個人的經歷，[52]，施純仁就另有一番感慨：

> 我們光復是一九四五年，我也常常說「光復」到底這個字用得妥當不妥當我也不曉得，⋯最開始有期望，後來變成大失望，幻滅了。⋯像說去拿手榴彈、發刊政論、同仁雜誌這些事情都是自然的。假如你生在那時候也許也會參加，沒經過那種難過的時間，就不知道臺灣人被欺負的感受。[53]

國民政府對於日本殖民教育一律以「奴化教育」蔑稱，甚且逕自由大陸來人替換原屬日人的許多高階工作，

更加深了臺灣菁英對於回歸祖國的失望，以及對殖民不平等體制憤怒之延續。是以吳濁流曾謂：

> 接收工作順利地進行著，日本人都解雇，而他們的空職大多由島外來的人們接充，因此本島人的地位依然故我，和日據時期一樣。……當局為了解釋這矛盾立場，發表了好些言論曰：「本島人受了五十年間奴化教育，所以還不能派大用場。他們因奴化政策而全盤奴化，所以敵視祖國。因此，如果給予高級幹部的地位，馬上會發生危險，祇有施以再教育，再訓練。」[54]

日治後期曾讓臺籍醫師憤憤不平的皇民化，在「光復」之初不僅被來臺接收大員視為日本奴化教育的表徵，更不分青紅皂白地把生活在殖民時代的臺灣人，都當成了社會地位低賤且無高等智識的「日奴」。這不僅不符合臺籍醫師的現實與心理狀態，也無疑地挫折了他們對於祖國光復的熱情。

對於那些如吳平成等，曾經跨越戰前戰後的開業醫師而言，日治時代個人經驗中醫生幾乎是臺灣民間社會最尊榮的階級，生活富裕且備受尊敬。而在社會地位尊榮與經濟優渥之餘，又因為有蔣渭水、賴和、吳新榮這些具有知識分子良心的醫生存在，臺灣社會普遍視臺灣醫師為新文化旗手與反殖民體制先鋒。[55]只是臺籍醫師們的熱情與承擔，卻必須在一九三六年以後的皇民化風潮陰影下潛藏蟄伏。於是他們更加期待的戰後和平曙光到來，以便能夠再次申張理想。然而，戰後一連串的社會動盪與政治高壓，尤其是一九四七年的二二八事件與之後的白色恐怖，重創原本瀰漫在臺籍醫師間的政治理想主義及社會改造熱情。陳永興即指出，二二八事件中，至少有四十七名醫師遇害或被捕，造成戰後的臺籍醫師不再是政治上的優勢團體。[56]由於醫師在日治時期即擁有崇高的社會地位，遂不免造成國民政府為強化社會與政治控制，而箝制活躍醫界人士的普遍印象。陳永興由精神科醫師的角度分析，認為受此重創之後，臺灣醫生「淡出」社會參與及政治活動，從此不問世事。[57]柯巧俐醫師再回顧臺籍醫師社會參與的歷史軌跡後，亦認為二二八事件是醫界對政治社會等公共事務卻步、沉默的原點；尤有甚之，臺灣醫界更自此失去追求理想的勇氣與信心，在爭取自由、人權和社會公義上缺席了半個世紀之久。[58]他們顯然認為二二八事件在臺灣醫界所留下的創傷深刻且久遠的；若膚淺地套用創傷後壓力症候群（PTSD）[59]的定義，臺灣醫師在經歷了日治皇民化與戰後國民黨二二八、白色恐怖的摧折後，喪失了對社會國家的熱情與參與的動力，造成了醫師專業與社會關懷的斷裂，令醫師們僅僅蜷縮於專業的保護傘下，但望成為一名醫病的下醫，對於日治時期來高舉的「中醫醫人、上醫醫國」崇高理想望之卻步。

以下的兩個例子——莊媽江與吳金河或可為上述說法的例證。莊媽江的政治活動與社會參與從一九三六年以後漸趨沉默，戰後並未隨著「光復」而重新活躍於社會運動與政壇中，甚至是有關其戰前的角色亦隱晦不彰。[60]關鍵是一九四七年的二二八事件與隨之而來的白恐，讓莊媽江失去了對政府的期待，甚至是對政治絕望，一舉把過去參與抗日的資料銷毀，轉而專注於基層的醫療服務。一九五二年莊媽江出任鳳山鎮衛生所主任，在任職的一九五二—一九六七年間，被視為該所從草創到奠基發展的關鍵時期。[61]於是，對戰後鳳山地區的民眾而言，莊媽江只是一名臨床醫師，所貢獻者也僅止於醫療與公共衛生的事務。另一個例子，日後以烏腳病之父聞名的王金河，一九三六年入學東京醫科大學（前身為東京醫專），一九四三年返鄉開業服務。由於戰爭時期與戰後各項物資的匱乏，他一九四四年成立的金河診所在捉襟見肘的情況下勉強支撐；[62]但一如其他臺籍醫師般，吳金河仍是地方名望人士，遂也從戰前就擔任過北門鄉農會與北門信用合作社的理事長。直到一九五三年以前，甚至還出任過第一、二屆的臺南縣議員。[63]但早在二二八事件爆發時，吳金河已認為：「國民黨愈來愈不行」[64]，因此數度婉拒入黨的邀請。一九五三年更因為地方派系與政治黑暗，遭人誣陷下獄。[65]戰後政界的黑暗與派系的縱容，讓王金河終於決定放棄政途，全心投入診所業務與烏腳病照護。

不可諱言地，經濟因素仍影響了戰後臺籍醫師的生涯選擇。其中經濟崩潰與對公家薪資制度的不滿，是促成臺籍醫師選擇開業的動力之一。面對戰後殘破經濟的困窘，已不是人人都能如日治時期的前輩般，以優渥的經濟收入換取縱情思想解放或社會運動的自由。一九四二年進入臺北帝大醫學部預科的呂盛賢，雖是預科出身理當升學大學部，走入基礎與臨床並重的醫育體系。然而戰後社會經濟的困頓，復以政府無力供養公費生，促使呂盛賢在考慮家庭經濟現實下，寧可冒著二二八時期的風聲鶴唳，回到宜蘭南方澳當起密醫。[66]一九四八年因為二二八風暴餘波，呂盛賢僅獲得一紙臨時證明書就草草畢業。[67]回想當年放棄當細菌學者的理想而成為開業醫師，呂盛賢只能說：「出來開業，就是錢的關係，沒錢沒辦法啊……」[68]這一點與陳炯霖回憶日治時期的情況頗為相近：「如果沒有一個有錢的家庭或娶一個有錢的太太，幾乎是不可能繼續待在醫院。因此很多人都是在醫院學到足夠的臨床經驗後，就出去開業了。」[69]除了戰爭經濟的破壞外，根據吳平成的觀察，戰後開業的臺籍醫師還要比戰前時期面臨更多競爭與干擾。他認為戰後密醫增加與醫病關係惡化，是日治時期臺籍開業醫師所未見的情況。由於政府的政策，只要經過形式上的考試甄選就可以取得醫師證明，導致醫療市場競爭激烈。再者，醫師、患者互視如寇讎，甚且不問青紅皂白動輒興訟。[70]都不免進一步削弱戰後臺灣開業們的收入水準，甚至是投入社會的能力與意願。

當然不是所有的競爭壓力都來自於不合格的外省密醫，這時尚有一批懷抱高超醫術歸鄉的臺籍醫師。根據許雪姬的〈日治時期臺灣人的海外活動——在「滿洲」的臺灣醫生〉，在結論中以郭松根、王洛等投身學界與官方公衛體系者為例，認為「這些出色的醫生回臺後，繼續大顯身手，貢獻於臺灣醫界」。[71]然而，她文中所述由滿州回臺的臺籍醫師中，另有高達七成二以上的比率選擇自行開業。[72]這一點，怕是與戰後臺灣政治社會氛圍及臺大醫學院發生的一連串事件有關。二二八事件以來臺灣社會風氣肅殺，政治氣氛令人窒息，影響所至連戰前臺灣人一等高官的杜聰明，或是醫專生待取得臺北帝大醫學博士頭銜的徐傍興，都無法安逸地在校園裡維持他們鑽研基礎醫學的理想。戰後醫界的臺籍菁英們，仍得戰戰兢兢地避開校園裡可能的政治肅殺，退守臨床開業以換得自由的喘息空間。

二、出走臺大白色巨塔：杜聰明

一九四五年時，杜聰明身居醫界要津，又為臺灣人所敬重，在早期的接收工作上，國民政府不免委以重任。其接收任務與對象，包括臺北帝大醫學部與附屬醫學專門部等醫療與教育機構。但由於歷經大戰的破壞，臺大醫學院與附屬醫院軟硬體設施均遭受極大之破壞，[73]加上戰後多數日籍醫師與教師陸續遣返，以致於醫學院與相關醫療設施在教學與診療上，都遭遇到銜接與維持上的困難。[74]只是更大的衝擊來自制度變革；一九四五年，基於醫專是「養成護士、醫技、藥劑生及檢驗技術人員的學校」[75]之理由，政府要求臺大將原醫專一、二年級改編成醫學院正科生之先修班。[76]此舉顯然影響了在臺歷史悠久的臨床醫學教育，更引發多次學生的罷課與抗議。醫專部分雖延辦到一九五〇年學生全部畢業才正式停止，[77]但期間的教職員之風風雨與醫專學生的惶惶不安，恐怕並非三言兩語所能道盡。關閉醫專的決定，與時任臺大校長的傅斯年，強力推動美式醫學教育的意願有關。[78]制度上的突然與強迫性的變革，也造成一九四六年三—四月臺大醫院的「罷診事件」，衍生許強醫師的不滿及日後高層對他的猜疑。

所謂「罷診事件」，遠因是日治時期的帝大附屬醫院臨床缺額相當少，剛畢業的醫學生在臨床實習時並無薪水可支領，因此實習醫師多在外兼差看診。因此絕大多數的醫學生，在醫院實習幾年後即會離職自行開業。[79]到了戰後，因為多數日籍醫師遣返回日，臺大附屬醫院一時出現大量缺額吸引不少年輕醫師返校實習。但一來臺大發放的無給職實習聘書不知何故延宕，有給職的住院醫師也面臨「薪水常常一兩個月領不到。有時，每半個月借支一次，藉以勉強維持生活。」[80]部分住院醫師們遂於三月十九日發出最後通牒，在內科部許強醫師帶頭請願下，釀成臺大醫院罷診事件。[81]對此事件，張秀蓉以「凸顯了將中國大陸大學制度中的教授、副教授、講師、助教等職稱，套用在原講座制中的職稱上，無法完全適用於臨床學科人員的編制問題」[82]作為註解。但鄭志敏認為：「這次的風波，應該只是國府接收臺灣高等教育後，長期諸多不當作為下的一種強力反彈。」[83]

臺大罷診風波時，杜聰明正擔任醫學院長及第一附屬醫院長，可謂首當其衝。鄭志敏發現「當時醫員與學生們公認的大家長杜聰明，至少應該是站在同情理解的立場，希望藉此一事件，改變臺大校方某些行政作風，同時杜也是在向校方展現他的廣泛影響力。」[84]杜聰明只能提出妥協式的手法降低摩擦，[85]卻無助於改善醫師們不信任戰後體制的心理，尤遑論社會瀰漫的不滿情緒。

隨之而來的白色恐怖時期，當時參與罷診事件的臺大多名醫師遭到逮捕，除許強等人外，耳鼻喉科住院醫師蘇友鵬醫師，以參加左傾的讀書會被抓。葉盛吉雖然已經離開臺大醫院，赴潮州的瘧疾研究所服務，仍以加入共產黨為由遭到槍決。另一位臺大醫學院醫學生顏世鴻，則在綠島被關了十年；釋放後只能轉讀臺北醫學院，但已蹉跎十餘年光陰。[86]五〇年代政治氣氛的緊張，不僅讓上述臺籍菁英的身影消失在臺大醫院的長廊上，連杜聰明也終究要離開這個「起家厝」。

一九五〇年三月二十六日臺大的校務會議與五月二十日的附屬醫院院務會議，昭告臺大醫院正式改採用美式住院醫師制度。宋瑞樓回憶道：「同年八月[應為七月]，仿效美國方式，臺大醫院開始實施主治醫師及住院醫師制度，住院醫師訓練分為第一年、第二年、第三年、總醫師四個層級……經過總醫師的經歷之後，在臨床方面才算訓練完成。」只是這樣的變革，不僅鬧出「住院醫師」被解釋成為「住在醫院裡的醫師」的笑話，也導致一批戰前已具有醫師資格的「助手」，因舊制職銜而被迫由初級住院醫師重頭來過。[87]這時的杜聰明雖願向住院醫師制度妥協，但仍得不到傅斯年對其掌理醫學院的認同。傅氏指謫杜聰明對行政事務不夠用心、費時亦少，又不能用人以才、以專，故：「貴院之作風在乎積年以來不以辦好為目的，而以見好於各方面之人為目的，如繼續循此政策，則醫學院欲上軌道，乃絕不可能之事。」[88]但杜聰明更實際的困難，來自美援專家與主導美援方向的劉瑞恆，似乎也都不滿於杜聰明的態度。一九五三年，Loucks醫師受中華醫藥董事會（China Medical Board）之請，進行遠東地區包括臺灣的業務視察。[89]Loucks的報告提到美國Columbia大學拒絕協助臺大醫學教育改革，導致每年近百萬美元的投資無處可去。該報告歸咎於臺大醫學院缺乏理想的院長，宣稱儘管杜聰明在臺灣本地的醫界深受愛戴與敬重，但若能以有能力的外省人更換之（replacing him with a more competent Mainlander），則兩校合作或許可以成功且本地醫師也終究會了解其好處。[90]這段觀察與評論，後來被中華醫藥董事會的主席B. J. Watson節錄，並轉發總會作為提醒。[91]Loucks的報告，不啻是就精神與物質條件，表達對杜聰明的不信任。

杜聰明一九五〇年十二月出國，其間在美停留約五個月；美方安排杜聰明住宿紐約哥倫比亞（Columbia）大學，以便就近考察醫學院管理等。[92]只是鄭志敏發現，杜聰明當時即認為美式醫院與醫學教育制度的優點，頂多只有技術與器械上的進步。[93]而繼任其院長職的魏火曜也說：「杜聰明先生是比較特殊的例子，他一直是欣賞日本教學的，即使到美國考察之後，仍然堅持原來的看法。」[94]然而，此時已非日、美醫學孰優孰劣的問題，而是國民黨政府退守臺灣急於恢復美援、恢復軍事結盟的現實政治利害關係。[95]杜聰明之堅持日本舊制，就算沒有醫學上的對錯，至少也是政治上的不正確。在未能配合當局的情況下，錢思亮校長於一九五三年上半年成立「醫學院計畫委員會」，即已排除杜聰明出任委員。儘管杜聰明為此感到憤憤不平，[96]但據魏火曜回憶，這個委員會本就是為尋求美援改善臺大醫學院醫學教育的措施。[97]形勢迫人，一九五三年七月，錢思亮校長突然登門希望杜聰明主動請辭，但遭到堅拒，[98]杜聰明未獲續聘臺大醫學院院長，次年他即同意擔任私立高雄醫學院常務董事兼校長。一代醫人、日治時期臺灣人一等高官的杜聰明，終究不敵白恐時期的臺大校園政治，黯然南下重啟其醫學教育家的身分。

三、離開白色巨塔、走入民間臨床

面對戰後初期的時局變化，還是學生的黃伯超在心境上就有好幾次轉變。他曾經認為「歸還祖國中國的臺灣，正注入嶄新的亮光，吾人從今日開始，可以為了祖國盡全力……」，遂自覺地把日記的書寫，從日本式的直式書寫，改採中式之橫式日文書寫；甚至是二二八發生的前一天，更生平第一次嘗試用白話文寫作。但二二八事件發生後，黃伯超不僅改回日文直式書寫，更在日記中寫下「可憐的、愚笨的臺灣人民啊，汝恐怕永遠得不到幸福吧！」[99]這般以書寫方式轉換表達的憤怒，當時外省來臺人士不僅無法以「奴化教育」予以理解，甚且隱約有著被時代嘲弄的悲哀感。日後黃伯超雖堅持了基礎醫學的職業生涯，僅僅以書寫方式表達對戰後政治風氣的不滿；但他的同學卻有不少因為對時局的失望，放棄白色巨塔裡的醫學研究工作，意欲或決定選擇臨床開業。

身處於兩個時代的臺籍醫學菁英，似乎並未放棄戰前即已強調醫學可以救國與濟民的理想，只是在執行的形式上有過一番糾結。宋瑞樓的大哥宋枝發是日本齒科醫學專門學校畢業，臺北醫院受訓後返回竹東開設齒科診所。光復後曾任青年團團長，但在二二八時因關心公共事務、熱中政治，也遭憲兵隊收押、偵訊。經過這次事件，宋瑞樓深深警惕，誓言絕不碰政治，而是「要用醫學來貢獻社會，我要將寶貴的生命投注在醫學上。」[100]類似的故事，還有李鎮源的經歷。在二二八事件後，當局嚴加追捕異議分子，多位醫師受牽連；隨之而來的五〇年代白色恐怖時期，更使許多思想活潑開放的人士遭到壓迫。李鎮源身處如此風聲鶴唳的環境，感受到了執政者的霸權。加上同事許強遭到槍決，令他深感時代政治的不安定與不公正。他因此選擇在政治上緘默，埋首學術研究，並敦囑學生不要參與政治。[101]至於早在學生時代即對寄生蟲學產生興趣的謝獻臣，甘冒父親震怒也要留下繼續寄生蟲學的基礎研究。儘管謝獻臣自謙，當年他應該是令教授們頭痛的對象，[102]但他的同班同學呂盛賢則對他的機智與領導風範記憶猶深。在呂盛賢給謝獻臣的追悼文中曾提到，二二八事件後的五、六天，一位軍官帶著約十五名士兵前來醫學院搜查，謝獻臣用臨時惡補的北京話出面周旋，很技巧地化解了一場危機。[103]只是眼見二二八事件的社會衝擊，謝獻臣也想離開臺北這個是非之地，於是在一九四九年七月選擇前往屏東潮州瘧疾研究所，加入了防瘧工作的行列。一九五〇年謝獻臣已是潮州分所的主任，更號召學弟陳萬益、莊徵華、曾柏村等人南下，[104]其中即包括了黃伯超的同班同學葉盛吉。

離開北部似乎不能保障臺籍醫師們的身家性命，或許只有完全脫離政府管控的體系、遁入民間才能勉強噤聲避禍。一九五〇年五月，避走屏東潮州瘧疾研究所的葉盛吉仍因思想左傾被捕，十一月執行槍決前，留下遺書交代遺腹子貢獻社會：「如果可能的話，要當個醫生。」[105]面臨二二八事件後臺大醫院大整肅的風波，當時任職醫院的翁廷俊雖因祖母生病暫時逃過一劫，但也被迫逃亡至同年十二月四日。後雖因傅斯年校長力保得以避禍，然翁廷俊一度打算由臺大辭職自行開業。[106]二二八事件也讓任職醫學院進行藥理學——基礎醫學研究的許燦煌寒心。動亂當下，許燦煌躲入天花板上逃過死劫，後來更與士林牙科名醫陳重文避走南投埔里鄉間，打扮成農民模樣以免禍從天降。[107]許燦煌日後棄醫從商，雖不是走向開業的臨床生涯，但在基礎醫學不再有省籍隔閡，臨床開業仍有餘裕的情況下，亦不啻為出走白色象牙塔的另一模式。

在這一波醫師出走臺大醫院的風波中，既是醫專畢業生，又是帝大醫博的徐傍興，卻或許是最能表現戰後臺籍醫師被迫以臨床行醫、走入民間的例子。一九三四年徐傍興自臺北醫專畢業，一九三八年臺北帝大醫學部成立，他即投入帝大附屬醫院，在第一外科澤田平十郎門下擔任助手。大戰結束的前一年（一九四四），徐傍興以澤田教授指導下的〈臺灣地方性甲狀腺腫瘤疾病之研究〉學術論文，通過審查獲頒醫學博士學位。[108]一九四五年臺大醫院接收後，徐傍興順理成章接替澤田擔任第一外科主任，不久亦升任醫學院副教授與醫專部正教授。[109]等到傅斯年接掌臺大後，他根據前述中華民國教育部對醫專教育之定義，質疑臺北醫專生擔任大學教授的資格，這當然令醫專畢業卻擔任附屬醫院外科主任的徐傍興頗生難受。[110]一九五〇年九月，臺大醫院第一外科因消毒不周，引發院內破傷風感染事件。時值二二八事件與白恐風暴正炙，而院內又有杜聰明被迫接受改制，及一連串因住院醫師制度引起之動盪，徐傍興不可能不感受到處境上的不利。臺大校方此時更藉機提出「外科革新計畫」，主張將原有之兩個外科合併為一，並自院外聘請主任，[111]此舉無異是對徐傍興表達不適任的態度。由於傅斯年校長對第一外科的責難、對醫專畢業生能力的不信任；面對校方指責督導不周與第一外科被迫裁撤的徐傍興，終於決定一肩挑起責任請辭，轉往其從未嘗試過的私人開業一途。[112]徐傍興兼有日治臨床醫學教育的傳統，又能以基礎醫學研究獲致帝大博士頭銜，理當是同時跨越戰前戰後醫學體制，以及兼容臨床與基礎醫學的代表人物。然而，身處於一九五〇年代白恐陰影與臺大轉型壓力下的徐傍興，卻未蒙其利先受其害。他雖沒有如杜聰明般轉任高雄醫學院，繼續教學與研究的生涯，但臨床訓練的一技之長，倒是助他遠離是非、重返民間。

徐傍興挾著「全臺第一名的外科醫師」稱號，於一九五一年靠著向邱雲福內科借調的十二萬元，在臺北市政府斜對面開設了臺北徐外科。開業之初儘管只有二十床病人的容納量，卻仍創下「胃切除手術從切皮到縫合只要四十分鐘」的記錄。他很快還清債務並擴大經營規模，於是一九五七年徐傍興再購入蓬萊閣酒家整修成醫院，翌年正式遷徙並擴大經營，往後更吸引私立中山醫專與臺北醫學院的學生前來實習。[113]此際的徐外科可說是當時臺北市規模最大的私人外科醫院，與臺大、榮總、三總號稱臺灣四大醫院。[114]早在擴建臺北徐外科之前，徐傍興已接受杜聰明的邀請，於一九五五年出任高醫常務董事。[115]兩位因故出走臺北的基礎醫學與臨床醫學之臺籍菁英，卻在南臺灣再續前緣；但與杜聰明不盡相同，徐傍興還與周汝川牙醫師籌辦醫學專科學校，遂在一九六〇年接下私立中山醫專的校長職位。[116]相較於杜聰明經營相當於大學層級的醫學院，徐傍興則致力於專科教育，先是為醫專生爭取可以開業的資格，[117]爾後更於一九六五年在屏東成立美和護專。綜觀徐傍興一生與醫學教育相關者，不難發現徐傍興自己不僅體現了臺灣近代醫學史的軌跡，也親身維繫了日治以來的臨床醫學訓練傳統。他出身臨床醫學為主軸之日治時期臺灣醫專體系，雖因基礎研究獲醫博地位得以短暫留院教學、工作，卻仍在白恐陰影下被迫選擇自行開業，轉而貢獻戰後的臨床醫療與教育。

不過戰後臺籍醫師投身社會或政治的情況，若就表面來看仍有一些比較成功的例子；但與前輩們不同的是，他們多半不脫醫療專業的範疇。舉例來看，醫師參與社團與公會，擔任理事長或進而從事政治，仍是值得注意的現象；如出身苗栗邱家的臺大醫院院長的邱仕榮[118]，或是參與南部政治、社會事務的吳新榮[119]與吳基福[120]等人。雖然二二八事件與其後續或許阻擋這些人投身公共事務的熱忱，但他們依然會繼續參與專業團體，也與國民黨的政權周旋而產生，更為依靠醫療專業且比較間接的政治互動模式。對照臺籍醫師從殖民時代後期到戰後初期的社會參與模式後，不難發現他們直接集結參與社會、政治運動的能力與意願逐年遞減。因此造成前面的敘事中，出現集體性陳述和個案性描繪的筆法差異；這當然是史料因素所致，但又何嘗不是時代變遷的反映？一九二〇年代時的臺籍菁英尚且有結社鼓動時代風潮的實力，但到皇民化運動開始後，醫師們除非依託在既存的日人組織中，即無法團結醫界參與社會活動。下迨戰後初期，臺籍醫師的活動模式更趨個人化、片段化。像是民眾黨一般的大型組織早成明日黃花，甚至是地方性的醫界菁英結社也難再現端倪。取而代之的是，個別醫師在自身能力範圍內參與地方政治與社會事務，但即便如此仍難逃政治上的監視而往往必須走向更底層、更技術面的方向。在皇民化到二二八事件、白色恐怖的歷史洪流中，臺籍醫師遂從文明開化者的全面性（holistic）功能，退縮為提供醫療服務或教育研究的技術性（technological）角色。至此，臺籍醫師的醫療角色因政治陰影而發揮到極致；這或許有助於他們在亂世裡明哲保身，但也讓醫療侷限在治病的實務而不是救世濟民的理想實踐。

小結

當日治時期臺灣殖民政府把執業西洋醫學的醫師們，形塑為進步、成功的形象，並將殖民統治視為文明開化任務時；在殖民醫學的領域中，即投射出基礎醫學（進步殖民者）與臨床醫學（殖民地菁英）的分野。在堅持對殖民地臺灣施以臨床醫學為主的醫專教育之餘，日本仍不忘交付臺籍醫師文明開化殖民社會之任務。於是在醫界諸多的座右銘當中，「上醫醫國、中醫醫人、下醫醫病」最為戰前臺灣醫界所津津樂道。影響所及，不僅激勵了一九二〇年代醫師們風起雲湧地投入社會運動與新文化啟蒙，甚至是戰後的醫界仍能感受到這股威力。譬如臺大謝豐舟醫師直接以「上醫醫國」為題，鼓勵為醫師者當以「上醫醫國」為職志。[121]又如陳永興在《醫者情懷——臺灣醫師的人文書寫與社會關懷》中，期望能讓處在今日沉淪墮落的社會中的醫者，能奮起努力實現「救人濟世」、「醫民醫國」的抱負。[122]凡此種種都不難發覺日治時期以來的臺籍醫師們，不僅僅自滿於一己的醫學成就或優渥社經地位，更對臺灣這塊土地、文化，甚至是全球視野下的未來，懷抱著一份責任感與「有為者應若是」的氣概。

就殖民時期的臺灣而言，西醫師成為臺灣醫療的主流是一九二〇年代以後的事，當時以臨床為主要執業方式的臺籍西醫師，透過其民族的、社會的網絡，將醫療的專業與社會領袖的形象結合起來。於是，殖民時期的臺籍醫師在臺灣社會裡，不但是新式西洋醫學的施行者，同時也是西方新事物的引介者。對當時這群醫師來說，反抗殖民統治的不平等就是世界潮流。於是在「作臺灣人的醫師」的志氣鼓舞下，左派思潮、工友運動、農民組合，以及新文化啟蒙與議會請願，遂在一九三六年皇民化運動興起前席捲全島。一九三六—一九四五年逐步增強的皇民化運動，表面上挫折了臺籍醫師參與社會、文化改造的銳氣，也壓制了政治改革的呼聲。但事實上，臺籍醫師更確認對殖民統治的厭惡，只是不得不與時勢妥協，而進入將近十年的蟄伏時期。在這十年當中，基礎醫學教育和研究仍然是日籍人士的禁臠，臺籍醫師即便再有才能，也不能輕易涉足其間。但在皇民化時期，臺籍醫師們對日人壟斷基礎醫學的情況，似乎並沒有太強烈的不平感。究其原因，一來可能是這情況與殖民體制有關，既無法擺脫殖民統治則此題自然難解；二來，臺籍醫師對日籍教授的師生恩情，也或許稍稍寬解了可能的緊張關係。但更重要的恐怕是戰爭時期現實的生活壓力，以及對於戰後重返和平的強烈熱望，讓臺籍醫師們願意忍氣吞聲、靜待和平，或迎接祖國戰勝曙光的到來。

一九四五年的「光復」，彷彿開了臺灣人一個大玩笑；隨之而來的二二八、白恐，讓臺籍醫師們在皇民化與戰爭時期的忍耐與等待，化成了失望、憤怒、恐懼，甚至是流血。遁入臨床，是臺籍醫師們在皇民化時期已有的避禍經驗，戰後再作此生涯選擇，不論個人理由為何，都可視為對「光復」做出最深沉的行為抗議：一個殖民高壓統治下的生涯決定，卻仍在日本戰敗後延續下來。更值得深思的是，戰後臺灣的醫學教育與研究體系，並未如戰前般在制度上製造臺灣人難以進入基礎醫學領域的鴻溝。但現實政治與社會的肅殺氣氛，仍令戰後的臺灣醫學界充滿了疑慮與不安；為求生計也為避禍，選擇臨床開業遂成臺籍醫師們合理的生涯規劃。對照一九四五年前後臺籍醫師遁入臨床的因素，可以看出雖然都出於不得不然，但皇民化時期的臺灣醫師僅能「被動地」選擇臨床執業，而戰後的臺籍醫師們卻是「主動地」投入臨床工作。當然，正因為戰後醫學教育的變革，才會有李鎮源、宋瑞樓、黃伯超等基礎醫學名家的出現，但也因為戰後的醫者理論上可以自由選擇基礎醫學或臨床醫學的道路，才讓莊媽江與徐傍興臨床執業的光芒中帶著些無奈的感慨。

當日本帝國主義者在一九四五年戰敗，臺灣社會歡欣鼓舞地迎接一個沒有殖民統治的新時代，但事實上殖民體制並未隨戰爭結束而告終。過去已有相當多的研究，顯示一九四五年以後統治臺灣的國民黨政府，在相當程度上延續了殖民時期，尤其是皇民化高峰期的戰時體制，並加以運用於白恐統治當中。[123]但過去的研究則較少涉及到一九五〇年代以後，美國——這個不具有傳統殖民形式的帝國主義力量，[124]如何在戰後支持國民黨統治臺灣。姑且不論吳基福、邱仕榮宦海沉浮或個人際遇，若僅從杜聰明與徐傍興面對戰後臺大醫學改革的經驗來說，不僅帝國主義與殖民統治的面貌出乎意外，他們恐怕比戰前的蔣渭水更加無助，因為主導戰後世界秩序的唯一力量，並沒有站在他們這一邊。研究戰後去殖民化的學者法農（Franz Fanon）曾說過：去殖民化（decolonization）如我們所知，是一個歷史的過程（a historical process）。除非我們能從其過程裡的歷史形式與內容中找關鍵性的動因，否則就無法了解這個過程，做出理性、清楚的說明，甚或提出評估這過程影響的指標。[125]即便法農這項觀點是在一九六三年時提出，仍然對今日歷史學者，理解臺籍醫師如何走過皇民化、二二八，與白恐的過程，提供了深思與嘗試研究的方向，也或許進而能從臺灣醫界的經歷中，尋得一些與其他社會相互參考的基點。

劉士永，美國賓州匹茲堡大學博士；哈佛大學燕京學者、奧勒岡州立大學春秋講座、歐盟Erasmus Mundus學者、俄亥俄州立大學歷史研究中心資深研究員、臺灣漢學講座等；現職中央研究院臺灣史研究所研究員暨人文社會科學研究中心合聘研究員。

註釋

1 山口秀高主講、韓良俊譯，〈臺灣總督府醫學校成立之由來以及將來之企望〉，《臺灣史料研究》八（一九九六年八月），頁四九—五〇。原文摘自《臺灣醫事雜誌》八十九期（一八九九），頁三七一—三七八。

2 臺灣教育會著，國史館臺灣文獻館編，許錫慶譯注，《臺灣教育沿革誌（中譯本）》（南投：國史館臺灣文獻館，二〇一〇），頁九一八—九一九。

3 臺灣總督府醫學校編，《臺灣總督府醫學校一覽》（臺北：臺灣總督府醫學校，明治四十四年），頁五四。

4 莊永明，《臺灣醫療史》（臺北：遠流出版社，一九九八），頁二四二。

5 臺灣教育會編，《臺灣教育沿革誌》，頁九二三。

6 林吉崇，《臺大醫學院百年院史（上）》（臺北：國立臺灣大學醫學院，一九九七），頁三二。

7 吳文星，《日據時期臺灣社會領導階層》（臺北：五南出版社，二〇〇八），頁一三六。

8 事實上，想要從臨床實務轉為研究職的大學教授非常困難，這一點亦可證之於韓石泉，《六十回憶》（臺南：韓石泉先生逝世三週年紀念專輯編印委員會，一九六六），頁一〇〇。

9 有關十八、十九世紀德國醫學教育的改革，請參見Thomas H. Broman, *The Transformation of German Academic Medicine*, 1750-1820 (Cambridge: Cambridge University Press, 1996)，其中對於講座制與實驗室醫學的精簡註腳，或可參考頁三〇—三一的扼要說明。

10 關於帝國大學之醫學畢業生的定義與特性之簡述，見厚生省編，《醫制百年史》（東京：厚生省醫務局，一九七六），頁一〇二。

11 就字面意義而言，當時日文專門學校意指「特殊學校」；此等定義參見Herbert Passin, *Society and Education in Japan* (Tokyo, New York and San Francisco: Teachers College Press, 1965), p105.

12 Shuheilkai, "Becoming Hospital Owners: the Evolution of Doctor's Career Paths in Japan from the 1870s to the 1930s," History of Medicine Seminar會議論文，Wellcome Institute, London (Jan, 1, 2005), p. 6. 對於醫專與醫學校這類以臨床醫學為目標的醫師養成教育，早在戰前一九一三年就有日本

醫師提出補充基礎醫學訓練的建議；小山田克己，《醫者は如何る程度まで信用すべきか》（東京：東亞堂，一九一三），頁一七一一八。

13 兼久佳太郎，〈臺灣に於ける衛生偶感〉，《臺灣公眾醫事雜誌》四：八（一九三二），頁二〇。

14 鄭志敏，〈殖民樣板或臺人英雄？：試論杜聰明與日治時期臺灣的醫學教育〉，《臺灣圖書館管理季刊》一：一（二〇〇五），頁一〇四—一〇五。

15 林吉崇，《臺大醫學院百年院史（上）》，頁四七、五三。

16 李騰嶽，〈臺灣初期醫學教育的回顧〉，收於《李騰嶽鷺村翁文存》（臺北：李陳乖家族成員自印，一九八一），頁二三〇。

17 賴和，〈阿四〉，收於李南衡編，《賴和先生全集》（臺北：明潭出版社，一九七九），頁三三三。

18 臺灣總督府編，〈醫院官制〉，收於《臺灣總督府職員錄》（臺北：臺北日日新報社，明治三十一年度）。

19 有關日治時期府立宜蘭醫院的臺籍醫師之任用情形，可參見范燕秋，〈日治時期臺灣總督府宜蘭醫院初探〉，《宜蘭文獻雜誌》七（一九九四年一月），頁八一—一一五。

20 宜蘭醫院，《醫院史資料》（自明治二十八年至大正十二年），第壹輯，頁二三—二六。

21 吳文星，《日據時期臺灣社會領導階層之研究》，頁一〇四、一〇六。

22 以一九二四年為例，醫學校與醫學專門學校的畢業校友合計五七八名，其中自行開業者五二六名，任職府立醫院者四十六名，另有六名留學日本。見林吉崇，《臺大醫學院百年院史（上）》，頁一六八。

23 臺灣文化協會，《會報》第一期（臺北：臺灣文化協會，一九二一）。

24 葉榮鐘原著，葉芸芸、藍博洲主編，《日據下臺灣政治社會運動史（下冊）》（臺中：晨星，二〇〇〇），頁四九六。

25 蔡培火、陳逢源、林柏壽、吳三連、葉榮鐘等著，《臺灣民族運動史（下冊）》（臺北：自立晚報，一九八七），頁五六五。

26 此處對皇民化運動的理解，借自林呈蓉，《皇民化社會的時代》（臺北：臺灣書局出版有限公司，二〇一〇）。

27 Ming-Cheng M. Lo, *Doctors within Borders: Profession, Ethnicity, and Modernity in Colonial Taiwan* (Berkeley: University of California Press, 2002).

28 Ming-Cheng M. Lo, *Doctors within Borders*, p. 52.

29 Michelle Moran. "Doctors within Borders: Profession, Ethnicity, and Modernity in Colonial Taiwan (review)," *Journal of Colonialism and Colonial History*, 4:2 (2003).

30 Ming-Cheng M. Lo, *Doctors within Borders*, pp. 109-112.

31 楊金虎，〈七十回憶〉，上冊，收於張玉法、張瑞德編，《中國現代自傳叢書》第一輯（臺北：龍文書局，一九八九），頁五三—五四。

32 吳榮發，〈莊媽江：高雄西醫先行者與社會先覺者〉《高雄文獻》一七：三（二〇〇四），頁三〇。

33 吳榮發，〈莊媽江：高雄西醫先行者與社會先覺者〉，頁三六、三八。

34 林曙光，《打狗滄桑》（高雄：春暉出版社，一九八五），頁一八〇。

35 莊永明以韓石泉作為抗拒皇民化的例子，認為儘管他不屑有些人為響應所謂「國語家庭」，將「林」姓改成了「小林」、「陳」姓變成了「潁川」之類的作法，但莊氏也還是將此行為稱作在「亂世」中「自求多福」。見莊永明，《韓石泉醫師的生命故事：愛人如己的醫界典範》（臺北：遠流出版事業股份有限公司，二〇〇五），頁二五四。

36 藍博洲，〈這個人，國家不能讓他活下去了！──許強醫師（一九一三─一九五〇）〉（http://historio.asia/?p=277，2016/8/21檢閱）。

37 謝博生，〈臺灣醫師培育模式之發展歷程〉，《景福會訊》二十九：四（二〇一二年四月），頁三。

38 杜聰明，〈臺中市醫師公會理監事歡迎晚餐會致辭〉，收於《杜聰明言論集》（高雄：私立高雄醫學院，一九六四），第二輯，頁九五。

39 廖雪芳，《醫者之路：臺灣肝炎鼻祖宋瑞樓傳》（臺北：天下雜誌股份有限公司，二〇〇二），頁五八─五九。

40 藍博洲，〈氣概的臺灣人──許強的醫者之路（上）〉，《傳記文學》八十三：六（二〇〇三），頁三七。

41 陳炯霖撰述、康明哲整理，《臺灣小兒科發展的舵手：陳炯霖》（臺北：望春風出版社，二〇〇二）。

42 部分醫學部博士班學生，因戰敗改制緣故得以提前畢業，遂成為末代臺北帝大醫學博士，當時也有「波茲坦博士」的戲稱。見蔡篤堅編，《一個醫師的時代見證──施純仁回憶錄》（臺北：記憶工程出版社，二〇〇九），頁一四二。

43 名單見吳文星，〈日據時期臺灣的教育與社會領導階層之塑造〉，《臺灣師範大學歷史學報》第十期（一九八二）以及頁三九九，註三五。

44 蔡篤堅編，《一個醫師的時代見證──施純仁回憶錄》，頁一三三─一三四。

45 蔡篤堅編，《一個醫師的時代見證──施純仁回憶錄》，頁一二三。

46 朱真一，《臺灣早期留學歐美的醫界人士》（臺北：望春風出版社，二〇〇四），頁七八。

47 施純仁，〈臺大醫學院畢業六十周年校友代表致詞〉，二〇〇七年十一月十七日於臺大醫學院基礎醫學大樓。轉引自蔡篤堅編，《一個醫師的時代見證──施純仁回憶錄》，頁一五一。

48 醫望雜誌編著，《福爾摩沙的聽診器──二十六位臺灣醫界人物的故事》（臺北：新新聞文化事業股份有限公司，二〇〇一），頁一五〇。

49 經利彬，〈臺灣省衛生工作概況〉，《中華醫學雜誌》三十三：三（一九四七），頁三〇四─三〇五。

50 梁妃儀，〈梁鑛琪口述歷史〉，《臺灣風物》五十九：二（二〇〇九），頁二二一─二二四。

51 一九四六年，年僅三十三歲的臺北帝國大學醫學院醫師許強，因為研究焦性葡萄酸（pyruvic acid）許氏檢驗法，而獲得九州帝大醫學博士。次年，許醫師升任第三內科主任。然而，一九四六年許強即已對國民黨統治失望，前往上海與上海臺灣同鄉會及中國共產黨地下組織有所聯繫。一九五〇年一月，由郭琇琮主持的共黨地下組織「臺北市工作委員會」被偵破，不久郭琇琮等人被捕：五月十三日，第三內科主任許強、眼科主任胡鑫麟、耳鼻咽喉科蘇友鵬、皮膚科醫師胡寶珍等同時被捕。一九五〇年十一月二十九日，郭琇琮、吳思漢、許強、朱耀珈、謝桂林等人以「意圖破壞國體、顛覆政府」，遭判處槍決。參見藍博洲，〈氣概的臺灣人——許強的醫者之路（上）〉，《傳記文學》八十三：六（二〇〇三），頁三〇—五〇；藍博洲，〈氣概的臺灣人——許強的醫者之路（下）〉，《傳記文學》八十四：（二〇〇四），頁五一—七二。

52 蔡篤堅編，《一個醫師的時代見證——施純仁回憶錄》，頁一八三、一七一—一八六。

53 蔡篤堅編，《一個醫師的時代見證——施純仁回憶錄》，頁一四九—一五〇。

54 吳濁流，〈路迢迢〉《泥濘》（臺北：林白出版社，一九七一），頁一四三。

55 吳平城、胡慧玲，《草地醫生》（臺北：玉山社，一九九七），頁四一。

56 陳永興，《臺灣醫療發展史》（臺北：月旦出版社，一九九七），頁一〇三—一一一。

57 陳永興，《臺灣醫療發展史》，頁九八。

58 柯巧俐，〈杏林沉思—醫師社會角色的省思〉，《高醫醫訊》二十四期（二〇〇五），頁一七。

59 創傷後壓力症後群（Posttraumatic stress disorder，簡稱PTSD），常指人在經歷過重大創傷事件後產生的精神疾病。其症狀可能有不愉快的的想法、感受或試圖避免接觸相關的事物，認知與感受的突然改變等。American Psychiatric Association ed., *Diagnostic and Statistical Manual of Mental Disorders the 5th Version*（Arlington, VA: American Psychiatric Publishing, 2013), pp.271–280.

60 吳榮發，〈莊媽江：高雄西醫先行者與社會先覺者〉，頁四二。

61 吳榮發，〈莊媽江：高雄西醫先行者與社會先覺者〉，頁四〇。

62 陳正美、黃宏森，《烏腳病之父——王金河醫師回憶錄》（臺南：財團法人王金河文化藝術基金會、國史館臺灣文獻館，二〇一〇），頁七〇、八一。

63 陳正美、黃宏森，《烏腳病之父——王金河醫師回憶錄》，頁七五—八九。

64 陳正美、黃宏森，《烏腳病之父——王金河醫師回憶錄》，頁八七。

65 陳正美、黃宏森，《烏腳病之父——王金河醫師回憶錄》，頁九一—九二。

66 關琪錞，《南方澳漁民仔醫師——呂盛賢口述歷史》（臺北：富帝文教，二〇一二），頁六七—七一。

67 關琪錞，《南方澳漁民仔醫師——呂盛賢口述歷史》，頁八一。

68 關琪錞，《南方澳漁民仔醫師——呂盛賢口述歷史》，頁九〇。

69 陳炯霖撰述、康明哲整理，《臺灣小兒科發展的舵手：陳炯霖》，頁三六。
70 吳平城、胡慧玲，《草地醫生》，頁一〇九。
71 許雪姬，〈日治時期臺灣人的海外活動——「滿洲」的臺灣醫生〉，《臺灣史研究》一一：二（二〇〇四），頁六四。
72 許雪姬，〈日治時期臺灣人的海外活動——「滿洲」的臺灣醫生〉，頁一一七五。
73 張秀蓉編著，《臺大醫學院一九四五—一九五〇》（臺北：臺大出版中心，二〇一三），頁六—八。
74 杜聰明，《回憶錄》（臺北：杜聰明博士獎學基金管理委員會，一九七三年八月），頁一一四—一二〇。〈臺大附屬醫院維持甚感困難〉，《中華日報》，一九四六年六月二十二日，頁三。
75 《國立臺灣大學校刊》一（一九四七年十月一日）。
76 黃撐旗，《烽火南國的少年：臺北帝國大學醫學專門部學生的戰爭筆記》（臺北：大千，二〇〇八），頁二〇二。
77 張秀蓉編著，《臺大醫學院一九四五—一九五〇》，頁二九。
78 張秀蓉編著，《臺大醫學院一九四五—一九五〇》，頁五三—五四。
79 楊玉齡、羅時成，《臺灣蛇毒傳奇—臺灣科學史上輝煌的一頁》（臺北：天下文化出版社，一九九六），頁四二—四三。
80 林天祐，《象牙之塔春秋記》（臺北：臺灣商務印書館，一九九三），頁七四。
81 左衽，〈為何要求無俸聘書〉，《民報》，一九四六年四月九日，頁二。
82 張秀蓉編著，《臺大醫學院一九四五—一九五〇》（臺北：臺大出版中心，二〇一三），頁五四。
83 鄭志敏，《杜聰明與臺灣醫療史之研究》（臺北：國立中國醫藥研究所，二〇〇五），頁二七三。
84 鄭志敏，《杜聰明與臺灣醫療史之研究》，頁二七四。
85 〈待羅校長歸校後才可辦理委任事宜對罷診問題某當局者談〉，《民報》，一九四六年四月四日，頁二。
86 黃伯超口述、蔡錦堂主訪、徐聖凱撰著，《黃伯超先生傳：臺灣營養學研究領航人、本土醫學教育改革先驅》（臺北：前衛出版社，二〇一二），頁一二四—一二五。
87 轉引自張秀蓉編著，《臺大醫學院一九四五—一九五〇》，頁六〇—六一；以及葉英堃的回憶，見同書，頁六一—六二。
88 〈傅斯年回函〉，收於張秀蓉編著，《臺大醫學院一九四五—一九五〇》，頁三三六。
89 "Report by Dr. Loucks on visit to Taipeh," Rockefeller Archive Center, 100 China Medical Board, Inc., 1950-1955, RG 1, Series 100, Box 3, Folder 27, p.2.
90 "Report by Dr. Loucks on visit to Taipeh,"Rockefeller Archive Center, 100 China Medical Board, Inc., 1950-1955, RG 1, Series 100, Box 3, Folder 27, p.5.
91 "Report by International health Division," Rockefeller Archive Center, 200 International Health Division, Rockefeller Foundation, 1950-1955, RG 1, Series 605, Box 2, Folder 18

92 杜聰明，《回憶錄》，頁二〇六—二〇八。
93 相關書信內容參考自鄭志敏，《杜聰明與臺灣醫療史之研究》，頁三二二—三二三之引文。
94 魏火曜口述，熊秉真、江東亮訪問，鄭麗榕記錄，《魏火曜先生訪問紀錄》（臺北：中央研究院近代史研究所，一九九七），頁五七。
95 劉士永，〈戰時中國的醫療傳道〉，收於黃文江、張雲開、陳智衡主編，《變局下的西潮：基督教與中國的現代性》（香港：建道神學院，二〇一五）。
96 杜聰明，〈國立臺灣大學第二四九次行政會議上之演說〉，《杜聰明言論集》（臺北：杜聰明博士獎學基金會，二〇一一），第一輯，頁五六九。
97 魏火曜，〈臺大醫學院十六年〉，《傳記文學》一：七（一九六二），頁三五—三八。
98 杜聰明，〈國立臺灣大學第二四九次行政會議上之演說〉，《杜聰明言論集》，第一輯，頁五六九。
99 黃伯超口述、蔡錦堂主訪、徐聖凱撰著，《黃伯超先生傳：臺灣營養學研究領航人、本土醫學教育改革先驅》，頁一二五—一二六。
100 廖雪芳，《醫者之路——臺灣肝炎鼻祖宋瑞樓傳》（臺北市：天下，二〇〇二），頁八〇。
101 醫望雜誌編著，《福爾摩沙的聽診器——二十六位臺灣醫界人物的故事》，頁一二六。
102 謝獻臣，〈往日情懷〉，收於國立臺灣大學醫學院編，《國立臺灣大學醫學院醫科第二屆畢業五十週年紀念冊》（臺北：國立臺灣大學醫學院，一九九九），頁一五九—一六三。
103 呂盛賢，〈大戦後の医学生と学生宿舎——追悼謝献臣学兄（上）、（下）〉，《景福醫訊》一八：四，頁二一—七；一八：五，頁二一—七。
104 梁妃儀等編，《臺灣中部醫療人物誌．第三集》（臺中：中國醫學大學，二〇一〇），頁一一六。
105 黃伯超口述、蔡錦堂主訪、徐聖凱撰著，《黃伯超先生傳：臺灣營養學研究領航人、本土醫學教育改革先驅》，頁一二五。
106 鍾肇政，〈翁廷俊教授事略〉，收於臺大醫院百年懷舊編輯小組，《臺大醫院百年懷舊》（臺北：國立臺灣大學醫學院附設醫院，一九九五），頁一〇四。
107 曹永洋，〈馳騁活躍於企業界的醫學博士許燦煌博士略傳〉，收於臺大醫院百年懷舊編輯小組，《臺大醫院百年懷舊》（臺北：國立臺灣大學醫學院附設醫院，一九九五），頁一八七。
108 以上生平整理自卜國光，〈追懷徐傍興博士〉，《六堆雜誌》五八（一九九六年），頁二六—二八。
109 臺大醫院編，《臺大醫院一百年》（臺北：臺大醫院，一九九五），頁五七—五八。
110 唐輝，〈敬悼徐外科醫院院長徐傍興先生逝世十週年紀念〉，收於《徐傍興博士逝世十週年紀念專輯》（屏東：美和中學，一九九九四），頁三〇。

111 資料與事件簡述，參見張秀蓉編著，《臺大醫學院一九四五－一九五〇》，頁六二－六三。

112 郭維雄，〈屹立臺灣醫界半世紀的一代良醫兼良師－徐傍興博士在徐外科醫院與醫學教育上的奉獻〉，收於《徐傍興博士紀念文集》（屏東：屏東平原鄉土文化協會，二〇〇三），頁一一五－一一六。

113 蔡明坤、王淑慧，〈徐傍興與他的志業（一九〇九－一九八四）——以美和棒球隊為例（行政院客家委員會獎助客家學術研究計畫）〉，（臺北：行政院客家委員會，二〇〇四），頁一二－一三。

114 郭維雄，〈屹立臺灣醫界半世紀的一代良醫兼良師——徐傍興博士在徐外科醫院與醫學教育上的奉獻〉，頁一〇八。

115 劉盛興，《六堆客家鄉土人物誌》（屏東：屏東縣立文化中心，一九九七），頁八四。

116 耿殿棟，〈悼念徐傍興教授逝世一周年〉，《傳記文學》四七：二，頁二九。

117 當時規定醫專訓練僅四年，畢業生不能取得開業執照。此一規定當與前言，一九四五年欲改臺大醫專部為醫學部先修科的理由相當，惟經徐傍興向蔣介石力爭，終為醫專畢業生取得合法開業之資格。劉盛興，《六堆客家鄉土人物誌》，頁八十六與註六，頁九十。

118 邱仕榮相關討論與生平，請參見劉鴻德，《在醫療行政與醫學專業之間：邱仕榮及其同時代的臺大醫院與臺灣醫學》，（臺北：國立編譯館，二〇一〇）。

119 請參考吳新榮，《震瀛隨想錄》，（臺南：琑琅山房，一九六六）；施懿琳，《吳新榮傳》，（南投：臺灣省文獻委員會，一九九九）。

120 吳基福事蹟與生平簡述可參見許雪姬編，《臺灣歷史辭典》，（臺北：遠流，二〇〇三），頁三五三。

121 謝豐舟，《上醫醫國》，（臺北：大樹林，二〇〇七）。

122 陳永興，《醫者情懷——臺灣醫師的人文書寫與社會關懷》，（臺北：INK印刻出版社，二〇〇九）。

123 有關美國透過援助所造成類似帝國主義之效果，可參考Chen, Kuan-Hsing（陳光興）. *Asia as Method: Toward Deimperialization* (Durham, NC: Duke University Press, 2010）；至於對臺灣白恐的實證案例研究，或可以劉自然事件及其相關影響為一代表，參見Stephen G. Craft, *American Justice in Taiwan: The 1957 Riots and Cold War Foreign Policy* (Lexington, Kentucky: The University Press of Kentucky, 2016)。至於其他臺灣白色恐怖之中文研究難以盡數，但可參考許雪姬編，《獄外之囚：白色恐怖受難者女性家屬訪問紀錄》，（臺北：國家人權博物館籌備處，二〇一五）一書，略窺其時代氛圍於一二。

124 對於美國作為非典型殖民主義形式之概念，借自 Niall Ferguson, *Colossus: The Rise and Fall of the American Empire* (London: Allen Lane, 2004).

125 Franz Fanon, *The Wretched of the Earth* (New York: Grove Press, 1963), p. 36.

楊雲萍、陳逸松、呂赫若這三個文化人與他們的時代

許雪姬

前言

研究一個人已經有困難，何況是三個跨越兩個時代、又有留學經驗的越境者。之所以如此嘗試，是希望借研究三人的生平去瞭解他們這個世代的人如何歷經時代的變遷，由其因應來認識人在時代下展現的普遍性、根源性及特殊性。如果以一個世代三十年來計算，這三位皆出生於一九〇〇到一九二〇年間，其中最年長和最年輕的只差八歲，是可以當同一個世代來討論。他們所經歷的時代到底為何？在進入主題之前，似應簡單做個交代。

一九〇五年日本帝國自從日俄戰爭取得勝利後一直到一九三一年九一八事變之間，期間雖受一次大戰、世界經濟大恐慌的影響，但可說是日本走向亞洲第一的時期。同時在俄國有一九一七年的二月革命、十月革命，蘇聯共產黨、第三國際陸續成立（一九一九），影響所及，亞洲各國的共產黨也逐漸成立，首先中國共產黨於一九二一年成立、日本共產黨於一九二二年成立，[1]在這樣的氛圍中，到東京去留學的學生，原本有的東京臺灣青年會，其會員不少受到左翼思想的影響，因而有社會科學研究會的成立。[2]一九二九年四．一六事件，日本展開對日共的大檢舉，到一九三〇年為止，共逮捕一千五百人，在日本帝國外地的臺灣也受到影響，一向臺灣人反抗日本的民族主義右翼陣營外，左翼的農民組合成立於一九二六年，右翼的陣營也在一九二七年開始分裂，一九二八年日本共產黨臺灣民族支部（臺灣共產黨）在上海成立，同年在東京設置臺灣共產黨東京特別支部，與社會科學研究會有密切的聯繫；在島內，此後左傾的臺灣文化協會、臺灣農民組合都支持臺共，形成左翼勢力的結集。一九三一年六月臺灣總督府開始逮捕臺共（包括臺灣人勞動互助社、赤色救援隊），隔年有四十九人被起訴，分別

判處二至十五年徒刑，[3]而後定讞。此後迄一九三七年不再見有總督府取締左翼的行動，可見左翼已在彈壓下無法活動，但左翼的思想仍生生不息。

戰後，左翼的報章雜誌續出，《政經報》、《臺灣評論》、《人民導報》、《自由報》乃至於《光明報》，面對行政長官公署的秕政，不斷報導、批判，原來右翼的人士也結集在《民報》，展開批判，和官方辦的《臺灣新生報》、《中華日報》（南部版）大異其趣。何義麟認為戰後臺灣的媒體不僅具有民主批判的精神，「更進一步說，臺灣社會已經具有形成一個健全市民社會中所應有的公共領域。」[4]在此氛圍下，只要是文化人一定投身媒體，盡其社會責任。一九四七年二二八事件發生，一九四九年中國國民黨政府撤退到臺灣，而這之前發布「戒嚴令」，頒布「懲治叛亂條例」、「檢肅匪諜條例」，從此進入白色恐怖時期。一九八七、一九九一、一九九二年解嚴、廢除懲治叛亂條例、動員戡亂法令、刑法一〇〇條後，臺灣終於走向民主化，二〇〇〇年五月政黨輪替。而本文的這三位主角，一個在一九五一年於鹿窟山中過世，代表左翼武裝基地即將走入歷史；另兩位則有幸見到民進黨執政的二〇〇〇年，各以九十五、九十四歲高齡別世。

楊雲萍、陳逸松、呂赫若的相關研究史料，研究成果不少。主要的研究成果如下。楊雲萍的相關研究有林瑞明，〈楊雲萍的文學與歷史〉（二〇〇一）、林春蘭，《楊雲萍的文化活動及其精神歷程》（二〇〇二）、許雪姬，〈楊雲萍教授與臺灣史研究〉（二〇〇七）、洪淑苓，〈楊雲萍的民俗文化觀與民俗研究之特色〉（二〇〇九）、陳羿安，〈摸索「臺灣文化」的一個嘗試：楊雲萍的文學、民俗學與歷史學（一九二〇—一九七〇）〉（二〇一三）；相關資料，以《楊雲萍全集》（二〇一一），集其大成。[5]陳逸松相關資料，以林忠勝《陳逸松回憶錄：日據時代篇》（一九九四）、曾健民《陳逸松回憶錄：戰後篇》（二〇一五）最重要，前者的資料性、可讀性極高。據《陳逸松回憶錄：戰後篇》所載，還有陳先生在北京的日記（一九七五年起共八年），「許多珍貴的陳先生書信、手記、札記和文章。」[6]二〇一一年底陳逸松之女陳文惠，在《傳記文學》分四期發表〈陳逸松二三事〉，急於讓世人瞭解陳逸松由戰後到辭世這後半生的事。[7]二〇一四年陳翠蓮，〈「祖國」的政治試煉：陳逸松、劉明與軍統局〉，指出戰後到二二八前後陳逸松的動向。[8]此外《臺灣新民報》中的專欄，《臺灣文學》中的小說、《政經報》

中的社論，也都是重要的研究素材。往後如能出全集，相信會有更多人投入研究。呂赫若的小說在一九三六年即有人研究，迄一九四四年大約有八篇，一九六五年後（大約三十年後）臺、日學者研究論文頗衆，對其小說風格、音樂活動、離奇的死亡，都有所關懷。[9]其中以同時代的作家葉石濤在一九八三年出版的《清秋—偽裝的皇民化謳歌》中指出呂赫若小說的特質，一針見血，最常被引用。[10]呂赫若用日文寫的小說，早在一九三六年就被譯成中文，[11]而各書局也在一九七九年後出「臺灣文學全集」，有的針對戰前、有的注重戰後；有的是諸人合集、有的則是個人全集；第一次出現《呂赫若集》是由張恆豪主編，選擇九篇小說分別由譯者譯成中文，他說，這本小說集「皆為國內首度迻譯發表的中譯文，實可謂是當今研究呂赫若作品的最新資料、最有價值的小說結集。」[12]由一個譯者將其小說全部譯完的，首推林至潔翻譯的《呂赫若小說全集》，林至潔稱呂赫若是「才華橫溢的作家，也是跨越日帝和中國統臺兩個時代的臺灣第一才子。」[13]此後研究呂赫若、不懂日文者，得到一本較好的譯著。除了小說資料外，呂赫若一九四二—一九四四年的日記，以手稿本出版，另出版由鍾美芳譯的中譯本，[14]使其在皇民奉公會文化部的日常行事和當時所寫的小說互相對應，得以瞭解在非常時期的生活以及小說中的寓意。而其子呂芳雄〈追記我的父親呂赫若〉一文，也很值得參考。[15]

本文擬先談我何以挑選這三個人，並將這三人的生平分成幾個階段來檢視，一是二戰前，包括學、經歷以及皇民奉公會時期的動向；二是剛光復時到二二八事件；三是白恐期間；四是人生的選擇，最後在結論中討論三個人的特質以及他們如何面對時代和他們的人生。

為什麼選這三人

一、我和這三位前輩的奇緣

我挑選這三個人，個中有其脈絡，留待下節討論。此處先談我對三人的了解。楊雲萍是我的業師，我聽過他三門課：「日人對於中國史學的研究」、「臺灣史日文名著選讀」、「南明史」，在完成博士論文時，他拿去看了一些時候，一字不改還給我，說可以考試了。後來博論《清代臺灣的綠營》出版時，他幫我寫了序，言簡意賅而寓意深遠。楊老師過世後，我幫他處理捐贈給臺大的書，並且在二〇〇二年為中央研究院臺灣史研究所取得楊老師刻意保存一九四一－一九四五年間的信函，其中「臺灣總督府臨時臺灣情報部」、「臺灣文學奉公會」、「日本文學報國會」的相關函件、明信片，這些「皇民」的證據，在改朝換代時急需銷毀的文件，他卻整理好用細麻繩細綁，一直保存著，成為見證當時絕佳的史料，坊間所見不多。中研院臺史所為之數位化，並編輯《楊雲萍文書資料彙編目錄》（二〇〇八）。楊師母過世的那一年（二〇一一），終於出版《楊雲萍全集》八冊，其中「文學之部」在師母安息主懷的前一天送到病床前，我終於達成任務。

《陳逸松回憶錄：日據時代篇》出版後，我讀了好幾次，成為我進入日治時期臺灣史研究重要的入門書，當我看到該書描寫他看到楊老師：「看到一個身穿呆板的一中卡其制服和土氣鞋子的臺灣學生。」[16]回想起楊老師常告訴我，他和陳逸松是好朋友，陳常到楊家下圍棋，從此也對陳逸松感興趣。而我早在一九九二年將蔣渭川女婿高欽福提供李翼中寫的《帽簷述事》編入《二二八資料選輯（二）》時有一段，即政府之所以獲知戰前「臺灣獨立／自治事件」，「傳言陳逸松發此密，陳為古屋至交，盡知其屈折。」[17]對李翼中的獨家報導深感困惑，對陳逸松的好奇更深。二〇一一年陳文惠女士將陳逸松接受林忠勝訪問時由其母自己錄的錄音帶帶來臺史所，希望我能整理，當時我即將卸任所長，而且還在主持一個有十三個學者參加的大計畫，實無力及此，我想等退休後再做吧。後來陳女士與我聯絡數次，我皆告以此書高難度，我無法在短時間完成。這是後來由曾建民完成的原因。事實上，我在林忠勝要我幫忙寫《高玉樹回憶錄》的序時[18]曾問過他，戰後篇何時出？何以沒有觸及顏媞以及她的孩子們。他告訴我原因，但他也並未完全放棄整理，但隨著林忠勝過世，無法完成時，我在二〇一三年九月擔任臺灣口述歷史學會理事長時，有一名專任秘書，我請她逐片聽，已知每片的大概內容，但還是無力、沒時間完成。結果就被寫成因為「沒有經費」而沒有完成。[19]

開始注意呂赫若，全拜林至潔教授提點。也就是一九九九年我和林至潔教授都是「戒嚴時期不當叛亂暨匪諜審判案件補償基金會」（一九九九－二〇一四）的董事，她在我的慫恿下接受我的口述訪問，常常來中研院，她告訴我她在翻譯呂赫若的小說，引起我對呂赫若的興趣，二〇〇四年《呂赫若日記》出版，而我在進行「楊雲萍全集」資料搜集時，也在該日記中找到有關楊雲萍的記載。林至潔為了呂赫若死於毒蛇咬，非政府「迫害」，無法獲得基金會補償，多次仗義直言而不果。我和呂赫若還有一個交集，乃是在其子呂芳雄與國家台灣文學館館長李瑞騰的同意下，將《呂赫若日記》放入中央研究院臺灣史研究所的「臺灣日記知識庫」中，方便讀者經由網路得以閱讀。

我和三人有如此珍緣、奇緣，造成了我非得寫這篇文章不可的原因之一。

二、這三個人彼此認識

楊雲萍在就讀臺北一中最後一年的一九二六年到日本旅行，在東京日比谷公園和才剛考上第六高等學校（岡山）的陳逸松見面。他們結緣於楊雲萍和江夢筆在一九二五年編的《人人》雜誌，楊在《臺灣民報》刊登廣告，聲稱這是第一本白話文文學雜誌，免費贈閱。陳因索閱而開始和楊通信。《陳逸松回憶錄：日據時代篇》一書中提到兩人初見面的情況；而楊雲萍在一九五四年回憶他創刊《人人》前後的回顧時，就曾說，陳逸松在內的十多位[20]曾對《人人》表示意見和援助，因而得以結交很多新朋友，陳逸松就是其中的一個，「當時他是日本岡山高等學校的學生，寫給我的信，是極其『纏綿』的。」[21]

至於陳逸松和呂赫若又如何認識？陳逸松在回憶錄上說他在一九四二年呂赫若回臺時，經由張文環的介紹而認識，他們初見面時應該在五月十一日。[22]之後兩人交誼更密，陳的律師事務所和草山的白雲山莊，常見呂赫若和諸文人的影子。[23]陳逸松特別於十月十四日在其法律事務所的三樓為他舉辦茶會，請他演唱，介紹給文化界的朋友認識。[24]呂赫若在他的日記有簡單的記載：

晚上：在陳逸松家開茶會，蔡女士和我獨唱。到會者陳炘、陳逢源、吳金鍊、王井泉、楊佐（三郎）夫婦、李超然夫婦、郭水潭、陳紹馨、張星建……相當盛大的聚會。十一點回去。[25]

此後兩人交誼日密，他在日記上曾記一筆陳逸松對他文學的要求：「希望在文學上是更具民族愛的作品。」[26]這可能是要求呂在陳逸松出資、張文環主編的《臺灣文學》上刊登的小說要有民族愛。按《臺灣文學》一九四一年五月二十七日創刊，一九四三年十二月二十五日第四卷一號止，共十期。[27]呂赫若短篇小說有六篇發表在《臺灣文學》上。陳逸松說呂：「對臺灣政治、文化的發展，懷抱著高度的熱情，我對他非常感心。……他在『臺灣文學』發表過……多篇作品，獲得很高的評價。」[28]陳、呂兩人，不僅是《臺灣文學》的同人，也一起加入「厚生演劇研究會」，在戰前可以說是藝文界的同志。

在上述文化人聚集在王井泉、陳逸松家時，很少看到楊雲萍的影子。呂赫若和楊雲萍認識嗎？相信兩人早已互相知道，但真正的接觸，可看其一九四三年一月十日的日記，是如何形容他看到的楊雲萍：

他住在半山腰，口若懸河，滔滔不休。雖感佩其風流韻味與文學欲望，終不過是一個老式學究而已。我無法同意他稍顯消極的文學觀。[29]

這可能是呂赫若對楊雲萍的第一印象，往後也會去找楊雲萍聊天，某次和張冬芳去訪楊，楊臥病在床，「互相談論臺灣作家多搞陰謀活動。作家要以作品為第一、要寫出好作品。」[30]有時和張文環找楊雲萍「大談文學研究」。[31]一九四三年聖誕夜，呂和楊都到士林教會參加聖誕晚會。[32]由上可知呂和楊平時接觸少於呂之於陳，但在皇民奉公會時期，他們還有一些共同參與的活動，下節再敘。

三、吳新榮眼中的陳、楊、呂

當時另一個文人，一九〇七年出生的吳新榮，他和陳早已認識，又經楊介紹，而認識了楊，故三人早在東京認識，吳又是作家，可以說是陳、楊的文學知友，每來臺北，定將二人當成必訪的對象，他一九三五年參觀始政四十週年臺灣記念博覽會時，就去拜訪楊雲萍，然後和楊雲萍一起去造訪陳逸松。[33]一九三八年陳逸松在《臺灣新民報》發表隨筆一篇〈學者、詩人、使徒〉，文中對知識人、感情人、行動人三種類型，做了很有趣的分析，[34]吳新榮看完馬上將他的感想寫在明信片中寄給他，指出臺灣過去雖有學者、詩人、使徒，但大都是些阿諛的學者、墮落的詩人、變態的使徒；而我們要的是有良心的學者、熱情的詩人、正義的使徒。他在日記中寫道：「想到陳逸松就會聯想到楊雲萍君和蘇子蘅君。事實上，陳逸松君是正義的使徒，楊雲萍君是熱情的詩人，而蘇子蘅君是良心的學者。」[35]他對楊雲萍的詩有一定的評價，稱呼楊為「詩仙」，[36]戰後楊雲萍誇他的詩稿〈颱風〉已達相當的水準，比王白淵之詩未有遜色，他認為楊雲萍「算是臺灣文化水準最高的權威者」，所以「受他的褒獎，也覺歡喜甚矣！」[37]

略談了吳新榮對陳逸松、楊雲萍兩人的評價，他與呂赫若的關係如何？一九三六年六月一日，日記載著呂赫若的來信，稱呂「純然是一個激情的好男子」。[38]呂也到佳里訪吳，吳因他是「同喜文藝愛好者」，因此招集在地文友一起座談。[39]這時候正是呂赫若發表代表作〈牛車〉（一九三五年發表，翌年四月被收錄在《朝鮮臺灣短篇小說集——山靈》中），而呂在短短一、兩年間已有小說、隨筆發表，此時正在南投營盤公學校任教，[40]是個新銳的作家。往後他和呂赫若都是《臺灣文學》的執筆者，他曾假設在《臺灣文學》秋季號，若刊登他的〈逝きし春の日記〉，則想要讓親朋好友以及文友來讀，呂赫若是其中之一。[41]他的〈亡妻記〉在《臺灣文學》刊登後，呂赫若予以讚揚，吳新榮雖覺於心有愧，「立即將它獻於雪芬靈前，祈求他的安息。」[42]不只是呂誇讚吳，吳也認為呂的小說「不管何時，其優美的運筆，令人佩服。」[43]在一九四五年八月一日，日本即將投降前的半個月，呂赫若來拜訪吳新榮，告訴世界上各種新訊息。[44]呂赫若可能也來訪問蘇新。他和呂赫若最後一次見面是在臺北蘇新家，一起聽蘇新臧否當代人物。[45]

不論由三個人留下的資料去證實這三個文化人在文學、民俗這一塊是有交集的；或由他們三人共同的朋友吳新榮的日記中也可得知一些互動的情形，因此將三個人合而視之，無任何疑慮。在未進入這三個人對時代肆應自主或不自主的人生選擇前，或許應當簡單介紹這三個人的生平。

楊、陳、呂三人小傳

雖然這三個文化人屬於同一世代，但呂赫若在世只有短短三十八年，但他在臺灣文壇上、左翼反抗國民黨統治的歷史上都有其地位。陳逸松是有俠氣、有政治雄心的律師，最後被迫前往中國，成為「進步人士」，評價人言言殊，享壽九十四歲。楊雲萍享年九十五歲，三人中年紀最大，活得最久，戰後的生涯平靜、富足，我常戲稱他為歷史界的「十全老人」。他們的一生簡介如下：

一、楊雲萍（一九〇六—二〇〇〇），原名友濂，後以字行。臺北士林人，幼從祖父學漢學，自稱「**十三經可以倒背如流**」。一九一四年開始小學教育，一九一九年八芝蘭公學校畢業，一九二一年分別考取臺北醫學校和臺北州立第一中學，[46]選擇後者進學，一九二六年三月畢業。在學中發表第一篇隨筆〈一陳人之手記〉於《臺灣民報》，為了提倡白話文學，他與江夢筆（器人）於一九二五年三月合辦自稱為第一本臺灣白話文文學雜誌《人人》，十二月出版第二期而成絕響。第二期，他刊出舊詩〈吟草集〉，往後他解釋說，這表示他並不是不懂舊文學，而是舊文學已沒有存在的價值。連雅堂的舊文學也在其攻擊的範圍內，但連雅堂因看過楊的第一篇隨筆，因此認為懂得舊文學的楊才配攻擊舊文學。[47]後人如何評價《人人》？同時代的葉石濤，承認此為「**臺灣第一本白話文雜誌**」；[48]梁明雄則稱《人人》是在：「**新舊文學論戰刺激後由臺灣人士創辦的第一本白話文純文藝雜誌。**」[49]一九二六年赴日本大學豫科就讀，一九二八年畢業，轉入文化學院文學部創作科，一九三一年畢業，一九三三年四月回臺。[50]楊雲萍的白話文小說約有十篇，除了〈光臨〉、〈秋菊的一生〉外，皆輕薄短小，其中〈黃昏的蔗園〉和前述兩篇常為文學界介紹。此外還有舊體詩和隨筆，在日文詩方面，則由王仁德的清水書店於一九四三年十一月為其出版《山河》一書。至於戰前的歷史著作第一篇是〈芝山巖考〉（一九三八年四月）。他的史著大半集中在考訂，評介前輩詩人及其作品，史料翻譯、解題、人物介紹、書評與文學民俗研究，而他之投身於臺灣研究，正如他在一九三九年於《臺灣日日新報》發表的〈臺大と臺灣の研究〉指出臺大非得設臺灣史講座、臺灣文學講座、廈門語講座不可，[51]同理，臺灣人也非研究自己的歷史、文學、語言不可，他自己正是實踐者。

戰後，他在《民報》寫數篇擲地有聲的時評、星期專論、社論，即〈紀念先烈〉、〈文獻的接收〉、〈奪還我們的語言〉、〈我們的「等路」臺灣的文藝與學術〉、〈一個誤會〉，道盡一個知識分子對深化臺灣文化的期待，但經兩個月的觀察，他失望了。[52]一九四六年是楊雲萍人生中關鍵的一年。他成為民報社編輯顧問兼論說委員、臺灣文化協進會的理事及編輯主任、臺灣省行政長官公署參議、臺灣省編譯館編纂暨編審並兼臺灣研究組主任，[53]寫「社論」、編《臺灣文化》、推展臺灣研究；尤其是在臺灣編譯館的任職，成為他進入臺大歷史系任教授的契機，也成為在臺灣開「臺灣史」課程的第一人，培育了往後致力研究臺灣史的人才。在臺灣史的研究上，他有著傳承來自吳德功、連雅堂等書寫、研究臺灣歷史的香火之使命。他的教學生涯前後四十年（一九四七－一九七七專任，一九七八－一九八六兼任），二〇〇〇年過世。二〇一一年《楊雲萍全集一－八冊》出版。

二、陳逸松（一九〇七－二〇〇〇），筆名虞淵、疑雨山人，[54]宜蘭羅東人。自中學即赴日就讀，分別畢業於日本岡山縣立第二中學、岡山第六高等學校、東京帝國大學法學部政治學科，一九三一年日本高等文官考試司法科及格。一九三三年在臺北開律師事務所，甚至在廈門也開設出張所，此為他認識軍統局閩南站站長陳達元的契機。一九三五年當選臺北市會議員，一九四一年當選臺北辯護士會副會長。[55]他不僅是律師，還經營事業，如在羅東開設蘭陽米穀株式會社，在臺北開設草山土地株式會社。[56]一九四一年因不滿當時文人發表的園地有限，而《文藝臺灣》[57]是由日人西川滿出資、編輯、發刊的雜誌，「代表殖民者的意識形態，對臺灣民眾的現實生活不關心」，遂出資創設《臺灣文學》，前後發行十一期，由張文環主編，都屬於寫實主義的作品，「有時暴露了日人推動皇民化運動企圖剷除臺人民族意識過程中遭受的各種反抗和批判。」[58]一九四三年與林博秋、王井泉、呂赫若等，共組「厚生演劇研究社」。戰後被委為三民主義青年團中央直屬臺灣區團籌備處主任、臺北分團主任，與蘇新、顏永賢、陳逢源、陳炘等設立「政治經濟研究會」，探討戰後臺灣發生的各種問題，他不僅寫社論、開座談會也擔任編輯。[59]一九四六年八月當選參政員，在戰後初期頗為活躍。二二八事件期間擔任處理委員，草擬三十二條要求，事件後被通緝，因林頂立、陳達元、陳儀的搭救，不但無事，一九四八年還得以擔任行憲後第一屆考試委員，一九四九年擔任中央銀行常務理事。[60]一九五三年起經營厚生橡膠公司，一九五六年與張深切共組「藝林電影公司」，拍過「邱罔舍」等片，但以失敗收場。一九六四年參選省轄市民選第五屆臺北市長。他出來競選的原因是因中法建交，「國民政府遲早會走，萬一國民政府走了，臺北市政府所有的財產都會被帶走。」為了保住臺北市的財產才出來競選，[61]但未能當選。一九七〇年前後正是中華民國被迫退出聯合國、日中建交，美日建交指日可待之時，一九七〇、一九七一年陸續發生臺南美國新聞處爆炸案、美國花旗銀行臺北分行爆炸案，據說都是日本臺獨聯盟策動的，而使用的炸藥則放在羊羹中，由於有日本人學生送羊羹給陳，陳逸松乃被送往保安處詢問，幸得家中羊羹未食用，且內未有炸藥，才得雪冤，但已被關三天四夜。[62]經此事件，已六十五歲的他決意出國，投奔中共。一九七二年經由中國華僑總會負責人林伯耀牽線，得中國國務院總理周恩來的邀請，乃於一九七二年前往，一九七四年「代表臺灣人民擔任中國全國人大代表」，[63]一九八三年到一九九三年擔任全國政協委員，此時他離開北京轉東京到美國定居德州。一九九七年應林宗義之邀回臺參加林茂生百十歲週年紀念演講會，[64]二〇〇〇年在美國過世。妻顏媞，為顏雲年之妹，在兩本回憶錄中隻字未提。又娶林玲玉，長年跟隨。

三、呂赫若（一九一四—一九五一），本名呂石堆，臺中潭子人。一九三四年臺中師範學校演習科畢業，四月到新竹州竹東郡峨眉公學校擔任訓導，翌年轉職南投營盤公學校，一九三八年回故鄉潭子公學校任教。一九四〇年服務滿六年後，赴日學聲樂，入下八川圭祐音樂研究所，並一邊師事東京音樂學校教授長坂好子。[65]八—十二月在歐文社[66]編集部任職。一九四一年一月入東京寶塚劇場演劇部，曾在歌謠Show「歌ふ李香蘭」時以東寶聲樂隊一員演出。一九四二年五月因病回臺。在中山侑的介紹下於一九四三年一月就職於臺灣興行統制會社，四月和王井泉、陳逸松等人共組「厚生演劇研究會」，演出張文環小說改編的「閹鷄」。一九四四年八月在龍瑛宗推介下進入《臺灣新報》，在《旬刊臺新》編集部任職。戰後於九月加入三民主義青年團，擔任中央直屬臺灣區團臺中分團準備處股長，一九四六年一月入左翼的人民導報社擔任記者，六月因到高雄採訪簡吉及高雄發生的農民事件，而引起所謂「王添灯筆禍事件」，《人民導報》在政府的壓力下不得不改組編集部，遂離職。九月和蘇新等人在臺北創刊《自由報》（為週刊），以王添灯為社長。一九四七年二二八事件發生，據云《自由報》同人組織對策委員會，協助王添灯撰演講稿、廣播稿及「三十二條處理大綱」，[67]一九四八年主編地下刊物《光明報》，此時也成為建國中學音樂老師，一九四九年擔任臺北一女中音樂老師，並與劉明合資設「大安印刷所」印製《光明報》。[68]八月政府逮捕散發《光明報》的學生，是月底「基隆中學事件」發生，[69]大安印刷所停業。接着中共臺灣省工作委員會的組織被破獲，蔡孝乾以下陸續被逮捕，乃不得不脫逃到鹿窟基地，一九五一年深夜在山中進行發送無線電報時被毒蛇咬死，[70]得年三十八歲。妻林雪絨，兩人於一九三四年結婚，另有紅粉知己蘇玉蘭。[71]

至於其膾炙人口的小說，有一九三五年一月一日刊登在《文學評論》的〈牛車〉以及一連串在《臺灣文學》刊出的小說，其中〈財子壽〉（二卷三號）得到第一回「臺灣文學賞」，〈風水〉（二卷四號）、〈月夜〉（三卷一號）、〈合家平安〉（三卷二號）、〈柘榴〉（三卷三號）、〈玉蘭花〉（四卷一號），一九四四年由清水書店出版《清秋》小說集。戰後用中文寫了〈戰爭的故事（一）、（二）——改姓名〉、〈月光光——光復以前〉、〈冬夜〉三篇小說，分別發表在《政經報》、《新新》、《臺灣文化》。他的小說評價甚高，葉石濤說他在「日據時代作家中是文學成就最高的一位」。[72]也有說他和龍瑛宗、張文環是戰爭中最活躍的作家之一。[73]陳芳明則說呂赫若的小說「不但營造了戰爭年代的臺灣之美，也鍛鑄了動盪時代的歷史記憶。」[74]呂赫若是個男高音，戰後被臺灣文化協進會聘為音樂演奏會的籌備委員、聲樂專門審查委員，也開過第一次籌備會，但因二二八事件發生而無疾而終。一九四九年曾在中山堂開過獨唱會。他兒子呂芳雄說他父親在世時「風度翩翩，英俊瀟灑，集作家、聲樂家於一身，多才多藝，是一些女性崇拜的偶像，在當時的文藝界，被戲稱為『文化界的風流人物』。」[75]

呂赫若是目前為止被研究最多的小說家，他的僅存日記由國家台灣文學館在二〇〇四年底出版，既中譯又解讀，相信此日記的出版對呂赫若的研究提供最珍貴的一手史料。

簡單描述我所瞭解的這三個人，接下來要分別探討在皇民奉公會時期、二二八前後、一九四九年後這三個時期三人所參與的活動，看是否能看到文化人因應時代變遷中的共相和殊相。

在最黑暗的戰爭時期下的因應

要談到戰爭時期下三人各自的因應，有必要先了解他們之前的左翼思想和行動，其次是他們在皇民奉公會成立後無可避免的加入團體和「皇民文學」創作，再者在戰爭中這三人有哪些交集。

一、求學時期加入的左翼團體

一九二一年東京臺灣留學生將在一九一五年成立的「高砂青年會」，改組為東京臺灣青年會。該會一向支持由林獻堂領導的臺灣議會設置請願運動，盡全力支援來京請願代表。但不久臺灣青年會就出現部分青年與此不同調，認為要增進「本島人」之福利，應服從支持臺灣總督府的施政，以謀求祖國的同化，故在一九二三年組織「臺灣同仁會」，[76]但這百餘名的留學生對臺灣青年會的影響不大。影響內部結構的反而是受當代思潮影響的學生，其反日不再只是民族自決主義的思想，漸受無政府主義、共產主義思想的影響，研讀馬克思主義，這一批對社會科學研究有興趣者，漸漸和幹部派有了衝突。這批人中以日大的許乃昌、[77]楊貴（逵）、楊雲萍，帝大生商滿生、高天成（後成為林獻堂的女婿），中大生黃宗垚，專修生林朝宗，印刷工林聰為主，在帝大新人會[78]的指導下，決定在青年會內提案設立「社會科學研究部」，並將加強和臺灣島內、日本國內的左翼團體和中國人和朝鮮人團體互相聯繫，一九二七年四月乃告成立。此時原青年會幹部決議要將這些左傾者驅逐出會，但未能成功。[79]這時舊幹部聲明總辭，而社會科學研究部的會員乃得以控制青年會，並召開青年會幹部臨時總會，黃宗垚、楊雲萍等人當選為幹部。舊幹部賴遠輝等乃籌劃奪回，並去信臺灣，要向來捐助青年會的林熊徵、辜顯榮、林獻堂等人停止捐款。[80]

正當社會科學研究部成員逐漸控制青年會，且不再滿足於僅於「研究」，而走入實踐的方向時，不料一九二八年三月以後日本共產黨被檢舉，相關左翼團體被下令解散，該部也受到嚴重的取締。原來聲明總辭的幹部，也想趁機奪回青年會的主控權。面對此嚴酷的局面，該部乃正式自青年會獨立出來，改成社會科學研究會，五月被禁止後乃改名「臺灣學術研究會」。雖然該會活動愈來愈尖銳化，但因日本左翼組織不斷被取締，使該會行動受到了掣肘。[81]

一九二八年臺灣共產黨成立於上海，旋在東京設立特別支部，擴大共產黨在臺灣青年會和臺灣學術研究會的影響力，十月五日以陳來旺為首的臺共特別支部成員，召開學術研究會委員會，商討有關研究會的各項事宜。經三次會議，年底終於決定組織方針等，原則上各校分開組織，若有特殊情形時，才採取區域別的組織。在學校班中帝大班以陳逸松為首、東醫（東京醫專）班以吳新榮為首，吳新榮又同時是地域班戶塚町班的負責人；至於學校班的委員長則是蘇新。[82]往後陳逸松、蘇新、吳新榮間的關聯，由此時已肇其端緒。一九二九年臺灣學術研究會成功地將青年會完全置於其領導之下，決定發行《會訊》，聯合各大學學生成立學生團體，設置中央幹部，此時吳新榮在會計部，而蘇新在書記部，[83]楊雲萍已不再在名單內。一九三〇年臺共東京特別支部被檢舉後，有四十三個學術研究會會員被捕，除三人（陳來旺、林兌、林添進）外都被釋放，但因有人回臺參加島內戰線，因此缺少領導人使活動逐漸停頓。而後在主要會員獲釋後，仍不願放棄既定方針，準備伺機而動。但因情勢，仍暫緩行動，九月再組讀書會，在輪流舉行數次後已變得徒具虛名，走入歷史。[84]

在一九三〇年臺共被檢舉過後，學術研究會逐漸停頓時，林寶煙（曾當過上述研究會地域班目黑班的負責人）[85]卻主張復興研究會要打好基礎，再以地下運動方式進行再組織，也參加讀書會，並成為負責人，應是重要的左翼青年。[86]他正是未來呂赫若的妻舅。一九三三年呂赫若在臺中師範五年級的第三學期（最後一學期），因有友人購讀左翼雜誌，也被牽連在內，受到調查；再加上準備寫勞資問題的小說，因而被停學十二天。[87]而本年夏天他和林寶煙的妹妹林雪絨締親，在此前後常前往拜訪林寶煙以取得左翼有關知識。[88]

這三位受過左翼思潮洗禮的年輕人，楊雲萍在研究思想時曾投入，當要化成實踐，並成為小組時，再經一九二八年的大檢舉後，以他不喜歡政治活動的性格，他不可能繼續參加。陳逸松則喜歡站在思想的前端，是基於人道主義、自由主義的理想追求社會的均富與繁榮，積極參與，在留學時期的表現已經決定往後兩人不同的人生。呂赫若則經由林寶煙接觸左翼思想，而他在〈牛車〉中，也道盡現代化文明進步下趕不上時代的牛車夫一家的慘狀，以及警察的取締，使貧苦的牛車夫鋌而走險，終至被捕。小說中的反資本主義、壓迫者的心情躍然紙上，由此亦可窺知其未來加入推翻國民黨的統治之組織及其原因。總之，這三位或多或少都受到大正末到昭和時期的馬克思社會主義運動之影響，但可看出他們也承繼了自明治末到大正時期的教養主義。

二、皇民奉公會下的文化活動——苦悶的日子

在戰爭下，有關皇民化運動、皇民奉公會下的臺灣人是否成為被「奴化」的「皇民」，此一問題牽涉複雜的面相。戰後來臺接收的中國官員認為臺灣人都被「奴化」，前行政院長郝柏村迄今仍用「皇民」兩個字來指稱被日本統治過的臺灣人。做為文化人的這三個人，如何度過這個時期？陳逸松在他的回憶錄中稱戰爭期間是苦悶的日子，充分顯露出必須陽奉陰違、口是心非地度過一九三七年以後到終戰，特別在一九四一年太平洋戰爭爆發後。

楊雲萍和陳逸松與呂赫若，有職業上的不同，楊是「自由作家」，他必須多多寫稿，以配合不同雜誌的需要，除了小說，大半言簡意賅。自他由日本回臺期間（一九三四－一九四五），他投稿的報章雜誌有《先發部隊》、《臺灣新民報》、《臺灣新文學》、《愛書》、《臺灣日日新報》、《臺灣風土》、《華麗島》、《文藝臺灣》、《臺灣藝術》、《臺灣時報》、《民俗臺灣》、《臺灣地方行政》、[89]《臺灣文學》、《文學報國》、《臺灣公論》、《新建設》、《旬刊臺新》，這些報章雜誌大半是由日本人主編。所以他和日本文化人有一定的交往，如西川滿、金關丈夫。一九四一年《民俗臺灣》創刊，金關寫的「趣意書」肯定日人的皇民化政策，再說明有可能在運動過程中破壞原無弊害的舊慣，因此文明國民有加以記錄的必要。楊雲萍對此言論有所疑慮，乃為文要金關澄清，他之所以如此，除了上述理由外，還包括一向研究臺灣民俗的他竟非發起人，[90]我認為還有一個原因是為打開投稿《民俗臺灣》的徑路。

在一九四一－一九四五年臺灣文學統制的團體有皇民奉公會文化部（一九四三年四月改為臺灣文學奉公會）、日本文學報國會臺灣支部，而這兩個團體可稱為一個班子兩塊招牌，至於臺灣總督府則設置情報課來介

入。在這戰爭苦悶的日子裡，楊參加了哪些文學活動又擔任哪些職位？一九四一年皇民奉公會成立文化部時他並未成為部員，一九四三年四月改為臺灣文學奉公會後，才被聘為詩部會員，繼被聘為評論隨筆部委員，[91]當時他已是詩部會員，是否適合再當評論隨筆部委員，猶豫不決，問之於矢野蜂人，矢野也認為不恰當，因此他選擇了後者。以後他才知道日本文人多的是擔任兩種職位者，因而撰文表示，當了委員不是因為「作家」的身分受到評價，而是「因為事務上的需要受到發配。」[92]同年四月他被日本文學報國會推薦為參加第二回大東亞文學者大會四名代表之一，這次會議的主題是「發揚決戰精神，擊滅英美文化與確立共榮圈文化之方法」，會中各地區代表來自日本、中國（汪政權）、滿洲、朝鮮、蒙古、臺灣，各自踴躍發言，臺灣人代表周金波發表「皇民文學的樹立」，[93]楊雲萍在會議中的發言有兩點，一是編纂大東亞各國各地域的文學史或其概要之類的書；二是關於中國書籍騰貴的對策。[94]看似不著邊際的打高空，卻是高明的應對辦法，比起第一回大東亞文學者會議的張文環，「感謝從軍作家」、龍瑛宗，「感謝皇軍」的發言內容不可以道理計。[95]十月受日本文學報國會臺灣支部之邀，翻譯庄司總一的大作《陳夫人》第一部與第二部，此小說曾得第一屆大東亞文學獎次獎（首獎從缺），但並未譯出。此譯文原本要在《華文每日》刊登，每日一、〇〇〇字，但未見刊登，只留下最早的部分譯稿。[96]一九四四年擔任戰時思想文化委員會文學關係委員會四名臺灣人作家之一，又加入為日本文學報國會詩部會的會員，再受皇民奉公會委任為戰時思想文化委員會大東亞理念與興亞思想小委員會會員。[97]一九四四年奉臺灣文學奉公會（實為臺灣總督府情報課主導）之命，到纖維工場、金瓜石銅山、謝慶農場、鐵路等地參觀，[98]他和呂赫若是十三個作家中的二個，呂赫若有〈風頭水尾〉的發表，楊雲萍則發表〈鐵道詩鈔〉，都收入《決戰小說集》。

如果分析一九四一年到一九四五年楊雲萍的作品，以臺灣研究的作品為多，唯一有點「皇民文學」嫌疑的，是自一九四四年一月起連載在《新建設》迄一九四五年二月止前後八次的〈部落日記〉[99]以及前述的〈鐵道詩鈔〉，但這些作品不受文壇重視，也沒有當代或後代的人將之放入皇民文學中。楊在臺灣文學史上的重要性，毋寧是他的詩，他在一九四三年出版《山河》，其中有一首〈猩猩——動物園詩抄のうち——〉，林瑞明給予高度的評價，認為該詩顯示詩人回應時代的抗議精神，象徵性的表現具有高度的藝術性，可以歷久而彌新。[100]

呂赫若一九三九年因病回臺後，到一九四二年才成為《臺灣文學》的同仁，並進入《興南新聞》當記者，一九四三年經文友中山侑介紹，進入興行統制會社，一九四三年四月與陳逸松等人成立厚生演劇研究會，同時也參加臺灣文學奉公會的成立大會，年底小說〈財子壽〉得到啟文社的第二回「臺灣人文學賞」，一九四四年三月由清水書店出版《清秋》小說集，六月和楊雲萍一樣當派遣作家，發表戰地報導文學〈風頭水尾〉，並收入《決戰小說集》。[101]八月臺灣文學奉公會為強化組成員，增加五名常務理事，呂為其中之一，且是唯一的臺灣人。如果以發表的雜誌來決定其內容是否為皇民文學，雖不盡客觀，但卻可能會被首先檢視，如他小說〈山川草木〉、〈一協和音にでも〉、〈百姓〉都發表在臺灣文學奉公會的機關刊物《臺灣文藝》上，[102]以皇民奉公會本部派遣的名義，在《新建設》上發表〈妻ありて兵強し 新しき誇り〉一文，[103]以及編寫配合戰爭節奏的劇本、廣播劇，[104]七〇年代臺灣文學漸被研究以後，少數研究者一定會將每一篇在一九四一－一九四五年發表的文章放大檢視。幸而反國民黨的他在一九五一年離奇死亡，再者葉石濤在一九八三年為其辯誣，「臺灣第一才子」的形象逐漸固定，不會去談他所創作的是皇民文學。雖然楊雲萍認為彼時臺灣文藝界，水平最高的還是詩，但仍對呂的小說有所期待，[105]可見呂的文學成就，並非浪得虛名。

楊、呂這兩個同時代的文學家一長於詩、一長於小說，在戰時殖民惡劣、苦悶的環境下，為達成藝術的夢想，仍然堅守文學之道，而又能不被當局取締，顯見有高超的文學手法才能避過。誠如翻譯呂赫若小說的林至潔，說呂赫若既要應付當局要求寫奉公文學，又要不違背民族良知很難，[106]這話同樣可以用在楊雲萍身上。

相較於楊、呂兩人，陳逸松的主業是律師，但愛好文藝，又有一批文友，以王井泉的山水亭，他在草山的白雲山莊、大稻埕的律師事務所，為文人集結之處，呂赫若是成員之一，楊雲萍則較少出席。在一九三七到一九四五年期間，這批文友不滿《文藝臺灣》的耽美、偏新詩，又配合時局編專輯，在陳逸松的支助下出而創立《臺灣文學》，又因對一九四三年臺灣演劇協會與興南新聞所籌組的「藝能文化研究會」所做的四次公演，盡演皇民劇以達成其「大東亞演劇」的構想不滿，使部分《臺灣文學》的成員再出而組成「厚生演劇研究會」，九月演出張文環的作品「閹雞」，這代表臺灣藝文界對皇民化戲劇政策的一股反抗力量，也可視為日治末期民間向官方的一次挑戰。[107]這兩件事陳逸松、呂赫若是其中的要角。

除了上述的活動外，以當時陳逸松的知名度，是不可能讓他在一九四一年四月成立的皇民奉公會中脫身。此會在中央設總裁，由長谷川清總督擔任，再設「參與」、「顧問」，為會的最上層，之下設中央本部，由總務長官齋藤樹統籌以下的奉公委員會與事務機關，之下設州廳支部，郡市支會，街庄分會、區會，一直到奉公班，地方上的知名之士莫不羅致其中。[108]陳逸松本被臺北州的支部長任命為「參與」，但因軍部認為陳逸松為「非國民」前往臺北州抗議，陳逸松因而免入戰後國府清算皇民奉公會會員的名單中；[109]雖然免當臺北州的參與，但他並非能躲過為「聖戰」服務的「光榮」使命。先是在珍珠港事變後，日方要動用地方知名之士到各地去替日本人說話，臺北州就選上陳逢源、陳金萬、陳逸松三人，三陳奉命從臺北一路南下到高雄演講，為了不違背良心，演講只好兜圈子。一九四一年東港事件爆發時，因與歐清石是老朋友，險被羅織入獄。也不能不發表〈事變處理と本島人の使命〉，鼓吹臺灣青年的使命是成為大和、漢民族結合之楔，成為大東亞共榮圈建設的礎石。[110]隨著戰爭愈來愈激烈，一九四四年起，美國空軍已在臺灣進行猛烈的轟炸，為了加強各地的防禦工事，乃在五月於臺北州成立「勞動奉公隊」，派在坪頂（林口）工作，陳所屬的第一隊有五千人，任務是修飛機場，以林熊祥為隊長，陳逸松為總務部長。此一工作每天進行十一至十二小時，[111]他還得參加座談會，談〈思想對策と方向：戰場臺灣の基盤〉。[112]陳逸松認為是在戰爭中最艱苦的黑暗時期，敢於反抗日本當局的南部是楊金虎、北部就是他，所以日本人必欲除他而後快，所以軍部曾計劃要在美軍登陸臺灣時，把反抗日本的知識分子「非國民」盡皆殺害，幸虧美軍未登陸臺灣，才得保全性命於亂世。[113]

二、二二八前後（一九四五年八月至一九五一年）

一、戰後初期的情形

一九四五年八月十五日日本投降，臺灣人的感受各有不同，陳逸松在當天打開收音機，聽不清楚「玉音放送」

的內容，以為又是鼓吹聖戰的野狐禪，乃到知友王井泉開設的山水亭，經過臺北州特高課警部補佐佐木告知，才知道日本已經投降。他描述當時臺灣人的心情：「這種喜悅最初只敢埋在心底，漸漸喜上眉梢，最後才沸騰奔放開來。」[114]於是大肆慶祝。他的朋友吳新榮則痛快地與朋友跳入河中，[115]似乎要洗淨日本統治時蒙上的塵埃。但欣喜中仍有不安，日軍武力尚在臺，中國軍隊一時不會來，這段空窗期要如何度過，臺灣人一無所知，一如她在五十年前被割讓給日本一般。為此，有人試探獨立的可能性，但在安藤利吉總督反對下，無疾而終。原本這只是關心臺灣人未來的選項之一，沒料到竟成為史上所稱的「八．一五臺灣獨立事件」。[116]八月下旬所有警報、電燈管制取消，米也恢復配給，民間生活漸漸恢復常態。農曆七月七日、七月十五日恢復祭神。由於確認中國政府不久將來接收，因此臺人紛紛打聽彼岸的消息，能官話（即北京話、國語）的開始複習，甚至開始當起官話老師。原臺共分子、左翼人士也積極聯繫，重新集結，十月五日即有臺灣人民協會成立，所選舉的中央委員為原臺共謝雪紅等人，二十日成立「臺灣農民協會」。[117]左翼人士對奉行資本主義的國民黨，已做好對抗的準備。中共對在臺灣黨務的推動也相當積極，一九四五年八月派蔡孝乾為臺灣省工作委員會書記，翌年二月率張志忠等幹部分批抵達上海，四月張志忠回臺，六月舊臺共併入中共系統，[118]七月蔡孝乾回臺，一直到他在一九五〇年二月被捕為止，[119]都是中共在臺最高負責人。

國民政府在八月二十四日命陳儀為臺灣省行政長官，而在中國政府、軍隊未來臺前，美國戰略情報處（簡稱OSS）與中國軍統局的人員已先抵臺。軍統局人員有三名，分別是張士德、黃昭明、黃澄淵。[120]十月五日「臺灣前進指揮所」主任葛敬恩一行抵臺。國府軍隊與接收官員大致在十月二十五日前後抵達，二十五日舉行受降典禮，國府開始統治臺灣。之後統治的失敗、人民的困苦，對臺人的差別待遇，聲稱臺灣人被奴化，清算「漢奸、戰犯」不一而足。這些都形成二二八事件的遠因，學界早已有諸多研究可供參考。

二、陳逸松在戰後、二二八事件中表現積極

陳逸松是律師，日治時期累積了相當的聲望，當過臺北市會議員，更因從事社會運動、資助文化活動頗有令

譽，在皇民化時期並沒有媚日的舉動，再加上有漢文底子兼有中國經驗，因此成為黨團延攬的對象。有關陳逸松戰後的行動與軍統的關係，陳翠蓮於二〇一四年九月發表論文，引據相關檔案，指出二二八前後陳逸松的角色，但陳逸松戰後的回憶錄中，完全撇清他和軍統間的關係。他說與OSS一起來臺的軍統人員，以臺灣義勇隊副隊長名義回臺的張士德，在八月三十一日傍晚找他到張所居住的梅屋敷見面，要他組織青年人，維持國軍未來前的治安，監視日本人的行動並保護國家財產的安全，因用紅紙寫了一道「日日命令」，任命陳為「三民主義青年團中央直屬臺灣區團部主任」，於是團部下的分團在各地成立，由各地自行運作，有事再找陳商議。就這樣，他帶領的三青團部維持了日本投降後七十天「真空狀態」的治安。[121]他這個主任，既是行政官也是裁判官，還到各處去演講，「**事實上等於是一個地方政府**」，還有人傳說他要當臺北州知事。[122]隨著政府順利接收而鳥盡弓藏。李友邦在十二月八日回到臺灣，一九四六年二月由李友邦擔任改組後的臺灣支團部的團長，陳退而當臺北分團團長，再經兩個月由洪石柱接任，[123]此後乃致力於《政經報》的經營。

先是一九四五年九月陳邀舊同志蘇新到臺北，並和友人商量後決定組「臺灣政治經濟研究會」發行《政經報》為喉舌，經費由陳出，蘇因有編左翼報紙《臺灣大眾時報》的經驗，因此當主編。由於雜誌的言論有「**攻擊物價問題，主張不得歧視臺灣人，強調實施市長民選，實行地方自治**」[124]等不合政府脾味的言論，再加上刊物已成為「政論性刊物」，因此到一九四六年七月二十五日，共發行十一期就停刊了，這是談論戰後本土左翼人士的言論活動，所不可忽視的雜誌。[125]八月陳逸松當選參政員，也參加了月底的「臺灣光復致敬團」，上述作為皆顯示陳對政治的參與既積極又有雄心。

二二八事件爆發後，陳逸松以參政員的身分角色吃重，先是召集臺灣各級民意代表，和民眾代表在三月一日開會成立「緝菸血案調查委員會」，又起草了「二二八事件處理委員會章程」、「八項政治根本改革案」，在三月五日通過。三月六日當選二二八事件處理委員會常務委員，而「二二八事件三十二條處理大綱」則是由蘇新、蕭來福、潘欽信、林良材、蔡慶榮幫王添灯所擬。當三月七日這天在三十二條處理大綱外加十條要求送給陳儀後，陳儀斷然拒絕，而他也被通緝。陳知大事不妙，在劉明帶領下躲到陳達元家。三月十四、十五日時由陳達元陪同去見陳儀，經一番折衝，陳儀才下條子（紅框便箋）解除其通緝令。到五月，尚未離職的工礦處處長包可永請劉明當工礦公司董事，但劉明轉而推薦陳，陳乃得任董事。陳特別在回憶錄闢謠，二二八事件中他和軍統沒有關係，並批評造成此訛傳的《帽簷述事》作者省黨部主委李翼中。[126]

陳逸松的說辭固然得予尊重，但代表臺灣省政治建設協會加入處委會的蔣渭川之《二二八事變始末記》的說法就和陳不同，指出三月五日有部分人在陳家開會議「研究奪取實權的對策方法」。三月六日處委會在中山堂開會時，初是陳逸松為主席，「說明政治時局意義，並發表很多的政治社會經濟軍事等等的要求條件。旋即換王添灯做主席，我（蔣渭川）到場時據呂伯雄、廖進平兩君的報告，王添灯、吳春霖等將我們提交的改革原則等都不受理，王氏謂：昨夜在陳逸松氏家裡討論研究到翌晨四時已決定二三十條要求這己〔已〕勝過你們的九條，何必多此一舉。……」[127]甚至幾次記載陳要當處委員設置的政治局之局長，[128]又說「陳逸松等起草作成處理大綱十條及政治改革三十二條」；[129]到三月七日陳儀拒絕三十二條處理大綱和十條要求時，當晚蔣渭川當面指責劉明說，處理委員大家爭權奪利搶位置，陳逸松自為政治局長，要將臺政改革委員會全盤搶去，事情惡化後，陳逸松卻逃走了，為甚麼不出來收拾？劉明回答說陳恐怕還在家，要去請陳聯絡各團體代表出來共同發表聲明取消三十二條，劉明離去時已近十一時半。[130]

如果對照他對手蔣渭川的說辭，事件中陳逸松在處委會中一直要掌握主導權，而且不論三十二條大綱、十大要求都和陳有關，但陳在回憶錄中上述大綱、要求，都推給王添灯，以呼應蔡慶榮、蘇新的說法。上述關鍵點對正確理解二二八關係很大，學者陳翠蓮曾進行長期的研究，提出以下值得重視的論點。她說，陳逸松被列入軍統最先的合作對象，[131]可能是軍統局臺灣站第一任站長陳達元，也是警備總部調查室主任所挑選。陳達元曾擔任軍統閩南站站長，與在廈門開過律師法律事務所的陳認識，彼此又有陳姓宗誼之故。二二八事件期間，陳為參政員，是當然處委會委員，三月五日在他當主席時通過大綱和「八項政治根本改革方案」，而此大綱在陳逸松家討論，由其綜合寫成條文。陳之所以將之說成是王添灯，就是要呼應在中國的臺灣左翼人士凸顯自己在二二八鬥爭中的功勞、甚至說大綱是經過中共地下黨同意的之看法。

陳儀拒絕了大綱，陳知道大事不妙就不再出現在中山堂。同樣被軍統利用的劉明，三月八日接獲陳達元的通知，到陳家帶走陳逸松，然後躲到陳達元住宅（此時已是林頂立居住）。三月九日警總特設別働隊，林頂立為隊長，劉明為副隊長之一，陳逸松為參謀長（一說副司令），別働隊往往配合情報活動進行秘密逮捕、處決的工作。陳本人晚年否定有此事。依「保密局臺灣站二二八相關檔案」顯示，保密局（原軍統）的林頂立在四月向南京呈報與軍統敵對的中統局包庇陳逸松、劉明等四人，隻字不提陳逸松人藏在他家。年底又指控陳逸松經手賄款給審判庭長，使漢奸李天成得以無罪釋放。一九四八年又有情治單位指控陳逸松等人聯合要求開釋失蹤的施江南醫師。對於林頂立指示追查陳逸松、劉明，陳達元只好出面表示這兩人在三月四日應邀平亂，三月六日陳儀派陳逸松為別働隊副司令，陳每天向陳達元報告，陳達元再轉報陳儀，三月八日軍隊登陸後還協助陳達元緝捕奸逆，表現至佳，陳儀還要推薦他當省府委員。林頂立因此才不再追究二二八事件中的陳逸松。但陳逸松並沒當上省府委員。

一九四八年七月陳逸松當上了考試委員，這個職位比省府委員更高，似為酬庸。但在被提名前死對頭蔣渭川等人，向保密局檢舉陳逸松是漢奸，經查提出五點罪狀。之後又有人說他得任考試委員是用金錢買來，後來又說林頂立曾參與推薦。一九五二年陳又有所謂貪污案，跨民社黨案，後者調查屬實，一九五四年考試委員到期乃未續任。從此轉行營商，但一九六四年又出馬競選市長但落選，[132]已如前述。

由上可知，陳逸松自陳和其他同時代人的遺稿以及相關檔案顯示的頗多不同，但他嫻熟律師業務、又有從政當高官的熱望，如果在正常國家，他可以順當地進入政壇；然而他所面對是利用特務、流氓治國的不正常國家，無法真正了解中國的派系、情治人員間的鬥法，是他無法成為政治人物的原因。由於他畢竟是個人物，國府對他仍不放心，欲羅織其入罪，雖不成，但已成為驚弓之鳥。陳翠蓮指出，「陳逸松最後出逃、投向共產黨，作為報復。」[133]

三、由自由作家到學術中人的楊雲萍

一九二二年十六歲的楊雲萍放棄就讀醫學校選擇了臺北州立第一中學，又畢業自日本文化學院，受菊池寬影響，已注定其往後朝文人作家的路邁進。自一九三四－一九四五年止，以作家為職業，寫詩、小說，也從事臺灣文化的研究，一度在謝龍濶的慫恿下要進入天津《庸報》服務，因妻子的強烈反對而沒有成行。[134]他可能沒有預想到往後進入學界，不再從事文學創作，而一意從事教學與學術研究的工作。

一九四五年八月戰爭終於結束，楊和每個臺灣人一樣，即將面對一個全新的局面，舊學根柢和白話文造詣，使他面對中國統治，在書寫上較少轉變的挑戰，他雖在皇民奉公會成立後擔任一些職務，也參加「第二回大東亞文學者大會」，但畢竟沒有太多「媚日作品」出現，也因沒有擔任過臺灣總督府的官職，使他在面對祖國時的立場較不尷尬。一九四六年四月陳儀來臺半年，楊自行申請取得「臺省行政長官公署甲種公職候選人審查合格聲明臨時證明書」，當時楊似具有任公職的意願，六月底他取得「臺灣省行政長官公署參議的聘函」，參議是何職？陳儀和楊是否見過面，均不得而知。我曾企圖多次利用談天的機會請教楊對陳儀的看法，楊只說陳儀很器重他，不及其他，更不用說批評。我也試圖尋找是否是哪位半山將楊推薦給陳。我想到游彌堅，他原名柏，在日本大學政治經濟科就讀，楊也在日大讀過三年的預科；另，兩人在日留學期間都加入新生學會與東京臺灣青年會。[135]而且七月他就被派在臺灣省編譯館任編纂和編審，八月被命為臺灣研究組主任。楊何以被臺灣省編譯館館長許壽裳重用？一九八一年楊追憶許壽裳時，曾說明許壽裳在北京時曾看過楊中、日文著作，因此請洪炎秋找楊去見面，請他進入編譯館工作。[136]楊答應後，立刻推薦留用三位日人在研究組工作。臺灣研究組的工作完全走向純學術研究，分為四：一是編印目錄、叢書、昔時文獻；二是研究先史時代的遺跡、民俗、高山族語言；三是出版《臺灣學報》（原稱《東寧學報》）；三是編著臺灣地理、臺灣史；四是調查日治時期的檔案。[137]如果能給他時間、臺灣政治沒有大變化，也許臺灣史的研究將陸續進行，不料二二八事件發生後，臺灣省主席魏道明上任後在第一次政務會議即決定裁撤臺灣省編譯館，將剩餘的工作交由臺灣省通志館來承接。[138]表面上楊雲萍失業，但他很幸運地被許壽裳推薦給臺大校長陸志鴻，而轉到臺大歷史系任教，成為「史家的楊雲萍」。[139]

楊雲萍不單單在進行臺灣文化的全面研究，也在《民報》社當編輯顧問和寫社論，對長官公署的文化接收工作有所提醒，對社會現象有所針砭，篇篇都值得再三吟味，其中寫於陳儀來臺二個月後，即〈一個誤會〉，指出一部分外省人對臺灣的錯誤看法，認為日治時期的臺灣幾乎對中國和世界的思潮隔絕，臺灣沒有思想與學術的演進，那是一個誤會。亦即他們不明白「實際」，只立在「誤會」之上，還排出「指導者」的架子，用從我們來看已沒有甚麼希望的「東西」，得意地想要來教訓臺灣人，[140] 罵得很痛快，是繼王白淵〈告外省人諸公〉[141] 一文，痛罵外省人對臺灣人抱着優越感，提醒臺灣人不可將自己的命運送給外省人，一樣的痛快。楊在一九四六年六年開始掛名編輯的《臺灣文化》，旨在介紹中國的新文化、新文學，文藝相關的文章共有二百零五篇，而臺灣社會、教育、政治、歷史的篇章不過十篇，他在此雜誌撰文不多。這本雜誌相信不太能符合其脾味。在發現的「臺灣文化協進會第一次大會宣言」中他配合提出的口號，[142] 用了「日寇」兩字，是他在《民報》所沒有用過的，但也顯示他在配合當局使臺灣文化協進會和行政長官公署宣傳委員會、臺灣省編譯館，成為改造臺灣文化三個單位之一的努力。另一能延續戰爭後期《民俗臺灣》風格的是一九五一年二月出版的《臺灣風物》，雖在編輯過程也是困難重重，但他既編又寫（很可能也沒有應有的津貼），又不願配合增加一些與刊物內容不合的詩，[143] 因此他只編了一卷一期至二卷八、九期合刊本。雖說主編時間不長，但他邀到一些介紹臺灣人西文史料、學人的著作目錄等，倒也多少完成了一些他在編譯館想做的工作，也盡到為往後臺灣史研究奠基的責任。

此後楊不再從事編輯工作，反而流連於書肆、骨董市場，買書、教書、玩古錢成為生活的重心。但做為一個「孤高」的智者，在某些重要的場合也適時提出看法以阻止某些「諂媚領袖」的舉動。楊之弟子林瑞明說，大約蔣介石過世那一年（一九七五），楊到中國歷史學會開會，丁中江上臺發言說，蔣公功勞很大，建議給「國聖民父」的稱號，會場的人都傻了，楊老就衝上講臺，說這樣做是陷蔣公於不義，又不是封建時代，給甚麼謚號。[144] 當然此事無疾而終。

楊老不喜歡政治，喜愛研究學問，政治與他無緣，也就沒有如陳逸松有數奇的一生，但他傳下連雅堂的臺灣史香火，一直到黃富三接棒，而後棒棒相傳。

四、壯志未酬喪命鹿窟的呂赫若

戰爭結束，另一個時代的來臨，做為一個成名作家而言，最痛苦的莫若是寫作語言的改換，他無法再操弄熟悉的語言來表達自己想要說的，而他編一些配合皇民化的話劇，是否會被舉發，陷入御用紳士、漢奸的泥淖？當時和呂有同樣經驗的人，咸信莫不忐忑難安。呂在九月立刻加入三青團，還擔任臺中分團準備處股長，也等於給了自己一把保護傘，也顯示在思想光譜上他是偏向左翼的。十月十日戰後臺灣第一個雙十節，池田敏雄有事要找楊逵，和立石鐵臣兩人到臺中，他們看到街上喜氣洋洋，解放氣氛甚濃，碰到呂，呂「正陶醉於亢奮中，與過去大為不同。」[145]據其子呂芳雄言，其父對中華民國有高度期許，還教導子女唱國歌。一九四六年一月，他成為《人民導報》的記者，在臺北購屋並買下二手鋼琴，六月就發生「王添灯筆禍事件」，[146]之後《人民導報》被迫改組，社長之一的王添灯、蘇新總編輯、吳克泰、呂赫若去職，九月和蘇新、王白淵、蔣時欽、孫萬枝等人創刊左翼的《自由報》，王添灯任社長，呂也參加。二二八事件爆發後，將家眷遷回社口岳母家。一九四八年受建國中學校長陳文彬所聘，到建國中學教音樂，一般認為這時呂受到陳的影響，思想逐漸左傾，實則不然。[147]一九四八年秋，地下刊物《光明報》創刊，呂也成為其中一員，擔任主編。往後又變賣臺中潭子的祖厝「建義堂」，將所得經營「大安印刷所」，表面上出版一般書籍，事實上是印製地下工作宣傳文件。[148]按《光明報》是一九四七年七月創立的臺灣省工作委員會基隆中學支部所出版，負責人是基隆中學校長鍾浩東，呂認識鍾，也將妻舅林永南介紹到基隆中學當化學老師。[149]呂擔任《光明報》的印製時，必已加入共產黨無疑。一九四九年八月，基隆市工作委員會被當局破獲，鍾浩東被捕，[150]呂被迫逃到中共所設的鹿窟武裝基地，[151]據國家安全局談到呂赫若的角色為：

一九五〇年七月上旬，再派呂赫若至香港，由林良材介見古中委，請示工作方針，呂匪往返均乘大武崙走私船，同年八月下旬回臺。匪古中委曾允派數名高級幹部，來臺擔任訓練幹部工作，並允送三部電臺備用。另計畫密送偽臺幣，作為工作費用及擾亂臺灣金融，至配合作戰迫近時，即空投武器及傘兵，以加強戰鬥力量。此外，古匪並曾與呂匪約定於一九五〇年十一月二十日，在鹿窟光明寺會晤，但屆時並未前來，以後因聯絡困難，遂與香港斷絕消息。[152]

這是說明一九五〇年七月，呂曾偷渡赴港和中共華東局進行聯絡的工作。由一個作家、音樂家而成為第一線的聯絡人員，其改變不可謂不大，為了臺灣解放而做的努力，也值得大筆特書。也許正如許強所認為，「我從事這種組織活動，是拯救全民的。」[153]呂赫若的想法也正如此。

據說他擔任發報工作，由於收訊、發訊不能常在固定地點以免被破獲，因而到山間，終於在一九五一年喪身蛇口。一九九三年林至潔為了查明呂的最後形影，曾到鹿窟訪問王文山，他目睹呂被蛇咬傷毒發到過世，後由其同志李石城將他葬在山頭。[154]

由「光復」到呂死亡，不過五年餘，這些年中，他有相當充實的生活，首先是用不太熟悉的中文寫了三篇小說，加入臺灣文化協進會，參加第一回音樂座談會，被聘為音樂演奏會的籌備委員，在建國中學、北一女初中部教音樂，又開演唱會，當音樂專門委員，還當選了臺灣藝術建設協會理事，[155]有相當充實的文化生活。設使環境許可，他可能會成為一流的小說家、音樂家；若他不遭蛇吻，也會被政府以叛亂罪名處決。可謂時代下的悲劇英雄。

結論

楊雲萍、陳逸松、呂赫若三人，大約活在一九〇〇—二〇〇〇年間，三人中年紀最大和最小的差距不過八年，可以說活在同一個世代。他們所面對的時代為何？當他們三、四十歲時面對皇民化時期，之後日本敗戰投降、國民黨的接收、二二八事件、國府撤退來臺、白色恐怖／冷戰時期，乃至解嚴，是一個最黑暗的時代也是一個最光明的時代。他們如何肆應時代，做出抉擇，形成他們各自的人生。生前他們三個人互相認識，惺惺相惜，也都是文化人，但性格有別、結局各有不同。本文利用三人留下的主要史料，參以當代人的旁證，以皇民化時期、戰後初期、二二八前後、白色恐怖這四個人生的階段來加以比較，以瞭解其共相與殊相。

（一）皇民化時期（一九三七—一九四五）

隨著盧溝橋事件發生，臺灣進入戰時體制，尤其一九四一年皇民奉公會成立、太平洋戰爭爆發後，只要是當時的菁英，幾乎全被羅致到上自奉公會本部下至奉公班中，陳逸松即使因「非國民」而不能擔任臺北州皇民奉公會支會參與，但他被迫由南到北演講宣傳聖戰，一度因為與東港事件的歐清石相識，險被羅織入罪；他也捐資出版《臺灣文學》與日人的《文藝臺灣》對抗；對藝能奉公會的演出不滿，共組「厚生演劇研究會」演出張文環的「閹雞」，充分顯示臺灣人對建構自己文化的立場。楊、呂兩人一長於詩、一長於小說，各擅勝場，一九四三年楊出版《山河》詩集，一九四四年呂出版《清秋》小說集，相互輝映；也因兩人的傑出表現，不能不成為皇民奉公會文學部、日本文學報國會臺灣支部等相關組織的一員，呂在電台主持節目並編劇符應現況，其表現有可議之處；但他以寫小說來表明自己的立場，當時和往後的研究者，無人能將之視為「皇民作家」，反因其文學造詣而被稱為臺灣第一才子；楊則大力提倡研究臺灣文史，身體力行，不稍懈怠，雖被指定為第二回大東亞文學者大會代表的一員，但在大會的發言以及回臺後的發言，言不及義，完全沒有自失立場。三個人在這段時間，都一面努力配合當局的要求，但都自有妙招來維持起碼的尊嚴。

（二）戰後面對中國新政權

三個人在這段期間都想積極表現，以報效於新的政權。由於楊、陳均有中文底子，且因沒有媚日事蹟，陳逸松被指定為三青團臺灣區團部主任，集合各地有志之士加入三青團，維護日本投降後到中國接收間空窗期的治安，當時他儼然如臺北州知事，頗有能耐。但一旦接收完成、李友邦回臺後不久，他就離開三青團。之後創立

《政經報》，批判時政，以被禁收場。他對參政極有興趣，當選參政員，而有機會在二二八事件中大展身手。楊則受陳儀、許壽裳重用，擔任臺灣編譯館臺灣研究組主任，得以遂其研究臺灣文史的宿願；另方面他以如椽之筆在《民報》寫社論，痛陳行政長官公署的臺灣文化政策的加強之道，但效果不大，不過這也是他一生中撰文最多的時期。呂則勤於加強中文，撰寫小說，並在音樂專長上發揮，也在蓄積成為小說家的能量，一邊重作馮婦，擔任《人民導報》的記者，往後加入《自由報》，上述兩報都是左翼相關報紙。

（三）二二八事件期間

二二八事件是影響臺灣歷史發展的重大事件，對這三個人而言也成為人生重要的關鍵點。陳逸松是二二八事件處理委員會的常務委員，主導了三十二條大綱及八大項要項的起稿，並擔任主席通過，此角色應該是政府追殺的對象，雖然往後對其罪證的舉發不斷，但他不僅安然度過而且被任命為考試委員，關鍵之點在於陳儀的諒解以及陳達元出面止謗。然因陳達元調職後，陳被發現有跨黨問題因而停止從政之路。而其在二二八事件扮演的角色，並未因其近年回憶錄的出版而解惑，仍然引起多方的關注、解讀。楊雲萍則因二二八事件而失去編譯館的職位，但因禍得福，而得以出任臺大歷史系教授，因其不愛政治，而得在四十年的歲月中成為傳承研究臺灣史香火的重要學者。呂赫若在事件中已加入左翼報紙發行的行列，二二八事件之後就投入實際的反抗運動，甚至加入中國共產黨、開設大安印刷廠，印刷相關宣傳品。此一事件對三人的影響很大由上可見。

（四）白色恐怖時期

一九四九年國民黨在國共內戰中，節節敗退，國民黨已有遷臺打算，因而先是戒嚴，再頒布懲治叛亂條例、檢肅匪諜條例，加強對臺灣的控制和左翼人士的逮捕，一九四九年十月中華人民共和國成立，給予臺灣左翼人士積極活動的動力。基隆中學事件發生後，呂不得不逃入鹿窟武裝基地，並潛往香港與中共華東局聯絡，回臺後因在山中收發電訊而被蛇咬死，壯年過世，賚志以沒。陳逸松在考試委員卸任後，到一九六四年六十歲時出來競選臺北市長慘敗，可見其從政之心並未少歇。一九七四年美國新聞處爆炸案，當局懷疑陳涉案，被捕，三日後才獲釋。當時中國已進入聯合國，諸國紛紛與「臺」斷交，陳進行其冒險之旅，進入中國，以代表臺灣人的身分擔任中共人大、政協委員，成為他後半生的驚奇之旅，但在臺灣則毀譽參半。楊則悠遊學界，偶出針砭之語，不再有任何文學創作，也許是臺灣文壇的一大損失。

總之，臺灣島在一八九五、一九四五年兩易其主，本來臺灣應是臺灣人的臺灣，卻是「百年辛苦由他人」，這三位臺灣菁英不能免於在中年改朝換代，各有因應方式，有的積極投入政界卻鳥盡弓藏，終究只是白忙一場；楊有機會進入公務系統，進行臺灣研究，卻因館撤而任臺大教職，塞翁失馬焉之非福。

也有為推翻國民黨，加入共產黨，為了出版宣傳品，賣祖厝開印刷廠，直接投入反政府活動。卻因鍾浩東被捕，不得不進入武裝基地，從事危險的工作，終至意外喪生，與歷代的仁人志士為社會而殉難者同樣可貴。

一九三八年吳新榮說陳逸松是正義的使徒、楊雲萍是熱情的詩人、蘇子蘅是良心的學者，二〇一六年的今天，我們如何看待陳逸松、楊雲萍、呂赫若這三個人？有異於吳新榮一九三八年的說法，我認為楊雲萍是良心的學者、呂赫若是正義的使徒，陳逸松呢？猶待資料更充分時再論斷。

許雪姬，臺灣澎湖人，臺灣大學歷史系博士。一九八四－二〇〇二年服務於中央研究院近代史研究所，二〇〇二年迄今（二〇一七）在臺灣史研究所任職，現為臺史所所長。研究主題為清代制度史、家族史、海外臺灣人史等。

註釋

1 日本共産黨中央委員會，《日本共産黨の七十年黨史年表》（東京：新日本出版社，一九九四，二刷），頁五二、五七－五八。

2 臺灣總督府警務局編，《臺灣總督府警察沿革誌》（三）（東京：綠蔭書房，一九八六，復刻版），頁四二－四三。

3 向山寛夫，《日本統治下における臺灣民族運動史》（東京：中央經濟研究所，一九七八），頁七五－一四六。

4 何義麟，〈《政經報》與《臺灣評論》解題——從兩份刊物看戰後臺灣左翼勢力之言論活動〉，《政經報》（臺北：傳文文化事業公司，未着覆刻年），頁一七。

5 《楊雲萍全集》共八冊，文學之部二冊、歷史之部四冊、資料之部二冊，由林瑞明、許雪姬主編，國立台灣文學館出版。

6 曾健民，〈序：打開新的歷史視野〉，《陳逸松回憶錄：戰後篇》（臺北：聯合出版事業股份有限公司，二〇一五），頁一〇－一一。

7 陳文惠，〈陳逸松二三事（上）：一九四五－一九七二年之紀事〉，《傳記文學》九十九卷五期（二〇一一年十一月），頁四－二一；〈陳逸松二三事（下）：一九七二至二〇〇〇年之紀事（一）〉，《傳記文學》九十九卷六期（二〇一一年十二月），頁九三－一〇四；〈陳逸松二三事（下）：一九七二至二〇〇〇年之紀事（二）〉，《傳記文學》一〇〇卷一期（二〇一二年一月），頁八〇－九〇；〈陳逸松二三事（下）：一九七二至二〇〇〇年之紀事（三）〉，《傳記文學》一〇〇卷二期（二〇一二年二月），頁一二〇－一三四。

8 陳翠蓮，〈「祖國」的政治試煉：陳逸松、劉明與軍統局〉，《臺灣史研究》二十一卷三期（二〇一四年九月），頁一三七－一八〇。

9 中島利郎等，《日本統治期臺灣文學臺灣人作家作品集》第二卷（東京：綠蔭書房，一九九九），頁四一七，〈呂赫若研究文獻目錄〉。

10 葉石濤，《清秋——偽裝的皇民化謳歌》（臺北：前衛出版社，一九八三）。

11 呂赫若著、胡風譯，〈牛車〉，收入《朝鮮臺灣短篇集——山靈》（上海：文化生活出版社，一九三六）。〈牛車〉一文，最先刊在《文學評論》，二卷二號（一九三五年五月），頁一〇七－一三六。

12 呂赫若著、張恆豪編，《呂赫若集》（臺北：前衛出版社，一九九一），〈簡介〉。

13 林至潔，〈期待復活——再現呂赫若的文學生命〉，《呂赫若小說全集》（上）（臺北：印刻文學生活雜誌出版有限公司，二〇〇六），頁三三。

14 呂赫若著、鍾美芳譯，《呂赫若日記（一九四二－一九四四年）》中譯本（臺南：國家台灣文學館，二〇〇四）。

15 呂芳雄，〈追記我的父親呂赫若〉，《呂赫若日記》，頁四五七－四九四；也轉收錄於呂赫若著、林至潔譯，《呂赫若小說全集》（下），頁六九六－七二九。本文中兩者皆用。

16 《陳逸松回憶錄：日據時代篇》，頁二五七。

17 李翼中，〈帽簷述事——臺事親歷記〉，中央研究院近代史研究所，《二二八事件資料選輯（二）》（臺北：中央研究院近代史研究所，一九九二），頁四〇〇。

18 許雪姬，〈《高玉樹回憶錄》序〉，收於高玉樹口述、吳君瑩記錄、林忠勝撰述，《國民黨治下的黨外市長：高玉樹回憶錄》（臺北：前衛出版社，二〇〇七），頁vii-x。

19 《陳逸松回憶錄：戰後篇》，頁九。

20 《人人》第二期的〈編輯雜記〉中提到的人有「器人哥」（江夢筆）、飛熊、郭華州、□□、〔翁〕澤生、松谷、〔王〕詩琅、朝枝、自我、牧童、莫庵、啟文（黃瀛豹）、〔鄭〕作衡、〔江〕肖梅、鶴瘦、嶺秋、秋汀。除江夢筆不計外，共十六人，但未見陳逸松之名。見〈編輯雜記〉，《人人》第二號（一九二五年十二月），收入《楊雲萍全集一文學之部（一）》，頁三九－四〇。

21 楊雲萍，〈《人人》雜誌創刊前後〉，《楊雲萍全集六歷史之部（四）》，頁一三。

22 《呂赫若日記》中譯本，頁一二二，一九四二年五月十一日。

23 《呂赫若日記》中譯本，頁一六三，一九四二年七月十六日；頁一八八，一九四二年八月二十七日。

24 《陳逸松回憶錄：日據時代篇》，頁二七四。

25 《呂赫若日記》中譯本，頁二一七－二一八，一九四二年十月十四日。

26 《呂赫若日記》中譯本，頁三四八，一九四三年五月二十四日。

27 彭瑞金等合著，《臺灣文學史小事典》（臺南：國立台灣文學館，二〇一四），頁一四四。

28 《陳逸松回憶錄：日據時代篇》，頁二七四。

29 《呂赫若日記》中譯本，頁二七二，一九四三年一月十日。

30 《呂赫若日記》中譯本，頁三三一－三三二，一九四三年四月二十四日。

31 《呂赫若日記》中譯本，頁三六八，一九四三年六月三十日。

32 《呂赫若日記》中譯本，頁二一五，一九四三年十二月二十四日。

33 吳新榮著、張良澤總編撰，《吳新榮日記全集》（一九三三－一九三七）一（臺南：國立台灣文學館，二〇〇七），頁一五六－一五七，一九三五年十一月十二日；《吳新榮日記全集》（一九四二）六，頁二七〇，一九四二年五月十六日。

34 陳逸松，〈學者、詩人、使徒〉，《臺灣新民報》，一九三八年，日期、版次不詳。轉引自《吳新榮日記全集》（一九三八）二，頁九十二－九十三，一九三八年七月十五日。

35 《吳新榮日記全集》（一九三八）二，頁二七二－二七三，一九三八年七月十五日。

36 《吳新榮日記全集》（一九四三－一九四四）七，頁二二七，一九四三年十一月十二日。

37 《吳新榮日記全集》（一九四五－一九四七）八，頁三二七，一九四六年十月十三日。

38 《吳新榮日記全集》（一九三三—一九三七）一，頁二二〇，一九三六年六月一日。

39 《吳新榮日記全集》（一九三三—一九三七）一，頁二三九，一九三六年八月十五日。

40 朱家慧等，〈呂赫若著作年譜〉、黃英哲，〈呂赫若略歷〉，《日本統治時期臺灣文學臺灣人作家作品集》，第二卷，頁三九九、四〇八。

41 《吳新榮日記全集》（一九四二）六，頁八五，一九四二年五月十六日。雖然呂赫若的名字前沒有〇號，但有〇的是指吳要「購送」的有四十部，呂似非給不可者，我的看法是呂是一定會看得到。

42 《吳新榮日記全集》（一九四二）六，頁二九八，一九四二年七月十一日。

43 《吳新榮日記全集》（一九四三—一九四四）七，頁三七〇，一九四四年一月七日。

44 《吳新榮日記全集》（一九四五—一九四七）八，頁一六五，一九四五年八月一日。日記中說「在此大雨中，十多年未見面的臺北呂赫若君來訪。」事實上，他和呂在一九四三年十一月十三日，才一起參加過「臺灣文學決戰會議於臺北。」見《吳新榮日記全集》（一九四三）七，頁二二九，一九四三年十一月十三日。應該是指一九三六年之後呂再度到佳里拜訪吳，但這也不過前後十年。

45 《吳新榮日記全集》（一九四五—一九四七）八，頁三一七，一九四六年十月十三日。

46 由於未滿十五歲無法投考臺北醫學校，乃入八芝蘭公學校附設公立簡易農業學校就讀。

47 楊雲萍，〈《人人》雜誌創刊前後〉，《楊雲萍全集六歷史之部（四）》，頁八—一〇。

48 葉石濤，《臺灣文學史綱》（高雄：春暉出版社，一九八七），頁四三。

49 梁明雄，《日據時期臺灣新文學運動研究》（臺北：文史哲出版社，一九九六），頁一五四。

50 楊雲萍有〈東京別三弟〉一詩，表示「四月出帝城」，是在「文章無人買」、父親的資助只到三月，不得不回。見許雪姬，〈忘年之交—獻堂仙與雲萍師〉，《臺灣文獻》，五十七卷三期（二〇〇六年三月），頁一二三。

51 楊雲萍，〈臺大と臺灣の研究〉，《臺灣日日新報》，一九三九年二月十五—十七日。

52 許雪姬，〈楊雲萍教授與臺灣史研究〉，《臺大歷史學報》，第三十九期（二〇〇七年六月），頁一六—一七。

53 許雪姬主編，《楊雲萍全集八資料之部（二）》，頁一一三—一一五。

54 《陳逸松回憶錄：日據時代篇》，頁二七三。用此筆名發表過〈姉妹〉這篇小說於他出資的《臺灣文學》，第二號，頁八—三二。中島利郎在陳逸松傳中，直接說這是一篇失敗之作，評價不高。原文是「失敗作として酷評された」。中島利郎編著，《日本統治期臺灣文學小事典》（東京：綠蔭書房，二〇〇五），頁七三—七四。

55 興南新聞社，《臺灣人士鑑》（臺北：該社，一九四三），頁二五五。

56 山川鄰，《戰時體制下に於ける事業及人物》（東京：東京電報通信社，一九四一），頁四九三。

57 一九四〇年一月創刊，一九四四年一月一日停刊，共三十八期（七卷二號）由臺灣文藝家協會發行，編輯兼發行人西川滿。早期偏向浪漫、耽美的文學趣味，一九四一年太平洋戰爭爆發，乃調整方針，配合時局推出專輯，還有新詩、版畫，一些臺灣作家如龍瑛宗、周金波的重要作品也刊登於此。《臺灣文學史小事典》，頁一四一—一四二。

58 葉石濤，《臺灣文學史綱》，頁六一。

59 何義麟，〈《政經報》與《臺灣評論》解題—從兩份刊物看戰後臺灣左翼勢力之言論活動〉，《政經報》，頁八—九。

60 陳翠蓮，〈「祖國」的政治試煉：陳逸松、劉明與軍統局〉，《臺灣史研究》二十一卷三期（二〇一四年九月），頁一六二—一六八。

61 《陳逸松回憶錄：戰後篇》，頁一五九。

62 《陳逸松回憶錄：戰後篇》，頁一八一—一八二。

63 《陳逸松回憶錄：戰後篇》，頁二一五。

64 《陳逸松回憶錄：戰後篇》，頁三七三—三七四。

65 長坂好子與呂之臺中師範學校恩師磯江清同屆。磯江清為宮崎縣人。不著編者，《臺中師範學校職員生徒名刺交換會》（臺中：該校，一九二九），頁二。

66 歐文社在一九四一年後改為旺文社，出版物之一為《螢雪》，做為考試指南。見陳延湲，〈放眼帝國、伺機而動：在朝鮮學醫的臺灣人〉，《臺灣史研究》十九卷一期（二〇一二年三月），頁一一七。

67 陳翠蓮在〈「祖國」的政治試煉：陳逸松、劉明與軍統局〉的頁一五一中，指出左翼人士強調三十二條是他們提出的，意在爭功。

68 黃英哲，〈呂赫若略歷〉，頁四〇九—四一一。

69 國家安全局，《歷年辦理匪案彙編第二輯》（臺北：該局，一九六一），頁一—九。

70 薛宗明，〈哭泣的鹿窟：臺灣第一位男高音—殉道者呂赫若素描〉（上）（下），《樂覽》，八、九期，二〇〇〇年二月、三月，頁八—一八，頁一二—二〇。

71 呂芳雄，〈追記我的父親呂赫若〉，《呂赫若日記（一九四二—一九四四年）中譯本》，頁四七八。

72 葉石濤，《臺灣文學史綱》，頁六四。

73 中島利郎，《日本統治期臺灣文學小事典》，頁一一八。

74 陳芳明，〈廢墟之花—呂赫若小說的藝術光澤〉，收入《呂赫若小說集（上）》，頁三一。

75 呂芳雄，〈追記我的父親呂赫若〉，《呂赫若日記》，頁七一五。

76 《臺灣總督府警察沿革誌》（三），頁三五—三七。

77 許乃昌（一九〇七—一九七五），是臺灣最早的共產主義者之一，彰化人，一九二三年九月加入中國共產主義青年團，十一月加入中國共產黨，一九二四年又加入中國國民黨。九月經中共和第三國際指派去莫斯科，進入東方大學讀書，取得Ionov（約諾夫）的假名。一九二五年八月前往東京。見郭杰、白安娜著，李隨安、陳進盛譯，《臺灣共產主義運動與共產國際（一九二四—一九三二）研究．檔案》（臺北：中央研究院臺灣史研究所，二〇一〇），頁五十四。因有蘇聯經驗，乃成為此一團體的思想重鎮。

78 所謂帝大新人會是東京帝大日本學生的組織，由極左的馬克思、無政府主義，到極右的國家主義者都有。此會從事專題研究，再集會討論，專題範圍很廣，對會員的影響很大，一九一八年成立，前後有會員三〇〇多人，臺灣學生只有陳逸松一人入會，經一九二八年的三、一五大檢舉，而在一九三二年解散。《陳逸松回憶錄：日據時代篇》，頁一〇一—一〇四。

79 《臺灣總督府警察沿革誌》（三），頁四〇。

80 《臺灣總督府警察沿革誌》（三），頁四〇—四一。

81 《臺灣總督府警察沿革誌》（三），頁四二。

82 《臺灣總督府警察沿革誌》（三），頁四五。

83 《臺灣總督府警察沿革誌》（三），頁四六。陳逸松在一九二九年初因原教育部長張聘三回臺，而接任教育部長。《陳逸松回憶錄：日據時代篇》，頁一一二。

84 《臺灣總督府警察沿革誌》（三），頁五二。

85 《臺灣總督府警察沿革誌》（三），頁四五。

86 《臺灣總督府警察沿革誌》（三），頁五〇。

87 《臺灣總督府警察沿革誌》（三），頁五二。

88 黃英哲編，《日本統治期臺灣文學臺灣人作家作品集》，頁四〇七—四〇八，〈呂赫若著作年譜〉。

89 《臺灣地方行政》（一九三五—一九四三）為臺灣地方自治協會所發行的雜誌。楊在一九四一年發表在七卷七期的文章為〈「大嵙崁撫墾署報告」に就いて〉。一九四三年時該誌也向楊徵求隨筆與詩稿。許雪姬主編，《楊雲萍文書資料彙編目錄》（臺北：中央研究院臺灣史研究所，二〇〇八），頁一六四。

90 許雪姬，〈楊雲萍教授與臺灣史研究〉，頁一一一—一一二。

91 許雪姬編，《楊雲萍文書資料彙編目錄》，頁一六二，〈三十三.臺灣文學奉公會〉。

92 林瑞明、許雪姬主編，《楊雲萍全集二文學之部（二）》，頁二〇三，〈文學奉公會其他〉。

93 《臺灣文學史小事典》，頁一四九—一五〇，〈大東亞文學者大會〉。

94 林瑞明、許雪姬主編，《楊雲萍全集二文學之部（二）》，頁二〇八—二〇九。在〈參加大東亞文學者大會感言〉，也沒有配合當局的言論出現。見同書，頁三四四—三四六。即使在臺灣決戰文學會議上的發言，也再度強調臺灣文學史的編纂，立場始終沒有改變。〈臺灣決戰文學會議發言〉，同前書，頁三六四。
95 轉引自《臺灣文學史小事典》，頁一四九—一五〇。
96 楊雲萍，〈陳夫人〉，《楊雲萍全集七資料之部（一）》，頁一一一一二九。
97 許雪姬主編，《楊雲萍全集八資料之部（二）》，頁一一一一二。
98 地點有金瓜石銅山、謝慶農場、纖維工場。許雪姬主編，《楊雲萍文書資料彙編目錄》，頁一七〇，「臺灣總督府情報課」；〈派遣作家的感想〉，《楊雲萍全集二文學之部（二）》，頁三九五—三九六。
99 他在企劃〈部落日記〉一書時，說明其目的「在於要表現並創作出在戰爭時局下的臺灣農村真實的面貌及應有之道。……讓彼等臺灣新百姓的道路及皇民化的道路能得到指示，……。」楊雲萍，〈出版企劃書之記載〉，《楊雲萍全集七資料之部（一）》，頁三。
100 林瑞明，〈楊雲萍的文學與歷史〉，《楊雲萍全集一文學之部（一）》，頁二十五。動物園詩抄中還有〈虎〉。
101 臺灣總督府情報部在一九四三年三月所成立，旨在統制電影的發行與其他所有表演活動的演出，特別是管制臺灣人最喜歡的戲劇活動。李道明，〈驀然回首—臺灣電影一百年〉，《歷史月刊》，一五八期（二〇〇一年三月），頁四三。
102 〈呂赫若著作年譜〉，《日本統治期臺灣文學臺灣人作家作品集》第二卷，頁四〇〇—四〇三。
103 陳逸松，〈妻ありて兵強し　新しき誇り〉，《新建設》四（一九四四年四月），頁二〇—二一。
104 陳芳明，〈廢墟之花——呂赫若小說的藝術光澤〉，《呂赫若小說全集（上）》，頁二四。其劇如「結婚圖」、「林投姉」、「演奏會」、「日本の子」、「源義經」、「麒麟兒」。
105 〈臺灣文藝界這一年〉，《楊雲萍全集二文學之部（二）》，頁一七四。
106 林至潔，〈期待復活——再現呂赫若的文學生命〉，《呂赫若小說全集（上）》，頁四四。
107 呂訴上，《臺灣電影戲劇史》（臺北：銀華，一九九一，再版），頁三二九—三三〇。
108 臺灣總督府，《臺灣統治概要》（臺北：該府，一九四五），頁七九—八〇；許雪姬，〈皇民奉公會的研究—以林獻堂的參與為例〉，《中央研究院近代史研究所集刊》，第三十一期（一九九九年六月），頁二〇〇—二〇四。
109 《陳逸松回憶錄：日據時代篇》，頁二三二—二三三。
110 陳逸松，〈事變處理と本島人の使命〉，《臺灣地方行政》七卷九期（一九四一年九月），頁一〇一—一〇三。
111 《陳逸松回憶錄：日據時代篇》，頁二四一。
112 陳逸松、林宗賢、栗原廣美、古屋貞雄，〈思想對策と方向：戰場臺灣の基盤〉，《臺灣公論》一九四四年十月號（一九四四年十月），頁三八—五一。
113 《陳逸松回憶錄：日據時代篇》，頁二八九。

114 《陳逸松回憶錄：日據時代篇》，頁二九四。

115 《吳新榮日記全集八（一九四五－一九四七）》，頁一七四，一九四五年八月十六日。

116 當時面對臺灣的未來，似乎有四種選項，一是獨立，二是高度自治，三是歡迎國民黨政府，四是投向中共；然而中國和列強的條約上規範，臺灣只能由中華民國政府接管。許雪姬，〈戰後初期臺灣人對未來前途的看法與其具體行動〉，收於謝政諭等編，《何謂戰後：亞洲的一九四五年及其之後》（臺北：允晨文化實業股份有限公司，二〇一五），頁三七－六二。

117 楊克煌遺稿、楊翠華整理，《我的回憶》（臺北：楊翠華自刊本，二〇〇五），頁二二九；莊嘉農（蘇新），《憤怒的臺灣》（香港：智源書局，一九四九），頁九五。

118 楊克煌遺稿，《我的回憶》，頁二四九。

119 國家安全局，《歷年辦理匪案彙編》第一輯，頁一一－一九，〈匪臺灣省工作委員會叛亂案〉。

120 陳翠蓮，〈「祖國」的政治試煉：陳逸松、劉明與軍統局〉，頁一四一。

121 有別於陳逸松的說法，蘇瑤崇的研究則指出，總督府一直有效統治臺灣，直到被接收為止，並無所謂「政治真空期」；而青年團所扮演的角色，則是煽動臺灣民眾仇日，而使日人成為百姓報復洩恨的對象。在日人的資料中，三青團是不被國府承認的地下組織，是企圖製造混亂的幫兇。見蘇瑤崇，〈臺灣終戰事務處理資料與所反映的戰後問題〉，《臺灣終戰事務處理資料集》（臺北：臺灣古籍出版有限公司，二〇〇七），頁二七－二八。

122 《陳逸松回憶錄：日據時代篇》，頁三〇三－三〇四。

123 《陳逸松回憶錄：戰後篇》，頁六九－七〇。

124 《陳逸松回憶錄：戰後篇》，頁七四－七五。

125 何義麟，〈《政經報》與《臺灣評論》解題－從兩份刊物看戰後臺灣左翼勢力之言論活動〉，頁一〇。

126 《陳逸松回憶錄：戰後篇》，頁八九－九〇。

127 蔣渭川遺稿，《二二八事變始末記》（汐止：自刊本，一九九一），頁九七。

128 《二二八事變始末記》，頁一〇一。

129 《二二八事變始末記》，頁一一二。

130 《二二八事變始末記》，頁一二〇－一二一。

131 調查室主任是為了掩護秘密組織的工作，即公秘合併，而後情治系統的「站長」不再兼任公職，因此陳達元的站長乃改由較資淺的林頂立擔任。

132 陳翠蓮，〈「祖國」的政治試煉：陳逸松、劉明與軍統局〉，頁一四八－一七〇。

133 陳翠蓮，〈「祖國」的政治試煉：陳逸松、劉明與軍統局〉，頁一三七。
134 此為楊老師向我說的，也求證過楊師母。
135 《臺灣總督府警察沿革誌》（三），頁三七—四二。一九四六年六月臺灣文化協進會成立，楊加入，七月成為編輯組主任，與當會長的游不無關係。
136 楊雲萍，〈許壽裳先生的追憶〉，《中外雜誌》，三十卷四期（一九八一年十月），頁二八。
137 臺灣省行政長官公署編，《臺灣省行政長官公署施政報告》（臺北：該署，一九四六），頁一一〇。
138 林春蘭，《楊雲萍的文化活動及其精神歷程》，頁一七二—一七四；黃英哲，《臺灣文化再構築一九四五—一九四七の光と影：魯迅思想受容の行方》（東京：創土社，一九九九），頁一二。
139 北岡政子等編，《許壽裳日記自一九四〇年八月一日至一九四八年二月十八日》（東京：東京大学東洋文化研究所附属東洋学文献センター刊行委員会，一九九三），頁二五五，一九四七年七月十日；頁二六一，一九四七年九月九日。至於何時獲頒教授證書則不詳，但追溯自一九四六年八月。
140 楊雲萍，〈一個誤會〉，《民報》，一九四五年十二月二十五日。
141 王白淵，〈社論：告外省人諸公〉，《政經報》二卷二號（一九四六年一月二十五日），頁二。
142 「建設民主主義的臺灣新文化！肅清日寇時代的文化的殘渣遺毒！本省的文化以貢獻示範整個我中國！三民主義萬歲！」
143 許雪姬，〈楊雲萍教授與臺灣史研究〉，頁六〇。
144 許雪姬等訪問，王昭文等記錄，《奔流：林瑞明教授訪問紀錄》（臺北：中央研究院臺灣史研究所，二〇〇四），頁一五一—一五二。
145 張恆豪，〈呂赫若生平寫作年表〉，《呂赫若集》，頁三一八。
146 〈日人統治時代之暗影又重演於今日之高雄〉，《人民導報》一九四六年六月九日，第二版。
147 不論張恆豪和林至潔在編呂的年表時都如此寫，但如前所述，他早期已受其妻舅林寶煙的影響，只是何時正式加入地下黨則不清楚。
148 呂芳雄，〈追記我的父親呂赫若〉，頁七二三。
149 呂芳雄，〈追記我的父親呂赫若〉，頁七二〇。
150 《歷年辦理匪案彙編》第二輯，頁一—九，〈匪基隆市工作委員會鍾浩東等叛亂案〉。
151 所謂武裝基地，即創造小型根據地，配合地下黨組織的工作，以越鄉的方式，由點而面發展，其任務是以武裝開展群衆的宣傳和組織工作。見《歷年辦理匪案彙編》，第一輯，頁一四，〈匪臺灣省工作委員會蔡孝乾等叛亂案〉。

152 《歷年辦理匪案彙編》，第一輯，頁一六〇，〈匪鹿窟武裝基地許希寬等叛〔亂〕案〉。

153 呂芳雄，〈追記我的父親呂赫若〉，《呂赫若日記》，頁四九〇。此為呂赫若的妻舅林永南與許強同獄時，向許當面提問得到的結果。

154 林至潔，〈呂赫若創作年表〉，頁七三八。林同時也提出呂的外室蘇玉蘭，呂要偷渡香港時，向其詭稱等琉球航班要去日本經商。呂之死除了毒蛇咬死一說外，另一說是有人因怕呂出來自首，在山裡頭先槍殺了他。

155 黃英哲，〈呂赫若略歷〉，頁四一〇—四一三。

引用書目

《人民導報》

山川鄰，一九四一，《戰時體制下に於ける事業及人物》，東京：東京電報通信社。

不著編者，一九二九，《臺中師範學校職員生徒名刺交換會》，臺中：臺中師範學校。

中島利郎等，一九九九，《日本統治期臺灣文學　臺灣人作家作品集》第二卷，東京：綠蔭書房。

——，二〇〇五，《日本統治期臺灣文學小事典》，東京：綠蔭書房。

日本共產黨中央委員會，一九九四，《日本共產黨の七十年　黨史年表》，東京：新日本出版社，二刷。

王白淵，一九四六，〈社論：告外省人諸公〉，《政經報》二（二）：一—二。

北岡政子等編，一九九三，《許壽裳日記　自一九四〇年八月一日至一九四八年二月十八日》，東京：東京大学東洋文化研究所附属東洋学文献センター刊行委員会。

向山寬夫，一九七八，《日本統治下における臺灣民族運動史》，東京：中央經濟研究所。

何義麟，未着覆刻年，〈《政經報》與《臺灣評論》解題——從兩份刊物看戰後臺灣左翼勢力之言論活動〉，收於《政經報》，頁五—一八，臺北：傳文文化事業公司。

吳新榮著、張良澤總編撰，二〇〇七，《吳新榮日記全集》（一九三三—一九三七）一，臺南：國立台灣文學館。

——，二〇〇七，《吳新榮日記全集》（一九三三—一九三七）一，臺南：國立台灣文學館。

——，二〇〇八，《吳新榮日記全集》（一九四二）六。臺南：國立台灣文學館。

——，二〇〇八，《吳新榮日記全集》（一九四三）七，臺南：國立台灣文學館。

——，二〇〇八，《吳新榮日記全集》（一九四四）八，臺南：國立台灣文學館。

呂訴上，一九九一，《臺灣電影戲劇史》，臺北：銀華，再版。

呂赫若著、林至潔譯，二〇〇六，《呂赫若小說全集》（上）（下），臺北：印刻文學生活雜誌出版有限公司。
呂赫若著、胡風譯，一九三六，〈牛車〉，收入《朝鮮臺灣短篇集——山靈》，上海：文化生活出版社。
呂赫若著、張恆豪編，一九九一，《呂赫若集》，臺北：前衛出版社。
呂赫若著、鍾美芳譯，二〇〇四，《呂赫若日記（一九四二—一九四四年）》中譯本，臺南：國家台灣文學館。
李道明，二〇〇一，〈驀然回首——臺灣電影一百年〉，《歷史月刊》一五八，頁四一—五一。
李翼中，一九九二，〈帽簷述事——臺事親歷記〉，收於中央研究院近代史研究所，《二二八事件資料選輯（二）》，頁三七一—四一一，臺北：中央研究院近代史研究所。
林春蘭，二〇〇二，《楊雲萍的文化活動及其精神歷程》，臺南：臺南市立圖書館。
林瑞明、許雪姬主編，二〇一一，《楊雲萍全集》，臺南：台灣文學館。
國家安全局，一九五九，《歷年辦理匪案彙編第一輯》，臺北：國家安全局。
——，一九六一，《歷年辦理匪案彙編第二輯》，臺北：國家安全局。
梁明雄，一九九六，《日據時期臺灣新文學運動研究》，臺北：文史哲出版社。
莊嘉農（蘇新），一九四九，《憤怒的臺灣》，香港：智源書局。
許雪姬，一九九九，〈皇民奉公會的研究——以林獻堂的參與為例〉，《中央研究院近代史研究所集刊》，第三一：一六七—二一一。
——，二〇〇六，〈忘年之交——獻堂仙與雲萍師〉，《臺灣文獻》五十七（三）：一〇九—一五一。
——，二〇〇七，〈楊雲萍教授與臺灣史研究〉，《臺大歷史學報》三十九：一—七五。
——，二〇〇七，〈《高玉樹回憶錄》序〉，收於高玉樹口述、吳君瑩記錄、林忠勝撰述，《國民黨治下的黨外市長：高玉樹回憶錄》，頁 vii-x，臺北：前衛出版社。
——，二〇一一，《楊雲萍全集》歷史之部（一）至（四），臺南：台灣文學館。
——，二〇一一，《楊雲萍全集》資料之部（一）、（二），臺南：台灣文學館。
——，二〇一五，〈戰後初期臺灣人對未來前途的看法與其具體行動〉，收於謝政諭等編，《何謂戰後：亞洲的一九四五年及其之後》，頁三七一—六二一，臺北：允晨文化實業股份有限公司。
許雪姬主編，二〇〇八，《楊雲萍文書資料彙編目錄》，臺北：中央研究院臺灣史研究所。
許雪姬等訪問，王昭文等記錄。二〇〇四，《奔流：林瑞明教授訪問紀錄》，臺北：中央研究院臺灣史研究所。
郭杰、白安娜著，李隨安、陳進盛譯，二〇一〇，《臺灣共產主義運動與共產國際（一九二四—一九三二）研究・檔案》，臺北：中央研究院臺灣史研究所。

陳文惠，二〇一一，〈陳逸松二三事（上）：一九四五—一九七二年之紀事〉，《傳記文學》九十九（五）：四—二一。
——，〈陳逸松二三事（下）：一九七二至二〇〇〇年之紀事（一）〉，《傳記文學》九十九（六）：九三—一〇四。
——，二〇一二，〈陳逸松二三事（下）：一九七二至二〇〇〇年之紀事（二）〉，《傳記文學》一〇〇（一）：八十—九十。
——，二〇一二，〈陳逸松二三事（下）：一九七二至二〇〇〇年之紀事（三）〉，《傳記文學》一〇〇（二）：一二〇—一三四。
陳姃湲，二〇一二，〈放眼帝國、伺機而動：在朝鮮學醫的臺灣人〉，《臺灣史研究》十九（一）：八十七—一五四。
陳逸松，一九三八，〈學者、詩人、使徒〉，《臺灣新民報》，日期、版次不詳。
——，一九四一，〈事變處理と本島人の使命〉，《臺灣地方行政》七（九）：一〇一—一〇三。
——，一九四四，〈妻ありて兵強し　新しき誇り〉，《新建設》四：二〇—二二。
陳逸松、林宗賢、栗原廣美、古屋貞雄，一九四四，〈思想對策と方向：戰場臺灣の基盤〉，《臺灣公論》一九四四年十月號：三八—五一。
陳逸松口述、林忠勝撰，一九九四，《陳逸松回憶錄：日據時代篇》，臺北：前衛。
陳翠蓮，二〇一四，〈「祖國」的政治試煉：陳逸松、劉明與軍統局〉，《臺灣史研究》二十一（三）：一三七—一八〇。
彭瑞金等合著，二〇一四，《臺灣文學史小事典》，臺南：國立台灣文學館。
曾健民，二〇一五，《陳逸松回憶錄：戰後篇》，臺北：聯合出版事業股份有限公司。
黃英哲，一九九九，《臺灣文化再構築　1945-1947の光と影：魯迅思想受容の行方》，東京：創土社。
楊克煌遺稿、楊翠華整理，二〇〇五，《我的回憶》，臺北：楊翠華自刊本。
楊雲萍，一九三九，〈臺大と臺灣の研究〉，《臺灣日日新報》，一九三九年二月十五—十七日。
——，一九四五，〈一個誤會〉，《民報》，一九四五年十二月二十五日。
——，一九八一，〈許壽裳先生的追憶〉，《中外雜誌》三十（四）：二八。
葉石濤，一九八三，《清秋——偽裝的皇民化謳歌》，臺北：前衛出版社。
——，一九八七，《臺灣文學史綱》，高雄：春暉出版社。
臺灣省行政長官公署編，一九四六，《臺灣省行政長官公署施政報告》，臺北：臺灣省行政長官公署。
臺灣總督府，一九四五，《臺灣統治概要》，臺北：臺灣總督府。
臺灣總督府警務局編，一九八六，《臺灣總督府警察沿革誌》（三），東京：綠蔭書房，復刻版。
蔣渭川遺稿，一九九一，《二・二八事變始末記》，汐止：自刊本。
興南新聞社，一九四三，《臺灣人士鑑》，臺北：興南新聞社。

薛宗明，二〇〇〇，〈哭泣的鹿窟：臺灣第一位男高音——殉道者呂赫若素描〉（上），《樂覽》八：八—一八。
——，二〇〇〇，〈哭泣的鹿窟：臺灣第一位男高音——殉道者呂赫若素描〉（下），《樂覽》九：一二—二〇。
蘇瑤崇，二〇〇七，《臺灣終戰事務處理資料集》，臺北：臺灣古籍出版有限公司。

雙元繼承與合軌——從產業經營看一九三〇—一九五〇年代的臺灣經濟

謝國興

前言

一個現代國家的經濟發展必須築基於相當程度的基本設施（infrastructure），包括教育普及（人口素質）、社會控制（土地調查、戶籍制度、現代法律制度與法治觀念）、現代交通建設（鐵、公路運輸、港灣建設）、電力開發（工業化的前提）、醫療進步與公共衛生改良、都市計畫與建設、農業改良與水利設施建設等。這些基礎設施必須在一個有效能的政府領導下，而且必須假以時日，才有可能鋪陳。臺灣在日本統治的五十年間，基本上奠定了上述基本設施的主要基礎，並且發展了臺灣第一代中小企業（製造業），這是戰後臺灣經濟發展的先天條件也是第一元因素。戰後國民政府接收臺灣，以出身資源委員會為主的專業技術官僚來臺接管國、省營企業，填補了日本人遣返之後留下的公營大企業的上層領導與管理人員空缺，一九四九年之後，來自大陸的專業技術官僚主導政府的財經政策，與美國方面的美援代表共同運作美援運用委員會，為臺灣當代經濟起飛籌謀劃策；平津、上海地區「遷廠逃資」[1]轉移經營陣地到臺灣的外省籍企業，為戰後初期臺灣工商業經營注入不少人才、資金與設備等大陸移入資源，包括上層專技官僚與企業，是臺灣現代經濟發展的第二元因素。這是本文所謂雙元繼承的意涵所在。臺灣本土型企業在戰後利用商業資金積累之後投入製造業，加上過去建立的網絡條件優勢，在一九五〇年代開始以輕工業為主軸的產業發展過程中，仍扮演重要角色。因此，殖民地遺產、本土型企業、大陸新移入企業，在一九五〇年代合軌，共同交織出臺灣現代經濟發展的圖像。

殖民地的經濟遺產：一九三〇年代工業化與中小企業萌芽

一九三〇年代日本開始在臺灣推動現代工業建設，到一九三九年，工業產值首次超過農業（不包括林業與水產業）。[2]發展現代工業必然帶動周邊新興製造業，以經營新興製造行業為主的臺灣人中小企業也在這段期間跟著出現。日治時期食品業長期占工業產值的第一位，主要原因是製糖業及農產加工業一直是日治時期臺灣經濟的主體，也是主要的出口貨品，不過其產值比率從一九三〇年的百分之七十六・四降為一九四二年的百分之五十八・三，顯係受到日治後期發展現代工業的影響。金屬、機械、化學工業是一九三〇年代開始的工業化建設重點，產值比率都有明顯增長，尤其化學工業在一九四二年已占工業產值的百分之十二・八。[3]日本本土的紡織業十分發達，殖民地臺灣長期被視為日本本土紡織產品的市場，因此殖民政府對臺灣紡織業發展一向不重視。一九三八年，日本本土紡織工業的產值占工業生產總值的百分之十八・六，不過同一年臺灣紡織業的產值僅占臺灣工業總產值的百分之一・五。[4]一直要到一九四二年後因應戰爭物資動員的需要，才組織臺灣紡績株式會社，將半舊紡紗機及紡錠二萬枚、織布機五三五臺運來臺灣，準備在王田、烏日建棉紡紗廠，後因戰局失利，計畫並未順利進行。[5]綜觀日治時期，臺灣紡織業產值始終未超過工業總產值的百分之二，在各產業中經常敬陪末座。

根據一九二五年以前、一九三四年及一九四〇年的工場名簿統計，在紡織、金屬、機械、化學這四種較具現代意義的工業中，一九二五年以前臺灣人設立經營的工場數（不包括小型榨油與製紙工場）少於日本人，一九二六年以後形勢改觀，臺灣人工場數遠多於日本人，一九三〇年代之後的趨勢尤其明顯。以一九四〇年的統計來看，臺灣人在一九二六—一九三〇年間設立的企業（不包括小型榨油與製紙工場）七十七家（日本人二十九家），一九三一—一九三五年間設立一二二家（日本人三十三家），一九三六—一九四〇年間設立二一一家（日本人六十家），臺灣人工場大約以百分之一百五十的速度增加。[6]不過若論及規模，則臺灣人經營的工場資金、員工數大多較日本人工場少。

一九三〇年代開始臺灣人在新興工業方面的投入較之日治早期明顯成長，除了日本殖民政府在臺灣推動軍需工業的大環境影響之外，一九三四年日月潭發電廠完工，供應較廉價的電力，提供動力工廠設立的有利條件，臺灣人在教育（尤其是初、中級工業技術教育）方面已訓練累積的人才逐漸增加，例如根據一九四三年的統計，機械器具工業的一四二名臺灣從業技術人員中，具有中等職業學歷者占百分之四十，專科等級者百分之二十六，比率並不低，比在臺日人還高。[7]日本統治臺灣也已三十多年，臺灣人對現代工商業的認識加深，都有助於臺灣人中小型製造業的興起。洪詩鴻認為相對於依附殖民政府較深的臺灣大型土地資本家（如日治時期五大家族）在一九三〇年代出現經營投資上的萎縮，投入新興工業的中小資本則在殖民政府基本建設初具基礎的情況下，靠自己的努力開拓事業，其經驗對戰後臺灣的發展必有啟發。[8]

日本殖民政府在臺灣所經營的專賣事業與日本商人在臺灣的私人投資，戰後全數被當作「日產」，由國民政府接收。製造業中十八家跟石油、鋁業、金銅礦相關的企業被合併為「中國石油」、「臺灣金屬礦業」、「臺灣鋁業」三家公司，由資源委員會直營；「臺灣電力」、「臺灣鹼業」、「機械造船」、「臺灣紙業」、「臺灣糖業」、「臺灣水泥」等七家公司則由四十二家戰前日資企業併成，由資委會與臺灣省政府合營，「臺灣工礦公司」由一二一家企業組成，「臺灣農林公司」由五十六家企業合成，歸省府經營；由各縣市政府接收經營的企業則有九十二家，國民黨接收改為黨營事業的十九家（主要是各地原為日資經營的戲院），加上金融、交通、營建等企業，總共有四九四家原日資企業成為公營（或準公營）事業；此外，另有四八四家接收之企業或因規模較小，性質較不重要，則標售民營。[9]一九五〇年代中期，臺灣水泥、臺灣紙業、臺灣工礦、臺灣農林等四大公司開放（拆解）民營。這些大小企業都屬於從日治時期延續到戰後的企業，其中公營事業之外，民營企業在戰後一段相當長的時間仍績效不錯，甚至永續經營的企業，也不在少，可舉一些例證說明如下。

大同股份有限公司：一九一八年林煶灶創立「協志商號」，從事土木建築工程，為確保建築材料之供應，一九三九年承購大同鐵工所（又名大同機械製鋼株式會社，蔡溪創辦），從事鋼筋、各種鑄件及車床製造，戰爭時期以承製海軍鋼鐵用品為主要業務。一九四二年，林煶灶將其事業交由其子林挺生負責，其自身則轉而創立大同工業學校，膺任校長，發揮建教合作之功能。戰後，合併日本大阪大林精機製作所臺灣出張所，工廠規模擴大，易名「大同製鋼機械股份有限公司」，因生產力佳，曾獲鐵路管理委員會指定為待修火車工廠，後改變經營方針，試製馬達、變壓器等，一九四九年創製大同電扇，為該公司製造家電用品之始，翌年起生產大同電鍋，其後陸續研發製造冷氣、冰箱等大型家電產品。[10]一九七〇年營收一度居民營企業之首。近年來，大同因應產業結構之變遷，研發生產各種電子、資訊、通信、多媒體產品，已轉型為資訊綜合大廠。

聲寶公司：創辦人陳茂榜，一九一四年生，宜蘭頭城人，板橋公學校畢業，曾任文明堂書店店員八年，期間除書籍外，亦販賣收音機和留聲機；一九三六年辭職開設「東正堂電器行」，販賣收音機、唱片及其他電器。戰後，改生產電器零件，並將營業方式由零售改為批發；一九五三年起代理日本新力（Sony）電器；一九五六年再開設「東正電器廠」，生產收音機所需之電容器、變壓器、揚聲器等，以自製取代進口，並與Sony公司合作製造真空管收音機。因業務不斷擴張，一九六二年另在板橋開設新廠，名為「東興電器股份有限公司」，初以繼承東正廠業務為主，後專門製造黑白電視機；一九六四年與東正廠合併，易名為「聲寶電器股份有限公司」，為臺灣知名家電品牌。[11]

唐榮鐵工廠：創辦人唐榮曾任包工頭、高雄鹽務局副監事員、醫院助手、糖廠包工業等職，承包產品之包裝與托運工作。後開設唐榮商店，代為採購，並收購糖廠之廢鐵從事加工。一九二二年另經營錦榮豐米廠，生意良好，事業趨於穩定。一九三〇年，再開設「丸一運送店」，從事鋼鐵業機械進出口生意，獲利頗鉅。一九四〇年與子傳宗共同在高雄苓雅寮設立唐榮鐵工所，迄一九四四年，資金與產量均躍升為臺灣民營鋼鐵業之首，民間有「南唐榮、北大同」之譽。戰後唐榮鐵工所易名「唐榮鐵工廠」，一九五五年工廠改為股份有限公司，為全臺最大的民營鐵工廠，生產鋼筋、型鋼、鋼釘、電桿、耕耘機、洋釘、鐵絲等製品，一九五八年起從事多角經營，如拆船業、煉銅廠、水泥電焊工廠、油漆廠、機械廠、高雄磚廠、中國電器公司等。因擴充過快，資金週轉不靈，加以鋼鐵市場趨於蕭條，以致負債累累，一九六二年二月起正式收歸省營。一九九九年精省後改隸經濟部；二〇〇六年八月上櫃釋股，轉為民營企業。[12]

大榮製鋼公司：創辦人李天生，嘉義朴子公學校高等科肄業，曾於明治製糖株式會社蒜頭製糖所工作兩年，其後跑單幫，從事金屬工具和藥品買賣，後改專營廢鐵買賣，獲利漸豐。一九三八年潛赴中國，在南京買賣廢鐵，並開設煉鐵廠；戰後返臺，在高雄開設茂榮鐵工廠，一九五〇年因資助簡吉，工廠被沒收拍賣，幸由員工集資一五四萬元買回，一九五三年改組為大榮製鋼繼續經營，李氏出獄後，歷任該廠總經理、董事長，在其領導下，工廠規模逐漸擴充，其後，又陸續成立新榮鑄造工業公司、大榮重工業公司等作為大榮製鋼之衛星企業，生產高級鑄品、鍋爐等。[13]

林商號合板股份有限公司：創辦人林番邦，一八八六年生於嘉義，曾任保甲書記，亦曾與人合資經營砂糖、麥粉、米穀等買賣，[14]一九二五年赴高雄鹽埕開設「指南商店指物工場」（木器行），由其長子林自西擔任場長；[15]一九二六年赴日經營花樟木業，獲利可觀，乃返臺，於一九三八年四月在嘉義開設「林商會」工廠，[16]仍由自西擔任廠主，製造花樟薄版，業績頗佳，一九四一年起外銷日本。戰後，該廠增添設備，改製合板；一九五四年復於高雄設廠，專製合板，以應市場之需；一九五七年改組為「林商號股份有限公司」，生產各種薄版、合板及加工品，以外銷美加、澳、日本等國為主，曾是臺灣最大合板製造公司。

福華飯店：創辦人廖欽福，一九二四年畢業於臺灣商工學校工科土木組，曾先後參與興建桃園大圳、嘉南大圳、日月潭水力發電廠等工程，一九三六年轉入「協志商號」從事營造事業（老闆林煶灶為其堂姊夫），一九三九年升任總經理；一九四二年向林煶灶借牌在虎尾自行創業，並以獲利購買土地，戰後成立「華南工程公司」，承包營建工程，一九五〇年代起乃轉變經營方針，自行興建樓房出租，收益再用來購買土地、建屋出租。此外，其投資事業廣泛，曾任中國化學製藥股份有限公司常務董事、華南產物保險公司董事長、泰安產物保險公司常務董事、中國電器公司董事長等職。基於「為人間留一紀念品」之理想，一九八一年興建福華飯店，一九八四年落成開幕。[17]其子廖修平為著名版畫家。

黑松股份有限公司：黑松股份有限公司之前身為「進馨商會」，創辦人張文杞，一九〇一年生，臺北市日新公學校畢業，曾在公賣局臺北煙草工廠任機械修理工，後辭職從商，經營木炭生意，一九二四年買下「ニコニコラムネ」商會之汽水生產設備，翌年與堂兄弟集資開設「進馨商會」，生產汽水，一九三一年開始生產「黑松牌」

汽水。一九三六年購得中崙車站附近之千餘坪土地興建廠房，生產中、大瓶汽水，並另設化驗、印刷、製瓶蓋等部門，進馨商會在戰前飲料界已頗具地位。戰後改組為「進馨汽水股份有限公司」，其後，公司一方面申請美援貸款以加強自動化生產，一方面陸續研發推出蘇打水、椪柑汽水、薑水、沙士等新產品，穩定發展，一九七〇年正式改組為「黑松飲料股份有限公司」。[18]

南港輪胎：一九二九年，臺灣開始出現橡膠工廠，製作補胎膠、水管及碾米滾筒等初級製品，為臺灣橡膠工業發展之始。[19]一九四一年，總督府為因應戰時體制，施行企業統制令，將合資會社臺灣ゴム工業所、大榮ゴム工業所、豐原ゴム工業株式會社、東陽護膜製作所等橡膠廠合併為「臺灣ゴム株式會社」，[20]隸屬於「日本護膜株式會社」經營體系，工廠設於南港，員工約兩千人，主要生產軍用鞋、腳踏車胎和雨鞋。[21]戰後，該廠由臺灣省行政長官公署工礦處接收並易名「南港橡膠廠」，隸屬於「臺灣工礦股份有限公司」，一九五九年改組為「南港輪胎股份有限公司」，由公營轉為民營，生產汽、機車輪胎，為國內最大的輪胎公司。

大東紡織公司：一九四四年陳永煌與其兄陳金灶（新竹中學畢）合資，從事月桃絲、鳳梨絲等原始纖維之進出口貿易，同時，在屏東潮州設織布廠，利用洋麻製造罩網將鳳梨葉抽絲，再以木造機織成布。戰後工廠遷返臺中，因政府獎勵及美援棉紗之配售，乃將木造機改為半自動織；一九五一年兄弟分廠經營，陳金灶在臺中設大華織布廠，陳永煌則在彰化另創「大華染織廠」。一九五六年陳金灶籌組「大東紗廠」，不久改由陳永煌接任大東紗廠董事長。是年，大東紗廠改組為「大東紡織股份有限公司」，並與日本鐘紡公司合作，創立大鐘印染廠、大益成衣廠。[22]

臺灣紡織染織廠：一九二六年九月，沙鹿街名望人士李草語創設「勝泰商行紡織工場」，生產毛巾、白木棉等，員工二十六人；[23]後工廠改由其二子卿雲經營，並易名「豐國紡織株式會社」，生產毛巾、短褲等織品。李卿雲，一九〇三年生，沙鹿公學校畢業後，習漢學四年，十八歲從父經商，進而接手紡織事業。其一面穩定經營，一面增添印染設備，終擴大為擁有紡織、印染一貫作業機器設備之大型工廠，戰後易名臺灣紡織染整廠。[24]一九五二年，卿雲另創設臺中紡織公司，首創國產印花布，並外銷東南亞。一九六〇年代末以降，因鑑於紡織業發展趨緩，乃改從事多角化經營，先後創設育樂公司、綜合醫院等。李卿雲之胞兄李占春[25]，一九五四年在臺北縣板橋創設新臺灣紡織股份有限公司，為戰後初期臺灣人創辦之少數紡紗廠之一。

新復興實業公司：侯雨利原在臺南市民權路經營新復興批發布行，一九三一年購入臺南市媽祖樓附近一家日人經營不善的織布廠，改稱新復興織布廠。日治時期勉強維持，戰後新復興迅速復工，當時物資匱乏，新復興僅屬中型動力織布廠，復工之初只有二十八臺織布機，因經營得法，很快擴充到一〇二臺，並且專織女用花格子布，銷路好，價格高。侯雨利累積了豐厚資金，在一九五四年與原來經營布行的吳修齊兄弟共組臺南紡織公司，一九六〇年投資環球水泥公司，逐漸發展出後來的臺南幫企業集團（環球水泥目前由侯雨利長孫侯博義任董事長），新復興布廠後來改稱新復興實業公司，改生產蕾絲布，仍屬高單價產品。[26]

戰後初期（一九四六—一九四九）臺灣的工業環境

由於受到戰爭的破壞與影響，加上政府接收了較大型的企業成為公營事業機構，因此在戰後恢復經濟生產初期，臺灣的公、民營工業規模與產值完全不成比例。一九四六年（民國三十五年）的統計，數量上民營工廠占百分之九十二·六，公營占百分之七·四，雇工人數民營占百分之三十四·六，公營工廠占百分之六十五·四；產值方面，民營工廠占百分之四十·三，公營工業為百分之五十九·七。[27]一九四七年以前，民營工業處於復舊時期，基本上修復戰時受損的設備，重新投入生產；一九四七年至一九四八年間，臺灣與大陸的經貿往來密切，不少產品如燒碱、罐頭、赤糖、鉛筆、帽席、機械、碳酸鈣、耐火器材、紙類等產品，因銷往大陸而趨向繁榮，相對的，也有一些產品，如棉紗、針織品、肥皂、皮革、食油、牙刷、牙膏等民生用品，因大陸來貨價廉傾銷，臺灣的這些產業仍舊無法發展。一九四九年大陸局勢急轉，過去的銷售市場又告斷絕，相關產業自然深受影響，相對的，大陸的紡織、肥皂、皮革、製藥業等不少企業在一九四八—一九四九年間陸續遷來臺灣，一九五〇年後開始投入生產，臺灣的民營工業展開一番新的局面。[28]

早在國民政府接收臺灣之後，就陸續有一些大陸的工商業者到臺灣考察投資經營環境，有少數業者在臺灣設分公司或辦事處，例如一九四六年陳富中（江蘇鎮江人，上海滬江大學畢業）來臺灣創設臺光燈泡廠，一九五一年與華南燈泡合併改組為東亞電器公司，一九五五年四家主要的燈泡製造廠東亞、亞洲、臺灣電氣廠、國光電器（負責人濮培元，江蘇籍，原在上海經營電業廠）合併為中國電器公司，陳富中任總經理。[29]臺灣信誼化學製藥原為上海信誼製藥在臺灣所設的辦事處（一九四八年十月），派朱道良為主任，一九四九年後改為臺灣信誼化學製藥廠，朱道良為負責人（經理）。[30]也有一些業者在一九四八年國共在華北決戰時期，因時局考慮而遷移臺灣，例如孫法民在平、津地區的永光電線廠在一九四八年遷移部分設備來臺設廠，後因經營困難而結束，一九五一年改組為太平洋電線製造廠。[31]

根據目前可得資料，一九四六—一九四八年間在臺灣設廠的大陸地區製造業者如表一所示。

一九四六年至一九四八年臺灣的工廠數由六二三七家增為九七五七家，三年之間增加三五〇〇家左右，少部分是舊日資企業標售，三〇〇〇家以上屬新設（其中十九家為大陸資本來臺創設）；一九四九—一九五三年工廠數從九七八一家增為一二四三九家，期間雖然有大陸企業跨海移民加入，四年之間增加不到二七〇〇家，[32]尚不及戰後初期三年的增加數，可見一九四九年之前的經濟恢復第一階段，一方面公營事業增加有限，另一方面民間的工業投資並未受日人撤離影響，而且絕大部分是臺灣本土型企業。在一九四九年大陸地區企業因戰亂及躲避共產黨統治而開始遷移臺灣之前，以一九四八年的統計，當時臺灣製造業工廠大約一萬家，而外省籍業者設立者大約二十家。總之，一九四九年，尤其是一九五〇年之後，外省籍企業才明顯出現在臺灣的工商舞臺。

產業政策與民間資本的成長：以一九五〇年代初期「代紡代織」為例

一九四九（民國三十八）年六月臺灣區生產事業管理委員會（生管會）成立，是最早統籌全臺經濟建設、經管所有國、省公營事業單位的機構，陳誠以省主席兼任主任委員，起初任常務委員後來改任副主任委員的尹仲容，實際主持生管會的主要工作，也是尹氏主導臺灣經濟發展的第一個舞臺。生管會及後來接續生管會的經濟安定委員會所屬工業委員會，長期由尹仲容主持工作，對於政府遷臺之後展開的經濟規劃與推動建設、扶植民營工

表一：1946-1948年間在臺灣設廠的外省籍企業

名稱	地點	時間	資本額（新臺幣元）	員工數	負責人及簡介（1963年資料）
聯華麵粉米穀廠	臺北市	1948.1	90,000	8	苗育秀，山東省牟平縣人，山東省牟平縣立中學畢業，曾任山東青島寶華商行經理、臺灣寶華商行總經理、臺灣區麵粉工業同業公會常務監事、常務理事、大東精麥廠有限公司總經理，現任聯華實業股份有限公司董事長、中華民國工商協進會理事。
臺灣標準味粉廠	臺北市	1948.5	56,000	41	姚俊之，江蘇省揚中縣人，聖約翰大學化工系肄業，曾任中華民國第三區製藥工業同業公會理事長、新屋化學製藥廠董事長兼總經理、標準味粉廠董事長兼總經理、上海市調味粉業同業公會理事、臺灣省調味粉工業同業公會理事、鮮大王味素工業股份有限公司常務董事兼總經理、開發食品工業有限公司總經理、臺北市醬類工業同業公會理事、中華民國全國製藥工業同業公會監事。
臺灣天香味寶公司	高雄市	1948	100,000	112	何維石，浙江省紹興縣人，江蘇中西學堂畢業，曾任英商愛蘭百利西藥廠股份有限公司華經理、公達藥房總經理、臺灣天香味寶廠股份有限公司總經理。
天昌化工廠	高雄市	1948.7	100,000	38	范樹元，浙江省吳興縣人，大同大學商科肄業，曾任上海模範味粉廠總經理，太平洋化學工業廠總經理，上海市調味粉工業同業公會常務理事、臺北金城絲織廠股份有限公司董事長、太平洋化學工業廠股份有限公司駐廠常務董事、臺灣省調味粉工業同業公會常務理事、臺北天昌化工廠股份有限公司董事長。
六和棉織廠	中壢	1948.2	500,000	426	宗祿堂，青島市人，高中畢業，六和棉織廠股份有限公司董事長。
慶祥棉織廠	三重	1948	250,000	149	李積慶，江蘇鎮江人，讀私塾八年，曾任上海慶祥棉織廠總經理、臺灣區針織工業同業公會理事長、臺灣區針織工業同業公會理事、臺北慶祥棉織廠總經理、中華民國工商協進會會員。

名稱	地點	時間	資本額（新臺幣元）	員工數	負責人及簡介（1963 年資料）
萬寶紡織	士林	1948.9	210,000	381	李廷棟，江蘇吳縣人，曾任上海萬寶綢廠董事長、臺灣大昌紡織董事長、萬寶紡織、五豐化學工業董事長，老介福綢緞局董事長。
仁利化工廠	臺北南港	1948.6	70,000	44	鄭鍾潮，浙江省寧波縣人，寧波商業學校畢業，曾任南京公用汽車公司總經理、上海仁豐染織廠總經理、臺灣仁利化工廠有限公司總經理、中華民國工商協進會名譽理事。
民生電化工業廠	臺北景美	1948.7	50,000	40	謝明山，浙江省鄞縣人，國立中央大學化工系畢業，英國倫敦大學化學博士，曾任昆明化工廠總工程司、臺灣鹼業公司協理、中華化工廠董事長、西南聯大化工系主任、臺灣大學教授、中原理工學院院長、民生電化廠董事長、中華民國工商協進會會員。
啟程電化廠	板橋	1948.10	50,000	31	張季西，浙江省鄞縣人，光華大學畢業，曾任臺灣區酸鹼工業同業公會監事、啟成電化廠總經理、啟成電化廠有限公司執行業務股東、臺灣榮大企業有限公司執行業務股東。
興文齋墨廠	臺北市	1945.11	50,000	7	盛歌宇，福建省林森縣人，三育學院畢業，統一墨廠股份有限公司董事長。
利臺化工公司	新莊	1948.1	不明	29	莊萬聯，漢口市人，國立四川重慶大學化工系畢業，曾任臺灣省專賣局廠長、總經理、廠長、董事等職，利台化工股份有限公司董事兼總經理、裕來化學股份有限公司常務董事。
王振興肥皂工廠	屏東市	1948.5	10,000	16	王吉六，福建省安溪縣人，私塾修業，曾任福建同鄉會理事長、臺灣區肥皂工業同業公會會員代表等職，王振興肥皂工廠股份有限公司董事長。
臺灣印鐵製罐廠	三重	1948	200,000	91	姜體臣，上海市人，曾任臺灣印鐵製罐廠總經理、臺灣印鐵製罐金屬品股份有限公司董事長。

名稱	地點	時間	資本額（新臺幣元）	員工數	負責人及簡介（1963 年資料）
大東工業公司（標購工礦公司第一造紙廠）	七堵	1948.3	100,000	178	尹致中，山東省萊陽縣人，日本廣島高級工業學校畢業，曾任青島市參議員、青島高級工業職業學校校長、青島冀魯製針廠、上海大中工業社、重慶大川實業公司、成都大星實業公司等董事長兼總經理，國大代表、香港大中實業公司董事長兼總經理、中華民國工商協進會名譽理事。
中聯化工公司（國泰化工前身）	高雄市	1948.5	25,000	30	徐大浩。上海劉鴻生企業來臺設立。
臺灣新源昌製革廠	桃園	1948.9	200,000	28	馬承槐，浙江省鄞縣人，上海中學畢業，曾任徐州利記製革廠副理兼工務主任、上海協源昌製革場業務主任、臺灣新源昌製革場經理、臺灣區製革工業同業公會常務理事、臺灣區製革同業公會常務理事、大中華製革廠股份有限公司董事兼經理、中華民國工商協進會會員。
臺灣中華化工廠	板橋	1947.12	50,000	40	干漢城，浙江省鄞縣人，中學畢業，曾任上海市中和工業原料行經理、南成化工廠董事等職，臺灣中華化工廠有限公司總經理、臺灣區酸鹼工業同業公會監事、中華民國工商協進會會員。
臺灣梅林罐頭食品	嘉義市	1948.4	75,000	16	顧士奇，江蘇省川沙縣人，上海法政大學法律系畢業，曾任執業律師、上海梅林罐頭食品廠股份有限公司經理、臺灣梅林罐頭食品廠經理，臺灣梅林罐頭食品廠股份有限公司董事長、臺灣省罐頭工業同業公會理事長、中華民國工商協進會會員。

說明：資本額及員工數為 1954 年資料。

業，影響極大。生管會成立後就以發展電力、肥料、紡織為經濟建設的中心，電力是一切工業生產的基礎，肥料為提高米、糖產量之先決條件，紡織為豐衣足食的兩大生活基本條件之一，而臺灣過去紡織工業基礎薄弱，紡織品倚賴進口耗用大量當時對國家建設來說極其寶貴的外匯，因此如何完成紡織品的進口替代，遂為當務之急。棉紗為棉紡織業（包括織布、針織內衫、毛巾、織襪等業）之原料，發展紡織業首先需從設廠生產棉紗開始（尹仲容的名言：「進口布不如進口紗，進口紗不如進口棉花」）。戰後臺灣承接日治時期最後三年才開始推動並經戰火摧殘的紡紗事業，基礎薄弱可知。

紡織業是當時產業政策的重心，一九四九年九月政府頒布實施「臺灣省獎勵紡紗業辦法」，對於新設紗廠，政府將協助租購土地，優先分配電力，周轉金及採購原料、設備之外匯由臺灣銀行協助融通，原料及器材進口關稅減免，所生產棉紗政府協助收購（百分之七十）；這些條件亦適用於原有紗廠。[33]一九四九年開始，大陸地區包括西安、青島、上海等地的部分紗廠與織布廠在一九四九年前後遷移臺灣，多數在一九四九至一九五〇年間開始生產；此外，臺灣本地的中小動力與手工織布廠在戰後復舊時期陸續出現，一九四九年後搭上政府發展紡織業的便車，加入生產行列。一九五〇年代臺灣紡織業因此得以快速發展，奠定戰後初期工業化與經濟發展的重要基礎。

根據一九四〇年的工場名簿，當年臺灣地區工商登記有案的織布業者（含織布、針織、織襪、毛巾業，不含棉被業）只有三十七家[34]，一九四一年因戰時整備，合併為十家，直至戰爭結束。[35]以目前所能找到的戰後紡織業工廠名錄來看，戰爭結束後兩年左右的一九四七年時，全臺民營織布廠共有八十九家（不含手工織布業），針織廠十九家[36]，總共一〇八家，是戰前的三倍以上，除了部分是舊廠恢復之外，更多的是新成立的臺灣人業者。一九五一年動力織布廠一二七家（手工織布廠一四九家），動力毛巾廠二十三家，針織內衫業者八十一家。[37]一九五二年織布業者（含手工業者）四七三家，毛巾業者五十三家，染整二十家；[38]一九五三年動力織布廠增為三二二家，手工織布業者三三五家；[39]一九四七—一九五三年間光是動力織布廠就增加三．五倍左右，而一九五三年紡紗業者只有十一家，公營紗廠之外，大部分為大陸遷移臺灣的紗廠。

一九五〇年代初期政府對紡織業者的保護與扶植措施，最具體的政策是一九五一年下半年開始配合花紗布管制與美援棉花與棉紗的分配使用，進行「代紡代織」辦法。[40]在此一辦法下，大部分業者不必負擔原料採購的周轉金，也不必擔心產品的銷售市場，在一九五一至一九五三年七月前比較全面實施代紡代織期間，[41]業者因此穩定的累積了一定的資金，對後來的擴充與發展助益甚大。哪些業者享受到代織代紡的優惠呢？劉進慶認為代紡代織的「恩典」只賜予政府特定認可的企業，「藉以為紡織資本的寡占體制鋪路，同時成為大陸資本立足的契機和官僚資本（按：指公營紗廠）再生的溫床」。[42]

劉進慶的說法並無詳細具體的統計數字作為依據。根據一九五二年美援運用委員會的一份統計資料，代紡棉紗的紡紗廠共十一家，因各家資金、設備、技術、員工數不同，所承攬的產量差異甚大，如表二所示。

工礦公司與大秦紡織應繳代織棉紗最多，各為一萬四千餘件，中國紡織建設公司、雍興實業公司八千餘件，台元紡織七千餘件，六和棉織廠五千餘件，其餘臺北紡織、申一紡織、彰化紡織、華南紡織、臺中紡織在三千餘件以下。[43]工礦公司為省營，中國紡織建設公司為國營，雍興、臺北紡織各為中國銀行與交通銀行所投資，這四家公營事業的代紡數量（三四六八五件）超過總產量（六七九四一件）的半數。大秦紡織為石鳳翔遷移原在大陸西北地區部分資金設備來臺創辦，當時規模最大；台元紡織為裕隆嚴家自上海拆遷設備來臺設立，六和棉織廠為山東商人宗祿堂兄弟遷臺設廠，申一紡織（上海榮家企業）、華南紡織為上海商人設立，彰化紡織為馬俊德、吳升嵐、張敏之等原在上海辦九三實業公司（製造織布機梭子）之舊股東來臺後與彰化林榮春家族合辦，臺中紡織為沙鹿李卿雲所創。一九五三年春夏間徐有庠的遠東紡織曾一度短期的成為代紡紗廠。

一九五三年七月後花紗布不再管制，美援聯合會紡織小組主導的代紡代織結束，但紗廠個別為軍公教機關代紡棉紗的情況仍然存在，一九五五年一－九月各紗廠代紡棉紗共一三二八九件，同時期自紡棉紗七五〇二八件，代紡比率占百分之十五。[44]

一九五〇年代初期花紗布管制時期，美援聯合會對棉紗的分配分「（契約）代織」與「配售」兩種（一九五二年九月起增加「標紗」），[45]代織用紗由中央信託局依照各機關之訂貨，配合各月份棉布生產計畫，與代織布

表二：1952年度代紡美援會棉紗之各紡織廠分配數量表

公司名稱	供給原棉數（磅）	應繳棉紗數（件）	百分比	已繳棉紗數（件）	按規定約計原棉存量（磅）
申一紡織公司	1,233,134	2,620	3.86%	2,322	140,235
臺北紡織（公營）	1,575,642	3,348	4.93%	3,438	—
華南紡織公司	559,068	1,188	1.75%	1,060	60,235
大秦紡織公司	6,814,391	14,480	21.31%	14,580	—
雍興紡織（公營）	3,831,087	8,141	11.98%	7,707	204,235
中國紡織建設公司（公營）	4,106,844	8,727	12.84%	8,494	109,641
工礦公司紡織廠（公營）	6,808,925	14,469	21.30%	14,450	8,941
台元紡織公司	3,521,919	7,484	11.02%	7,573	—
六和紡織公司	2,529,113	5,374	7.91%	5,141	109,647
彰化紡織公司	848,046	1,802	2.65%	1,670	62,117
臺中紡織公司	145,190	308	0.45%	—	145,190
合計		67,941	100%		

1. 表列棉數值僅參考之用，多數部分應與上下年度併算

2. 計算公式：原棉磅數×0.85÷400＝棉紗件數

資料來源：行政院美援運用委員會檔案（中央研究院近代史研究所檔案館藏），31-02-029，頁34。合計及百分比係本文計算。

廠訂立代織合約，規定每件棉紗交回棉布若干疋（一九五二年的規定是每件棉紗織造細布三十三疋，或斜紋布三十四疋[46]），另由中信局以新臺幣付給工繳費，交回之代織棉布由中信局供應給各訂貨機關，或交由指定商店直接配售用戶。[47]以一九五二年十一與十二月份為例，[48]訂約「代織」業者共二十三家，工廠分配棉紗數量如下：中國紡建公司（二十支紗五四五・四五件／五四五件）、益民紡織（雍興紡織益民織布廠，三六〇・〇七件／三八二件）、萬寶紡織（三二三・五三件／三二四件）[49]、工礦公司（七五七・五七件／八五二件）、申一（三二七・九九件／三八四件）、嘉豐（五〇〇件／五〇五件）、大華帆布（十支紗一二八・五一件）、嘉義紡織（二十支紗九〇・〇一件／二四六件）、大新（六十一件）、臺灣染整（五八・八二件／一四六件）、美豐（五四・一件）、高砂紡織（四四・一七／四十六件）、紡織工會（二十支紗一七・二五件、三十支紗三〇・四二件）、中南（二九・四一件／一一六件）、中泰（二十件）、聯勤第二被服廠（二十件）、大通（十件）、大秦（十件）、臺生工聯行（十件）、培生（七・四八件）、遠東製線（七件）、豐全（六件）、信成（二十支紗一・二四件、十支紗一・七七件）。代紡及契約代織廠家基本資料如表三所示。

中央信託局將美援棉紗分配予代織的織布廠時，一方面於簽發提貨單時即須將棉紗價款撥存美援特別帳戶，另一方面同時也需預付織布廠工繳費，這兩項費用每月約需臺幣二千五百萬元，中信局限於財力，不得不向預定布匹的訂戶預收布款以資應付，代織布匹自簽約日起四十—四十五天交貨，故預收布款期限也在交貨給布商前一個半月。[50]從一九五一年六月至一九五二年十一月統計，一年半期間契約代織布匹產量七千兩百萬碼，配售棉紗自織布匹四三四五萬碼，兩者為百分之六十二與百分之三十八之比。[51]代織廠不須負擔週轉金，代織政策對紡織工業的扶植由此可見。

「配售」棉紗由美援聯合會紡織小組按月核定配額，以一九五二年十一月份的配售公告為例：

一、直接用戶：包括臺灣漁業增產委員會二十支紗一七九件（轉分配給經濟部漁業管理處、農林公司水產分公司、臺灣省漁業管理處）、臺灣長老教會二十支紗十二件、臺灣電力公司十支紗十件、臺中監獄二十支紗六件、海軍供應司令部二十支紗七件、臺灣省社會處二十支紗二十件、臺灣被服公會二十支紗七件，四十支紗三

表三：1952年11月代紡與代織工廠基本資料

公司名稱	地點	1954年負責人	設立時間	1953年資本額（萬元）	1953年員工數	1967年資本額（萬元）	產品	經營者籍貫	類型	備註
臺灣工礦公司烏日廠	臺中	申體康	1942		1324	4,000	棉紗、細布	公營	紡紗	1955年民營化改稱中和紡織烏日紗廠
雍興公司	中壢	呂鳳章	1949	700	942	887	棉紗、人造棉紗	公營	紡紗	經營不善，1967年開始標售，1972年由遠東紡織購得
中國紡織建設臺灣紡織廠	中壢	彭敦仁	1949	600	788	3,200	棉紗、細布	公營	紡紗	經營不善，1967年售予台元紡織
臺北紡織	臺北	侯銘恩	1950	600		1,600	棉紗、細布	公營	紡紗	經營不善，1968年售予香港大新銀行
大秦紡織	桃園	石鳳翔	1949	675	1835		棉紗	湖北	紡紗	經營不善，1964年由臺銀接管
六和紡織	中壢	宗祿堂	1948	40	1083	7,600	棉紗	山東	紡紗	
申一紡織	臺北	王雲程	1949	500	1103	3,000	棉紗、細布	上海	紡紗	上海榮家企業
台元紡織	竹北	謝惠元	1951	800	783	11,000	棉紗、細布	上海	紡紗	裕隆集團
華南紡織	三重	倪克定	1951	280	252	800	棉紗	江蘇	紡紗	
臺中紡織	沙鹿	李卿雲	1953	300	501	1,320	棉紗	臺灣	紡紗	
彰化紗廠	和美	華春城	1952	14	331	4,340	棉布棉紗	吉林	紡紗	東北籍商人與彰化林榮春合作
美豐毛紡織染廠	中和	朱學仁	1953	200	243	1,500	帆布、嗶呢	浙江	毛紡織布	標購日產
高砂紡織	臺北	周塗樹	1939	5	248	80	棉布	臺灣	動力織布	1946年標購日產
中南紡織	南港	蔡登山	1947	75	320	4,200	細布、斜紋布	臺灣	動力織布	標購日產，後另在桃園設紡紗廠
大通電機棉織	桃園	秦既明	1950	30	42	30	毛巾、卡其布		動力織布	後改稱大通染織廠，老景文經營

公司名稱	地點	1954年負責人	設立時間	1953年資本額（萬元）	1953年員工數	1967年資本額（萬元）	產品	經營者籍貫	類型	備註
大華帆布織造廠	新竹	薛銀明	1950	10	89		帆布	臺灣	動力織布	
臺灣紡織染織	沙鹿	李卿雲	1926	30	1276	3000	細布、斜紋布	臺灣	動力織布	
臺灣嘉豐紡織	豐原	陳任寰	1950	250	480		白細布、斜紋布	福建	動力織布	
嘉義紡織	嘉義	李占春	1947	60	302		細布、斜紋布	臺灣	動力織布	
萬寶紡織	臺北	李廷棟	1948	210	381	420	棉布	江蘇	動力織布	
臺生工聯行	銅鑼	簡瑞定	1952	10	22		細布、毛巾	臺灣	動力織布	
信成米糧紡織廠	和美	林信吉						臺灣		臺灣省工業會會員
遠東製線	臺中	張鴻圖	1942	25	151		洋車線、撚線	臺灣	車線業	

件、聯勤總部無依軍眷日用品配售委員會二十支紗五件、聯勤總部軍需署二十支紗十三件、臺灣工礦公司十支紗二件，二十支紗四件，三十支紗一件、中本紡織公司配八十支紗二件、中國兒童福利社二十支紗六件、江浙反共救國軍總指揮部二十支紗二件、義豐染織廠[52]二十支紗三件、臺灣電工器材同業公會一七・一八件。

二、紡織業者相關的四個同業公會：臺灣區機器棉紡織工業同業公會（總配額一五九五件三十五玉）、臺灣區針織工業同業公會（配額四七五件六玉）、臺灣省工業會（配額七二一件十二玉）、臺灣省毛巾同業公會（配額一九四件十四玉）。

各同業公會依省建設廳普查認可之各會員機器設備產能不同分別配售不同數量的棉紗。以機器棉紡織同業公會來說，十一月份獲得配紗的會員廠共二四五家，其中獲配十件以上的廠家共三十五家，前二十名廠家如表四。針織工業同業公會共有八十七家會員、毛巾同業公會三十四家會員參加分配，獲配棉紗數量較多的廠家如表五所示。

省工業會獲配七二一件，除分配各會員工廠（一九二家）外，另分配給各縣市手紡織公會（臺北市一六・三三件、臺北縣三三・二六件、彰化縣一二二・二五件、新竹縣一六・〇一件），以及汐止、蘆洲、南港、羅東、樹林、將軍鄉等地手紡織合作社、彰化縣織襪公會。[53]手紡織業者中獲配較多棉紗的有三個單位：彰化縣手紡織公會（一二二件二十五玉）、彰化縣織襪公會（三十八件二十九玉）、將軍鄉合作社（五十九件十七玉）。[54]

彰化縣的手工織布業者在清代、日治初期即以織「腳白布」著名，集中在今日的和美鎮、伸港鄉、線西鄉一帶，和美的業者尤其著名，[55]日治末期因布料匱乏，物資嚴格管制，和美的手工業者仍冒著被取締處罰的風險，利用棉被的棉絮紡成更生紗，織成腰巾、頭巾暗中銷售[56]。一九四九年十二月和美地區的業者組織手紡織工業同業公會[57]，加入臺灣省工業會，經過爭取，自一九五一年六月起每個月都得到美援配售的棉紗，一九五二年春的調查統計，當時有一三九家工廠，員工人數約四千五百人，能以改良式手拉機（共二千餘臺羅美機）織出各種稀奇布色，耐洗價廉，專門銷售農漁村。[58]在政府開始配售棉紗之前，彰化的手工織布場只有六十六家，之後迅猛增長，一九五二年初曾超過一五〇家。[59]

表四：1952年11月臺灣主要機器棉紡織布廠獲配售自織棉紗清單

公司名稱	地點	成立時間	負責人	負責人籍貫	1953年資本額（萬元）	配紗數	1967年資本額（萬元）	備註
工礦公司新豐廠	臺南	1920				61件5玉		公營
薛興昌織布廠	臺南	1937	薛壬癸	臺灣	40	58件20玉	40	
臺灣紡織染整廠	沙鹿	1926	李卿雲	臺灣	30	53件37玉	3,000	另有代織綿紗58.82件
和春紡織	臺南	1925	王愛惠	臺灣	30	42件19玉	60	改名愛惠織造
嘉義紡織	嘉義	1947	李占春	臺灣	60	40件36玉		另有代織90.01件
臺北紗衫廠	臺北	1925	柯頭	臺灣	8	36件14玉		
新生紗衫廠	臺北	1947	顏溪田	臺灣	6	34件20玉		
中南紡織	南港	1925	蔡登山	臺灣	75	33件18玉	4,200	另有代織29.41件
棉藝織業	新莊	1937	蔡進欽	臺灣	72	25件19玉		
洪勝和行	和美	1945	洪海影	臺灣	18	24件4玉	320	改稱洪勝和紡織
大東紡織染廠	臺北					23件32玉		
義元織布公司	臺北	1931	謝炭	臺灣	300	22件20玉		
新復興織布	臺南	1933	侯雨利	臺灣	40	18件21玉	4,500	臺南幫集團
東雲紡織	臺南	1946	陳清曉	臺灣	8	17件20玉	1,050	東帝士集團
恰和棉織廠	臺北					17件15玉		
悅新染織廠	三重	1949	張敏鈺	上海	100	16件17玉	7,920	改組為益新紡織
大新帆布染織	臺中	1949	嚴春祺	臺灣	6	16件32玉	160	另有代織61件
高砂紡織	臺北	1939	周塗樹	臺灣	5	16件11玉	80	另有代織44.17件
義永織造	臺北	1946	謝永	臺灣	10	15件33玉	50	
興華紡績	沙鹿	1945	李其謀	臺灣	60	14件28玉	60	

資料來源：《紡織界》第33、34期合刊，頁57-58；《臺灣工礦一覽》、《臺灣省工廠名冊》（臺灣省建設廳，1968）。

表五：1952年11月臺灣主要針織、毛巾業者配紗數量

公司名稱	地點	成立時間	負責人	省籍	1953年資本額（萬元）	配紗數	1967年資本額（萬元）	備註
遠東織造廠	板橋	1949	陸維熊	上海	156	63件35玉	15,000	遠東集團
慶祥棉織廠	三重	1948	李積慶	上海	25	43件30玉		
六和棉織廠	中壢	1948	宗祿堂	山東	40	38件20玉	7,600	
中崙織造廠	臺北	1951	俞濟民	浙江	110	35件28玉		
中興棉織廠	三重	1949	鮑朝檉	上海	15	26件10玉	2,000	
勝豐織造廠	士林	1949	袁慎之	江蘇	40	20件5玉	100	改稱勝豐茂記織造
謙信針織廠	景美	1952	王鄭煌		10	15件30玉	500	改稱謙信工業
臺華織造廠	臺北	1946	游文恩	臺灣	4	14件35玉	50	
福信棉織廠	臺北	1951	朱之信	浙江	20	11件15玉		
寶豐內衣織造廠	臺北	1951	馮天寶		2	11件15玉		
東興紡織廠	板橋	1921	呂清煙	臺灣	150	36件22玉		毛巾業
東新紡織廠	士林	1949	孫裕民	山東	120	20件2玉		毛巾業
洽榮紡織廠	沙鹿	1949	陳帆	臺灣	20	16件20玉	180	毛巾業
新新染織廠	湖口	1949	張亭雲		60	9件29玉	100	毛巾業
永生染織廠	桃園	1952	趙叔平	江蘇	50	7件21玉		毛巾業

資料來源：《紡織界》第33、34期合刊，頁57-58；《臺灣工礦一覽》、《臺灣省工廠名冊》（臺灣省建設廳，1968）。

彰化地區與和美織布齊名的另一手工紡織專業區是社頭鄉的織襪業。據說源於一位新竹人擅長織襪者名鄭榮，於戰爭期間「疏開」來社頭，戰後即在當地設置機器織襪，培養不少技工，後鄉里人士紛紛設廠，一九五二年春有大小織襪工廠六十八家，員工二千餘名[60]。

將軍鄉的手工織布歷史也相當悠久，一九五二年七月前後尚有四十二家手工布廠，每家有十餘臺布機，所謂廠房就是家屋，家屬就是工人，個別家戶裝有織布機，以副業方式經營的也有兩百多家，一九五〇年組織家庭紡織合作社[61]。在日治時期，臺南縣唯一的一家列入「工場名簿」的紡織業者為將軍庄的「東雲製織工場」，設立於一九三三年三月，負責人陳清釵。[62]戰後，出身將軍鄉巷口的陳清曉（東帝士集團陳由豪的父親）在臺南市西門町（友愛街）開設「東雲織布工廠」，陳清釵則在老家開設東興織布廠。[63]

彰化和美的手工業者認為代紡代織期間解決了工廠資金不足與原料困難的雙重問題，讓業者積累盈餘，開始有能力更新設備，轉向使用動力織機。[64]和美鎮的手工織布廠從全盛時期超過一五〇家，到一九五四年統計時僅剩五十八家；一九四七年和美、線西一帶動力織布廠只有九家，一九五四年時增至四十三家。[65]一九五六年和美的「手工紡織同業公會」完成階段性歷史任務，宣告解散[66]。社頭鄉的蕭氏兄弟靠織襪織出一片天（蕭柏舟一九四八年設大同織造工廠，資本額兩萬五千元，蕭柏煙一九五一年設金益昌織造工廠，資本額八千五百元，一九五二年十一月大同織造工廠以針織同業公會會員身分獲配棉紗六．六件[67]），一九五六年改生產尼龍伸縮襪，一九六七年成立生產紡織原料的大明化纖公司，另設立裕成針織、裕和纖維、明利纖維等企業，一九七二年大明化纖股票上市，蕭氏兄弟集團一度在紡織業界舉足輕重。[68]

一般習稱的「代紡代織」，包括代紡、代織、配紗、標紗、配布等措施，均因配合為期大約兩年的花紗布（棉花、棉紗、棉布）管制措施而來。代紡及代織如果產生「紡織資本的寡占體制」，以及「大陸資本立足的契機」，應該意味著臺灣本省籍業者資本累積困難，以致無法插足或在紡織業發展。實際情況並非如此，從表三代紡與代織業者一九五四與一九六七年兩年的資本額比較，以及後來的發展來看，寡占體制並未形成。公營的臺灣工礦烏日紗廠在一九五五年民營化，接手經營的是臺灣人資本（吳三連、葉山母、林呈瑞等，一九五七年資本額一千五百萬元，一九六七年四千萬元）；雍興、中國紡建、臺北紡織三家公營公司在一九六七年資本雖然也大幅成長，但實際則均因為經營不善，不得不標售或由債權銀行接管。民營的大秦紡織在一九五〇年代初期是臺灣規模最大的紡織廠（大秦董事長石鳳翔為蔣緯國岳父），所以其代紡的棉紗數量最多，同時也承擔一些契約代織業務；一九五六年起大秦即出現虧損，一九六三年週轉不靈，瀕於停工，一九六四年八月臺灣銀行接管公司，改稱復興紡織，一九八三年臺銀買入公司的廠房土地以扣抵債權，復興紡織則併入中興紡織公司。[69]申一、華南、六和、台元等外省籍紡紗廠在一九六七年時資本額均有所成長，臺灣本省資本的臺中紡織、東北籍業者與彰化林榮春家族合資的彰化紡織也有不錯表現，因此「外省」與「官僚」（公營）資本並未形成紡織業的寡占局面。而且，臺灣許多未曾直接受惠於代紡代織與配紗政策的本省籍紡織業者，包括臺南紡織、新光紡織、東和紡織等，都是在一九五〇年代中後期設立，後來居上，發展猶勝早期的業者，外省籍棉紡業者始終維持優勢的只有經營得法的裕隆集團關係企業臺元紡織與徐有庠遠東紡織兩家。

在契約代織部分，美豐原為日治時期的「中央紡績」，上海商人朱學仁（原籍浙江鎮海，東京工業大學紡織科出身）來臺接手經營。嘉豐紡織負責人陳任寰曾在上海紡紗廠工作，來臺後任公營中國紡織建設公司的紗廠廠長，後棄公從商創業。萬寶紡織李廷棟上海聖約翰大學畢業，亦出身上海紡織界，來臺較早，一九四八年即在士林設廠，在早期織布廠中屬於資本、規模較大者。其他代織廠除申一、雍興、中國紡建公司、工礦公司為紗廠兼營織布外，大多數織布廠為臺灣人資本，其中高砂紡織（負責人周塗樹，今金石堂書局為周家所經營）一九五三年資本額僅三萬元，一九六七年增至八十萬元；中南紡織為標購日治時期「南洋紡織株式會社」而設立之織布廠，一九六〇年代擴充設立紡紗廠，資本額自一九五三年的七十五萬增為一九六七年的四千兩百萬元。臺灣紡織染整公司日治時期即設立，與臺中紗廠同為沙鹿人李卿雲所經營，兩家公司同時受惠於代紡與代織政策。嘉義紡織負責人李占春為李卿雲長兄，嘉義紡織的代織（及配紗織布）應是一九五三年李占春創立「新臺灣」紡紗廠的重要基礎。

表四獲得配售棉紗數量較多的二十家主要織布廠中，除了省營的工礦公司、張敏鈺的悅新染織廠外，全屬臺

灣人經營的織布廠，其中臺灣紡織染整、嘉義紡織、中南紡織、大新帆布、高砂紡織另外有代織配額。臺南的薛興昌、和春紡織、臺北的臺北紗衫廠均成立於日治中期，歷史較久，規模較大，故配紗數量屬於前段班，雖然占得先機，但後來並沒有特別好的發展；反而是後段班的新復興織布廠因經營得法，後來成為建立臺南紡織與臺南幫企業集團的重要基石，東雲紡織則是東帝士集團的原始種子，悅新染織則發展為後來的嘉新水泥、紡織集團。

針織與紡紗相同，早期上海商人的勢力較大，故針織公會配紗數量較多者俱為外省籍業者，其中遠東織造廠的徐有庠、六和棉織廠的宗家、中興棉織廠的鮑朝標後來都發展為大型企業集團。一九五〇年前後設廠的紡織業者，棉紡紗業者主要由大陸遷臺的公營與山東、上海等地資本較雄厚的民間業者組成，數以百計的織布、針織（包括內衫、毛巾、織襪）業者多數為中、小型企業，經營者以臺灣本土業者居多，構成臺灣紡織業的中堅力量。無論是動力織布業或針織業，在一九五一年實施紡織保護政策（花紗布管理）之後工廠大量出現，資本額小、員工少是共同特徵。這些中小企業中，以臺南的新復興織布廠（侯雨利主持）、德興染整廠為核心發展出後來的臺南幫企業集團；上海商人張敏鈺的嘉新水泥集團由設在三重的悅新染織廠（一九五二年時資本額三萬元）起家；織毛巾的王又曾在一九五〇年設美光染織廠（資本八萬元），後來成為力霸集團；生產三槍牌內衣，鮑朝標主持的中興織造廠一九四九年在三重設廠，資本額十五萬元，員工七十餘人，當時規模號稱不小；山東幫的六和紡織一九四八年春遷臺，設六和棉織廠，起先僅從事內衫織造，後來才增設紡紗廠，一度是福特六和汽車的大股東；曾經在臺灣股市叱吒風雲的華隆集團，其淵源始於上海商人翁明昌一九五一年設於板橋的「中臺興記染織廠」，當時資本額三十萬元。一九四九年前後來臺的大陸商人，包括上海幫在內，除少數紡紗業者，多數仍為中小企業，臺灣的本土業者，如果把手工紡織業者也算進去，更是鋪天蓋地皆是。

一九五〇年代的外省籍工商人士及與本省籍業者之合作

一九四六年起國省營事業的上層管理人員絕大部分從大陸派來，一九五〇年以後基本未改變。民間工商業的經營者也有不少來自大陸，尤其是廣義的上海商人（在杭州、南京、上海周邊活動的工商業者）居大多數。一九五五年中華民國工商協進會[70]出版《自由中國工商人物誌》，收錄當年臺灣各工商企業（包括公營事業）之董監事、總經理、經理、協理、襄理，或公司代表人（經營者）之基本資料（籍貫、年齡、學經歷、現職等），人數超過三千五百人，可說涵蓋了當時絕大部分臺灣工商界具有代表性的公司行號與人物。根據這一份人物誌資料，扣除公營事業機構人員不列計，可統計當時（一九五〇年代前期）臺灣工商界各行業主要人物的籍貫如表六所示。

就總人數來說，列名的臺灣籍工商業者（經理人、業主、代表人）總數是外省籍的兩倍半，主要原因是當時小型工廠與普通商號中有許多係臺灣省籍本地人所經營，而因為歷史與區域性因素，汽車貨運業（包括承攬業）與礦業（煤礦）也以臺灣籍人占絕對優勢。紡織相關行業中的棉紡、毛紡屬於大型工業，外省籍經營者占了絕對多數；染織業本省籍與外省籍經營者都不少，不過較大型染織工廠多屬外省籍人士所經營，因此表六染織業者中的外省籍人士仍多於臺灣本省籍。海運業在日治時期為日本商人壟斷，戰後殘存船隻被國民黨政府接收改組為省營臺灣航業公司，臺灣民間原少經營，一九四九年後上海不少民營輪船公司遷臺，民營航運遂出現外省籍（主要是上海來的業者）占絕對優勢的局面。

在外省籍工商業者當中，江蘇、浙江、上海三地的人士又占大部分。紡織相關行業中有接近百分之七十的業者來自江蘇、浙江，化工、營造、海運三種行業則超過百分之七十。依據工商業協進會一九五五年的這一份調查資料統計，當時含國營、省營之公司、金融機構等公營事業人員中，臺灣籍者兩百三十四人，外省籍者三百二十五人，人數最多的是浙江、江蘇兩省，各有七十三人，其他人數較多的省份是廣東三十五人，福建二十四人，湖南二十人，河北十八人，本籍為上海市者只有五人，可見大多數上海人並不喜歡當公務員。

表七為上海商人遷移臺灣，重新起步創業的一九五〇年這一年之年齡與學歷統計。從中可以看出，有年齡資料可稽的三百三十七人中，三十一至四十歲年富力強的人最多，共一五六人，占百分之四十六，四十一至五十歲者次之，約占百分之二十八，三十歲以下者占百分之十七，五十歲以上的最少，占百分之九。就教育程度來看，在有資料的三百二十九人中，曾受大學以上教育者占百分之四十九，大約半數；在紡紗、營建、文化界有大學程

表六：臺灣工商界各行業主要人物籍貫統計（1955年）　　　　單位：人

行業	臺灣籍	外省籍	浙江 (1)	江蘇 (2)	上海 (3)	其他省籍	(1)+(2)+(3) (4)	（4）／ 外省籍
棉紡織	8	32	6	13	3	10	22	69%
毛紡織	0	19	7	8	1	3	16	84%
染織業	80	114	42	16	6	50	64	56%
一般製造業	455	199	39	32	14	104	95	48%
化工	171	84	26	25	9	24	60	71%
營建	73	39	11	12	7	9	30	77%
商行	794	165	45	32	12	76	89	54%
貿易	112	105	24	19	11	61	44	42%
文化業	91	54	10	9	6	29	25	66%
海運業	4	28	12	6	2	8	20	71%
汽車貨運	87	2	1	0	0	1	1	50%
保險金融	43	22	7	2	2	11	11	50%
礦業	97	9	1	0	1	7	2	22%
總計	2015	872	231	169	74	393	474	

資料來源：中華民國工商協進會編，《自由中國工商人物誌》，數字係本文自行分類統計。

說明：染織業包括印染、織布、針織、絲織業等；化工包括橡膠、肥皂、調味品、藥品製造等；營建包括營造、水電工程、建築設計；文化業包括電影、印刷、書局、廣告業；金融保險包括證券、合作社等。

度的比率則高達百分之六、七十以上，海運、自由業、保險金融等行業之業主、主管與經理人，受大學教育之比率更高，如果再加上任職於公營事業的外省籍專業人士（大多數是大學學歷），我們可以肯定的說，一九四九年前後來臺的外省籍工商從業人員，是一批素質相當優秀的人力資源，無論在政府機構或民間公司，對後來臺灣工商經濟的發展，具有相當正面的作用。

上海商人多數在一九四九年才向臺灣遷移，大約可分幾種類型：

1. 規模較大企業：如大隆機器廠的嚴裕棠家族（四子嚴慶齡）來臺辦台元紡織廠、裕隆機器廠；榮氏家族的王雲程（榮宗敬女婿）辦申一紡織廠；原在上海生產「洋房牌」內衣的遠東織造廠（徐有庠）遷臺辦遠東紡織廠。
2. 中小型企業：如張敏鈺、翁明昌、鮑朝櫄等人，來臺從小型織布染整廠經營起，另外從事其他行業的中小企業主也不少。
3. 原籍山東，後在上海營商的商人，如尹書田（紡織）、馬岐山（進出口貿易）、賀膺才（紡織）、劉勤章（貿易）等人來臺灣後，在臺灣早期工商界均屬重要人物。
4. 工商行政或專業技術官僚來臺後轉為工商業者：如原中國紡織建設公司（國營）總經理束雲章來臺初期除繼續經營雍興公司（紡織）、中國紡織建設公司外，後出任嘉新水泥（上海商人張敏鈺創辦）董事長；劉文騰，原為上海中國紡建公司總工程師，來臺後任榮家企業系統的申一紡織總經理；汪竹一，原上海棉紡織同業公會秘書長，來臺後出任勤益毛紡總經理；倪克定，原經濟部紡織事業調節會副處長、行政院善後救濟總署專門委員，來臺後創辦華南紡織。
5. 以公職身分來臺，在服務公職一段時間後，轉而從商創業者，如應昌期（臺灣銀行副總經理）、顧儉德（臺灣省物資局長）在一九六四年創辦利華羊毛工業公司。這一類型的人來臺初期並非工商業者，但後來則成為著名的「上海商人」。

外省籍的企業除一般熟知的紡紗、染整、毛紡、絲織業者外，在其他行業也具有重要地位。例如塑膠及石化

表七：1950年代臺灣工商行業中上海商人的年齡與學歷統計　　單位：人

行業	30歲以下	31-40歲	41-50歲	51歲以上	大學（含碩博士）	中學	小學
棉紡	5	8	10	2	14	9	1
毛紡	3	3	4	3	11	1	1
染織	9	27	18	0	13	38	2
製造	8	20	13	6	21	20	6
化工	7	16	13	5	20	18	1
營建	2	15	7	2	14	8	1
商行	10	25	10	3	13	22	10
貿易	11	20	13	4	23	20	3
文化	2	13	2	0	9	6	0
海運	0	5	2	2	7	1	0
自由業	2	7	8	2	14	1	0
保險金融	0	5	2	3	11	0	0
合計	59	164	102	32	170	144	25

資料來源：《自由中國工商人物誌》（1955），數字係本文換算統計。

說明：1.部分人士之年齡與學歷不明，未列入統計。

2.年齡指1950年時的年齡。

3.私塾視同小學，專科或大學肄業等同大學。

4.公營事業人員不列入統計。

工業方面，臺塑設立的關鍵人物是一位上海商人趙廷箴，他與王永慶共創製造PVC粉的福懋塑膠公司（一九五七年改名為臺灣塑膠），王永慶任董事長，趙廷箴任總經理，趙廷箴後與王永慶經營理念不盡契合，於一九六四年離開臺塑，與應昌期合作另創華夏塑膠公司；另外，趙廷箴在一九六〇年即邀集友人及外資巴拿馬商Mobil Investment參加投資，成立台達化學工業公司，生產電木粉、EPS等塑膠原料，開臺灣塑膠工業引進外商共同投資之先河。在營建相關行業方面，戰後臺灣第一家新設的水泥廠是一九五四年核准由束雲章與同樣來自上海的幾位商人張敏鈺、林炳軒、翁明昌等申請設立的嘉新水泥公司，主導人物是張敏鈺。第二家獲得新水泥廠執照的是遠東紡織的徐有庠，徐有庠原與上海商銀創辦人陳光甫合作提出申請興建「亞洲水泥廠」，後陳光甫退出，徐有庠改請與蔣經國關係良好的立法委員王新衡（浙江慈谿人，抗戰勝利後任上海市政府參事，兼調查處長）協助。一九四九年前後由大陸遷臺的小型營造廠不少，大型且具代表性的有馥記營造（陶桂林）、大陸工程（殷之浩）、工信工程（陸爾恭）三家，這三家也是一九五〇年代臺灣比較具有規模的營造公司。機械工業方面，嚴慶齡創辦裕隆機器製造股份有限公司，早期從造製紡織機及船用柴油引擎入手，一九五六年裕隆完成試製第一部吉普車，翌年與美國來米漢納金屬公司及威力斯公司（Willys Motor Inc.）合作，生產第一批十輛吉普車，一九六〇年裕隆改稱「裕隆汽車製造股份有限公司」，這是臺灣汽車工業的肇端。日治時期，臺灣自行車及零件大部分仰賴日本進口，大戰結束後，改由滬、港進口，一九四九年臺灣對日貿易恢復，日本生產之全車及零件湧入，臺灣之業者大受打擊，外匯之支出亦巨；一九五一年底，政府為節省外匯，採取管制政策，禁止全車進口，部分重要零件准許結匯，另一方面則鼓勵廠家試裝全車；一九五二年大東工業（負責人尹致中）開始製造「飛虎牌」全車，是當時製造自行車全車的第一家。[71]

除裕隆與遠東集團在早期是以比較獨立的方式自主經營外，來臺的外省籍商人以同鄉、同業、朋友的關係合夥投資的公司不少，有時也因同業的關係與跟臺灣本地商人共同投資。最早的案例可能是華春誠等東北籍人士與彰化林榮春家族合組的彰化紗廠。華春誠畢業於東北大學紡織工程系，在抗戰勝利後曾任國營的中國紡織建設公司工程師，後派任臺灣工礦公司王田紡織廠（位於彰化）廠長；彰化地區紡織業聞人林榮春在日治時期經營棉布商行，戰後開設榮勝織布工廠，因業務關係與華春誠認識，一九五一年共組彰化紗廠，一九六〇年代繼續合組榮興紡織、南海纖維等。[72]賴清添苗栗頭份人，原在臺北經營「穩好行」（一九二一年），從事紗布批發買賣及印染，一九五二年在桃園設立穩好印染整理廠，一九五五年結合本省及外省幾位紡織企業家吳火獅、張敏鈺、翁明昌、張心洽成立中國人纖，是臺灣紡織業由傳統棉紡進入人造纖維產業的主導者之一。[73]王永慶與趙廷箴共組臺灣第一家生產塑膠原料的福懋企業，源於他們在木材業的同業與生意往來關係，王永慶後來成立南亞塑膠，汪竹一與余開英是股東；亞洲水泥由徐有庠主導，也邀永豐餘的何永與新光吳火獅投資；洪老典（臺南人）與莊萬聯共同投資國聯工業生產白蘭洗衣粉，源於莊萬聯主持的利臺化工生產非肥皂，洪老典從經銷商晉升為利台的業務主任，雇傭關係轉為投資伙伴。楊勝飛（臺北人）與山東幫企業家趙常恕、苗育秀等共同投資麵粉廠、製紙業（裕台企業、齊魯企業、臺灣裕豐紗廠）合資共營建台水泥，主要是政商關係的考慮；大同的林挺生投資黨事業等，源於楊勝飛原本開設「新大芳行」從事飼料買賣；[74]陳清曉、鄭旺原經營東雲織布、東和紡織、與黨營事業的中興電工，除了同業合作外，也應有政商關係的因素。也有因為產業上、下游關係而產生的合作，如嘉新水泥的張敏鈺、翁明昌與林燈合作設立國產實業（混凝土生產）。王雲程除了經營申一紡織外，跟臺灣本地商人陳雲龍、吳火獅等共同投資臺灣帆布公司（一九五三），跟顧興中（勤益紡織）、應昌期、華爾康（臺灣毛絨）共同投資益華紡織（一九六八），與劉文騰、林柏壽（臺灣水泥董事長）共同投資美森製木（一九五六），與劉文騰、陳雲龍、林燈（臺籍商人）、徐有庠共同投資台富食品，一度還擔任臺灣毛絨廠（大股東是劉鴻生企業系統的王禹卿、程年彭、華爾康）的董事長。[75]

結語

臺灣商業發展甚早，但以現代型態經營的公司組織則是日治時期才開始。在日本統治初期臺灣人就已經常與日人合作共組公司。一九三〇年代日本開始在臺灣推動現代工業建設，發展現代工業必然帶動周邊新興製造業，以經營新興製造行業為主的臺灣人中小企業也在這段期間跟著出現。而以日資為主因應國策與戰爭整備需要在臺灣設立的諸多較大型企業，戰後成為臺灣公營事業的主要基礎，這些都是產業方面的殖民地遺產，也是臺灣戰後經濟恢復與發展的老本。戰後初期臺灣企業的發展歷程有兩個關鍵的年代，一是一九四五年十月國民政府接收臺灣之後，對日治殖民地時期臺灣各式企業的接管與發展政策；二是一九四九年因大陸形勢變化，部分企業遷移臺灣，對後來經濟發展產生的影響。在一九四六年到一九四八年間，臺灣民營製造業的持續增長，主要是本省籍人士延續一九三〇年代以來殖民地工業化的餘緒，另一方面，整體產業的資金與技術投入，公營事業及資委會專技官僚的主持與管理則扮演重要角色。一九四九年前後開始有大陸（主要來自平津、上海）的企業資金與設備（技術）、人才移入，對早期紡織業的發展影響甚大。政府為了完成進口替代，扶植紡織業不遺餘力，受惠的不僅是公營及大型私人資本，臺灣的眾多中小企業，無分本省外省，包括偏鄉的手工織布業者都受惠，不少後來跟紡織相關的企業集團，在這段期間都還是中小企業。

瞿宛文教授在論述戰後臺灣經濟發展，尤其是工業化的部分，有兩個主要論點，一方面不認為日本在臺灣的殖民遺產具有重要性，二方面強調上層經建體制的重要性，比較不看重民間力量，尤其是中小企業的關鍵地位。[76]關於第一個論點，我在〈戰後初期臺灣中小企業的殖民地傳承〉一文中已有相對的討論，[77]本文則是針對瞿教授第二個論點的修正與補充，確認中小企業在戰後臺灣經濟發展初期已具有不容忽視的重要地位。一九五四年臺灣的民營製造業產值超過公營事業，標誌著臺灣戰後經濟在雙元繼承與合軌發展後，從一九五〇年代後期開始進入新的階段。

謝國興，中央研究院臺灣史研究所研究員、近代史研究所合聘研究員。曾任中研院近史所副所長、臺史所所長；主要研究領域為臺灣社會經濟史、臺灣民間信仰文化、近代中國產業經濟史。

註釋

1 一九四八—一九四九年間，共軍與共黨勢力即將席捲全國，上海的平、津、上海工商業者（資本家）選擇離開大陸，有些人遷到了香港，有的移往臺灣，也有少數到了南洋、巴西等地。這些選擇離開的人，帶走了部分資金、人才及設備。中共政權成立後，譴責資本家的這種行為是「遷廠逃資」。參見謝國興，〈一九四九年前後來臺的上海商人〉，《臺灣史研究》（中央研究院臺灣史研究所），十五卷第一期，二〇〇八年三月，頁一三一。

2 農業若包含林業與水產業，則一九四〇年工業產值才超過農林水產等一級產業。

3 謝國興，〈戰後初期臺灣中小企業的殖民地傳承〉，收在《邊區歷史與主體性形塑》（第四屆國際漢學會議論文集，中央研究院，二〇一三年十二月），頁五〇。

4 黃東之，《臺灣之紡織工業》，臺灣銀行經濟研究室（民國四十五年四月），頁四。

5 林邦充，〈臺灣棉紡織工業之研究〉，《臺灣銀行季刊》二十卷二期（民國五十八年六月），頁七七。

6 謝國興，〈戰後初期臺灣中小企業的殖民地傳承〉，頁五三。

7 堀內義隆，〈近代臺灣における中小零細商工業の發展〉，收在堀和生編著，《東アジア資本主義史論II》（東京：ミネルヴァ書房，二〇〇八年四月），頁一六二。

8 洪詩鴻，〈日本植民地期の臺灣人產業資本に関する一考察——中小零細資本の成長を中心に—〉，《經濟論叢》一五五卷第二號（京都大學經濟學會，一九九五年二月），頁七五—七七。

9 臺灣省接收日產委員會日產處理委員會編，《臺灣省接收委員會日產處理委員會結束總報告》（民國三十六年六月），頁二〇—五一。一九四八年以後多數縣市營企業再度出售為民營。

10 正倫出版公司編纂委員會，〈林挺生的奮鬥史〉，《臺灣大企業家奮鬥史（上冊）》（臺北：該公司，一九八一），頁一六五—一八〇。

11 正倫出版公司編纂委員會，〈聲寶公司賺錢技巧〉，《臺灣大企業家奮鬥史（上冊）》，頁三四一—三六五；中華徵信所，《對臺灣經濟建設最有貢獻的工商人名錄》，頁三六七。

12 許雪姬，〈戰後臺灣民營鋼鐵業的發展與限制，一九四五—一九六〇〉，收於陳永發編《兩岸分途：冷戰初期的政經發展》（中央研究院近代史研究所，二〇〇六）；樊沁萍、劉素芬，〈一九六〇年代唐榮鐵工廠公營化個案分析〉，《人文及社會科學集刊》八：一，（一九九六年三月），頁一八九—二二五。

13 雷家驥總纂修，《嘉義縣志人物志》（嘉義：嘉義縣政府，二〇〇九），頁一八三—一八四；李禎祥，〈莫名背上資匪罪鋼鐵巨子入虎口〉，《新臺灣新聞週刊》第六一六期，二〇〇八年一月九日（網址：http://www.newtaiwan.com.tw/bulletinview.jsp?bulletinid=75331，查閱時間：二〇一一年十一月十六號）

14 〈赤崁特訊；商會之矗〉，《臺灣日日新報》第七五七四日，一九二一年七月五號，六版。

15 臺灣總督府殖產局，《工場名簿》（昭和四年度），頁七七；臺灣總督府礦工局，《工場名簿》（昭和十七年度），頁一二七。

16 臺灣總督府礦工局，《工場名簿》（昭和十七年度），頁一一〇。

17 廖欽福口述，林忠勝撰述，《廖欽福回憶錄》（臺北：前衛，二〇〇五）。

18 游映嫻，〈黑松企業文化之研究〉（國立中央大學歷史研究所碩士論文，二〇〇六年六月）。

19 一般認為，臺灣最早的橡膠工廠為臺灣護膜製作所、豐原製作所及臺陽護膜製作所（臺灣橡膠公會，《臺灣橡膠產業甲子風雲》（臺北：該會，二〇〇八），頁三二］。惟依據總督府殖產局所編《工場名簿》（昭和四年），臺灣最早的橡膠工廠應係一九二九年成立之勝南護膜公司（廠主橫山一平、陳四海）、原和公司ゴム工廠（廠主椎原友彥）、永成商會ゴム工廠（廠主陳火土）。參見臺灣總督府殖產局，《工場名簿》（昭和四年度）（臺北：該局，一九三二）。

20 〈四社合同の臺灣ゴム島內自給目標に本格的操業へ〉，《臺灣日日新報》第一四八三一號，一九四一年六月二十四號，二版。

21 臺灣總督府礦工局，《工場名簿》（昭和十七年度）（臺北：該局，一九四四），頁四一。

22 中華徵信所編，《對臺灣經濟建設最有貢獻的工商人名錄》（臺北：該所，一九七三），頁三四八。

23 臺灣總督府殖產局，《工場名簿》（昭和四年度），頁一；臺灣新聞社，《臺灣實業名鑑》（臺北：該社，一九三四），頁八七。

24 一說臺灣紡織染整廠係李卿雲於一九二六年所創設（王仲孚總編纂，《沙鹿鎮志》；中華徵信所編，《對臺灣經濟建設最有貢獻的工商人名錄》，頁一四六）唯遍查一九二六—一九四二年各年度之《工場名簿》，皆未見該廠之名，故推測係原豐國紡織會社易名而來，而非李卿雲別創之工廠。

25 李占春，一九〇一年生，臺中商業學校畢業，戰前曾任沙鹿購買販賣利用組合專務理事、農業會常務理事。戰後歷任臺灣區紡織工業公會理事長、棉紡工業公會理事長、李春記商行董事長等職。

26 參見謝國興，《臺南幫：一個臺灣本土企業集團的興起》（臺北：遠流出版公司，一九九九年三月），頁七〇—七六。

27 李國鼎，《臺灣經濟快速成長的經驗》（臺北：正中書局，民國六十九年七月三版），頁二三六。

28 《臺灣的民營工業》（臺灣省建設廳，民國四十一年四月），頁五。

29 《中華民國工商人物志》，頁四九五；李潤海，〈中國電器公司的誕生〉，《工商月刊》三卷三期（一九五五年三月十日），頁五十六。

30 《自由中國工商人物誌》，頁三三。

31 廖慶洲編著，《孫法民首創中國電線工業六十年》（臺北：卓越文化事業公司，一九九四年），頁一三。

32 這是根據臺灣省建設廳所編《臺灣建設概況》（一九五四年），頁二一—三之資料，若根據行政院生產設備及人力調查委員會在一九五四年二月底的調查，當時全臺灣公民營工廠數為一七四八一家。參見行政院生產設備及人力調查委員會編印，《臺灣工礦一覽》

（該會編印，一九五四年十二月），頁一〇。

33 轉引自：李怡萱，〈臺灣棉紡織業政策之研究（一九四九－一九五三）〉（國立政治大學歷史研究所碩士論文，二〇〇四年六月），頁四七。

34 《昭和十五年工場名簿》，頁八二－八四。

35 黃東之，《臺灣之紡織工業》，頁八。

36 根據《工礦名錄》（臺北：國光出版社，一九四八年一月），頁一－七統計。

37 根據《增訂臺灣工礦名錄》（國光出版社，民國四十年九月）統計。

38 根據《臺灣紡織工業專輯》（工商新聞社，民國四十一年八月）統計。

39 根據《臺灣省民營工廠名冊》（臺灣省政府建設廳，民國四十二年八月）統計。

40 關於代紡代織，參見李怡萱前引論文，另見許惠珊，〈進口替代時期臺灣的棉紡織政策〉，國立政治大學歷史研究所碩士論文，二〇〇二年七月。

41 一九五三年七月起由美援會主導與各紗廠訂定契約的美援棉花代紡階段結束，各紗廠曾聯名建議尹仲榮持續代紡政策而不果，參見中央研究院近代史研究所檔案館藏，《美援運用委員會檔案》，31-02-016，頁八四。部分織布廠的代織仍持續，一九五四年代織的紗布約占總產量的百分之十五左右，參見〈一年來的紡紗工業〉，《紡織界》第五十八期（民國四十四年一月十日），頁七－八。

42 劉進慶，《臺灣戰後經濟分析》（臺北：人間出版社，一九九二年六月），頁二一五。

43 《美援運用委員會檔案》（中央研究院近代史研究所檔案館收藏），31-02-029，頁三四。

44 〈一年來的紡紗工業〉，《紡織界》第五十八期（民國四十四年一月十日），頁七－八。

45 陳長庚，《自由中國之紡織工業》（臺北：遠東新聞社，一九五三年），頁五－八。

46 《美援運用委員會檔案》，31-02-035，頁三二。

47 〈臺灣美援聯合會紡織小組一年半工作報告〉，《美援運用委員會檔案》，31-02-031，頁四一。

48 〈中央信託局代辦美援物資小組代配四十一年十一月份美援棉紗公告〉，《紡織界》，第三十三、三十四期合刊（民國四十二年一月），頁五十六。〈美援會紡織小組第六十二次會議紀錄〉，《紡織界》，第三十八期，頁三九。

49 一九四八年上海商人李廷棟在臺北設廠。

50 《美援運用委員會檔案》，31-02-035，頁三三。

51 〈臺灣美援聯合會紡織小組一年半工作報告〉，頁四四。

52 義豐染織廠位於三重，一九五二年創立，負責人穆邦均，資本額十萬元，動力織布廠。《臺灣工礦一覽》，頁四八九。

53 〈中央信託局代辦美援物資小組代配四十一年十一月份美援棉紗公告〉，《紡織界》第三十三、三十四期合刊（民國四十二年一月），頁五六。棉紗的計量，每件十玉，每玉四十磅，一磅等於〇．四五五公斤，故一件棉紗四百磅，約等於一八二公斤。

54 〈中央信託局代辦美援物資小組代配四十一年十一月份美援棉紗公告〉，《紡織界》第三十三、三十四期合刊（民國四十二年一月），頁五九。

55 日治時期攤灣三大布匹批發市場為臺北、臺南、彰化，彰化的布疋主要來自和美地區手工之布廠。

56 鄭維國，〈和美紡織業與地方社會變遷之研究〉（國立臺南大學臺灣文化研究所碩士論文，二〇〇四年一月），頁五三。

57 原稱臺中縣手紡織工業同業公會，民國四十年行政劃分，改稱彰化縣手紡織工業同業公會。

58 〈各紡織廠簡況〉，《紡織界》第四期（民國四十一年六月九日），頁二四。

59 〈彰化的手工織布工業〉，《紡織界》第八期（民國四十一年七月七日），頁一九。

60 〈各紡織廠簡況〉，《紡織界》第四期，頁二四。

61 林健郎，〈將軍鄉的手工紡織業〉，《紡織界》第十一期（民國四十一年七月二十八日），封底。

62 《昭和十五年工場名簿》，頁八三。當時列入工場名簿的基本條件是使用動力，員工在五人以上。

63 《臺灣工礦一覽》，頁五〇一。

64 鄭維國，前引文，頁五六。

65 據《工礦名簿》及《臺灣工礦一覽》統計。

66 鄭維國，前引文，頁五六。

67 《紡織界》第三十三、三十四合刊期，頁五八。

68 王克敏，《臺灣民間產業四十年》（自立晚報社，民國七十七年九月），頁六一。

69 中華徵信所，《徵信週刊》第十八期（一九六四年八月二十四日），頁一—二；黃金鳳，《臺灣地區紡織產業傳》（中華徵信所，一九九九年十月），頁一九七。

70 中華民國工商協進會成立於一九五二年二月，束雲章為首任理事長，成員為當時臺灣工商界（包括公營事業）主要領導人物所組成，早期大部分理監事為外省籍人士。參見《工商協進二十年》（臺北：中華民國工商協進會，一九七四年五月），頁四〇三。

71 謝國興，〈一九四九年前後遷移臺灣的上海商人〉，《臺灣史研究》十五卷一期（中央研究院臺灣史研究所，二〇〇八年三月），頁一四九—一五二。王克敬，《臺灣民間產業四十年》，頁二一〇；《臺灣地區汽車產業傳》（臺北：中華徵信所，一九九九年十月），頁一五一—一六；〈大東工業股份有限公司〉，《工商月刊》一卷二期（一九五三年九月十日），頁六三。

72 華春誠、林榮春基本資料參見中華徵信所編，《對臺灣經濟建設最有貢獻的工商人名錄》，頁二一七、四一一。

73 有關賴清添及其主要的產業，參見王克敬《臺灣民間產業四十年》（臺北：自立晚報，一九八八）；頁五九；中華徵信所編《中華民國先驅企業》，上冊（中華徵信所，一九八五），頁二三四。

74 《對臺灣經濟建設最有貢獻的工商名人錄》，頁四二九。

75 參見《臺灣企業集團彙編》，一九七一年版。按：王雲程之父王堯臣，與王禹卿為兄弟，均屬上海紡織界知名人物。

76 瞿宛文教授的基本觀點可參閱瞿宛文，《臺灣戰後經濟發展的源起》（中央研究院、聯經出版公司共同出版，二〇一七年一月）。

77 謝國興，〈戰後初期臺灣中小企業的殖民地傳承〉，收在中央研究院編，《邊區歷史與主體性形塑：第四屆國際漢學會議》（臺北：中央研究院，二〇一三年十二月），頁四五－八五。

爭取民主的年代

黨外世代

一九五〇年代臺灣的政治改革主張——以《自由中國》為例[1]

薛化元

前言

《自由中國》雜誌是一九五〇年代臺灣自由派的代表性刊物，雜誌提出的論述，也被視為當時最具代表性的政治改革主張。在一九四九年《自由中國》社籌備之初，一開始是以王世杰、雷震等人為核心，就是希望推胡適為領導人，組成擁護蔣介石，以民主反共的方式來對抗中國共產黨的團體。這個團體乃至所辦的言論雜誌，原本設定是在中國大陸發展的。根據雷震的日記，一九四九年三月二十九日雷震、許孝炎、杭立武和王世杰商定，先辦上海、香港的《自由中國報》，然後再及於臺灣、重慶，四月四日由胡適題《自由中國報》的報頭。而胡適起草〈「自由中國」的宗旨」〉四月十八日從檀香山寄出，四月二十日、二十一日雷震則接洽上海《新中報》在原法租界外灘的房子，希望轉交《自由中國報》之用，也沒設想到在臺灣發行《自由中國》。[2]但是，由於中國大陸的局勢變化遠超過想像之外，一九四九年中華民國政府在國共內戰中迅速崩盤，因此，一九四九年年底，《自由中國》創刊的時候已經到了臺灣。

在臺灣創刊之初，《自由中國》的立場並沒有改變，在雷震的思考中，一直期待發動「自由中國運動」號召反共，這項計畫裡面，胡適是不可或缺的領導人物，故其言：「該活動的組織必須由適之先生領導，始可成功」。[3]至於「實際負擔反共抗俄，又非介公則不可」，而實際結合胡適與蔣介石總統的辦法，就是發起「自由中國運動」，[4]《自由中國》雜誌的刊行，正是此一主張的實踐。但是由於當時臺灣外在面臨了來自中國人民解放軍解放的壓力，使得《自由中國》在危急存亡之秋擁蔣反共的立場比標舉民主憲政明顯，這樣的態度，在一九五〇年六月韓戰爆發之後有了初步的改變。美國第七艦隊進入臺灣海峽，實施臺灣海峽中立化政策後，臺灣已經免除來自中華人民共和國直接的武力威脅，《自由中國》對於自由民主的重視度逐漸提高，特別是在一九五一年五月，美國在政策上已經決定支持中華民國政府對抗中華人民共和國之後，這個態度更為明顯。

也是在同一時間，發生了所謂「政府不可誘民入罪事件」[5]和保安司令部發生衝突，此後《自由中國》更為標舉自由民主的立場，而與國民黨高層漸行漸遠，雷震也淡出國民黨的核心，甚至最後被開除黨籍。而造成《自由中國》根本言論性的改變的另一個原因，則是因為《中美共同防禦條約》在一九五四年的簽訂。《中美共同防禦條約》的簽訂，一方面代表臺灣跟澎湖納入美國的保護圈；從另一個角度來看則無疑影響了中華民國政府所謂反攻大陸的政策，這樣的態度，在蔣介石與杜勒斯聯合聲明發布之後立場更為明顯，而《自由中國》面對反攻問題態度的改變，則其主張也產生了不一樣的立場。整體來看，今日問題系列的社論可以說是從提出反攻無望論出發，進而構思構思在臺灣建構自由民主憲政可能性的想像。

一九七九年「八十年代」出版《自由中國》的四本政論選集：《地方自治與選舉》、《司法獨立》、《言論自由》、《反對黨問題》，在某種意義上，標舉下列四個主題與當時臺灣民主運動改革訴求的密切關係。其中地方自治在雷震及《自由中國》論證處於動員戡亂體制下臺灣民主政治如何可能落實時，扮演著關鍵性的角色，將置於正文最後在此一更具重要意義的脈絡中進行論述，而不只是就地方自治論地方自治而已。同時並在探討此一民主改革主張時，將反對黨的主張一併納入考量。

而正文則先說明《自由中國》如何成為一九五〇年代臺灣政治改革的代表性言論，進而討論其在言論自由及人權保障的態度，以及在司法制度方面的主張。

從「擁蔣反共」到標舉民主憲政的路線發展

雷震在《自由中國》創辦之初，透過其主導雜誌言論的角色，在臺灣面對中共政權武裝威脅之際，努力維持「擁蔣反共」的言論基調。當時的副總編輯王聿修曾抱怨，雷震常常在他尚未看到稿子時，便先把稿子拿去看。[6]

許冠三在回憶也提到，當時雷震常常修改他們批評政府的文章。[7]甚至後來在雜誌扮演要角的殷海光，由於文章內容批評蔣介石總統，被雷震以當時需要擁蔣為由退回。[8]

雷震也瞭解《自由中國》的「宗旨」和此時的言論立場，並不討好。但是，他對於雜誌的方向，有清楚的認知：「予今日絕不管他人如何看法，只要對目前有利，而於國家於民族均有益之意見，無論遭何方忌諱，絕不顧一切也」。[9]而且，他認為國民黨來臺後的組織與作風「不可採取俄國辦法，須用民主政黨方式，且不可用二元辦法制定專任政綱政策，不可專喊三民主義，以免再失信國人」。[10]而且他也主張，臺灣的國民黨應該聯合所有反共人士來對抗共產黨。[11]

筆者在《自由中國與民主憲政》曾經用「交融期」來形容《自由中國》創刊之初與國民黨當局的蜜月關係。當時，《自由中國》的立場溫和，執政者並未感受到實質壓力，也願意維持支持的態度。且當時《自由中國》本身是以結合反共力量擁蔣為重要目標。再者，《自由中國》的存在也有助於當時政府的「自由中國」形象，[12]這些對執政者地位的鞏固都是正面的要素。但是，前述雷震的基本想法和蔣介石的政治路線存在相當矛盾，因此，看似交融的關係已經暗藏波濤洶湧。等到雷震奉派到香港與在港反共的政治人物溝通，帶回來軍隊國家化，不設軍中黨部的主張後，引發蔣介石總統及蔣經國的駁斥。[13]雷震記載蔣經國當面對他的批評：「你們是受了共產黨的唆使，這是最反動的思想」。這使得雷震不免感歎。[14]

此時雷震對受責的抱怨還只是針對蔣經國而已。隨後四月十六日雷震聽說在軍隊黨部改造委員就職典禮上，蔣介石對他的建議「予以痛切申斥，並責罵謂我〔雷震〕等此等行動與匪諜及漢奸無異，為一種寡廉鮮恥之行為」。[15]由於前述的主張實際上也是雷震贊成的，因此，根本的矛盾已然浮現。

一九五一年六月一日〈政府不可誘民入罪〉的社論發表後，交融的表象正式破滅，《自由中國》朝向成為一九五〇年代臺灣自由主義的代表性刊物，或是臺灣民主憲政代表言論的方向發展。這篇社論批評保安司令部「有計畫而大規模的誘人入罪的金融案」，並呼籲政府有關當局勇於檢討，勇於認錯，勇於把這件事的真相明白公告出來，並給這次案件的設計者以嚴重的行政處分」。[16]

結果，保安司令部採取行動：彭孟緝欲抓拿《自由中國》編輯，[17]但遭省主席兼任保安司令吳國楨退回。[18]另一方面，解決辦法則是《自由中國》刊出〈再論經濟管制的措施〉一文。[19]此一解決的方式引起胡適不滿，發函抗議軍事機關干涉言論自由，此信在其要求下，刊登在《自由中國》第五卷第五期（一九五一年九月一日）。[20]時任保安司令部副司令的彭孟緝除已開始散布流言說雷震套匯外，保安司令部並且給雷震一張傳票，要他到保安司令部軍法處出庭應訊。[21]王世杰也為《自由中國》刊登胡適的信而「對此甚為傷心」[22]，因為他擔心「臺灣今日風雨飄搖，受不起這個風浪」。[23]最後，王世杰出面請陳誠（時任行政院長）在《自由中國》上函覆胡適。[24]此函的結尾稱「自由中國之言論自由，當可由先生此函之在《自由中國》刊載而獲得明證，無待贅言」。[25]至此事件告一段落。

不過，此後雷震主導的《自由中國》雜誌對人權倡導更為積極，一九五一年十月進而發表〈言論自由的認識及其基本條件〉，主張天賦人權。[26]蔣介石大怒，杭立武勸說雷震不要挑戰當局，勸告雷震不要再刊登下去，「以免再引起麻煩，而有嚴重後果」。[27]不過，雷震雖然因為好友的態度而難過，卻堅持其看法。一九五二年十一月他具名對中華民國的國歌表示意見，提出「以黨歌為國歌一事，也是一件極不聰明的做法，因為其他黨派人士，當然不願唱『吾黨所宗』一語。」[28]同年十月國民黨第七次全國代表大會宣言列舉了對內、對外工作的重點，其中對內部分包括標舉「決心貫徹我們的民主憲政」等。[29]同一期《自由中國》再以社論表明：「希望國民黨對於宣言中所說到的各點，非以其名之美而名之，而是實實在在的將有所取焉」。[30]

保安司令部則向中央黨部檢舉這兩篇文章及雷震的簽呈呈給蔣介石總統後，蔣介石總統下令免去雷震國策顧問之職。[31]雷震對於因言論而遭免職，所採取的對策，是對既有立場的堅持。在給沈昌煥的信中，他表示：「我們不辦刊物則已，如辦刊物，對自由中國在政治上之最重大事件，如第七次全國代表大會之召集，我們若不為文批評，有失辦刊物之立場，如說話而不以良心來主張，一味歌功頌德，不僅於國事無補，亦失去獨立之人格」。[32]對於自己被免去國策顧問之職，雷震認為這正是顯示「蔣無容人之量」的結果。[33]

而針對後續的黨籍問題，雷震則表明「與其由中央開除黨籍，則不如不登記」的態度。[34]一九五四年十二月

《自由中國》第十一卷十二期中刊登余燕人等人之投書〈搶救教育危機〉，文中表達了對教育系統中黨化教育的不滿，並批評讀頌總統訓辭及其他「政治大課」教材。這篇投書又觸犯了蔣介石總統的忌諱，遂引爆了雷震與蔣介石總統更嚴重的衝突，雷震被蔣介石總裁下令開除黨籍。[35]

言論自由及人權的保障

關於人權的保障問題，雖然《自由中國》在創刊之初就已標示出「自由」，但是，創刊之初在反共情勢不利的環境下，為了反共，人權事實上是其次位的價值。主導《自由中國》的雷震在日記中便明白記載：「我們對人民自由如此忽視，我內心甚苦痛」，不過由於是「與共匪為生死存亡之鬥爭」，故前述的忽視乃「情有可原的」。而後，由於外在情勢改變，《自由中國》的立場才有所轉變，對人權的保障日益重視。以下即擬以言論自由為例，說明《自由中國》對人權保障的態度。[36]

選擇言論自由，一方面是因為《自由中國》涉及臺灣民主憲政主張的一二九七篇文章中，有關廣義的言論自由（表現自由）的文章，有一五一篇，占了百分之十一．六四，份量遠大於對其他人權的討論。[37]另一方面則是因為廣義的言論自由在人權的系譜中，有其特殊地位，不僅常常被視為是人身自由以外，最基本的自由內涵，而與民主政治的關係最為重要。[38]

《自由中國》提到對言論自由的保障問題時，一開始是著重在說服執政者並宣揚言論自由對於國家、社會的好處。[39]而在〈政府不可誘民入罪〉一文導致彭孟緝主導的保安司令部對《自由中國》開火，甚至打算逮捕《自由中國》編輯之後[40]，《自由中國》則發表文章呼籲執政者對以言論批評政府者，須抱持「培養寬容的態度」。[41]以後，類似的主張在《自由中國》中也一再出現。[42]

要求執政者對自由人權採取寬容的態度，固然是保障人權的一種方法，不過，其所採的是相當低姿勢，若沒有配合其主張，容易導致以執政者的恩賜（寬容）來保障自由人權的觀感。然而，在國家的民主憲政制度未上軌道的狀況下，此一作法也並非完全不能理解，未必是對人權保障的認知不足所致。

一九五一年八月，《自由中國》以社論的方式明白表示了保障人民「議政」的權利「是政府的義務」，若政府不能履行，就是「違憲」[43]。至此，人權的保障與憲法產生了明確的關聯。不過，面對違憲的情形，要如何來保障人權，則不是《自由中國》注意的焦點。同時，在十月《自由中國》又以社論肯定「言論自由」是「天賦人權」。[44]不論《自由中國》當時是否有所意識，天賦人權的宣告，已經使人權與自然權利產生關聯。問題是無論將人權視為憲法保障的權利，或是將之視為天賦，皆只是一種宣示，而未觸及如何真正具體保障自由人權的主張。因此，《自由中國》雖然揭示了對自由人權的定位，在實際問題的討論上，並不一定置於憲法保障的層次，[45]或是自然權利的層次來處理，而可能只是著重在法律層次的保障而已。

對於人權保障主張的清楚定位，是《自由中國》在一九五八年面對書刊查禁查扣問題及出版法的相關議題時，才有更清晰的主張。由於一九五七年底，就在蔣介石總統昭告「免除恐怖迫害」，恢復對人民言論出版自由的保障後，行政機關又違法的命令查扣刊物，而引起《自由中國》的不滿。《自由中國》並以社論表示：對於違法或於法無據的命令，人民有「不服從的權利」。[46]這種對違法或於法無據的命令採取拒不服從的態度，或許可以視為以「市民不服從」（civil disobedience; Ziviler Ungehorsam）或「抵抗權」（Widerstandsrecht）的理論來保障自由人權的取向。[47]

對於違法或於法無據的命令，《自由中國》在理論層次提出如是強烈的主張。不過，萬一法律侵犯人權時，《自由中國》的態度就不一樣了。

一九五八年六月，進一步限制出版言論自由的出版法修正案完成立法程序，《自由中國》固然強烈地批評其「反憲法、反自由、反民主」，不過，除了期待政府當局能勇於認錯，速謀補救，以及呼籲「發揮爭取出版自由的精神」繼續努力外，並沒有提出如何保障人權的主張。甚至也沒有表示可以循體制內的司法救濟管道，由大法官會議解釋法律違憲，透過違憲審查的方式來保障人權。[48]更不用提「市民不服從」或「抵抗權」的主張了。相對而言，時任監察委員的陶百川態度就較《自由中國》積極。他對於行政機關限制出版的問題十分重視，曾在《自由中國》發表相關文章。[49]面對出版法修正案的通過，陶百川除了表示不滿以外，也以實際行動要求透過違憲審查權來保障人權，事雖不成，相形之下，《自由中國》就顯得消極許多。[50]

從二者的比較中可以發現，《自由中國》雖然也以違憲來批評出版法修正案，不過，對於法律侵害自由人權問題，並沒有理論上解決的方案。換言之，《自由中國》實際上並沒有真正明確採取憲法保障的觀點，也未正視「惡法亦法」與「惡法非法」的論證。[51]相對地，在法律保障的層次，[52]《自由中國》依據法律，根本上就採取近似否定不具合法性基礎而侵害自由人權的命令之立場。之所以有此差異，或許與《自由中國》內部對於法治的見解仍有分歧。因為就在出版法修正案通過後，《自由中國》便曾以社論批評此一法案，在批評中，對於「法治」（rule of law）與「依法為治」（rule by law）兩者的內涵不僅沒有釐清，反而有混用的現象。[53]在此情況下，要從「法治」（rule of law）的觀點來檢討惡法，甚至否定其具有合法性與正當性，自有其論理上的困難。

以言論自由為例來考察《自由中國》對人權保障的主張，可以發現也是在一九五一年五月後才開始正視此一問題。由於前述〈政府不可誘民入罪〉的社論，使得《自由中國》與國民黨官方的關係不若從前，也多少感受到來自官方的壓力。在此之時，《自由中國》起先是要求官方必須對言論自由採取寬容的態度，其後則進而表示：依據憲法政府必須保障人民「議政」的權利（此是言論自由內涵中與當權者最容易發生衝突的一部分）。同年十月，更明白表示言論自由是「天賦人權」。然而，這一連串的發展，只是《自由中國》對言論自由抽象式的宣示而已。《自由中國》對於人權保障問題在現實層次的定位是在一九五八年，特別是在出版法修正案的爭議中才有清楚的態度。面對出版法修正案時，《自由中國》表現了不承認侵害人權的行政命令的合法性的態度，相對地，對於違憲的法律，則除了批評以外，在理論上並沒有進一步提出解決其侵害人權問題的方法，也未質疑其是否合乎「法治」（rule of law）原則。所以，《自由中國》此時對人權保障的主張，基本上是以「法律保障原則」為依歸的。

總而言之，《自由中國》對於人權保障的主張，在面對命令的時候，與古典自由主義的立場較為接近，而面對法律時，雖然有所批評，卻沒有採取類似違憲審查權或是「市民不服從」、「抵抗權」的角度，尋求使違憲的法律失效的可能性。就此而言，則與洛克的立場有相當大的歧異。[54]換言之，在人權保障的層次，《自由中國》的自由思想與以洛克為代表的古典自由主義，有相當程度的落差。

司法改革的主張

《自由中國》對於司法問題著墨較多，相關文章的篇數，超過對行政、立法、監察、考試的討論。其中攸關體制的部分，除了各個部門必須面對整個政府體制在強人威權體制的籠罩下，透過「以黨領政」的體系運作，所產生的共同問題之外，主要的討論的焦點分別是軍法與普通司法的管轄問題、司法獨立問題與司法體制的整體設計問題。而這些問題也正是國家司法體制在一九五〇年代的關鍵爭議點，以下分項進行討論。

一、軍法與普通司法的管轄問題

根據中華民國憲法第九條規定，人民除現役軍人外不受軍事審判，因此軍法與普通司法管轄的問題，如果在憲政體制的正常運作下，有關現役軍人的案件，是否完全皆屬軍法的管轄範圍，有進一步討論的空間，不過，一般人民屬普通司法管轄的範圍，則無疑義。但是，《自由中國》還沒有在臺創刊，中華民國政府便已經在一九四八年四月先宣布進入動員戡亂時期，繼而一九四九年五月二十日，臺灣正式進入長期的戒嚴時期，[55]在戒嚴法及特別刑法體制下，一般人民的犯罪事件，在實定法層次，便有所謂軍法與普通司法的管轄問題。

《自由中國》正式處理此一問題，是在一九五一年年底，以〈軍法與普通司法劃分〉的社論，呈現其立場。當時的軍法審判制度，審判往往「未採公開審判方式」，又不能「自請律師」辯護（當時才剛有公設辯護人的辦法），判決以後又「不許上訴」，對於判決無罪的被告，又必須要求交保，對人權保障明顯不如普通司法。[56]因此，當行政院於當年十月十七日通過八條「臺灣省戒嚴時期軍法及司法機關受理案件劃分暫行辦法」而尚未公告時，《自由中國》便主張其中第二條三至六款及第三條四款罪刑仍然劃歸普通司法，[57]若涉及內亂外患罪，再移送軍法機關審判。並批評整個辦法在劃分案件時，不是以「重大關係」作為判準，否則即是「原則」的規範，沒有「明確的界限」，可能導致「軍法範圍仍任其照舊擴大」，而「人民的安全感減少」。[58]

而在行政院另行制定「臺灣省戒嚴時期軍法機關自行審判及交法院審判案件劃分辦法」，經總統核定，行政院於一九五二年五月十日公布，並訂於六月一日施行後，由於新的辦法修正的方式與前述《自由中國》的意見相近，因此《自由中國》以〈軍法與司法劃分的進步〉的短評，表達支持之意。不過由於第五款中「於地方治安有重大危害者」的規定，仍然不明確，加上並無一定劃歸軍法審判的必要，因此主張應加以刪除，同時也再度要求發生「誤行逮捕或嫌疑不足時，應立即釋放」，不必再經過保釋手續。[59]

一九五四年，在軍法局長包啟黃案爆發後，行政院再一次修改軍法、司法的劃分辦法，進一步將原辦法第二條的三、四、五款自軍法審判範圍內刪除，《自由中國》認為此舉「實現」一九五一年該刊的建議，因此再度予以肯定。而除了期待草擬中的「軍事審判法」能規定前述釋放不當逮捕的嫌犯，毋須交保之外，著重的則是改善「軍法審判程序」與期待軍事監獄能夠遵循當時相關的法規。[60]

制度規範固然與《自由中國》的理想日趨一致，但是，現實運作上軍事機關卻常常擴大其管轄的範圍。其中保安司令部在間諜罪與叛亂罪範圍之外，公權力的行使往往逾越制度的規範，而有濫權侵越「司法偵查權」的爭議。本來從一九五一年〈政府不可誘民入罪〉開始，《自由中國》原本對保安司令部執法的範圍及方式，即抱持批評的態度。[61]因此，在一九五六年九月監察院通過提案由司法委員會調查保安司令部違法情事後，《自由中國》在社論中明白表示，雖然「保安司令部辦理匪諜案件」有「輝煌的成績」，不過「從維護法治及保障人權的立場」，則主張糾正保安司令部「若干舉動」，並希望監察院的調查案能夠通過。[62]稍後，在著名的「祝壽專號」中，陶百川的文章則指出「軍事機關保防人員的活動，尚須進一步求其制度化」。不可以「戒嚴和治安」為由，「多所干涉」。並以「保安司令部遊查小組為例」，主張「加以限制」。[63]

當然，《自由中國》站在維護憲政體制的立場，理想中對於憲法中「人民除現役軍人外，不受軍法審判」規範，自然不會反對。因此，除了在現實層面就軍法與司法的劃分，進行討論之外，於前述一九五四年蔣介石總統當選連任後的社論中，便明白主張「軍法只能適用於現役軍人」，而「總統沒有加刑權」。[64]陶百川在「祝壽專號」的文章中，也指出在戒嚴法體制下，臺灣「應該是警戒地域，一切不妨放鬆一些」，而且臺灣「不比當年大陸時代」，「治安鞏固，人民守法」，可以回歸憲法規定，「用不到再『軍法從事』」。[65]

二、司法獨立與司法體制設計

由於《自由中國》討論司法獨立的一些文章中，常常與司法體制的設計一起討論，因此接下來擬以此二者為主題，進行考察。

《自由中國》與此主題相關文章，在時序上較晚才出現。在讀者投書中《自由中國》早先呈現了行政部門「不管立法程序」，而希望司法部門配合的現象。[66]而在一九五五年，以立法委員對「胡光麃案」的判決向行政院長〔當時除最高法院外，地方法院及高等法院歸屬行政院〕提出質詢為背景，胡學古的投書則表達了：「在分權制之下，司法者之判決，立法者固不可提出質詢，縱其審判上發生問題，行政者亦無法為之解答」，不過在「責任政治之下，苟法官行使審判權之時，受到干涉」，則追查干涉司法審判的責任就成為必要，立法委員也「可以質詢」。[67]

至於比較有系統討論司法獨立與司法體制問題的，則是在「祝壽專號」才出現。陶百川在〈貫徹法治壽世慰親〉一文中，明白指出：「政府機關最會干涉司法或審判的，莫過於行政機關」。而司法權中十分重要的民事和刑事訴訟的審判，最高法院固然屬於司法院，高等法院和地方法院則「一概屬於行政院」，如果要解決行政干涉司法的問題，所有法院便應該都歸屬司法院。[68]

一九五七年，《自由中國》在〈今日的司法〉社論中，舉出著名的「馬乘風案」、「何濟周案」等案例，批評「司法變成了政治的工具」，而「審判缺乏獨立的精神」。同時，以「司法來配合國策」，本已「違反司法獨立的原則」，「失去了民主政治的根本精神」。社論中並批評司法行政的主管人員，「為了做官而不惜破壞司法獨立」。也指出這種「顯受外力干涉的情形，在選舉訴訟」中最為清楚，文末並且表示：「根據分權原則」司法必須脫離行政獨立。[69]由於這篇社論認為當時臺灣的司法，「比日治時代還不如」，又舉證歷歷，對此，高等法院遂發送公開聲明，批評《自由中國》「混淆聽聞」。[70]

同年十月，臺北地方法院公設辯護人張金衡自殺，並發表批評司法的「絕筆書」。《自由中國》在此背景下，除了重申行政不干涉司法的重要性，並主張提高法官待遇，「整肅司法界風紀」。[71]次年，《自由中國》刊載了楊金虎〈一個臺灣人對建設臺灣成模範省的看法〉，在這篇文章中，一方面提出行憲以前，國民政府的司法行政部「長期隸屬司法院的事實」；另一方面，則批評司法行政部改隸行政院，使最高法院以外的各級法院，「置於行政權的控制之下」，而在「黨性特強」的司法行政部長之下，「行政的力量，更可能隨時左右司法」。因此，最為重要的，是主張將各級法院歸屬司法院，「先求得司法權的完整」，進而依據憲法使司法獨立。[72]

在次一期的《自由中國》，簡暢的〈我所知道的司法〉。除了重申與楊金虎主張各級法院皆應歸屬司法院的立場外，並且說明在司法行政部部長對轄下法院的法官既有考核、升任、調補之權，則「勢將形成行政干涉司法」的狀況。同時，這篇文章更批評當時的司法制度，明白「違背憲法所定條文文義及精神」。[73]

不過《自由中國》對於整個司法體制的根本問題，進行全面性檢討的，則是雷震執筆的〈各級法院應不應該隸屬於司法院？〉。這篇一九五九年發表在《自由中國》的文章，對於既有體制的基本看法，與雷震兩年前發表在《制憲述要》的意見幾乎完全一致。[74]這篇文章大體上與前述《自由中國》相關文章對司法體制的見解類似，不過論述則稍有修正，且更為細緻。在整個體制方面，雷震基本上強調司法權的完整與行政權的完整，因此所有法院與檢察署皆隸屬於司法體制之下，但是司法行政則包括司法院的行政在內，則統歸行政院的司法行政部，並將司法行政部改名法務部。至於司法院本身則實行合乎制憲原意的一九四七年的司法院組織法，成為司法機關（最高法院化），下設民事庭、刑事庭、司法裁判庭及公務員懲戒委員會，回歸憲法第七七條的體制。不過，此處雷震對於司法院的行政內涵並沒有進一步的說明，因此，範圍究竟多大，難以明確掌握。基本上，縱使司法院成為司法機關（最高法院化），法院本身似應仍有其相關的行政事項。而在人事權方面，司法行政既完全歸屬行政院，為了避免行政權干預司法人事，各級法院的人事遷調，他主張各級法院設立「人事詮衡委員會」決定，再請法務部照辦即可。但是，由於司法業務繁重，欲求保障司法品質，雷震在文中則主張廢棄原有的「結案限數規定」，而從增設法院，增加推檢員額著手。至於司法風紀，則延續《自由中國》前曾主張的提高待遇方式，希望透過此一方法解決原先風紀不良的誘因。[75]此後，《自由中國》對於此一問題仍有討論，不過在論點上則大抵上沒有大的突破。

非常體制下民主落實的構思

《自由中國》對於中央政府行政體制的批判，與蔣介石總統的擴權有密切的關係。大體而言，《自由中國》對於憲政體制的中央政府制度定位的見解愈來愈朝向總統虛位化的方向發展。基本上，此一方向透過《自由中國》對國防會議設置的爭議、一九五七年「五二四」事件（劉自然事件）政治責任的歸屬問題，以及長期以來總統越過行政院長直接指揮各部會等現實問題的反應，而呈現出來。並在蔣介石總統公開表示不排除三連任以後，將總統的權限儘量解釋成形式化、不具實質的決定權。換言之，此一方向也正是《自由中國》與強人威權體制互動下的結果。問題是批評歸批評，在國會無法全面改選，或是統治權不能建立在人民同意的正當性之上，[76]縱使總統與行政院長願意恪守制度的分際，離民主的基本要求還是很遠。

相對地，雷震及《自由中國》則在既有的《動員戡亂時期臨時條款》及戒嚴令下，探求儘量推動民主改革的可能性，也就是思考如何讓具有民意基礎的政府機關及其負責人，擁有較大的決策權。就此而言，他們意識到無論是戒嚴體制或是動員戡亂體制基本上皆不妨礙，根據《中華民國憲法》及《省縣自治通則》建構的地方自治體制的可能性，因此批判國民黨透過行政命令以及不當的黨國運作，強力介入臺灣地方自治事務的狀態之外，另一方面則主張必須落實《中華民國憲法》規定的地方自治。如此，不僅省長或是省議員皆由人民定期選舉產生，具備民主的形式與正當性。

至於前述推動民主改革的構思上，基本上與雷震及《自由中國》意識到「反攻大陸」至少在現實上、一定時間內不具可行性有密切關係。一九五七年《自由中國》明白以社論表示「反攻大陸」在相當時間內「公算」並不大，因此應該採取「實事求是，持久漸進，實質反共」的政策。[77]就此而言，《自由中國》雖然沒有放棄「一個中國」的立場，但是，短時間內既然不能「反攻大陸」，則對以「反攻大陸」為由犧牲自由人權的意見便更難以接受。

一九五七年《自由中國》主張「立法院迅速制定省縣自治通則，召開省民代表大會，產生省自治法，實行省長民選」。[78]而後在省級民意機關方面，則以為應「提高省議會職權，……使得以依照省自治法代表省民，行使省自治範圍以內的完全立法權力，……同時使省政府確實能對之負責」。[79]

《自由中國》除了要求落實憲法規定的地方自治外，也主張在縮小中央政府組織的規模。在以〈小地盤、大機構〉為題的社論中，《自由中國》便表示「中央政府所實際統治的省分只有一個，而其行政部門不僅仍保持大陸時期統轄三十五個省、十二個直轄市的規模，而且還有增加，這顯然過於龐大」。[80]而且更以一九五〇年蔣中正總統「復行視事」之際，即有意縮減中央行政機構的規模，而未能實行，實在是「失策」。[81]中央政府的機構過於龐雜，且與省政府職權重疊性相當高的情況下，《自由中國》主張憲法中規定「中央立法並執行之，或交由省縣執行之」等事項應交由地方辦理，中央政府不必再設機構管理。[82]因此，《自由中國》主張簡化中央政府的行政部門為內政部、外交部、國防部、司法行政部、財政經濟部五部。以矯正「小地盤、大機構」的現象。它表示：[83]

> 為矯正「小地盤、大機構」這一不合理現象，我們主張在下列五大前提下先從中央政府的行政部門簡化起。……在這五個大前提下，行政院的組織可簡化為下列五部。即：一、內政部；二、外交部；三、國防部；四、司法行政部；五、財政經濟部。原有的教育部，裁撤。……於內政部設一教育司辦理之。交通部裁撤，其業務於財政經濟部內設一交通司辦理之。財政部與經濟部合併為一個部。直屬行政院的主計處合併進來，設立主計局。

從《自由中國》前述的主張來看，由於機構的縮減，中央政府原有的許多職權勢必交由地方政府執行，如此則臺灣省政府權限原本遭中央政府侵奪的狀況，不僅得到改善，反而省政府在整個行政體系的權限和重要性將因此大增。加上臺灣省的省長及省議會之產生及自治權限又回歸中華民國憲法的設計，在中央民意代表未全面改選的歷史條件下，由人民直選產生的省級政府將具有最直接的民意基礎。如此，《自由中國》的中央民意代表的改選雖然持較保守的態度，但是，透過依憲法實施的地方自治及中央行政機構的縮減，卻使得具有民意基礎地方自治機關擁有較多的權限，如此或許是《自由中國》試圖兼顧落實憲法又兼顧特殊狀況的民主主張吧！

不僅如此，雷震及《自由中國》針對此一體制下政黨競爭機制的重要性，也有相當的認識。在一九五八年三月日記中雷震也認為「軍事反攻目前無望之際」，政府的政策便應該「先從政治反攻，以民主政府來影響大陸之獨裁政府」；[84]且為了走向民主政治，臺灣「必須有強有力之反對黨」。[85]而在此稍前，《自由中國》在第十八卷第四期的社論〈「今日的問題」之（十五）：反對黨問題〉中，則明白揭示反對黨是「解決一切問題關鍵之所在」。並指出已很少人懷疑成立強大反對黨之重要性，只是對於其可能性仍有不同的看法。此文更指出在當時有許多人認為「在今天要成立強大反對黨，無論客觀與主觀條件均嫌不足。所謂條件中最困難的一項，就是反對黨不容易找到一個實力的基礎，以與執政黨相抗衡」。[86]只是要到一九六〇年雷震及《自由中國》才進一步將反對黨與地方選舉緊密結合，積極投入臺灣本土菁英主導，以贏得選舉為目的的「中國民主黨」籌組工作。

一九六〇年在蔣介石總統三連任前夕，雷震問胡適「今後怎麼辦？」胡適明言「只有民青兩黨和國民黨民主派和臺灣人合組反對黨」，不過胡適仍表示他不願加入這個反對黨。[87]雷震積極參與日後新黨之籌組或許與此也有關。在地方選舉前夕，雷震便著手撰寫〈我們為甚麼迫切需要一個強有力的反對黨〉[88]，他在此文中指出，若想把臺灣的地方自治辦好，辦成名副其實的地方自治，則必須馬上為下一屆的地方選舉而著手準備。呼籲在第四屆選舉之後，趕快的組織一個強有力的反對黨來推動民主政治，更呼籲相信民主政治的人，一起集合起來組織一個強有力的反對黨，為下屆選舉做準備[89]。而對於黨的組成分子則指出「除了包括無黨無派的人士之外，也可能包括國民黨籍及民青兩黨篤信自由民主之人士」。這個反對黨的「功用」，「就是要用選舉的方式以求獲取政權為目的」[90]。就此而言，與一九五八年不贊成台籍菁英組黨的主張不同，雷震轉而結合外省籍主張自由民主的菁英，投入原本由台籍菁英主導的反對黨運動。

當然，如果當年反對黨可以順利組成，不僅由於結合民社黨及青年黨兩黨及國民黨內有自由傾向的人士，在立法院也可以有效制衡國民黨。[91]

這也顯示了：雷震及《自由中國》便在「一個中國」的憲政架構下，十分努力地在一九五〇年代末期的臺灣，追求落實民主政治的可能。

餘論：反對總統三連任與國家定位的再思考

在政治制度的改革主張之外，如果要凸顯《自由中國》改革主張的歷史意義，至少還有兩個課題應該提出，其中當時較受矚目的是反對蔣介石總統三連任。面對總統的三連任，《自由中國》採取了一系列強力的批判，從袁世凱的籌安會[92]，到曹丕的禪讓，[93]最後給毀憲策動者的警告[94]，集結海內外強力批判國民黨的各政黨領袖的言論，強烈反對蔣介石三連任的擴權，這樣的立場，對於《自由中國》而言，是當時整個成為臺灣自由主義代表性刊物的一個歷程的標舉。[95]

其次，則是《自由中國》國家定位的發展。基本上，《自由中國》創刊以後持續主張的「一個中國」立場，也就是標舉中華民國政府做為中國唯一合法政府的正當性。其後，面對著國際現實舞臺的挑戰，包括承認中華人民共和國政府的國外政府陸續增加，特別是美國官方透露的政策改變，因此，《自由中國》對臺灣與中華民國之間的關係的論述，也產生了立場可能改變的狀況。就此一角度而言，有兩個現象最為重要，其一就是，《自由中國》由原本標舉一個中國，批判任何兩個中國的主張，到了最後面對甘迺迪競選團隊Chester Bowles提出的兩個中國政府的政策，《自由中國》請蔣勻田翻譯文章[96]的內文，提醒中華民國政府必須面對這樣一個現實政治發展的可能，和以往強力批判「兩個中國」的態度有了某種程度的差異。其次，則是《自由中國》面對世界其他國家承認中華人民共和國國家的日漸增加，則一方面表示臺灣與中國關係的可能改變；另一方面提出要求在國際介入，在中國進行公民投票來決定中國前途的立場。一九五九年《自由中國》社論中明白表示：主張臺灣為中國一部分的理由，「祇有在美國不承認共匪的前提下才是有效的」，一旦美國的政策改變，「臺灣所屬問題也隨之變質」[97]。同時，《自由中國》既然清楚國際情勢發展的趨勢，瞭解中華民國政府未來將難以在未來代表整個中國，又不願意承認中華人民共和國政府統治中國大陸的正當性，《自由中國》只好要求以人民的意願為依歸。主張在聯合國嚴密而有效的監督下，「在整個中國舉行真正自由選舉」，來決定中國的前途[98]。這樣的言論在有意與無意之間，幾乎已經完全放棄中華民國政府的正統性基礎。這樣的立場，在某種程度上當然是代表著針對中華民國政府法統的自我解消，這也是在過去上被大家所忽略的。

但是，一九六〇年九月四日雷震被捕，《自由中國》被迫停刊，因此我們無法檢證後續其言論的發展。然而，一九七〇年雷震出獄後，面對中華民國失去聯合國中國代表權的問題，他的主張有在進一步的開展。特別是，他在〈救亡圖存獻議〉中，建議採取「兩個中國」的主張，制定新憲法，建立中華臺灣民主國，則完整呈現了他作為自由主義者權衡現實環境後的選擇。[99]由此可見，雷震與《自由中國》的改革主張，一方面從民主反共的路線開展，而且也與外在現實環境的發展有密切的互動。

薛化元，臺灣大學歷史研究所博士。曾任政治大學臺史所所長、政大歷史系主任、臺灣歷史學會理事長；現任政大文學院院長、政大臺史所教授及二二八紀念基金會董事長。著有《「自由中國」與民主憲政》、《戰後臺灣歷史閱覽》、《民主憲政與民族主義的辯證發展》。

註釋

1 本篇論文是以筆者在一九九六年以後發表的《自由中國與民主憲政》（板橋：稻鄉出版社，一九九六）、〈《自由中國》對中央政府體制主張的分析（一九四九－一九六〇）——臺灣自由主義思想的一個考察〉，《現代國家與憲法：李鴻禧教授六秩華誕祝賀論文集》（臺北：月旦，一九九七）、〈《自由中國》地方自治主張的歷史考察〉，《東亞近代思想與社會：李永熾教授六秩華誕祝壽論文集》（臺北：月旦，一九九九）以及草稿完成多年的《自由中國的國家藍圖》為基礎，增刪改寫而成。

2 胡適在一九四九年四月十八日從檀香山寄來《陳獨秀最後的見解》小冊子介紹一文及《自由中國》社的宗旨一文，雷震於四月二十一日收到。以上見於雷震一九四九年三月二十九日、四月二十日及二十一日日記，《雷震全集》（以下簡稱《雷集》）冊三十一（臺北：桂冠，一九九〇年）。
3 雷震，一九五〇年一月十八日日記，《雷集》冊三十二，頁一九。
4 雷震，一九五〇年二月二日日記，《雷集》冊三十二，頁三一。
5 社論，〈政府不可誘民入罪〉，《自由中國》四卷十一期（一九五一年六月一日），頁四、三一。
6 馬之驌，《雷震與蔣介石》（臺北：自立晚報社，一九九三），頁一〇四—一〇五。此處乃引自王聿修對馬之驌的談話內容。
7 許冠三，〈儆寰先生辭世十一年祭〉，《雷集》冊二，頁二五二。
8 雷震，一九五〇年六月二十一日日記，《雷集》冊三十二，頁一三〇。
9 雷震，一九五〇年四月十三日日記，《雷集》冊三十二，頁八三。
10 雷震，一九五〇年一月十一日日記，《雷集》冊三十二，頁一四。
11 關於雷震對聯合戰線的看法，可參見雷震，一九五一年一月二十九日日記，《雷集》冊三十三，頁二一。雷認為「今日團結反共人士，亦即團結他日共同建國之人士」。此外《自由中國》並於第二卷二期刊登李中直的〈反共聯合戰線〉一文，主張成立一個強而有力的反共聯合戰線。
12 參見王杏慶在紀念雷震先生逝世二週年會議上的發言，《八十年代》四卷一期（一九八二年二月），頁二五。
13 蔣經國當時被指任一九五一年初成立的「特種黨部改造委員會」（相當於省級黨部）書記長（中央指定周至柔為主任委員），在軍中黨部工作上扮演重要的角色。周國光，《七年來的特種黨務》（一九五七年），頁一〇—一一。此資料為龔宜君教授提供，謹此致謝。另參見龔宜君，《移入政府的滲透能力（一九五〇—一九六九）：改造後國民黨政權社會基礎的形成與鞏固》（臺北：臺灣大學社會所博士論文，一九九五），頁六〇。
14 雷震，一九五一年三月二十九日日記，《雷集》冊三十三，頁七〇；張忠棟，《胡適・雷震・殷海光》（臺北：自立晚報社，一九九〇），頁七十六。
15 雷震，一九五一年四月十六日日記，《雷集》冊三十三，頁八一；張忠棟，《胡適・雷震・殷海光》，頁七六—七七。
16 社論，〈政府不可誘民入罪〉，《自由中國》四卷十一期（一九五一年六月一日），頁四。
17 雷震，一九五一年六月八日、六月九日日記，《雷集》冊三十三，頁一〇八、一一〇。
18 雷震，《雷震回憶錄——我的母親續篇》，頁八二；張忠棟，《胡適・雷震・殷海光》，頁七九。
19 雷震，一九五一年六月十一日日記，《雷集》冊三十三，頁一一二；另見社論，〈再論經濟管制的措施〉，《自由中國》四卷十二期（一九五一年六月十六日），頁四。

20 《自由中國》第五卷五期（一九五一年九月一日出刊）。

21 雷震，一九五一年九月五日日記，《雷集》冊三十三，頁一五四；雷震，《雷震回憶錄—我的母親續篇》（香港：七十年代雜誌社，一九七八），頁九八；張忠棟，《胡適・雷震・殷海光》，頁八三。

22 雷震，一九五一年九月一日日記，《雷集》冊三十三，頁一五一。

23 雷震，一九五一年九月一日日記，《雷集》冊三十三，頁一五一；張忠棟，《胡適・雷震・殷海光》，頁八三。

24 雷震，《雷案回憶（一）》，《雷集》冊十一，頁九九。

25 〈陳院長致胡適之先生函〉，《自由中國》五卷六期（一九五一年九月十六日），頁四；張忠棟，《胡適・雷震・殷海光》，頁八四。

26 社論，〈言論自由的認識及其基本條件〉，《自由中國》五卷七期（一九五一年十月一日），頁三。

27 雷震，一九五一年十月六日日記，《雷集》冊三十三，頁一七一。

28 雷震，〈監察院之將來（一）〉，《自由中國》七卷九期（一九五二年十一月一日），頁七。

29 中央文物供應社編，《中國國民黨第七次全國代表大會宣言》（臺北：中央文物供應社，一九五三），頁一—一五。

30 社論，〈再期望於國民黨者——讀了七全大會宣言以後〉，《自由中國》七卷九期，頁四。

31 雷震，一九五三年三月十九日日記，《雷集》冊三十五，頁四六；張忠棟，〈離開權力核心的雷震〉，頁五九。

32 雷震，一九五三年三月二十四日日記，《雷集》冊三十五，頁五〇；張忠棟，《胡適・雷震・殷海光》，頁一〇七。國民黨第七次全國代表大會於一九五二年十月十日至二十日於臺北舉行，為國民黨完成改造後首次的全國代表大會。會中確定中國國民黨為革命民主政黨；原有的中央執行委員會則改名為中央委員會，取消中央監察委員會，成立新的中央評議委員會，同時接受蔣中正總裁交議之「反共抗俄基本論」，作為反共抗俄思想言論及行動依據的準則。近代中國季刊編輯委員會編，《中國國民黨歷次全國大會圖輯》，（臺北：近代中國，一九九四）；薛化元，〈中國國民黨第七次全國代表大會〉，收入《臺灣歷史辭典》（臺北市：文建會，二〇〇四），頁一三五。其中，整個改造以後黨組織的屬性，即是雷震所反對的。

33 雷震，一九五三年三月二十四日日記，《雷集》冊三十五，頁五〇。

34 雷震，一九五四年三月八日日記。

35 雷震，一九五四年十二月二十九日日記，《雷集》冊三十五，頁三八五。

36 這裡使用言論自由乃是為了便利當時《自由中國》用詞的討論，其意義與表現自由相通。

37 參見《「自由中國」與民主憲政研究》第三章第二節的量化分析。

38 劉慶瑞，《中華民國憲法要義》（臺北，一九七八），頁七〇；李鴻禧，《憲法與人權》（臺北：一九八五），頁三七一—三七二。

39 參照薛化元，《自由中國的國家藍圖》（未刊稿），頁一四一—一四二。

40 毛子水，〈寬容和民主〉，《自由中國》四卷十二期（一九五一年六月十六日），頁六。

41 雷震，《雷震回憶錄：我的母親續篇》，頁八一—八二。

42 如雷震，〈輿論與民主政治（一）〉，《自由中國》五卷七期（一九五一年十二月一日），頁五—八，即是一例。

43 社論，〈有容乃大〉，《自由中國》五卷四期（一九五一年八月十八日），頁三。

44 社論，〈言論自由的認識及其基本條件〉，《自由中國》五卷七期，頁三。

45 於憲法保障的意義，著重在立法權亦保護人民的自由。參照劉慶瑞，《中華民國憲法要義》，頁五七。

46 社論，〈為「自治」半月刊橫遭查扣而抗議〉，《自由中國》十八卷一期（一九五八年一月一日），頁一三。

47 參看小林直樹，《法・道德・抵抗權》（東京：日本評論社，一九八八），頁三〇九以下；宮澤俊義著，永明譯，《人權概論》（臺北：八十年代出版社，一九七九年），頁一五三以下；梭羅著，涂欽清譯，《不服從論》（臺北：五洲出版社，一九七六）；Edward Lawson, *Encyclopedia of Human Right* (New York: Taylor & Francis Inc., 1991), pp.193-195。

48 關於法律違憲問題，後來曾任司法院長的翁岳生在一九七二年即指出法官面臨此一疑難時，甚至可以聲請釋憲，以保障人權。參見：翁岳生，〈憲法之維護者〉，《憲政思潮》十七期（一九七二年一月），收入：氏著，《行政法與現代法治國家》，（臺北：臺大法學院，一九八二年），頁四七七；一九九五年一月二十日大法官釋字第三七一號解釋，更確立在我國未來司法制度運作下，法官在審理案件時應擁有獨立聲請釋憲權利，《司法院公報》三十七卷三期（一九九五年三月），頁一—一二。

49 陶百川，〈評內政部新頒出版品禁限事項〉，《自由中國》十一卷十期（一九五四年十一月十六日）。

50 陶百川，《困勉強狷八十年》（臺北：東大圖書公司，一九八六年），頁三三九—三四〇。

51 關於此一問題，可參看田中成明，《現代法理論》（東京：有斐閣，一九八四），頁二一四以下。

52 此即強調只對行政權保護人民的自由，而立法機關可藉修法變更人民的自由權。劉慶瑞，《中華民國憲法要義》，頁五十七。

53 社論，〈期望中的憂慮〉，《自由中國》十九卷二期（一九五八年七月十六日），頁四。

54 豬口孝，《國家と社會》（東京：東京大學出版會，一九八九），頁二六。

55 李永熾監修，薛化元主編，《臺灣歷史年表：終戰篇I》（臺北：國策中心，一九九〇），頁五八。

56 社論，〈軍法與普通司法的劃分〉，《自由中國》五卷九期（一九五一年十一月一日），頁三—四；林紀東，《憲法逐條釋義》冊一（臺北：三民書局，一九八四），頁一三二—一三三。

57 其中第二條、第三條條文全文如下，第二條下列案件應由軍法機關審判；但與軍事或地方治安無重大關係者，應交由司法機關審判。一、內亂罪；二、外患罪；三、妨害秩序罪；四、公共危險罪；五、搶奪強盜及海盜罪；六、恐嚇及擄人勒贖罪。第三條下列案件應由司法機關審判；但與軍事或地方治安有重大關係者，仍應由軍法機關審判。一、偽造貨幣有價證券及文書印信各罪；

二、殺人罪；三、妨害自由罪；四、毀棄損壞罪。社論，〈軍法與普通司法的劃分〉，頁三。

58 社論，〈軍法與普通司法的劃分〉，頁三—四。

59 其第二條規定的原文如下，「第二條軍法機關自行審判之案件，以下列為限：（一）軍人犯罪。（二）犯戡亂時期檢肅匪諜條例懲治叛亂條例所定之罪。（三）犯懲治盜匪條例所定之罪。（四）非軍人勾結軍人犯懲治走私條例所定之罪。（五）犯刑法公共危險妨害秩序之罪於地方治安有重大危害者。」短評，〈軍法與司法劃分的進步〉，《自由中國》六卷十期（一九五二年五月十六日），頁四。

60 社論，〈軍司法再進一步的革新〉，《自由中國》十一卷九期（一九五四年十一月一日），頁四。

61 社論，〈政府不可誘民入罪〉，《自由中國》四卷十一期（一九五一年六月一日），頁四。

62 社論，〈司法偵查權不容侵越〉，《自由中國》十五卷七期（一九五六年一月一日），頁五。同頁收有監察院提案的案由：「為臺灣省保安司令部對於無軍人身分之人民及官吏，往往輒行逮捕，經長期間之扣押偵訊，然後移付法院，不惟逾越軍法劃分之權限，抑且有損法院檢察處之偵查權，擬請司法委員會調查，以重人權，而崇法治。」

63 陶百川，〈貫徹法治祝壽慰親〉，《自由中國》十五卷九期（一九五六年十月三十一日），頁二十三。根據「戒嚴法」第二條，戒嚴可分為分為「警戒地域」及「接戰地域」的戒嚴，「接戰地域」指作戰時攻守之地域；根據第九條規定，平民犯罪可以移送軍法審判的規定，後者比前者廣泛。臺灣根據一九五〇年一月發布的戒嚴令，是屬於「接戰地域」的戒嚴。而一九五〇年六月韓戰爆發後，美國派第七艦隊執行「臺海中立化」，臺灣遭受人民解放軍直接武力威脅的狀態已經大幅減輕，之後與中華人民共和國政府間的軍事衝突也都發生在中國大陸沿海，臺灣並非直接的「接戰地域」，因此陶百川認為臺灣實際上是「警戒地域」。

64 社論，〈敬以諍言慶祝蔣介石總統當選連任〉，《自由中國》（一九五四年四月一日）十卷七期，頁三—四。

65 陶百川，〈貫徹法治祝壽慰親〉，頁二三。

66 虞經華，〈行政與司法似未配合〉，《自由中國》十一卷十一期（一九五四年十二月一日），頁三二。

67 胡學古，〈談立法院對胡案判決質詢的問題〉，《自由中國》十三卷十一期（一九五五年十二月十六日），頁三一。

68 陶百川，〈貫徹法治壽世慰親〉，頁二二—二三。

69 社論，〈今日的司法〉，《自由中國》十七卷一期（一九五七年七月一日），頁三—五。

70 《中央日報》一九五七年七月二十一日；《聯合報》一九五七年七月二十一日。

71 社論，〈再談今日的司法〉，《自由中國》十七卷九期（一九五七年十一月一日），頁七。

72 楊金虎，〈一個臺灣人對建設臺灣成模範省的看法〉，《自由中國》十八卷十一期（一九六九年六月一日），頁一一—一二。

73 簡暢，〈我所知道的司法〉，《自由中國》十八卷十二期（一九六九年六月十六日），頁一三。

74 參見雷震，《制憲述要》，頁六一—六二。

75 雷震，〈各級法院應不應該改隸屬於司法院〉，《自由中國》二十卷三期（一九五九年二月一日），頁八—一四，特別是頁一四。

76 雷震及《自由中國》在一九五七年縱使意識到中央民意機關代表性的嚴重問題，在維持中華民國政府代表「全中國」的框架下（直到最後才有所轉變），提出的事由在臺灣各省人民改選各省民意代表的「離鄉投票」方案，此一改革縱使實施仍無法將統治權力建立在人民支持的基礎上。社論，〈今天的立法院〉，《自由中國》十七卷十一期（一九五七年十二月一日），頁三—七。

77 社論，〈今日的問題之（二）：反攻大陸問題〉，《自由中國》十七卷三期（一九五七年八月一日），頁七。

78 社論，〈我們的地方政制〉，《自由中國》十七卷十期（一九五七年十月十六日），頁四。

79 社論，〈我們的地方政制〉，頁四。

80 社論，〈小地盤、大機構〉，《自由中國》十七卷八期（一九五七年十月十六日），頁三。

81 《自由中國》表示：「民國三十九年蔣總統復行視事的時候，曾有把行政院縮減為四個部（內政、外交、國防、財政四部）的擬議。這個擬議未見實行，實在是一失策。」社論，〈小地盤、大機構〉，頁三。

82 在這篇社論中，《自由中國》表示：「從法制的觀點來看，憲法第十章對於中央與地方的權限，作列舉式的規定。其中第一〇七條為『中央立法並執行之』的事項，第一〇八條為『中央立法並執行之，或交由省縣執行之』的事項。其餘兩條所列舉的事項，則為『省或縣立法並執行之』。在一〇七條那種硬性規定由『中央立法並執行之』的事項當中，我們可以看出除外交、國防、司法以外，其他的一些事項彼此的關係非常密切，可以說都是屬於公共經濟範圍。此外還有一點也許為一般人所未注意的。即教育制度並不在第一百零七條硬性規定『由中央立法並執行之』的事項之列，而是一百零八條當中。即是說，教育制度由中央立法，但不必由中央執行。所以在播遷中的中央政府，教育部的設立，更不必要。」社論，〈小地盤、大機構〉，頁三。

83 社論，〈小地盤、大機構〉，《自由中國》十七：八，頁四。

84 雷震，一九五八年三月八日日記，《雷集》冊三十九，頁二四二。

85 雷震，一九五八年三月十八日日記，《雷集》冊三十九，頁二五〇。

86 社論，〈「今日的問題」之（十五）：反對黨問題〉，《自由中國》十八卷四期（一九五八年二月十六日），頁三。

87 雷震，一九六〇年三月十六日日記，《雷集》冊四十，頁二七〇。

88 雷震，一九六〇年四月十八日日記，《雷集》冊四十，頁二九二；此文發表在《自由中國》二十卷十期（一九六〇年五月十六日），頁七—一〇。

89 雷震，〈我們為甚麼迫切需要一個強有力的反對黨〉，《自由中國》二十二卷十期（一九六〇年五月十六日），頁九。原文為「我們要想把臺灣的地方自治辦好，辦成名副其實的地方自治，則我們今日必須為下一屆地方選舉而著手準備。因此，我們在第四屆選舉之後，應該趕快的組織一個強有力的反對黨，負起推動民主政治的艱鉅責任」，「我們希望這些相信民主政治的人，趕快的集合攏來，組織一個強有力的反對黨，以為下屆選舉的準備，以打破國民黨這種獨霸的局面」。

90 雷震，〈我們為甚麼迫切需要一個強有力的反對黨〉，頁九。

91 薛化元，〈臺灣自由主義思想發展的歷史考察（一九四九—一九六〇）：以反對黨問題為中心〉，《思與言》三十四卷三期（一九九六年九月），特別是結論部分。

92 顧達德，〈籌安會的醜劇〉，《自由中國》二十一卷一期（一九五九年七月一日），頁九、一三—一七。

93 看雲樓主，〈曹丕怎樣在群臣勸進下稱帝的？〉，《自由中國》二十一卷三期（一九五九年八月一日），頁一九—二〇。

94 左舜生、張君勱、張發奎、李璜等，〈我們對毀憲策動者的警告〉，《自由中國》二十二卷五期（一九六〇年三月一日），頁六。

95 有關此一部分的較完整論述，請參看薛化元，《自由中國與民主憲政》第六章的討論。

96 Chester Bowles（著）；蔣勻田（譯），〈重行考慮「中國問題」〉，《自由中國》二十三卷三期（一九六〇年八月一日），頁八—一一。

97 社論，〈解決中國問題必需以民意為依歸〉，《自由中國》二十一卷十期（一九五九年十一月十六日），頁三。

98 社論，〈解決中國問題必需以民意為依歸〉，頁四。

99 有關此一發展詳見薛化元，〈戰後臺灣自由主義與民族主義互動的一個考察—以雷震及「自由中國」的國家定位為中心〉，《當代》一四一期（一九九九年五月）。

「去流亡」的文化政治——一九七〇年代臺灣的回歸現實世代、文學、與歷史[1]

蕭阿勤

問題緣起與研究重點

戰後的臺灣，在一九七〇年代才開始發生重大的政治、文化變遷。這個十年，對於當時至今的臺灣政治、文化的影響相當大，因此可視為戰後臺灣歷史上的軸心時期（the axial age）。[2]當時有許多因素帶來重大的政治、文化變遷，而七〇年代初臺灣遭受的嚴重的外交挫折，是相當關鍵的因素。這些外交挫折，包括與日本爭奪釣魚臺列嶼而失敗（一九六九－一九七一）、臺灣在中華民國的名義下喪失在聯合國代表中國的席位（一九七一）、美國總統尼克森訪問中華人民共和國而簽訂「中美上海聯合公報」（一九七二）、日本承認「中華人民共和國是中國的唯一合法政府」而與臺灣斷交（一九七二）等。

臺灣在七〇年代初的變局中，一股挑戰既有政治體制與文化傳統的社會新力量，也逐漸形成。這股力量主要是當時大約二十到四十幾歲之間、屬於「戰後世代」的年輕知識分子。他們有屬於本省籍的，也有屬於外省籍的。這些年輕知識分子即使不在臺灣出生，也幾乎都在戰後的臺灣成長。他們接受國民黨體制的教育，因此都懷有相當程度的中國認同。他們在六〇年代成長時，大多也都深受當時流行的「現代化」思潮影響，因此認為中國（指做為「自由中國」的臺灣，或者他們想像中未來統一的中國）要富強，那麼政治、社會、文化的現代化，是應該追求的最重要目標。七〇年代初，這些為數眾多的年輕知識分子受到臺灣外交挫敗的刺激，因而覺醒轉變。他們反省批判國民黨統治下臺灣社會瀰漫的「流亡」心態，認為不應該一味懷念或宣誇過去中國大陸的一切。他們領悟到：知識分子應該深入認識臺灣社會，並且將自我與更廣大的社會現實聯繫起來。他們積極要求社會改革與政治民主，並且呼籲要回歸鄉土文化。因此我用「回歸現實世代」來綜括指稱這些自覺地批判、揚棄流亡心態的廣泛的年輕人，尤其是其中積極挑戰政治體制、重構文化趨向的活躍分子。這個回歸現實世代，在當時政治與文化轉變中扮演非常重要的角色，因此也足以稱為戰後至今臺灣歷史的「軸心世代」（the axial generation）。他們追求的政治革新與文化創新，充滿「去流亡」的傾向。

在回歸現實世代當中，本省籍的年輕知識分子相當強調臺灣獨特的歷史與文化。他們特別關注在政治上相當敏感的日本殖民統治時期的歷史，渴望瞭解他們自己的上一代被殖民與反抗殖民的真正經驗。日本統治臺灣半世紀，臺灣歷史上首次出現近代國家的統治模式，日本殖民當局在臺灣也從事許多現代化的建設。臺灣人的知識階層透過日本，開始大量接觸到源自於西方的現代政治思潮與文化。中國自一九一一年孫中山革命而推翻滿清政府之後的政治變化，以及一九一九年「五四運動」的新文化發展，也鼓舞許多心懷「祖國」的臺灣人知識分子。一九二〇年，臺灣人的知識分子開始組織起來，提倡臺灣人的自主意識，企圖爭取被殖民者的平等與權利。這是日本殖民統治時期臺灣人政治社會運動的開始。不過到了一九三〇年代初，不管是溫和的或激進的臺灣人反抗殖民統治的活動，都已受到壓制而幾乎消失。

另一方面，一九二〇年之後，反抗殖民統治的政治社會運動出現的同時，許多臺灣人知識分子也開始討論殖民統治下臺灣人的語言問題與文學的角色。他們主要關心的是文學如何能促進被殖民的同胞覺醒與文化的提升，以及哪一種文學寫作的語言可以更有效地達成這種目的。一九二〇年代初，一些反殖民的臺灣知識分子批判臺灣傳統知識階層用中國「文言文」創作的古典文學，呼籲臺灣人作家學習中國五四運動後流行的「白話文」，創作「白話文學」。一九三〇年代初，一些臺灣知識分子更進一步提倡用臺灣本地主要的語言（亦即「臺灣話」或「臺語」）創作「鄉土文學」。由於上述的這些鼓吹提倡，殖民統治下臺灣人創作的現代文學或「新文學」開始發展。

在回歸現實世代當中，致力於挖掘日本殖民統治時期臺灣新文學歷史的，主要是文化界的本省籍年輕知識分子。至於努力發揚日本殖民統治時期臺灣人政治社會運動史的，則主要是本省籍年輕一代的反國民黨的政治異議分子。一九四七年發生本省人反抗國民黨統治的「二二八事件」之後，歷經一九五〇年代初期「白色恐怖」的政治肅清，一直到一九七〇年代的二十年左右期間，各種對國民黨威權統治與文化意識型態的公開挑戰，都歸於失敗。到了一九七〇年，這種情形開始逐漸改變。一九六九年底，本省籍的黃信介（一九二八－一九九九）與康寧祥（一九三八－），分別當選臺北市議員或立法委員，開啟了七〇年代以本省人為主的政治反對運動。黃信介、康寧祥所領導的這些政治異議分子，被稱為「黨外」人士，而他們所進行政治反對運動，則被稱為「黨外運動」（「黨外」指「在國民黨之外」、「不屬於國民黨的」）。從七〇年代初開始，黨外對國民黨的挑戰力量逐漸壯大。當時追隨黃信介與康寧祥的領導而投入黨外運動的，正是眾多回歸現實世代的成員。這些覺醒的年輕知識分子，被稱為「黨外新生代」。

文化界的本省籍年輕知識分子挖掘日本殖民統治時期臺灣新文學，以及黨外新生代發揚日本殖民統治時期臺灣人政治社會運動史，目的都在於重新認識臺灣的過去，以理解現在而規劃未來，涉及歷史敘事（historical narrative）與認同（identity）的建構。當時另一個重要的文學現象，是鄉土文學的發展。主要的鄉土文學作家都是本省人，而重要的提倡者則包括本、外省人。雖然也有不少年紀較大、屬於上一代的本、外省知識分子支持鄉土文學，但是鄉土文學作家、提倡者、讀者，主要是屬於回歸現實世代的年輕知識分子。鄉土文學作家與提倡者，批判臺灣社會所瀰漫的流亡心態，強調文學作品應該具有民族性，描寫社會現實。上述文化界的本省籍年輕知識分子或黨外新生代對於日據時期臺灣歷史的建構，以及鄉土文學作家與提倡者的文學理念，都顯示相當程度的中國認同。[3]他們與其他回歸現實世代的年輕知識分子類似，在理解臺灣的政治、經濟、文化問題，或者理解日據時期的臺灣歷史時，都依賴一個以中國民族主義為中心主題、關於中國人、中華民族過去集體經驗的敘事模式（這個歷史敘事的要素見表一），[4]他們將這些政治、經濟、文化問題或日據時期的臺灣歷史，放到這個敘事模式的「情節」（plot）中去理解，視為這個情節發展的一部分。

表一：「中國民族主義」的集體經驗敘事模式

敘事者	**中國人、中華民族**
時間的演進	十九世紀中期之後近百年以來
中心主題	中國民族主義：中國追求主權國家獨立自主的建國奮鬥—— 反外國強權的政治侵略 反外國強權的經濟侵略 反外國強權的文化侵略
情節	開始：傳統中國的積弱不振與十九世紀中期之後外國強權的欺凌 中間：締造民國共和體制的革命、建國的努力與挫折、外國強權的壓迫侵略 結尾：（依照下列結論或解決方案而發展）
結論或解決方案	抵抗外國強權的欺凌，追求中國政治、經濟、文化的獨立自主發展與富強

本文討論的主要對象，是回歸現實世代當中與八〇年代之後臺灣民族主義的歷史敘事與文化建構最密切相關的三群成員，亦即上述發揚日據時期臺灣新文學的文化界人士、鄉土小說家與支持者、以及黨外新生代（見圖一）。筆者分析的焦點，在於他們的世代認同、歷史敘事與社會行動三者的密切關係。從本文下面的分析可以看出，雖然回歸現實世代的這三群成員，仍然具有清楚的中國認同，但是他們的文學活動與歷史建構，逐漸突破他們在成長期所接受的「現代中國」視野，關注「鄉土臺灣」的過去與現在，思考臺灣的未來。他們的文學活動與歷史建構，是一種「去流亡」的文化政治，不僅對七〇年代的文化與政治的變遷有重大影響，也形成八〇年代之後臺灣民族主義的歷史敘事與文化建構的重要基礎。因此探討回歸現實世代當中這三群成員的文學活動與歷史建構，對於我們瞭解晚近臺灣文化與政治的變遷，尤其是「本土化」、「臺灣化」的趨勢，相當重要。[5]

日據時期臺灣新文學的「（中國）民族化」

在七〇年代蓬勃發展的回歸鄉土潮流中，回歸現實世代的年輕知識分子重新探索日據時期臺灣新文學。當時社會上占優勢的理解方式認為：日據時期臺灣新文學的發展是一九二〇年代之後臺灣知識分子抗日的新文化運動的一部分，是受到祖國（中國）的五四新文化運動影響所產生，因此也是中國文學發展的一部分；而當時臺灣新文學作家也是抗日並認同祖國的，他們文學創作的基本動機就在抗日，而最終目標則在促使臺灣回歸祖國。

上述當時流行的理解方式，事實上將日據時期臺灣新文學「民族化」（nationalize）。筆者所謂的「民族化」，有兩方面的意義。第一、它指的是將某一段過去所涉及的「我們」的先行者或祖先，呈現為「民族主義者」，並且認為他們許多值得我們紀念的言論與行動，都是基於這種民族主義者的身分與認同而產生的。換句話說，這是將先行者或祖先描述成自覺地認知到自己是一個「民族」的成員、相信自己所屬的這個民族的利益與價值高於一切、同時追求民族在政治上的獨立自主。[6]第二、基於上述的第一點，民族化指的是將這一段過去視為「我們（民族）的」過去、賦予這一段過去一種民族的性格而使之成為「民族傳統」的一部分。這種過程與結果，是「民族化」的另一層意義，也就是艾瑞克・霍布斯邦（Eric Hobsbawm）等人所謂的「發明傳統」（Hobsbawm and Ranger 1983）。

戰後臺灣社會長久以來所面對的一大難題，是如何面對日本在臺灣的殖民統治及影響。其中對於日本殖民統治的集體記憶之建構，與政治、文化的變遷有密切關係，而這種關係在不同時期各有變化，並且涉及國族認同（national identity）的建構。關於如何理解日據時期臺灣新文學，是這個難題的一部分。一九四六年至一九四七年的二二八事件之前，以行政長官公署為代表的國民黨政府官員與外省籍人士、半山人士和臺灣人知識階層之間，曾經發生臺灣人是否受日本統治奴化的公開論爭，其中反映了臺灣人知識階層對臺灣前途的種種思考（陳翠蓮二〇〇二）。二二八事件之後，在戒嚴統治與白色恐怖下，這一類的公開討論或爭辯，已經銷聲匿跡。七〇年代回歸現實世代挖掘日據時期臺灣新文學與臺灣人政治社會運動史，是二二八事件後三十年左右，臺灣社會對這一段

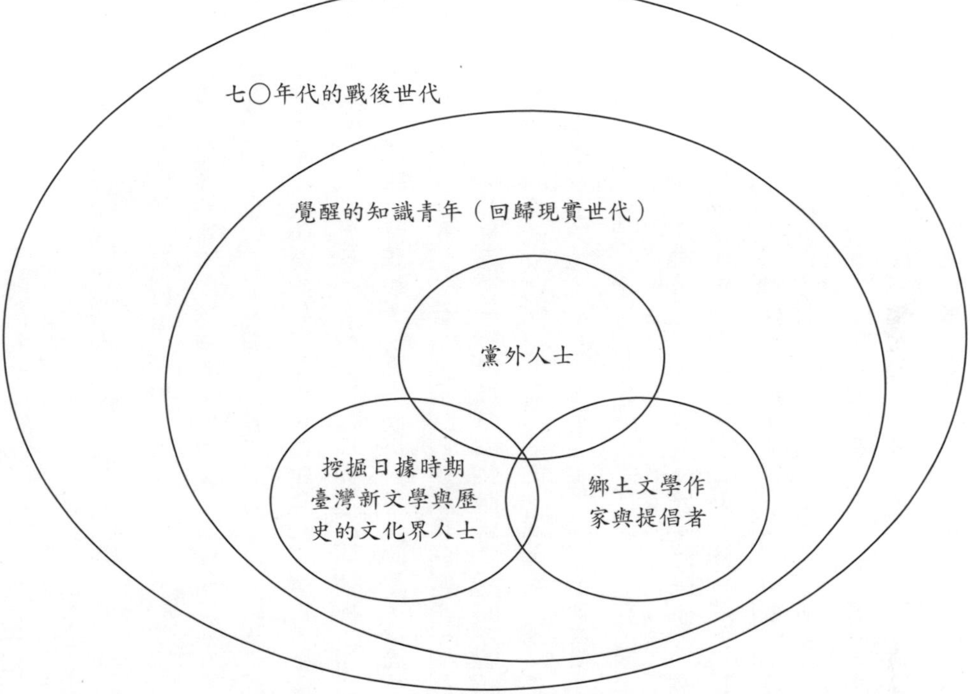

圖一：戰後世代、回歸現實世代、與本文研究對象的關係

殖民統治歷史首度廣泛而熱烈的公開探究。

一、七〇年代之前對日據時期臺灣新文學的回顧

臺灣社會從戰後到七〇年代之間，也曾對日本殖民統治下的文學發展進行公開的討論，而討論者幾乎都是在日本殖民統治時期親身參與過新文學發展的本省籍人士。這些從一九二〇年代中期陸續步入文學生涯的世代，大多出生於二十世紀最初的十年左右。臺灣光復時，他們大約在四十歲的光景。到了七〇年代初，如果他們還健在，則都已屆六十歲上下。從戰後到七〇年代，這些親身經歷日本殖民統治的世代，抱著緬懷過往的心情，回顧當時的臺灣新文學發展。[7]在戰後二十幾年間，這種公開的回顧，相對於七〇年代初之後討論日據時期臺灣新文學的熱絡而言，可以說既零星又稀少。另一方面可以想像的是，這些年長世代必須注意是否違反公共領域中國民黨政府所定位的日據時期集體記憶的參考架構或歷史敘事的基調。因此這些公開討論，經常有觸犯政治禁忌的危險。這期間這個世代的本省籍知識分子對日據時期臺灣新文學的歷史回顧，可以臺北市文獻委員會在一九五四年八月與十二月出版的兩期《臺北文物》（三卷二期的「北部新文學、新劇運動專號」與三卷三期的「新文學、新劇運動專號續集」）、[8]以及王詩琅（一九〇八—一九八四）、葉石濤（一九二五—二〇〇八）、吳瀛濤（一九一六—一九七一）、黃得時（一九〇九—一九九九）等人所發表的幾篇文章為代表。[9]

從五〇年代中期《臺北文物》刊行特輯，到七〇年代初戰後新生代重新探究日據時期臺灣新文學的十七年左右，以王詩琅、葉石濤、吳瀛濤、黃得時四人的文章為代表，我們可以說，在這個時期，日本殖民統治下成長的本省籍文學作家在公開回顧當時臺灣新文學發展時，相當突出的一個共同點，是強調「抗日」的特質。亦即認為抗日不僅是日據下臺灣作家創作的最主要動機，而且他們的作品本身就是抗日行動的表現，也因此整個日據時期臺灣新文學是「抗日運動」的一部分。更重要的是，對這些緬懷過往的資深作家而言，這些文學上的抗日，是中國民族主義的，亦即日據時期臺灣作家在文學上的抗日，是以做為中國人的認同意識出發，而以臺灣脫離日本殖民、回歸中國的統治為目標。既然日據時期臺灣新文學是一種基於中國民族主義的抗日實踐，它當然是中國文學

的一部分。另一方面，既然光復已達成回歸中國統治的目標，那麼以抗日為最主要創作動機的日據時期臺灣作家的使命已達成，自然可以功成身退。對於戰後在國民黨體制下成長的本省籍年輕世代作家融入中國文學世界，這些老一代的作家也視為當然而樂觀其成。簡言之，在七〇年代初之前，那些親身經歷日本殖民統治的本省籍作家，以王、葉、吳、黃等人為代表，在公開回顧當時的臺灣新文學發展，回答「日據時期臺灣新文學是甚麼？對現在的『我們』意味著甚麼？」等問題時的參考架構，基本上與戰後臺灣社會公共領域中國民黨所建構、關於日本殖民統治的歷史敘事模式沒有太大的不同。我們可以說，他們事實上接受了這種歷史敘事，也以此來回顧、理解他們曾親身經歷的過去。

七〇年代的回歸現實世代企圖重新認識臺灣的過去，重塑關於臺灣的集體記憶，焦點幾乎都集中在日據時期，並且專注於「抗日」的議題。其中有兩群回歸現實世代成員扮演重要角色，亦即文化界人士專注於日據時期臺灣新文學作家與作品中的抗日問題，而提倡政治社會改革的異議分子（亦即黨外人士），一般則著重臺灣人抗日的政治或社會運動。

二、回歸現實世代與日據時期臺灣新文學

就在上述吳瀛濤與黃得時的文章發表後四、五個月，亦即一九七二年五月，陳少廷（一九三二－二〇一二）在《大學雜誌》上發表了〈五四與臺灣新文學運動〉一文。這篇文章是七〇年代回歸現實世代重新探究日據時期臺灣新文學的先聲。[10]就在這篇文章發表前一年中，臺灣歷經一連串外交挫折的重大政治衝擊，包括：釣魚臺主權爭議、大專學生的保釣運動從熱烈興起到逐漸平息、國民黨政府被迫退出聯合國而喪失合法代表中國的地位、美國與中共簽訂「上海聯合公報」而開始關係正常化、國民黨政府因日本與中共建交而對日斷交等。這一年多以來，《大學雜誌》已由個人或社內成員聯名發表一系列呼籲國民黨政府進行政治與社會改革的文章，成為批判政治社會、要求改革的中心。本省籍的陳少廷，當時正擔任這份刊物的社長。〈五四與臺灣新文學運動〉一文發表前的半年期間，亦即臺灣退出聯合國以來，陳少廷認為「中央民意代表全面改選」是臺灣內政革新的首要課題，

成為公開倡議這項主張的最主要人物之一。

在〈五四與臺灣新文學運動〉一文中，陳少廷開宗明義，界定日據時期臺灣新文學屬於中國民族主義的抗日性質。他說：

> 臺灣的文壇，在日據的後半期，也曾有過轟轟烈烈的新文學運動。這個運動是受到祖國五四新文化運動的浪潮之影響而產生的。
>
> 臺灣新文學運動，在本省的啟蒙運動和抗日民族運動上，均有過重大的貢獻。臺灣新文學運動是臺灣新文化運動的一環，也是臺灣同胞抗日民族運動的一個支流。同時，我們還應該了解的是，臺灣的抗日民族運動，是認同祖國的中國民族主義運動。所以，從大處著眼，臺灣新文學運動可以說是中國新文化運動的一環，也是五四前後的文學革命的一個支流。（陳少廷　一九七二a：一八）

接著陳少廷指出，在日據時期「漫長的半個世紀中，臺灣同胞無時不在跟日本統治者作民族鬥爭」。不僅在前期「臺灣同胞不斷以武力抵抗日本異族的統治」，「為炎黃子孫寫下一頁悲壯而光榮的歷史」；而且在後期的非武力抗爭中，「陸續在東京、臺灣、大陸所組成的知識青年的團體」的「宗旨是一致的——解救同胞，歸回祖國」（陳少廷　一九七二a：一八—一九）。陳少廷討論了日據後期從非武力抗日的「新文化啟蒙運動」中產生的臺灣新文學發展過程，亦即隨著一九二二年與一九二三年陳端明、黃呈聰與黃朝琴分別發表〈日用文鼓吹論〉、〈論普及白話文的新使命〉與〈漢文改革論〉，以及一九二四年張我軍開始抨擊臺灣傳統文學而來的進展。接著，陳少廷進一步綜結了日據時期臺灣新文學發展的「歷史意義」。他再一次強調：「臺灣新文學運動是直接受到祖國五四新文化運動的影響而產生的，它始終追求五四以後的新文學之傾向，可以說是發源於中國新文學運動的一個支流」，並且認為「臺灣新文學運動始終跟抗日的民族運動有密切的關係，文學作品也均帶有濃厚的抗日的色彩。」除此之外，陳少廷同時強調：「臺灣新文學運動，由語言改革（提倡白話文）開始，繼而抨擊舊文學，最後才有新文學的創作。這和中國的新文學運動的過程完全相同。……後起的臺灣新文學運動，必然要走五四的『老路子』」；同時一九二七年後，「臺灣文化協會分裂……左派思想出現，農工民眾覺醒。……臺灣文化界……有一些人走上歧途。這種情形和中國三十年代文藝完全雷同」（陳少廷　一九七二ａ：二四）。最後，陳少廷語氣堅定地宣稱：

> 顯然，臺灣新文學運動也因臺灣光復，重歸祖國而永遠結束了。因為臺灣的文學就是中國的文學，所以再也沒有所謂「臺灣文學」可言了。（「鄉土文學」應當別論）這也就是說，獻身於臺灣新文學運動的先輩，已經光榮地完成了他們的歷史使命。（陳少廷　一九七二ａ：二四）

陳少廷的文章結尾，曾註明他主要參考的是本文前述的《臺北文物》那兩篇特輯，以及王詩琅、黃得時等人的著作文獻。然而做為戰後受國民黨體制教育而成長的年輕世代一分子，陳少廷要比王、葉、吳、黃等在日據下成長的本省籍資深作家，更強調中國五四新文化運動對日據時期臺灣新文學興起、發展與性質的影響，並且更加突顯當時的臺灣新文學做為五四後中國（新）文學一部分的歷史定位。陳少廷將日據時期臺灣新文學發展與中國五四新文化運動連繫起來，在這個過程中，他展現了比那些本省籍資深作家更強烈的中國國族認同，也比他們更明顯地運用一個以中國民族主義為中心主題、關於十九世紀中葉後「中國人」、「中華民族」與外國強權對抗的國族歷史敘事模式，藉此去理解日據下臺灣新文學的「歷史意義」（見上述表一）。

七〇年代初，一連串外交挫折，加上海外臺灣獨立運動的明顯發展，都威脅到國民黨統治的正當性。此時要求國民黨政府進行政治改革，批評主要由老一代外省人組成的中央民意機構不足以代表臺灣社會的民意等，都牽涉到戰後本、外省人政治權利不平等的敏感問題，同時也涉及二二八事件後本、外省人經常互不信任的複雜關係。對陳少廷而言，回顧日據下臺灣新文學，強調其中國民族主義的抗日性質，主要的目的即在希望這一段文學的過去，能被納入中國民族主義的國族歷史敘事模式中，成為其情節的一部分，亦即成為「我們」「中國人」集體記憶的一部分，而藉此更確認臺灣人（包括做為戰後世代一分子的陳少廷自己）的「中國性」（Chineseness）。如此將日據時期臺灣新文學「（中國）民族化」，即在於證明「本省同胞是最愛國的、最優秀的中華兒女」，[11]因此應獲得做為祖國政府的國民黨政府之充分信任，應享有與外省人平等的公民身分與政治權利。

陳少廷的〈五四與臺灣新文學運動〉發表之後，許多回歸現實的年輕知識分子和他一樣，也重新探索日據時期臺灣新文學，而他們依賴的意義參考架構，大致上不出陳少廷一九七二年初的〈五四與臺灣新文學運動〉一文的範圍。陳少廷的這篇文章，事實上預示了接下來十年左右，回歸現實世代回顧日據時期臺灣新文學而建構抗日集體記憶的基本方向。

伴隨陳少廷的〈五四與臺灣新文學運動〉而來的對日據時期臺灣新文學探索，夾雜在批判「現代主義文學」、具有強烈社會批判意識的鄉土小說出現等趨勢中，因而成為回歸鄉土文化潮流的主要表現之一。陳少廷在一九七二年五月發表〈五四與臺灣新文學運動〉前後，臺灣的文學界也正開始出現對六〇年代以來占優勢而深具影響的現代主義文學創作（尤其是現代詩）的激烈批評。從一九七二年到一九七三年間的「現代詩論戰」中，批評者指責現代文學主流的現代詩受到西方現代主義及個人主義的殖民，因而意識混亂、晦澀怪誕、捨棄傳統、以及逃避現實（趙知悌　一九七六：一；高上秦　一九七六〔一九七三〕：一六四、一六八—一六九）。

一九七三年八月，屬於外省籍戰後世代的尉天驄（一九三五—）等人籌辦《文季》，由本省籍而隨後成為重要鄉土小說家的王拓（一九四四—二〇一六）主編（葉石濤　一九八七：一五六）。前後僅發行三期的《文季》，具體呈現了回歸鄉土文化潮流在文學領域的三方面主要發展，亦即批判現代主義文學、社會批判意識強烈的鄉土小說出現、以及探索日據時期臺灣新文學（同時包括光復以來持續創作的本省籍作家與作品）。《文季》第一期的〈發刊詞：我們的努力和方向〉，清楚顯示尉天驄等人經歷七〇年代初的臺灣社會政治劇變後，終於將之前對現代主義文學的反省與不滿呈現為清楚的「現實主義」文學創作主張。同時在這份創刊號上，除了登載唐文標（一九三六—一九八五）抨擊臺灣（包括香港）現代詩的重要文章之外（唐文標　一九七三），也刊出了尉天驄、王紘久（王拓）與何欣（一九二二—一九九八）三人的評論，批判深受現代主義影響的歐陽子的小說。這是對現代詩的抨擊擴展到小說的開端（尉天驄 一九七三：六一－七五，王紘久 一九七三：七六－八二，何欣 一九七三：四六－六〇）。另外，《文季》創刊號也刊登了當時另一位戰後世代重要的鄉土小說家黃春明（一九三五－）的短篇小說〈莎喲娜拉．再見〉，具體呈現他在寫作風格上的明顯轉變，亦即從六〇年代後期充滿溫情地描寫鄉間小鎮卑微、苦難的小人物，轉變到七〇年代初具有強烈社會批判意識地剖析城市生活與人物（黃春明 一九七三：九七－一三一）。同年十一月，第二期的《文季》刊出「現代中國作家的考察」專輯，一併出現張良澤（一九三九－）、史君美（唐文標）、劉若君所撰的三篇文章，討論成長於日據時期、光復後去世的本省籍小說家鍾理和及其短篇小說，並重刊他在一九五九年發表的一篇舊作（張良澤 一九七三：六〇－七六，劉若君 一九七三：七七－八一；鍾理和 一九七三［一九五九］：八二－九〇）。另外，這一期也登出比鍾理和年長十歲而仍健在的另一位日據時期本省籍小說家楊逵的舊作（楊逵 一九七三［一九三七］：一〇五－一四二）。楊逵與鍾理和隨後成為整個七〇年代日據時期臺灣新文學討論中最受重視的兩位作家，而《文季》對兩人的討論或重刊其舊作，稱得上是開路先鋒。

一九七四年八月，第三期的《文季》又登載了本省籍的林載爵（一九五一－）的〈日據時代臺灣文學的回顧〉。和陳少廷一年前發表的那篇短文相比，林載爵的這篇文章，是回歸現實世代在七〇年代初臺灣的時局變化中，最早較完整地探索這一段文學往事的嘗試（林載爵 一九七四：一三三－一六五）。於是從《文季》第二期發刊的一九七三年底之後，對日據時期的臺灣新文學，包括從日據到光復後仍持續創作的本省籍作家與作品，開始逐漸進入熱烈探索的階段。從此到七〇年代末，對於一些已去世或仍健在的資深本省籍作家的介紹、評論、紀念專輯、舊作重刊等，或者是概括地談論日據下臺灣新文學的文章、專輯、座談會紀錄等，就不斷地出現在報紙的副刊與文藝性或綜合性的刊物上。同時其中一些作家個別作品的專輯或全集，也都陸續整理出版。另外，一些日據時期臺灣新文學主要的期刊雜誌，以及相關的報紙，也被複印出版。到了七〇年代即將結束的一九七九年，更出現了兩種卷帙宏富的日據時期臺灣新文學作品的選編套書，涵蓋了小說、詩歌、散文，以及當時相關的論說文獻。[12]

如同上述，七〇年代隨著陳少廷的〈五四與臺灣新文學運動〉之後而來的年輕知識分子對於日據下臺灣新文學的公開探索，其意義的參考架構大致不出陳少廷的那篇文章的範圍，亦即一個中國民族主義的國族歷史敘事模式，一個建構中國人、中華民族集體記憶的意義參考架構。這個敘事模式或參考架構，特別強調日據時期臺灣新文學認同祖國的抗日性質，以及它無可置疑地做為中國文學一部分的「事實」。一九七三年底之後，對於日據時期臺灣新文學逐漸熱烈的探索，是一個以回歸現實世代為主，逐漸將這一段殖民時期的文學過去「（中國）民族化」的過程。雖然將這段過去（中國）民族化，並不是從七〇年代的回歸現實世代才開始，但是七〇年代這個過程的特殊之處，就在於它是戰後國民黨教育體制下成長的年輕世代的生命歷程與這個時期特殊歷史發展交會的結果。個人生命歷程與社會歷史過程的交會，促成這一段殖民時期文學過去的再發現與再度「（中國）民族化」。許多回歸現實世代成員既辨識、確認這一段過去的中國性，也再辨識、再確認他們自己的中國性。

七〇年代文學界的回歸現實世代對日據時期臺灣新文學發展的集體記憶建構，是他們從更寬廣的歷史角度重新理解現實、普遍覺醒下的發展。當時臺灣的特殊歷史情境，既激起他們對臺灣鄉土的關切，也激發他們強烈的國族情感。這一波的集體記憶建構，是這些文學作家、批評家與文學史研究者基於這種情感，在中國國族歷史敘事模式中關懷臺灣社會現實的實踐。這種新的、非國民黨官方的集體記憶建構，是他們建構集體認同的一個重要面向，亦即他們企望解決臺灣困境、追求臺灣社會發展時，確認自己所屬世代的歷史位置與意義的過程及結果。

鄉土文學作家的國族認同與社會關懷

筆者在上述指出，一九七二年夏《大學雜誌》社長陳少廷發表〈五四與臺灣新文學運動〉一文，成為回歸現實世代挖掘日據時期臺灣新文學的先鋒。在這篇文章發表的過去一年中，臺灣經歷釣魚臺主權爭議事件與保釣運動、喪失聯合國席位、美國與中共簽訂上海聯合公報、對日斷交等重大事件衝擊，而當時《大學雜誌》也成為批判政治社會、要求改革的重心。陳少廷發揚日據時期臺灣新文學，正顯示保釣運動之後年輕知識分子所開始發展以中國民族主義為基調的社會關懷與鄉土意識，也逐漸出現在文學領域。上述的討論也提到一九七二年到一九七三年間的「現代詩論戰」，其中參與者對於臺灣現代詩的批判，包括指摘語言形式上的語義晦澀、過分使用西方意象與句法，內容思想上則耽溺於個人情感、逃避當代社會現實，並且批評新詩作者是傳播「帝國主義文化」的「文化買辦」等。這些批判，逐漸凝聚為對於文學必須具有「民族性」與「社會性」的要求。當時提出這種要求的文學作家與批評家，不只針對詩歌，而且也針對小說與整個文學領域。

前面的討論也指出，一九七三年八月外省籍的尉天驄創刊的《文季》，具體呈現了回歸鄉土文化潮流在文學領域的三個主要發展，亦即批判現代主義文學、社會批判意識強烈的鄉土小說出現、以及對日據時期臺灣新文學的探索。其中不管是對日據時期臺灣新文學，或是對日據時期以來持續創作的本省籍作家與作品的興趣與討論，既出於對土地與人民（亦即對鄉土）的關懷意識，也呈現中國民族主義的基調。《文季》以及之前相關的文學雜誌，[13]培養了陳映真（一九三七—二〇一六）、黃春明與王禎和（一九四〇—一九九〇）等七〇年代鄉土文學的主要作家，而他們都屬於本省籍。在《文季》創刊號上，既出現本省籍的王拓與其他人對現代主義小說的批判，也刊登了黃春明寫作風格明顯轉變、充滿社會批判意識的短篇小說〈莎喲娜拉・再見〉。雖然《文季》在一九七四年五月停刊，但當時的文學氣氛已明顯改變，「鄉土」與「現實」成為文學討論中流行的字眼。在「鄉土文學論戰」於一九七七年發生之前的幾年，支持鄉土文學的大量文章出現在各種雜誌與報紙上。在這期間，本省籍的王拓與楊青矗（一九四〇—），也成為另外兩位鄉土文學的重要作家（呂正惠　一九九五〔一九九二〕：五七）。王拓則與尉天驄、陳映真，又成為闡釋鄉土文學理論的主要人物。鄉土文學的作品主要是小說，而鄉土文學作家最大的共同特色是他們的「寫實精神」。根據劉紹銘的歸納，鄉土小說最重要的主題包括：（一）批判日本與美國的「帝國主義」，特別是在文化與經濟方面；（二）要求社會福利改革與財富的公平分配；（三）謳歌小鎮與鄉村「小人物」的基本美德；（四）中國人面對「醜陋的美國人」與「貪婪好色的日本人」無恥粗俗的行為時，應維持民族自尊（Lau 1983: 147）。

一、鄉土文學作家的省籍、世代、與國族認同

如同筆者在前面指出的，回歸現實世代在年齡範圍上屬於戰後世代，亦即他們在七〇年代時大約二十到四十幾歲之間。他們不管是本省或外省籍，即使不在臺灣出生，也幾乎都在戰後的臺灣成長，並接受國民黨體制下教育。這個戰後世代的共同特色，同樣反映在七〇年代的文學領域。當時一位文學研究者在討論和鄉土小說家年紀相近的一般年輕作家時就認為，即使他們有省籍之別，但「同樣沒見過大陸是甚麼樣子，同樣在臺灣接受同樣的教育」（侯健　一九七八：一六九－一七〇）。楊青矗在一九七四年底曾接受訪問，訪問者提到「像您這一代三、四十歲的臺灣人，處在變遷很大的社會中，就您是個作家而言，您覺得受到中國、西方、日本何者影響最大？」楊青矗的回答，值得詳細徵引。他說：

我在民國二十九年（一九四〇年）出生，臺灣光復時我才五歲，童幼無知，沒有見過日本人的真面目，對日本人的行為都是聽來的。我寫過幾篇日據時代的小說，也是聽老一輩的人閒談從中取材寫成的。鄭清文、李喬等人大我六、七歲，讀過日本書，看懂日文的文學作品，我想他們多少能從中直接吸取日本人的東西。在四十四、五歲左右受日本教育的人，我接觸的不少，這些人日本思想相當濃厚，他們瞭解日本人，也瞭解中國人；時代的嬗變使他們感性敏銳，凡事都會拿中國人的作法和日本人的作法對比，對是非的判斷往往依據他們那一套日本精神的看法。他們厭惡日本人欺壓我們同胞的行為，但也佩服日本人的好處，他們精通日文，卻無法用中文寫簽呈或公文，更無法以中文來寫出他們對事情的看法；對這他們很納悶，社會上貪污，或其他他們看不順眼的事情，他們會以他們的日本精神藉聊天來發洩他們的看法。這些，我聽得太多了，我未成年時對這些人覺得他們「強國奴」的劣根性難改，慢慢年歲漸長，自己能夠獨立思考和判斷，我能瞭解他們，他們嘴說的是日本精神，身作的是保住飯碗的可憐相，我藉他們這面對比的鏡子透視了我身為中國人的真面目。至於日本文學中譯的作品，大多是軟性的東西，我不重視這些東西，所受影響甚少。

我沒有出國喝過洋墨水，讀的是中國書，三者之中當然以中國的影響較大。但以文學作品來講，我無法讀到三十年代的中國作品，翻譯的世界名著倒看不少，小說的寫作技巧和某些觀念受西方不少影響。影響我最大的不是書本，而是臺灣的民情，我從民間吸收養分，我的作品是民間的生活、思想和他們對人間煙火的欲求加上我自己的「本性」寫成的。[14]

楊青矗的自白，很典型地代表與他年齡相近的本省籍戰後世代在國民黨統治下所受的文化薰陶與國族認同教育的深刻影響。在比較中國、日本、西方對他創作的影響時，楊青矗認為中國的影響較大，這固然是實情，但是這種「中國」影響，是經過國民黨過濾管制的。他所謂「無法讀到三十年代的中國作品」，是國民黨肅清異議與控制出版而禁絕中國一九三〇年代左傾文學作品的結果。陳映真在當時也曾概括指出：「這一代在臺灣成長起來的中國作家，不分省籍，都與『五四』的傳統斷絕了」（陳映真　一九七八：一七五）。在國民黨的制式歷史教育與言論控制下成長，他們與一般的戰後世代成員一樣，只能依賴國民黨的固定說法來理解中國或臺灣過去的歷史。一九七一年夏《大學雜誌》曾發表〈臺灣社會力的分析〉一文，形容本省籍上一代知識階層被批評為接受「奴化教育」時的無可奈何、熟悉日文卻無法藉著它發言、以及終日生活在回憶之中而成了被社會遺忘的一群（包青天等　一九七一：三四－三五）。這些觀察，都與楊青矗對那些成長於日本殖民時期的父兄輩之觀感，不謀而合。楊青矗所屬的戰後世代，接受了國民黨以學校教育灌輸的中國民族主義，使他們在國族認同上中國化。因此他與眾多的本省籍戰後世代一樣，和那些成長於日本殖民時期的父兄輩有所隔閡，乃至於譏諷他們無異為強國之奴。[15]關於他自承沒有出國，卻看了不少西方翻譯小說而使寫作技巧與觀念受到影響，也是相當有代表性的成長經驗，反映六〇年代西方文化對年輕一代的吸引力。

至於楊青矗所說影響他最大的是「臺灣的民情」，則是使他（事實上也包括陳映真、黃春明、王禎和、王拓）異於外省籍戰後世代而成為鄉土小說家的核心因素，亦即他們的省籍身分。當時較年長、屬於外省籍的重要文學批評家何欣在討論鄉土文學發展的原因時，談到「一些生長在臺灣農村青年作家」開始「了解此時此地的現實」，而在作品中表達出來。何欣指出：

……這些作家所受的教育使他們能運用普通國語恰當地表達他們的思想情感，他們對於臺灣農村和農民和他們的生活方式有深厚的感情，如果他們接觸多的是工人，就對工人有厚愛，他們深切了解這些人的一切——他們的辛酸，他們的希望，他們的歡樂。在感情上仍以臺灣為客居之地的作家們對這些是不能徹底了解的。

（何欣　一九七九〔一九七七〕：三七—三八）

鄉土文學的主要作家，雖然都具有清晰的中國國族認同，但是他們深入描寫臺灣社會現實的作品，對於揚棄他們那一代本省籍年輕知識階層的流亡漂泊心態，已具有重要的啟示作用。在當時政治上回歸現實、文化上回歸鄉土的普遍潮流中，這不僅是對本省籍讀者而言如此，對於外省籍讀者亦然。何欣同時指出，「年輕的讀者，不管戶籍謄本上的籍貫為何處，他們生長在這裡，他們自然關懷這裡；對他們自己的故鄉，無論有萬里長城也好，有桂林山水也好，只是聽說或從教科書上讀到的，他們不會再有上一代的『濃濃鄉愁』。這些都促成了寫此時此地的文學作品的受到重視與歡迎。」（何欣　一九七九〔一九七七〕：三七—三八）

二、鄉土文學作家的覺醒與社會關懷

鄉土文學的主要作家與支持者，是七〇年代初覺醒的回歸現實世代中重要的分子。六〇年代年輕知識分子經常流露無根失落與孤懸於歷史之外的感受，並且深受西化思潮的影響，以西方為理想的社會文化標準。七〇年代初年輕知識分子由於臺灣外交的挫敗而覺醒，首先就是反省與批判他們自己在六〇年代成長歷程中對西方文化的景仰、個人主義的生活態度等。他們同時也指出，由於保釣、臺灣被迫退出聯合國等局勢的變化，才使他們確定轉向「關心國土上所發生的社會問題」、「一步步便發展到鄉土文學的道路」，注重文學的民族性與社會關懷（尉天驄　一九七八：一六三、一六五；陳映真　一九七八：一七四—一七六）。

和陳映真一樣是本省籍而較晚崛起的鄉土小說家王拓，在釣魚臺事件前幾個月，才發表他最早的短篇小說。從釣魚臺事件到臺灣被迫退出聯合國、美國與中共發表上海公報、日本與中共建交這段期間前後，王拓還是一位研究所學生。在臺灣退出聯合國時，王拓與一群尚在就學或甫離校門的戰後世代成員，包括臺大保釣運動以來的學生領導人物王杏慶、王復蘇、洪三雄、錢永祥、王曉波等，共同在《大學雜誌》上發表〈這是覺醒的時候了！〉宣言，呼籲同胞與他們「將每一分力量都用到保衛臺灣統一中國的努力上」（王杏慶等　一九七一：二三）。一九七五年夏，王拓將他批判政治社會問題的文章，投稿刊登在黃信介、康寧祥、張俊宏（一九三八—）等人創辦的《臺灣政論》創刊號上，開始與黃信介等黨外人士結識。王拓指出，「我和我的許多朋友們都是在這個〔保釣〕運動中被教育過來的人，而今天社會上普遍高漲的民族意識，也正是當年的這個保釣運動所激發起來的」（王拓　一九七八〔一九七七〕：一〇二）。

另一位主要的鄉土小說家黃春明，在一九七八年初的一次演講中，曾經回顧他的寫作歷程的變化，亦即如何從六〇年代後期相當溫情地描繪鄉村小鎮卑下苦難的小人物，轉變到七〇年初充滿社會批判意識而剖析城市生活與人物，尤其是臺灣對美國與日本的政治或經濟依賴下城市小人物的生活困境。黃春明坦承，他這種寫作歷程的改變，是因為他進入七〇年代後才「看清自己的過去，認識了自己與整個社會的關係」，使他的「心靈才有一路成長，也開始會多做思想」，於是小說轉而充滿強烈的「社會性」（黃春明　一九七八：六一）。黃春明接著說：

> 把我們的民族，把我們的社會，比喻做一棵神木的軀幹的話，做為一片樹葉子的我們，在枝頭上的時光，我們只有努力經營光合作用，當我飄落地的時辰，我們即是肥料。我們個人的生命雖然短暫，但是神木的軀幹，即是每一片葉子的努力和盡職。五千年的神木，就意味著有五千梯次的發芽與落葉。我的寫作經驗是徹底的失敗了，我仍然希望成為一個作者，做為神木的一片葉子，和大家一起來為我們的社會，為我們的國家，為我們的民族獻身。（黃春明　一九七八：六二）

上述尉天驄、陳映真、王拓、黃春明等人回顧自己與其他年輕知識分子的重大轉變，顯示臺灣的外交挫敗等重大創傷事件刺激他們從更大歷史與社會脈絡來理解現狀、關懷鄉土時，使他們的世代認同與國族認同緊密結合，成為批判意識與行動的重要動力。他們積極地在一個長遠的歷史過程中定位自己，亦即在國族歷史敘事鋪陳的過去、現在與未來的時間架構中，尋找自身存在意義而形塑他們的世代認同，將他們的個人生命與國族命運真切地聯繫起來。

黨外新生代的歷史建構與政治反對運動

七〇年代的黨外人士普遍具有強烈的歷史意識或歷史感。他們既對自己的世代身分有強烈的自覺，也強烈關懷臺灣的歷史，尤其是本省人反抗日本殖民統治的政治社會運動史。黨外人士這兩方面的歷史感，都來自他們的本省籍背景，但也都鑲嵌在更大的、基於中國（民族）認同的歷史敘事而展現出來。

一、臺灣人抗日政治社會運動史回顧的開端：康寧祥、《臺灣政論》與政治改良主義

上述黨外人士兩方面的特殊歷史感，首先在康寧祥身上展現出來。一九七二年六月，蔣經國就任行政院長，國民黨的最高權力開始由蔣中正轉移到蔣經國。同年底，康寧祥在臺北市當選為立法委員。一九七五年二月，蔣經國在施政報告中，強調戰後三十年間，雖然很多事物都在改變，但中華民國「反共復國」的基本國策絕不改變。[16]三月間，康寧祥針對蔣經國的施政報告提出質詢。他首先談到臺灣面臨的國際局勢變化，尤其是退出聯合國、與日本斷交、美國可能即將與中共建交等，已使中華民國的國際承認減少，「法統」備受威脅。其次，康寧祥談到國內環境變化，批判當時僅占臺灣百分之三・二人口的六十五歲以上老人壟斷了政治領導階層。他要求國民黨當局必須重視年輕的世代。康寧祥指出，這些年輕世代高居全部人口的百分之八十七・八。他們是戰後「二十幾年來，在全世界智識爆發和科技突飛猛進的環境下長大成人」的四十九歲以下的世代。[17]他進一步提出四大政治變革的主張，首先要求（一）調整國家預算以因應臺灣社會更實際的需要；（二）制訂「政黨法」以促成在

野黨成立；（三）地方政制的法治化。除了這三項主張，他強調國民黨當局應該「重新確認臺灣『歷史文化』的價值和地位」。他特別敘述日本殖民統治時期受到西方近代社會政治思潮影響的臺灣人抗日運動，包括「臺灣議會設置請願運動」、「臺灣文化協會」、「臺灣民眾黨」、與「臺灣地方自治聯盟」等。康寧祥強調「在日本人統治的五十年間，臺灣人受日人欺辱、壓迫、殺害而受的痛苦和犧牲，並不下於大陸同胞八年抗戰之苦」。他同時強調，臺灣人的抗日，是由於他們懷有堅強的民族意識與「思慕祖國」的心志。他認為，臺灣人的抗日運動，是「中華民國歷史文化的珍貴財富」。[18]

做為七〇年代黨外運動先驅與領導者之一，康寧祥這次質詢的意義重大，既代表黨外對自己的戰後世代身分的自覺，也是發揚日本殖民統治時期臺灣人抗日政治社會運動史的開端。回顧七〇年代，康寧祥在黨外這方面的象徵性地位，非常類似當時《大學雜誌》的社長陳少廷在戰後世代的文化界人士中的地位。陳少廷在一九七二年五月發表於《大學雜誌》的〈五四與臺灣新文學運動〉一文，開啟了文化界的戰後世代重新探索日本殖民統治時期臺灣新文學的風潮。綜括來看，七〇年代的戰後世代挖掘與探討日本殖民統治時期本省人的政治與文學活動的歷史，康寧祥、陳少廷兩人扮演開風氣之先的角色。

陳少廷在闡述日本殖民統治時期臺灣新文學的歷史意義時，將這些新文學的發展視為一個中國民族主義歷史敘事情節的一幕（episode）（或幾幕）。同樣地，康寧祥也將臺灣的過去（特別是臺灣人抗日史）視為這種歷史敘事情節的一幕（或幾幕）。這種「情節賦予」或情節化（emplotment）的方式，意味著臺灣人抗日史的意義必須從這個敘事整體來理解。這種歷史敘事的建構，一方面強調臺灣歷史經驗的特殊性，另一方面則指出臺灣歷史經驗的中國性，希望這種與外省人不同的歷史經驗在公共領域獲得承認。陳少廷、康寧祥的這種集體記憶的重新建構，是改良主義（reformism）的。這和當時回歸現實世代的社會政治變革主張一樣，都是在中華民國體制內所進行的革新要求。

七〇年代臺灣的政治反對運動相對上比較溫和，黨外人士期許自己扮演的角色是「忠誠的反對者」。他們主要的訴求，是「民主化」。就省籍問題而言，從七〇年代初《大學雜誌》、黨外運動以來，涉及省籍的社會政治革新主張，是在體制內要求本省人的公民身分被充分承認、獲得平等的公民權與政治權。康寧祥在質詢中強調臺灣民眾思慕祖國、認為臺灣人抗日史是中華民國歷史文化的珍貴財富等，呈現中國民族主義的歷史敘事模式，以及體制內改良主義的集體記憶建構，因此減低了對國民黨意識型態的挑戰，甚至反而有助於國民黨關於中國認同、反攻復國的意識型態宣傳。

一九七五年八月，黃信介、康寧祥與張俊宏等人創辦的《臺灣政論》，是七〇年代第一份黨外雜誌。《臺灣政論》在同年底被國民黨政府查禁，只發行五期，其中四期分別都出現一篇探討日本殖民統治時期歷史的文章（見表二）。這四篇文章所討論的，都是一九二〇年代開始受西方近代政治社會思潮與中國局勢等影響，而以蔡惠如、林獻堂等人為先驅的抗日政治社會運動與人物。這些文章的內容，都符合《臺灣政論》在政治社會議題上溫和的改良主義。

表二：《臺灣政論》涉及臺灣日據時期歷史的文章

序號	作者	出版年月	篇名	卷期	頁數	備註
1	葉榮鐘	1975.8	臺灣民族運動的鋪路人蔡惠如	1	56-58	在「人物介紹」專欄下刊行
2	凡夫	1975.10	臺灣民族詩人林幼春	3	66-69	在「人物介紹」專欄下刊行
3	正宏（譯）	1975.11	日本人眼中的臺灣抗日運動	4	48-52	譯自臺灣總督府《警察沿革誌》第二篇（中卷）
4	凡夫	1975.12	革命家蔣渭水	5	76-79	在「人物介紹」專欄下刊行

二、黨外新生代、政治反對運動與臺灣史

七〇年代初臺灣的外交挫敗，使年輕知識分子覺醒，成為回歸現實的世代。以《大學雜誌》人士為主對政治社會改革的要求，在一九七三、一九七四年之間受到國民黨壓制。然而回歸現實世代並沒有消失，反而更實際直

接地參與社會政治改革。其中主要途徑之一，就是投入年輕一代本省籍的民意代表黃信介與康寧祥所領導的黨外政治反對運動。尤其是在一九七五至一九七八年間，許多回歸現實世代的知識分子陸續投入黨外運動。他們努力探索與宣揚臺灣史（特別是日本殖民統治時期臺灣人政治社會運動史），以尋求他們反國民黨行動的歷史定位。這逐漸成為普遍現象，匯聚成七〇年代回歸鄉土文化潮流的一部分。

七〇年代初之後，具有政治社會改革意識的年輕知識分子，對於自己做為戰後世代的身分相當地自覺，因此普遍以「新生代」一詞指稱自己所屬的世代。黨外人士經常強調自己的世代與年長世代的不同，並且認為他們自己應該在政治社會的公共事務中扮演更重要的角色。他們雖然對國民黨的統治與教育體制不滿，但也慶幸自己能在戰後臺灣二十幾年社會安定、經濟繁榮的環境中接受教育與成長，因此與父、祖輩不一樣。他們讚頌新生代有開闊的胸襟、遠大的理想、強烈的正義感，能明辨是非，崇尚真理而無懼權威等。譬如當時本省籍、三十幾歲的黃煌雄（一九四四—）加入黨外後，曾經如此說：

> 我習慣性的喜歡將近代史上的臺灣同胞分為三輩：我的祖父輩、父親輩，和我們這一輩。上兩輩都經過日本人的統治以及國民黨的統治。而我們現在所看到的現象是，老祖父輩三十年來已經成為被遺忘的一代，他們活在暗淡的歲月裡，不想再重提往事；他們已經是垂暮之年，不再有任何期待。父親輩在光復後目睹了一場大變局〔筆者按：二二八事件〕，絕大多數，特別是聰明人，開始遠離政治，閉口不談政治，這是他們基於時代性的教訓所造成的。他們這兩輩幾十年來生活事實的本身，就是很好的表白。（黃煌雄　一九七八a：一六—一七）

到一九七九年秋天《美麗島》雜誌創刊前後，絕大部分的本省籍黨外人士，都認為自己既是臺灣人，也是中國人。因此他們在理解新生代在變局中的角色、提出政治改革主張時，大致依賴一個以中國民族主義為本的歷史敘事，尤其是關於中國在十九世紀中期後、近百年來抵抗外國強權、追求獨立、民主、自由發展的敘事。這種歷史敘事與國族認同，與他們在體制內要求民主的改良主義是相互呼應的。因此他們討論臺灣的各種社會、政治問題時，都從中國歷史談起。在當時臺灣遭受外交挫敗、面臨生存危機時，黨外人士也以「大家都是中國人」的態度，對本、外省人能和諧相處，充滿懇切的期待（例如張俊宏　一九七七：一五七－一五八，二二九－二三〇、二四五－二四六；黃煌雄　一九七八ａ：一六；林濁水　一九七九：二〇－二四）。這些都顯示在形塑戰後世代的中國國族認同上，國民黨統治與教育體制的成功。

除了對世代身分的強烈自覺之外，黨外人士另一方面鮮明的歷史感，是對臺灣歷史的強烈關懷，尤其是對日本殖民統治時期臺灣人抗日政治社會運動史的興趣。這種歷史感，與他們的世代認同一樣，都鑲嵌在特定的歷史敘事中，顯示他們從過去來定位現在與未來，而他們對現在與未來的期望，又影響他們對過去的歷史建構。他們的歷史建構，又與他們的政治反對行動密不可分。

雖然戰後世代的知識分子深受中國國族認同的教化，但是他們不論本、外省籍，都在臺灣成長，因此對於中國國族歷史與命運都有某種隔閡感。不過他們對於從小所生活的臺灣社會的歷史，也很少瞭解。當時文化界的回歸現實世代在重新發現日本殖民統治時期臺灣新文學時，經常批判自己對這些歷史的無知，並且感嘆與上一代歷史經驗的隔絕。黨外人士也類似，經常感嘆日本殖民統治時期臺灣人反抗殖民統治的政治社會運動史在戰後被遺忘。

日本殖民統治是臺灣歷史上首次出現的近代國家統治模式，與戰後世代所經歷的國民黨統治，有類似之處。對於反國民黨的黨外人士而言，兩者都是少數統治者以不平等方式凌駕多數人。黨外人士在正當化其政治反對行動時，殖民統治下的反抗運動成為切近而可以援引的歷史經驗。黨外的重要人物張俊宏曾指出，康寧祥在七〇年代初將臺灣歷史（尤其是日本殖民統治時期臺灣人政治社會運動史）帶入競選演講，「使黨外群眾運動加入了承繼歷史使命的高貴感」。他同時指出，「以前的智識分子總以為選舉就是流氓或草莽英雄的運動，不屑一顧，康寧祥扭轉了智識分子的觀念，使他們熱誠地開始投身於黨外群眾運動之中」（張俊宏　一九七七：一九二－一九三）。

黨外人士對臺灣歷史的強烈關懷集中在日本殖民統治時期，特別是臺灣人反抗殖民統治的政治社會運動史。

這反映在七〇年代最主要的四份黨外雜誌上：《臺灣政論》（一九七五年八－十二月）、《這一代雜誌》（一九七七年七月－一九七八年十二月）、《八十年代》（一九七九年六－十二月）、《美麗島》（一九七九年八－十一月）。前面已提到，最早的《臺灣政論》觸及臺灣歷史的四篇文章，主題都在於抗日政治社會運動與人物。除此之外，《這一代雜誌》、《八十年代》與《美麗島》涉及非日本殖民統治時期的各階段臺灣史的文章，各有三、五、三篇（見表三、四、五）。這三份雜誌專注於臺灣的日本殖民統治時期歷史的文章，卻各有八、六、四篇（見表六、七、八）。這些涉及日本殖民統治時期歷史的十八篇文章，除了少數三、四篇之外，都在探索二〇年代臺灣人對殖民統治的反抗。

表三：《這一代雜誌》涉及臺灣史（日據時期除外）的文章

作者	出版年月	篇名	卷期	頁數	備註
何文振	1977.10.7	臺灣的歷史出路	4	11-16	
載市政	1977.10.7	記臺灣光復的歷史鏡頭	4	40-42	在「學術史話」專欄下
鍾孝上	1978.11.15	讀臺灣歷史有感	15	45-46	

表四：《八十年代》涉及臺灣史（日據時期除外）的文章

作者	出版年月	篇名	卷期	頁數
林濁水	1979.9	臺灣是美麗島	1.4	20-24
王詩琅	1979.9	臺灣拓殖的過程	1.4	84-87
李欽賢	1979.10	淺探三百年來臺灣美術的時代意義	1.5	82-87

張旭成著 胡倚風譯	1979.12	美麗之島	2.1	7-10	
楊祖珺	1979.12	苦旦歌仔的滄桑	2.1	91-94	

表五：《美麗島》涉及臺灣史（日據時期除外）的文章

作者	出版年月	篇名	卷期	頁數	備註
魏廷朝	1979.9	新竹義民廟的祭典——客家人最大的拜拜	1,2	77-78	在「美麗島」專欄下
劉峰松	1979.10	一千八百萬人的臺灣史	1,3	69-76	在「美麗島」專欄下
謝苔心	1979.11	革命家呢？還是流寇？（上）——「林爽文起義」的一些觀察	1,4	99-104	在「美麗島」專欄下

表六：《這一代雜誌》涉及臺灣日據時期歷史的文章

作者	出版年月	篇名	卷期	頁數	備註
	1977.8.1	紀念革命先賢蔣渭水先生逝世46週年座談會	2	54-63,46	在「學術史話」專欄下。 時間：一九七七年七月九日 主辦者：這一代雜誌社 參與者：陳黎陽、黃煌雄、楊雲萍、王詩琅、蔣松輝、田朝明、陳益勝、康寧祥、姚嘉文、黃天福、張俊宏、陳少廷

作者	出版年月	篇名	卷期	頁數	備註
	1977.9.10	臺灣近代「先覺者」的精神遺產座談會	3	17-24	在「臺灣史討論會」專欄下。時間：一九七七年八月 參與者：張俊宏、黃煌雄、洪炎秋、王詩琅、陳益勝、康寧祥、陳少廷、陳偉士、王聖士、胡月涵
蔣渭水	1977.10.7	今年要做什麼？	4	36-37	在「學術史話」專欄下。遺作重刊
黃煌雄	1977.11.5	臺灣近代「先覺者」的民族情操	5	27-29	
	1977.12.15	臺灣青年的使命	6	52-53	轉載自《臺灣民報》
黃煌雄	1977.12.15	贊助臺灣近代民族運動的日本人士的評價	6	57-63	文末自註：本文曾發表於《自立晚報》，略有修改
林熹雄	1978.8.15	黃師樵先生談「革命先賢」蔣渭水	12	12-13	
黃煌雄	1978.8.15	一項莊嚴的建議——紀念蔣渭水先生逝世四十七週年	12	19-21	
黃煌雄	1978.12.15	從蔣渭水精神談起——兼論臺灣的昨天今天與明天	16	44-45	一九七八年十一月十七日在「蔣渭水紀念歌發表會」上專題演講詞

表七：《八十年代》涉及臺灣日據時期歷史的文章

作者	出版年月	篇名	卷期	頁數
李南衡	1979.7	日據時代臺灣的言論自由	1.2	15-18

作者	出版年月	篇名	卷期	頁數
卓國豪	1979.9	不准紀念蔣渭水？	1.4	73-74
本刊編輯	1979.9	蔣渭水活在我們心中	1.4	79-80
黃煌雄	1979.9	蔣渭水先生遺訓	1.4	80-82
李筱峰	1979.9	日本殖民下臺灣的宗教自由——看五十年前金權階級謀奪教產、教權的兩個個案	1.4	83-84
本刊編輯	1979.11	偉大的醫者——孫中山先生誕辰紀念特別報導——昔日臺灣社會中傑出的醫師 1. 吳海水醫師——臺灣真青年，文化運動先覺者 2. 賴和醫師——悲天憫人懷抱蒼生的臺灣文學之父 3. 韓石泉醫生——大丈夫不為良相當為良醫 4. 謝緯醫師——醫人肉體救人靈魂的臺灣史懷哲 5. 吳新榮醫師——愛同胞、愛鄉土愛民族的詩人作家 6. 陳新彬醫師——威武不屈，視死如歸的人格者	1.6	77-83

表八：《美麗島》涉及臺灣日據時期歷史的文章

作者	出版年月	篇名	卷期	頁數	備註
黃煌雄	1979.8	大家來紀念蔣渭水先生	1,1	93	在「美麗島」專欄下
王詩琅	1979.8	日人在臺殖民地體制之奠定——為紀念舅父廖金泰先生而作	1,1	94-95	在「美麗島」專欄下
文抄公	1979.10	臺灣人有衛生，不識字!?——與林洋港先生談臺灣教育史上最起碼的常識	1,3	87-92	在「美麗島」專欄下
文抄公	1979.11	請正確認識歷史的事實——向蘇南成市長進言	1,4	91-98	在「美麗島」專欄下

三、黃煌雄的日據時期與蔣渭水研究

從《這一代雜誌》、《八十年代》與《美麗島》中關於日本殖民統治時期的臺灣歷史的文章（見表六、七、八）可以看出，在黨外人士對日本殖民統治時期臺灣人抗日的政治社會運動史探索中，黃煌雄扮演很重要的角色。當時三十歲出頭的黃煌雄，在一九七八年底首次成為黨外立法委員候選人之前，已發表不少探討日本殖民統治時期歷史的文章，而被稱為「研究臺灣史的專家」（林正杰　一九七八：五三）。他的著作重點在二〇年代臺灣人的抗日，並且出版了三本書。其中《臺灣的先知先覺者——蔣渭水先生》是蔣渭水的評傳（黃煌雄　一九七六），《臺胞抗日史話》探討日本殖民統治時期臺灣人抗日的政治社會運動（黃煌雄　一九七七），《被壓迫者的怒吼——蔣渭水先生選集》則重新刊行蔣渭水的言論與文章（黃煌雄　一九七八b）。黃煌雄對臺灣歷史的探索、加入黨外的過程、以及他將二〇年代臺灣人抗日政治社會運動與七〇年代黨外反國民黨運動聯繫起來等，既顯示回歸現實世代知識分子的強烈歷史感，也顯示他們依賴中國民族主義歷史敘事來理解臺灣鄉土的過去，定位自己與臺灣當前所處的時代與情境，並且建構某種關於自我、世代與行動的意義。

一九七〇年獲得臺灣大學政治學研究所碩士學位之後幾年，黃煌雄曾任職企業界與教書，但是他後來辭職專心寫作。就在他探索日本殖民統治時期歷史，並且寫作、出版的過程中，黃煌雄逐漸與黨外建立關係。[19] 加入黨外之後的黃煌雄，就像當時其他黨外人士一樣，具有鮮明的歷史感，既對戰後世代身分有強烈自覺，也相當關懷臺灣歷史。他致力於將臺灣人的抗日活動與戰後世代的反國民黨政治運動聯繫起來，為自己所屬的世代與黨外運動在臺灣歷史上，同時也在中國歷史上，尋找適當的定位與意義。黃煌雄是在一九七五—一九七八年間投入黨外的回歸現實世代知識分子的典型代表。

在《臺胞抗日史話》一書的最後，黃煌雄歸納二〇年代（尤其是一九二七年臺灣文化協會正式分裂之前）反抗殖民統治的「先覺者」的「精神遺產」時，認為這些先覺者「激發臺灣同胞的漢民族意識」，「並使臺灣同胞以中華民族為榮」，「對中華民族具有濃厚的認同感」，也相當尊崇代表中國近代革命主流的孫中山。黃煌雄強調

「『先覺者』以及在『先覺者』影響下的臺灣同胞，不僅『絕對沒有對不起祖國』，更絕對沒有對不起中華民族；而這是了解臺灣同胞應有的心理基礎與心理認識。」（黃煌雄　一九七七：一八四－二〇二）。黃煌雄一方面指出臺灣人受殖民統治的特殊經驗，另一方面強調日本殖民統治時期臺灣人認同中國、中華民族、沒有對不起祖國與民族，這就像康寧祥在一九七五年初對蔣經國的質詢一樣，都是要求臺灣歷史經驗的特殊性與中國性在公共領域獲得承認與重視。同時，這也在於反駁戰後以來國民黨政府與許多外省人對於本省人被日本人「奴化」的指控，要求在政治上與文化上平等對待本省人。

黃煌雄強調日本殖民統治後期抗日的臺灣人認同中國、中華民族，因此他的研究重點就集中在被日本殖民當局視為「極端民族自決主義者」的蔣渭水（一八九一－一九三一）身上。[20]黃煌雄在一九七六年出版《臺灣的先知先覺者——蔣渭水先生》，並自認為這「可能是目前臺灣及世界上第一本以蔣渭水先生為主題而寫的書」（黃煌雄　一九七八c：二五）。在這本書最後，黃煌雄談到蔣渭水反抗殖民統治十年的活動的歷史意義時，強調蔣渭水不僅有強烈的「鄉土情感」，也是「中華民族一位偉大的抗日英雄」（黃煌雄　一九七八c：二一八－二二八）。黃煌雄進一步強調孫中山對蔣渭水的政治主張的重大影響，認為蔣渭水是「『臺灣的孫中山』先生」（黃煌雄　一九七八c：二六一－二八二）。對黃煌雄而言，戰後臺灣的政治反對運動是日本殖民統治時期的反抗活動的延續，同樣都是認同中國、中華民族的（黃煌雄　一九七八d：二〇）。

在一九七七年當選為省議員的張俊宏，曾經推崇黃煌雄對臺灣社會最大的貢獻，是「潛心於發掘和整理祖先的遺產」，並肯定其價值，使遭受日本殖民統治、國民黨高壓支配、與省籍之間不平等而自卑抑鬱的臺灣同胞「重新找回了尊嚴和寄託」。張俊宏強調，黃煌雄「不斷從歷史的角度來觀察現實政治，使現實政治問題的研究更具有其縱深」（張俊宏　一九七八：五一－五二）。如同前述，黃煌雄是一九七五－一九七八年間投入黨外的回歸現實世代知識分子的典型。這個世代的特色是：對自己所屬世代身分有清楚的自覺、充滿強烈的歷史感、認同臺灣鄉土而熱切關懷臺灣歷史。他們在成長期間所內化的中國民族認同，使他們運用一個涵蓋中國與臺灣的歷史敘事，將過去與現在、未來聯繫起來，以理解自我、世代、與行動的意義與價值。

四、黨外歷史敘事的尾聲：呂秀蓮與「中華民國獨立」

一九七八年底，美國突然宣布即將在一九七九年開始與中華人民共和國建交，並且與臺灣斷交。當時臺灣正舉辦「中央民意代表增補選舉」，有許多黨外候選人參加。但是這次選舉因為美國與臺灣斷交而停辦，黨外因此失去了在體制內推動改革的重要管道。一九七九年十二月十日，黨外在高雄市舉行「國際人權日」紀念大會與遊行。由於國民黨的干擾壓制，引發黨外及其支持者與警察、憲兵的嚴重衝突。隨後黃信介等許多重要的黨外領導者，被國民黨政府逮捕，並且被判刑入獄。由於這次的紀念大會與遊行，是黃信介等人所主持的《美麗島》雜誌社所主辦，因此這個事件被稱為「美麗島事件」或「高雄事件」。在美麗島事件之後，黨外運動逐漸激進化。

七〇年代的黨外以中國民族主義敘事來理解其反對運動，但是在實際的行動目標上，則以保衛臺灣為目的。從一九七一年中華民國喪失聯合國席位到一九七九年與美國斷交，臺灣社會面臨的一大政治問題，是在外交孤立與中共漸增的威脅下，如何能以中華民國之名，在國際社會中繼續生存下去。這也是激發當時黨外運動的許多重要因素之一。一般而言，黨外人士即使懷抱中國民族認同，但是他們的國家選擇，最多是沒有排除一個可能涵蓋臺灣與大陸的「未來中國」而已。他們迫切關心的是如何確保「臺灣中國」以對抗「大陸中國」。美國與臺灣斷交後到美麗島事件發生前，呂秀蓮（一九四四－）公開提出的「中華民國獨立」主張，是上述黨外理念的最清楚的表現。

一九七一年夏天，呂秀蓮在美國獲得比較法學碩士後回臺灣，於同年底開始提倡「新女性主義」，相當活躍。這段期間的她，與一般戰後世代知識分子一樣，懷抱著鮮明的中國國族認同，自認為是生長在臺灣而「接受了二十多年正統中國教育的女孩」，並且認為她所推動的新女性主義承接了清末民初的中國婦女運動（呂秀蓮一九七四 a：四、三六－四一、二〇六）。她曾經表達自己的國族認同，認為自己「生為中國人，死必為中國鬼」，因此「努力於使自己做一個中國人」（呂秀蓮一九七四 b：i-ii）。但是呂秀蓮倡導新女性主義的活動，不斷受到國民黨的壓制。她逐漸接觸到以往所未見而關於臺灣的史籍，體認到自己與其他人對臺灣歷史都缺乏瞭解，於是開始整理資料與寫作。對於臺灣過去的重新認識，使她「深覺婦女的本質問題與臺灣人的歷史命運有許多若合符節的地方」（呂秀蓮　一九七九：六三）。一九七八年底，她以黨外候選人身分參加「國民大會代表」選舉，並且出版了《臺灣的過去與未來》。這本書，也像黃煌雄的著作一樣，顯示七〇年代的黨外將現在的自我與社會置於過去與未來之間，依賴一個特殊的歷史敘事來思考自我的認同與行動的意義。與黃煌雄的著作相比，呂秀蓮的這本書應該是七〇年代黨外特殊而強烈的歷史感最有系統的呈現，也是回歸現實世代當中對於「去流亡」歷史觀最極致的闡述。

在《臺灣的過去與未來》一書中，呂秀蓮指出過去有關臺灣歷史的著作絕大部分都站在中國正史的角度，不曾以臺灣本土作主體。因此她決定「大膽地超越傳統中國本位主義的立場，只單純地站在臺灣本土以及居住在臺灣本土的人民的立場」。她認為，臺灣的過去是一部充滿移民與殖民過程的開發史。移民者在臺灣尋找安身立命之地，能「與臺灣認同，老死臺灣」。但是殖民者卻搜刮剝削，壓榨人民，不認同臺灣，遇到危難則逃離臺灣。她指出西班牙、荷蘭、明鄭、清廷與日本都是殖民者，都是以少數人統治多數人的「外來政權」（呂秀蓮　一九七九：五八—五九、一〇五—一〇六）。她強調「臺灣歷史的基本特色是，它是一段三百年來沒有主權，身不由己，任人擺布的悲慘歷史！」（呂秀蓮　一九七九：一〇八）。她認為，臺灣在國際上孤立、前途危險之際，島上的人民必須「當家做主」，擺脫如同孤兒、養女的歷史悲運，爭取對土地與政府的主權，自立自救。她強調，「臺灣島上的住民無所謂本省外省之分，只有移民先後的不同而已，凡是認同臺灣，願意與臺灣共存亡而同甘共苦的都是臺灣人」（呂秀蓮　一九七九：六一、一〇五、一〇七、一六一）。

呂秀蓮認為，愛臺灣就是愛中國，臺灣人當然屬於中華民族，臺灣歷史也就是中國歷史（呂秀蓮一九七九：一六六—一六七）。不過她在政治上的現實主張是未來的「一個中國——但不是現在」。她呼籲國民黨體認中華人民共和國已被國際社會普遍承認的事實，放棄中國只有一個、臺灣是中國的一部分、以及中華民國是中國唯一合法政府的堅持。呂秀蓮明白提出「中華民國獨立」的主張，認為可以「直接宣布臺灣獨立」，或以「兩個中國」、「一個中國兩個政府」的方式進行（呂秀蓮　一九七九：二二二—二二三、二四一）。

在一九七九年十二月發生的美麗島事件之前不久出版的《臺灣的過去與未來》一書，如同前述，是黨外歷史感最有系統的呈現，也是當時對「去流亡」歷史觀最強烈的陳述。這本書既是七〇年代黨外歷史敘事的重要尾聲，也是八〇年代激進化的黨外所提倡的「臺灣意識」的先聲。呂秀蓮的歷史觀與「中華民國獨立」主張，預示了美麗島事件之後、八〇年代上半葉黨外宣揚臺灣意識時所闡述的臺灣史觀、臺灣民族主義的歷史敘事，以及獨立建國的主張。七〇年代本省籍的回歸現實世代所挖掘的日本殖民統治時期臺灣新文學、以及黨外的臺灣歷史探索的貢獻，就在於提供、準備了八〇年代後臺灣史觀、臺灣民族主義歷史敘事情節所需的材料，亦即那些在戰後社會公共領域中被忽略、排除、壓抑的臺灣的種種過去。

結論

從二十世紀初現代中國民族主義形成後，臺灣的戰後世代是在和平時期的社會繁榮穩定中透過學校正式教育而充分接受國民黨的國族認同教化的第一代人。不僅對外省籍、也對本省籍的年輕知識分子而言，這樣教化的結果相當顯著而有效。發揚日據時期臺灣新文學的文化界人士、鄉土小說家及支持者、以及黨外新生代，都顯現清晰的中國國族認同，這反映相關歷史敘事對他們的形塑作用。這與八〇年代之後臺灣民族主義的歷史敘事與國族認同雖有不同，但是他們挖掘臺灣的過去，重視現實與鄉土，構成八〇年代之後政治、文化本土化、臺灣化的源頭。

從臺灣晚近政治、文化本土化或臺灣化的發展來說，啟動近四十年來這種歷史趨勢的重要時期，正是七〇年代。[21]對當代臺灣政治影響重大的臺灣民族主義在島內的發展，主要在八〇年代之後。七〇年代發揚日據時期臺灣新文學的文化界人士、鄉土小說家及支持者、以及黨外新生代，逐漸超越他們在六〇年代成長期所形成而追求「現代中國」的國族認同，突破它所限制的視野，推動一種「去流亡」的文化政治，因而挖掘「鄉土臺灣」的過去，關懷「鄉土臺灣」的現在，審視臺灣的未來。他們對文學與歷史的建構，有助於八〇年代之後「臺灣意識」、「臺灣史觀」、以及臺灣民族主義的發展，對晚近政治與文化的「本土化」、「臺灣化」影響重大。八〇年代政治、文化界的臺灣民族主義的歷史敘事建構，承襲了七〇年代回歸現實世代所挖掘關於臺灣的種種過去，以做為敘事情節的現成素材。但是八〇年代之後的這種新的歷史敘事建構，揚棄了中國認同、中國民族主義，而從新的敘事主體位置，賦予這些素材新的意義，成為臺灣民族主義的歷史敘事。[22]探討臺灣戰後歷史「軸心時期」（七〇年代）的「去流亡」的文化政治，亦即「軸心世代」（回歸現實世代）的文學與歷史建構，對於我們瞭解晚近臺灣文化與政治的變遷，相當的重要。

蕭阿勤，中央研究院社會學研究所研究員。著有*Contemporary Taiwanese Cultural Nationalism*、《回歸現實：臺灣一九七〇年代的戰後世代與文化政治變遷》、《重構臺灣：當代民族主義的文化政治》，主編*Cultural, Ethnic, and Political Nationalism in Contemporary Taiwan: Bentuhua*、《族群、民族與現代國家：經驗與理論的反思》。

註釋

1 本文根據筆者的專書《回歸現實：臺灣一九七〇年代的戰後世代與文化政治變遷》（蕭阿勤　二〇一〇）與論文"The Emergence of De-Exile Cultural Politics and the Postwar Generation in Taiwan"(Hsiau 2014）改寫而成。本文曾發表於「爭取民主的年代」研討會（二〇一七年四月十五日，臺北，國立臺灣師範大學），承蒙與談人黃美娥教授批評建議，謹此誌謝。

2 這裡「軸心時期」的概念，借自德國哲學家雅斯培（Karl T. Jaspers, 1883-1969）。雅斯培以「軸心時期」來形容人類歷史從西元前八百至兩百年——尤其是西元前五百年左右——的這段時期。當時在中國、印度與西方，人們開始反思自身存在的種種問題，而在三個地區幾乎同時發展了各具特色的思想文化。雅斯培認為：「這個時代產生了我們至今仍在其範圍內思考的基本範疇，創立了人類仍賴以生活的世界宗教的開端。……這個過程的結果是：到那時為止被無意識地接受的觀念、習慣與環境，都受到審察、質疑與清理。一切都被捲入漩渦。就那些仍然具有生命力與現實性的傳統內容來說，其表現形式被澄清，因而也就發生了變化」（Jaspers 1953 [1949]: 1-2）。筆者認為，就七〇年代的政治、文化變遷的性質，以及對其往後社會的重大影響而言，它在戰後臺灣歷史上，猶如雅斯培所認為那段西元前時期在世界史上的地位一樣。因此筆者以「軸心時期」來形容七〇年代的重要性。

3 「日據」、「日據時期」，是一九七〇年代臺灣社會討論日本殖民統治時期的習慣用語。本文的研究針對一九七〇年代，因此在文中常使用「日據」、「日據時期」，以反映當時的歷史脈絡與用語習慣。但是視行文所需，也交替使用「日本殖民統治時期」等詞。

4 「表二」的要素，是筆者按照Hayden White所討論的敘事特質整理所得。White指出，一個敘事是以時間的演進為中心而建構的；它有一個中心主題，一個有清楚開始、中間、結尾的情節，一個可以確認的敘事者的發言角度與意見；而且它把不同的事件聯繫起來，同時提供一種結局、結論、決心或解決的方案（White 1987[1980]: 9-21）。

5 關於八〇年代之後臺灣民族主義的歷史敘事與文化建構，參見筆者的另一本專書（蕭阿勤　二〇一二）。

6 Breuilly (1993: 2) 指出，做為一種政治信條，一個民族主義者為了正當化其行動所提出的論證，通常是基於下列三項信念：（一）存在著一個具有明顯而特殊性格的民族；（二）這個民族的利益與價值高於其他的利益與價值；（三）民族必須盡可能獨立自主，而這通常至少要獲得政治主權方可能達到。

7 從戰後到七〇年代之前，這個世代回顧日據時期臺灣新文學發展的文獻，可以參考下列文章的整理：傅博（一九八七）、松永正義（一九九〇）、許俊雅（一九九四）。

8 《臺北文物》第三卷第三期在發行前即遭官方查禁。因此那些親身參與日據時期臺灣新文學發展的年長世代在這一次較集中的公開討論日據時期臺灣新文學，也就突然停止（傅博　一九八七：一〇七—一〇八；許俊雅　一九九四：二一—三）。

9 見王錦江（王詩琅）（一九六四）、葉石濤（一九六五）、吳瀛濤（一九七一、一九七二）、黃得時（一九七二）。

10 陳少廷發表〈五四與臺灣新文學運動〉之前，亦即在一九七一年七月，已在《大學雜誌》刊登〈林獻堂先生與「祖國事件」——兼論臺灣智識分子抗日運動的歷史意義〉一文（陳少廷　一九七一）。這應該也是回歸現實世代最早公開討論日據時期臺灣人非武力抗爭的政治社會運動的一篇文章。

11 這是在〈五四與臺灣新文學運動〉發表的四個月前，陳少廷在另一篇主張全面改選中央民意代表的文章中所說的話（陳少廷　一九七二b：九七）。

12 這兩套書是李南衡主編（一九七九）的《日據下臺灣新文學，明集》（五卷），以及鍾肇政、葉石濤主編（一九七九）的《光復前臺灣文學全集》（八卷）。後者在八〇年代初又接著出版四卷，亦即羊子喬、陳千武主編（一九八二）的《光復前臺灣文學全集》九至十二卷。

13 亦即《文學季刊》（一九六六—一九七〇）與《文學雙月刊》（一九七一），它們也都由尉天驄及其同仁所主持。

14 這段談話，見李昂（一九七五：八十四，一九七六：六三—六四），又見楊青矗（一九七八：一六一—一六二）。

15 一九五二年出生的吳念真所導演的自傳性電影「多桑」（一九九四年上映），其中正有涉及這種歷史經驗的情節。這部電影藉著父親（多桑）與子女的衝突，描寫這種涉及國族認同的世代關係，既生動又深刻。

16 《立法院公報》六十四（十六）（一九七五年二月二十二日）：六。
17 《立法院公報》六十四（十九）（一九七五年三月五日）：八。
18 《立法院公報》六十四（十九）（一九七五年三月五日）：一三—一四。
19 參見黃煌雄接受鄭南榕訪問時的談話（鄭南榕 一九八二：七）。
20 參見向山寬夫（一九九九〔一九八七〕：七九一）。
21 參見Jacobs (2005)、Hsiau (2005)、Makeham and Hsiau (2005)。
22 關於這方面從七〇年代到八〇年代之後的聯繫與轉折，以及在這種變化過程中本文論及的一些人士在國族認同與歷史建構上的轉變，可參考筆者先前對當代「臺灣文化民族主義」的研究（蕭阿勤 二〇一二）。感謝黃美娥教授提醒這一點。

引用書目

王杏慶等，一九七一，〈這是覺醒的時候了〉，《大學雜誌》四十七：二—三。
王拓，一九七八〔一九七七〕，〈是「現實主義」文學，不是「鄉土文學」〉。見尉天驄編，《鄉土文學討論集》，頁一〇〇—一一九，臺北：遠流。
王紘久（王拓），一九七三，〈一些憂慮：談歐陽子的「秋葉」〉，《文季》一：七六—八二。
王錦江（王詩琅），一九六四，〈日據時期的臺灣新文學〉，《臺灣文藝》一（三）：四九—五八。
包青天（包奕洪）、張景涵（張俊宏）、張紹文、許仁真（許信良），一九七一，〈臺灣社會力的分析（上）〉，《大學雜誌》四十三：三十二—三十五。
史君美（唐文標），一九七三，〈來喜愛鍾理和〉，《文季》二：六〇—七六。
向山寬夫，一九九九〔一九八七〕，《日本統治下的臺灣民族運動史》，楊鴻儒等譯，臺北：福祿壽。
羊子喬、陳千武（編），一九八二，《光復前臺灣文學全集》九—十二卷，臺北：遠景。
何欣，一九七三，〈歐陽子說了些甚麼〉，《文季》一：四三—六〇。
——，一九七九〔一九七七〕，〈中國現代小說的傳統——一個史的考察〉。見何欣，《中國現代小說的主潮》，頁一—四十二，臺北：遠景。
吳瀛濤，一九七一，〈概述光復前的臺灣文學（一）〉，《幼獅文藝》二二六：二七四—二八二。
——，一九七二，〈概述光復前的臺灣文學（二）〉，《幼獅文藝》二三一：五四—六〇。

呂正惠，一九九五〔一九九二〕，〈七、八〇年代臺灣現實主義文學的道路〉。見呂正惠，《戰後臺灣文學經驗》，頁四九—七三，臺北：新地。

呂秀蓮，一九七四a，《新女性主義》，臺北：幼獅月刊社。

——，一九七四b，《尋找另一扇窗》，臺北：洪健全教育文化基金會，書評書目出版社。

——，一九七九，《臺灣的過去與未來》，臺北：拓荒者。

李昂，一九七五，〈喜悅的悲憫——楊青矗訪問〉。《書評書目》二十四：七四—八七。

——，一九七六，《群像——中國當代藝術家訪問》，臺北：大漢。

李南衡（編），一九七九，《日據下臺灣新文學》，《明集》五卷，臺北：明潭。

林正杰，一九七八，〈我的政治見解：黃煌雄訪問記〉，《這一代雜誌》十五：五三—五七。

林載爵，一九七四，〈日據時代臺灣文學的回顧〉，《文季》三：一三三—一六五。

林濁水，一九七九，〈臺灣是美麗島〉，《八十年代》一（四）：二〇—二四。

松永正義，一九九〇，〈臺灣新文學運動研究的新階段〉，《新地文學》一：三二—五一。

侯健，一九七八，〈「軍中文藝」與「學院派文藝」〉。見丘為君、陳連順編，《中國現代文學回顧》，頁一六八—一七一。臺北：龍田。

唐文標，一九七三，〈詩的沒落：香港臺灣新詩的歷史批判〉，《文季》一：一二—四二。

高上秦（高信疆），一九七六〔一九七三〕，〈探索與回顧——寫在「龍族評論專號」前面〉。見趙知悌編選，《文學休走——現代文學的考察》，頁一六二—一七一，臺北：遠行。

尉天驄，一九七三，〈幔幕掩飾不了污垢：對現代主義的考察，兼評歐陽子的「秋葉」〉，《文季》一：六一—七五。

——，一九七八，〈西化的文學〉。見丘為君、陳連順編，《中國現代文學的回顧》，頁一五五—一六六，臺北：龍田。

張良澤，一九七三，〈鍾理和的文學觀〉，《文季》二：四八—五九。

張俊宏，一九七七，《我的沉思與奮鬥——兩千個煎熬的日子》，臺北：作者自印。

——，一九七八，〈國民黨往何處去序文：支配者亦是競爭者？〉，《這一代雜誌》十四：五一—五二。

許俊雅，一九九四，〈「日據時期臺灣文學」研究概況〉。見許俊雅，《臺灣文學散論》，頁一—三六，臺北：文史哲。

陳少廷，一九七一，〈林獻堂先生與「祖國事件」——兼論臺灣智識分子抗日運動的歷史意義〉，《大學雜誌》四十三：四—八。

——，一九七二a，〈五四與臺灣新文學運動〉，《大學雜誌》五十三：一八—二四。

——，一九七二b，〈再論中央民意代表的改選問題〉，《大學雜誌》四十九：九三—九八。

陳映真，一九七八，〈從「西化文學」到「鄉土文學」〉。見丘為君、陳連順編，《中國現代文學的回顧》，頁一七二—一七八。臺北：

龍田。
陳翠蓮，二〇〇二，〈去殖民與再殖民的對抗：以一九四六年「臺人奴化」論戰為焦點〉，《臺灣史研究》九（二）：一四五—二〇一。
傅博，一九八七，〈日據時期臺灣新文學的評價問題〉，《文星》一〇四：一〇七—一一四。
黃春明，一九七三，〈莎喲娜啦．再見〉，《文季》一：九七—一三一。
——，一九七八，〈一個作者的卑鄙心靈〉，《夏潮》二十三：五七—六二。
黃得時，一九七二，〈臺灣光復前後的文藝活動與民族性〉，《新文藝》一九〇：三七—四七。
黃煌雄，一九七六，《臺灣的先知先覺者——蔣渭水先生》，臺北：作者自印。
——，一九七七，《臺胞抗日史話》，臺北：作者自印。
——，一九七八a，《國民黨往何處去？》，臺北：長橋。
——（編），一九七八b，《被壓迫者的怒吼——蔣渭水先生選集》，臺北：長橋。
——，一九七八c，《革命家——蔣渭水》，臺北：長橋。
——，一九七八d，〈一項莊嚴的建議——紀念蔣渭水先生逝世四十七週年〉，《這一代雜誌》十二：一九—二二。
楊青矗，一九七八，《筆聲的迴響》，高雄：敦理。
楊逵，一九七三〔一九三七〕，〈模範村〉，《文季》二：一〇五—一四二。
葉石濤，一九六五，〈臺灣的鄉土文學〉，《文星》九十七：七〇—七三。
——，一九八七，《臺灣文學史綱》，高雄：文學界雜誌社。
趙知悌，一九七六，〈序〉。見趙知悌編選，《文學休走——現代文學的考察》，頁一—一三，臺北：遠行。
劉若君，一九七三，〈鍾理和短篇小說讀後〉，《文季》二：七七—八一。
鄭南榕，一九八二，〈「真有力」的政治思想家——黃煌雄：訪問黃煌雄〉，《政治家》二十六：六—一二。
蕭阿勤，二〇一〇，《回歸現實：臺灣一九七〇年代的戰後世代與文化政治變遷》（第二版），臺北：中央研究院社會學研究所。
——，二〇一二，《重構臺灣：當代民族主義的文化政治》。臺北：聯經。
鍾理和，一九七三〔一九五九〕，〈貧賤夫妻〉，《文季》二：八二—九〇。
鍾肇政、葉石濤（主編），一九七九，《光復前臺灣文學全集》八卷，臺北：遠景。
Breuilly, John, 1993, *Nationalism and the State.* Chicago: The University of Chicago Press.
Hobsbawm, Eric, and Terence Ranger, eds., 1983, *The Invention of Tradition.* Cambridge, UK: Cambridge University Press.
Hsiau, A-chin（蕭阿勤）, 2005, Epilogue: *Bentuhua*——An Endeavor for Normalizing a Would-Be Nation-State? pp. 261-276 in *Cultural, Ethnic, and Political*

Nationalism in Contemporary Taiwan: Bentuhua, edited by John Makeham and A-chin Hsiau. New York, NY: Palgrave Macmillan.

——, 2014, The Emergence of De-Exile Cultural Politics and the Postwar Generation in Taiwan. *Oriens Extremus* 52: 173-214.

Jacobs, J. Bruce, 2005, "Taiwanization" in Taiwan's Politics. pp. 17-54 in *Cultural, Ethnic, and Political Nationalism in Contemporary Taiwan: Bentuhua*, edited by John Makeham and A-chin Hsiau. New York, NY: Palgrave Macmillan.

Jaspers, Karl T., 1953 [1949], *The Origin and Goal of History*. New Haven, CT: Yale University Press.

Lau, Joseph S. M.（劉紹銘）, 1983, Echoes of the May Fourth Movement in *Hsiang-t'u* Fiction. pp. 135-150 in *Mainland China, Taiwan, and U.S. Policy*, edited by Tien Huang-mao. Cambridge, MA: Oelgeschlager, Gunn & Hain.

Makeham, John, and A-chin Hsiau（蕭阿勤）, eds., 2005, *Cultural, Ethnic, and Political Nationalism in Contemporary Taiwan: Bentuhua*. New York, NY: Palgrave Macmillan.

White, Hayden, 1987[1980], The Value of Narrative in the Representation of Reality. pp. 1-25 in his *The Content of the Form: Narrative Discourse and Historical Representation*. Baltimore, MD: Johns Hopkins University Press.

美麗島的資產*

吳乃德

美麗島事件是臺灣政治發展中最重要的事件之一，已獲得眾多的研究及評論。本文從兩個角度討論它的重要性：一是該事件的「情感動員」效果，因此引發更為蓬勃的民主運動；這個更為蓬勃的民主運動逼使蔣經國做出民主妥協。正如二二八「事件」一樣，它只是一個短期的事件，可是卻有非常長期的影響，甚至也改變了整個政治結構。本文只是一個架構，更為詳盡的歷史事實有待填充。

美麗島事件第二個重要性在於，那個世代所呈現的精神是臺灣民族的重要資產。每一民族在不同的時代都遭遇不同的艱難，也因此反應不同的時代精神。重新檢視美麗島這項資產，我們可以自問：其後的世代、我們的這個時代，它的精神是甚麼？

臺灣史上的重大轉折

臺灣政治發展過程中有三個重大的轉折，改變了臺灣社會風貌和政治生活的品質及內涵。第一次轉折是在一八九五年從清帝國的邊陲地區成為日本殖民地，臺灣人初次體驗被殖民的屈辱，不過同時也淺嘗了現代文明。第二次轉折是二次大戰後殖民統治的結束，威權獨裁統治的開始；雖然經濟生活僅在一個世代中就歷經史無前例的大跳躍，政治生活中卻是由恐懼取代先前的屈辱。第三次重大轉折是一九八〇年代末期的民主化；這是臺灣人歷史上第一次成為平等的政治公民，第一次有機會呼吸自由的空氣，營造自己的政治社區和社會風貌，第一次無論好壞都必須對自己負責。

前兩次轉折的動力都來自外部：帝國主義的衝突、交戰，以及中國的內戰。臺灣人都只能順服接受，雖然都有過反抗：一八九五年的乙未抵抗戰爭、一九四七年的二二八起義。兩者的歷程都頗為短暫。前者是臺灣人經歷的唯一次戰爭；這項重要的歷史經驗目前為止仍被排除於民族記憶之外。後者歷程遠為短暫，可是創痛卻頗為漫長而且難以撫平。只有第三次轉折的主要動力來自臺灣內部，雖然外部勢力的美國也發揮了重大的影響。這個內部動力所推動的過程中，美麗島事件是一個關鍵。

美麗島事件之所以成為重要的歷史轉折來自兩個層面。第一個層面是它在一般民眾當中所創造的「情感動員」（mobilization of emotion）[1]、道德憤怒，以及普遍性的政治關懷。這是民主運動在挫敗之後能迅速崛起的基礎之一。除了這個短期效果之外，它的影響長期而深遠：創造了積極、高度行動傾向、政治覺醒的「民主公民」。這項政治動員效果超出一九八〇年代後期的民主轉型；民主公民沒有因為民主化的成功而消失，而且持續影響著臺灣的政治走向。用美國政治學的語言來說，美麗島事件是「政黨認同組合」（party alignment）的分水嶺，它創造了對「黨外」（以及後來的民進黨）的長期支持群體。臺灣選民的政治支持從此分為明顯的藍、綠兩大塊區，原先的「獨立候選人」逐漸從政治領域中消逝。

美麗島事件的第二項效果是：它間接導致了民主轉型的成功。美麗島事件是臺灣民主運動在國民黨獨裁政權強力整肅下的挫敗。可是它在挫敗之後，並沒有如第一波民主運動被壓制之後那樣立即沉寂消失，因為挫敗導致的情感動員反而讓民主運動更為茁壯。這讓國民黨政權難以繼續用暴力壓制民主運動，而只能選擇「民主妥協」。如果沒有這項似乎為全面性的挫敗，臺灣的民主化或許無法如此順利而迅速。

雖然美麗島事件在臺灣長期的政治發展中具有無比的重要性，許多中外學者對臺灣民主化的研究中，美麗島事件似乎沒有發生過。因為美麗島事件是國民黨對民主運動人士的全面性逮捕，這個事實無法嵌入他們的理論中：蔣經國是臺灣民主化的推手。如果蔣經國推動了臺灣民主化，那如何解釋就在民主化發生的僅僅八年之前，他逮捕了所有推動民主的人士，並且處以重刑？美麗島事件對其理論造成很大的不便。解決的方式是將它從歷史中剔除。許多本地及美國政治學者因此幾乎不提美麗島事件。少數提到它的學者也疏於討論它的重要性。[2]

「事件」的重要性

美國一群互通聲氣、互相影響，而且都非常傑出的社會運動、革命研究者，在其集體計畫的後期將視野從長期的結構性因素轉移到短期的因素；重要的短期因素中，最常被忽略的是「事件」（event）。歷史社會學的學者在更早之前，就已強調「事件」在歷史過程中的重要性。事件經常是轉變的標記，因為它「改變、或違反了政治秩序和社會關係的既定規範」，因此成為「過去和未來之間的轉換器，它是過去所累積的結果，卻也象徵著未來。」[3]

大多數的政治變革、社會運動、革命等，其過程中都包含著類似的重要事件，如法國大革命中的攻占巴斯底監獄，美國的黑人民權運動中一九六〇年的Greensboro靜坐抗議事件和一九六四年密西西比民主黨代表大會事件。[4]有人或許會加上「自由夏天」事件。[5]它們都在長期政治發展中起了重要作用。[6]

事件不只影響長程的政治發展，也經常因為具有象徵性意義，而成為政治變革的標記和運動的象徵。這些象徵有時候是在事後而被賦予。其中最有趣的或許是攻占巴斯底監獄。當天早上巴黎的示威群眾強奪了數千支步槍之後，轉往巴士底監獄試圖搶奪儲存在裡面的彈藥。擊斃將近百名群眾之後，監獄守軍對屠殺人民開始感到厭惡因而放棄戰鬥。群眾攻進巴斯底之後，確實釋放了一些囚犯：四名騙徒、三名瘋子。他們然後將指揮官的頭顱割下，插在木桿上遊街慶祝。在凡爾賽開會的改革進步派得知這項消息後，對群眾的「非理性、盲目、傳染性的暴力行為」感到憂心忡忡。有人甚至認為這是國王抗拒改革的政治陰謀。直到後來國王讓步，政治情勢開始急轉，攻占巴斯底才成為「自由對抗暴政」的象徵，也成為整個革命的重要標記。[7]

「事件」之所以發生，當然是許多長程因素在過去緩慢累積的結果。例如經濟發展帶來的教育普及、都市化，以及（就臺灣的例子而言）少數族群威權統治多數族群、本土文化和歷史的壓制等。沒有這些長程和結構性因素，「事件」不可能發生。事件雖然是長程因素累積的結果，它卻也創造自身的政治效果。事件的持續雖然是短期的，其效果卻經常維持相當長的時間。「時間性」短，效果卻長期的作用之一，就是「情感動員」。

事件的衝擊：大逮捕

大多數革命、或社會運動的重大事件都發揮「情感動員」的效果。事件之所以會發生固然是結構性因素長期所累積而成，然而真正影響人行為的卻是事件；結構性因素只是背景，不會直接影響人的行為。因為事件，人產生對既有秩序的反感，特別是對統治團體的厭惡，以及對不義壓迫的道德憤怒。透過情感動員，事件將先前的旁觀者轉化為支持者，將潛在的支持者轉化為積極的參與者。美麗島事件正是這樣一個「轉型式的事件」（transformative event）。

美麗島事件由三個事件組成：對民主運動參與者的大逮捕、公開審判、以及林宅血案。這三個事件密集地在半年內發生，對臺灣政治造成前所未有的大震撼。三個事件性質各不相同，然而卻匯集成一股巨浪衝擊臺灣政治，也強烈衝擊人心。

一九七九年十二月十三日清晨發動的逮捕行動，並不是國民黨在臺灣第一次逮捕主張民主的人士。除了之前四十年間對異議人士從不停止的秘密逮捕之外，社會最為注目的應該是一九六〇年九月對「自由中國」組黨運動人士的逮捕。就社會影響而言，上次對第一波民主運動者的逮捕，和美麗島事件遠遠無法比擬。首先就規模而言，上一次的逮捕對象只限於帶頭的雷震、以及三位雜誌社的員工。其他所有的本省籍政治人物和重要作者（如殷海光和夏道平等），都倖免於難。美麗島事件的逮捕卻是全面性的，幾乎所有的領導人、積極參與者全部被逮捕。上一波的民主運動逮捕四人，而且全部是外省人。這一次的逮捕則包括八位領導人和一百三十多位積極參與者（其中九十多人後來被飭回）。這是國民黨統治臺灣時期最大規模的逮捕，等於是對民主運動的全面性鎮壓。而且，八位被捕的領導人全為本省人，被捕的積極參與者也幾乎全是本省人。在族群對立尚未消除的年代，它具有重大的政治象徵。

除了逮捕規模有極大差異之外，逮捕的政治意義也完全不同。參與自由中國組黨運動的政治人物來自全臺灣各地，可以說是一個全國性的政治行動。在國民黨高壓統治下的民眾，對它也有所期待。然而在人民心中，這個運動代表的是對國民黨威權體制和蔣介石獨裁的挑戰。雖然運動的喉舌《自由中國》質疑了蔣介石違憲的非法連任、國民黨對自由和人權的侵害、對教育的毒害、選舉的不公和舞弊等，在最後的階段甚至試圖組織新的政黨以挑戰國民黨。可是它比較是一個在政治高壓氣氛中，呼吸自由空氣的努力。

然而美麗島之前民主運動所代表的意義，則已經不是單純對國民黨獨裁體制的挑戰了。它已經開始想像一個新的社會、一個新的政治社區、甚至一個新的民族。《臺灣政論》於一九七五年八月創刊之後，不斷質疑國民黨威權統治的基本原則。美國總統尼克森於一九七二年訪問中國，並和中國簽署聯合公報，其中「美國認知：臺灣海峽兩邊的中國人都主張中國只有一個、臺灣是中國的一部分。美國政府不挑戰這個主張。……美國政府的最終目標，是從臺灣全面撤出軍隊和軍事設施。」一九七七年八月基督教長老教會發表「人權宣言」，呼籲「為達成臺灣人民獨立及自由的願望，我們促請政府於此國際情勢危急之際，面對現實，採取有效措施，使臺灣成為一個新而獨立的國家。」

兩年後出現的《美麗島雜誌》發刊詞這樣說：「玉山蒼蒼，碧海茫茫，婆娑之洋，美麗之島，是我們生長的家鄉。我們深愛這片土地及啜飲其乳汁長大的子民，更關懷我們未來共同的命運。同時我們相信，決定我們未來道路和命運，不再是任何政權和這政權所豢養之文人的權利，而是我們所有人民大眾的權利。」雖然沒有清楚標舉「新民族」，住民自決是當時言論的最大限度。而且在臺灣民族認同無法公開論述、醞釀的情境下，住民自決的民主原則最容易被接受。新民族的想像已經出現，希望正在燃燒。全面性逮捕的意義，因此不再只是國民黨獨裁政權難以挑戰，而是構築自由而獨立國家的挫折。

接收兩波事件效應的民眾也完全不一樣。感受第一波整肅的民眾，在其生命中同時歷經第二次大戰、日本殖民政權崩潰、國民黨政權移植臺灣、二二八大屠殺。在這樣的歷史情境中，人不但無法想像一個全新的國度，內心的基調也是消極內向的。可是對美麗島事件感受的民眾，和第二波民主運動的領導者、參與者相同，許多是出生、或成長於戰後。臺灣和中國近代史中的苦難都和他們無緣。在安定和繁榮中成長，他們樂觀、進取，有追求夢想的心志。一般而言，年輕的夢想者不容易被挫折嚇阻。遭受挫折的夢想只會帶來憤怒。或許從這些角度我們才能理解美麗島事件的感情動員效果。

這項感情動員和憤怒，在短期內衝擊摧毀了既有的心理秩序，在長期上則衝擊了政治秩序。從一九七〇年代開始，民主運動就已經萌芽，並且迅速蔓延至全臺灣。在一九七七年的省議員選舉中，宜蘭、基隆、桃園、南投、臺中、嘉義、臺南、高雄、屏東都有「黨外」人士當選。他們試圖以集體的方式在言論上挑戰獨裁體制，可是其行動基本上並沒有超出獨裁政權所設立的既定秩序，民眾的心理也大致沿著傳統的族群和理念分野：對黨外人士在心理上或者同情，或者旁觀、冷漠，或者反對。可是美麗島事件的大逮捕、審判、和林宅血案改變了民眾的傳統心理。在幾乎整整一年期間，政治成為臺灣社會的主要關心；反對威權獨裁者獲得廣泛的社會支持。這些強烈的政治關懷和感情動員，在第一波民主運動中、甚至在美麗島事件之前似乎也不存在。

審判的情感動員

緊接大逮捕的震撼，就是審判造成的巨大情感動員效果。大逮捕之後，社會和家屬最為關心的兩個問題。一為由軍事法庭或普通法庭審判，二為審判是否公開。

國策顧問陶百川在大逮捕之後寫了十二封信給蔣經國，其中第一封信詢問將用軍事法庭還是一般法庭審判：「高雄不幸事件是暴行還是暴動？是衝突還是叛亂？判斷一個刑案，看犯行，也看犯意。不知被捕的人是否有叛亂的犯意？……中壢事件焚燬警所，搶劫兵器，情節遠較高雄事件嚴重，但未辦成叛亂，人犯都由警總改送法院訊辦。高雄事件是否也將那樣處理？」陶百川在另一封給蔣經國的信又說，「如無叛亂事證，而僅犯普通罪刑，則可以妨害公務罪、妨害秩序罪、公共危險罪、傷害罪、妨害自由罪或毀棄損壞罪等追訴，都應移送法院審判和懲治，而不應受軍事審判。」[8]

在美國的作家陳若曦也回臺灣要求見蔣經國，交給他一封由旅居美國的知名中國學者和作家的連署信。連署者包括杜維明、許倬雲、余英時、李歐梵、莊因、白先勇、張系國、楊牧、張灝、林毓生、鄭愁予、葉維廉等二十七名學者，其中大多為黨派中立人士，許多人對臺灣獨立的想法也不一定支持。聯名信要求「不應交由軍事機關審判」，建議「全案立即交由法院審理。」[9]陶百川和海外學人的信，也都顯示對美麗島事件的同情，超出了黨派和政治立場。

社會廣為關心的另一個問題為公開審判。大逮捕之後，「美國在臺協會」理事主席丁大衛旋即於一九八〇年一月到臺灣，見了蔣經國及其政府的高層人員，也會見了被捕者的家屬們。姚嘉文夫人周清玉女士當面向丁大衛提出公開審判的期待。[10]根據丁大衛的回憶錄，他在離開臺北前夕，蔣經國派遣總統府秘書長宋長志告訴他：「雖然領導人都會以軍法審判，可是其他人都會由普通法院審理。而且，不會有人被判死刑。」[11]蔣經國給丁大衛的交代並沒有涉及是否公開審判的議題。

公開審判在後來對美麗島事件的論述中，也受到極大的關注。當時擔任國民黨文化工作會主任的楚崧秋後來表示，公開審判的推手應該是司法院長黃少谷。黃問他的意見，他回答說，「只有審判公開才能將事件的傷害降至最低。」[12]

事實上，並非所有的軍法審判都不公開。蔣介石於一九六〇年審判雷震的時候，總共發出八十多張旁聽證；包括被告家屬和二十三位中外媒體記者都列席法庭旁聽。被告在法庭內的答辯，也都摘錄於次日的報紙上。和之前的政治案件審判相較，美麗島審判的特點其實不是公開審判。兩個政治審判不同的地方，第一是審判的草率程度。雷震案有四位被告，整個審判程序卻在一天之內完成，用的時間總共不到六小時。而美麗島的軍法審判則歷經九天。第二項特點是容許被告做「最後陳述」。被告在九天中的答辯以及他們的「最後陳述」，第二天都由媒體完整刊出。

以前在白色恐怖的氣氛中，臺灣民眾不敢討論政治；唯一的政治言論來自統治者以及他所認可的學者和記者們。如今歷經九天中，臺灣所有民眾都經由報紙參與旁聽了審判，仔細聆聽被告的政治想法、他們對民主和人權的呼籲，也接觸了臺灣獨立基本的、起始的理念。林義雄在法庭上所說，「民主自由是人類有史最佳的生活方式，所以民主自由乃成為我追求的目標。……無論是反攻大陸、統一、或獨立，任何一種解決臺灣問題的方式，都必須尊重全體同胞的意願，透過全體同胞廣泛而自由的公開討論，以民主投票的辦法來處理。」這種想法是文明社會的普通常識，在國民黨統治下卻可能帶來嚴厲的處罰。如今透過媒體，它被傳達至所有臺灣人的心中。

因此，重要的問題是：為甚麼媒體被容許完整地報導審判？根據文工會主任楚崧秋，「當時情治單位強烈建議，並要求新聞局和文工會配合，希望限制報導審判內容的新聞篇幅，及國內記者的採訪。」楚崧秋認為：既然是公開審判，當然就可以採訪；而且中外記者應該享有相等的權利。他並且將這個意見報告給蔣經國，也獲得蔣經國的同意。當時蔣經國雖然同意，楚崧秋後來卻因此而被迫離開文工會的職位。蔣經國要他離開該職位的召見，第一句話就說，「他們說你自由主義的色彩太……。」[13]

蔣經國當時顯然沒有認知到放任媒體報導審判的嚴重性。對政治非常老練的蔣經國，為何會有此誤判？在大逮捕之後，蔣經國曾經廣泛詢問手下社會輿情的反應。我們無法得知同樣依賴威權獨裁才得以保持權位的手下，提供他何種社會輿論。蔣經國或許誤以為民意站在他的政權這邊。高雄事件的之後幾天，所有的平面和電子媒體都對民主人士密集地、強悍地大力撻伐。臺北市長李登輝也在高雄衝突事件的兩天後表示：「絕不容許陰謀分子在臺北市有煽動群眾、不法集會、及破壞社會安寧秩序的暴力事件發生。李登輝同時呼籲臺北市民共同聲討制裁陰謀暴力分子，以維護社會安寧……決本嚴正立場，依法嚴辦，絕不寬待。」[14]學者出身、又是基督徒的臺灣人，既然如此痛恨暴徒，一般社會大眾想必更為敵視。李登輝警告陰謀暴力分子要依法嚴辦的第二天，蔣經國開始了大逮捕。大逮捕之後媒體所展示的民意也是一面倒，所有的新聞、所有學者和記者的評論，同聲譴責陰謀暴力分子。獨裁者最大的麻煩之一是，他永遠不知道是否真正受到人民的支持。在沒有新聞自由和言論自由的國家，獨裁者誤判民意的例子並不少見。最著名的或許是菲律賓的馬可仕，因誤判民意而舉辦總統大選，結果因此失掉了政權。

蔣經國決定不干涉媒體報導或許來自他的蘇聯經驗。他離開蘇聯的一九三七年，正是史達林熱烈展開其審判秀的第二年。這是全蘇聯和全世界的大事。在史達林的殘暴和威脅下，眾多革命元勳為了讓親人活命，都完全配合史達林編寫的劇本表演，在法庭上公開承認自己反革命、是帝國主義的走狗。蔣經國或許認為這種審判秀可以在臺灣複製。如果被告按照劇本演出，這將是他政權的一大勝利，也可以杜絕世界批評的聲浪。根據姚嘉文的回憶，審判前警備總部一直「教導」他，要他在法庭上公開表示悔改，「請求庭上從輕發落。」一位檢察官甚至對姚嘉文說，「你開庭的時候，跪下來道歉、悔改，就一定不會被判死刑。」[15]當時所有被告被起訴的罪名之一是：「被告等所為，顯已觸犯懲治叛亂條例第二條第一項意圖以非法之方法顛覆政府而著手實行。」其刑罰是唯一死刑。統治者或許預期，在死刑的威脅下被告將會屈服。

辯護律師鄭勝助也回憶，在情治人員的逼迫下，每一位被告的口供中，都有類似「我們知錯、深深悔悟，請求國家原諒我們，給我們一條自新之路」的話。[16]其他沒有受軍法審判的民主運動人士，情治人員也有相同的要求。楊青矗在法庭上說，「偵查人員都要我在每份自白書寫『我很後悔，我所作所為對不起政府，請政府原諒，從新發落。』現在我覺得我沒有做錯甚麼，沒有甚麼可以後悔的。」[17]

不只楊青矗，軍法審判中所有的被告都沒有依照劇本演出，沒有人在法庭上屈服認錯。在最後陳述中，林弘宣引用耶穌被判死刑的例子來暗示，國民黨政權對他們的審判乃是邪惡勢力對正義和仁愛的審判。「一千九百八十年前誕生在羅馬帝國殖民地的耶穌，因為宣揚愛心、正義、和寬恕，被他的同胞以涉嫌叛亂逮捕，提起公訴。⋯⋯兩千年來被人類尊為救主的耶穌被同胞以叛亂罪名處以十字架的死刑。⋯⋯他非但沒有仇恨，還說：『我天上的父，原諒他們，因為他們不知道他們所做的。』」

姚嘉文以「我相信民主運動的推展，不是任何人可以阻止的」來結束其最後陳述。施明德的最後陳述是要求法庭判他死刑。陳菊請林義雄代為親吻屠殺倖存的女兒林奐均，然後一一向所有的被告道別，說「我愛你們，也會想念你們。」似乎已在心中準備好走向刑場。林義雄以如此結束最後陳述：「我懇切希望這次審判，將會消除這些破壞全民團結、社會祥和的陰影，使我家所奉獻的自由、血淚、生命、以及身心的慘痛，獲得生者安寧，死者安息。」他的希望當然沒有實現。所有的被告都被判了重刑：施明德無期徒刑，黃信介十四年徒刑，姚嘉文、林義雄、張俊宏、陳菊、呂秀蓮等人十二年徒刑。

八名被告中，林宏宣是第二位做最後陳述的人。當他做完陳述，一位女法警已經淚流滿面，哭著走出法庭。在法庭中哭泣的不只是法警。根據周清玉女士的回憶，在審判過程中自立晚報的記者一邊記錄，一邊掉眼淚。[18]

幾乎所有被告的最後陳述，都引發了旁聽訴訟者的眼淚。如今我們只能想像，民眾九天以來從報紙上讀到這些話語，他們的心情。這是臺灣史上從來沒有發生過的事件，也是臺灣民眾從來沒有過的體驗。

審判之所以產生巨大的衝擊，除了被告在法庭上的表現，另一重要因素是審判期間，在二月二十八日（一個具有高度政治象徵的日期）發生的屠殺林義雄全家事件。它對臺灣社會造成前所未有的震撼。在臺灣人的記憶中，從清朝、歷經日本五十年殖民統治到國民黨三十年威權統治，從沒有發生過類似的政治謀殺事件。一百年間有情殺、仇殺、謀財害命，也有更大規模在政治動亂中的殺戮，可是卻從沒有屠殺過無辜的老婦和小孩，而且是三個小孩。這個事件實在太超過臺灣人的經驗和想像。[19]如果審判產生情感動員效果的話，林宅血案產生的是普遍的強烈道德憤怒。

其他三十多位沒有受軍法審判者，同樣沒有人在法庭上認錯。作家王拓說，「歷來的權勢者都用法律作為政治鬥爭、排除異己的工具。」《美麗島》雜誌編輯魏廷朝說，「我當編輯時再難的文章都看得懂，但這樣的起訴書卻看不懂。」而且也嘲笑了法曹的中文程度，「從頭開始，一路用逗點用到底，真是天方夜譚。」雜誌社經理蔡有全同樣嘲諷說，「我從小學受教育到大，都不知道我們法院的系統是：地方法院、高等法院、最高法院，最高法院之上還有警備總部。」紀萬生老師引用林肯的話說，法庭「能騙人一時，不能騙人一世。能騙得一部分人，不能騙所有人。」《美麗島》雜誌主編陳忠信說，這個「審判正如俄國詩人普希金的詩：『監獄的門終將打開』，耶穌被猶大出賣時禱告說：『我父啊，這杯苦酒若不能離開我，必要我喝，就願你成全。看哪，賣我的人近了。』與三十三位共同被告互勉。」臺中的蔡垂和先生說，「我以身為美麗島的一員為榮，並向移送軍法審判的八名被告致敬。」《美麗島》雜誌高雄分處業務員蔡精文說，「臺灣是美麗島，我們生於此、長於此的寶島，我把我的心獻給美麗島，以及島上一千七百萬人民。」[20]

四十多位被告在法庭上的表現，不只沒有符合政權的期待，甚至將審判翻轉為不義政權對義人的審判，對民主理念的審判，甚至是對臺灣人民的審判。也正是這樣的表現，加強了情感動員的效果。

由於缺乏完整的資訊，我們如今只能想像這些事件、以及被告們的表現，對一般民眾產生的衝擊，其情感動員的廣度和強度。蔡有全後來回憶說，當他在監獄裡的時候，一位在臺北做生意、他不認識的生意人鄭英鏘，每個星期從臺北開車到他高雄縣的老家，送五千元給他的父母。[21]

國民黨的「善後」處理工作，倒是透露了一些情感動員效果的訊息。國民黨副秘書長吳俊才，於四月初在中央黨部主持「華冠專案小組」會議。出席者包括總政戰部部長王昇、國家安全局長王永樹、青輔會主任連戰、警備總部司令汪敬煦、新聞局長宋楚瑜等。吳俊才說明開會宗旨是：「黃信介等涉嫌叛亂經軍法審判後，如何防止流毒擴散」。該會通過「遏止流毒擴散之共同了解與重點工作」，七項「共同了解」包括「被告在軍事法庭所散布之思想流毒危害甚大，必須透過各種有效方式予以遏止。」[22]

民主運動繼續茁壯

也正是這樣的普遍性的情感動員，支撐了下一波的民主運動。在民主運動的領導階層和大多數的積極參與者被逮捕之後，運動並沒有因此沉寂。相反的，被逮捕者的家屬和辯護律師，都繼續投入選舉，也取得甚大的成果。而新出現的年輕世代則積極從事宣傳工作，「黨外雜誌」不斷地出現，不斷被國民黨沒收、停刊，也不斷重新登記、出版。

對這個階段的情感動員效果，我們同樣缺乏有系統的資訊。我們只有零星的回憶。姚嘉文夫人周清玉女士競選國大代表獲得最高票。張俊雄對她說：「你知道你為甚麼獲得最高票嗎？因為你上臺就說：我丈夫是姚嘉文，然後就開始哭。」[23]雖然是玩笑話，不過也反映了當時民眾對美麗島事件的同情和不平。事實上，周清玉競選集會的第一場演講，也是從朗讀姚嘉文獄中的家書開始。[24]在她競選期間，助選員拿著帽子請民眾捐錢。有一位警察也偷偷捐錢，可能是太緊張了，他連警察的證件也丟入帽子。助選員發現後趕緊拿回去還他。[25]

這是當時家屬競選的共同經驗。張俊宏夫人許榮淑女士參與選舉的時候，臺中的張深儒醫師捐了十萬元（當時中學教師月薪四千元）。許榮淑準備八部宣傳車，可是司機都被警察嚇跑了，沒有人敢來開車。她於是將宣傳車停在辦事處，就地播放張春男製作的宣傳帶：「可憐啊，天啊，地啊……」，然後播「望你早歸」歌曲。於是民眾就紛紛將錢丟進宣傳車。許榮淑女士後來接辦《深耕》雜誌，雜誌經常被警備總部沒收。只要報紙登出雜誌被沒收、雜誌社損失數十萬的消息，隔天雜誌社的帳戶就有錢匯進來。[26]

民眾的情感支持一直持續到民進黨成立。一九八六年十二月立法委員選舉的時候，黨主席江鵬堅到政見發表會簽名賣書、募款。南部一場大約可以募五、六十萬。十場晚會總共可以募到六、七百萬元。[27]

這完全不同於第一波民主運動被整肅之後的反應。雷震及其《自由中國》雜誌社同仁於一九六〇年被逮捕之後，民主運動立即消失。國民黨獲得了將近二十年的安寧。可是這新的一波民主運動卻出現完全相反的結果：社會反應強烈，運動也繼續茁壯。造成這項差異的原因，除了上文討論大逮捕、審判、和林宅血案產生的情感動員之外，另一個原因或許來自「世代差異」。

一般所說的「世代政治」，其實是兩個不同日曆重疊而共同作用的結果：人生週期和歷史經驗。[28]兩波民主運動的領導者，在這兩個日曆上都處於不同的階段。在歷史經驗的日曆上，美麗島世代（不論是領導階層、積極參與者、辯護律師和家屬）幾乎全為戰後出生或成長。不像第一波民主運動的前輩，他們沒有親身經歷過日本殖民統治、二次大戰、二二八事件的動盪。他們成長於安定的環境中，他們受過高等教育，其中許多人也有在歐美民主國家生活和求學的體驗。他們自然被「理念」所吸引，也容易跟隨理念而行動。在人生日曆上，兩波民主運動的領導者也處於不同階段。第一波的參與者多已逐漸離開壯年、步入老年階段，第二波民主運動的參與者則多處於年輕和壯年階段。在一九六〇年的時候，領導者不是仍然在大學就讀就是剛進入職場，而積極參與者則大多仍然是中學生。到了一九八〇年代，他們已經成熟，也具備充足的社會和知識資源。他們比較「樂觀，也願意冒險」；不同社會的年輕世代都有這些共同的特徵。[29]

世代和歷史經驗固然是重要的背景，然而最重要的動力還是追求民主的決心。如今我們知道第二波民主運動在不到十年的極短期間內順利成功。我們知道國民黨沒有繼續逮捕他們。可是他們當時並不知道。正如英國上世紀一位歷史學家（F. W. Maitland）所說，「我們必須認知：所有發生於過去的事情，其實都發生在將來。」對我們而言，民主化的成功是過去，他們沒有被逮捕也是過去的事情。可是對當時的行動者而言，這些都是不可知的將來。沒有人確知，蔣經國是否會繼續整肅、繼續逮捕民主運動人士。如今我們知道民主化順利成功，可是當時為它奮鬥的人並不知道。我們書寫歷史的時候，必須記住這點。[30]

歷史變革的重要關鍵，大多發生在鎮壓之後。如果鎮壓成功而有效，威權體制將繼續維持一段可觀的期間，正如雷震被逮捕之後反對勢力歷經二十年的沉寂，只剩下零星的、不挑戰政權基本結構的個人政治活動。而如果鎮壓無效，威權政權將面臨兩個選擇。第一個選擇是，以更嚴厲的手段、逮捕更多的人，繼續鎮壓反對勢力。這將導致衝突的升高。結果可能反對勢力被擊碎，但也有可能因無法擊碎反對勢力而導致更大的災難：長期的動盪，甚至政權被推翻。

一八三〇年代英國的貴族統治團體，以武力鎮壓中產階級的民主改革運動無效之後，當時開明派領袖 Grey 首相對國王說，「我個人相信公共輿論對這項問題的意見是如此的強烈和普遍，如果我們繼續抗拒它，我們將會讓政府失去所有權威和力量的危險。」[31]國王則說，「這真是一個危險的時代。所有的合法性權威面臨顛覆，古老的體制面臨毀滅，社會秩序、每一個社會階層和社會團結都受到威脅。」[32]正是這種更大災難的可能性或恐懼，使得統治團體願意妥協讓步。[33]

民主運動繼續茁壯是臺灣民主化最重要的原因。蔣經國如果在臺灣民主化有重要角色的話，那是他理智地認清了局勢，了解繼續壓制的無效，而願意迅速做出民主妥協。不過，國民黨願意做出民主妥協或許也需要其他的誘因，包括其堅強支持者外省族群的意識形態，以及四十年地方選舉所建立的基層動員選舉機器，保障其在民主時代的競爭力等。[34]

我們也無法否認，美國的監督和壓力也是蔣經國無法採取繼續壓制手段的重要原因。旅居美國的臺灣人對國會議員遊說產生相當的影響力。除了美麗島事件之外，對高俊明牧師的逮捕、江南案、陳文成案，都嚴重傷害了國民黨在美國的形象。也因此導致美國政界、學界和媒體，對於「美、中聯合公報」（一九八〇年八月）宣示要逐漸降低對臺灣軍售，並沒有太大的反彈。之後，國會也繼續舉辦多次針對臺灣人權情況的聽證會。這些都對國民黨造成巨大的壓力。

一般的研究都集中於討論結構、長期趨勢等對「異議政治」（包括革命、民主轉型、社會運動等）的影響。我們無法否認這些因素的重要性，如經濟發展帶來中產階級的出現、教育水平提高、戰後新世代出現、都市化等，這些都對民主轉型有重要的幫助。但是政權與異議運動之間的短期互動也同樣重要，或許更為重要。而且短期互動更能顯現人的因素在其中的重要性。如果一個民族要從歷史中了解自己，只有這些短期的互動和行動才能提供必要的資訊。

結語

「這是考驗人的靈魂的時刻。」美國獨立運動宣傳家潘恩，發表於獨立戰爭最艱苦時刻的一篇文章中這樣說。那確實是一個艱苦的時刻，一群役期只有一年、缺乏訓練、武器嚴重不足、甚至沒有軍服穿的農民軍，對抗歐洲最強大的英國正規陸軍。每一個民族都有這種艱難的時刻。

每一個民族在不同的艱難時刻，也都面對不同性質的挑戰；在臺灣是殖民統治、獨裁壓迫、以及更為強大的帝國主義。因此也需要不同的能力和心志：或者力抗政治暴力的勇氣、或者無畏輿論的堅持和正直、或者權衡不同價值的智慧、或者誠懇面對難題的改革決心。未來世代所面對的挑戰，將極為不同於美麗島世代。可是他們仍然可以從中獲得啟發。

美麗島事件對臺灣長程政治發展有著重要的影響，它間接促成了臺灣的民主化。民主轉型這樣一個大規模的政治變動，必然來自諸多不同因素和不同行為者的共同作用。然而我們不能否認，其中不可或缺的動力，是處於社會不同位置、來自社會不同角落的民眾，他們的無私行動。在那個時代中，我曾經目睹許多生活在社會底層的人，在現實生活的壓力下仍然為黨外運動為一個簡單卻崇高的理念付出。他們服裝不整，談吐也毫不優雅，可是心中卻蘊藏著強大的理念。

推動臺灣民主當然是一項偉大的成就。可是美麗島事件或許有更為重要的意義：許多人以勇氣和堅持接受這個艱難時刻的考驗。這是他們在那個時代中展現的時代精神。這是臺灣民族的重要歷史資產，畢竟「決定一個政權存亡的不是政治制度，而是人的精神。」而我們這個世代，其時代精神又是什麼？

吳乃德，美國芝加哥大學政治學博士，中研院社會學研究所兼任研究員。曾任黨外雜誌《新潮流》編輯、臺灣政治學會創會會長、美國密西根大學社會系客座副教授。著有《百年追求：臺灣民主運動的故事；第二冊，自由的挫敗》。

＊「爭取民主的年代」研討會，台灣研究基金會、中央研究院臺灣史研究所主辦，臺北：國立師範大學，二〇一七年四月十五日。感謝陳忠信先生在會議中的評論，讓本文增加了許多爭論性。也感謝一位匿名評審非常仔細的批評；他提出許多非常好的修改意見，可惜由於資料和時間的限制，目前無法完成。希望未來書寫歷史的人有機會達成他的期待。

註釋

1 Ron Aminzade and Doug McAdam, “Emotions and Contentious Politics,” ed. Ronald R. Aminzade et al., *Silence and Voice in the Study of Contentious Politics*. Cambridge University Press, 2001.

2 Chou, Yangsun, and Andrew J. Nathan, 1987,“Democratizing Transition in Taiwan,”*Asian Survey* 27, 3: 277-99; Nathan, Andrew J., and Helena V.S. Ho, 1993,“Chiang Ching-Kuo's Decision for Political Reform,” in Shao-chuan Leng, ed., *Chiang Ching-kuo's Leadership in the Development of the Republic of China on Taiwan*. Lanham, MD: University Press of America; Chao, Linda, and Ramon H. Myers, 1998, *The First Chinese Democracy: Political Life in the Republic of China on Taiwan*. Baltimore: the Johns Hopkins University Press.

3 Philip Abram, *Historical Sociology*. Somerset: Open Books, 1982, 110;191.

4 Doug McAdam and William H. Sewell, Jr., “It's About Time: Temporality in the Study of Social Movements and Revolutions,” ed. W. H. Sewell, *Silence and Voice*.

5 Doug McAdam, *Freedom Summer*. Oxford University Press, 1988.

6 Abraham, *Historical Sociology*;William H. Sewell, Jr., “Historical Events as transformations of Structures: Inventing Revolution at the Bastille,” *Theory and Society* 25

(1996) :841-881; Ronald R. Aminzade, *Silence and Voice in the Study of Contentious Politics*. Cambridge University Press, 2001.

7 William H. Sewell, Jr., "Historical Events as Transformations of Structures."

8 陶百川，《困勉強狷八十年》（臺北：東大，一九八四），頁四二六—四二七。

9 陳若曦，《堅持、無悔》（臺北：九歌，二〇〇八），頁二六三。

10 〈周清玉女士訪談〉，《民主崛起訪談錄（一）》，頁一〇九。

11 David Dean, *Unofficial Diplomacy: the American Institute in Taiwan*. Mary Dean Trust, 2014, 154.

12 《覽盡滄桑八十年——楚崧秋先生訪問記錄》（中央研究院近史所，二〇〇一），頁一三五—一三六。

13 《覽盡滄桑八十年》，頁一三六、一四〇。

14 《中國時報》一九七九年十二月十三日。摘自呂秀蓮，《重審美麗島》（臺北：前衛，一九九七），頁五三四—五三五。

15 〈姚嘉文先生訪問記錄〉，《口述歷史》第十二期（中央研究院近代史研究所，二〇〇四年四月），頁二七—二九。

16 〈鄭勝助先生訪問記錄〉，《口述歷史》第十二期（中央研究院近代史研究所，二〇〇四年四月），頁三四八—三四九。

17 楊青矗，《美麗島進行曲》第三冊（臺北：敦理，二〇〇九），頁九三七。

18 周清玉，（《民主崛起訪談錄（一）》（臺北：南天書局，二〇〇八），頁二二三。

19 雖然至今尚未破案，可是一般人知道情治單位對反對者一直加以監視。如今釋出的檔案也支持了一般人的認知。就在命案發生前五天，警備總部發公文給國安局、調查局、憲兵司令部等二十多個情治單位，要求實施「一二一〇專案後期治安特別措施」，警備總部保安處獲得的分工指示是：「切實掌握國內陰謀分子、嫌犯家屬、及監管目標之動態」。地區警備司令部的任務同樣是：協調境內情治單位，加強陰謀分子、嫌犯家屬之監控。」，參見吳乃德，「林宅血案：臺灣轉型正義的大缺塊」，臺灣民間真相與和解促進會編，《記憶與遺忘的鬥爭：臺灣轉型正義階段報告》第三冊（臺北：衛城出版，二〇一五），頁一二五—一二六。

20 楊青矗，《美麗島進行曲》，頁九四〇—九五五。

21 〈蔡有全訪問錄〉，《口述歷史》第十二期（中央研究院近代史研究所，二〇〇四年四月），頁一九八。

22 呂秀蓮，《重審美麗島》，頁五二五—五三〇。

23 張俊雄，《民主崛起訪談錄（一）》，頁五七。

24 周清玉，《民主崛起訪談錄（一）》，頁二三〇。

25 謝長廷，《民主崛起訪談錄（一）》，頁三三三。

26 許榮淑，《民主崛起訪談錄（二）》，頁三九—六二。

27 邱萬興，《民主崛起訪談錄（二）》，頁二七三。

28 Philip Abrams, *Historical Sociology, 240.*

29 Jack A. Goldstone and D. McAdam, "Contention in Demographic and Life-Course Context," in *Silence and Voice*, 210.

30 Antonia Fraser, *Perilous Question: Reform or Revolution?* N. Y.: Public Affairs 2013, xi.

31 G. Bingham, Powell, Jr. , "Incremental Democratization: The British Reform Act of 1832," ed. Gabriel A. Almond, Scott C. Flanagan, and Robert J. Mundt, *Crisis, Choice, and Change*. Boston: Little, Brown, and Company, 1973, 140.

32 A. Fraser, *Perilous Question*, 192.

33 更詳細的討論，參見吳乃德，〈人的精神理念在歷史變革中的作用〉，《臺灣政治學刊》第四卷第一期（二〇〇〇），頁五七－一〇三。

34 Naiteh Wu and Tun-jen Cheng, "Democratization as a Legitimacy Formula: The KMT and Political Change in Taiwan," ed. John Kane et al., *Political Legitimacy in Asia: Challenges for Leaders*. New York: Palgrave, 2011.

國族主義運動中的民主訴求——以解嚴前美國臺獨運動之相關論述為中心[1]

許維德

國族主義和民主的關係，因此不只是多面向的，同時也充滿了張力和弔詭（The relationship between nationalism and democracy is therefore not only multifaceted but also full of tensions and paradoxes.）。

——Luis Moreno and Andre Lecours[2]

我們不要共產主義，也不能容忍國民黨的暴政，我們所追求的是一個自由而獨立的臺灣，對獨立的熱愛，是臺灣人天生的遺傳性格。

——Formosans' Free Formosa[3]

我們願意為處在風雨飄搖中的一千五百萬臺灣人民發言，聲明對臺灣前途自主自決的神聖權利。

——臺灣人民自決運動宣言[4]

我們深信：未來臺灣的命運，必須由臺灣人民透過成熟後的民主程序，自己來決定，任何強權都無權支配。

——臺灣民主運動海外同盟[5]

導論：「國族主義VS民主」的悖論

到底，「國族主義」和「民主」之間，存在著甚麼樣的關係呢？

上述發問看似拗口抽象，但無論是從「國族主義」研究的視角出發，或者是從「民主化」研究的觀點來審視，「國族主義」和「民主」的關係，都是一個重要、基本、但卻又十分難以處理的議題。有些學者認為，從歷史的角度來看，「國族主義」和「民主」之間，存在著某種相當親密的關係，至少在法國大革命——多數學者所認為之當代國族主義的起點——之後，就一直是如此。「從那時候開始，就出現一連串對抗各種形式之威權統治的抗爭，這些抗爭據稱既是民族主義[6]的也是民主的，而其抗爭對象從十九世紀專制的君王制與帝國，一直到二十世紀的共產極權主義皆是如此」（Spencer and Wollman 2012:185）。在倡議這一想法的學者中，古典自由主義大師John Stuart Mill或許是最大名鼎鼎的人物。他非常有自信地斷言，「民主全然相容於民族情感」（轉引自Spencer and Wollman 2012:187），或者反過來講，「在一個由各種民族所組成的國家中，自由體制幾乎是不可能出現的」（轉引自Spencer and Wollman 2012:10）。其他支持這一想法的學者，還包括Jenkins (1990)以及Alter (1989)等。

但另一方面，卻也有不少學者質疑上述這種「連結派」的觀點，認為「國族主義」和「民主」間「即使它們有時候看起來是重疊的，但支持民主的論證和支持民族主義的論證並不相同」（Spencer and Wollman 2012:188）。有些學者認為，這兩者間不存在必然的關係，只存在偶發的關係。另一些學者甚至認為，這兩者從根本上就是相互對立的，因為「國族主義具有排他性，而民主卻是具包容性的」（Beetham and Boyle 2009:33）。

把「國族主義VS民主」的這個問題放到臺灣的脈絡上，我們立刻會發現，在學術上，這也絕對不是一個新的探問，而是一個已經累積大批文獻的議題。早在一九九二年，日本學者若林正丈就以臺灣「威權主義體制」之確立、展開、修正及轉型為主題，出版了《臺灣：分裂國家與民主化》一書（見若林正丈　一九九四）。[7]這本書的重點雖然是「民主轉型」，但作者卻也以「臺灣化」作為重要的分析軸線，探究「民主化VS臺灣化」間的複雜糾葛。無獨有偶，已於二〇一二年英年早逝的美國學者Alan M. Wachman，也於一九九四年出版了一本核心發問十分相似的書籍，書名叫作《臺灣：國族認同與民主化》（*Taiwan: National Identity and Democratization*），展開他對臺灣脈絡下「國族主義ＶＳ民主」之可能連結的探究（Wachman 1994）。至於本土學者，也有不少人曾經碰觸過這個議題，而且都是學界的頂尖人物，包括吳乃德（一九九七）、吳叡人（一九九七）、林佳龍（二〇〇一）、蕭高彥（一九九七）、以及江宜樺（一九九八）等。

但是，如果論及海外的臺獨運動（無論是日本還是美國），似乎就沒有人問過類似的問題了。這篇文章正打算填補這個文獻的缺口，以解嚴前美國臺獨運動的相關論述為主要經驗素材，對「國族主義ＶＳ民主」這個重要的問題進行探索。

如果真的要談美國臺獨運動之不同組織的種種不同「論述」，這當然不是一個簡單的題目，也遠超過這篇文章所設定的目標。[8]不過，如果我們借用社會學大師 Max Weber (1949, 1991) 在方法學上之重要概念「理念型」(ideal type，另參考 Aron 1986: 227-36; Giddens 1994: 238-43；林毓生　二〇〇四；翁仕杰　一九九四）來進行思考的話，從一個比較宏觀的角度來審視，筆者會認為，就美國臺獨運動的發展而言，我們約略可以將其論述發展分成「典型獨立版」、「自決版」和「民主版」等三種「理念型」。「典型獨立版」論述[9]是美國臺獨運動在一九五〇年代中期剛開始萌發時最主要的論述型態，「臺獨聯盟」則是此一論述最重要的倡議者。「自決版」論述出現於一九七〇年代初期，和「臺灣人民自決運動」等組織的崛起有相當程度的密切關係。「民主版」論述約略始於一九七〇年代末期，和當時非臺獨聯盟系統之其他某些組織的出現有關，而這些組織又和某些流亡美國之島內黨外運動人士有一定程度的關聯。

以下從這樣的視角來描述美國臺獨運動的這三種論述，並試著說明這些論述和「民主」的可能關聯。

「典型獨立版」論述：「臺灣共和國」的創建

眾所周知，海外臺獨運動最早的根基地是在香港，之後則由於廖文毅等人相繼流亡日本、再加上戰後滯日之臺灣人與新一代留學生的加入，而逐漸在日本站穩腳步。

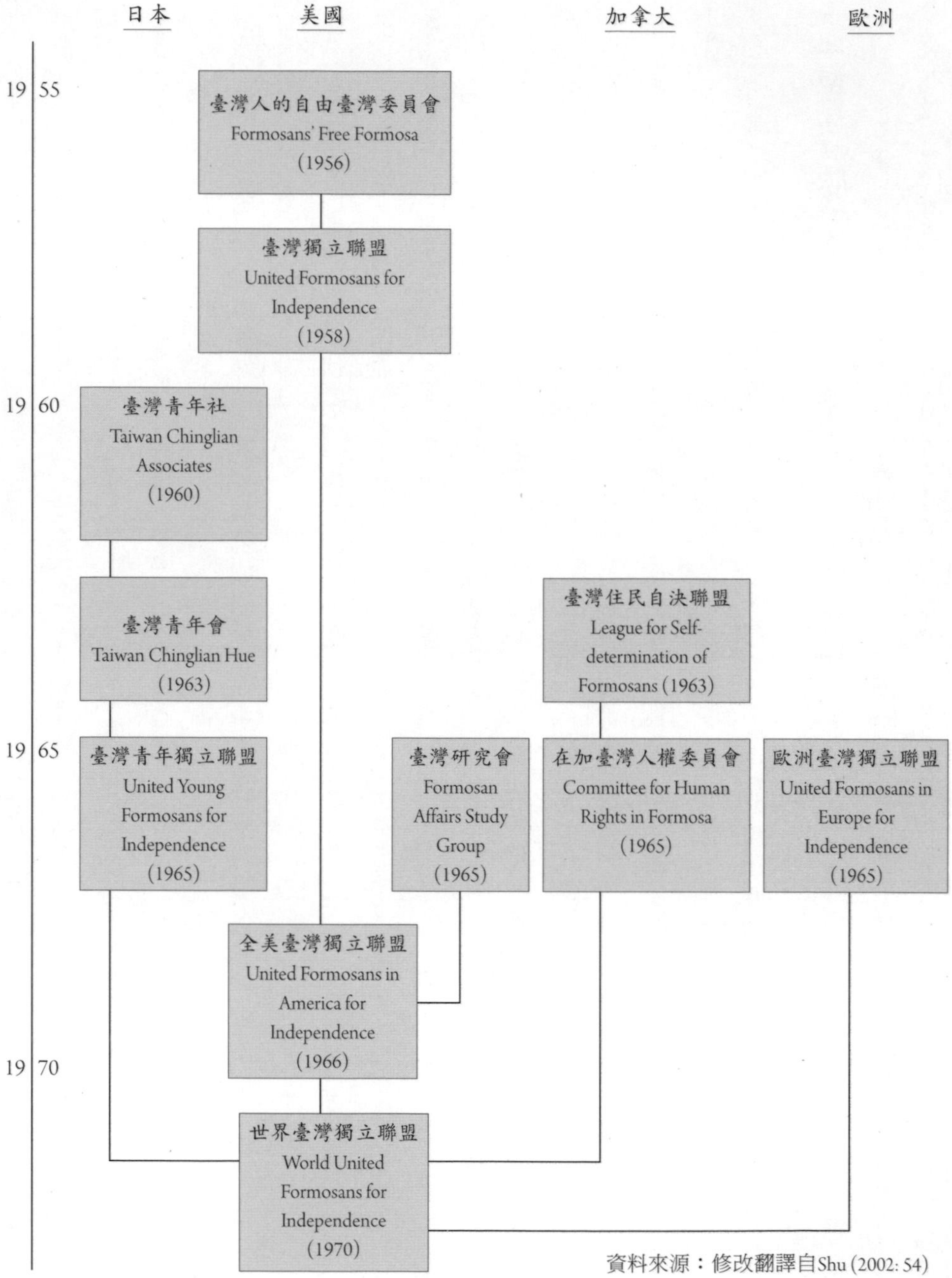

日本
美國
加拿大
歐洲
1955
1960
1965
1970
臺灣人的自由臺灣委員會
Formosans' Free Formosa
(1956)
臺灣獨立聯盟
United Formosans for Independence
(1958)
臺灣青年社
Taiwan Chinglian Associates
(1960)
臺灣青年會
Taiwan Chinglian Hue
(1963)
臺灣住民自決聯盟
League for Self-determination of Formosans (1963)
臺灣青年獨立聯盟
United Young Formosans for Independence
(1965)
臺灣研究會
Formosan Affairs Study Group
(1965)
在加臺灣人權委員會
Committee for Human Rights in Formosa
(1965)
歐洲臺灣獨立聯盟
United Formosans in Europe for Independence
(1965)
全美臺灣獨立聯盟
United Formosans in America for Independence
(1966)
世界臺灣獨立聯盟
World United Formosans for Independence
(1970)

資料來源：修改翻譯自Shu (2002: 54)

圖一「臺獨聯盟」的組織演變，1956-1970

北美洲第一個臺獨的組織，則是由賓州大學（University of Pennsylvania）學生林榮勳、陳以德及盧主義等人於一九五六年所創立的「臺灣人的自由臺灣」（Formosans' Free Formosa，簡稱３Ｆ）。[10]在某種程度上，這個組織可以算是「臺獨聯盟」的前身。３Ｆ在一九五八年重新改組為「臺灣獨立聯盟」（United Formosans for Independence，簡稱為ＵＦＩ），而這個組織名稱，也大致上一直被「臺獨聯盟」沿用，雖然在指涉的地理疆界上有一些變化。[11]整個一九六〇年代，以*Formosa Quarterly*和*Independent Formosa*這兩份英文刊物為中心，世界各地不同的臺獨運動組織開始進行串聯和交流，而終於在一九七〇年成功整合為世界性的「臺灣獨立聯盟」（World United Formosans for Independence，簡稱「臺獨聯盟」或ＷＵＦＩ）。關於「臺獨聯盟」在整合前的組織系譜圖，可以參考「圖一『臺獨聯盟』的組織演變，一九五六—一九七〇」。

在某種意義上，將「臺獨聯盟」理解為美國、甚至是海外最重要的臺獨組織，應該是沒有太大爭議的說法。已經過世的「臺獨聯盟」前主席黃昭堂就曾經這樣表示：「一九六〇、七〇年代參加過臺灣獨立運動的主要人士，如果說『幾乎毫無例外』太過分，即說『大部分』都參加過臺灣獨立建國聯盟，[12]這大概不過分了」（一九九八ｂ：八五）。的確，談美國臺獨運動，「臺獨聯盟」不但是美國最老牌的運動組織，可能也是當今還在新大陸運作的少數幾個臺獨組織之一。

接下來談上述組織的相關論述。美國第一個臺獨運動組織３Ｆ，其名稱「臺灣人的自由臺灣」就清楚彰顯這一組織所抱持之「獨立」的理念。根據該組織三個創辦人之一的盧主義的說法，３Ｆ的宗旨有二：（一）反抗所有獨裁政府，包括國民政府及中華人民共和國政府。（二）建立獨立民主的臺灣國。（盧主義　二〇〇五：七六）簡單講，這一運動的主要主張，就是「臺灣是臺灣人的」。既然「臺灣是臺灣人的」，她當然「不屬於所謂的『中華民國』政府，也不屬於『中華人民共和國』政府」；又既然「臺灣是臺灣人的」，雖然當時的臺灣被「中華民國」所占領，這群運動者所冀求的，就是要「建立獨立的臺灣國」。

由於美國聯邦調查局於一九五七年開始陸陸續續對３Ｆ進行調查，該組織遂決定改組，並於一九五八年採用一個新的名稱，叫做「臺灣獨立聯盟」（ＵＦＩ）。該組織的宗旨為「根據民族自決的原則，建立自由、民主獨立的臺灣共和國」（盧主義　二〇〇五：七八）。十二年後的一九七〇年，世界性的「臺灣獨立聯盟」（ＷＵＦＩ）正式成立，其成立宣言中可以找到以下文字：

> 為消滅蔣家亡命政權的暴政罪刑，本聯盟將擔負領導臺灣人排除外來統治的責任，創建獨立自主的臺灣共和國，以人性尊嚴為政治體制的依歸，以人權的維護為立國的根本。致力建立民主自由的全民政治，使所有在臺灣的人民不受任何威脅迫害，獲得平等參政的保障：提供自由開放，公平正義的社會，實施社會福利政策，使人人享有幸福的生活……。
>
> 臺灣獨立建國的一九七〇年代已來到！
>
> 讓我們及時參加這個偉大的革命行列，以我們的雙手建立自己的國家！（轉引自施正鋒　二〇〇〇：五十一；重點是加上的）

無論是３Ｆ也好，ＵＦＩ也好，ＷＵＦＩ也好，如果我們以上述宗旨或成立宣言當作考察對象的話，我們可以發現，「獨立的臺灣（共和）國」似乎是這些組織念茲在茲的最重要訴求。３Ｆ將「建立獨立民主的臺灣國」列為該組織的第二個宗旨；ＵＦＩ也將類似的話語「建立自由、民主獨立的臺灣共和國」[13]列為宗旨的一部分；而ＷＵＦＩ也明白表示要「創建獨立自主的臺灣共和國」。除了宗旨和宣言，我們也可以在後兩個組織之名稱——「臺灣『獨立』聯盟」（她直接揭櫫了「獨立」這樣的字眼）——的連續性上印證這個觀察。即使「臺獨聯盟」於一九七〇年完成整合，成為一橫跨臺灣、日本、美國、歐洲、以及加拿大等地區的「跨國組織」，「臺灣『獨立』聯盟」這一組織名稱，依舊被保留下來。也正是這樣的原因，這一運動才會自稱為「臺灣獨立運動」，而非「臺灣民主運動」或其他名稱。

但到底這個「獨立」的論述有著甚麼樣的內容呢？筆者認為，這一論述至少有著以下四點內涵：

（一）臺灣人不是中國人。
（二）臺灣不是中國的一部分。
（三）建立臺灣共和國。
（四）中華民國的占領臺灣完全是非法的，必要時不放棄以革命方式推翻國民黨政權。

首先，這一「典型獨立版」論述宣稱，臺灣人不是中國人。在和這一點相關的論述當中，最有名的莫過於日本臺獨運動者廖文毅於《臺灣民本主義》（一九五六）這本書裡面所鋪陳的「臺灣國族混血論」：

> 先天的我們（臺灣人）繼承印尼、葡萄牙、西班牙、荷蘭、福建、廣東、以及日本人的血統，換句話說，融合原住民、漢、日、拉丁、條頓諸民族的血統。（轉引自黃昭堂　一九九八b：七八）。

從國族主義的相關理論來看，這個以「血統」作為主要元素的臺灣國族理論，其「原生論」（primordialism）色彩太過濃厚，並不符合當今我們對於國族之構成要件的認識。不過，如果說臺獨運動的主要抗爭對象是中國國族主義的話，既然國民黨炮製出「中華民族」[14]這個概念出來，那麼，臺獨人士回以「臺灣國族」的概念，「由運動的實踐而言，臺灣民族論是必要的，而且是有力的武器」（黃昭堂　一九九八b：八一）。[15]

當然，在今天的學界，多數的臺獨派理論大將並不再以「血緣」作為臺灣國族理論的基礎，而是多從文化、歷史的角度來論證臺灣國族的存在。這種論述方式俯拾即是，筆者在這裡只引用洪哲勝和田台仁在一九八二年於臺獨聯盟發行的《臺獨季刊》上的一段文字：

> 三百多年臺灣獨特的條件與際遇，使漢系臺灣人的社會一方面愈來愈與中國的漢民族異質化，另一方面，它自身的異質成分愈來愈整合為單一的整體。這個新的穩定的臺灣社會共同體就是臺灣民族，它不同於中國的漢民

族，它是一個具有現代意義的新民族。（洪哲勝和田台仁　一九八二：三一）

第二，這個論述也聲言，臺灣不是中國的一部分。事實上，不同的臺獨理論家會用不同的論述方式來完成「臺灣不是中國的一部分」這個論證，不過，所謂的「臺灣地位未定論」似乎是最常見的一種講法。簡單來講，雖然從一六八三年到一八九五年臺灣曾經納入中國的版圖，而在二次戰後曾短暫地與中國統一（一九四五—一九四九年），但是她始終保持一種抗拒外來殖民勢力的自主性。由於戰後日本並未明確交代臺灣的歸屬，因此臺灣在國際法上的地位未定，並不必然屬於中國（江宜樺　二〇〇一：一九二）。曾任臺獨聯盟主席的許世楷，就曾經在一九七三年臺獨聯盟發行的《臺獨》月刊上這樣表示：

> 一九四三年十一月的開羅會議記述日本從清國竊取的土地，如臺灣及澎湖群島，應歸還中華民國。一九四五年七月的波茨坦宣言裡有一項「必須履行開羅宣言」。日本接受波茨坦宣言而投降，所以有履行該條約的義務，將臺灣及澎湖群島歸還中華民國。但一九五一年的舊金山和平會議，中華民國被摒除場外，其九月成立的和約裡只記述「放棄臺灣澎湖群島的一切權利及領土的要求。」一九五三年四月的所謂中日和約，也不過將前項記述重述一遍而已，就是說確定放棄，但沒有規定歸屬國家。因此，日本放棄了臺灣澎湖，但其歸屬則是未定的。二次大戰後，蔣軍之進駐臺灣，只不過是聯合國總司令，麥將軍一般命令中的第一號命令而已。所以其性質跟美軍之占領日本一樣，因此蔣政權只不過是一種占領政權，並未因此改變臺灣歸屬未定的問題。這種說法是過去美、日、英諸國政府公開的見解，有許多國際法學者的看法也是如此。（轉引自齊光裕　一九九六：一〇五一—一〇五二；重點是加上的）

第三，「典型獨立版」的臺獨論述還宣稱，既然臺灣人不是中國人，臺灣也不屬於中國，國民黨當然是一個「外來政權」，而整個臺獨運動的目標，就在於推翻外來政權、建立臺灣共和國。簡單來講，「臺灣人民普遍希望臺灣獨立，獨立於國民黨這種外來統治，也獨立於中共強權併吞」（張燦鍙語，轉引自黃嘉光、王康陸、陳正修　一九九一b：三九五；重點是加上的）。在臺獨聯盟於一九七六年所公布的〈我們的主張〉中，第一段就也提到了這樣的目標：「臺灣獨立聯盟第一步的工作是要推翻蔣家外來政權，建立臺灣共和國，使全民參政，以達到下列幾個終極目標」（轉引自黃嘉光、王康陸、陳正修　一九九一a：八）。身為臺獨運動重要理論家之一的陳隆志，在其一九七一年出版的《臺灣的獨立與建國》一書中，也做了這樣的陳述：

> 革命大局已成時，應即宣布臺灣共和國的誕生，成立臺灣共和國政府，由有能力、有聲望得到人民擁護的人物領導。對外爭取各國的承認，對內領導全民從事建國的工作。（陳隆志　一九九三：二〇一）

第四，這個論述將國民黨定位為非法占領臺灣的政權，並倡言必要時不放棄以革命方式推翻國民黨政權。[16]簡單講，蔣氏集團是一個魚肉臺灣人民的統治家族，是一個「不能代表中國，也不能代表臺灣，甚至不能代表國民黨的家族政權。這個政權是一個無管人民的死活，無管人民的前途，自私自利，壓迫人民的一小撮統治集團」（張燦鍙語，轉引自黃嘉光、王康陸、陳正修　一九九一a：五七）。

面對蔣氏集團在臺灣的統治，這一「典型獨立版」論述的倡議者因此認為，臺灣人民有權利採用革命方式來表達自己的心聲。曾任臺獨聯盟主席的張燦鍙，就曾在一九八一年的對臺宣傳錄音帶中做這樣的呼籲：「各位父老兄弟姊妹：孫中山有權推翻腐敗的滿清政府，咱臺灣人更加有權推翻壓迫咱的蔣家政權」（轉引自黃嘉光、王康陸、陳正修　一九九一a：五七）。在一九八六年於紐約舉行的募款餐會當中，張燦鍙也公開表示：

> 使用一切可行方式，達成倒蔣建國，使臺灣人出頭天，是臺灣獨立聯盟一向的主張。……臺灣獨立聯盟在手段上一直堅持必須採取革命的手段，我相信，這種立場，這種作法，這種行動，才是對臺灣民主化實現的最大支持及保障，……。（轉引自黃嘉光、王康陸、陳正修　一九九一b：四五三；重點是加上的）

那麼，這一「典型獨立版」論述，其與「民主」間的關係應該是甚麼呢？筆者覺得兩者之間呈現一種「有時有點黏，有時卻又有點遠」的複雜關係。一方面，打從一開始，美國臺獨運動倡議者所要建立的「臺灣國」，就是一個性質上屬於「民主」的國家，所以我們才可以從3F的宗旨中看到「建立獨立民主的臺灣國」的話語，並在UFI的宗旨中看到「建立自由民主獨立的臺灣共和國」的這種陳述。換句話說，這個「獨立」的國家，在內部政治運作上應該是以「民主」為原則，這一點大概沒有問題。但另一方面，這個運動又標榜「不放棄以革命方式推翻國民黨政權」，既然是「革命」方式，那麼，這個手段就不盡然完全符合民主理念所強調之「數人頭、不比拳頭」的原則了。

「自決版」論述：以自己的意思決定自己的命運

不過，打從「臺獨聯盟」於一九七〇年整合成功開始，一方面由於時代局勢的變化，另一方面也由於組織發展策略的爭議，這個美國臺獨運動的主流團體，也都一直面臨來自其他臺獨組織種種不同的挑戰。以一九七〇年代初期為例（中後期的「民主版」論述是下一節的主題），這個挑戰至少來自兩個目標性質都不盡相同的運動，一個是高舉左派旗幟的所謂「臺灣左派」（如：成立於一九七一年的「臺灣人民社會主義同盟」），[17]另一個則是以基督教領導人為核心的「自決運動」。由於前者涉及的問題比較複雜而不容易處理，本節將只處理「自決運動」的相關論述。

一九七一年十月，中華民國被逐出聯合國。面對國家機器的這一波「正當性危機」，臺灣基督長老教會總會於兩個月後的十二月二十九日，在臺灣正式發表〈臺灣基督長老教會對國是的聲明與建議〉（簡稱〈國是聲明〉）這一聲明。該聲明的脈絡，當然和國民黨政權於一九七〇年代初期在外交層面上的種種挫敗有關，而其呼籲對象則同時為中華民國政府和當時準備訪問中國的美國總統尼克森。該聲明指出：「我們反對任何國家罔顧臺灣地區一千五百萬人民的人權與意志，只顧私利而作出任何違反人權的決定。人權既是上帝所賜予，人民自有權利決定他們自己的命運」（臺灣基督長老教會　一九七一；重點是加上的）。簡單講，這份聲明認為「自決是基本人權」，因此呼籲政府應該進行內政改革，以建立實質民主的政治體制（王昭文　二〇一五）。

幾位人在海外的臺灣人基督徒領袖（包括黃彰輝、黃武東、林宗義、宋泉盛等），因為受到〈國是聲明〉的感召，而在該聲明發表一年後的一九七二年十二月二十五日，於華盛頓發表〈臺灣人民自決運動宣言〉，強調「我們願意為處在風雨飄搖中的一千五百萬臺灣人民發言，堅決聲明我們對臺灣前途自主自決的神聖權利……臺灣一千五百萬人民絕不容許再被當成交易商品，一如以往，我們有權決定自己的命運，這種基本人權世[*sic*，是上地[*sic*，上帝]所賦予的，也是聯合國憲章所承認的」（轉引自王昭文　二〇一五；重點是加上的）。一九七三年三月，該群人士並宣告「臺灣人民自決運動」的成立，以呼應島內「國是聲明」的訴求。

那麼，這個「自決版」論述的具體指涉到底是甚麼呢？已經過世的臺獨聯盟前主席黃昭堂，曾經於一九八五年發表過一篇名稱為〈自決的理論與實踐〉的文章，認為「人民自決」雖然有各種不同的意思，但通常是指下列三種之一：

（一）一群人以自己的意思決定自己的命運。這是屬於信條，也是口號。
（二）這種信條的結果，指用武力打倒、驅逐統治者的權力，即反抗統治者的權利。
（三）要求人民投票，用投票的具體手段以決定自己之將來。（黃昭堂　一九九六b：一七五）

對黃昭堂而言，至少在臺灣的脈絡，「自決」和「獨立」在實質上並沒有太大差別，「『自決』對於臺灣而言就是『獨立』之意」（黃昭堂　一九九六a：二）。也因此，他認為「自決」依舊有「用武力打倒統治者」（上述第二種「自決」）的這個選項。

但對臺灣的臺灣基督長老教會也好，對海外的「臺灣人民自決運動」倡議者也好，當他們在使用「自決」這一語彙來當成整個運動之標籤的時候，至少在表面上，他們應該是會想要與過去的「臺獨運動」有所區隔。回到上述黃昭堂的這個「自決三種類論」。一九七〇年代的「自決版」論述，雖然不見得會不同意黃昭堂上述三種類中的第二種，但是筆者認為，這一「自決版」論述的重點在第一種自決——「一群人以自己的意思決定自己的命運」——這個信念上，以及第三種自決——「用投票來決定自己之將來」——的這個制度設計。

這一「自決版」論述的出現，有三點值得加以注意的地方。首先，和前一階段的「典型獨立版」論述相比，「自決版」是一個相對溫和的論述。一方面，至少就字面上的邏輯演繹而言，「自決版」論述並不等同於「典型獨立版」論述。透過「自決」，人們固然還是有可能選擇要「臺獨」，但卻也可能做出一個不是「臺獨」的選擇（如：維持現狀或與中國統一）。另一方面，「自決」和「獨立」所隱含的「手段選擇」也不一樣。如果說「典型獨立版」論述強調我們應該用（或至少不放棄）「體制外革命」的方式來達成目標的話，那麼，「自決版」論述則認為我們應該在民主的原則下用「體制內的改革」的方式來達成我們的目的。

第二，「自決版」論述出現的一九七〇年代，也碰巧是「典型獨立版」論述之某些內涵開始在轉變的時間點。根據黃昭堂的說法，約略在一九七〇年代中葉，海外臺獨運動產生了一個新的概念：「不管出生何地，不管何時來臺，凡是認同臺灣的，都是臺灣人」（黃昭堂　一九九八b：九五）。這種概念，和之前將「臺灣人」理解為「福佬人、客家人、原住民」（黃昭堂　一九九八b：八四）的觀點並不一樣，而是將「認同臺灣的『外省人』」也納為「臺灣人」範疇的一部分。黃昭堂將這樣的想法稱之為「無差別認同論」，並認為這種想法的出現，應該和「在臺大陸系人[18]的第二代加入獨立建國運動」有關（黃昭堂　一九九八b：九五）。這個脈絡，替「自決版」論述繼「典型獨立版」論述之後登場的這件事情，做了一個不錯的註腳。

第三，對臺灣島內的反對運動而言，「自決版」論述的影響力十分強大。舉例來講，在一九八三年十二月於臺灣島內所舉行的立法委員選舉中，黨外人士就喊出「民主、自決、救臺灣」的這三大項共同口號，這固然可以理解為島內臺灣基督長老教會三次人權宣言對黨外運動的影響，[19]但也在一定程度上可以看出海外政治論述影響島內政治理念的痕跡。[20]

那麼，這個「自決版」論述，又和「民主」概念有著甚麼樣的關係呢？和「典型獨立版」論述相比，「自決版」論述與「民主」的關係應該是更為密切才對。我們至少可以從「根源上的共同性」和「效果上的因果性」這兩點來觀察這兩個概念間的緊密關係。首先，如果我們「追本溯源」的話，這兩個概念，其實都根植於「主權在民」或「人民主權學說」。一方面，就「民主」而言，「現代民主理論認為，民主的本質是人民當家作主，主權在民是現代民主政治的核心。國家權力來源於人民，人民是國家權力的本源主體，民主政治是人民主權的邏輯必然」（王英津　二〇一〇：三〇）。另一方面，就「自決」而言，由於某特定領土上的人民為權力的最終所有者，自然「這片領土的政治地位就由居住於其上的人民來決定，人民自然也就成為這片領土上享有最高事務決定權的主體，即自決權主體」（王英津　二〇一〇：三〇）。

再者，就經驗上的「實際效果」而言，「自決」其實是推動「民主」的重要槓桿。從國際上的實踐經驗來看，「大多數通過行使自決權而獨立建國的人民，在受到民族主義鼓舞的同時，也強烈受到民主主義的影響。因此，在推翻外來殖民統治的同時，也掃蕩了國內專制主義的歷史文化。他們在獨立建國時，大多選擇能夠體現大眾利益的民主政體」（王英津　二〇一〇：三〇）。

「自決」和「民主」這兩個概念雖然有緊密的關聯，但兩者在本質上還是有重大的差異。王英津（二〇一〇）就提到這兩個概念間至少在「創設疆界」、「實質內容」、「與獨立建國的先後關係」、「制度化保障」、「主體及功能」、以及「權利性質」等面向上有所不同。筆者這裡僅提兩點——「實質內容」和「與獨立建國的先後關係」。首先，就實質內容而言，「民主」的本質是當家作主，是一個政治概念；而「自決」的要旨在於「去殖民化」，是一個源自國際法的綜合性概念。「前者是相對於『國內專制』而言，而後者是相對於『殖民統治』而言的。從根本上說，自決是指人民作為一個整體的自主性和獨立性；而民主則強調制約性和程序性，從而形成對政府的制約」（王英津　二〇一〇：二八）。

再者，就兩者發生的時間點而言，「自決」往往發生在國家獨立或成立之前；而「民主」通常後於國家的獨立或成立。更進一步講，「自決是人民自由選擇國家地位的原則，而不是自由選擇政府形式的原則。後者是民主原則。所以，自決是先於國家誕生的行動，它首先涉及的是獨立建國問題；而民主首先涉及的則是一個國家建立之後的制度選擇問題」（王英津　二〇一〇：二九）。

「民主版」論述：民主程序的重要性

約略在一九七〇年代中後期以後，由於國民黨政權所面臨之新一波的正當性危機，除了前述「自決運動」的發展，有更多打著「民主」旗號的團體開始出現，這當中包括流亡美國之島內黨外運動人士所籌組的組織，包括從「臺獨聯盟」分裂出來的組織，包括由臺美人（Taiwanese American）所創建的草根遊說組織，甚至還包括屬於廣義統派、但卻支持島內民主運動的組織（關於此一階段的重要事件，可以參考「表一：美國臺獨運動大事年表，一九七七—一九八七」）。我們先談郭雨新。

表一：美國臺獨運動大事年表，一九七七—一九八七

時間	時代脈絡重大事件	美國臺獨運動重大事件
1977		郭雨新在美國組織「臺灣多數人政治促進會」（Action For Majority Rule in Taiwan）。
1977/11/19	「中壢事件」爆發，臺灣民眾第一次自發性地上街頭抗議選舉舞弊。	
1978/12/15	美國宣布自一九七九年一月一日起與中華民國斷交，與中華人民共和國建交。	
1979/01/22		「臺灣多數人政治促進會」獲「臺灣人民自決運動」等組織的支持，改組為「臺灣民主運動海外同盟」（Overseas Alliance for Democratic Rule in Taiwan）。
1979/02/03		保釣運動分子林孝信及其支持者於芝加哥成立「臺灣民主運動支援會」。
1979/06		彭明敏在美國華盛頓成立「臺美協會」（Taiwanese-American Society），宣稱要「把臺灣人民爭取獨立、自由與民主的奮鬥情況公諸全世界愛好正義的人民」。

時間	時代脈絡重大事件	美國臺獨運動重大事件
1979/12/10	「美麗島事件」（或稱「高雄事件」）爆發於高雄，事後許多重要的黨外人士遭到逮捕與審判。	
1979/12/15		十個海外臺灣人團體成立「臺灣建國聯合陣線」，誓言要讓「國民黨政權……徹底從整個地球上消失」。
1980/2/28	林宅血案發生於臺北，「美麗島事件」被告林義雄的母親及雙胞胎女兒被不明兇手刺殺身亡。	
1980/08/26		《美麗島週報》在美復刊，由許信良、陳婉真等人負責。
1981/12	美國國會參眾兩院順利通過一個議案，將臺灣的移民配額和中國分開，單獨給予臺灣兩萬名移民配額。	
1982/02/14		「臺灣人公共事務協會」（Formosan Association for Public Affairs，簡稱FAPA）正式成立，總部設於華盛頓。
1982/06		「獨立臺灣會」與「美麗島週報社」成立「臺灣民族民主革命同盟」，但除資助辦報以外，未有其他具體動作。
1983/12	在臺灣的立法委員選舉中，黨外人士喊出「民主、自決、救臺灣」的共同口號。	
1985/01/01		「臺灣革命黨」由洪哲勝和許信良等人共同宣告成立。

時間	時代脈絡重大事件	美國臺獨運動重大事件
1985/06		「臺美公民協會」（Taiwanese American Citizens League）在南加州成立。
1986/05		許信良籌組「臺灣民主黨」，發起「遷黨回臺運動」。
1986/09/28	「民主進步黨」組黨成功，並推出黨綱草案。	
1987/07/15	臺灣解嚴。	

資料來源：作者參酌各種不同資料來源後整理製表。

一九七七年四月，面對國民黨特務長久以來幾近全天候的跟監活動，前省議員、黨外運動重要人士郭雨新決定離開臺灣，前往美國。幾個月後，他在華盛頓特區成立「臺灣多數人政治促進會」（Action For Majority Rule in Taiwan）這一組織，在海外延續其在臺灣所推展的民主運動。一九七八年一月二十一日，郭雨新在美國宣布與蔣經國競選中華民國總統，「以凸顯歷屆總統都是蔣家父子包辦的不民主」（陳銘城　一九九二：二〇二），並公開宣稱：「我們堅信倘若臺灣人民能對政治主張公開表態，他們多數會選擇一個新而獨立的國家」（轉引自郭惠娜二〇〇五）。同年十月，「臺灣多數人政治促進會」開始發行《快訊》，大量轉錄島內黨外人士的種種相關訊息。

一九七八年十二月十五日，美國宣布自隔年一月一日起與中華民國斷交，與中華人民共和國建交，國民黨政權再一次遭受嚴重的正當性危機。也因為受到這樣的刺激，郭雨新遂於一九七九年一月二十二日與「臺灣人民自決運動」等組織合作，將「臺灣多數人政治促進會」擴大改組為「臺灣民主運動海外同盟」（Overseas Alliance for Democratic Rule in Taiwan），並自己擔任主席一職。該組織並發表以下的成立宣言：

美國政府已宣布於一九七九年元月一日與中華人民共和國建立外交關係。國民黨政權因而無限期停止選舉，加強長達三十年的戒嚴。

> 我們深信：唯有徹底實施民主憲政，才能創造自由，[*sic*]平等，[*sic*]和諧的社會，臺灣島內的黨外人士多年來所從事政治的民主化運動，已逐漸成為臺灣政治力量中一股新興蓬勃的主流，代表著臺灣人民從自己土地上落實扎根的努力。
>
> 我們深信：未來臺灣的命運，必須由臺灣人民透過成熟後的民主程序，自己來決定，任何強權都無由支配。
>
> 我們深信：任何企圖阻礙臺灣民主化的政黨或政權，都將為臺灣人民的力量所擊垮。
>
> 我們堅決支持臺灣島內為促進臺灣民主化的個人與團體，特此鄭重宣布成立臺灣民主運動海外同盟，為臺灣民主奉獻一切！（轉引自邱張瑜　二〇一〇：四七；重點是加上的）

如果我們將郭雨新的「臺灣多數人政治促進會」和「臺灣民主運動海外同盟」視為某種意義之「民主運動」的話，值得注意的是，當時在推動臺灣之「民主運動」的，除了上述立場上偏向臺獨的郭雨新，也包括立場上偏向統派的組織。在這當中，最有代表性的應該就是保釣大將林孝信於芝加哥所成立的「臺灣民主運動支援會」。一九七九年一月，黨外大老余登發以「匪諜」罪名被國民黨逮捕，[21]為了營救余登發，一群來自臺灣、香港、和中國的大芝加哥地區人士，遂於該年二月三日組成「臺灣民主運動支援會」，由林孝信擔任創辦人，李義仁擔任秘書長（李義仁　二〇一〇）。該組織並出版《民主臺灣》這份刊物，將運動重心放在臺灣的民主抗爭上。

再回到立場偏向臺獨的人士和組織。除了郭雨新，早在一九七〇年就已經流亡美國的彭明敏，也於一九七九年六月組織了一個名稱為「臺美協會」（Taiwanese-American）的組織，宣稱要「把臺灣人民爭取獨立、自由與民主的奮鬥情況公諸全世界愛好正義的人民」。在一九七九年和一九八二年之間，該組織曾經出版過六期的 *The Letter on Taiwan*，當作「國會議員主要參考的臺灣政治情況資料」（王桂榮　一九九九：二〇五）。

一九七九年十二月十日，「美麗島事件」（或稱「高雄事件」）爆發於高雄，事後許多重要的黨外人士遭到逮捕與審判。這個事件不但是臺灣黨外運動的分水嶺，同時也對海外反對運動產生重大的影響。「受到高雄事件大逮捕的刺激，在海外的臺灣人，不分統獨左右，莫不為高雄事件被捕受難者含淚奔走救援，傾囊捐款，或是挺身抗議，甚至發展至以暴力手段報復國民黨駐外單位或高官子女」（陳銘城　一九九二：二〇七）。事件後五天，海外臺灣人各團體立刻成立「臺灣建國聯合陣線」，誓言要讓「國民黨政權……徹底從整個地球上消失」。這些組織，就同時包括上述所提到的「臺獨聯盟」（代表人張燦鍙）、「臺灣人民自決運動」（代表人黃彰輝）、「臺灣民主運動海外同盟」（代表人郭雨新）、以及「臺美協會」（代表人彭明敏）等團體，也包括等下要提的「美麗島雜誌社社長許信良」（資料組　一九七九：二）。[22]

「美麗島事件」發生後兩個多月的二月二十八日（一九八〇年），具備臺灣省議會議員身分的「美麗島事件」受難者林義雄，其母親及年僅七歲的一對雙胞胎女兒於臺北住家被不知名兇手所殺害，一般稱之為「林宅血案」。受到國民黨連番高壓統治的刺激，「海外臺灣人的政治意識大幅提昇，不少新興的社團紛紛成立，臺灣人運動也開始呈現多元面貌」（陳銘城　一九九二：二一八）。

除了郭雨新之外，另一個也涉及海外臺獨運動的島內黨外運動重要人物，是當時碰巧滯留美國的前桃園縣縣長許信良。在「美麗島事件」和「林宅血案」發生後，他先於一九八〇年八月在美國復刊《美麗島週報》，之後又參與、甚至主導了不少「非臺獨聯盟系統」的組織。一九八二年，以日本為主要運作基地的「獨立臺灣會」與「美麗島週報社」合作，共同成立了「臺灣民族民主革命同盟」。根據當時也曾參與過《美麗島週報》之運作的愛琳達（Linda Gail Arrigo）表示，上述「同盟」的理論基礎在於「民族資本家」這個概念，「認為革命左派和革命右派在某種程度上是可以進行聯合陣線的」（許維德　一九九六ａ）。這個「同盟」持續了大概兩年的時間，一直到許信良加入洪哲勝的「臺灣革命黨」為止，算是無疾而終（許維德　一九九六ａ）。

一九八四年四月，「臺獨聯盟」鬧出分裂危機，曾任「臺獨聯盟」副主席的洪哲勝，因為競選該組織美國本部主席失敗，再加上意識型態上的分歧，因此帶領了三十多個聯盟的核心分子宣布退出「臺獨聯盟」，並組成「臺灣革命黨建黨委員會」（許維德　一九九六ａ；臺灣革命黨建黨委員會　一九八四）。一九八五年一月一日，

「臺灣革命黨」正式成立，由洪哲勝任總書記，許信良擔任第一副總書記（維基百科　二〇一六）。[23]該黨的宗旨為「推動臺灣人民獨立建國」，並且表示「臺灣革命是一場民族解放運動」，要以革命方式推翻國民黨局的統治（維基百科　二〇一六）。

一年半後，由於時代局勢的變化，[24]許信良又另外糾集了一批人，於一九八六年五月一日在美國紐約舉行記者會，宣布成立「臺灣民主黨建黨委員會」，準備年底「遷黨回臺」，並聲稱不惜闖關回臺坐牢（許維德　一九九六a；邱萬興　二〇一六）。根據原本的計畫，他們打算在該年十月初在海外召開「臺灣民主黨」成立大會，但當「民主進步黨」於九月二十八日在臺灣本土宣布成立後，許立即宣布要暫停這個大會，並宣稱自己是民進黨海外支部領導人。但臺灣的民進黨卻又指許並無入黨，因此表明並沒有這個「海外支部領導人」的事實。許於是改口說要「返臺入黨」，同時掛上「民主進步黨海外組織」這個招牌。但是，民進黨又表明拒絕將這「海外組織」納為海外黨部後，許乃於一九八七年將其改稱為「臺灣民主運動海外組織」（史明　一九八七：一二—一三；黃徙　一九九二：六〇）。

事實上，不僅是來自臺灣的黨外人士如郭雨新、許信良等人在「後美麗島時代」有動作，其他已經旅居美國一段時日的臺灣移民及其後代，也從來沒有停過他們的步伐。我們以下以「臺灣人公共事務協會」（Formosan Association for Public Affairs，簡稱為FAPA）為例進行說明。FAPA的成立有兩個時代背景。一方面，在「美麗島事件」後，臺美人發揮了高度的團結，熱烈支援臺灣的民主運動，積極在國際上展開救援的行動，從而促成了海外臺灣人政治意識的提昇。另一方面，約略從一九八〇年代開始，美國的臺灣移民在人數上也在持續成長。由於對移民配額數量的需求，在美臺灣人於是向美國國會展開遊說，並成功地於一九八一年十二月為臺灣爭回臺美斷交後失去的兩萬名移民配額。「後美麗島時代」的國際救援也好，配額案的國會遊說經驗也好，兩者都刺激了海外臺灣人對故鄉民主的關愛，也終於促成了「臺灣人公共事務會」——一個專門推動國民外交之草根組織——的誕生（Shu 2005: 253）。這個組織成立於一九八二年二月，是以旅美教授、學者、企業家、長老教會人士及醫生、工程師等專業人士為組成主體，「臺獨聯盟」前主席、當時任教於紐約市立大學的蔡同榮被推選為該組織的首任會長，彭明敏則被蔡同榮敦請出任榮譽會長一職（Shu 2005: 253, 442）。FAPA的宗旨如下：

（一）配合島內民主力量，促進臺灣的自由和民主。

（二）宣揚臺灣人民追求民主、自由的決心，造成有利於臺灣住民自決和自立的國際環境。

（三）維護及增進海外臺灣人社會之權益。（轉引自陳榮儒　一九九五：一六；重點是加上的）

和「典型獨立版」論述相比，「民主版」論述雖然也同意前一論述的某些論點（比如說「臺灣不是中國的一部分」），不過，至少在以下幾點上，「民主版」論述對「典型獨立版」論述原本的主張，做了一定程度的修正。首先，如果說「典型獨立版」論述的核心就在於「臺灣人不是中國人」的話，「民主版」論述則在概念上更清楚地對「政治認同」和「文化認同」加以區別，而強調臺灣人在「政治／國籍」上雖然不是中國人，但在「文化／血緣」上則不見得和中國可以完全區隔。以彭明敏為例，他在一九八二年於臺獨聯盟所發行的《臺獨》季刊上發表了一篇文章——〈臺灣國民主義的確立〉，並在文章中強調，構成國家的要件並不在於種族、語言、文化等客觀條件，而是在於主觀的共同命運意識。他這樣表示：

> 近代獨立國家國民的形成和發展，並不是以相同的種族、相同的文化語言等等作為基礎，而是根據於強烈而深厚的共同命運的意識。如果沒有這個意識，縱使種族同、文化同、語言同、宗教同，也無法形成為單一國民。相反地，如果有了這個共同命運的意識存在，縱使種族不同、文化不同、語言不同、宗教不同，仍可以形成為單一國民。這個共同命運的意識，不是以口號、標語、欺騙、強迫、恐嚇、迫害所能造成。它必須在長期共同的歷史過程中，歷盡艱難、同甘共苦以後，才能逐漸產生和發展。在臺灣人民社會中普遍存在的共同命運的意識，是他們四百年歷程的結晶，是「臺灣國民主義」的基礎，也是臺灣人民團結、獨立、自由的關鍵，任何外力都無法否定。事實已經證明，在臺灣人民與中國國民黨之間、臺灣人民與中國共產黨之間、臺灣人民與中國人民之間，

這種共同命運的意識並不存在。（彭明敏　一九八二：五八；重點是加上的）

換句話說，對彭明敏而言，在文化／血緣上臺灣人可能是屬於漢人或者是漢文化圈，但是，臺灣人卻還是可以建立自己的國家，因為「文化／血緣認同」和「政治／國籍認同」實在沒有甚麼必然的、一對一的關係。因此，彭明敏這樣表示：

臺灣人民在種族上來源和文化上系統，在人類文化學上固然重要，但在政治經濟上，並不重要。臺灣人祖先幾百年從何處來，臺灣文化在本質上屬於何種系統，在討論臺灣政治經濟時，不值得重視。（彭明敏　一九八二：五八）

第二，對「典型獨立版」論述而言，「建立『臺灣共和國』」幾乎就是這一論述的核心元素，但對「民主版」論述而言，「獨立建國」本身並不見得是此一運動絕對沒有妥協餘地的「命定式目標」，反而，「程序上的正義」，才是「民主版」論述念茲在茲的優先關懷。

就以郭雨新為例，他固然曾經說出「倘若臺灣人民能對政治主張公開表態，他們多數會選擇一個新而獨立的國家」（轉引自郭惠娜　二〇〇五）這樣的話語，不過，我們卻也可以在「臺灣民主運動海外同盟」的成立宣言中，看到「未來臺灣的命運，必須由臺灣人民透過成熟後的民主程序，自己來決定」（轉引自邱張瑜　二〇一〇：四十七）的說法。甚至，他還曾經表示，「如果臺灣人經過選舉之後，大多數要求與中國統一，我們必須接受這個結果」（轉引自蘇新　一九九一）。從最後這段引語來看，郭雨新並不見得會反對「統一」，他強調的是「經過選舉」，即「臺灣人民自己決定」，反對別人強加於臺灣人民的任何看法。

第三，不同於「典型獨立版」論述對「革命」手段的強調，「民主版」論述則是強調「民主」手段在決定臺灣前途時的重要性。簡單來講，如果說前者強調我們應該應用（或至少不放棄）「體制外革命」的方式來達成臺灣獨立之目標的話，那麼，後者則認為我們應該在民主的原則下應用「體制內的改革」的方式來達成臺灣獨立的目的。

結語：重返「國族主義VS民主」的糾葛

讓我們回到這篇論文一開始所設定的發問——「國族主義」和「民主」的關係。是的，以美國臺獨運動當作經驗材料的話，到底「國族主義」和「民主」之間，呈現出甚麼樣的關係呢？根據上述三節的描述，筆者對這個發問有四點暫時性的觀察。

首先，無論是哪一種類型的論述，「典型獨立版」論述也好，「自決版」論述也好，更遑論「民主版」論述，「民主」都是運動倡議者念茲在茲的重要目標之一（雖然不一定是最優先的目標），這一點應該沒有問題。在「典型獨立版」論述中，無論是3F、UFI、乃至於WUFI，這些組織都將「民主臺灣」視為運動的一個重要宗旨。在「自決版」論述中，儘管「自決」在概念上並不等同於「民主」，不過，至少對美國臺獨運動的這些倡議者而言，他們所鼓吹的「自決」，很清楚地包含了對「後自決」時期之「民主政體」的期待。至於「民主版」論述，當中的「民主」元素就更加不證自明了。

第二，縱然這些不同的論述都預設了「民主」的目標，不過，不同論述對於「國族主義」和「民主」之應然關係或優先順序，有不盡相同的詮釋和想像。更進一步講，儘管「典型獨立版」論述會將「民主臺灣」視為台獨運動的一項重要目標，不過，在優先順序上，「獨立」是最緊要的核心訴求，即使達成這一目標的手段是「革命方式」，臺獨運動倡議者也在所不惜。再者，「自決版」論述強調的是「由臺灣人民自己來決定自己的前途」這件事情，至於臺灣人民的最終結果是統是獨，至少就表面的邏輯而言，這並非「自決版」論述所要關切的。因此，筆者會認為，對「自決版」論述而言，「民主」的優先性應該略大於「國族」。最後談「民主版」論述。至少在表面上的修辭，「民主版」論述會視「民主」為最優先的目標，「國族」的考量絕對應該是在「民主」之下。

第三，上述對「國族VS民主」之優先順位的選擇，有時反映的並不盡然是運動者的政治價值抉擇，反而是不同行動者用來競爭有限資源的一種「修辭策略」。比如說，在「民主版」論述中，有些運動的倡議者，其實並不盡然是「民主理念」的信徒。他們之所以會強調這一信念，有時是因為「典型獨立版」論述——海外臺灣人運動的「主流論述」——已經被其他組織所壟斷，為了和上述組織進行區隔，才因此委身於「民主版」論述之下，期望能夠透過這一「另類論述」和「主流論述」一較長短。[25]

最後一個觀察點和「論述」無關，而是和民主化的「具體效果」有關。筆者認為，如果純粹論及美國臺獨運動對臺灣「民主化」在經驗上的可能貢獻，這個運動倒是清楚展現其在這一過程中的重要影響。第一，在國民黨解嚴前的長期威權統治之下，海外（特別是美國）曾經是臺灣反對運動最重要、甚至是唯一的舞臺。第二，美國臺獨運動和島內反對運動間的高度聯繫性和相關性，無論是在論述發展上、人員交流上、甚至是組織互動上。最後，海外臺獨運動在美國所進行的種種遊說工作，也在臺灣民主化過程中扮演了相當程度的重要角色（許維德二〇〇一b：一〇〇—一〇二）。

許維德，臺灣大學社會學系法學士，美國 Syracuse University 社會學系哲學博士；現任交通大學人文社會學系副教授。研究領域為認同研究、族群關係、國族主義與社會運動。著有《族群與國族認同的形成：臺灣客家、原住民與臺美人的研究》一書。

註釋

1 本文初稿曾經以〈「國族主義運動」中的「民主」成分：以美國臺獨運動為經驗素材的探討，一九五六—一九八七〉的標題發表於「爭取民主的年代」研討會，台灣研究基金會、中央研究院臺灣史研究所主辦，二〇一七年四月十五日。作者感謝台灣研究基金會創辦人黃煌雄先生的邀稿、國立臺灣師範大學臺灣史研究所陳佳宏教授在會議當場的評論意見、以及三位匿名審查人的書面評論意見。特別是三位匿名審查人中的一位，對本文的改寫提供了很多建設性的建議，無論是文章標題、圖表安排、乃至敘述主軸，這些意見都對筆者在修改這篇論文時有很大的幫助，特此表達筆者由衷的謝意。最後，筆者也不能免俗地宣稱，本文所有的疏失和爭議，文責當然都是我自己的。

2　原文出處為Moreno and Lecours (2010: 3)。

3　原文來自「Formosans' Free Formosa」這個北美洲第一個臺獨運動組織於一九五六年一月所發行的第一期通訊，是該組織為了正式宣布成立所發布的公開信，執筆人是當時就讀天普大學（Temple University）醫學院的盧主義。這裡係轉引自盧主義（二〇〇五：八七；重點是加上的）。

4　原文由人在海外的幾位臺灣人基督徒領袖（這些人後來組成總部設於紐約市的「臺灣人民自決運動」）發表於一九七二年十二月二十五日。這裡係轉引自王昭文（二〇一五；重點是加上的）。

5　原文來自〈臺灣民主運動海外同盟成立宣言〉，刊登於該組織的出版品《快訊》第二十期（一九七九年六月一日發行）。這裡係轉引自邱張瑜（二〇一〇：四七；重點是加上的）。

6　原則上，本文會將nation翻譯為「國族」，並將nationalism翻譯為「國族主義」，其理由請參見許維德（二〇一三：一九—二一）。但在引用其他著作（包括譯本）的時候，筆者會遵循原作／譯者的使用方式。

7　該書的日文版出版於一九九二年，筆者參考的是中文版。

8　文獻中提到過和「臺獨運動」有關的種種論述，在數量上實在多到不勝枚舉。比較常被提到、和美國臺獨運動比較有關的，包括「臺灣民族論」、「臺灣地位未定論」、「住民自決論」、「臺灣國民主義論」等。關於這些論述的鳥瞰性回顧，可以參考朱衛東（一九九六）；孫雲（二〇〇七）；柳金財（二〇〇一）；陳儀深（二〇一〇）；黃仁傑（一九九三）。

9　某位匿名審查人指出，「有典型即有『非典型』？」，因此質疑本文未對「典型獨立版」論述之「典型」一詞做清楚界定。筆者之所以使用「典型」一詞來描摹這一版本的臺獨運動論述，是因為就定義而言，本文所論及的多數對象（除了極少數例外）都是某種意義下的「臺獨運動」，不論是抱持「自決版」論述的「臺灣人民自決運動」，還是主張「民主版」論述的其他民主運動組織。但「臺獨聯盟」的這一「臺獨版」論述，顯然在性質和強度上與其他兩個版本的臺獨論述有所差別，筆者才將之稱為「典型獨立版」論述。

10　這一組織的中文名稱「臺灣人的自由臺灣」比較沒有問題，不過，關於其英文名稱，不同來源的文獻就頗有一些出入，筆者至少看過七種對「３Ｆ」的不同表述方式，包括Free Formosans' Formosa、Formosans for Free Formosa等，詳細的討論請參考筆者之前發表的文章（如許維德　二〇〇一ｂ：一四三—一四四，註六〇）。

11　一九六六年，ＵＦＩ改組為「全美臺灣獨立聯盟」（United Formosans in America for Independence，簡稱UFAI）。再四年，ＵＦＡＩ又與日本的「臺灣青年獨立聯盟」（United Young Formosans for Independence）、歐洲的「歐洲臺灣獨立聯盟」（United Formosans in Europe for

Independence）、以及加拿大的「在加臺灣人權委員會」（Committee for Human Rights in Formosa）合併，而共同組成「世界臺灣獨立聯盟」（World United Formosans for Independence）。

12 「臺灣獨立聯盟」在一九八七年五月改名為「臺灣獨立建國聯盟」（臺灣獨立建國聯盟nd），在名稱上多了「建國」兩字。

13 相較於3F宗旨中提到的「臺灣國」，或者是其他可能的國家名稱（如「臺灣」、「臺灣民國」等，見黃昭堂　一九九八a，一二二），UFI所倡議的「臺灣共和國」這個名稱，更被之後的台獨運動者所喜愛，而成為這一運動在建構其終極目標時最常採用的「新國家名稱」。許世楷的〈臺灣共和國憲法草案〉（見許世楷　一九九三）是用「臺灣共和國」這個名稱。另外，林義雄於一九八九年從美國帶回臺灣發表的〈臺灣共和國基本法〉、李憲榮所提的〈臺灣共和國憲法草案〉、以及民進黨新潮流系所提的〈臺灣共和國憲法草案〉都是採用「臺灣共和國」這個名稱（施正鋒　一九九八：第二章；一九九九：一四一，註二一）。

14 「中華民族」這個概念是孫文在一九二〇年才創造出來的。事實上，孫文的民族主義思想經過多次的轉變。在辛亥革命前，他的民族主義思想可以用「激烈的排滿主義」來形容。在中華民國於一九一二年創立以後，他又改倡所謂的「五族共和論」，誓言「合漢滿蒙回藏諸地為一國」。然後，在幾年後，他又有了轉變，不再提「五族共和」的講法，反而在一九二〇年公開呼籲仿效美國，組成「中華民族」，力倡「應該把我們中國所有各民族融化成一個中華民族」。孫文的民族思想至此算是比較定型，而這個「中華民族」式的民族主義，也就成了之後中國官方（包括國民黨和共產黨）透過國家機器最廣為傳播的意識型態，見許維德（二〇〇一a：一〇九－一一〇）。李筱峰（一九九五：一四九）因此認為，「中華民族」這個概念根本上是一個「『為了政治需要而特別建構』的政治名詞」。

15 或者應當說，廖文毅所創造的「臺灣國族混血論」正是反應了他（以及他周圍的朋友和敵人）對國族、或者是中國國族的看法。如果國民黨統治臺灣的合法性正在於一個不容任何人懷疑的「中國國族主義」，而這個「中國國族主義」又具有強烈血源論式的原生主義的話，某種對抗這種論述的有效方法就是「在這個思考架構下」做一個論述的扭轉，一方面承認血源是構成國族的一個重要判準，另一方面卻提出臺灣人具有和中國人不同血源的主張。關於反對運動在形成其意識型態的過程中如何受到當權者既存意識型態的影響，Moaddel(1992）對伊朗革命的研究提供了一個極有趣的分析架構，頗具參考價值。

16 某位匿名審查人指出，在筆者所論及的三個論述中，其最大爭議（或區別）應該在於「『革命』手段的採用與否」。更進一步講，「獨立聯盟的建國運動中革命訴求較強，各種自決和民主的訴求，似乎是軟化革命性且淡化或排除武力之選項」。筆者基本上同意審查人的這個觀察。不過，如果要探討美國臺獨運動不同組織對於「革命」手段的不同看法和相關光譜，這雖然和本文所討論的「民主訴求」有密切關係，但卻是另外一個獨立的研究議題，需要再另外為文來討論。

17 筆者在博士生階段曾經發表過一篇和這一運動有關的論文，見許維德（一九九六b）。

18 這是黃昭堂使用的語彙，意指所謂的「外省人」。

19 感謝某位匿名審查人對這一論點的提醒和補充。

20 一九八二年六月，康寧祥、張德銘、尤清與黃煌雄等四位黨外運動人士，應美國「北美洲臺灣人教授協會」的邀請訪問，訪問美國、日本四十天，史稱「黨外四人行」（黃煌雄、黃向成　二〇一七；維基百科　二〇一七ｂ）。值得注意的是，在這個「黨外四人行」在時間上碰巧發生於一九八三年「民主、自決、救臺灣」此一黨外人士共同口號之前，中國學者張鳳山（二〇〇二）因此認為此一行動是「島內外『臺獨』勢力開始公開勾聯」的例證。

21 余登發雖然也屬所謂的「黨外人士」，不過在政治立場上偏向統一，還曾於一九八八年和胡秋原共同擔任「中國統一聯盟」的首任名譽主席（維基百科　二〇一七ａ）。

22 「美麗島雜誌社社長許信良」是組成「陣線」之十個團體中唯一一個以個人名義署名的「單位」。除了上述五個團體，其他加入這一「陣線」的還有「獨立臺灣會」（代表人史明）、「臺灣臨時政府」（代表人林台元）、「協志會」（代表人洪順五）、「臺灣民主運動歐洲同盟」（代表人陳重信）、以及「潮流」（代表人陳婉真）等五個團體（資料組　一九七九：二）。

23 陳銘城（一九九二：二四五）將該黨的成立時間寫為一九八五年二月二十八日，但多數網路上的資料都寫為一月一日。筆者尚無法確認哪一個日期比較正確。

24 根據邱萬興（二〇一六）的說法，「在臺灣民主政治發展中，一九八六年是臺灣邁向民主化最關鍵的一年。從鄭南榕發起龍山寺『五一九綠色行動』揭開群眾運動的序幕，接著陳水扁、黃天福、李逸洋三君子的坐監惜別會，造成了處處人潮；隨後臺北市議員林正杰被判刑放棄上訴，十二天全台街頭狂飆。」

25 某位匿名審查人提到，「民主」論述的抬頭，除了有可能是一種行動者用來競爭資源的「修辭策略」，也可能和美國「反共民主」的國情有關。因此，這一「民主版」論述的崛起，「應該也受到國際政治大環境的侷限」。筆者完全同意審查人的這個洞見，只是，這一點如果要再詳加論述，恐怕就會是另外一篇論文的主題了。

引用書目

王昭文，二〇一五，〈回看「臺灣人自決運動」〉，《歷史學柑仔店》，五月八日。http://kam-a-tiam.typepad.com/blog/2015/05/%E5%9B%9E%E7%9C%8B%E8%87%BA%E7%81%A3%E4%BA%BA%E8%87%AA%E6%B1%BA%E9%81%8B%E5%8B%95.html，瀏覽日期：二〇一七年四月一日。

王英津，二〇一〇，〈自決與民主的異同比較及關係梳理〉，《北京行政學院學報》三：二八—三三。

王桂榮，一九九九，《王桂榮回憶錄：一個臺美人的移民奮鬥史》，Upland，Calif.：臺灣出版社。

史明，一九八七，〈許信良所學到的是甚麼？〉，《臺灣大眾》十九：一二—一三。

臺灣革命黨建黨委員會，一九八四，〈籌建臺灣革命黨聲明書〉，《臺灣與世界》十一：一〇—一一。

臺灣基督長老教會，一九七一，〈臺灣基督長老教會對國是的聲明與建議〉，《臺灣基督長老教總會》，十二月二十九日。http://www.pct.org.tw/ab_doc.aspx?DocID=001，瀏覽日期：二〇一七年四月三日。

臺灣獨立建國聯盟，nd，〈臺灣獨立運動WUFI大事記〉，《臺灣獨立建國聯盟》。http://www.wufi.org.tw/events.htm，瀏覽日期：二〇〇九年十月一日。

朱衛東，一九九六，〈「臺獨」理論綱要剖析〉，《海南大學學報（社會科學版）》十四（三）：八六—九四。

江宜樺，一九九八，《自由主義、民族主義與國家認同》，臺北：揚智。

——，二〇〇一，〈新國家運動下的國家認同〉，頁一八一—二二六。收錄於林佳龍、鄭永年主編，《民族主義與兩岸關係：哈佛大學東西方學者的對話》，臺北：新自然主義出版社。

吳乃德，一九九七，〈國家認同和民主鞏固：衝突、共生與解決〉，頁一五—三〇。收錄於游盈隆編，《民主鞏固或崩潰：臺灣二十一世紀的挑戰》，臺北：月旦。

吳叡人，一九九七，〈民主化的弔詭與兩難？：對於臺灣民族主義的再思考〉，頁三一—四八。收錄於游盈隆編，《民主鞏固或崩潰：臺灣二十一世紀的挑戰》，臺北：月旦。

李筱峰，一九九五，〈混淆國家認同的歷史教育：以現行國民中學歷史課本教材為例〉，頁一四三—一六二。收錄於李筱峰著，《臺灣，我的選擇！：國家認同的轉折》，臺北：玉山社。

李義仁，二〇一〇，〈臺灣民主運動支援會〉，頁二一四—二一七。收錄於謝小芩等編，《啟蒙・狂飆・反思：保釣運動四十年》，新竹：清華大學出版社。

林佳龍，二〇〇一，〈臺灣民主化與國族形成〉，頁二一七—二六六。收錄於林佳龍、鄭永年主編，《民族主義與兩岸關係：哈佛大學東西方學者的對話》，臺北：新自然主義出版社。

林毓生講、詹景雯整理，二〇〇四，〈問題意識的形成與理念（或理想）型的分析〉，《中國文哲研究通訊》十四（四），頁五—二一。

邱張瑜，二〇一〇，《郭雨新與國內外臺灣政治運動（一九九七—一九八五）》，國立臺灣師範大學臺灣文化及語言文學研究所碩士論文。

邱萬興，二〇一六，〈創黨前夕的街頭風暴：創黨前夕的街頭風暴〉，《民報》，九月二十三日。http://www.peoplenews.tw/news/64974ce2-086f-4283-b5c7-50a57b0814cc，瀏覽日期：二〇一七年四月十二日。

洪哲勝、田台仁，一九八二，〈臺灣的民族問題〉，《臺獨季刊》四，頁二六—三九。

柳金財，二〇〇一，〈國府遷臺以來反對勢力臺獨論述的形成、理論建構與轉型〉。《臺灣史料研究》十七：七一－九八。

施正鋒，一九九八，《當代政治分析》，臺北：前衛。

——，一九九九，〈臺灣族群結構及政治權力之分配〉，頁一二七－一七一。收錄於施正鋒，《臺灣政治建構》，臺北：前衛。

——編，二〇〇〇，《臺灣獨立建國聯盟的故事》，臺北：前衛。

若林正丈著、洪金珠、許佩賢譯，一九九四，《臺灣：分裂國家與民主化》，臺北：月旦。

孫雲，二〇〇七，《「臺獨」理論與思潮》，北京：九州出版社。

許世楷，一九九三，〈附錄一：臺灣共和國憲法草案〉，頁二一五－二二八。收錄於許世楷，《臺灣新憲法論》，修訂版，臺北：前衛。

許維德，一九九六a，〈參與臺灣歷史的美國瘋婆子：訪艾琳達談海外的臺獨運動〉，《臺灣公論報》，七月三日，第六版。

——，一九九六b，〈戰後海外「臺灣左派」運動的意識型態分析：以「臺灣民族主義論戰」（1979-1982）為例說明〉，論文發表於第一屆臺灣文化歷史研討會，Research Group for Taiwanese History and Culture主辦，八月九日－十二日，Austin, Tex, United States。

——，二〇〇一a，〈中國民族主義．帝國主義．臺灣獨立運動：簡評三本九〇年代中國出版的「臺獨研究」專書〉，《思與言：人文與社會科學雜誌》三十九（二），頁八九－一六四。

——，二〇〇一b，〈發自異域的另類聲響：戰後海外臺獨運動相關刊物初探〉，《臺灣史料研究》十七，頁九九－一五五。

——，二〇一三，〈何謂「國族」(nation)？：語彙分析、構成元素式定義、以及過程化思考的嘗試〉，《國家發展研究》十二（二），頁一－七二。

陳隆志，一九九三，《臺灣的獨立與建國》，臺北：月旦。

陳榮儒編，一九九五，《FAPA草根外交》，修訂版，臺北：公民投票雜誌社。

陳銘城，一九九二，《海外臺獨運動四十年》，臺北：自立晚報。

陳儀深，二〇一〇，〈臺獨主張的起源與流變〉，《臺灣史研究》十七（二），頁一三一－一六九。

彭明敏，一九八二，〈臺灣國民主義的確立〉，《臺獨季刊》一，頁五七－五九。

郭惠娜，二〇〇五，〈郭雨新主張臺灣主權獨立〉，《新臺灣新聞周刊》，十一月八日。http://www.newtaiwan.com.tw/bulletinview.jsp?bulletinid=59351，瀏覽日期：二〇一七年六月一日。

黃仁傑，一九九三，《臺獨運動與臺海兩岸國家統一政策之研究》，國立政治大學東亞研究所碩士論文。

黃昭堂，一九九六a，〈自序〉，頁一－三。收錄於黃昭堂，《臺灣淪陷論文集》，臺北：財團法人現代學術研究基金會。

——，一九九六b，〈自決的理論與實踐〉，頁一五九－一八三。收錄於黃昭堂，《臺灣淪陷論文集》，臺北：財團法人現代學術研究基金會。

——，一九九八a，〈臺灣的獨立與國際法上的基礎〉，頁一一一—一三二。收錄於黃昭堂，《臺灣那想那利斯文》，臺北：前衛。
——，一九九八b，〈戰後臺灣獨立運動與臺灣民族主義的發展〉，頁七三—一一〇。收錄於黃昭堂，《臺灣那想那利斯文》，臺北：前衛。
黃徙，一九九二，《臺獨的社會真實與新聞真實》，臺北縣板橋市：稻香。
黃嘉光、王康陸、陳正修編，一九九一a，《海外臺獨運動三十年：張燦鍙選集（上）》，臺北：前衛。
——，一九九一b，《海外臺獨運動三十年：張燦鍙選集（下）》，臺北：前衛。
黃煌雄、黃向成，二〇一七，〈普羅米修斯偷天火：民進黨成立〉。《風傳媒》，四月二十二日。http://www.storm.mg/article/251486，搜尋日期：二〇一七年七月二十八日。
張鳳山，二〇〇二，〈臺灣當局為何派康寧祥訪美？〉，《人民網》，九月十九日。http://twpeople.com.cn/BIG5/14811/14869/945306.html，瀏覽日期：二〇一七年七月二十八日。
翁仕杰，一九九四，《臺灣民變的轉型：歷史宿命與超越》，臺北：自立晚報。
資料組，一九七九，〈臺灣建國聯合陣線成立宣言〉，《臺獨》九十四：二。
維基百科，二〇一六，〈臺灣革命黨〉，《維基百科，自由的百科全書》，十一月二十日。https://zh.wikipedia.org/wiki/%E5%8F%B0%E7%81%A3%E9%9D%A9%E5%91%BD%E9%BB%A8，瀏覽日期：二〇一七年四月一日。
——，二〇一七a，〈余登發〉，《維基百科，自由的百科全書》，一月十六日。https://zh.wikipedia.org/wiki/%E4%BD%99%E7%99%BB%E7%99%BC，瀏覽日期：二〇一七年四月十日。
——，二〇一七b，〈張德銘〉，《維基百科，自由的百科全書》，二月二十四日。https://zh.wikipedia.org/wiki/%E8%AC%9D%E6%A3%AE%E4%B8%AD，搜尋日期：二〇一七年七月二十八日。
齊光裕，一九九六，《中華民國的政治發展：民國三十八年以來的變遷》，臺北：揚智。
盧主義，二〇〇五，〈自由的號角：3F及UFI之起源〉，頁七三—九六。收錄於張炎憲、曾秋美、陳朝海編著，《自覺與認同：一九五〇—一九九〇年海外臺灣人運動專輯》，臺北：吳三連臺灣史料基金會。
蕭高彥，一九九七，〈國家認同、民族主義與憲政民主：當代政治哲學的發展與反思〉，《臺灣社會研究季刊》二十六：一—二七。
蘇新，一九九一，〈關於「臺獨」問題（續完）〉，《海峽評論》六。https://www.haixia-info.com/articles/120.html，瀏覽日期：二〇一七年六月一日。
Alter, Peter, 1989, *Nationalism*. London: Edward Arnold Publisher.
Aron, Raymond（艾宏）著、齊力、蔡錦昌、黃瑞祺譯，一九八六，《西方近代社會思想家：涂爾幹、巴烈圖、韋伯》，臺北：聯經。

Beetham, David and Kevin Boyle, 2009, *Introducing Democracy: 80 Questions and Answers*, 2nd rev. ed. Paris: UNESCO Publishing.

Giddens, Anthony（紀登斯）著、簡惠美譯，一九九四，《資本主義與現代社會理論：馬克思、涂爾幹、韋伯》，新版，臺北：允晨文化。

Jenkins, Brian, 1990, *Nationalism in France: Class and Nation since 1789*. London: Routledge.

Moaddel, Mansoor, 1992, "Ideology as Episodic Discourse: The Case of the Iranian Revolution." *American Sociological Review* 57(3): 353-79.

Moreno, Luis, and Andre Lecours, 2010, "Introduction: Tensions and Paradoxes of a Multi-faceted Relationship." pp. 3-15 in *Nationalism and Democracy: Dichotomies, Complementarities, Oppositions*, edited by Andre Lecours and Luis Moreno Jerez. London: Routledge.

Spencer, Philip and Howard Wollman（史賓塞和沃曼）著，國家教育研究院主譯，何景榮、楊濟鶴譯，二〇一二，《民族主義：一個批判性的觀點》，新北市：韋伯文化國際。

Shu, Wei-der, 2002, "Who Joined the Clandestine Political Organization? Some Preliminary Evidence from the Overseas Taiwan Independence Movement." pp. 47-69 in *Memories of the Future: National Identity Issues and the Search for a New Taiwan*, edited by Stephane Corcuff. Armonk, N.Y.: M. E. Sharpe.

——, 2005, *Transforming National Identity in the Diaspora: An Identity Formation Approach to Biographies of Activists Affiliated with the Taiwan Independence Movement in the United States*. Unpublished doctoral dissertation, Department of Sociology, Syracuse University, Syracuse, N.Y.

Wachman, Alan M., 1994, *Taiwan: National Identity and Democratization*. Armonk, N.Y.: M. E. Sharpe.

Weber, Max, 1949, "Objectivity' in Social Science and Social Policy." pp. 49-112 in *The Methodology of the Social Sciences* , Max Weber, translated and edited by Edward A. Shils and Henry A. Finch. Glencoe, Ill.: The Free Press.

Weber, Max（韋伯），一九九一，〈社會科學與社會政策的「客觀性」〉，頁六一－一二五。收錄於 Max Weber（韋伯）著、黃振華、張與健譯，《社會科學方法論》。臺北：時報文化。

總結：論焚而不燬的黨外精神

黃煌雄、黃向成[1]

引言

二次戰後，由於二二八所帶來的「創傷」，臺灣歷史走過一段漫長而陰暗的幽谷。從一九四七年二月到一九八七年七月（解嚴），至少經歷一個世代以上的歲月，臺灣歷史才漸漸從冬眠中甦醒過來，展現春天的氣息。

百年臺灣，繼蔣渭水世代所締造的黃金十年，李登輝世代所遭遇的悲愴年代，黨外世代經由共同的努力，開創出臺灣歷史上前所未有的民主年代。

在戒嚴體制下，國民黨實行一黨專政，不容許政黨競爭的形勢出現，因此當「自由中國」所代表的知識分子準備和代表草根的臺灣無黨政治人物，進行有組織的結合時，國民黨便逮捕雷震等人，籌組中的中國民主黨胎死腹中。

一九七七年的五項地方公職選舉，因中壢事件使黨外在省議員與縣市長方面獲得兩成左右的當選席位，黨外力量大增；一九七八年底，中央民意代表選舉黨外人士助選團所帶動的氣勢，以及因中美斷交所引發的選舉中止，加上，黨外逐漸形成美麗島政團所開展的巡迴演講，都將二二八以來長期被壓抑的民心激發出來，最終國民黨以赤裸裸的手段進行大逮捕。

美麗島事件以後，黨外再出發；兩年之內，黨外又從政治上的冬天邁向春天。國民黨面對黨外的焚而不燬，高壓不成，改用分化，但大江東流擋不住，與美麗島政團有著血肉相連的民進黨，終於突破黨禁，昂然在戒嚴統治下成立第一個具本土性的政黨，此時點距美麗島事件約七年，距自由中國事件約二十六年。

民進黨的成立，代表臺灣走向政黨政治競爭的開端。民進黨更進而以總統直選制引導中央政治體制的改變，從而在二〇〇〇年總統大選中，首度贏得中央執政，開啟中華民國政府政黨和平輪替的先例，臺灣的民主成就，儼然成為全世界第三波民主化國家的典範。

爭取民主的年代

一、從《自由中國》到省議會

（一）《自由中國》

從歷史觀點言，發行持續約十一年的《自由中國》半月刊雜誌，可說是因政治局勢的變化而創刊，又因政治情勢的變化而被迫停刊。

一九四九年，胡適與雷震等人鑒於國共內戰所帶來的風雲突變，有意仿效二戰初期戴高樂成立「自由法國」的作法，決心創立《自由中國》刊物，胡適在《自由中國》的發行宗旨上寫道：

我們在今天，眼看共產黨的武力踏到的地方，立刻就罩下了一層十分嚴密的鐵幕。在那鐵幕底下，報紙完全沒有新聞，言論完全失去自由，其他的人民基本自由更無法存在。……我們實在不能坐視這種可怕的鐵幕普遍到全中國。因此，我們發起這個結合，作為「自由中國」運動的一個起點。

我們的宗旨，就是我們想要做的工作，有這些：

第一、我們要向全國國民宣傳自由與民主的真實價值，並且要督促政府（各級的政府），切實改革政治經濟，努力建立自由民主的社會。

第二、我們要支持並督促政府用種種力量抵抗共產黨鐵幕之下剝奪一切自由的極權政治，不讓他擴張他的勢力範圍。

第三、我們要盡我們的努力，援助淪陷區域的同胞，幫助它們早日恢復自由。
第四、我們的最後目標是要使整個中華民國成為自由的中國。

這四條宗旨，一直被雷震拿來當做精神指標，附印在每一期《自由中國》的內頁之中；而創刊號的發刊詞與第二期的社論均強調「反共抗俄」的必要。從發刊宗旨到發刊詞可看出，《自由中國》刊物的推動者，原先還評估國民黨與共產黨尚可在大陸「劃（長）江而治」，但隨著戰局急轉直下，國民政府從南京遷到廣州，又遷到重慶，最後來到臺灣。當國民政府退到臺灣之時，也正是自一九二八年取得領導地位的蔣中正陷於政治生涯低潮之時，當時國民政府處境艱難，軍事敗退，外交失勢（美國發表中美關係白皮書），因此實有必要爭取「海外的第三勢力運動」，以穩定人心，《自由中國》似剛好填補了此一需求。因此初創階段的《自由中國》，與國民黨當局之間，有過蜜月期，經費由教育部補助，雜誌社使用的建物由臺灣省政府提供，國軍部隊也訂閱《自由中國》刊物。

但隨著韓戰爆發，美國一面對中共採取圍堵政策，一面恢復對我美援，下令第七艦隊協防臺灣，又簽訂中美共同防禦條約，國際局勢的變化逐漸有利於中華民國；而國內政局也漸趨穩定，《自由中國》對政府當局的意義，已不再如創刊之初那樣的急切，兩者關係乃漸漸發生變化。[2]於是以「反共抗俄」起家的《自由中國》，漸漸將論政的方向從原先對中共、蘇俄的批判轉移到對臺灣內部問題的反省與檢討，且隨著國民黨越走向黨國體制，與《自由中國》所倡導的自由民主理念越不相容，兩者關係乃漸行漸遠，終至走上對抗。

一九五六年十月三十一日是蔣中正七十大壽，蔣總統向全國表示，「婉辭祝壽，提示問題，虛懷納言」；《自由中國》順勢推出「祝壽專號」，公開向蔣總統建議：（一）選拔繼任人才；（二）確立內閣制；（三）實行軍隊國家化。此一「祝壽專號」，引發國民黨及軍方嚴厲批判，稱《自由中國》為「共匪統戰鋪路」。一九五七年八月起，連續七個月，《自由中國》以「今日的問題」系列探討當前政治面貌，並提及到「反對黨問題」，認為「客觀情勢指出，在今日自由中國出現新的反對黨，應有極大的可能。」

一九六〇年五月十八日，無黨籍人士和民青兩黨人士，針對四月份的省議員選舉，召開「在野黨及無黨派人士本屆地方選舉檢討會」，與會人員包括雷震、李萬居、高玉樹、吳三連、楊金虎、許世賢、郭雨新、郭國基、蔣勻田、朱文伯、齊世英、傅正等七十二人，會中強烈批判選舉舞弊，其中，郭國基的一段發言為後來的組黨行動起到關鍵性的影響，他說：「今天民青兩黨的力量委實太小了……他們（國民黨）目中無人，一向專制獨裁，對民青兩黨對於他們種種不滿意的行為，可以置之不理，這是由於民青兩黨本身的力量不夠大，所以我希望把民青兩黨整個全部解散，和臺灣一般民主人士共同來組織一個強有力的在野黨，發揮民主的力量。」郭國基此一談話，促使會議決議「組織地方選舉改進座談會」（以下稱「選改會」）。

同年六月，「選改會」發表李萬居、雷震、高玉樹擔任發言人，李萬居在致詞中表示：「這一個月來，我們所積極籌備的工作，都是『地方選舉改進座談會』，實際上是在替組織新的反對黨做鋪路的工作。」其後，「選改會」選出李萬居、雷震、高玉樹、夏濤聲、吳三連、郭雨新、齊世英、李源棧、郭國基、許世賢等十七人為召集委員，並先後在臺中、嘉義、高雄舉行選舉改進座談，八月在中壢的選舉改進座談會上，雷震宣布新黨將於九月底或十月初正式成立。

在新政黨籌組的過程上，國民黨當局所掌控的黨政軍各種媒體，群起圍攻，九月一日，「選改會」發表緊急聲明：「我們鄭重聲明我們組織新黨，係基於愛國心切，不能坐視因國民黨的一黨專制，過分集中政治權力而誤人誤國？我們明知組織中的新黨，在看得到的未來，無法獲得政權，但是一個政黨在民主國家，不是沒有執政就無存在的意義。我們雖然一致團結努力籌組新黨，但到現在所受的阻礙干擾與分化等情事，真是不勝枚舉。如每次開座談會總是受到警備司令部干擾。我們發起人之一的吳三連於國民黨當局向他的事業集團施用壓力之下，不得不暫時出國六個月，中心人物之一的雷震及其他負責籌組各人，均有大批特務跟蹤，甚至散步住宅四周，如臨大敵。其他向對李萬居的公論報、高玉樹幾年前市長任內施政措施，製造種種干擾，……。在此我們必須再作鄭重聲明：『由於組織新黨的運動已是海內外民主反共人士一致的願望，而在國內是由下起來的潮流。我們現在對於新黨的政綱、政策、黨名及黨章等都已有了初步的定案，預定在九月底以前即可宣告成立，我們敢斷定這不是任何干擾所能阻止的。』」

九月四日，雷震及從「蔣經國之路」走向「雷震之路」的傅正等四人被捕；九月十日，「選改會」召開召集人會議，作成三項決議：「一、決定將選改會撤銷，即日成立『中國民主黨籌備委員會』，仍推定雷震、李萬居、高玉樹為發言人，在雷震未恢復自由前，由李萬居、高玉樹兩人負責。二、要求立即釋放雷震、傅正。三、籌組新黨工作，絕不因此而退縮……此一趨向，絕非任何壓力或打擊所能阻止。」十月八日，雷震被判十年徒刑，傅正交付感化三年（後又再裁定感化三年）；十月十七日，李萬居、高玉樹就雷案再發表聲明：「雷震是一個政治事件……新黨運動絕不會因此停止……同時亦阻嚇不了大陸人與本省人共同攜手合作，以推動民主愛國的運動。」

國民政府來臺後第一次組黨運動，隨著雷案發展，歸於沉寂。

（二）省議會：「五龍一鳳」

由於日本統治臺灣期間，臺灣議會設置請願運動是臺灣「先覺者」在「大同團結」抗日期間共同的政治訴求，時間長達十年以上；而蔣渭水影響下的臺灣民眾黨在氣勢大好之際，又全島巡迴演講，要「大家覺醒起來，要求真正的地方自治」；從臺灣民眾黨分離而出的臺灣地方自治聯盟又以「確立臺灣地方自治」為唯一奮鬥目標；臺灣總督府在這種背景及時局逼迫下，終於一九三五年十一月二十二日實施一次有財產權限制的地方選舉。中華民國政府接收臺灣之後，凜於這種歷史發展，於一九四六年四月十五日，經由各縣市參議會間接選舉方式，從一千一百八十位候選人中選出三十位省參議員，產生臺灣省參議會。當年在臺南縣以四十八票，全省最高票當選省參議員的李萬居，曾公開表示：「選舉的情況非常良好；選舉的經過是熱烈、緊張、而又有條不紊、秩序井然。可看出本省同胞對於政治的關心，並已具有高度的自治素養。」內政部派到臺灣監選的民政司長楊君勱，也於選後發表談話說：據我所看到各參議會投票情形，非常莊嚴慎重，有一位市參議員對我說，他們選舉省參議員至少經過一星期的考慮，始決定人選；特別是他們在投票時，均向國父遺像鞠躬，默禱其選舉的人成功，然後將選舉票投入票匭，再深深一鞠躬，然後退至原座，面部表情極其莊重，這種情形令旁觀者極為感動，而且肅然起敬。

這就是在臺灣選舉史上令人懷念的選舉純樸階段的寫實。但隨著二二八發生，以及其後國民黨不惜一切手段操控選舉的作法，像省參議員時期那種純樸選舉的範例已成為歷史的難得畫面。二二八也使不少省參議員犧牲；二二八之後的臺灣省參議會，「議政方向有了變遷，大體而言」，正如鄭牧心在《臺灣議會政治四十年》一書所說，「已從光復初期所謂『心向祖國，建設臺灣』，不避不諱地觸及各類尖銳而敏感的課題，退縮到二二八事變後謹守地方自治之一隅。」

臺灣省諮議會於二〇〇一年十二月編印《臺灣省參議會、臨時省議會暨省議會時期史料彙編計畫》，在序中寫道：「民國三十五年四月十五日由各縣市參議會間接選出三十位省參議員，其中李萬居、吳三連、郭雨新、郭國基、許世賢、李源棧等六位民主先進，從省參議會、臨時省議會乃至省議會時期，先後或同時在議會問政，惟皆非國民黨籍省議員，在議會積極扮演了監督的角色，素有『五龍一鳳』著稱，這六位議員的建言、著作，對於臺灣整個民主政治的發展，頗具激勵作用，因此這些史料極具保存之價值」。依臺灣省諮議會所編印之「五龍一鳳」共十一冊史料彙編，參酌薛化元所發表〈臺灣省（臨時）省議會地方自治改革的主張——以五龍一鳳為中心的討論〉，可看出從省參議會、臨時省議會到省議會時期，以「五龍一鳳」為代表，對地方自治的主張，包括（一）地方自治法制化：要求成立正式省議會與省議員直接民選；以及依據憲法，儘速制定省縣自治通則，完成省長民選；（二）中央侵奪省級的權限；（三）省對縣市自治權限的侵奪，包括縣市長無人事權、財政權及警察權；（四）黨化問題。另外，從「五龍一鳳」的史料彙編，也可看出國民黨操控選舉之一斑。

——「行政首長的『一人競選』，民意代表的『同額競選』，均屬不競當選。……由政黨人員利誘威脅其他候選人使其『讓賢』，或以不當手段取消其他候選人資格，以造成黨提候選人不競當選的局面，則是臺灣特有的現象。」《郭雨新先生史料彙編》

——「第三屆省議員和縣市長的選舉，實在是臺灣地方自治史上永遠無法洗滌的一個大污點，……全省各地所有軍警特務都大力干涉，就是軍公教人員也甚少不捲入選舉的漩渦，……又有所謂『安全措施』，就是臨時投

票快要結束的時候，如看到情形不對，即以非常手段，向（票）匭投下大量的冒領票……」（李萬居先生史料彙編）

——「本省地方選舉在開票時常有所謂『安全措施』舞弊情事，請政府切實查禁防止非經選舉監督核可，不可無故突然中止開票疑案」《郭國基先生史料彙編》

——「……今天你說『安全措施』不知道，我則以為全省盡人皆知」、「民間所傳以風琴音符一、二、三、四形容之譏諷，就是指責各地投票所在投票快要結束之前，尚有甚多選民未到場投票，利用這個機會，一人可用十個手指各捺指模領票，即可投下十張選票，……」（《吳三連先生史料彙編》）

——「……他們仍不以為滿足，甚至將『第三者地位』之辦理選務人員，如各投票所管理員監察員等，亦不許他人參加。」、「……省議員、縣議員的選舉工作人員都是政府公務員，沒有給地方公正人士及我這無黨無派者參加，……假使還是那樣做的話，譬如一張選舉票明明寫的是郭國基，而念別人的名字。第二、沒有開始投票以前，票匭內已經有幾百票幾千票在裡面了。第三、領票的人沒有領，剩下的自己蓋章去投自己的人。」（《郭國基先生史料彙編》）

——「今天選舉開倒車，選舉用錢買收的風氣非常厲害……『選賢與能』變做『選賢與財』……選風之敗壞，一屆不如一屆，民主政治前途，障礙重重。」（《李源棧先生史料彙編》）

紀展南所著《許世賢傳奇》一書，曾寫道：五龍一鳳的問政風格始終一貫：「揭櫫弊端，指出施政缺失，反映民冤民怨，並誓願為民主政治與自由人權奮鬥。」以「五龍一鳳」為代表的省議會，處在二二八及白色恐怖悲愴歲月的歷史投影下，雖然將「原本蓬勃興起的議政浪潮大幅退縮到僅對地方自治做最低限度的要求」，但已屬省議會中的空谷足音，多少也延續了蔣渭水世代在日本殖民統治下所展現的臺灣人尊嚴。李萬居以副議長身分，在省參議會閉幕典禮中這樣說道：「我認為一個議政機關的尊嚴，等於這個機關的人格或生命，必須予以維持，如果議政機關的尊嚴不保，健全的民主政治便無由建立……現在四年半已經過去，在維持議會尊嚴這一點上，我們勉強可以說無大愧咎。」

二、從中壢事件到美麗島政團

一九七七年臺灣地區五項地方公職選舉，黨外第一次在省議員與縣市長當選席次同時獲得兩成的成績，這是黨外空前的豐收，而其關鍵，則是在開票過程上，爆發了臺灣選舉史上第一次因作票而引發的中壢事件。

中壢事件的靈魂人物，為當時桃園縣長候選人許信良。許信良曾說：「中壢事件是偶發事件，是大家認為校長舞弊，就發生了，絕不是有計畫的陰謀事件。……慢慢了解中壢事件，會發現這是很自然的，那麼激烈的競選活動，民眾那樣關心選舉，國民黨縣黨部卻決心全面作弊，發生這種事是很自然的。……所以，中壢事件在那種情勢下會發生是很必然的。」

這一「偶然」、「自然」，而又「必然」發生的中壢事件，卻為黨外提供一個歷史性發展的新契機。黨外從一九七七年以後，從縣市長到省市議員，便以兩成的成績，作為評估勝敗的基礎。我在投入政治的第一篇政論文章〈今年五項公職選舉的歷史意義〉，指出從歷史觀點考察，今年五項公職選舉所顯示的意義有三：

一、新生代力量的崛起：所謂新生代係包括候選人與選民而言，他們完全是在現行教育體系下長大，並擁有現代知識武裝，他們共同特點是：有抱負、有熱情、愛打抱不平、目無權威，且多少有受挫感。具有這些特點的選民，當然無法以任何非法方式購買其選票，加上他們在人口結構中所佔比例愈來愈多，他們的自由意志便成為決定選舉勝敗的重要因素之一；而具有這些特點的候選人，為與傳統只能依靠組織、家世、經濟基礎或「結拜兄弟」出身的候選人劃分界限，也極力強調「新理想、新作風、新精神」。此次選舉揭曉以後最值得注意的現象之一，便是這些新生代的候選人，在以新生代為主和對新生代寄予厚望的選民的合力支持下，不僅都當選了，而且都在花費最少的情形下，以超乎他們起初預料之外的最高票數當選。這個事實充分說明新生代的力量已在臺灣地區的政治舞臺上開始旋轉了，可以預見的，這個力量在未來不僅將越放出其光芒，而且將越表現出其挑戰性。

二、支配式角色的消失：執政黨在這次總共一千三百一十八個職位的競選中，獲得一千一百二十一席，其中包括臺灣省二十個縣市長中獲得十六席，七十七個省議員中獲得五十六席，八百五十七個縣市議員中獲得七百一十四席，三百一十三個鄉鎮縣轄市長中獲得二百九十二席，臺北市五十一個市議員中獲得四十三席，這些當選名額占執政黨提名名額的百分之九六・九八，占五項公職當選總額的百分之八五以上；其餘非國民黨籍的當選人士之中，尚有一些國民黨黨友。這種當選紀錄，如果發生在全世界所有經由選舉以產生政府和議會的任何選舉先進國家，不但會視為是一種壓倒性的勝利，甚至可能帶來有志之士的隱憂，認為權力分配的不均衡將導致權力的獨占和壟斷。但檢視執政黨及其所屬宣傳媒體在選舉以後所發表的各種評論，雖然一再強調此次選舉的成功及其政治意義，卻無法掩飾其內心深處存有一種受挫感。這種受挫感與其說是因失敗而產生，毋寧說是因失落而產生；所失落的，與其說是實質上的，毋寧說是觀念上的；這項觀念便是執政黨在臺灣地區引進選舉制度時，如影隨形帶來的「支配者」角色。這種不合乎選舉本質的角色，經由此次選舉的衝激，以及更重要的，隨著民眾力量的抬頭，必將從此漸漸消失。

三、裁判者的還我面目：選舉的本質是競爭的，而非支配的；競爭的最後裁判者為民眾，而非超越民眾之上的任何團體或個人。以往的選舉，由於執政黨一向扮演「支配者」的角色，民眾在自覺或不自覺之中，便累積一種影像，認為所謂選舉其實只是執政黨變相的內部手續，執政黨提名的，固然可篤定當選，提名以外的剩餘名額，也須視執政黨的態度而定。這種影像即使不倒置民眾作為選舉裁判者天經地義的角色，至少也使這項角色一時陷入冬眠狀態。但這次選舉的結果，不僅使這種累積的影像與事實不合，而且也使民眾一度陷入冬眠、甚至被扭曲的作為選舉裁判者的角色從此恢復。所以此次選舉對民眾的最大意義，並不在那些候選人當選，而在民眾以本身動員的偉大力量，堅定地證明民眾才是選舉勝負的真正決定者。這項主人翁意識的重新體認，如果能持續而有效的深根，並蔚成一種共信而不可侵犯的神聖理念，不僅可激勵人心與士氣，最終必可帶動政治面貌的改變。

從一九七七年十二月二十日第六屆臺灣省議員就職日起，霧峰省議會就變成新的政治焦點，新的民意中心，閉嘴獅子張口了，在以林義雄、張俊宏為代表的黨外省議員共同努力推動下，省議會發出春雷，開啟劇變的時刻，從逐客風波、誓詞風波、方言質詢……一直到「大軍壓境」，攪動了從二二八以來長期蟄伏的人心，更激發不少新人加入黨外陣營。一九七八年年底中央民意代表的選舉，便吸納多位新生代知識分子如呂秀蓮、姚嘉文、黃煌雄、陳鼓應、王拓、張德銘等人投入參選立委與國代。

在以現任省議員與縣市長為支撐的基礎下，一九七八年年底中央民意代表選舉的最大一項特色，便是經由黃信介出面，宣布組成臺灣黨外人士助選團，成立黨外競選總部，由黃信介擔任總聯絡人，施明德擔任執行秘書，並提出臺灣黨外人士共同政見。

臺灣黨外人士共同政見：

我們認為人權是人類最神聖不可侵犯的基本權利。國家和政府的存在價值，就在於促進與保障人權。我們深信：民主、自由是我們不容剝奪的政治人權；免於剝削、免於匱乏是我們務必享有的經濟人權；而人格尊嚴、公眾福利是我們應該擁有的社會人權。我們堅信伸張人權是我們救國自救的唯一方向。為了追求我們的政治人權、經濟人權、社會人權，我們主張聯合所有愛鄉愛國的同胞，共同致力於「十二大政治建設」。

1. 徹底遵守憲法規定：中央民意代表全面改選；省市長直接民選；軍隊國家化；司法獨立化，各級法院改隸司法院；廢除違警罰法；思想學術超然化，禁止黨派黨工控制學校；言論出版自由化，修改出版法，開放報紙雜誌；參政自由化，開放黨禁；旅行自由化，開放國外觀光旅行。
2. 解除戒嚴令。
3. 尊重人格尊嚴，禁止刑求、非法逮捕和囚禁，禁止侵犯民宅破壞隱私權。

4. 實施全民醫療及失業保險。
5. 廢除保護資本家的假保護企業政策。
6. 興建長期低利貸款的國民住宅。
7. 廢止田賦，以保證價格無限制收購稻穀，實施農業保險。
8. 制定勞動基準法，勵行勞工法，承認勞工對資方的集體談判權。
9. 補助漁民改善漁村環境，建立合理經銷制度，保障漁民的安全和生活。
10. 制定防止環境污染法和國家賠償法。
11. 反對省籍和語言歧視，反對限制電視方言時間。
12. 大赦政治犯；反對對出獄政治犯及其家族的法律、經濟和社會歧視。

由於黨外候選人較多，水準較整齊，比較擅長宣傳，又有統一政見，並有黨外助選團的巡迴演講，一九七八年的中央民意代表選舉乃成為臺灣選舉史上民氣最為激昂的一次。然而，當競選活動正如火如荼進行的時候，十二月十六日，美國總統卡特宣布與中華人民共和國建交，當日蔣經國總統發布緊急處分令，將選舉延期舉行，即日起停止競選活動。十二月二十五日，黨外競選總部召開黨外人士國是會議，發表連署聲明，重申「堅決維護民主憲政，反對暴力，熱愛和平」的基本立場，並呼籲盡速恢復選舉；依施明德主持的新臺灣研究文教基金會所編《珍藏美麗島——臺灣民主歷程真紀錄》，其中一本《沒有黨名的黨：美麗島政團的發展》所載，並於討論過程上推舉余登發為黨外總部最高領導人。

一九七九年一月，擔任黨外領導人不到一個月，爆發余登發事件，余登發父子被捕，黨外人士緊急聚會，共同發表〈為余氏父子被捕告全國同胞書〉，齊集在高雄縣橋頭鄉，舉行示威遊行，這是戒嚴統治下第一次政治性的示威遊行。

橋頭示威遊行，造成許信良縣長被停職兩年，歷經余登發案與許信良案，國民黨與黨外關係呈現緊綳的狀態，黨外在回應、抵抗國民黨政治壓迫的同時，也在進行常設組織化的工作。

一九七九年八月，黃信介創辦《美麗島》雜誌並擔任發行人，許信良為社長，呂秀蓮、黃天福為副社長，施明德為總經理，張俊宏為總編輯，姚嘉文、林義雄任《美麗島》發行管理人，雜誌以社委的形式組成，網羅了全臺灣各地的黨外人物。

從九月八日在中泰賓館舉辦盛大的創刊酒會後，接著又在全臺各地分別設立分社及服務處，《美麗島》雜誌因而儼然成為美麗島政團，有如政黨組織，《美麗島》雜誌發行量迅速成長到十四萬本，並相繼在各地舉辦各種活動，直到同年十二月十日在高雄市舉辦國際人權日紀念活動，爆發了轟動海內外的美麗島事件。

經由美麗島事件的發生，國民黨政府以三十多年來前所未有的動作，包括大逮捕與大起訴，來對待黨外的行動，並有意識地想終結黨外自一九七七年以來所蔚成的氣勢與力量。國民黨的鎮壓行動，使黨外轉入寒冷的冬天。

三、民進黨成立

一九八四年七月，在《開創》雜誌的創刊號上，我在〈四年來的黨外〉一文這樣寫道：

從民國六十九年（一九八〇）以來，到目前為止，黨外經歷四年的發展，期間，可以黨外四人行，劃分為兩個階段：第一階段從民國六十九年到民國七十一年八月的黨外四人行；第二階段從四人行返國到去年的增額立委選舉，以及目前的後續發展。第一階段的黨外，幾乎成為被傷害與被污蔑的對象，有如瘟神，六十九年參與中央民意代表選舉的黨外候選人，在低迷的氣氛下，其惡劣情況甚至找不到發傳單的人，這真是黨外的冬天。在冬天的背景下，民眾雖因恐懼而表面冷漠，可是卻以堅定的態度，以選票支持黨外再出發。……在區域立委選舉，得到二成左右的當選比例，使再出發的黨外有喘息的機會，得以重整旗鼓。

民國七十年以後，立監兩院都注入新的因素，……這是三十多年來的黨外，第一次以最多的人數，向國民黨主政的中央政府進行最直接、最全面的批評與檢討，黨外的努力與衝激，多少矯正受到扭曲的黨外形象，並鼓舞民心士氣，重燃民主政治發展的希望。其立竿見影的效果，就是使黨外以比較輕鬆的代價，在民國七十年底的縣市長、省市議員選舉，贏得大約兩成的席位。

當黨外的監督者角色愈來愈有聲勢，也愈來愈形成氣候，由於時局的需求，黨外又提升自我的角色。民國七十一年（一九八二）六月，在美國與中共發表「八一七」公報前夕，康寧祥、張德銘、尤清與黃煌雄——黨外四人行——走到國際舞臺表達黨外的立場。這是再出發的黨外，經過兩年左右的耕耘，並有二成左右的代表實力之後，第一次向國際舞臺出發，帶來兩層深遠的影響：

（一）三十多年來，國際社會在處理臺灣問題時，一向只聽到國民黨與中共的聲音。四人行打破這種慣例。四人行訪美期間，不僅向國際社會、美國朝野明白表達黨外所代表的民間聲音；也嚴正表示，臺灣前途應尊重臺灣地區一千八百萬同胞的共同願望；更堅定表示：民主化是臺灣未來唯一可行之路，黨外是臺灣走向民主化不可缺少、也不可代替的建設性力量。所以四人行打破國民黨三十多年來的外交專賣局面，第一次在國際社會處理臺灣問題的敏感階段，表達黨外所代表的民間聲音。

（二）四人行是應北美洲臺灣人教授協會邀請訪問美國，訪美期間，也到各地臺灣同鄉會公開演講。由於四人行出國前夕，國內對有關同鄉會的地位有過爭論，四人行無畏這種爭論可能包含的危機，而親到各地臺灣同鄉會公開演講，這種行為本身，無疑地，帶給各地臺灣同鄉會相當大的激勵；而各地同鄉對於四人行所代表的意義，了解極深，也運用其在美國社會所已建立的關係與地位，直接間接促成四人行順利出發。所以四人行不僅給美國的臺灣同鄉會帶來空前的激勵，更使國民黨的僑務工作受到空前的挑戰。

四人行拓寬黨外的視線，使黨外不僅變成一個國內政治因素，也變成一個國際政治因素，同時因打破國民黨長期外交專賣局面，也開拓黨外活動的領域，使黨外由具有實質作用的監督者角色，第一次開始有機會與條件提升為競爭者角色。這種開創性的結果，將黨外的士氣帶到空前的高潮，這時真是黨外的「春天」。

國民黨對黨外再出發的發展，當然難以忍受，但在策略上，已不再採用壓制手段，而改以「軟」功夫對待，這種策略的主要目標，就是要使黨外「多元化」，更坦白地說，就是使黨外「青年黨化」。一九八三年年底立委選舉，就結果而論，黨外似乎受到挫折，當選席位減少，是表面上較小的損失；損失更大的，可能是再出發以來黨外所形成的氣勢。

但在國民黨欲將「黨外青年黨化」的同時，黨外也一面走上組織化之路。首先是由黨外雜誌的編輯和作家組成的黨外編輯作家聯誼會（以下簡稱黨外編聯會），於一九八三年九月九日成立；接著是由黨外公職人員組成的黨外公職人員公共政策研究會（以下簡稱黨外公政會），於一九八四年二月二十五日成立。黨外公政會於同年五月十一日選出費希平為理事長，並於九月二日，公開在臺北市青島東路掛牌運作。這是黨外邁向組織化的先聲，內政部長吳伯雄一九八四年十一月二十一日在立法院答詢時宣稱，黨外公政會為非法組織，應自行解散，停止活動，否則將依法取締。吳部長這項政策性宣告，代表國民黨對黨外走向組織化的正式警告，但組織化已是黨外必然的選擇與出路。

一九八五年底地方選舉，黨外公政會與黨外編聯會合組黨外選舉後援會，推出共同旗幟、共同政見，以及「新黨新氣象，自決救臺灣」的共同標語，儼然以政黨地位自居，選舉結果獲得百分之三十得票率，省議員推薦十八名，當選十一名，臺北市議員推薦十一名，全部當選，高雄市議員推薦六名，當選三名。受到這種選舉成績的鼓舞，一九八五年十二月二十六日，黨外公政會決議將黨外公職人員公共政策會全名刪除公職人員字樣，旨在擴大參與，並通過設置地方分會辦法。黨外公政分會的設置，標幟黨外組織化即將走入地方進行全島性大結合，為黨外組黨鋪路，其情勢有如一九七九年美麗島政團於全省各地普設美麗島雜誌分社一般。一九八六年五月十日，黨外公政會臺北分會成立，五月十七日康寧祥也成立黨外公政會首都分會，其後，黨外公政分會紛紛在臺灣各縣市相繼成立，其中值得一提的是，黨外公政會首都分會於六月十三日向黨外公政總會提出民主時間表：一九八七年成立新黨；一九八八年解嚴行憲；一九八九年全面改選；一九九〇年總統直選；一九九一年臺海和平。

由許信良促成的臺灣民主黨建黨委員會於一九八六年五月一日，在美國紐約成立，推舉彭明敏為榮譽主席，許信良為臨時主席，負責實際建黨工作，共有一百一十四位委員，提出五項共同主張：一、直接民選總統；二、中央民代全面改選；三、廢除戒嚴令；四、釋放政治犯；五、廢除黨禁、報禁及保障言論自由。許信良表示，臺灣民主黨將於一九八六年年底選舉前遷黨回臺，而遷黨回臺的目的，就是要衝破黨禁……因為突破黨禁本身就是貢獻，行動本身就有價值。

黨外的組黨努力，除了公開進行之外，也有秘密進行的，而有關秘密進行的部分，可供參考的資料不多，其中以陳信傑整理編寫的《傅正與民進黨》[3]、黃爾璇在黃石公資料庫公布的《建黨秘辛》（下稱「黃爾璇日記」）最具代表性。茲依「傅正檔案」、「黃爾璇日記」所載，參酌陳信傑〈民主進步黨的創黨過程：外省菁英分子所扮演的角色〉論文、以及《臺灣，打拼：康寧祥回憶錄》一書，民進黨秘密組黨過程可分為兩個階段：第一階段從一九八五年十二月十九日起至一九八六年二月四日，共舉行過五次會議，主要參加成員包括費希平、康寧祥、尤清、傅正、黃爾璇、謝長廷、江鵬堅、張俊雄等，但由於出席人數不易湊足，無法繼續進行，組黨的第一階段便於一九八六年二月四日第五次會議後停擺。

組黨的第二階段歷經八次會議（一九八六年七月三日、一九八六年七月十日、一九八六年七月十八日、一九八六年七月二十二日、一九八六年八月七日、一九八六年八月二十九日、一九八六年九月五日、一九八六年九月十二日），自第二次起，共有「費希平、傅正、尤清、江鵬堅、張俊雄、周清玉、謝長廷、游錫堃、陳菊、黃爾璇十人參加。這個小組一直到九二八宣布建黨，未再增減。此為建黨十人小組的由來。」（參酌「黃爾璇日記」）除了十人小組不斷聚會討論外，也分別召開三次擴大預備會議（一九八六年九月十九日、一九八六年九月二十三日、一九八六年九月二十七日）；一九八六年九月二十八日上午，將原本黨外後援會所召開的會議提案變更為組織新黨發起人會議；一九八六年九月二十八日下午，召開組黨發起人會議，決議黨名為民主進步黨，並主張正式對外宣布組黨；一九八六年九月二十八日下午六時六分，組黨發起人會議主席費希平宣布：「民主進步黨正式成立。」此時點距臺灣歷史上第一個政黨——臺灣民眾黨成立約六十年。

一九六〇年的「自由中國」案，審判雷震、傅正等四人，共判刑三十一年；一九七九年的美麗島事件，被告有五十一人，包括軍法、司法與匿藏案，共判刑兩百零八年八個月加一個無期徒刑。這些血淚的教訓，對於當時無公職的傅正與黃爾璇感受尤深。

在「黃爾璇日記」裡，面對組黨過程上的風險，黃爾璇曾自喻懷抱著「普羅米修斯（Prometheus）的精神」。「普羅米修斯是希臘神話主角之一，因為偷天火予原始時代黑暗的人類，而為暴虐的主子宙斯（Zeus）所不容，將它繫於山頂巨岩，老鷹每天啄其肉和肝，肝臟夜間又長成，經數千年而不屈，終被赫拉克勒斯（Hercules）救出。」魯迅對普羅米修斯推崇備至，並為文讚賞，茅盾曾說，魯迅的長文「像普羅米修斯偷天火給人類一樣，給當時的中國知識界運輸了革命的精神食糧。」黃爾璇自述說：「普羅米修斯的神話故事……好像三、四年來我的形影和心情似的。」

被黃信介形容是「民進黨祕密組黨過程中，以一位大陸籍人士，無財無勢，卻因其道德人格及組黨經驗，無形中成了組黨小組召集人」的傅正，在〈我為甚麼兩次參加組黨〉一文中，嚴肅地述說出其心境：

「你為甚麼又參加組黨？」在兩年多前民進黨剛宣布成立的最初幾天，很多關心我的朋友，聽到我又一次向國民黨的黨禁挑戰後，總不免這樣問。

……

隨著國民黨統治當局反民主的路線不變，而手法又愈來愈強烈，因此促成反對派的本土意識也愈來愈強烈，顯示政治環境早已今非昔比，像我這種完全沒有語言適應能力，乃至連一句閩南語都不會說的人，難免會格格不入。因此，以一個外省人，在臺灣為民主運動奮鬥了三、四十年，又已經是年近六十，又何苦再向國民黨的黨禁挑戰？

……

其實，所有這些道理，我都一清二楚。儘管我感激所有關心朋友的善意，我為甚麼還是全心全意又一次投入組織反對黨運動，不僅成為民進黨唯一橫跨兩次組黨運動的核心分子，而且成為臺灣近四十年來唯一橫跨兩次組黨運動的核心分子？答案只有一個，為了民主。

黨外拼圖

在一九六〇年代以前，包括自由中國籌組政黨過程上，像郭國基等五龍一鳳，在口頭上或開會時，常自稱是無黨無派或無黨陣營；但進入一九七〇年代，黨外人士一詞已代替無黨無派的說法，郭雨新在一九七五年「為競選立委告各界書」，已自稱是黨外人士，隨著黃信介和康寧祥全省巡迴助講，並經常把黨外掛在嘴邊，康寧祥在一九七七年一次選後座談會上，宣稱一九七七年是「黨外紀元元年」。

大概地說，黨外一詞在一九七〇年代已開始流行，並逐漸成為反對國民黨人士的通關用語。黨外在萌芽之初與發展過程上，並不專屬於哪一個人、哪一個團體，黨外的廣泛意義代表國民黨以外的異議人士，代表反對國民黨的聲音與力量。長期以來，作為戒嚴體制下的被統治者，黨外一直處於卑微地位，屬於杜斯妥也夫斯基（Fyodor Dostoevsky）所說「被侮辱與被損害」的一群。

在黨外運動過程上，通常將黨外分為「坐轎」與「抬轎」兩大類，「坐轎」指的是公職候選人和當選人；「抬轎」指的是輔選黨外候選人的黨工、以及社會運動中的義工，他們自稱並非「檜木」、「大石頭」，只是「三角板」、「小石頭」、「小卒仔」，但他們卻是構成人民力量的主體，也是推動黨外民主運動不可或缺、不可代替的主體力量。如果將早期的無黨無派也納入廣義的黨外內涵之中，則黨外運動至少已歷經三十年以上，黨外世代自然應運而生，並應運而興。然則，何謂黨外，黨外又如何拼圖呢？

要了解何謂黨外，根本上，應從了解黨外的背景，亦即黨外的處遇談起；只要能了解黨外的處遇，就能了解為甚麼黨外值得支持，有時為何又是暗中支持，以及黨外人士之間，包括抬轎者之間、坐轎者之間，抬轎者與坐轎者之間那種特殊的黨外情懷，而這些黨外處遇和黨外情懷點點滴滴的累積與綜整，自然就會浮現一幅不中亦不遠的黨外拼圖。

一、選舉風景

國民政府接收臺灣之後，除了省參議會階段出現曇花一現的純樸選風以外，國民黨就一直以不當方法操弄選舉，選風日下，選舉不僅變成極不公平的競爭，更使國民黨以外的參選者須冒極大的風險，以極大的勇氣參選，致使在很長一段時間，將政治矮化為等同選舉。如將無黨無派與黨外階段對國民黨操弄選舉的具體指陳事項，按時序加以整理，便可看出國民黨一面引進民主選舉制度，一面卻又敗壞民主選風的作為。

——「五龍一鳳」在省議會公開質問：國民黨在行政首長選舉方面操作「一人競選」，在民意代表選舉方面操作「同額競選」；採取所謂「安全措施」操作選舉舞弊；壟斷投票所管理員監察員；軍公教警人員介入選舉；「選賢與能」變成「選財與能」等。

——一九五七年四月，彰化縣長候選人石錫勳、臺中縣長候選人楊基振、臺中市長候選人何春木三人為發起人，在臺中召開第三屆臨時省議會及各縣市長候選人關於選務改進座談會，提出五項議案：一、關於現役軍人、警察人員，有關辦理選舉事務人員，各級公務人員，自治人員，教員不得協助候選人為競選活動；二、監察小組召集人不該由國民黨地方黨部主任委員兼任；三、派駐各投票所，開票所監察員，擬可由各黨派（國民黨、民社黨、青年黨）共同推薦，平均分配；四、關於廢票、無效票必須會同監察員，當眾唱票；五、現任縣市長參加下屆縣市長及省議員競選者，不得利用公家交通工具以供競選活動或做競選宣傳之用。

——一九七七年十二月十六日，在五項地方公職選舉結束後不久，我主持一場「地方選舉檢討座談會」上，與會者包括黃信介、康寧祥、蘇洪月嬌、余陳月瑛、黃玉嬌、康水木、何春木、林文郎、邱連輝、張賢東、姚嘉文、許信良、張俊宏等，多為一九七七年地方公職選舉的參選者與當選者，有最新的選舉體驗與感受，綜整他們的發言，選舉有待檢討改進的事項包括：

1. 金錢交易

1.1 有地方人士提出五十萬元，後來又提升到一百八十萬元（在那個年代，可以買好幾間房子）為條件，要求退出選舉（省議員蘇洪月嬌）；

1.2 賄賂全縣鄰里長，去全省旅遊，還贈送禮品（省議員蘇洪月嬌）；

1.3 賄選風氣盛，公然在投票所附近贈送物品（省議員張賢東）。

2. 威脅恐嚇

2.1 利誘不成，國民黨黨部某主委派某縣議員來威脅，威脅黨外人士若繼續參與，就對其先生採取不利行動（省議員蘇洪月嬌）；

2.2 警察恐嚇助選員替黨外人士助選會被抓去關（省議員蘇洪月嬌）；

2.3 治安單位警告若黨外人士參選，就要送去管訓（省議員張賢東）。

3. 造謠中傷

3.1 透過新生報與黨報，詆毀參選人或參選人的先生為中共匪諜（省議員蘇洪月嬌）；

3.2 國民黨部的文宣攻擊黨外人士是無聊政客、分歧分子、共產黨的同路人，報紙也一天到晚中傷、冷嘲熱諷（省議員何春木）；

3.3 有散發匿名傳單，造謠中傷黨外候選人（省議員張賢東）；

3.4 栽贓黨外人士造成喪失參選資格，例如第七屆縣長選舉，把即將釋放的犯人帶到黨外人士家中，再以藏匿人犯的罪名判其八個月徒刑，讓國民黨的吳伯雄同額競選（省議員黃玉嬌）。

4. 行政干擾

4.1 民國五十八年臺北立委選舉，五名立委名額中本來有婦女保障名額一名，但國民黨臨時取消名額，讓黨外人士無法當選（省議員黃玉嬌）；

4.2 禁止參選人印發傳單，甚至直接命令印刷廠不能印製黨外人士的文宣，使其「單」盡「版」絕（省議員蘇洪月嬌）；

4.3 警察人員在沒有檢察官的扣押令下，直接到印刷廠扣押黨外文宣品（省議員蘇洪月嬌）；

4.4 禁止參選人做公開的宣傳活動，包括政見發表會（姚嘉文律師）、或選務單位干涉擬定政見的自由（省議員黃玉嬌）；

4.5 通令國小教師，帶領國小學生四處搜尋撕毀黨外的海報及文宣品（省議員蘇洪月嬌、省議員張賢東）；

4.6 國小學生介入選舉是教育的失敗（省議員余陳月瑛、臺北市議員林文郎），例如派國小學生回家跟爸媽說黨外人士是共諜（許信良、黃玉嬌）；

4.7 公務人員與警察公然替國民黨助選（臺北市議員林文郎）、「軍警公務人員不應助選」法規未嚴格執行（省議員張賢東）；

4.8 限制助選員的人數、行動，例如無故拘留黨外參選人的助選員，包含沒收行照、駕照（省議員蘇洪月嬌）、要求黨外人士的助選人要登記列冊，但國民黨的卻不用（臺北市議員康水木）、或選務監察小組派人限制助選員上臺演講（省議員何春木）、臺灣省規定私辦政見會助選員不能上臺演講，但臺北市卻無此規定（姚嘉文律師）；

4.9 黨外人士以會員身分要求工會支持，受到拒絕，但工會卻公開發行會刊，支持四位非工會會員的國民黨候選人，純屬於民間團體的工會變成國民黨的外圍團體（臺北市議員康水木）；

4.10 選舉法規規定，除助選員外，任何人不得助選。但國民黨黨部是民間團體，非登記助選員，卻指揮選務單位及其他民間團體（水利會、農會）（省議員張賢東）。

5. 監票難為

5.1 開票所的布置不合理，民眾和開票人員距離太遠，無法監票（省議員蘇洪月嬌）、有些投票所隨便規定五十或一百公尺不得接近（省議員張賢東）；

5.2 候選人分派監票人員太少，監票地方也無法選擇，失去派監票員的意義（省議員蘇洪月嬌）；

5.3 雲林縣有些投票所設在國民黨的民眾服務處內，民眾服務處是國民黨的輔選機關，如何可以當投票所

（省議員張賢東）；

6. 常見作票

6.1 開票時不按規定逐張開票，卻整疊計算（省議員蘇洪月嬌）；

6.2 開票中心效率太差，離選務中心最近的選務所反而最後公布結果，有預謀作票的嫌疑（省議員蘇洪月嬌）；

6.3 有個投票所作票到投票率百分之一百零四（省議員黃玉嬌）；

6.4 有人領選票時，選務人員給他兩張省議員的選票，其中一張已經蓋好國民黨提名人的票（省議員邱連輝）；

6.5 有些投票所以票匭太小為由，臨時增加票匭，容易發生舞弊（省議員張賢東）；

6.6 楊梅有個投票箱，是所謂國防共同事業戶，部隊都在金門，當天只有十九人去投票，卻開出四百九十九票（許信良、姚嘉文律師）。

鑑於中壢事件的教訓與啟示，一九七八年年底中央民意代表選舉，臺灣黨外人士助選團提出黨外候選人共同對付選舉舞弊辦法及黨外候選人監票互助辦法，從這兩個「辦法」，也可反面看出國民黨操弄選舉的作為。

黨外候選人共同對付選舉舞弊辦法：

公平的選舉是合法統治的基礎。對於非法的統治，人民有權予以拒絕；對於非法的選舉行為，人民有權加以制止。鑑於歷次選舉所發生的選舉舞弊、非法干預選舉及其他違法情事層出不窮，黨外助選團決心聯合全臺黨外力量，經由合法手段，採取集體維護行動，使這次選舉能徹底公平、公正、公開。

為了達到此目的，期望各黨外候選人能與總部密切合作，對於可能發生的不法行為隨時保持警覺，互相支援，一致行動。特別是在選舉期間，倘有下列事端發生，請當事候選人立即通知總部，俾研擬策略，使全國黨外候選人能採取同一步調，作最強有力的反應：

1. 各地投票所所為自訂投票結果，更改投票結果，任意唱票，製造廢票、預藏選票、冒領選票之情事。
2. 選務人員干預投票，指示投票及損毀選票。
3. 對於義務監票員之非法侵害。
4. 公務人員、學校老師，利用職權干預選舉或非法賄選或假借名義聚會為黨內人士助選。
5. 警察機關搶奪、沒收傳單、破壞候選人海報，對助選人之非法侵害。
6. 選監小組或警察非法干預演講。
7. 學校校長、教員教唆學生撕毀海報、宣傳單。
8. 對於候選人及助選人，使用暴力及非暴力的威脅、恐嚇及破壞。
9. 任何其他不法情事。

凡有以上事端及重大的突發事件，各候選人除當機立斷自行處置外，請依照下列辦法處理：

1. 對於各種事端請各候選人掌握人證、物證，如相片、錄音、文字、紀錄等。
2. 請將違法事件與證據立即通知總部。
3. 總部與各地候選人聯絡，全國聲援，採取適當處理辦法。
4. 對於不法行為採取集體行動時，於接獲總部通知後，請當事候選人及各地候選人按建議方案行動，以收自救和護法的目的。

黨外候選人監票互助辦法：

依現行選舉法規，每一候選人僅能提名少數監票員，但由於選區廣大，投票所眾多，無法個別兼顧，倘不互助統籌，分工合作，勢必顧此失彼，掛一漏萬。為使此次選舉之投票、開票能達到公平、公開、公正的要求，全國黨外助選總部擬與各地候選人共同籌劃監票工作。

為促使各黨外候選人同心協力，監票工作有效地分工進行，總部訂定的辦法如下：

1. 各候選人於選舉前或選舉期中招募義務監票員。各候選人於投票前五日提出正式及志願監票員名冊於總部駐各選區聯絡辦事處主任（主任由總部事前委派）。
2. 駐各區主任與各候選人負責監票者共同研究調配事宜。
3. 監票以縣市為單位，將所有監票員統一分配，平均布署於各票所。
4. 各候選人預先自行訓練其所提出之監票員。
5. 對於監票員之非法侵害即刻與總部聯絡，全國一致加以聲援。

投票當日，各監票人員得依法行使下列權力，倘無理受阻，應立即通知各黨外候選人及警察單位：

1. 監票員應於投票前十分鐘（即下午七點五十分前）抵投票所，檢查票匭，證實沒有預藏選票，始讓選務員封匭。
2. 監票人須清點投票人數，中途不輕易離去，以便確定投票結果無誤。
3. 監票員有權於投票所門口、窗外監票。
4. 倘有老弱、文盲投票，選務人員於旁暗示，監票人得大聲指責。
5. 投票所內外張貼任何候選人之相片、海報，監票人得要求撕下。
6. 投票時間截止，投票事務所應立即開票，不得拖延。
7. 開票時，監票人員（或群眾）得依法要求在目力所及範圍內監票。
8. 開票時，監票人員得要求亮票。

9. 開票結果，監票人需核算投票數字，並立即照相存證。
10. 監票人須攜帶照相機及手電筒、記票卡，隨時利用。
11. 監票人請先閱讀投票所外張貼之「投票事務須知」。

二、黨外處遇

在這種今天看起來簡直是笑話的選舉條件下，黨外處境艱辛，但也正由於黨外處境艱辛，黨外年代才會呈現一些特殊的黨外景象。

（一）「重量級與輕量級」

在戒嚴時期的動態政治之下，國民黨排他性地享有全國性組織，且得以在平時合法的活動；國民黨也壟斷報紙、電臺、電視，並掌握行政體系及其所屬各行各業，國民黨這種優越地位，選罷法如果未能正視，而予有效對待，所謂選罷法的公平性自屬不著邊際。所以在當年政治條件下，依選罷法規定所舉行的一切選舉，國民黨與黨外之間，即使還有競爭，其情況也將如海明威（Ernest Miller Hemingway）形容托爾斯泰（Leo Tolstoy）與他的小說一樣，是「重量級與輕量級」，甚至是重量級與羽量級。

（二）「瘟神」

在黨外年代，當選舉到來，一位黨外候選人到某個地方拜訪某位選民或代表性人物時，該名被黨外拜訪過的選民，一旦為當地的派出所、稅務單位、調查站人員、甚至警總人員知悉後，他們很快便先後都會上門拜訪，使人不堪其擾，民間乃戲謔說黨外人士有如「瘟神」，帶來一堆「生鏽面」。也正因這樣，在黨外年代，由於政治恐懼感和稅務恐懼感的影響，在民間也流行一種說法，那就是「暗中支持」，黨外在艱辛處境下，仍能取得一定的成績，主要便是依靠這種「暗中支持」的力量。

(三)「悲愴」

戒嚴體制下的選舉,是臺灣的民主假期。因為只有選舉時刻,一般人民才能聽到批判國民黨的聲音,這就是黨外的角色與功能。黨外的演講場合總是人山人海，黨外人士批判國民黨以外的聲音,才能聽強,臺下群眾的掌聲就愈熱烈,民眾平時悶了很久,不敢說的話,經由演講者的吶喊,道出他們的心聲,他們跟著黨外的演講流轉,從北部到中部、從中部到南部,這是臺灣選舉的一大風景。但黨外人士慷慨激昂的內心深處,如加以細細咀嚼,便會感受到不無存著臺灣「歌仔戲」的感情沉澱因素,或者更深層的,有如柴可夫斯基(Pyotrllyich Tchaikovsky)「悲愴交響曲」那種的「悲愴」。

(四)「查禁」

在黨外年代,黨外人士所辦的黨外雜誌,不論是週刊、半月刊或月刊,包括《臺灣政論》、《美麗島》、《八十年代》系列、《前進》系列、《政治家》、《自由時代》、《關懷》、《進步》、《深耕》系列、《蓬萊島》、《開創》等刊物,都先後遭到查禁、查封或停刊的命運,這也是黨外年代出版界的一大風景。黨外刊物遭查禁頻率之高,在「堅守民主陣容」國家之中,也許可列入金氏紀錄。

(五)「同一人」

一九七〇年代浮出檯面的黨外新生代政治人物,大概有一個共同點,就是他們投入選舉之前,多會出書。因為寫書既是他們所長,又可籌募競選經費,且有助於拉抬競選聲勢,許信良《風雨之聲》一書,對他競選一九七七年桃園縣長助益甚大,即為最好案例。當時,這些黨外新生代政治人物所出版的書,又有一個共同特點,就是「著作人」和「發行人」都為「同一人」,因為依當年的政治氛圍,這些黨外人物出版的書大多可能列為禁書,出版社都不敢碰,因此「著作人」和「發行人」就只好由「同一人」來承擔。另外,當年禁書常在印刷廠就被政府單位搬走,如《選舉萬歲》一書當場被查封搬走,作者只搶下幾十本原版書,盜版書卻變為暢銷書,盜版商大獲其利，這也構成黨外年代一個特殊景象。

（六）「彈鋼琴的手」

《吳三連先生史料彙編》曾提到「民間所傳以風琴音符一、二、三、四形容之譏諷」，指的是「各地投票所在投票快要結束之前，……利用機會，一人可用十個手指各捺指模領票，即可投下十張選票」，中壢事件之後，對於類似冒領選票又用「十指投下十張選票」的作票手法，民間廣有所聞，並「譏諷」的形容，這是那「彈鋼琴的手」。

（七）「喜事或喪事」

郭國基從無黨無派到黨外人士，號稱「郭大砲」，為黨外數一數二代表性人物，他留下一些膾炙人口的名言，如「乞丐趕廟公」、「借荊州占荊州」，被郭國基說「只有你才有辦法接我的棒子」的黃信介，其具濃濃草根性的臺語演講，亦為黨外年代的一大風景。他常說，選舉應當是民主國家的喜事，因為要由人民選出公僕，組成政府，服務人民，對於人民來講，可以當「頭家」，做「主人」，當然是一件歡歡喜喜的事，有如結婚成親，是一件喜事，但是國民黨每次選舉一到，卻總像個「孝男」，哭喪著臉，一副不高興的樣子，有如在辦「喪事」。黃信介這一畫龍點睛的妙喻，「選舉是辦喜事，不是辦喪事」，也傳誦一時。

（八）「吃國民黨、投黨外」

黨外年代的選舉還有一幅有趣的風景，那就是國民黨所提名的候選人，大多有錢有勢，有些則是財團或世家出身，而國民黨本身更是家大業大，因此在選舉期間，國民黨候選人都會大肆宴請助選人員和選民，有時甚至擺出流水席，歡迎民眾來吃。相對於國民黨候選人這種大陣仗和闊氣，黨外候選人多為新生代，或出身基層，或還洋溢著書生氣，經濟條件上處於絕對弱勢，競選總部及工作人員大多只能吃便當，或者吃簡單的菜色。這種對照為普遍性現象，全省各地都有類似情況，因此在演講臺上，以及在街頭宣傳車上，黨外人士都會喊出「吃國民黨、投黨外」這一生動的口號。此外，從實例來看，林義雄即曾說：民國六十六年的選舉，他「幾乎沒有花自己的錢」；我在立法委員的多次選舉，雖然選區很大，也幾乎沒有花自己的錢。這應該也是當年新生代黨外候選人的普遍現象。

（九）「三合一」

所謂「三合一」是指「黨外是臺獨的外圍，臺獨是共匪的外圍，所以黨外是共匪外圍的外圍」。這是王昇主持下的總政戰部所提出極為嚴厲的論述，其目的便是想將黨外定位為「分歧分子、野心分子、陰謀分子」，而欲藉公權力將黨外壓制或清除。在戒嚴體制下，「三合一」是對黨外最沉重的枷鎖，因為「三合一」，黨外變成「瘟神」；因為「三合一」，對黨外只能「暗中支持」。「三合一」是黨外年代最陰暗的風景。

（十）「小孩子穿大人衣服」

黨外到了後期，已開始提升對國會的批判。當時的國會包括立法院、監察院和國民大會，第一屆國會代表共四〇四一人，跟著政府到臺灣來的約有兩千多人，依憲法規定，其任期分別是國代六年，立委三年，監委六年，但在「法統」庇護下，卻已在位三十多年。臺灣的面積為三萬六千平方公里，約中國的千分之三，日本的十分之一，美國的二百六十分之一，在這麼小的地區，擁有這麼多的國會代表（約日本的三倍、美國的三・六倍），又享有無限期的任期，「法統」乃變成投票部隊，不但無法反映民意，更成為民主的絆腳石。當我投入黨外運動後，依我對民主學理和發展歷史的理解，認為這種現狀是對憲政的最大諷刺，也窒息臺灣民主的發展。面對本來要適用在整個中國土地、現在卻只適用到千分之三土地上的這一現象，我形象地稱有如「小孩子穿大人衣服」，「不合身」，並決心推動國會全面改選，發起「二千萬人對一千個人」的戰爭。這句「小孩子穿大人衣服」，「囝仔穿大人衫」（臺語發音）由於傳神，易懂，容易打入人心，在當年黨外演講臺上，也很受歡迎。

三、黨外情懷

黨外在處境有如「輕量級」與「重量級」相比極為艱困的條件下，仍能成為臺灣戰後推動民主發展的主要力量，最根本的理由，便是黨外在爭取民主的旅程上，有太多感人的人物以及感人的故事。

(一)「魚丸樹」

李樹欉老先生，黨外人士多尊稱他為「阿樹叔」，由於平日是在宜蘭市南館市場經營魚丸買賣的小本生意，因此又號「魚丸樹」。在尋常的日子裡，「魚丸樹」總是默默的在宜蘭鄉土的某個角落，老實安分的經營自己的魚丸生意，跟許多勤苦打拼的臺灣人民一樣。這位「魚丸樹」平日沒有任何不良嗜好，唯一的興趣就是在選舉時替黨外候選人助選；從郭雨新時期開始，中間經過林義雄、黃煌雄，到陳定南參選縣長，「魚丸樹」可說是無役不與。每到選舉期間，平時老實寡言的「魚丸樹」彷彿成了另一個人似的，不但熱心助選，四處拜訪拉票，甚至出錢出力，據估計，幾十年下來，「魚丸樹」為黨外所出的錢，大概可以買到一部上好的賓士轎車。

(二) 黨外墓誌銘

宜蘭縣黨外知名人士高鈴鴻，本身為成功的企業經營者，曾擔任過宜蘭國際青商會會長，熱中參與黨外政治活動，為黨外運動出錢出力，毫無半點怨尤。一九八一年，在黃煌雄的主動邀請下，挺身而出應允共同主持廣興會議，[4]並為此事與黃煌雄在宜蘭縣各鄉鎮積極奔走，會晤具有代表性的黨外人士，促成廣興會議的順利召開，並親身參與黨外候選人協調工作。廣興會議之後，高鈴鴻也不計個人利害加入黨外縣長候選人的助選陣容，在自辦政見發表會期間，高鈴鴻更以犀利的言詞抨擊時政，和其他助選員共同將選舉氣勢帶向高潮。高鈴鴻後來因車禍逝世，據高鈴鴻夫人吳淑珍女士表示，在高鈴鴻墓碑上刻有黨外一詞，可見高鈴鴻終其一生，乃至逝世後，均以黨外為榮。

（三）「小邱」

從桃園機場的迎接闖關，到街頭的狂飆抗議，到弱勢團體的請願，乃至民進黨所發動大型的遊行，幾十年來，形形色色、大大小小的聚會、請願、遊行、抗議，幾乎都可看到「小邱」帶著攝影機拍照的身影，本名邱萬興的「小邱」，已是公認黨外運動中攝影照片之集大成者。不論是民進黨執政的總統府、行政院各部會、民進黨中央黨部、各級公職人員、以及不同類型的黨工或義工，只要想到民主運動過程上需要那些照片，第一個就會想到「小邱」，「小邱」似乎已和黨外照片畫上等號。尤其難得的是，在智慧財產權盛行的今天，「小邱」對於共同經歷過黨外民主運動的「街友」或「難友」，不論他現在甚麼身分，只要有需求，都會以無償提供。

（四）「拿鋤頭的人」

幾十年前，在臺東縣竟然當選過縣議員和縣長的黃順興，自謙「是一個拿鋤頭的人」。他在《黨外的聲音》一書向作者王拓表示：「在我們這個社會，想要以黨外人士的身分參加政治活動，耐心、勇氣和毅力是絕不可缺乏的，一定要禁得起各種打擊、誣衊，要禁得起各式各樣的威脅和利誘，否則不要半下子他就要清潔溜溜，永遠再也爬不起來了。想要做到這一點，自己本身就先要清清白白，不能有任何把柄落在人家手上，這點是非常重要的。」

（五）黨外刊物的「古騰堡」

出生於臺北大龍峒，國小畢業後進入印刷廠當學徒，退伍後開設三榮印刷的張榮華，其大哥和黃信介是同學，兄弟倆後來和黃信介成為莫逆之交。張榮華承印《美麗島》雜誌，第一期非常轟動，銷售數累計達七萬本，創下當時雜誌銷售量的最高紀錄；之後，第四期也是最後一期，更高達十四萬本，這是張榮華一生引以為傲的事。

在白色恐怖年代，國民黨為進行思想檢查並干擾選舉，常透過警總人員恐嚇與騷擾印刷廠，導致許多印刷廠不敢承印黨外人士的競選文宣與雜誌，然而，因為隨黃信介四處助選，認同黨外人士的理念，張榮華也就成為黨外選舉文宣與黨外雜誌的古騰堡，當時很多重要的黨外雜誌與禁書，幾乎都在他的印刷廠問世，為臺灣民主留下珍貴的史料。即使到一九八〇年代，國民黨的新聞檢查仍不放鬆，警總為了掃蕩黨外雜誌，成立「春風」專案，不僅派人在黨外雜誌社門口站崗監視，甚至派人到印刷廠埋伏，有些雜誌在印刷廠才剛印刷裝訂好，就被警總人員闖入，沒收一空。從黨外時期，警總就透過各種管道威脅恐嚇張榮華，但他沒有絲毫退卻，和政治明星比起來，他沒有舞臺，沒有掌聲，甚至沒有賺錢，完全憑著與黨外人士理念契合，情義相挺。他是真正具有黨外情懷的義工。

（六）弱勢聲音的出口

一九四〇年生於臺南七股鹽鄉，十一歲時隨父母遷居高雄。小時候曾讀漢學，以臺語讀古文與詩詞，對楊青矗影響很大，也奠定後來推動臺語文復興運動的基礎。一九六一年以後，楊青矗以煉油廠殉職員工遺族身分，進入高雄煉油廠工作，並在這時陸續發表文章與小說。楊青矗將工人受到的不平等待遇，以小說方式呈現，並慢慢凝結工人的反抗意識。一九七〇年代，楊青矗開始有計畫地寫作一系列女工小說，在鄉土文學論戰中，被國民黨「抹紅」。一九七八年《廠煙下》出版時，楊青矗即宣告從文學走向政治，準備競選工人團體立法委員，隔年，楊青矗因美麗島事件入獄，在獄中仍未停止寫作，出獄後有多本作品出版，以文字見證時代。而後，楊青矗發現不管本土勞工或語言，在臺灣都居於弱勢地位，自一九八六年起展開國臺雙語辭典的編撰工作，幾近耗盡家產終於出版，並終生投入臺灣語文的研究推廣與教學。

（七）橋樑與樞紐

生於宜蘭農家，原本家人期待她留在宜蘭當一名小學老師，然而陳菊卻毅然赴臺北求學，十九歲擔任省議員郭雨新秘書，從此投入黨外運動，十幾年間，陳菊成為老一輩和年輕一輩政治運動者之間重要的橋樑，並與海內外民主運動者建立起深厚的交往。

經過立委和監委選舉失利的郭雨新，於一九七七年離開臺灣前往美國，持續在海外從事臺灣人權運動，陳菊也就成為郭雨新在臺灣的代理人。由於秘書的身分，能取得政治犯家屬的信任，海外人權工作者到臺灣，亦需依賴陳菊串連島內的訊息，了解政治犯的狀況。當年艾琳達（Linda Gail Arrigo）到臺灣做黨外研究，也是因為陳菊才認識施明德，艾琳達曾說：「陳菊對臺灣的黨外非常重要，她是一個在人與人之間交接的人物，把很多人拉在一起。」在資訊封閉的年代，聯絡工作甚為關鍵，若沒有人負責聯繫，就無法啟動後續新生代對政治的關懷和參與。年僅二十多歲的陳菊已是海內外人權運動工作者的樞紐，對內亦為連結黨外不同世代的橋樑，從穿針引線到分派工作，讓黨外活動有組織地運作，也使黨外運動的精神得以順利傳承。

（八）「太史公」

用生命在守護傅正資料的陳信傑，從傅正「秘密組黨行事曆」發現，民進黨組黨前第一階段的五次會議，以及第二階段十人小組的八次會議與三次擴大會議，傅正均無役不與，且積極串聯，留下彌足珍貴的紀錄。另外，民進黨為參與國是會議，成立憲政研究小組，提出〈民主大憲章〉作為憲政改造的藍本，由黃煌雄擔任召集人的憲政研究小組開過六次會議與四次擴大會議，傅正不但從不缺席，也都留下紀錄。還有，民進黨全代會、中常會、乃至一些大大小小的會議，只要傅正參加，就會習慣性留下速記。從黨外到民進黨成立前後，幾乎沒有第二個人，像傅正那樣勤於記錄、忠於歷史，傅正確如尤清所言，是名副其實的「太史公」，終其一生，一以貫之所堅持與展現的，就是民主信念，就是黨外情懷。

（九）人權牧師

出生於臺南基督教醫生家庭，經歷二二八事件，因進入部落向原住民傳福音，從此立志為人服務而成為一名牧師，要求自己要照顧受壓迫的人或經濟不好的人。一九七〇年，高俊明被選為臺灣基督長老教會總幹事，在社會關懷裡，長老教會主張不只幫助天災的災民、窮人或病人，政治上受到壓迫的人也要幫助。美麗島事件發生後，高俊明和施明德雖然曾在公開場合見過面，並無私交，但基於尊重生命的理由答應協助施明德逃亡，於一九八〇年六月因「藏匿叛徒」被判刑。高俊明被捕後，以聖經猶大的故事比喻，社會中像猶大的人很多，但像美麗島這八位被告那樣願意為困苦人犧牲自己的人很少，並聲明願為這些人負起他們該當的一切刑罰，為此付出自己的性命和財產，請求政府早日釋放這些政治犯，讓其與家人團聚。由於牧師身分加上長期投入人權運動，高俊明入獄的消息成為國際事件，並曾引起梵蒂岡關注，教宗若望保祿二世更曾派駐臺特使探監。高俊明認為，教會是一個宗教團體，不能和其他的政治團體或政黨結合，但是政黨活動如果合乎保護眾人的人權和尊嚴，就應該支持。他曾說：「政府雖然是個權威，但對政府的服從是相對的，政府做得不對，我們要用愛心說誠實話，這是聖經中的教訓。」

（十）革命情誼

一九七九年一月，前高雄縣長余登發與其子余瑞言被情治單位以「知匪不報」、「為匪宣傳」罪名逮捕，為抗議國民黨政府政治迫害，黨外人士緊急聚會，齊聚高雄縣橋頭鄉舉行示威遊行，公然向實施三十年的戒嚴法挑戰。許信良時任桃園縣長，官方身分本不宜參與此類遊行，但許信良堅持南下參加，患難見真情，成為余家終生摯友。這是臺灣戒嚴時期的第一次政治遊行，許信良因此遭到國民黨控制的監察院彈劾並「停職」兩年。而後，許信良擔任《美麗島》雜誌社社長，美麗島事件爆發時許與家人正在美國，被國民黨政府拒絕入境，從此只能流亡海外，滯留美國。一九八七年許信良闖關回臺，時年已八十幾歲的余老縣長為了表示歡迎許信良，即使已不良於行，仍不畏國民黨的水陣人牆，親自率領數千群眾步行十餘公里赴機場，情義相挺，這種有如父子般的革命情誼令人動容。

（十一）「驚天一跪」

留法學者盧修一，當年選擇「日本統治時期的臺灣共產黨」做為博士論文的專題，受國民黨政府注意已久。一九八三年盧修一因涉嫌與史明獨立臺灣會之相關人聯繫，為警備總部指稱涉嫌叛亂被捕，判感化教育三年，出獄後即加入民進黨，並且連續三次高票當選臺北縣立法委員。一九九七年臺北縣長選舉，盧修一時任立委，被視為接替臺北縣長尤清的強棒，但盧修一罹患癌症，因而由美麗島律師團成員、時任立委的蘇貞昌代表民進黨參選，蘇貞昌條件雖強，但面對國民黨傾盡所有黨政資源力拱謝深山，選情相當緊繃。選前最後一晚，民進黨在板橋舉辦大型競選晚會，當晚有超過十萬人在現場，盧修一當時已經接受癌症化療，身體狀況不佳，原本並未安排他上臺演說，但盧修一卻意外地出現在舞臺上，抱著虛弱病體，在寒風中，盧修一突然下跪，磕頭求票，「請大家支持蘇貞昌」。這驚天一跪不是刻意安排，盧修一發自內心，燃燒他生命最後的光輝，讓蘇貞昌順利當選臺北縣縣長。蘇貞昌後來談到這段往事，也說：「盧仔對臺灣、對臺北縣的使命感，以及對我的期待，讓他用盡生命最後的力量拼出這個偉大的火花，他的驚天一跪才能這麼感動人。沒有這一跪，縣長可能就不是我。」

（十二）「黨外共主」

一九七七年，施明德是一名囚滿十五年剛出獄的政治犯，在獄中廣泛閱讀各類書籍，讓他對突破當時的政治壓迫有一套想法，也讓他對民主法治的發展有完整的願景。但剛出獄的他與社會脫離已久，缺乏人脈與資源，當時的社會氛圍一般人也不敢輕易接受他，施明德只能勉為擔任黨外助選工作，直到遇到黃信介，在黃信介的支持下，施明德才開啟了落實這些想法的契機，也開啟了燦爛的美麗島時代。黃信介不管黨外同志的出身，都像自己親人一般對待，而對於同志的信任與授權，在與施明德的互動中更是顯露無遺。只要是施明德的建議，黃信介幾乎不懷疑，也從不拒絕，只是告訴施明德：「你想怎樣做你就去做，碰到困難就來找我。」黃信介拿出一本存款簿與印章，交給施明德：「這給你，錢不夠再告訴我。你就照這樣去做，有困難，有危險，再跟我講。」在黨外助選團中，施明德說：我們沒有「團長」，只有「總聯絡人」；沒有「秘書長」，只有「執行秘書」。這件事是他決定的。……他的風範也著實影響了我。若沒有他的無為而治，也無法締造美麗島時代的風起雲湧……信介仙日漸確立黨外共主的地位。

（十三）「最感念的人」

一位是黨外運動第一領導人，一位是首次政黨輪替的直接民選總統，分屬不同世代的兩人，結緣於美麗島事件。陳水扁大學時，因為聽了黃信介的一場演講，決定「棄商從政」，重考上臺大法律系，黃信介可說是陳水扁的啟蒙老師；美麗島事件發生時，陳水扁已是知名律師，無畏擔任黃信介的辯護律師，從此步入政壇。黃信介也用自己的聲望與實際行動，扶持陳水扁一路茁壯，讓陳水扁成為第一個非國民黨籍的臺北市長。而後陳水扁競選臺北市長連任落選，黃信介雖身體不適，仍陪伴在陳水扁最困難的時候。一九九九年十一月三十日，當時為了總統選舉正在新竹拜票的陳水扁，聽到黃信介過世的消息，立即結束行程趕至黃家，一進大廳，陳水扁立刻跪下，行三跪九叩大禮，表達他對黃信介亦父亦師的情誼與敬意。而這位重情重義的臺灣民主大老，臨終前還放心不下陳水扁的選情，還想著要替他助選。陳水扁曾表示：「人的一生有許多誕生的機會，有身體的誕生、情感的誕生、思想的誕生，信介仙是啟發我政治思想誕生的父親，也是我最感念的人。」陳水扁八年總統任職期間，在清明掃墓時節，有好幾年都親到「我最感念的人」——黃信介墳前致哀。

（十四）「雪中送炭與黨外情懷」

我在第四屆監委任內，有關陳前總統醫療人權案，從二〇一二年九月二十四日立案調查，一直到二〇一四年六月十一日結案，關注的時間總共歷經六百二十六天。有一天黃煌雄在「陳前總統醫療案綜整說明」的記者會上，曾提到有一次柯（文哲）醫師問他，他這樣努力認真來關心阿扁總統的病情，是不是代表一種雪中送炭。當時黃委員說，柯醫師，你的作為可以說是一種雪中送炭，我則應該說是一種黨外情懷。因為你和阿扁並沒有任何關係，但在阿扁最困難的時候，你願意接民間醫療小組召集人的工作，確實表現出雪中送炭的精神。我不一樣，不管大家如何評價陳水扁，阿扁和我到底同屬黨外，我比阿扁稍早一點，我們曾在戒嚴統治時期的黨外歲月同行，當阿扁擔任總統、最有權勢的八年當中，我不曾走進總統官邸一步，不曾在官邸吃過一頓飯或喝過一杯水，但當阿扁在人生最無力、甚至求助無門的時刻，基於社會和解與安全大局的考量，我以最大的努力和誠意，在職權行使的範圍內，來表達關心，且是最具有實質意義的關心，其實只在向兩千三百萬臺灣人民說明一點，就是在我們的社會中，有這麼一種人，這種人對於有權勢者在位時，並不一定在有權勢者身邊，但當有權勢者一旦失去權勢，甚至陷入困難或需要的時候，這種人則會盡其所能，做應當做的事，這種精神便叫做黨外情懷。我的參政就是在這種黨外情懷的溫暖支持下走出來，自然也會以這種黨外情懷來對待需要關懷的阿扁總統。

黨外精神

黨外是臺灣特定時代背景下的產物，孕育出特殊的黨外精神。黨外精神是受傷的人民經過歷史沉澱，所表現出一種低沉的、深厚的、焚而不燬的集體現象，這是特定的歷史條件下所形成特定歷史集體意識。其核心內容有二：一為「反對威權、追求民主」；一為「反對特權、追求公義」。為了追求民主，黨外要求解除戒嚴、國會全面改選、省市長民選、總統直選。為了追求公義，黨外反對特權、反對貪腐、反對「國庫通黨庫」；由於長期處在被壓迫的地位，黨外關懷弱勢，要求保障人權、司法獨立，尊重族群多元，更主張社會正義、經濟正義。同時，由於黨外是在臺灣這塊土地上自然成長，洋溢著濃濃的本土氣息，黨外乃從人文關懷發展到建立臺灣主體意識。所以，「民主、公義、本土」實是黨外所遺留最寶貴的精神遺產與所應堅持守護的核心價值。

一九八二年七月二十四日，美國南加州臺灣同鄉會以空前盛大的晚會歡迎黨外四人行，這是黨外四人行在美國的最後一場演講，我以「臺灣的昨天、今天與明天」為題發表演說，在結尾前，我參酌美國黑人民權運動領袖金恩（Martin Luther King Jr.）所提「我有一個夢」的靈感，也提出我「有一個夢想，十個願望」，其「十願」內容為：[5]

我希望在未來，咱能早一天生活在一個互相尊重、互相容忍的社會，這個社會不會因為政治意見不同就遭受驅逐或判刑。

我希望咱早一日，可以生活在一個自由來往的社會，這個社會不會因為咱參加政治活動就遭受干擾、遭受「有家歸不得」或「想回家又驚惶」的待遇。

我希望咱早一天，可以生活在一個每個人都很甘願來奉獻他的心力和智慧的社會，而他的奉獻不會受到他的社會和政權的誤解、歪曲，甚至被壓迫（被丟在地上踩）。

我也希望咱大家能早一天生活在一個沒有戒嚴法，能自由發表意見，能組黨，能從事公平政治競爭的社會。同時，我也希望咱大家能生活在一個能公平從事經濟競爭，能要求公平合理分享經濟成果的社會。同時，我也希望咱大家能早一天生活在一個無分省籍、地域，不分本省人、外省人，不分福佬人、客家人，不分山地人、平地人，可以一律平等，無任何歧視，無任何特權的社會。

我也希望咱早一天能生活在一個公民可以經由他們的自由意志選出所有的公職人員（包括省長、市長）的社會。

我也期待咱可以生活在一個對所有從事民主運動的人，從過去到現在、從海內到海外，都能受到應有的確認與尊重的社會。

十三世紀，英國祖先說：「要納稅，就要有代表」；十八世紀，美國祖先說：「沒有代表，就不納稅」；現在的咱要說：咱希望早一天生活在一個「繳多少稅，就可選多少代表」的社會。

最後，咱更深深期待早一日生活在一個國家主權真正屬於國民全體，國民的真正意願可以決定國家政策、決定國家何去何從的社會。

一九八二年之際，黨外尚未提出總統直選主張，但到民進黨組黨前夕，總統直選已成為海內外推動組黨者共同的訴求，三十多年後，這個「夢想」的「十願」，包括後來加上的總統直接民選，都已實現。相對於蔣渭水世代的黃金十年，李登輝世代的悲愴年代，黨外世代在臺灣歷史上所踐行的民主大業可謂是空前的。

美國賓夕凡尼亞州議會古色古香的議事堂裡，四周牆壁和屋頂上，畫滿了獨立戰爭時期的戰爭場面，主席臺背後的壁畫是一個青年農民騎著馬，正在穿山越嶺奔跑的場面。這幅壁畫蘊含一個感人的故事：獨立戰爭進展到賓州時，獨立軍陷入英軍的重圍，萬分危急的時候，有位青年農民志願充當傳遞軍情的任務，後來這位青年果然突破重重的包圍，將告急救援的信息，傳遞到獨立軍的總部，獨立軍也因而得以解圍，但是這位青年農民卻因受了重傷而在完成任務後不久即逝世了，賓州的人民為了紀念這位無名的獨立英雄就將他的事蹟畫下來，而且特別選擇了議員們最容易看到的主席臺背壁上。其他畫面上的人物也全都是無名的兵卒，竟沒有任何一位大官名將的人物。

賓州這位「無名英雄」所展現的精神，在黨外運動過程上，在我們的四周出現不少有如「這位青年」的黨外黨工、義工，也都留下類似可貴的精神。在爭取民主的年代，除了從新店監獄到綠島監獄仁人志士的受苦受難以外，根本的推動原力，主要便是來自這些黨外黨工、義工及暗中支持者所展現的「人民的力量」。

即以黨外年代特殊的選舉風景為例，在那種絕對不對稱的背景和條件下，黨外竟還能從冬天走向春天，最主要的便是得力於人民的支持。我在《人民的力量——蘭陽平原的雨月四十八天》一書序言〈懷念一種永恆的精神〉一文，針對一九八〇年十二月，在寒冷的政治天空下，恢復已中斷兩年的中央民意代表選舉，以本身在第一選區（臺北縣、基隆市、宜蘭縣）參選親自的遭遇與體驗，有這樣的描述：

> 臺北縣淡水鎮有一對年輕夫婦，經營著小本錄影帶生意，競選活動期間，他們騎著摩托車到三芝、石牌、北新莊等地發放我的傳單；在淡水鎮街內，為了避人耳目，則叫他們十歲的小孩、國小三年級的學生，沿街沿戶散發，同時提醒孩子，碰到老師時要收起傳單、不要發。一九八〇年底的選舉，我在一些地區的傳單，就是以類似這種方式發放出去。
>
> 另有一位計程車司機家住臺北縣中和市，選舉期間，從基隆、瑞芳，到暖暖一帶，開著他的車一直參加我的

自辦演講會，並吶喊助陣。他車上還帶著一條小狗，小狗身上掛著布條：「支持黃煌雄」。

板橋市是臺北縣的政治中心，在板橋市所舉辦的立委候選人公辦政見發表會中，如果有一萬人聽眾的話，當我講完後，大約有六千到七千名群眾會跟著我離開現場。在每天六場的自辦政見演講，我們都會在現場義賣著作，由於趕場時間緊湊，最後一場演講結束（大約晚上十點）後，我才能比較從容為聽眾買的書簽名。在那種場合，通常我會被支持者簇擁著、撐高起來，然後在一本一本書中簽名，手常會有簽到「瘦」的感覺，有時一天下來，竟可賣到十幾萬元。

基隆市的地理面積不大，感覺很擁擠，在公開場合中，我幾乎找不到競選總部的地點，也找不到發傳單的人，但在私底下，卻有一群有志之士，包括以魏泰弘為代表的一些醫師暗中幫我籌款，我在基隆市競選辦事處的所有支出，都是他們承擔下來，不用我花一毛錢。

基隆市有一所一千多名學生的東信國小，校長在選舉期間竟也關心到政治，他利用早上朝會時間，向學生「教誨」不要被黨外人士所利用，同時問起學生的家長是否有支持黨外的人士，有的話，請舉手，其中有三位姊妹舉手，兩位妹妹是跟著姊姊舉手，姊姊被問起舉手的原因時說：「因為在家裡常聽爸爸說黃煌雄阿伯是個好人」，但三位姊妹在當場卻被弄得很難堪，哭著回家，又挨了祖母的罵：「為甚麼這麼傻，要這樣說呢？」

位在羅東鎮的宜蘭縣競選總部，「暗中支持」者免費提供，是我在一九八〇年選舉時最好與最大的競選辦事處，地點好、空間大，設有嶄新的民主牆，但民主牆卻被塗黑。在競選活動的第一天，由於「特赦高雄事件受刑人」的傳單差一點被查禁，一度引起總部工作人員的緊張；幾位負責文宣的老師常穿著雨衣、戴著帽子，帽緣向下壓，低著頭，有如犯人似的出入競選總部；另一方面卻也有不少熱心基層朋友，主動送魚、送肉、送蔬菜、送米……到競選總部來，使競選總部每天三餐所需大概都用不完。

這些都是一九八〇年選舉時所發生的真實故事。這些故事不僅發生在我的第一選區，相同或類似更感人的故事也發生在其他不同選區，這是全臺灣各選區都可能發生的故事，而這些故事正是黨外精神的具體體現，是黨外精神活生生的展現。

所以，黨外精神是從人民身上散發出來的。這些人可能就在我們的生活中間，就在你我身邊，可能是基層的農民、工人、青年朋友、中小企業經營者，或知識分子，他們可能捐獻數百元、數千元或數萬元，或以各種方式、誠心誠意在力之所及的範圍內出力。他們或者親自登門向最親近的朋友拜票，或者經由電話向較遠的親友拉票，或者熱心參加黨外候選人的演講會，或者以買書、買錄音帶、買錄影帶來表達支持……。

這種經由直接或間接、公開或暗中，發生在全臺灣各選區每一個角落，發生在我們生活中每一個時刻，不畏權威、不計利害，只考慮公義、不考慮個人，只考慮共同的目標、不考慮個別的追求，只考慮民主的大局、不考慮局部的關係，這種置戒嚴體制威脅於不顧，掃除恐懼陰影，執著公道追求，人不分老幼，力不分大小，錢不分多少，為了共同反對國民黨當局的「鴨霸」，追求民主與公道的精神，終於使美麗島事件後一九八〇年的增額中央民意代表選舉爆出民主的火花，臺灣的民主形勢也因而得到穩定。臺灣人民所展現的這種既可敬又可貴的黨外精神，正是支撐這次選舉結果的最主要力量。

海明威的小說《老人與海》，描述一位永不灰心的老人，在大海中捕魚的奮鬥過程。在海上，經過無數的辛苦和折騰，老人終於捕到一條比他的船還大的馬林魚，他很累又很高興地駛向歸途；但在中途，卻碰到一群一群的鯊魚，來蠶食老人所抓到的馬林魚。老人奮勇地和鯊魚戰鬥，然而由於鯊魚來的太多了，老人儘管奮勇，所捕獲的馬林魚，最後還是被來襲的鯊魚吃得只剩下骨頭。當老人以疲憊的心情拖著只剩下骨頭的馬林魚回到岸邊時，所有看到這條巨大卻只剩下骨頭的馬林魚的遊客，都禁不住又是讚美，又是感嘆。不過老人並不因此灰心，也不因而放棄他的工作。因為他深信「人並不是為失敗而生的」。

美麗島事件以後的黨外，其情況有如海明威《老人與海》筆下的那條比船還大的馬林魚，被一群一群鯊魚來襲以後，差不多只剩下骨頭了，黨外面臨真實的考驗。當此時刻，黨外不但如《老人與海》的那位老人證明「人並不是為失敗而生」一樣，也在「人民的力量」支持下，證明「黨外並不是為失敗而生」；不但如此，而且還有如希臘神話中的「火鳳凰」一樣，從灰燼中淬鍊出堅毅的生命力，更展現出焚而不燬的精神，使再出發的黨外得以在爭取民主的年代，扮演一種踐行民主大業的火車頭角色。

從二〇〇五年到二〇〇六年，我曾經與一百位以上來自基層的黨外工作者和黨外支持者，有著感人心弦的直接互動。在真誠的互動中，我也隱約看到或感受到黨外精神真實的面貌。他們很懷念黨外那個年代，在那個年代，在深夜或是清晨，他們為黨外候選人掛旗子、發傳單，在選舉造勢或抗議活動場合，他們自動自發，組成糾察隊，出錢出力，紮紮實實地發揮出「臺灣牛」的精神，儘管他們「無權無勢」，卻都「無怨無悔」，而且充滿浩然之氣。面對戒嚴威權體制的「鴨霸」與不公，他們「嘜爽」，不畏權勢，不受利誘，打抱不平，追求公道，「做牛甘願拖」，以「我不入地獄，誰入地獄」的氣概，「拍胸脯」的豪邁，堅持做「對」的事，犧牲奉獻，在所不惜。在這種情境下，培養出特殊的革命感情與革命信念——唯「義」（公義）而已，何必言「利」。在那個年代，黨外確是「光榮的代名詞」，代表「那股傻勁」、「那股元氣」、「那股凍沒條的氣」。

原始的黨外精神是純真的，它反映的是一種被壓抑的心情，要求解放的心情，要求出頭天的心情。這種精神並不是一、兩個人，在一、兩天之內，忽然從天而降，硬生生長出來的，而是千千萬萬的人，從北到南，從西到東，經過幾十年的奮鬥與累積，逐步自然成長。所以黨外精神不僅是臺灣歷史的重要成分，更是臺灣精神的重要內涵，它洋溢著濃濃的本土氣息，有如一棵活生生的樹，在我們的土地上，自在萌芽，綠葉花開，非常在地，且與日常生活結合，帶有一種無可取代的生根。這種精神是自發的、本土的、有機的、有血有淚的、可歌可泣的，足以讓當事者引以為傲、後代子孫引以為榮的。

黨外精神反映時代面貌與歷史精神，這種精神可超越時空變化與政黨輪替，而得永恆的存在。黨外精神的核心內容，便是「反對威權、追求民主」、「反對特權、追求公義」，任何政黨與任何個體只要代表「威權」與「特權」，違背「民主」與「公義」，便與黨外精神背道而馳，為黨外精神所不容。從這個角度言，黨外精神和任何特定政黨與任何特定個體，包括民進黨及黨外成員在內，幾乎很難永遠畫上等號；儘管民進黨、黨外成員和黨外精神曾經是一體之兩面，兩者一度可以畫上等號，但兩者並非永遠代表等號。

從現實觀點講，不斷地喚醒黨外精神，對動態政治人物的倫理制約，清廉政治的有效引導，權謀政治的當頭棒喝，也都具有正面意義。在黨外成長的過程上，那種為了崇高的理想與目標，大公無私、不問利害只問是非、互相疼惜與關懷、珍惜人才、不搞小圈圈、不畏威脅……的種種精神與情懷，幾乎都是動態的政治環境中所最缺乏、也最需要的。

黨外精神代表無私的奉獻，公道的追求，它反映人民的心聲，代表人民的追求，展現人民的力量。任何主政者，從地方到中央，一旦背離黨外精神，不啻背離人民的追求，人民將會展現其作為民主政治最後決定者的力量，這是民主政治的本質。這項本質，過去是，現在是，未來也是。

結語

一九七七年五項地方公職選舉結束以後，我在〈今年五項公職選舉的歷史意義〉一文中，首次指出今年五項公職選舉，所顯示的意義有三，其中之一，便是國民黨支配式角色的消失。一九七八年底，在未完成的增額中央民意代表選舉前，我在《國民黨往何處去：支配者抑競爭者》一書中表示：

> 幾十年來，執政黨一直居以支配者角色，一直到去年選舉才受到最大的衝激。而這個衝激的最大意義，就是將迫使執政黨從支配者角色，漸漸經過學習、適應、習慣，然後滿足於競爭者的角色。

一九八六年，在《國民黨支配時代的結束》一書的序言，我這樣寫道：

> 自九年前我首先提出國民黨應從支配者走向競爭者的預言性看法之後，經歷九年來國內外情勢的發展，我們現在應可堅定而莊嚴地表示：國民黨在臺灣的支配時代已經過去了，國民黨在臺灣的支配時代已經結束了。
>
> 國民黨支配時代的結束，從短期而言，固然會使國民黨體系下享有既得利益者立即受到損失，而引發反應與對抗；但從長期言，國民黨卻可放鬆心情，而以競爭者姿態，接受公開的競爭，來確保其長久的生存。因此國民

黨支配時代的結束，不但不等於國民黨的結束，甚至可促使國民黨再生。但國民黨如一味抗拒世界與歷史思潮，一味抗拒九年來臺灣政治發展的主要趨向，並不惜濫用公權力，進行壓制，則臺灣未來政局將免不了會產生激烈變化，其中將無法完全排除國民黨在臺灣結束的可能。

站在民主政治發展的立場，我們應歡迎國民黨支配時代的結束。因為國民黨支配時代的結束，將是臺灣民主化的真正轉機。臺灣民主化必然會因國民黨支配時代的結束，而踏上坦途。幾十年來，多少仁人志士，先賢先烈，為臺灣民主化而奉獻心力，甚至犧牲生命，現在這樣一項偉大的共同追求，正如邱吉爾在追念美國羅斯福總統逝世時所說的，我們已快「聽到勝利的聲音，看到勝利的翅膀」。

一九八九年，在《從抗爭到執政》一書的序言，我這樣寫道：

又經過三年了，十二年前的這項預言，現在已為國民黨十三全大會所公開確認，也為國民黨代表人物，包括李登輝、李煥與宋楚瑜所公開確認。因此，歷史上第一次政黨競爭的時代似乎即將來臨。

面對國民黨這項戰術上的大撤退、戰略上的大轉進，由黨外演變而來的民進黨，更應盡快進行戰略上的大轉進，而由批評者提升為競爭者角色。民進黨不但應有此信心，更應有此抱負。

但從抗爭到執政，民進黨不僅應嚴正要求國民黨儘速放棄其在支配時代所殘留的各種特權，也應嚴正要求國民黨儘速廢止非常態時期所殘留的有關體制與法令。因此，從抗爭到執政，民進黨仍需掃除兩大障礙，才能在常態的政治環境下，以立足點完全平等的競爭政黨，從事爭取全民支持的執政大業。

從代表異議者的吶喊、標幟著悲愴命運的黨外，到取得合法地位、致力爭取政黨平等地位的民進黨，更進而準備接收政權、而展示治國意志、決心與能力的執政黨；這三部曲實是國內政治發展的主要趨向，也是國內民主運動的終極目標。十二年來，作為此一行列的工作者之一，我愈來愈感覺接近此一目標，也愈來愈體認即將實現此一大業。

一九九〇年，民進黨提出「民主大憲章」，經由國是會議，達成「總統應由全體公民選舉」的共識，其後在民進黨「開門制憲」與國民黨「關門制憲」的激盪中，確立「總統由中華民國自由地區全體人民直接選舉」的主張。一九九六年，李登輝在黨外民主運動的歷史大潮中，喊出「臺灣人的悲哀」，當選中華民國首位由人民直接選出的總統。

一九九八年，我在哈佛大學當訪問學人，在〈民進黨的天時與考驗〉一文，[6]我寫道：「一九九七年，對民進黨而言，代表天時之年。」「民進黨的天時，雖是因緣際會的結果，卻可能稍縱即逝。」「而稍縱即逝的影響，就是使民進黨本來因天時之助而可能二年左右完成接掌中央政權的大業，延長為十年或十年以上。」

二〇〇〇年，民進黨抓住「天時」，贏得總統大選的勝利，開啟中華民國有史以來第一次政黨和平輪替；二〇〇八年，國民黨以競爭者姿態，贏得總統大選的勝利，完成第二次政黨和平輪替；二〇一六年，民進黨再以競爭者姿態，贏得總統大選的勝利，完成第三次政黨和平輪替。黨外世代所追求，我所預言的政黨競爭的局面，都已在臺灣這塊土地上不斷踐行著，人民也愈來愈習慣政黨的輪替。三代臺灣人的追求，都在黨外世代及身而成，黨外世代也都親身見證這種偉大的歷史時刻，這是黨外精神的不朽紀錄。

本文另一作者黃向成，美國賓夕法尼亞大學法學碩士；臺北市政府市政顧問、臺研會兼任研究員。

註釋

1 本文在寫作過程上，特別是在「黨外拼圖」部分，黃向成多方收集資料並完成部分初稿文字；「黨外精神」部分，也認真參與討論，乃邀請列名共同作者。另外，文中提到的「我」，是指黃煌雄本人，本文由黃煌雄負全責。

2 薛化元在《自由中國與民主憲政——一九五〇年代臺灣思想史的一個考察》一書，曾將《自由中國》與國民黨官方的互動，分作交融期、摩擦期、緊張期、破裂期、對抗期五個階段。

3 此為未刊稿。原稿存放於中央研究院近史所檔案館「雷震檔案」中之「傅正檔案」。

4 廣興會議是一個戰略性會議，「廣興會議的決定可說是宜蘭縣一九八一年選舉的戰略決定」，也是「改變宜蘭地方政治生態最高的一個戰略決定」。參閱《人民的力量——蘭陽平原的雨月四十八天》一書。

5 參閱黃煌雄著《臺灣的轉捩點：訪問演講篇》一書。

6 參閱黃煌雄著《在哈佛的沉思：從世界看臺灣》一書。

引用書目

專書

《講沒完的政見》（臺北：拓荒者出版社，一九七九）。

王拓著，《黨外的聲音》（臺北：長橋出版社，一九七八）。

王美琇編，《傅正先生悼念文集》（臺北：民進黨中央黨部，一九九一）。

臺灣人權協會編，《高雄事件專輯》（USA：臺灣人權協會，一九八〇）。

臺灣省諮議會編，《吳三連先生史料彙編》（臺北：臺灣省諮議會，二〇〇一）。

臺灣省諮議會編，《李源棧先生史料彙編》（臺北：臺灣省諮議會，二〇〇一）。

臺灣省諮議會編，《李萬居先生史料彙編》（臺北：臺灣省諮議會，二〇〇一）。

臺灣省諮議會編，《林獻堂先生史料彙編》（臺北：臺灣省諮議會，二〇〇一）。

臺灣省諮議會編，《許世賢女士史料彙編》（臺北：臺灣省諮議會，二〇〇一）。

臺灣省諮議會編，《郭雨新先生史料彙編》（臺北：臺灣省諮議會，二〇〇一）。

臺灣省諮議會編，《郭國基先生史料彙編》（臺北：臺灣省諮議會，二〇〇一）。

臺灣省諮議會編，《黃朝琴先生史料彙編》（臺北：臺灣省諮議會，二〇〇一）。

民主進步黨中央黨部編，《黃信介紀念文集》（臺北：民進黨中央黨部，二〇〇〇）。

民主進步黨臺北縣黨史編纂委員會編，《尋找創黨精神：民主進步黨臺北縣二十年：一九八七—二〇〇七》（臺北：民主進步黨臺北縣黨部，二〇〇七）

江鵬堅著，《選票代替子彈》（臺北：江鵬堅發行，一九八六）。

余陳月瑛著，《余陳月瑛回憶錄》（臺北：時報文化，一九九六）。
呂秀蓮著，《重審美麗島》（臺北：聯合文學出版，二〇〇八）
何榮幸著，《衝衝衝　蘇貞昌——電火球員智慧王的執行力》（臺北：天下文化，二〇〇三）。
李登輝受訪、鄒景雯採訪記錄，《李登輝執政告白實錄》（臺北：印刻出版有限公司，二〇〇一）
李筱峰著，《臺灣民主運動四十年》（臺北：自立晚報，一九八七）。
周玉蔻著，《李登輝的一千天》（臺北：麥田出版，一九九三）
周玉蔻著，《李登輝・一九九三》（臺北：周玉蔻，一九九四）
林正杰、張富忠著，《選舉萬歲》（臺北：一九七八）。
林俊福、林朝和、王耀南編，《鑼聲若響》（臺北：三榮，一九八七）。
林義雄、姚嘉文著，《虎落平陽》（臺北：林義雄律師事務所，一九七七）。
林義雄著，《從蘭陽到霧峰》（臺北：林義雄律師事務所，一九七八）。
紀展南編，《嘉義媽祖婆：許世賢傳奇》（嘉義：張進通許世賢基金會，二〇〇七）。
若林正丈著，許佩賢、洪金珠譯，《臺灣：分裂國家與民主化》（臺北：新自然主義出版，二〇〇九）。
財團法人施明德文化基金會著，《反抗的意志：1977-1979 美麗島民主運動影像史》（臺北：時報，二〇一四）。
康寧祥著，《問政三年》（臺北：臺灣政論雜誌社，一九七五）。
康寧祥著，《問政六年》（臺北：長橋出版社，一九七八）。
康寧祥編著，《危機與希望》（臺北：八十年代出版社，一九八三）。
康寧祥論述，陳政農編撰，《臺灣，打拼：康寧祥回憶錄》（臺北：允晨文化，二〇一三）。
張俊宏著，《臺灣社會力的分析》（臺北：環宇出版社，一九七一）。
張俊宏著，《我的沉思與奮鬥》（南投：張俊宏發行，一九七七）。
張俊宏著，《景涵選集》（南投：張俊宏發行，一九七七）。
張俊宏著，《「大軍壓境」——議會政治的危機》（臺北：春風出版社，一九七九）。
張俊宏編，《到執政之路——「地方包圍中央」的理論與實際》（臺北：南方叢書出版社，一九八九）。
張祖詒著，《蔣經國晚年身影》（臺北：天下遠見出版股份有限公司，二〇〇九）
張富忠、邱萬興著，《綠色年代：臺灣民主運動25 years》（臺北：財團法人綠色旅行文教基金會，二〇〇五）
許信良著，《當仁不讓》（臺北：長橋出版社，一九七七）。

許信良著，《風雨之聲》（臺北：長橋出版社，一九七八）。
許榮淑編，《張俊宏林義雄問政實錄》（臺北：許榮淑發行，一九八〇）。
陳水扁著，《世紀首航──政黨輪替五百天的沉思》（臺北：圓神，二〇〇一）
傅正著，《傅正文選》（臺北：傅正，一九八九）
傅正編，《雷震全集》（臺北：桂冠圖書，一九八九）
彭明敏之友會編，《黎明在望：彭明敏教授回航紀念專集》（臺北：彭明敏之友會，二〇〇六）
黃天福著，《從國民大會到立法院》（臺北：黃天福，一九七八）。
黃天福著，《還我美麗島》（臺北：黃天福，一九八三）。
黃煌雄著，《國民黨往何處去：支配者抑競爭者》（臺北：長橋，一九七八）
黃煌雄著，《到民主之路》（臺北：黃煌雄，一九八〇）
黃煌雄著，《臺灣的轉捩點國會質詢篇》（臺北：黃煌雄，一九八三）
黃煌雄著，《臺灣的轉捩點訪問演講篇》（臺北：黃煌雄，一九八三）
黃煌雄著，《國民黨支配時代的結束》（臺北：黃煌雄，一九八六）
黃煌雄著，《從抗爭到執政》（臺北：黃煌雄，一九八九）
黃煌雄著，《在哈佛的沉思：從世界看臺灣》（臺北：月旦，一九九九）
新臺灣研究文教基金會著，《沒有黨名的黨：美麗島政團的發展》（臺北：時報文化，一九九九）
新臺灣研究文教基金會著，《走向美麗島：戰後反對意識的萌芽》（臺北：時報文化，一九九九）
新臺灣研究文教基金會著，《暴力與詩歌：高雄事件與美麗島大審》（臺北：時報文化，一九九九）
新臺灣研究文教基金會著，《歷史的凝結：1977-79臺灣民主運動影像史》（臺北：時報文化，一九九九）
臺灣省議會秘書處，《臺灣省議會成立四十週年專刊》（臺北：臺灣省議會秘書處，一九八六）
臺灣省議會秘書處，《臺灣省議會成立五十週年紀念專刊》（臺北：臺灣省議會秘書處，一九九六）
臺灣省議會秘書處，《臺灣省議會簡史（1946.5.1-1998.12.20）》（臺北：臺灣省議會秘書處，一九九八）
台灣研究基金會執筆小組著，《人民的力量──蘭陽平原的雨月四十八天》（臺北：玉山社，二〇〇六）
蔡同榮著，《我要回去》（臺北：敦理出版社，一九九〇）。
鄭牧心著，《臺灣省議會之變局》（臺北：八十年代出版社，一九八〇）。
鄭梓著，《臺灣議會政治四十年》（臺北：自立晚報文化出版部，一九八七）。

鄭梓著，《戰後臺灣議會運動史之研究》（臺中：鄭梓發行，一九九四）。
蕭阿勤著，《回歸現實：臺灣一九七〇年代的戰後世代與文化政治變遷》（臺北：中研院社研所，二〇一〇）。
蕭阿勤著，《重構臺灣：當代民族主義的文化政治》（臺北：聯經出版，二〇一二）
薛化元著，《自由中國與民主憲政：一九五〇年代臺灣思想史的一個考察》（臺北：稻鄉出版社，一九九六）
謝長廷著，《黨外黨》（臺北：關懷之聲出版社，一九八三）。

論文：

陳信傑著，《民主進步黨的創黨過程：外省菁英分子所扮演的角色》（中國文化大學政治學研究所碩士論文，二〇〇〇）。
薛化元著，《臺灣省（臨時）省議會對地方自治改革的主張——以五龍一鳳為中心的討論》，「深化臺灣民主、促進地方建設」學術研討會，二〇〇四年十月，臺北。

雜誌：

《美麗島》第一卷，第一期（美麗島雜誌社，一九七九）
《美麗島》第一卷，第二期（美麗島雜誌社，一九七九）
《美麗島》第一卷，第三期（美麗島雜誌社，一九七九）
《美麗島》第一卷，第四期（美麗島雜誌社，一九七九）
《開創雜誌》第一—十期合訂本（黃煌雄，一九八五）

資料：

陳信傑編，《傅正與民進黨》（二〇一二）。未出版之原始資料，原稿存放於中央研究院近史所檔案館「雷震檔案」中之「傅正檔案」。

國家圖書館出版品預行編目資料

三代臺灣人：百年追求的現實與理想／黃煌雄編. -- 初版. -- 新北市：遠足文化, 2017.10
面； 公分. -- (遠足新書；7)
ISBN 978-986-95322-9-7(平裝)
1.臺灣史 2.臺灣民主運動 3.文集
733.286 106016565

遠足文化　　讀者回函

遠足新書 07

三代臺灣人：百年追求的現實與理想

策畫・台灣研究基金會｜**台研會董事長**・江東亮｜**編輯委員會**｜**召集人**・吳密察｜**編委會委員**・許雪姬、何義麟、許佩賢、李福鐘｜**編委會執編**・陳怡蓉｜**特約編輯**・黃義雄｜**責任編輯**・龍傑娣｜**美術設計**・賴佳韋｜**校對**・楊俶儻｜**排版**・菩薩蠻電腦科技有限公司｜**出版**・遠足文化　第二編輯部｜**社長**・郭重興｜**總編輯**・龍傑娣｜**發行人兼出版總監**・曾大福｜**發行**・遠足文化事業股份有限公司｜**電話**・02-2218-1417｜**傳真**・02-8667-2166｜**客服專線**・0800-221-029｜**E-Mail**・service@bookrep.com.tw｜**官方網站**・http://www.bookrep.com.tw｜**法律顧問**・華洋國際專利商標事務所蘇文生律師｜**印刷**・崎威彩藝有限公司｜**初版**・2017年12月｜**初版三刷**・2020年10月｜**定價**・580元｜ISBN・978-986-95322-9-7